Vorwort.

In dem Wunsche, einen persönlichen Beitrag zu leisten, daß das vom Hitlerreich verdrängte Recht wieder eingesetzt werde, legen wir nach mühevoller Arbeit unsere Erläuterungen zum Rückerstattungsgesetz für die amerikanische Zone vor. So wenig hat die Menschheit sich wieder einmal über eine verhältnismäßig einfache Frage des Rechtes verständigen können, daß uns drei Rückerstattungsgesetze zur Wahl gestanden haben. Zwei von ihnen konnten wir nicht als Tilgung geschehenen Unrechts ansprechen. Wir haben uns mit ihnen darum nicht befaßt. Das dritte seinerseits hält nicht durchweg Maß, und der Morgentau einer Aone der Versöhnung glitzert auf keiner seiner Bestimmungen. Aber im ganzen zielt es auf das, was gerecht ist. Darum haben wir uns für dieses entschieden und es, nicht immer mit ganzem Herzen, in seinem Geiste erläutert.

Diese Arbeit haben wir uns nicht leicht gemacht. Die angestrebte Gründlichkeit machte große Schwierigkeiten, nicht nur, weil es sich darum handelte, Neuland zu bepflügen — die beiden Kommentare von Muller und von Strauß, die überm großen Teich erschienen sind, kamen uns erst nach Ablieferung des Manuskriptes zu Gesicht und befassen sich nur stellenweise mit eingehenden Untersuchungen, — sondern hauptsächlich, weil — nach unserem Eindruck — in Ländern und unter Völkern, in denen sich das Recht überwiegend durch die Rechtsprechung entwickelt, die Gesetzestechnik nicht so ausgebildet ist, wie wir Deutsche es gewöhnt sind.

Der Einfluß der in diesem Monat erlassenen Währungsgesetze konnte, da der Druck schon fast beendet war, nicht mehr untersucht werden.

München, im Juni 1948.

Die Verfasser

Inhaltsverzeichnis

Seite

Fünfter Abschnitt

Ersatz- und Nebenansprüche

Sechster Abschnitt

Fortbestand von Rechten und Haftung für Verbindlichkeiten

Siebenter Abschnitt

Ansprüche des Rückerstattungspflichtigen auf Rückgewähr und Ausgleich

Achter Abschnitt

Allgemeine Verfahrensbestimmungen

Seite

Neunter Abschnitt

Anmeldeverfahren

Zehnter Abschnitt

Gerichtliches Verfahren

Elfter Abschnitt

Besondere Verfahren

Zwölfter Abschnitt

Kostenbestimmungen

Dreizehnter Abschnitt

Anzeigepflicht und Strafbestimmungen

Vierzehnter Abschnitt

Wiederherstellung von Erbrechten und Kindesannahmeverhältnissen

Rückerstattung feststellbarer Vermögensgegenstände

Gesetz Nr. 59

Erster Abschnitt

Allgemeine Vorschriften

Artikel 1

[1]Grundsatz

1. Zweck des Gesetzes ist es, die Rückerstattung[2] feststellbarer[4] Vermögensgegenstände[3] (Sachen, Rechte, Inbegriffe von Sachen und Rechten)[3] an Personen[5], denen sie in der Zeit vom 30. Januar 1933 bis 8. Mai 1945[6] aus Gründen[7] der Rasse, Religion, Nationalität, Weltanschauung oder politischen Gegnerschaft gegen den Nationalsozialismus entzogen[7] worden sind, im größtmöglichen Umfange[8] beschleunigt[9] zu bewirken. Eine Entziehung von Vermögensgegenständen aus Gründen der Nationalität im Sinne dieses Gesetzes erstreckt sich nicht[10] auf Maßnahmen, die unter anerkannten Regeln des internationalen Rechts[10] üblicherweise[10] gegen Vermögen von Staatsangehörigen feindlicher Länder zulässig[10] sind.

[11] 2. Vermögensgegenstände nach Maßgabe der Bestimmungen dieses Gesetzes sind auch dann an ihren ursprünglichen[12] Inhaber[12] oder dessen Rechtsnachfolger[13] zurückzuerstatten, wenn die Rechte anderer Personen, die von dem begangenen Unrecht keine Kenntnis hatten, zurücktreten müssen. Der Rückerstattung entgegenstehende Vorschriften zum Schutze gutgläubiger Erwerber bleiben außer Betracht, soweit nicht in diesem Gesetz etwas anderes bestimmt ist[11].

1. Das von nationalsozialistischer Gewalttätigkeit verübte Unrecht harrt der Wiedergutmachung. Das Gesetz macht für die amerikanische Besatzungszone damit den Anfang, indem es die Rückerstattung entzogenen Vermögens durchführen will.

Artikel 1 ist eine seltsame Verquickung einer programmatischen Proklamation, welche den Leitgedanken des Gesetzgebers offenbart und, indem sie als Bestandteil des Gesetzes in dieses eingebaut wird, mit verbindlicher Kraft (A. 68 Abs. 2 S. 4) für die Gesetzesauslegung und -anwendung ausgestattet wird, und einer zeitlichen und gegenständlichen Beschreibung des Unrechtsgebietes, auf welchem dieses Gesetz Wiedergutmachung herbeiführen will, mit der gleichzeitigen jedoch unvollständigen Bestimmung der zu diesem Zweck gewährten Rechtsansprüche. A. 1 legt ihre allgemeine Voraussetzung fest durch die Bestimmung eines Ausschnittes aus dem nationalsozialistischen Unrecht, welches nach diesem Gesetz gutgemacht werden soll, nämlich „Vermögensentziehung", während sich deren Begriff und demnach die besondere Voraussetzung der gewährten Rechtsansprüche aus anderen gesetzlichen Bestimmungen (Artikel 2 bis 6) ergibt. Über den Inhalt dieser ist nur aus dem angegebenen Zweck des Gesetzes zu ersehen, daß sie die Rückerstattung, nicht bloß Entschädigung zum Gegenstand haben, was befremdlicherweise sonst nirgends im Gesetz ausdrücklich gesagt wird, wohl aber mittelbar geschlossen werden kann, weil zahlreiche Bestimmungen des Gesetzes den Rückerstattungsanspruch ausbauen und ergänzen. Aus A. 1 ist ferner, und zwar mittelbar aus dem von einem Hilfsgrundsatz handelnden Abs. 2 der Kreis der Haupt- und regelmäßig Berechtigten ersichtlich, während er sich unmittelbar nur aus späteren Bestimmungen des Gesetzes (Artikel 7 bis 10) ergibt, dagegen nicht der Kreis der Verpflichteten.

2. „Rückerstattung" ist in erster Linie Wiederherstellung eines dem ehemaligen Rechtszustand entsprechenden Rechts- und Besitzstandes. Der erstere wird von Gesetzes wegen wiederhergestellt, indem sein Wiedereintritt nur von der gerichtlichen Feststellung des Rückerstattungsanspruchs abhängig gemacht wird (Art. 15), ohne daß Einigung über den Eigentums- oder Rechtsübergang erforderlich ist, während zur Wiederherstellung des Besitzstands bei beweglichen und unbeweglichen Sachen die Rückgabe, bei letzteren auch Eintragung in das Grundbuch erfolgen muß, worauf auf Grund des wiederhergestellten ehemaligen Rechtsstandes die diesem kraft bürgerlichen Rechts (§§ 985 f., 894 BGB.) gemäßen Ansprüche bestehen, wofür aber unmittelbar die Entscheidungen der Wiedergutmachungsorgane Vollstreckungstitel bilden (A. 65, 68 Abs. 1). Sprachlich ist der Ausdruck „Rückerstattung" enger als „Rechtswiederherstellung". Es ist darum fraglich, ob erloschene Rechte, insbesondere Forderungen durch Wiederaufleben „zurückerstattet" werden. Man kann dafür A. 4 anführen, wo die „Aufgabe", also der Verzicht auf ein Recht, für anfechtbar erklärt wird, aber dagegen auch den Wortlaut des A. 14, wonach der Rückerstattungsanspruch den „Inhaber" eines Rechts voraussetzt, gegen den er sich richten kann (s. dort). Vgl. auch A. 28, ferner Anm. 4 zu A. 14. Das Gesetz versteht hier unter Rückerstattung übrigens wie an anderer Stelle (A. 55 Abs. 1), wohl auch die Entschädigung, wenn die Rückerstattung in Natur aus irgendeinem Grunde nicht mehr möglich ist. Von dem Ersatz im Falle des Untergangs des Entziehungsgegenstanden oder der sonstigen Unmöglichkeit seiner Herausgabe handeln die A. 29, 30, 31, von einer Entschädigung im weiteren Sinne mittels Nachzahlung A. 16.

3. „Vermögensgegenstände". Die nachfolgende Klammerdefinition des A. 1, erweckt den Anschein einer erschöpfenden Aufzählung der entziehbaren und erstattbaren Gegenstände, ist dies aber nicht; so gehört dazu, wie spätere Bestimmungen zeigen, auch der Firmenname, ja nach A. 2 sogar eine bloße Anwartschaft. Die Begriffe „Sachen" und „Rechte" decken sich mit den entsprechenden Begriffen des BGB.; es fallen unter „Rechte", nicht Patente, Marken, Urheberrechte, Rechte aus Versicherungsverhältnissen (A. 89), sonst aber Forderungen jeglicher Art (wobei aber, wenn sie nicht übertragen, sondern aufgehoben worden sind, das Gesetz eine Bestimmung darüber vermissen läßt, ob sie wieder aufleben, s. Anm. 2 und A. 14), auch aus gegenseitigen, auch unerfüllt gebliebenen Verträgen, z. B. auch Miet- und Pachtverträgen (s. aber zu A. 14). Der Begriff „Inbegriff von Sachen und Rechten" deckt sich wohl mit dem Begriff „Inbegriff von Gegenständen" des § 260 BGB. und „Inbegriff von Sachen" des § 1035 BGB., worunter eine Gegenstandsmehrheit zu verstehen ist, die ein einheitliches rechtliches oder wirtschaftliches Band so umschließt, daß sie zusammengehören. Eindeutig ergibt sich aus dem Wort „Vermögensgegenstand", daß die Zurechenbarkeit des entzogenen Gegenstandes zum (privatrechtlichen) Vermögen Voraussetzung für die Anwendung des Gesetzes ist. Diese erfüllen nicht immaterielle oder höchstpersönliche Güter wie Ehre, Gesundheit, körperliche Unversehrtheit, Freiheit, auch wenn ihre Verletzung Vermögensschaden zur Folge gehabt hat. Daraus ergibt sich auch, daß die Reichsangehörigkeit oder ein öffentliches Amt oder eine öffentlichrechtliche Zulassung nicht zurückerstattet verlangt werden kann, auch nicht der die Ausübung eines Amts voraussetzende Gehaltsanspruch, wohl aber u. E. der davon unabhängige Pensionsanspruch (zweifelhaft).

4. „Feststellbar" (im englischen Text „identifiable") bedeutet soviel wie „identifizierbar". Voraussetzung des Rückerstattungsanspruchs (im engeren Sinn) ist, daß der Gegenstand noch als solcher festgestellt werden kann und nicht etwa durch Vermischung oder Verarbeitung unkenntlich und ununterscheidbar geworden ist. Hieran scheitert der Anspruch auf Rückerstattung gezahlter Judenvermögensabgabe, Reichsfluchtsteuer usw., nicht von Gegenständen, aus denen diese erpreßten Opfer beigetrieben wurden. Feststellbarkeit (Identifizierbarkeit) ist aber nicht Voraussetzung jedes nach diesem Gesetz gewährten Anspruchs, wie A. 29, 30, 31 lehren. Für den Anspruch aus A. 14 ist heutige, sonst Feststellbarkeit bei der Entziehung vorausgesetzt.

5. „Personen". Natürliche — ohne Rücksicht auf Staatsangehörigkeit — und juristische (insbesondere mit erheblicher jüdischer Beteiligung, gar wenn sie als jüdisch registriert waren) des privaten und öffentlichen Rechts (z. B. Kultusgemeinden und Kirchen), auch nichtrechtsfähige Personenvereinigungen (arg. A. 8, z. B. Logen, Gewerkschaften, soweit nicht als Vereine eingetragen). Auch Personen, die nicht selbst unmittelbar verfolgt waren (z. B. der nichtjüdische Ehemann einer Mischehe) oder welche der NSDAP. angehört haben, können im Einzelfalle rückerstattungsberechtigt sein, letztere, wenn sie in Gegensatz zur Parteiführung geraten und daraufhin durch Vermögensentziehungen beraubt worden sind (z. B. Anhänger Röhms und der Brüder Straßer). Ehemals jüdische juristische Personen, die durch Entziehung der Anteile arisiert worden sind, haben als solche wegen der nachfolgenden Geschehnisse, auch wenn sie in einer Ausschlachtung der Gesellschaft bestanden, keine Rückerstattungsansprüche (zweifelhaft!). Die von der Entziehung betroffenen ursprünglichen Beteiligten sind auf die Ansprüche nach A. 22, 30, 31 angewiesen.

6. „in der Zeit vom 30. 1. 1933 bis 8. 5. 1945". Der Gesetzeswortlaut zieht nur eine zeitliche, nicht auch eine örtliche Grenze, beschränkt also die Wiedergut-

machung durch Rückerstattung grundsätzlich nicht auf Entziehungsfälle, welche sich in dem Gebiet der US.-Zone zugetragen haben. Das dem ordre public der US.-Zone angehörige Gesetz gewährt den Rückerstattungsanspruch ohne Rücksicht auf die örtlichen Beziehungen des entzogenen Gegenstandes und den gegenwärtigen oder früheren Wohnsitz oder Aufenthalt des Verfolgten oder Entziehers oder eines Nacherwerbers grundsätzlich schlechthin; aber selbstverständlich ist das Gesetz nur für die Wiedergutmachungsorgane innerhalb der US.-Zone verbindlich, und setzt seine Anwendung die Zuständigkeit einer solchen voraus (A. 59, 63). Zweifelhaft ist die ultrazonale Rechtskraftwirkung und Vollstreckbarkeit der Entscheidungen der Wiedergutmachungsorgane der US.-Zone.

Wesentlich enger als vorstehend der gemeinschaftliche Presseerlaß des amerikanischen Kriegs- und Staatsdepartment vom 10. November 1947 und, ihm folgend, Multer, Komm. z. G. 59 (New York 1948) Allgem. Vorbem. IV, wonach das G. nur anwendbar ist auf Entziehungsfälle in seinem heutigen Geltungsgebiet und Vermögensgegenstände, die sich zu Beginn der Anhängigkeit des Rückerstattungsverfahrens oder bis zu ihrem Untergang in diesem Gebiet befunden haben.

7. „Aus Gründen" usw. Zwischen diesen und der Entziehung muß ein ursächlicher Zusammenhang bestehen. Es genügt, wenn diese Gründe nur mittelbar in der Person des von der Entziehung Betroffenen vorgelegen haben, z. B. weil er mit einem Verfolgten verwandt oder verschwägert war.

8. „Im größtmöglichen Umfange." Nicht immer kann, nachdem 10 Jahre und mehr einer bewegten Zeit verstrichen sind, dem Verfolgten volles Recht zuteil werden. Zahlreiche Bestimmungen des Gesetzes sind darauf bedacht, ihm gleichwohl gegenüber allen eingetretenen Veränderungen und sich daraus ergebenden Schwierigkeiten Recht zu verschaffen (A. 22, 23, 26, 29, 30, 31). Zu diesem Zwecke macht das Gesetz nicht einmal vor den Rechten Dritter Halt, die an der Entziehung nicht beteiligt waren, ja nicht einmal „von dem begangenen Unrecht" Kenntnis hatten (Abs. 2, A. 14, aber A. 23 S. 3 u. 4) Diese Tendenz wird durch A. 1 für die Gesetzesauslegung und -anwendung durch die Rechtsprechung der Wiedergutmachungsorgane verbindlich als leitender Grundsatz festgelegt, dessen Verletzung gemäß A. 68 Abs. 2 gerügt werden kann, aber nur für die Gesetzesauslegung, nicht etwa in dem Sinne, daß die Wiedergutmachungsorgane in dem Streben, dem Verfolgten größtmögliche Satisfaktion zu gewähren, im Einzelfalle über das Gesetz hinausgehen könnten.

9. „Beschleunigt zu bewirken." Demselben Interesse des Verfolgten tragen auch A. 49, 67 Abs. 2 lit. d und A. 68 Abs. 1 Rechnung. A. 1 begründet eine Amtspflicht der Wiedergutmachungsorgane, deren Verletzung einen Schadensersatzanspruch des Berechtigten nach § 839 BGB. (aber dort Abs. 2!) begründen kann; es entscheidet das sorgfältige pflichtmäßige Ermessen des Wiedergutmachungsorgans (Beschwerde nach A. 68 Abs. 2).

10. „Unter anerkannten Regeln des internationalen Rechts". Was ist das? Welche ehedem gültigen Regeln internationalen Rechts blieben im letzten Ringen der Völker anerkannt, in dem das Recht von früher allenthalben mit Füßen getreten wurde? Früher waren es insbesondere die Regeln der Haager Landkriegsordnung (s. A. 23 BG.); heute erklärt derselbe Gesetzgeber diese als unverbindlich für sich. Man wird daher den Ton auf „üblicherweise" legen und anerkennen müssen, auch was nur infolge sehr schlechter und verwerflicher

Übung mehr und mehr als zulässig angesehen worden ist, selbst wenn es ehedem nach den früher anerkannten Regeln des internationalen Rechts als unzulässig gegolten hat. Wir denken an Maßnahmen gegen das feindliche Privateigentum, die nach der Haager Landkriegsordnung unzulässig waren; während diese im ersten Weltkrieg entsprechend dem englischen Beispiel in der Liquidierung bestanden haben, bestanden sie im zweiten nur in der Sequestrierung. Entziehungen scheiden also für dieses Gesetz — nur für dieses aus — wenn sie ausschließlich auf Grund der Tatsache des Kriegszustandes vorgenommen worden sind, soweit nicht etwa Angehörige neutraler Staaten betroffen wurden.

11. Die beiden Sätze des Abs. 2 unterscheiden sich in ihrem Wesen. Satz 1 enthält entsprechend der Überschrift des A. 1 bloß einen „Grundsatz", der den Grundsatz des Abs. 1 (s. Anmerkung 8) verdeutlicht. Satz 2 stellt eine zufolge dieses Grundsatzes aufgestellte Rechtsnorm dar. Durch diese werden die Vorschriften des allgemeinen bürgerlichen Rechts über den Schutz gutgläubigen Erwerbs, welche die „Rückerstattung im größtmöglichen Umfang" hindern könnten, außer Kraft gesetzt. Das Gesetz geht als Sondergesetz, erlassen von der Besatzungsmacht, den Vorschriften des allgemeinen bürgerlichen Rechtes vor. Gerechtigkeit mochte schwanken, für welchen der beiden schutzwürdigen Beteiligten sie sich entscheiden solle, für den Verfolgten oder den gutgläubigen Erwerber, der das „begangene Unrecht nicht kannte", der Gesetzgeber hat sich für den ersteren entschieden.

12. „Ursprünglicher Inhaber", vom Gesetz (A. 7) auch „Verfolgter" genannt, ist derjenige, dem das Vermögen entzogen worden ist.

13. „Rechtsnachfolger" ist der Gesamtrechtsnachfolger und der Einzelrechtsnachfolger in den Rückerstattungsanspruch (z. B. zufolge Abtretung), natürlich nicht der Rechtsnachfolger des Entziehers. Selbstverständlich will das Gesetz durch Erwähnung der Rechtsnachfolge das Erlöschen des Anspruchs durch Konfusion (Übergang auf den Schuldner) — etwa in dem Falle, daß der im Inland verbliebene halbjüdische Abkömmling des Verfolgten, dem letzterer sein Geschäft oder Grundstück oder dergleichen verkauft hatte, inzwischen den Verfolgten beerbt hat — nicht hindern; dies kann nach A. 11 erheblich sein, wenn der Entzieher der selbst Erbe des Verfolgten geworden ist, die Anmeldung des Anspruchs unterläßt.

Zweiter Abschnitt

Entzogene Vermögensgegenstände

Artikel 2

[1]Entziehungsfälle

1. Vermögensgegenstände[2] sind im Sinne dieses Gesetzes entzogen[3], wenn sie der Inhaber eingebüßt[3, 4] oder trotz begründeter Anwartschaft[5] nicht erlangt[3, 5] hat infolge[6]

a) eines gegen die guten Sitten verstoßenden[8] Rechtsgeschäftes[7] oder einer Drohung[10] oder einer widerrechtlichen Wegnahme[11] oder sonstigen unerlaubten Handlung[9],

b) Wegnahme durch Staatsakt[12] oder durch Mißbrauch eines Staatsaktes[14], [15],

c) Wegnahme durch Maßnahmen der NSDAP.[17], ihrer Gliederungen oder angeschlossenen Verbände[17],

sofern die unter a) bis c) fallenden Tatbestände durch Verfolgungsmaßnahmen aus den Gründen des Artikels 1 verursacht waren oder solche Verfolgungsmaßnahmen darstellten[18].

2. Niemand wird mit der Einwendung gehört, seine Handlungsweise sei deshalb nicht rechts- oder sittenwidrig gewesen, weil sie allgemeinen Anschauungen entsprochen habe, die eine Schlechterstellung einzelner wegen ihrer Rasse, Religion, Nationalität, Weltanschauung oder ihrer Gegnerschaft gegen den Nationalsozialismus zum Inhalt hatten[19], [8].

3. Als Wegnahme durch Staatsakt im Sinne des Absatz 1 (b) gelten u. a. Einziehung, Verfallerklärung, Verfall kraft Gesetzes und Verfügung auf Grund staatlicher Auflage oder durch staatlich bestellten Treuhänder[13]. Als Wegnahme durch Staatsakt gilt auch die Einziehung durch strafgerichtliches Urteil, wenn das Urteil durch Gerichtsbeschluß oder kraft Gesetzes aufgehoben worden ist[13].

4. Als Mißbrauch von Staatsakten gilt insbesondere eine auf allgemeinen Vorschriften beruhende, jedoch ausschließlich oder vorwiegend zum Zwecke der Benachteiligung des Betroffenen aus den Gründen des Artikels 1 ergangene Entscheidung oder Verfügung eines Gerichtes oder einer Verwaltungsbehörde[14], ferner die Erwirkung von Entscheidungen und Vollstreckungsmaßnahmen unter Ausnutzung des Umstandes, daß jemand wegen seiner Rasse, Religion, Nationalität, Weltanschauung oder seiner politischen Gegnerschaft gegen den Nationalsozialismus zur Wahrung seiner Rechte tatsächlich oder rechtlich nicht imstande war[15]. Die Wiedergutmachungsorgane (Wiedergutmachungsbehörde, Wiedergutmachungskammer und Beschwerdegericht) haben eine solche Entscheidung oder Verfügung eines Gerichtes oder einer Verwaltungsbehörde als nichtig zu behandeln[16], ohne Rücksicht darauf, ob sie nach geltendem Recht rechtskräftig ist, und ob sie im Wiederaufnahmeverfahren angefochten werden könnte[16].

1. A. 2 wird ergänzt durch A. 4; davon abgesehen zählt er die Entziehungsfälle erschöpfend auf, so daß Klarheit darüber geschaffen ist, welche Vermögenseingriffe unter das Gesetz fallen, mag auch der Eingang zu A. 3 darüberhinaus

gehen, nachdem doch auch dort aus a und b hervorgeht, daß die dort aufgestellte Entziehungsvermutung nicht für jedes Rechtsgeschäft, sondern nur solche Rechtsgeschäfte gilt, durch welche der Verfolgte sich eines Vermögensgegenstandes begeben hat, und die Entziehungsvermutung gerade durch den Nachweis entkräftet werden kann, daß keiner der Fälle des A. 2 gegeben ist.

2. „Vermögensgegenstände" s. Anmerkung 3 zu A. 1.

3. „Im Sinne dieses Gesetzes entzogen" A. 2 versucht, den Begriff der Entziehung für die Anwendung dieses Gesetzes mehr durch eine Beschreibung als durch eine Bestimmung zu klären. Das Gesetz versteht darunter sowohl das „Einbüßen", das ist den Verlust oder die Minderung der rechtlichen oder tatsächlichen Möglichkeit, über einen Vermögensgegenstand, den man besaß bzw. besitzt, zu verfügen, ihn zu gebrauchen, zu genießen oder zu verbrauchen, als auch das „Nichterlangen" eines Gegenstandes, den man noch nicht besessen hat. Liegt schon in letzterem eine erhebliche Ausweitung des mit dem Worte „Entzogen" sprachlich verbundenen Sinnes, so geht über diesem sowohl der sprachliche Sinn von „einbüßen" als auch „nicht erlangen" noch unter einem anderen Gesichtspunkt weit hinaus. Denn mit dem Worte „entziehen" verbindet sich die Vorstellung einer von außen gegen den Willen des Inhabers eines Vermögensgegenstandes wirksamen, sei es von einer Behörde, sei es von einem Privaten ausgehenden Macht, so daß der Verlust gegen, wenigstens ohne seinen wahren Willen eintritt, während Fälle der Einbuße und des Nichterlangens auch ohne eine solche von außen wirksame, den äußeren oder inneren Widerstand des Inhabers beugende Macht denkbar sind, ja selbst solche, welche auf seinem freien, wenn auch nicht damit übereinstimmenden Willen beruhen (Fehlberechnung).

Für eine einschränkende Auslegung des von dem maßgeblichen amtlichen deutschen Text (A. 94) gebrauchten Wortes „eingebüßt" kann der englische Text herangezogen werden, welcher von „deprived" („beraubt worden") spricht. Auch schränkt der deutsche Text die sich nach vorstehendem aus ihm ergebende Ausweitung des Entziehungsbegriffes wieder ein, teils indem er kasuistisch — a bis c — eine Drohung oder Wegnahme oder unerlaubte Handlung aufzählt, teils im Schlußhalbsatz des Absatzes 1 allgemein voraussetzt, daß Einbuße oder Ausfall durch Verfolgungsmaßnahmen verursacht war oder solche darstellte, also gegen oder ohne den Willen des Verfolgten oder doch nicht in Übereinstimmung mit seinem freien, nicht unter Druck stehenden Willen eingetreten ist. Auch der Umfang, in welchem die Einbuße durch ein gegen die guten Sitten verstoßendes Geschäft eine Entziehung sein kann, wird durch diese Voraussetzung eingeengt; sie ist keine Entziehung wenn das Rechtsgeschäft nicht durch eine Verfolgungsmaßnahme verursacht war (Beisp.: Ein Verfolgter hat sein Haus zu Bordellzwecken verkauft und einen besonders günstigen Kaufpreis dadurch erlangt, daß es dem Erwerber im Hinblick auf die von ihm erwartete Einträglichkeit der Verwendung des Hauses auf den Preis überhaupt nicht ankam. Der Verkauf ist nur Entziehung, wenn der Veräußerer nicht durch den guten Preis, sondern durch eine Verfolgungsmaßnahme dazu bestimmt war).

4. „Eingebüßt." Die Einbuße braucht nicht im Totalverlust zu bestehen. Sie kann bestehen auch in Belastung mit dinglichen (arg. A. 38 S. 1) oder obligatorischen Rechten z. B. mit einer Zwangshypothek für Reichsfluchtsteuer oder Sühneabgabe (arg. A. 38 S. 2), Zwangspacht, Zwangsmiete usw. Im übrigen vgl. Anm. 3.

5. „Trotz begründeter Anwartschaft nicht erlangt." Vorausgesetzt ist, das Nichterlangen eines feststellbaren Vermögensgegenstandes (Anm. 4 zu A. 1); allgemeine Erwerbsaussichten scheiden daher auch nach A. 2 aus. Die Anwartschaft auf den nicht erlangten Gegenstand muß begründet gewesen sein. Diese Voraussetzung ist meist einfach festzustellen, wenn sich eine rechtliche Begründung durch einen formgültigen Vertrag oder Vor- oder Rahmenvertrag erweisen läßt. Dagegen ist fraglich, ob ein bloß tatsächlich begründete Anwartschaft dem Sinn des Gesetzes entspricht. Der nach A. 94 zwar nicht maßgebliche, aber für die Auslegung des deutschen Textes wohl heranziehbare englische Text spricht nur von „legal" (gesetzlicher) exspectancy. Auch passen die Tatbestände des A. 2 (z. B. Wegnahme, Nichterlangen infolge unsittlichen Rechtsgeschäftes oder Bedrohung) auf bloß tatsächliche Anwartschaften nicht und werden deshalb selten feststellbar sein, so daß im allgemeinen nur eine rechtlich begründete Anwartschaft beachtlich sein dürfte. Sollte ausnahmsweise ein Tatbestand der Buchstaben a bis c bei bloß tatsächlicher Anwartschaft sich ereignet haben, so wird Entziehung anzunehmen sein, wenn sich mit einer für die richterliche Überzeugung ausreichenden Sicherheit nachweisen läßt, daß die Erfüllung der Anwartschaft überwiegend durch diesen Tatbestand verhindert wurde.

Die Wiederherstellung verlorengegangener Erbaussichten und Rechte aus Kindsannahme wird im 14. Abschn. (A. 78ff.) besonders geregelt. Rechte, Anwartschaften, die auf einer aus Gründen des A. 1 geschiedenen Ehe beruhten, dürften ausscheiden, da die Entschädigung für die durch derartige Scheidungen und Eheaufhebungen herbeigeführten Schmälerungen vermögensrechtlicher Aussichten durch die Härtemilderungsbestimmung des § 77 des Kontrollratsgesetzes Nr. 16 über die Ehe erschöpfend geregelt ist.

Sonach dürfte die Erwähnung des Nichterlangens trotz (von ein- oder mehrfach bedingtem Recht nicht unterscheidbarer rechtlich) begründeter Anwartschaft neben dem Verlust von Vermögensgegenständen Pleonasmus sein.

6. Einbuße oder Ausfall muß durch einen der unter a bis c aufgeführten Tatbestände verursacht sein, d. h. damit in ununterbrochenem ursächlichen Zusammenhange stehen, doch genügt mittelbare Verursachung. Die Mitwirkung anderer Ursachen, wie mitwirkendes Verschulden des Verfolgten, ist unbeachtlich. Es kann wohl davon abgesehen werden, zu untersuchen, ob der fremdländische Gesetzgeber die deutsch-rechtliche Theorie der adäquaten Kausalität im Auge hat und ob man mit dieser auskommen wird. Darnach muß die Ursache für den Erfolg adäquat, d. h. im allgemeinen und nicht nur unter besonderen eigenartigen, ganz unwahrscheinlichen und nach dem regelmäßigen Verlauf der Dinge außer Betracht zu lassenden Umständen geeignet sein, den Schaden herbeizuführen (RG. 142 S. 388, 154 S. 48, 158 S. 38).

7. „Rechtsgeschäft" ist jede einen Rechtserfolg bezweckende private Willenserklärung. Entziehung ist nicht deshalb ausgeschlossen, weil Einbuße oder Ausfall auf einem Rechtsgeschäft beruht. Dies ist selbstverständlich, soweit es sich um ein einseitiges Rechtsgeschäft gegenüber dem Verfolgten z. B. eine gegen ihn gerichtete Kündigung handelt; sofern darauf die allgemeine Voraussetzung des Schlußhalbsatzes zutrifft, gilt aber auch, wenn das Rechtsgeschäft ein Rechtsgeschäft des Verfolgten selbst war. Es können zwar auch einseitige Rechtsgeschäfte des Verfolgten, die zur Einbuße oder zum Ausfall eines Vermögensgegenstandes geführt haben (z. B. Zustimmung, Kündigung eines Pacht-

vertrages od. dgl.), nicht aus innerlich freiem Willen hervorgegangen, sondern durch eine Verfolgungsmaßnahme herbeigeführt worden sein, im allgemeinen sind aber zweiseitige Rechtsgeschäfte gemeint, weil der bei Rechtsgeschäften über die allgemeine Voraussetzung des Schlußhalbsatzes hinaus vorausgesetzte Verstoß gegen die guten Sitten bei einseitigen Rechtsgeschäften des Verfolgten selbst niemals, bei einseitigen Rechtsgeschäften ihm gegenüber selten vorliegen wird. Nicht gegen die guten Sitten verstoßende insbesondere einseitige Rechtsgeschäfte des Verfolgten, die eine Vermögenseinbuße zur Folge gehabt haben, können ihrerseits aber durch Drohung oder unerlaubte Handlung verursacht gewesen sein, so daß Buchstabe a durch die mittelbare Kausalität der Drohung oder unerlaubten Handlung für die Vermögenseinbuße anwendbar ist.

Der Ton dieser Gesetzesstelle liegt darauf, daß eine mit dem Entziehungstatbestand übereinstimmende, ihn scheinbar oder ernsthaft bezweckende Willenserklärung des Verfolgten den Entziehungscharakter des Tatbestandes nicht ändert.

8. „Gegen die guten Sitten verstoßend." Das Gesetz versteht unter Sittenwidrigkeit, was von je darunter verstanden worden ist, einen Verstoß gegen das Anstandsgefühl aller billig und gerecht Denkenden. Nicht auf die Anschauungen der Mehrheit eines Volkes oder bestimmter Volkskreise kommt es an, was in Zeiten sittlichen Verfalls sich von selbst versteht. Nicht die sittlichen Anschauungen der Gestapo, der SS., der nationalsozialistischen Minderheit, ja nicht einmal die der damaligen Mehrheit des deutschen Volkes sind maßgebend. Entscheiden auch in tatsächlicher Hinsicht die Verhältnisse z. Zt. des Geschäftsabschlusses, so hat doch die sittliche Wertung sich nach den sittlichen Anschauungen z. Zt. des Urteils zu richten. Alles dies wird, obwohl ständiger Rechtsprechung entsprechend, von Abs. 2 noch besonders eingeschärft. Aber auch heute kann das Anstandsgefühl aller billig und gerecht Denkenden leider nicht mit dem Anstandsgefühl aller oder auch nur der Mehrheit identifiziert werden. Was Schiller im Demetrius vom Verstand aussagt, daß er stets nur bei wenigen gewesen sei, trifft leider heute auch auf den Anstand zu. Wenige sind durch die Belastungsprobe des Krieges, der konjunkturellen Versuchungen, der Bedrohung und Bedrückung, der Not hindurchgegangen ohne Schaden an ihrem Anstandsgefühl und ihrer Sauberkeit zu nehmen. Diese Wenigen sind es, auf deren Urteil es ankommt. Es mag sein, daß dies die Auslese ist, die sonst nicht den gültigen Maßstab bildet. Aber höchste Anforderungen zu stellen, dürfte heute das einzige Mittel sein, aus dem Morast des allgemeinen Sittenverfalls herauszuführen.

Unsittlich ist ein Rechtsgeschäft, welches, beurteilt nach diesem Maßstab, in seiner Zusammenfassung von Inhalt, Zweck und Beweggrund unsittlich ist. Der unsittliche Beweggrund allein genügt nicht. Es handelt sich aber bei Verträgen auch um das Verhalten der Parteien gegeneinander. Darum braucht der Verstoß nicht auf beiden Seiten zu liegen, genügt es vielmehr, wenn das durch den Vertragsabschluß geübte Verhalten der einen gegen die andere Seite durch Beweggrund und Zweck gegen die guten Sitten verstoßen hat. Ein objektiv auffälliges Mißverhältnis von Leistung und Gegenleistung allein stempelt das Rechtsgeschäft noch nicht zum unsittlichen, wird andererseits von einem solchen auch nicht vorausgesetzt. Es muß eines gegen das Anstandsgefühl aller billig und gerecht Denkenden verstoßende Gesinnung des einen Teils hinzukommen. Indessen kann auf diese gerade aus einem solchen Mißverhältnis geschlossen werden. Sie ist auch in böswilligem oder grobfahrlässigem Sichverschließen vor der Erkenntnis der Zwangslage des anderen Teils zu erblicken (RG. 150 S. 101 GrZS.). Daß der eine Teil im Hinblick auf die Rasse, Weltanschauung usw. des anderen Teiles sich zu Rechtsgeschäften (ein- oder zweiseitigen) hat bestimmen lassen, welche für jenen eine Härte bedeuteten oder einen Nachteil zur Folge hatten, nur, weil er Angst hatte, gegen den Strom zu schwimmen, und daraus Nachteile für sich selbst besorgte, ohne selbstsüchtig eigene Vorteile aus der Lage des anderen ziehen zu wollen, dürfte noch nicht ausreichen, um das Rechtsgeschäft als unsittlich abzustempeln. Dagegen dürfte die rechtliche Zulässigkeit eines Geschäfts, welches auf dem Entschluß beruht, aus der Notlage des anderen Vorteil zu ziehen (z. B. die Ausübung eines Kannrechts, eines Kündigungsrechtes usw.) den Verstoß gegen das Anstandsgefühl nicht ausschließen. S. auch 18 und 1 zu A. 15.

9. „Sonstige unerlaubte Handlung." Eine Bestimmung des Begriffes unerlaubte Handlung enthält das Gesetz sowenig wie das BGB. Es ist anzunehmen, daß das Gesetz dasselbe darunter verstanden wissen will, was das BGB. darunter versteht, so daß man dessen Kasuistik und Generalklauseln anzuwenden hat. Jedoch dürfte für A. 2 nur eine vorsätzliche unerlaubte Handlung in Betracht kommen; zum Vorsatz genügt auch hier Eventualvorsatz. Unerlaubte Handlung ist sonach die Verletzung des Lebens, des Körpers, der Gesundheit, der Freiheit, ferner des Eigentums oder eines sonstigen Rechtes, die Übertretung eines Schutzgesetzes und die vorsätzliche Schadenszufügung in einer gegen die guten Sitten verstoßenden Weise. Von den zahllosen Möglichkeiten, welche mit einer dadurch entstandenen Einbuße den Entziehungstatbestand erfüllen können, heben wir insbesondere hervor: Mißhandlung, Freiheitsberaubung, Täuschung, Amtsmißbrauch, Amtsanmaßung und Verletzung der Amtspflicht (§ 839 BGB.).

Erwähnenswert erscheint uns die Überlegung, daß von mehreren Tätern der eine Inhaber des Entziehungsgegenstandes und Rückerstattungspflichtiger im Sinne dieses Gesetzes, der andere Mittäter nach § 840 BGB. und Schadensersatzpflichtiger bloß nach BGB. sein kann.

Es ist nicht notwendig, daß die unerlaubte Handlung sich unmittelbar gegen denjenigen gerichtet hat, der die Einbuße erlitten hat. Es ist sehr wohl denkbar, daß seine Einbuße, insbesondere durch psychische Wirkung einer gegen einen Anderen, namentlich nahen Angehörigen verübten unerlaubten Handlung (Freiheitsberaubung, Mißhandlung) herbeigeführt worden ist, auch wenn es sich nicht ausgesprochen um eine Erpressung oder Nötigung handelte.

Aus den unerlaubten Handlungen erwähnt das Gesetz besonders: Drohung und widerrechtliche Wegnahme.

10. „Drohung" ist die Beeinflussung des Willens des Verfolgten durch die Aussicht auf ein Übel, welches der Drohende durch eigene Tätigkeit, sei es unmittelbar, sei es mittelbar durch Einspannung eines Dritten, insbesondere einer Behörde, in dem Falle herbeizuführen in Aussicht stellt, daß der Bedrohte ihm nicht gefügig ist. Es kann sich um eine Drohung mit einem physischen oder wirtschaftlichen oder seelischen Übel insbesondere also auch mit einem Übel handeln, welches unmittelbar einer dem Bedrohten teuren Person zugefügt werden soll. Die Stelle macht keinen Unterschied, ob die Bedrohung von demjenigen, dem die Einbuße oder das Nichterlangen zustatten kam oder von einem Dritten verübt worden ist, wenn der Kausalzusammenhang („infolge") besteht. Dies ist auch dann der Fall, wenn die Drohung nur mittelbar oder zusammen mit anderen Umständen Ursache des Verhaltens des Bedrohten war, soferne sie nur dieses mitbestimmt hat, und die Einbuße bzw. das Nichterlangen durch das so auf die Drohung zurückführbare Verhalten des Bedrohten unmittelbar oder mittelbar herbeigeführt worden ist. Wie bei den Rechtsgeschäften handelt es sich auch hier um einen Fall scheinbaren Konsenses des Verfolgten zur Einbuße.

Voraussetzung dieser Gesetzesstelle ist aber, daß es sich um eine speziell und individuell gegen einen bestimmten Verfolgten gerichtete Bedrohung gehandelt hat. Von der Kollektivbedrohung handelt A. 4.

11. „Widerrechtliche Wegnahme." Es kommt nicht auf die Aneignungsabsicht an, obwohl diese regelmäßig vorgelegen haben dürfte, und auch nicht darauf, ob die Wegnahme unter Anwendung von Gewalt gegen den vermuteten oder wirklich geleisteten Widerstand des Verfolgten oder ohne Gewaltanwendung vor sich gegangen ist, weil ein Widerstand weder geleistet noch erwartet wurde. Ausscheiden dürfte eine bloß heimliche Wegnahme, also ein gewöhnlicher Diebstahl, weil dafür nicht zutreffen kann, daß er durch eine Verfolgungsmaßnahme verursacht war oder eine solche darstellte. Ebenso liegt es bei Plünderungen anläßlich von Bombenangriffen, es sei denn sie geschahen im Vertrauen darauf, daß der Ausgeplünderte aus Gründen des A 1 sein Recht weder suchen noch finden konnte. Wegnahmen im Sinne dieser Gesetzesstelle waren dagegen, wie nicht hervorgehoben zu werden braucht, die im November 1938 im Zusammenhange mit der gegen die Juden angezettelten sogenannten Volkserhebung verübten Plünderungen in jüdischen Geschäften. In dem Begriff der Wegnahme liegt, daß der weggenommene Gegenstand sich im Bereich unmittelbarer Herrschaftseinwirkung des Verfolgten befunden hat. Ein „Abjagen" wird dem Begriff widerrechtlicher Wegnahme noch erfüllen, aber nicht die Aneignung eines von dem Verfolgten auf der Flucht fortgeworfenen Gegenstandes. Gleichwohl ist aber auch ein solcher entzogen, wenn die Verfolgung aus Gründen des A. 1 stattfand, weil sie eine unerlaubte Handlung war und der Verlust oder das Wegwerfen des Gegenstandes ihre Folge gewesen ist. Es handelt sich sogar um schwere Entziehung, im Sinne des A. 30. Daran ändert sich nichts dadurch, daß etwa derjenige, welcher den fortgeworfenen Gegenstand aufhob und behalten hat, nicht an der Verfolgung beteiligt gewesen war und nichts davon wußte, daß sie aus Gründen des A. 1 geschehen ist. Er ist rückerstattungspflichtig nach A. 14 und haftbar nach A. 31; kannte er die Beweggründe der Verfolgung, so war seine unerlaubte Handlung durch eine Verfolgungsmaßnahme verursacht und selbst Entziehung; er haftet dann nach A. 30 (wenn nicht Absatz 1, so Abs. 2; s. dort). Dasselbe gilt in allen Fällen, in welchen sich der Verfolgte eines Gegenstandes zufolge einer gegen ihn gerichteten unerlaubten Handlung freiwillig entäußert und ein Dritter ihn sich angeeignet hat. Die Unterscheidung der Wegnahme von der Unterschlagung, welche keine Wegnahme ist, weil ihr der Eingriff in den fremden Gewahrsam nicht eigentümlich ist, ist in den Fällen unerheblich in welchen die Unterschlagung mit Rücksicht darauf verübt wurde, daß der Geschädigte aus Gründen des A. 1 kein Recht suchen und finden konnte; denn auch in diesem Falle liegt Entziehung vor, weil die Einbuße durch unerlaubte Handlung erlitten ist (Anmerk. 10; aber auch Anm. 18).

Wegnahme ist nicht die bloße Zerstörung oder Beschädigung. Bestand die Verfolgungsmaßnahme in einer solchen, so bleibt es bei den Bestimmungen des bürgerlichen Rechts über Schadenersatz, über welche ja auch dieses Gesetz nicht hätte hinausgehen können. Zwar liegt Entziehung durch unerlaubte Handlung vor, aber die Bestimmungen dieses Gesetzes, welche eine Schadensersatzpflicht vorsehen (A. 30, 31), setzen einen der Zerstörung vorangegangenen Besitzwechsel voraus.

12. „Die Wegnahme durch Staatsakt" ist wesensverschieden von der privaten Wegnahme nach lit. a, wenn auch der nach A. 94 amtliche und deshalb maßgebliche deutsche Text denselben Ausdruck verwendet (im englischen Text heißt es in Buchstabe a: „unlawful taking", dagegen in Buchstabe b „seizure due to a governmental act"). Mit dem Begriff der privaten Wegnahme gemein hat diese Wegnahme, daß auch hier stets ein neues Herrschaftsverhältnis über den Gegenstand bzw. eine neue Inhaberschaft des entzogenen Rechts begründet wird. Aber unter die Wegnahme fällt hier nicht nur eine individuelle gegen einen Einzelnen gerichtete, sondern auch eine allgemeine Wegnahme z. B. die Weisung an die Banken, jüdische Effektendepots an die preußische Seehandlung abzuliefern, auch die gesetzliche Anordnung eigener Ablieferung durch den Verfolgten (Beispiel: die Verordnung zur Abgabe jüdischer Radiogeräte, der gesetzlich angeordnete Depotzwang für jüdische Wertpapiere, welcher der Ablieferung an die Seehandlung vorausgegangen war). Der Ausdruck Wegnahme des deutschen Textes ist daher viel zu eng und eine gänzlich unzulängliche Übersetzung des englischen „seizure". Unbedenklich kann der englische Text herangezogen werden, um die bei der Auslegung des deutschen Textes auftauchenden Zweifel zu beseitigen.

13. Abs. 3 enthält Beispiele der Wegnahme durch Staatsakt. Auch hier macht sich mißlich geltend, daß der amtliche und maßgebliche (A. 94) deutsche Text sich an eine fremdsprachige Vorlage hält und diese ungenau übersetzt hat. Im englischen Text wird in Abs. 3 als dem unter 1b gebrauchten Ausdruck „Seizure due to a governmental act" gleichbedeutend die Wendung „Confiscation by a governmental act" gebraucht und als Beispiele solcher angeführt: Sequestration, noch einmal confiscation, forfeiture (Verfallerklärung) by order (durch Verwaltungsverfügung, -Anordnung) or operation of law (Gesetzgebung) and transfer (Übertragung, Veräußerung) by order of the state (Verordnung, Verwaltungsverfügung) or by a trustee appointed by the state (oder einen staatlich bestellten Treuhänder). Wie erwähnt, kann der englische Text unbedenklich als Grundlage dienen, um Zweifel zu klären, welche der amtliche deutsche Text hervorruft. Es ergibt sich aus ihm, daß „Staatsakt" (govermental act) im weitesten Sinn zu verstehen ist, und daß darunter fallen: Gesetze, Verordnungen, Anordnungen, Erlasse, Verwaltungsverfügungen aller Art und dazu ergangene Anordnungen und Verfügungen (z. B. Eintragung einer Hypothek für Sühneleistung oder Vermögensabgabe der Juden), gleichgültig welcher Rangstufe die Behörde angehört hat, von der sie ausgingen, gerichtliche Beschlüsse (z. B. Zuschlagsbeschlüsse im Verfahren zur Zwangsversteigerung jüdischen Grundbesitzes wegen Judenvermögensabgabe oder Sühneleistung), ja, wie Satz 2 ergibt, auch gerichtliche gegen den Verfolgten ergangene strafrechtliche Entscheidungen, wenn diese mit Vermögenseinziehungen verbunden waren.

Die gesetzlichen Grundlagen für diese Staatsakte waren mannigfaltig. Wir erwähnen insbesondere Beschlagnahme und Verfallerklärung des Vermögens eines ausgewanderten, auf Aufforderung nicht zurückgekehrten Deutschen gem. § 2 G. v. 14. Juli 1933, die VO. über die Sühneleistung der Juden vom

12. 10. 1938 (RGBl. S. 1579) mit § 4 DVO. vom 21. 11. 1938, VO. über den Einsatz jüdischen Vermögens vom 3. 12. 1938 (RGBl. S. 1709) und die auf Grund der ihm schon vorher durch § 7 VO. vom 26. April 1938 (RGBl. S. 414) über die Anmeldung jüdischen Vermögens erteilten Ermächtigung von dem Beauftragten für den Vierjahresplan getroffenen Anordnungen und erlassenen Verordnungen um den „Einsatz des anmeldepflichtigen Vermögens im Einklang mit den Belangen der deutschen Wirtschaft sicherzustellen", schließlich die DVO.en z. ReichsbürgerG., insbesondere § 3 der elften DVO. vom 25. November 1941.

Ob die bei Bewilligung des Transfers erpreßten Opfer und die Abgaben an die Golddiskontobank hierher gehören, welche entrichtet werden mußten, um die Erlaubnis zu erhalten, fahrende Habe mitzunehmen, lassen wir dahingestellt, weil diese Verluste nur ziffernmäßig, aber nicht gegenstandsmäßig feststellbar sind, so daß es sich dabei nicht um feststellbare Vermögensgegenstände handelt.

Strafgerichtliche Beschlüsse und Urteile müssen in einem besonderen Verfahren aufgehoben worden sein, damit die darin ausgesprochenen Einziehungen den Charakter der Entziehung erhalten. Durch die Notwendigkeit dieses Vorverfahrens werden zweifelhafte Fälle, in welchen neben politischen Gründen auch kriminelle Gründe die gerichtliche Entscheidung gestützt haben, den Wiedergutmachungsorganen selbst keine Schwierigkeiten mehr verursachen. Es sind aber in Strafverfahren Maßnahmen im Sinne dieses Gesetzes auch nicht selten ohne gerichtliche Entscheidungen vorgenommen worden, z. B. vielfach gegen Untersuchungshäftlinge. In diesen Fällen liegt wohl immer eine Wegnahme durch Staatsakt vor, wird jedoch das Wiedergutmachungsorgan selbst darüber schlüssig werden müssen, ob eine Verfolgungsmaßnahme vorliegt oder ob ein Akt der legalen Strafrechtspflege. Nicht selten wird es sich dabei aber auch nur um eine unerlaubte Handlung eines Beamten handeln und es wird dann die Frage zu klären sein, ob dieser sich diese gegenüber jedem Häftling herausgenommen hätte oder sich gegen den Häftling nur deshalb herausgenommen hat, weil er voraussetzte, daß dieser als rassisch oder politisch Verfolgter nicht zum Rechte kommen könne. Dasselbe ist über Wegnahme durch die Gestapo zu sagen, nur daß bei diesen die Verfolgungsnatur der Maßnahme oder Beraubungshandlung meist klarer zutage liegen wird. Die Frage, ob die Handlung unter a oder b fällt, kann mit Rücksicht auf A. 30 erheblich sein (s. dort 2c).

14. „Mißbrauch eines Staatsaktes" ist, wie Abs. 4 ergibt, sowohl a) ein mißbräuchlicher Staatsakt als auch b) der Mißbrauch eines Staatsaktes.

Zu a) gibt Abs. 1 des Satzes 4 das Beispiel kath exochen. Danach ist bei Mißbrauch eines Staatsaktes zu denken an gerichtliche oder verwaltungsbehördliche Entscheidungen, Anordnungen, Verfügungen, die zwar nach früher oder nach heute geltendem Recht ergangen sind, deren Begründung überdies mit keinem Wort erkennen zu lassen braucht, daß sie von einem der in A. 1 erwähnten Gründe bestimmt waren, die aber dennoch in Wahrheit nur oder überwiegend aus solchen Gründen getroffen worden sind. Ein Unterschied zwischen diesen mißbräuchlichen Staatsakten und den Staatsakten nach Anm. 13 besteht nicht im Wesen dieser Staatsakte — Staatsakt bleibt Staatsakt — sondern darin, daß in Anm. 13 Staatsakte gemeint sind, welche sich offen gegen bestimmte Bevölkerungskreise richteten, daß dagegen unter Mißbrauch von Staatsakten ein staatliches oder behördliches oder gerichtliches Vorgehen gemeint ist, bei dem der Staatsakt in der Sonderanwendung oder Scheinanwendung allgemeinen Rechts gegen bestimmte Kreise oder einzelne Angehörige bestimmter Kreise bestand.

Wir nennen als Beispiel: Hypothekeneintragung oder Zwangsversteigerung wegen Reichsfluchtsteuer, obwohl die Flucht aus dem ungastlichen Reich nicht freiwillig, sondern erzwungen war; Versagung eines Räumungs- oder Vollstreckungsschutzes und besonders Enteignung nach den landesgesetzlichen Enteignungsgesetzen für gemeinnützige Zwecke, nach dem Reichsleistungsgesetz (nicht aber, wenn die Enteignung im Sinne dieser Gesetze notwendig war), soferne dieses Verfahren aus Ungerechtigkeit gegen einen Juden oder einen politischen Gegner durchgeführt worden ist. Zum Nachweis eines Mißbrauchs von Staatsakten dürfte die bloße Tatsache der Zugehörigkeit des Betroffenen zu einem verfolgten Personenkreis nicht ausreichen. Vielmehr werden vorbehaltlich A. 49, Abs. 2 strengere Maßstäbe an die Beweisführung anzulegen sein, um zu verhindern, daß dem Betrug Tür und Tor geöffnet wird. Wo der Kausalzusammenhang zwischen Rasse- usw. -zugehörigkeit und Staatsakt nicht offensichtlich ist, wird u. U. zu verlangen sein, daß der ehemalige Sachbearbeiter Zeugnis ablegt, da z. B. jeder vom Reichsleistungsgesetz in Anspruch Genommene von sich behaupten kann, daß er Antifaschist gewesen und aus diesem Grunde in Anspruch genommen worden sei.

Bei Inanspruchnahme und Enteignung auf Grund RLG. usw. wurde regelmäßig nach dem Grundsatz verfahren, daß „erst die Juden und die lästigen Ausländer herzuhalten hätten". Wenn nach diesem Grundsatz ohne eigentlichen öffentlichen Notstand Vermögen entzogen und einem nichtjüdischen oder nichtgegnerischen Inländer besonders einem PG. zugewandt wurde, weil dieser seiner bedürftig (z. B. ausgebombt) war, ist das Gesetz ohne weiteres anwendbar und Mißbrauch eines Staatsaktes anzunehmen. Fraglich kann sein, wie zu urteilen ist, wenn bei echtem öffentlichem Notstand der erwähnte Grundsatz lediglich die Reihenfolge der Inanspruchnahme bestimmt hat. Dann dürfte Mißbrauch eines Staatsaktes wohl nur anzunehmen sein, wenn im Einzelfall eine offenbar von Gründen des A. 1 beeinflußte grobe Ungerechtigkeit vorliegt.

15. b) Mißbrauch eines Staatsaktes kann weiter sowohl in der mißbräuchlichen Herbeiführung eines solchen oder mißbräuchlichen Ausnützung eines solchen bestehen. Satz 2 des Abs. 4 führt für beides Beispiele an, indem er von der Erwirkung von Entscheidungen und von der Erwirkung von Vollstreckungsmaßnahmen spricht. Auch hier sind sowohl gerichtliche als auch verwaltungsbehördliche Entscheidungen und Vollstreckungsmaßnahmen gemeint; denn das in Satz 2 im englischen Text angewandte Wort „judgement" ist in Satz 1 sowohl von Gerichten (court) als auch Verwaltungsbehörden (administration agency) gebraucht.

Die Erwähnung, daß die Erwirkung der Entscheidung oder Vollstreckungsmaßnahme „unter Ausnutzung des Umstandes geschehen ist, daß jemand aus Gründen des A. 1 zur Wahrung seiner Rechte tatsächlich oder rechtlich nicht imstande war", ist die Erwähnung eines Beispiels, nicht einer Voraussetzung.

Zu denken ist u. a. an Entscheidungen, die nur deshalb so ausgefallen sind, weil der Verfolgte keinen Anwalt hatte, — so war es den Anwälten im Dritten Reich untersagt, Juden zu vertreten, das Armenrecht wurde Juden nicht gewährt — und infolge des Anwaltszwanges trotz ihrer Anwesenheit im Gerichtssaal ein Versäumnisurteil gegen sich ergehen lassen mußten. Oder der verfolgte

Beklagte oder Kläger wurde aus Gründen des A. 1 in einem KZ. oder in sonstiger Haft festgehalten, so daß er seine Interessen nicht wahrnehmen konnte, oder war gar ums Leben gebracht worden. Es genügt aber auch sonstige tatsächliche Behinderung des Verfolgten bei der Wahrnehmung seiner Rechte, wie die Verkümmerung des rechtlichen Gehörs. Es ist nicht notwendig, daß diese Behinderung ausschließlich ursächlich für das Zustandekommen der Entscheidung oder für die Vollstreckungsmaßnahme war; aber sie muß mitursächlich gewesen und „ausgenutzt" worden sein.

16. „Als nichtig zu behandeln." Während der Gesetzgeber bei Strafurteilen aus den in Anmerkung 12 dargelegten Gründen die Aufhebung in einem besonderen Verfahren verlangt, hat das Wiedergutmachungsorgan die Entscheidung eines Zivilgerichtes oder einer Verwaltungsbehörde, die sich als Mißbrauch eines Staatsaktes im Sinne der Anm. 14 oder 15 darstellt, als nichtig zu behandeln. Dies setzt natürlich zunächst voraus, daß es die Voraussetzung, ob Mißbrauch eines Staatsaktes vorliegt, also das Zustandekommen der Entscheidung oder Verfügung bzw. ihren wahren Grund nachprüft. Dies wird nicht immer leicht sein. Die Beweislast trägt der Verfolgte; aber diese wird ihm durch A. 49 sehr erleichtert. Das Beschwerdegericht hat auch hier sich darauf zu beschränken, nachzuprüfen, ob die Wiedergutmachungskammer auf dem von ihr festgestellten Tatbestand das materielle Recht, insbesondere dieses Gesetz, richtig angewandt hat.

Die Wiedergutmachungsorgane haben die Entscheidung „als nichtig zu behandeln" will — richtig verstanden — etwas selbstverständliches besagen, nämlich daß die Wiedergutmachungsorgane von der Entscheidung, die sich als Staatsaktmißbrauch darstellt, nicht behindert werden, den Rückerstattungsanspruch festzustellen, was deshalb selbstverständlich ist, weil die mißbräuchliche oder mißbräuchlich herbeigeführte Entscheidung ja gerade selbst die Verfolgungsmaßnahme, also ein Teil des Entziehungstatbestandes ist, aus dem der Rückerstattungsanspruch hervorgeht. Offenbar besorgte der Gesetzgeber, es könnte sich das Wiedergutmachungsorgan von der Rechtskraft der Entscheidung irremachen lassen oder dem Verfolgten, wenn er dazu eine Möglichkeit hat, auf das Wiederaufnahmeverfahren verweisen, und hielt es deshalb für nötig, besonders einzuschärfen, was sich schon aus der Natur des Sachverhaltes ergibt, da eben die Entscheidung selbst Entziehungstatbestand ist. Es soll und es kann auch nicht darauf ankommen, ob die Entscheidung rechtskräftig ist oder nicht.

Die vorstehende Auslegung der Worte „als nichtig zu behandeln" steht in Einklang mit dem englischen Text (shall disreguard). Es ergibt sich aus ihr, daß, obwohl die Entziehung auf mißbräuchlichem Staatsakt beruht, die Vorschriften dieses Gesetzes über die Entziehung anzuwenden sind, nicht aber, was die schlechte deutsche Übersetzung glauben lassen könnte, daß die Vorschriften des bürgerlichen Rechts über die Nichtigkeitsfolgen (unter Ausschluß des Schutzes des guten Glaubens) anzuwenden sind, was unter Umständen (z. B. bezüglich des Wiederauflebens der durch einen mißbräuchlichen — etwa unter Versagung des Vollstreckungsschutzes aus rassischen Gründen erteilten — Zuschlag erloschenen Rechte) zu ganz anderen Folgen führen kann. (Während solche Rechte erloschen bleiben, würden sie bei Nichtigkeit des Zuschlags fortbestehen.)

Unsere Auslegung wird weiter auch durch die Überlegung gestützt, daß auch die nach Anm. 12, 13 speziell gegen bestimmte Gruppen gerichtete „Staatsakte" darstellenden Gesetze usw. und die auf ihnen beruhenden Wegnahmen, erstere mangels Aufhebung durch die MilReg., letztere mangels feststellender Entscheidung gemäß A. 15 Abs. 2 zwar Teil eines Entziehungstatbestandes, aber nicht ohne weiteres nichtig sind (falsch: AG. Wiesbaden, SJ. 1946 S. 36).

17. „Wegnahme durch die NSDAP." usw. Hierunter fallen Maßnahmen irgend welcher Art der Parteidienststellen usw., welche sich gegen das Vermögen eines Verfolgten richteten, mochten sie schon im Dritten Reich als ungesetzlich angesehen werden, aber wegen der Allmacht der NSDAP. unangefochten geblieben sein, oder sich auf Staatsauftrag gründen, so daß die Parteidienststellen durch einen solchen Auftrag staatliche Funktionen ausübten.

Haben die Parteidienststellen usw. im Auftrage einer Parteigröße etwas für ihn oder seinesgleichen weggenommen, so dürfte gleichzeitig eine Wegnahme nach c und — durch Annahme mittelbarer Täterschaft nach a vorliegen, was nach A. 30 wichtig ist (s. dort 2 c). Mittelbare Täterschaft nach a ist allerdings auch Mißbrauch eines Staatsaktes nach Abs. 4 Satz 2, so daß die Sonderregelung nicht erforderlich gewesen wäre. Auch hier kann es Fälle gegeben haben, in denen niedere Parteibeamte Wegnahmen im eigenen Interesse verübt haben. Auch dann liegt ein Fall von a vor, was für A. 30 wichtig ist.

Über Wegnahme s. Anmerkung 11.

18. Der Schlußhalbsatz des Abs. 1 stellt klar, daß, wie schon A. 1 ergibt, Vermögenseinbuße und Ausfall nur dann Entziehung sind, wenn sie unmittelbar oder mittelbar mit Gründen des A. 1 zusammenhängen, d. h.: unsittliches Rechtsgeschäft, Drohung, Wegnahme, unerlaubte Handlung, Staatsakt, Mißbrauch eines solchen, Maßnahmen der NSDAP. müssen entweder a) durch eine individuelle Verfolgungsmaßnahme aus den Gründen des A. 1 verursacht oder b) selbst eine solche Verfolgungsmaßnahme gewesen sein.

Regelmäßig wird die Voraussetzung b zutreffen. Die Voraussetzung a (Verursachung durch Verfolgungsmaßnahme, einschließlich Drohung, unerlaubte Handlung, wenn diese auf Gründen des A. 1 beruht, also selbst eine Verfolgungsmaßnahme darstellt) wird hauptsächlich in Frage kommen bei Einbußen und Ausfällen zufolge eigener Entschließung des Verfolgten, doch sind auch, freilich seltene, Fälle denkbar (s. Anm. 11), in welchen eine unerlaubte Handlung, ohne selbst Verfolgungsmaßnahme zu sein, durch eine solche verursacht war.

Wenn der Partner des unsittlichen Rechtsgeschäftes oder Verüber der unerlaubten Handlung nicht aus Gründen des A. 1 gehandelt hat, der Verfolgte aber sich die Einbuße seinerseits aus Gründen des A. 1 im Bewußtsein seiner Rechtlosigkeit oder aus Furcht vor Aufsehen und Entdeckung gefallen ließ, trifft zweifellos für die unerlaubte Handlung weder die Voraussetzung a noch die Voraussetzung b zu, die Voraussetzung a nicht, weil, wenn auch die Einbuße, doch nicht der Tatbestand des Abs. 1 Buchst. a durch eine Verfolgungsmaßnahme verursacht war. Bei einem unsittlichen Rechtsgeschäft könnte man zwar zweifeln, weil es von der Furcht vor Verfolgung mitverursacht war; aber diese erfüllt die Voraussetzung nicht, selbst Verfolgungsmaßnahme zu sein. Daraus ergibt sich für unsittliche Rechtsgeschäfte, daß sie, um die von dem Verfolgten erlittene Einbuße zur Entziehung zu machen, auf Seite seines Gegenparts einen ursächlichen Zusammenhang ihres unsittlichen Gehalts mit Gründen des A. 1 aufweisen müssen.

Es ergibt sich aus dieser Sachlage noch weiter, daß nach A. 2 kein Fall einer Entziehung denkbar ist, ohne daß dem Entzieher der Entziehungstatbestand bekannt war. Dies gilt nicht nur nach Vorstehendem von den persönlichen Voraussetzungen des von der Entziehung Betroffenen, sondern auch von der ihm zugefügten Vermögenseinbuße und dem Mittel ihrer Zufügung. In den Fällen, in welchen Entzieher und Ersterwerber von einander verschieden sind, kommt es nach A. 14 für den eigentlichen Rückerstattungsanspruch nicht darauf an, ob der Ersterwerber die Entziehung, also auch im Falle der Entziehung durch Willensbeeinflussung nicht darauf, ob er letztere kannte; anders bezüglich der Haftbarkeit nach A. 30, 31. Wegen der Entziehung nach A. 4 s. dort Anm. 1, 10

Ein Entziehungstatbestand nach A. 2 setzt mehr voraus, als nur, daß er nicht ohne die Herrschaft des Nationalsozialismus und seinen physischen und ökonomischen Vernichtungskrieg gegen Andersdenkende oder von ihm Verfemte möglich gewesen wäre (vgl. A. 4).

Den Zusammenhang mit Gründen des A. 1 hat vorbehaltlich A. 49 Abs. 2 der Berechtigte zu beweisen (a. A. Muller, Anm. 4 k zu A. 1).

19. Abs. 2. S. Anm. 8.

Artikel 3

[1, 11] Entziehungsvermutung

1. Zugunsten eines Berechtigten wird vermutet [1, 9, 11], daß ein in der Zeit vom 30. Januar 1933 bis 8. Mai 1945 abgeschlossenes Rechtsgeschäft [2] eine Vermögensentziehung im Sinne des Artikels 2 [1] darstellt:

a) wenn die Veräußerung oder Aufgabe des Vermögensgegenstandes in der Zeit der Verfolgungsmaßnahmen [4] von einer Person vorgenommen worden ist, die Verfolgungsmaßnahmen aus Gründen des Artikels 1 unmittelbar ausgesetzt war [3],

b) wenn die Veräußerung oder Aufgabe eines Vermögensgegenstandes seitens einer Person vorgenommen wurde, die zu einer Gruppe von Personen gehörte, welche in ihrer Gesamtheit aus den Gründen des Artikel 1 durch Maßnahmen des Staates oder der NSDAP. aus dem kulturellen und wirtschaftlichen Leben Deutschlands ausgeschaltet werden sollte [5].

2. [6] Vorausgesetzt, daß keine anderen Tatsachen [10] für das Vorliegen einer Entziehung im Sinne des Artikels 2 sprechen [10], kann die Vermutung des Absatzes 1 durch den Beweis widerlegt

werden, daß dem Veräußerer ein angemessener Kaufpreis[7] bezahlt worden ist. Dieser Beweis allein widerlegt jedoch die Vermutung nicht, wenn dem Veräußerer aus den Gründen des Artikels 1 das Recht der freien Verfügung über den Kaufpreis verweigert worden ist[8].

3. Ein angemessener Kaufpreis im Sinne dieses Artikels ist derjenige Geldbetrag, den ein Kauflustiger zu zahlen und den ein Verkaufslustiger anzunehmen bereit wäre[7], wobei bei Geschäftsunternehmen der Firmenwert (good will)[7] berücksichtigt wird, den ein solches Unternehmen in den Händen einer Person hätte, die Verfolgungsmaßnahmen aus den Gründen des Artikels 1 nicht unterworfen war[7].

1. Der Verfolgte, der eine der Entziehung entsprechende, ihr zustimmende Willenserklärung abgegeben hat, hat gegen sich den Schein, daß er mit der Vermögenseinbuße einverstanden gewesen sei. Deshalb kommt ihm das Gesetz in diesem Falle mit einer Rechtsvermutung zu Hilfe. Sie bezieht sich auf Rechtsgeschäfte, welche die Veräußerung oder Aufgabe eines Vermögensgegenstandes oder einer begründeten Anwartschaft (s. 5 a. E. zu A. 2) betrafen, und besteht darin, daß vermutet wird, das Rechtsgeschäft sei im Zusammenhang mit Gründen des A. 1 nach Beweggrund oder Zweck der Gegenseite unsittlich oder durch eine gegen den Verfolgten individuell gerichtete Drohung oder unerlaubte Handlung (z. B. Mißhandlung, Freiheitsberaubung, Täuschung, Amtsmißbrauch, Amtspflichtverletzung) herbeigeführt oder selbst eine Verfolgungsmaßnahme gewesen, d. h. daß vermutet wird, daß eine Entziehung im Sinne des A. 2 (und zwar nach A. 30 also eine schwere Entziehung) vorliegt. Der zur Widerlegung der Vermutung erforderliche Gegenbeweis ist umfänglich enorm und wäre deshalb, zumal es ein negativer Beweis ist, wohl kaum jemals zu führen. Einzusetzen hat dieser Gegenbeweis wohl in erster Linie mit dem Nachweis, daß die allgemeine Voraussetzung einer Verfolgungsmaßnahme nicht gegeben ist, bevor, wenn dieser Nachweis nicht geführt werden kann, die zahllosen Möglichkeiten einer unerlaubten Handlung gegenbeweislich ausgeräumt werden. Bei dieser Beweisnot, in welcher der Gegner des Verfolgten sich befinden müßte, bedeutet es eine wesentliche Erleichterung des gegen die Entziehungsvermutung zugelassenen Gegenbeweises, daß dieser als geführt anzusehen ist, wenn nachgewiesen werden kann, daß ein angemessener Kaufpreis (s. darüber Abs. 3 und die Erläuterungen dazu) gewährt wurde, es sei denn, daß dem Veräußerer die freie Verfügung über den Kaufpreis versagt worden ist, worauf der Erwerber regelmäßig gar keinen Einfluß hatte.

Nachdem die Entziehungsvermutung nur den Gegenbeweis angemessenen und frei verfügbaren Kaufpreises notwendig macht, kann gesagt werden, daß sie auf den Fall unangemessenen und nicht frei verfügbaren Kaufpreises beschränkt ist, dessen Nichtvorliegen freilich der Inanspruchgenommene zu beweisen hat.

Aber auch wenn die durch A. 3 begründete Vermutung einer Individualentziehung nach A. 2 widerlegt wird, besteht bei jüdischen Veräußerern immer noch die (gleichfalls mit einer gesetzlichen unausgesprochenen Vermutung zusammenhängende) Anfechtbarkeit wegen Kollektivdrohung nach A. 4, die zur Fiktion einfacher Entziehung führt.

Die Entziehungsvermutung hat folgende von dem Berechtigten zu beweisende Voraussetzungen:

2. Sie bezieht sich allgemein nur auf Rechtsgeschäfte. Das Rechtsgeschäft muß in der Zeit zwischen der Machtübernahme bis zum Zusammenbruch des Dritten Reiches (das ist vom 30. 1. 1933 bis 8. 5. 1945) „abgeschlossen" worden sein. Das Wort „abgeschlossen" deutet zwar sprachlich auf ein zweiseitiges Rechtsgeschäft hin, jedoch ergibt sich aus dem Wortlaut der lit. a und b, daß dort auch von „Aufgabe" des Vermögensgegenstandes die Rede und sonach, daß auch ein einseitiges Rechtsgeschäft, wie insbesondere Aufgabeerklärung gegenüber dem Grundbuchamt, Zustimmung und Kündigung der Vermutung des A. 3 unterworfen ist.

Zweiseitige Veräußerungsgeschäfte brauchen nicht gegenseitig zu sein. „Rechtsgeschäfte" sind auch Schenkungen und Forderungserlaß, jedoch scheiden solche im Rahmen des A. 5 aus; Anstandsschenkungen sind nach A. 5 S. 2 niemals Entziehung. Treuhandverträge scheiden nach A. 6 aus. Rechtsgültigkeit des Geschäftes ist nicht Voraussetzung der Vermutung, da es nach A. 2 auch unsittlich gewesen sein kann. Aber daß die Vermutung Platz greift, weil der Vermögensverlust rechtsgeschäftlich war, hat der Berechtigte zu beweisen. Lag der Entziehung kein Rechtsgeschäft zugrunde, wie z. B. wenn ein ehrlicher Finder nach den Vorschriften des BGB. an einem von einem Verfolgten auf der Flucht vor seinen Häschern weggeworfenen Brilliantring, Eigentum erworben hat, so greift die Vermutung des A. 3 nicht ein. Damit ist nicht gesagt, daß in diesem Beispiel der Ring nicht doch nach A. 2 entzogen ist, da die Verfolgung eine unerlaubte Handlung gewesen ist und die Vermögenseinbuße in ursächlichem Zusammenhang damit stehen kann. Aber es hat in diesem Falle der Verfolgte alle Voraussetzungen der Entziehung zu beweisen.

Die Voraussetzung, daß es sich um ein Rechtsgeschäft in der Zeit des Dritten Reiches gehandelt hat, hat der Veräußerer des Gegenstandes, um im übrigen die Entziehungsvermutung zu genießen, zu beweisen.

Er hat ferner zu beweisen

3. entweder a, daß er unmittelbar Verfolgungsmaßnahmen ausgesetzt gewesen ist und daß er die Veräußerung oder Aufgabe des Vermögensgegenstandes in der Zeit der Verfolgungsmaßnahmen vorgenommen hat. Der Sinn des Wortes „unmittelbar" ist nicht unzweifelhaft. Es kann bedeuten, daß die Vermutung eine unmittelbar bevorstehende Maßnahme voraussetzt, oder, daß diese gegen den Verfolgten speziell gerichtet war, oder endlich beides. Den Sinn des Wortes aus dem Gegensatz zum allgemein Bedrohtsein durch die Zugehörigkeit zu einer kollektiv bedrohten Gruppe abzuleiten, ist nicht möglich, denn dieser Gegensatz besteht nur für die jüdische Gruppe und Zugehörigkeit zu dieser begründet nach b die Entziehungsvermutung, so daß der Gegensatz für unsere Frage auch für die Juden nichts hergibt. Angesichts dessen, daß der Zweifel sonach hauptsächlich für die politisch Verfolgten bedeutungsvoll ist, entscheiden wir uns aus praktischen Erwägungen dafür, daß „unmittelbar" bedeutet, daß es sich um eine nahe bevorstehende gegen den Veräußerer speziell gerichtete Verfolgungsmaßnahme, wie z. B. Verhaftung, Abtransport usw. gehandelt haben muß. Daß sie nahe bevorstand, kann sich aus den Umständen, wie etwa aus wiederholten Vorladungen vor die Geheime Staatspolizei oder aus einem

Eintrag in deren Listen ergeben. Die Richtigkeit dieser Auslegung ergibt sich auch aus Anm. 4.

4. Der deutsche Text rührt dieselben Zweifel auf hinsichtlich der Bedeutung der weiteren Voraussetzung, daß die Veräußerung oder Aufgabe in der Zeit der Verfolgungsmaßnahmen vorgenommen worden sein muß. Ist darunter die gesamte Zeit des Terrors gemeint und ist dies sonach nur eine Wiederholung der schon nach Anm. 2 bestehenden allgemeinen Voraussetzung, daß das Rechtsgeschäft während der Dauer des Dritten Reiches abgeschlossen worden sein muß, oder ist eine besondere Zeit der Verfolgungsmaßnahmen innerhalb dieser Schreckenszeit gemeint?

Der englische Text sagt: „made during a period of persecution by any person who was directly exposed to persecutory measures". An Hand dieses Textes legen wir den amtlichen (A. 94) deutschen Text folgendermaßen aus: „Wenn eine Person, die unmittelbar Verfolgungsmaßnahmen ausgesetzt war, in der Zeit einer Periode gegen sie gerichteter Verfolgungsmaßnahmen einen Vermögensgegenstand veräußert oder aufgegeben hat." Es scheiden also Rechtsgeschäfte aus, welche von einer politisch verfolgten Person zu einer Zeit vorgenommen worden sind, als sie noch nicht oder nicht mehr verfolgt wurde.

5. oder b) daß er zu einer Gruppe von Personen gehört hat, welche in ihrer Gesamtheit aus Gründen des A. 1 durch Maßnahmen des Staates oder der NSDAP. aus dem kulturellen oder wirtschaftlichen Leben Deutschlands ausgeschaltet werden sollte. Das waren in erster Linie die Juden, Kommunisten, Freimaurer. Man wird den Kreis nicht allzu weit ziehen dürfen — der Eingang zu A. 4 legt sogar nahe, nur die Juden dazuzurechnen, aber wozu dann die wortreiche Beschreibung? — sonst weiß man nicht mehr, wo man haltzumachen hat und ob man nicht alle Friedensfreunde, Demokraten, Sozialdemokraten, Adelige darunter rechnen soll. Wurden Personen solcher Gruppen, wie etwa auch Bibelforscher, verfolgt, so müssen sie die Voraussetzung von a) (Anm. 3 und 4) dartun. Wenn auch die jüdischen Mischlinge, soweit sie nicht den Juden gleichgestellt waren, zweifellos Entziehungsansprüche haben können, so dürften sie doch nicht die Entziehungsvermutung nach A. 3b in Anspruch nehmen können, wenn auch unbestreitbar ist, daß selbst die Mischlinge 2. Grades aus wichtigen Teilen des kulturellen Lebens, insbesondere dem Schrifttum und dem Beamtentum, ausgeschaltet werden sollten. Aber da sie Verfolgungsmaßnahmen im allgemeinen nicht ausgesetzt waren, würde die gesetzliche Vermutung, daß ihre Rechtsgeschäfte von Verfolgungsmaßnahmen verursacht gewesen sind, der vernünftigen Grundlage entbehren.

Für jüdische Personen des Handelsrechts mit erheblicher jüdischer Beteiligung erhebt sich die Frage, ob die Voraussetzung der Entziehungsvermutung, daß sie aus dem wirtschaftlichen Leben Deutschlands ausgeschaltet werden sollten, nicht erst von dem Zeitpunkt ab als eingetreten anzusehen ist, zu welchem die Registrierung angeordnet wurde.

Man wird auch das Erfordernis aufstellen müssen, daß der Veräußerer seine Zugehörigkeit zu einer solchen Gruppe nicht erfolgreich getarnt hat. Letzterenfalls kann er sich auch jetzt nicht auf diese Zugehörigkeit berufen, die ihm keine Gefahr gebracht hat. Die allgemeine Voraussetzung des Schlußhalbsatzes des Abs. 1 des A. 2 ist durch den Nachweis einer erfolgreichen Tarnung widerlegt. Doch ist es Sache des auf Rückerstattung in Anspruch Genommenen, diese Tarnung zu beweisen, wenn der Veräußerer seine Zugehörigkeit zu einer Verfolgtengruppe bewiesen hat.

6. Eine Entziehungsvermutung erscheint unangebracht, wenn der Veräußerer einen angemessenen Kaufpreis erhalten hat. In diesem von dem auf Rückerstattung in Anspruch Genommenen zu beweisenden Fall sieht daher das Gesetz die Entziehungsvermutung als widerlegt an, wenn nicht etwa der Antragsteller beweist, daß dem Veräußerer aus Gründen des A. 1 das Recht der freien Verfügung über den Kaufpreis verweigert worden ist.

7. Darüber, was ein angemessener Kaufpreis ist, läßt das Gesetz sich authentisch in Absatz 3 aus. Es ist derjenige Kaufpreis, den ein Kauflustiger zu zahlen und ein Verkaufslustiger anzunehmen bereit gewesen wäre. Viel ist mit dieser authentischen Interpretation nicht gewonnen, denn ein Kauflustiger zahlt, so lustig er sein mag, grundsätzlich möglichst wenig, auch wenn sein Interesse an dem Kauf noch so groß ist und läßt sich nur durch ein besonders großes Interesse steigern, wenn der Verkäufer hartnäckig bei einer hohen Preisforderung beharrt und selbst nicht unter Verkaufsdruck steht. Umgekehrt will der Verkäufer, mag es ihm noch so darum zu tun sein, das Objekt loszuschlagen, möglichst viel erzielen, kann aber auch ohne politisch oder rassisch verfolgt zu sein, gezwungen sein, zu jedem Preis zu verkaufen. Immerhin ergibt Abs. 3 — man kann fragen, ob dies rechtspolitisch zu billigen ist — daß nicht nur von dem politischen Druck, den der Veräußerer ausgesetzt gewesen ist, sondern auch von allen übrigen individuellen Umständen auf beiden Seiten abgesehen werden soll, welche die Vertragsteilnehmer bei Bemessung des Kaufpreises bestimmt haben. Nur was jeder beliebige Käufer oder Verkäufer ohne Rücksicht auf besondere persönliche Umstände (ein Kauf- oder Verkaufslustiger) gezahlt oder angenommen hätte, soll schlechthin der angemessene Kaufpreis auch im Falle des individuellen Rechtsgeschäftes sein, das der Veräußerer vorgenommen hat. Dabei soll der Geschäftswert mitberücksichtigt werden, so wie es derartige Kauf- und Verkaufslustige getan hätten, den ein geschäftliches Unternehmen für den Käufer, nicht der geminderte Geschäftswert, den es für den Verkäufer hatte, mit dem, weil er verfolgt (Jude) war, kein früherer Lieferer oder Abnehmer weiter in Beziehung zu bleiben, hat wagen können. Der deutsche Text übersetzt das englische „Good will" zu unrecht, statt mit Geschäftswert (Fasson) mit dem viel engsinnigeren Wort „Firmenwert". Gerade der Firmenwert, der Wert der Firma wird bei Beurteilung der Angemessenheit des Kaufpreises ausscheiden, wenigstens regelmäßig, weil regelmäßig der Erwerber sie nicht fortführen konnte, und unter diesen Umständen auch der typische Kauflustige nichts für die Firma als solche bezahlt hätte.

Bei Grundstücken ist der Stop-Preis der angemessene Kaufpreis. Zwar würde der Verfolgte in sehr vielen Fällen ohne den Druck, unter dem er stand, sein Grundstück zum Stop-Preis nicht verkauft haben (s. Anm. 10); aber „ein Verkaufslustiger", der zu unterstellen ist, würde keinen höheren als den Stop-Preis haben erzielen können, diesen also angenommen haben.

Maßgebend für die Angemessenheit sind natürlich die Verhältnisse zur Zeit des Geschäftes. Der Kaufpreis ist angemessen, der damals von typischen Käufern oder Verkäufern bezahlt und angenommen worden wäre. Es ist also einerseits der Umsatzrückgang eines Handelsgeschäfts zu berücksichtigen, der vor der Veräußerung durch nationalsozialistische Diskriminierung eingetreten war — denn wie konnte billigerweise dem Erwerber zugemutet werden, daß er persönlich den Veräußerer für diese nicht durch ihn zugefügten, in jenes Lebenslage begründeten Schäden hätte entschädigen sollen? — andererseits aber auch die

Aussicht des Erwerbers, daß sich die Umsätze nach dem Besitzwechsel durch die Eigenschaften des Unternehmens selbst (nicht durch den Fleiß und die Tüchtigkeit des Erwerbers) wieder auf die frühere Größenordnung heben würden.

Hat, wie es oft der Fall war, die Preisstelle den vereinbarten Kaufpreis herabgesetzt, so ist der herabgesetzte Kaufpreis nicht angemessen, weil nicht anzunehmen ist, daß die Parteien des damaligen Geschäftes mehr gezahlt und weniger genommen haben, als typische Käufer und Verkäufer getan hätten, es sei denn, daß der vereinbarte Kaufpreis über dem gesetzlichen Stop-Preis lag. War dies nicht der Fall, so pflegte die Herabsetzung mit der Auflage für den Käufer verbunden zu werden, zusätzlich den Betrag der Ermäßigung für einen öffentlichen Zweck zu zahlen. Obwohl der Käufer in diesem Falle gezahlt hat, was angemessen war, so ist dann doch der Kaufpreis, den der Verkäufer erhalten hat, nicht angemessen gewesen und deshalb die Entziehungsvermutung nicht widerlegt. Man kann diesen Fall auch als einen Fall der Anm. 8 auffassen. Transferverluste berühren die Angemessenheit des Kaufpreises nicht.

8. Die Gewährung des angemessenen Kaufpreises reicht indessen dann nicht aus, die Entziehungsvermutung zu widerlegen, wenn der Antragsteller beweist, daß dem Veräußerer aus einem der Gründe des A. 1 das Recht der freien Verfügung über den Kaufpreis verweigert worden ist.

Außer an den am Ende der Anm. 7 erwähnten Fall ist an alle Fälle zu denken, in denen von vornherein eine freie Verfügung über den Kaufpreis auf Grund der über den Veräußerer verhängten Vermögensanordnungen für diesen nicht in Frage kam, also u. a., wenn der Kaufpreis auf ein gesperrtes Bankkonto eingezahlt werden mußte, oder wenn der Verkäufer nach seiner Auswanderung durch seinen Bevollmächtigten auf Betreiben des Finanzamtes verkaufte, welches die Reichsfluchtsteuer aus dem Grundstücke beitrieb, erst recht, wenn das Finanzamt das Grundstück versteigern ließ. Haben gar amtliche oder parteiamtliche Stellen das Grundstück erworben, so wurde dem Veräußerer natürlich niemals eine Verfügung über den Kaufpreis gestattet. Die allgemeine devisenrechtliche Behinderung, über den Kaufpreis durch Überweisung oder Mitnahme nach dem Ausland zu verfügen, kommt dagegen als Verfügungsverweigerung nicht in Frage, weil sie nicht auf Gründen des A. 1 beruht hat, mag auch gerade sie den verfolgten Auswanderer am meisten getroffen haben.

Ist erst nachträglich, nachdem der angemessene Kaufpreis bereits in die freie Verfügung des Veräußerers gelangt gewesen war, diese durch Anordnungen oder Verordnungen beschränkt worden, so ist die Entziehungsvermutung gleichwohl dadurch widerlegt, daß ein angemessener Kaufpreis bezahlt war und in die freie Verfügung des Veräußerers gelangt ist. Die spätere Verfügungsbeschränkung ist unbeachtlich. Würde man so weit gehen, im Falle nachträglicher Beschlagnahme, des Eintritts von Transferverlusten usw. die freie Verfügbarkeit zu verneinen, so würde man dem Geschäft einen Charakter verleihen auf Grund von Merkmalen, die ihm selbst nicht anhafteten; denn nicht die Veräußerung hat in solchem Fall die Einbuße dargestellt, diese ist erst später eingetreten. Hier kann nur ergänzende Gesetzgebung helfen.

9. Kann der Nachweis nicht geführt werden, daß ein angemessener Kaufpreis bezahlt wurde, so ist zwar theoretisch denkbar, daß die Entziehungsvermutung auf andere Weise widerlegt, also bewiesen wird, daß das Geschäft nichtsdestoweniger nach Beweggrund und Zweck des Erwerbers nicht unsittlich war, daß keine individuelle Drohung gegen den Veräußerer und auch keine unerlaubte

Handlung gegen ihn oder eine ihm teure Person verübt worden ist, auf welche das Geschäft zurückzuführen ist, daß kein Zusammenhang des Geschäfts mit Gründen des A. 1 bestand (s. 18 zu A. 2 und — entsprechend — A. 4 Abs. 1a), aber praktisch wird dieser Nachweis, und zwar gerade schon im Hinblick auf die Unangemessenheit des Kaufpreises sehr schwer zu führen sein. Häufiger dürfte die Vermutung ausgeräumt werden können, wenn ein angemessener Kaufpreis gewährt wurde, aber für den Veräußerer nicht frei verfügbar war, z. B. wenn das Geschäft der Initiative des Veräußerers entsprang, und er den Käufer um den Abschluß gebeten hat. Überhaupt ist der Einwand unzulässiger Rechtsausübung, d. h. der Einwand, daß rechtlos handelt, wer ein gesetzliches Recht mißbraucht, wie immer so auch gegen den Rückerstattungsanspruch gegeben.

10. Ausnahmsweise soll trotz Gewährung eines angemessenen Kaufpreises die Entziehungsvermutung nicht widerlegt sein, wenn „andere Tatsachen" für eine Entziehung im Sinne des A. 2 sprechen. Da solche andere für die Entziehung nach A. 2 sprechende Tatsachen naturgemäß von dem Antragsteller zu beweisen sind, bedeutet dies nicht, daß trotz des angemessenen Kaufpreises, über den auch dem Veräußerer die freie Verfügung nicht verweigert worden ist, bei Vorliegen besonderer Tatsachen, doch eine Entziehungsvermutung bestehe. Sondern es bedeutet, daß die Entziehungsvermutung nur bei unangemessenem oder nicht in die freie Verfügung des Veräußerers gelangten Kaufpreis besteht, wobei freilich der Inanspruchgenommene Angemessenheit und freie Verfügbarkeit zu beweisen hat, daß aber die Widerlegung der Entziehungsvermutung selbstverständlich nicht ausschließt, daß der Antragsteller beweisen kann, daß die Veräußerung doch eine Entziehung war, z. B. daß er auch zum angemessenen Kaufpreis insbesondere Stop-Preis nicht verkauft hätte, wenn er nicht durch Verfolgungsmaßnahmen (individuelle Bedrohung oder unerlaubte Handlung) dazu bestimmt worden wäre.

11. Wird durch den Nachweis angemessen frei verfügbaren Kaufpreises die Vermutung widerlegt, daß eine Entziehung im Sinne des Artikel 2 vorliege und wird letzteres auch von dem Antragsteller nicht durch andere Tatsachen bewiesen, so bleibt immer noch, wenn der Veräußerer Jude war, die Entziehung wegen Kollektivbedrohung nach A. 4 bestehen.

Artikel 4

[1] Anfechtung

1. Der Berechtigte[2] kann ein Rechtsgeschäft[3], das von einer zur Gruppe des Absatzes 1 b) des Artikels 3 gehörigen Person[4] in der Zeit vom 15. September 1935 (Datum der ersten Nürnberger Gesetze) bis zum 8. Mai 1945 vorgenommen worden ist, wegen der Zwangslage, in der sich diese Gruppe befand[1], anfechten[5], wenn das Rechtsgeschäft die Veräußerung oder Aufgabe eines Vermögensgegenstandes zum Inhalt hatte, es sei denn, daß[6], [9]

a) das Rechtsgeschäft als solches und mit seinen wesentlichen Bestimmungen auch ohne die Herrschaft des Nationalsozialismus abgeschlossen worden wäre[6], [7], oder

b) der Erwerber die Vermögensinteressen des Berechtigten (Artikel 7) oder seines Rechtsvorgängers in besonderer Weise und mit wesentlichem Erfolg, insbesondere durch Mitwirkung bei einer Vermögensübertragung ins Ausland oder durch ähnliche Maßnahmen, wahrgenommen hat[8].

2. Bei der Feststellung, ob nach Absatz 1 a) das Rechtsgeschäft auch ohne die Herrschaft des Nationalsozialismus abgeschlossen worden wäre, können die Tatsachen, daß der Veräußerer den Vermögensgegenstand selbst dem Erwerber angeboten oder daß er einen angemessenen Kaufpreis (Artikel 3 Absatz 3) erhalten hat, ohne daß ihm dabei aus den Gründen des Artikels 1 die freie Verfügung über den Kaufpreis verweigert wurde, zusammen mit anderen Tatsachen in Betracht gezogen werden. Es sollen aber diese beiden Tatsachen, jede für sich allein oder beide zusammen, noch nicht zum Nachweis dafür ausreichen, daß das Rechtsgeschäft auch ohne die Herrschaft des Nationalsozialismus abgeschlossen worden wäre[7].

3. Ebensowenig sollen diese beiden Tatsachen, jede für sich allein oder beide zusammen, zum Nachweis dafür ausreichen, daß der Berechtigte sich durch die Anfechtung in unzulässiger Weise zu seinem oder seines Rechtsvorgängers früheren Verhalten in Widerspruch setzt[9].

4. Der Ausdruck „Rückerstattungsanspruch" im Sinne dieses Gesetzes umfaßt auch das Anfechtungsrecht und die aus diesem folgenden Ansprüche[10]. Die Ausübung des Anfechtungsrechtes hat die Wirkung[5], daß der durch das angefochtene Rechtsgeschäft übertragene oder aufgegebene Vermögensgegenstand als entzogenes Vermögen im Sinne dieses Gesetzes gilt[10, 5].

5. Die Anmeldung eines Rückerstattungsanspruchs gilt als Ausübung des Anfechtungsrechts seitens des Anfechtungsberechtigten ohne Rücksicht darauf, ob in der Anmeldung eine ausdrückliche Anfechtungserklärung enthalten ist[5, 11].

1. Artikel 2 betrifft die Entziehungsfälle, welche sich durch Einzeleinwirkung auf den Verfolgten ereignet haben; A. 3 stellt diesbezüglich eine Vermutung auf. A. 4, der ausschließlich rassisch Verfolgte betrifft, handelt von einer Entziehung durch Kollektiveinwirkung (Bedrohung) auf jene. Auch wo die Vermutung einer Entziehung durch Einzeleinwirkung gemäß A. 3 zwar gesetzlich besteht, aber durch den Nachweis widerlegt worden ist, daß ein angemessener Kaufpreis gewährt wurde, welcher dem Verfolgten zur freien Verfügung gestanden hat, hält für den Fall, daß ein Veräußerungsgeschäft nach dem Beginn der Nürn-

berger Gesetzgebung, d. h. nach dem 15. Sept. 1935, vorgenommen worden ist, das Gesetz die Vermutung aufrecht, daß es auf die in dieser Gesetzgebung liegende Kollektivbedrohung der jüdischen Mitbürger zurückzuführen sei, indem es schlechthin ein solches Geschäft für anfechtbar erklärt. Die Anfechtung hat zur Folge, daß der Gegenstand des angefochtenen Rechtsgeschäftes als entzogen gilt (Fiktion!). Anders wäre es bei einer Anfechtung nach § 123 BGB. wegen Kollektivbedrohung, die das von der Alliierten Kommandantura wegen Verstoßes gegen MilG. 52 aufgehobene Urteil des Kammergerichts vom 29. Oktober 1946 (SJ. 47 S. 275; vgl. auch Kuester „Der BB." 1947, Heft 22, II, Z. 3) für zulässig gehalten hat.

Ebensowenig wie nach § 123 BGB. Voraussetzung der Anfechtbarkeit ist, daß der Geschäftsgegner die Drohung kannte, ist hier, vorbehaltlich Anm. 9, Voraussetzung, daß er wußte oder annehmen mußte, daß sein Kontrahent von den Nürnberger Gesetzen betroffen war.

2. „Der Berechtigte" vergleiche A. 7. Die etwas verzwickte Fassung des Gesetzes scheint die Möglichkeit decken zu wollen, daß der Berechtigte, welchem das Anfechtungsrecht zusteht, ein anderer ist, als derjenige, der durch Rechtsgeschäft ein Vermögensstück veräußert oder aufgegeben hat. Eine solche Personenverschiedenheit kann sich aber nach der gesetzlichen Terminologie gemäß A. 7 nur bei Rechtsnachfolge einstellen. So wenig es glaubwürdig erscheint, ergibt sich daraus, daß auch die Nachfolgeorganisation gemäß A. 10, 11 anfechten kann, aber erst, wenn sie Rechtsnachfolgerin geworden ist (A. 11 Abs. 2), so daß ihre Anmeldung erst am 31. 12. 1948 die von Absatz 5 angeordnete Bedeutung einer Anfechtung erhalten kann. Die Wirkung der Anfechtung tritt dann gegen den Willen desjenigen ein, der das Veräußerungsgeschäft abgeschlossen und den Vermögensgegenstand weggegeben hat, auch wenn dieser bei dem Geschäft, so wie es abgeschlossen ist, stehen bleiben will. Dies ist um so wunderbarer, als wenn die Nachfolgeorganisation sich nicht auf den Anspruch aus A. 16 beschränkt, daraus Verpflichtungen (A. 44) erwachsen können; wir nehmen an, daß die Nachfolge der Organisation auch in solche Verpflichtungen und zwar auch in einem derartigen Fall stattfindet.

3. „Rechtsgeschäfte" vergleiche Anm. 7 und 18 zu A. 2 und Anm. 2 zu A. 3, nur, wenn sie Veräußerung oder Aufgabe eines Vermögensgegenstandes zum Inhalt hatten, aber sowohl zwei- (erst recht nicht bloß gegen-) als auch einseitige (über begründete Anwartschaft s. 1 zu A. 3).

4. Die Fassung des A. 4 läßt stark zu wünschen übrig. Zu den Zweifeln, welche gemäß Anm. 2 entstehen, treten neue dadurch, daß das Rechtsgeschäft von Personen jeder unter A. 3 Abs. 1b fallenden Gruppe soll vorgenommen worden sein können, während doch die Nürnberger Gesetze und die durch sie hervorgerufene Zwangslage nur für die Gruppe der Juden galten. Man wird sich dahin zu entscheiden haben, daß das Anfechtungsrecht nur Juden und ihnen gleichgestellten Mischlingen (nicht auch den Mischlingen 1. oder 2. Grades), für welche keine Kollektivbedrohung bestanden hat, und deren Rechtsnachfolgern zusteht, dagegen nicht auch anderen Verfolgten und deren Rechtsnachfolgern. Über jüdische juristische Personen s. 5 a. E. zu A. 3. (Die nach ihrer Arisierung durch Entziehung der jüdischen Beteiligung an ihnen von diesen vorgenommenen Rechtsgeschäfte sind keinesfalls noch anfechtbar, weil sie nicht mehr in einer Zwangslage vorgenommen worden sind, und können nur von dem Schadensersatzanspruch des Beteiligten nach A. 30, 31 umfaßt werden.) Es ist ferner anzunehmen, daß nur von Juden, die in Deutschland lebten, abgeschlossene Geschäfte anfechtbar sind, weil nur diese durch die Nürnberger Gesetze in einer Zwangslage durch Kollektivbedrohung — der englische Text sagt „duress" — sich befanden.

5. Die Anfechtung erfolgt nach Ziffer 5 ohne besondere Anfechtungserklärung durch Anmeldung eines Rückerstattungsanspruchs, also nicht durch Erklärung unter den Vertragsparteien. Jedoch erklärt das Gesetz eine Anfechtungserklärung außerhalb des Verfahrens gegenüber dem Vertragsgegner nicht für unwirksam.

Die Folge der Anfechtung ist nicht nach allgemeinem bürgerlichem Recht, sondern ausschließlich nach diesem Gesetz zu beurteilen. Sie besteht nicht etwa darin, daß das Rechtsgeschäft als von Anfang an nichtig anzusehen ist (A. 16), sondern daß der durch das Rechtsgeschäft übertragene oder aufgegebene Vermögensgegenstand als entzogen (vgl. A. 15 Abs. 2) gilt, und daß die an dem Tatbestand der Entziehung von diesem Gesetz geknüpften Ansprüche entstehen.

6. Von dem Anfechtungsrecht macht das Gesetz drei Ausnahmen, die kein innerer Wesenszusammenhang miteinander verbindet.

Das Anfechtungsrecht ist erstens ausgeschlossen, wenn das Rechtsgeschäft als solches auch ohne die Herrschaft des Nationalsozialismus abgeschlossen worden wäre. Dies hat der Anspruchsgegner zu beweisen. Gelingt der außer in den nachstehenden Beispielsfällen fast unmögliche Beweis, so steht damit fest, daß die gesetzliche Vermutung, um deretwillen das Anfechtungsrecht begründet ist, einer Kausalität zwischen dem Rechtsgeschäft und der durch die Nürnberger Gesetze geschaffenen Zwangslage, auf dieses Geschäft nicht zutrifft. Mit dem Rechtsgeschäft „als solchem" und „mit seinen wesentlichen Bestimmungen" ist wohl gemeint die Tatsache der Veräußerung, der Kaufpreis und die Zahlungsweise. Es darf keine wesentliche Bestimmung von der Zwangslage beeinflußt gewesen sein.

Beispiel ist unter anderem Lebensunfähigkeit des Betriebs schon vor dem 30. Januar 1933, ferner der Verkauf von Ware durch einen jüdischen Geschäftsbetrieb nach dem 15. Sept. 1935, solange der Betrieb noch jüdisch war.

7. Aber weder das eigene Angebot des Veräußerers noch die Tatsache, daß er einen angemessenen (s. A. 3 Abs. 3) und frei verfügbaren Kaufpreis erhalten hat, ja nicht einmal beides zusammen genügt dem Gesetzgeber, um es als ausgeschlossen erscheinen zu lassen, daß der Verfolgte nicht doch nur infolge der Zwangslage gehandelt hat, unter der er infolge der Nünrberger Gesetze stand. Es müssen noch andere Tatsachen zu diesen beiden hinzukommen, um die Einwirkungen dieser Zwangslage auf den Geschäftsabschluß ausgeschlossen erscheinen zu lassen; z. B. ist denkbar, daß Verhandlungen schon vor Beginn der nationalsozialistischen Herrschaft eingeleitet waren, oder daß der Veräußerer sich schon vordem aus anderen in seinem Interessenkreis liegenden Gründen zur Auswanderung entschlossen hatte, oder daß die Veräußerung geschah zu Zwecken einer Erbauseinandersetzung, welche von einem der beteiligten Erben gefordert wurde, oder gar, ein wohl seltener Fall, daß dem Veräußerer mehr als ein angemessener, daß ihm ein besonders günstiger Kaufpreis gezahlt wurde, der ihn immer zum Verkauf bestimmt hätte.

In dem in Anm. 6 am Ende erwähnten Beispiel wird die Erzielung des angemessenen frei verfügbaren Kaufpreises trotz allem hinreichen müssen, um die Anfechtbarkeit auszuschließen, weil das vom Gesetz weiter geforderte Moment hier darin besteht, daß der jüdische Betriebsinhaber konkurrenzunfähig geworden wäre, wenn er die Erzielung eines mehr als angemessenen Kaufpreises erstrebt hätte; seine im Geschäftsbetrieb abgeschlossenen Geschäfte sind nur dann anfechtbar, wenn er mit Rücksicht auf die antisemitische Tendenz des Nationalsozialismus zu Ausverkaufspreisen verkauft haben sollte, um sein Geschäft abzuwickeln; aber dazu war er schon nach der Wettbewerbsordnung gar nicht ohne weiteres in der Lage.

An dieser Stelle des Gesetzes, wo die Gewährung eines angemessenen Kaufpreises, welche nach A. 3 die Vermutung einer Spezialeinwirkung widerlegt, den Entziehungsanspruch gleichwohl nicht ausschließt, solange die Möglichkeit nicht ausgeschlossen ist, daß die Kollektivbedrohung den Geschäftsabschluß herbeigeführt oder beeinflußt hat, zeigt sich, daß der Entziehungsanspruch kein Schadensersatzanspruch ist und keinen Schaden voraussetzt.

8. Das Anfechtungsrecht ist zweitens ausgeschlossen, wenn der Erwerber, das ist der ursprüngliche Erwerber, die Vermögensinteressen des Berechtigten (A. 7) oder dessen Rechtsvorgängers, mit anderen Worten des Veräußerers in besonderer Weise und mit wesentlichem Erfolg, insbesondere durch Mitwirkung bei einer Vermögensübertragung in das Ausland oder durch ähnliche Maßnahmen wahrgenommen hat.

Diese Ausnahme hat mit der durch die Zwangslage begründeten Vermutung nichts zu tun. Der gesetzgeberische Gedanke scheint hier vielmehr der zu sein, daß das vom Erwerber geübte anständige und loyale, vielleicht sogar Gerechtigkeitssinn entspringende, der Tendenz des Nationalsozialismus entgegengesetzte Verhalten Anerkennung auch von seiten des Veräußerers verdient, der angesichts eines solchen Verhaltens an dem Geschäft nicht rütteln und dem deshalb die Anfechtung des Geschäftes verwehrt sein soll.

Der Ausschluß des Anfechtungsrechtes unter diesem Gesichtspunkt setzt deshalb nicht nur allgemeine Anständigkeit voraus, sondern eine gewisse Beflissenheit, dem Veräußerer zu helfen, etwas, was sonst nicht zu dem von einem loyalen Käufer erwarteten Verhalten gehört. Aber eine Beflissenheit, von welcher der Veräußerer nichts gehabt hat, soll diesem das Anfechtungsrecht natürlich nicht nehmen. Das wäre unbillig, denn er wäre dann ohne einmal besser gestellt gewesen zu sein, nun schlechter gestellt als andere Schicksalsgenossen, und außerdem kann eine erfolglose Beflissenheit ja auch geheuchelt gewesen sein. Das Gesetz verlangt daher einen wesentlichen Erfolg. Mit Recht, wenn man die Interessen des Veräußerers bedenkt. War der Erfolg wesentlich, so braucht weder Umfang noch Weise der Bemühung besonders gewesen zu sein oder richtiger, dieses Erfordernis ist dann nicht recht verständlich, weil kein Vernünftiger für einen Erfolg mehr als erforderlich tut, besonders damals tat, wo jedes Zuviel für den Erfolg, erst recht auch sonst gefährlich war.

Das Gesetz hebt besonders die Mitwirkung bei einer Vermögensübertragung ins Ausland oder eine ähnliche Maßnahme hervor. Damit führt es nur ein Beispiel an. Es kann auch eine Wahrnehmung der Vermögensinteressen des Veräußerers, die weder in einer Mitwirkung bei einer Vermögensübertragung in das Ausland, noch in einer ähnlichen Maßnahme bestanden hat, geeignet sein, das Anfechtungsrecht auszuschließen, wenn durch sie vom Standpunkte des Veräußerers aus ein wesentlicher Erfolg erzielt, d. h. in wesentlichem Umfang Schaden von ihm abgewendet worden ist.

Beachtlich ist, daß hier der Gesetzgeber selbst Devisenverbrechen sanktioniert! Es ist also nicht nur das Anfechtungsrecht nach A. 4, sondern auch die Berufung auf die Nichtigkeit aus § 134 BGB. wegen Verstoßes gegen Devisenvorschriften ausgeschlossen, auch wenn dieser schon bei Geschäftsabschluß zugunsten des Veräußerers verabredet war. Ob in dieser Sanktion auch ein strafrechtlicher Pardon liegt, entscheiden wir nicht.

Daß die geübte Wahrnehmung der Interessen des Veräußerers Inhalt der geschäftlichen Abrede gewesen ist, dürfte den Ausschluß des Anfechtungsrechtes nicht hindern, und nicht erforderlich sein, daß der Erwerber nach Abschluß des Geschäftes spontan aus innerem Antrieb etwas unternommen hat, um dem Veräußerer zu helfen. Wie aber ist es, wenn ein inländischer Vermögensgegenstand gegen einen ausländischen getauscht wurde, z. B. ein in Deutschland lebender jüdischer Handwerker mit einem im Auslande lebenden Handwerker, der nach Deutschland zurücksiedeln wollte, den Betrieb getauscht hat (der Fall ist der Praxis der Verfasser entnommen). Es fehlt hier an der besonderen Wahrnehmung der Vermögensinteressen des Verkäufers, gleichwohl dürfte (s. oben) das Anfechtungsrecht nicht gegeben sein.

Welcher Erfolg als wesentlich anzusehen ist, ist aus dem Gesetz nicht zu entnehmen. Es scheint als solchen jede Übertragung auch nur eines Teiles des jüdischen Vermögens (Kaufpreises) nach dem Ausland zu werten. Es genügt also ein Teilerfolg. Ob dieser wesentlich war, ist nach dem Verhältnis zum Ganzen und nach der Bedeutung zu beurteilen, welche er für Fortkommen und Annehmlichkeit des Veräußerers hatte. Unzweifelhaft kann der Erfolg auch darin bestehen, daß dem Veräußerer der Gegenwert für den hingegebenen Vermögensgegenstand im Inland erhalten wurde.

Angemessenheit des Kaufpreises wird hier nicht unbedingt vorausgesetzt. Auch bei unangemessenem Kaufpreis können die Vermögensinteressen des Veräußerers in besonderer Weise und mit wesentlichem Erfolg durch Mitwirkung bei der Übertragung in das Ausland wahrgenommen worden sein. Wo dem Veräußerer im Ausland zusätzlich Devisen zur Verfügung gestellt werden konnten, wird er auf den Kaufpreis im Inland, der ihm nicht verfügbar wurde, wenig Gewicht gelegt haben.

9. Die Anfechtung ist endlich drittens ausgeschlossen, wenn sie sich als Unrechtsausübung darstellt, weil sie zu dem eigenen Verhalten des Veräußerers in Widerspruch seht. Dies folgt aus allgemeinen Rechtsgrundsätzen, die ewige Geltung haben. Aber nach dem gesetzgeberischen Motiv kann regelmäßig ein Verhalten des Veräußerers nicht in Betracht kommen, welches von der durch die Nürnberger Gesetze für ihn hergestellten Zwangslage beeinflußt gewesen sein kann, es sei denn, der Anspruchsgegner kann durch seine Beweisführung diese Möglichkeit ausschließen. Das Gesetz erwähnt ausdrücklich, daß weder die Angemessenheit des Kaufpreises, die ja überhaupt kein Verhalten ist, noch die Initiative des Veräußerers zum Geschäftsabschluß, noch beides zusammen den Einwand unzulässiger Rechtsausübung (Unrechtsausübung) gegen die Anfechtung begründet. Es wird hauptsächlich ein Verhalten nach Geschäftsabschluß in Frage kommen, durch das der Veräußerer seine Zufriedenheit mit dem Geschäft bekundet hat, insbesondere wenn dies vom Auslande aus geschah, wo er sich in keiner Zwangslage mehr befand. Doch kann auch ein Verhalten bei Geschäftsabschluß in Frage kommen. So wird zwar ein bloßes erfolgreiches Sich-Tarnen nicht ausreichen, um den Einwand der Unrechtsausübung zu begründen, wohl aber ein Leugnen auf Befragen.

10. Welche „Ansprüche“ aus dem Anfechtungsrecht folgen sollen, verrät das Gesetz nicht. Es ergibt sich aus ihm ausschließlich, daß der veräußerte Vermögensgegenstand als entzogen gilt, woraus dann Ansprüche abzuleiten sind. Die Ansprüche, die aus dem Anfechtungsrecht folgen, sind also die Ansprüche aus der Entziehung (A. 14, 16, 26, 29, 30, 31, 32).

11. Über die Anmeldung durch die Nachfolgeorganisation als Anfechtung s. Anm. 2.

Artikel 5

[1, 5] Schenkungen

Hat ein aus den Gründen des Artikels 1 Verfolgter[2] in der Zeit vom 30. Januar 1933 bis zum 8. Mai 1945 einem anderen Vermögensgegenstände unentgeltlich überlassen[2], so wird vermutet[3], daß keine Schenkung, sondern eine Verwahrung oder ein Treuhandsverhältnis vorliegt[2]. Die Vermutung gilt nicht[4], soweit nach den persönlichen Beziehungen zwischen dem Überlassenden und dem Empfänger das Vorliegen einer Anstandsschenkung[1] naheliegt[1]; ein Rückerstattungsanspruch ist in diesem Falle nicht gegeben[4].

1. Schenkungen (auch Forderungserlaß) sind Veräußerungsgeschäfte. Unter den Voraussetzungen des A. 3 gilt bezüglich ihrer die Vermutung der Entziehung, und zwar gemäß A. 30 schwerer Entziehung. Der Natur der Sache nach kann bei der Schenkung die Entziehungsvermutung durch den Beweis angemessenen Kaufpreises nicht widerlegt werden. Der Beschenkte und sein Nachfolger haben also den sehr schwierigen Gegenbeweis (9 zu A. 3) gegen die Vermutung zu führen. Gelingt er, bleibt die Anfechtbarkeit nach A. 4 (übereinstimmend A. 73 Abs. 2c, arg. e. c).

Anstandsschenkungen (s. auch A. 73 Abs. 2c) sind nach Abs. 2 niemals Entziehungen, können also auch nicht angefochten werden. Das ist selbstverständlich, weil der Schenker dazu eben durch den „Anstand“, nicht durch Gewalt und nicht durch Furcht vor Gewalt bestimmt worden ist. Eine Anstandsschenkung setzt einen bestimmten Anlaß voraus, der für den „Anstand“ Grund zu einer Schenkung an den Beschenkten gibt. Daß eine Anstandsschenkung vorliegt, braucht nur durch den Nachweis entsprechenden Anlasses und entsprechender persönlicher Beziehungen der Beteiligten, welche gleichfalls nach den Regeln des Anstands Schenkungsanlaß sind, wenn auch nicht einziger, in hohem Grade wahrscheinlich gemacht zu werden („naheliegt“). Die persönlichen Beziehungen können verwandtschaftlicher oder bloß freundschaftlicher Art, auch durch geleistete Dienste oder durch Verdienste (z. B. Lebensrettung) hergestellt sein. Natürlich steht dem Verfolgten frei, zu beweisen, daß es sich nicht um eine Anstandsschenkung handelt.

2. „Unentgeltlich überlassen.“ Der Ausdruck ist zu eng und soll wohl alles decken, was eine Schenkung sein könnte, z. B. auch den Forderungserlaß.

Unentgeltliche Vermögensüberlassungen sind Schenkungen, wenn beide Teile darüber einig waren, daß der eine Teil auf Kosten des anderen bereichert werden, etwas aus dessen Vermögen empfangen soll, ohne seinerseits eine gleichwertige Gegenleistung in Sachen oder Diensten zu vollbringen; es gilt dafür an sich, was in Anm. 1 gesagt ist. Aber das Gesetz stellt die Vermutung auf, daß bei unentgeltlichen Vermögensüberlassungen seitens eines Verfolgten — die gesetzliche Bestimmung dieses Begriffes durch A. 7 paßt hier nicht; im übrigen wird nirgends gesagt, was das Gesetz unter einem „Verfolgten" versteht — die Beteiligten keine Schenkung, sondern einen Verwahrungs- oder Treuhandsvertrag, und zwar wohl einen solchen nach A. 6 gewollt haben, um von dem Verfolgten einen Vermögensschaden ganz oder teilweise abzuwenden; dieser folgt den Grundsätzen des allgemeinen Bürgerlichen Rechts das allerdings besondere gesetzliche Vorschriften über den Treuhandvertrag nicht kennt. Man hat also wohl — freilich nur für bewegliche Sachen — §§ 688ff. BGB. anzuwenden, für Grundstücke § 675 bzw. §§ 662ff. BGB. Außerdem gilt A. 6 Abs. 2. Trotz der Verweisung auf das allgemeine bürgerliche Recht handelt es sich (ähnlich wie bei A. 30) im Sinne des A. 57 u. E. um Ansprüche, die unter dieses Gesetz fallen, also im Wiedergutmachungsverfahren zu verfolgen sind.

A. 5 ist auch auf „gemischte" Schenkungen, d. h. solche anwendbar, bei denen zwar ein Entgelt gewährt, aber gemäß bestehender Willensübereinstimmung bewußt weniger gewährt wurde als der wirkliche Wert des Gegenstandes. Man könnte zwar versucht sein zu sagen, bei einer gemischten Schenkung sei die Vermutung eines Verwahrungsvertrages von vornherein widerlegt. Aber das wäre voreilig. Warum sollte nicht auch hier beiderseitige Übereinstimmung darüber möglich und zu vermuten sein, daß der Empfänger des Gegenstandes diesen dem Verfolgten zu gegebener Zeit gegen die gleiche Gegenleistung zurückzugeben haben werde.

3. Die gesetzliche Vermutung kann aber durch den Nachweis widerlegt werden, daß ernsthaft eine Schenkung gewollt war. Je näher Erwerber und Veräußerer einander standen (Gatte oder Abkömmlinge bei Mischehen), desto mehr Wahrscheinlichkeit hat dies. Wenn der Berechtigte eine ernsthafte Schenkung nachweist, tritt die in Anm. 1 geschilderte Lage ein. Ein Nacherwerber des geschenkten Gegenstands ist rückerstattungspflichtig (A. 14) und auf Rückgriffsansprüche (A. 47) angewiesen!! Die Nachfolgeorganisation der A. 10, 11 kann Entziehungsansprüche aus einer Schenkung wegen einer unentgeltlichen Vermögensüberlassung anmelden, wenn sie gleichzeitig nachweist, daß eine Schenkung gewollt war und keine Anstandsschenkung vorliegt.

4. Von den Anstandsschenkungen gilt einerseits die Vermutung nicht, daß sie Verwahrungsverträge gewesen seien; andererseits sind sie aber auch niemals Entziehung. Für sie gelten schlechthin die Bestimmungen des BGB.

5. Wir halten die vorliegende Bestimmung für gänzlich verfehlt. U. E. wäre es richtiger gewesen Schenkungen unter Freunden und Verwandten Schenkungen bleiben zu lassen, und, soweit es keine Anstandsschenkungen waren, den Widerruf zu erleichtern. Nun ist der Beschenkte schon nach Bürgerlichen Recht auf Grund Verwahrungs- oder Treuhandvertrags mit einer Haftbarkeit belastet, die er sich nicht hat träumen lassen, und muß, wenn er den Gegenstand der Schenkung veräußert hat, um sich von dem Vorwurf einer wenigstens bürgerlich-rechtlich unerlaubten Handlung, wenn nicht gar strafrechtlicher

Unterschlagung (Untreue) zu reinigen, den Beweis führen, daß eine Schenkung gewollt war, und, wenn dieser Nachweis gelingt, um seine Haftung für schwere Entziehung (A. 30)! und die Haftung der Nacherwerber des Gegenstandes (A. 14) zu beseitigen, den schweren Gegenbeweis gegen die Vermutung des A. 3 erbringen.

Artikel 6

[1] Verwahrungs- und Treuhandverhältnisse

1. Auf Verwahrungsverträge und treuhänderische Rechtsgeschäfte, die die Abwendung oder Verminderung eines aus den Gründen des Artikels 1 drohenden oder eingetretenen Vermögensschadens bezweckten, finden die Vorschriften des III. bis VII. Abschnitts dieses Gesetzes keine Anwendung[1, 2].

2. Verträge und sonstige Rechtsgeschäfte der in Absatz 1 bezeichneten Art können ohne Rücksicht auf entgegenstehende vertragliche oder gesetzliche Bestimmungen von dem Berechtigten (Artikel 7) jederzeit mit sofortiger Wirkung gekündigt werden[3].

3. Der Verwahrer oder Treuhänder wird nicht mit dem Einwand gehört, daß Verträge und sonstige Rechtsgeschäfte der in Absatz 1 bezeichneten Art gegen ein zur Zeit ihres Abschlusses bestehendes oder später erlassenes gesetzliches Verbot verstoßen, oder daß ein auf Gesetz oder Rechtsgeschäft beruhendes Formerfordernis nicht erfüllt wurde, sofern die Form wegen der nationalsozialistischen Herrschaft nicht eingehalten wurde[4].

1. Verwahrungsverträge und treuhänderische Rechtsgeschäfte, welche ohne jeden Zusammenhang mit einer Verfolgung oder Gefährdung des Treugebers zustande gekommen sind, scheiden von der Anwendung dieses Gesetzes schon mangels dieser Voraussetzung seiner Anwendbarkeit aus (A. 1, A. 2 Abs. 1). Verwahrungsverträge und treuhänderische Rechtsgeschäfte, welche abgeschlossen worden sind, um einen dem Treugeber aus Gründen des A. 1 drohenden Schaden abzuwenden oder zu vermindern, fallen, obwohl durch Verfolgung des Treugebers verursacht, gleichwohl weder unter A. 2 noch A. 4; denn es widerspricht dem Sinn der Entziehung, wenn der Vertraggegner nicht im eigenen Interesse, sondern im Interesse des Verfolgten handelt, gerade, um ihm den Gegenstand — nicht zu entziehen, sondern — zu erhalten. Eine Vermögenseinbuße erleidet der Treugeber durch das Treuhandgeschäft gerade nicht. Daher sind, wie A. 6 Abs. 1 überflüssigerweise besonders feststellt, die Vorschriften des Gesetzes über die aus der Entziehung abzuleitenden Ansprüche (Abschn. III bis VIII) und selbstverständlich auch die Vorschriften über das Verfahren zur Feststellung solcher Ansprüche (Abschnitt IX bis XIII) logisch unanwendbar. Es besteht auch keine Anzeigepflicht nach A. 73, weil die Voraussetzung dieser Gesetzesstelle „die Entziehung", die „Einbuße" nach A. 2 nicht gegeben ist.

Unterschlägt der Verwahrer oder Treuhänder den Treugegenstand, d. h. eignet er ihn sich an, — die Aneignung kann auch in der Verheimlichung vor dem Treugeber bestehen, wenn dies mit dem Willen verbunden ist, die Sache zu behalten (oder begeht er Untreue) —, so liegt darin eine unerlaubte Handlung, durch welche der Treugeber den Vermögensgegenstand einbüßt. Es fragt sich nach A. 2a daher weiter, ob diese von einer Verfolgungsmaßnahme aus Gründen des A. 1 verursacht oder selbst eine solche Verfolgungsmaßnahme war (A. 2 Abs. 1 a. E.). Ersteres ist dann zu bejahen, wenn das Verwahrungs- oder treuhänderische Geschäft durch eine individuelle Verfolgungsmaßnahme gegen den Treuhänder veranlaßt war, letzteres, wenn der Verwahrer oder Treuhänder darauf vertraute, daß der Treugeber aus Gründen des A. 1 sein Recht gegen ihn nicht suchen oder finden könne, und sich durch diese Erwägung zu der Unterschlagung des Treugegenstandes hat bestimmen lassen; bei einiger Weitherzigkeit kann man unter dieser Voraussetzung in der Unterschlagung selbst eine Verfolgungsmaßnahme sehen. In diesen Fällen liegt in der Unterschlagung eine schwere Entziehung im Sinne des A. 2 und des A. 30, dagegen nicht, wenn das Verwahrungs- oder Treuhandgeschäft durch die Kollektivdrohung nach A. 4 veranlaßt gewesen ist, denn dann war die unerlaubte Handlung nicht durch eine individuelle Bedrohung verursacht (A. 2); natürlich kann sie aber unter der schon angegebenen Voraussetzung auch dann selbst eine Verfolgungsmaßnahme gewesen sein. Aber das bloße Vertrauen, daß der Treugeber sein Recht nicht suchen könne, weil er außer Landes gegangen war, wird dazu nicht ausreichen.

Liegt in der Unterschlagung nach dem Vorgesagten eine Entziehung, so hat dies zu bedeuten, daß der Treugeber den Rückerstattungsanspruch gegen den Erwerber des Gegenstandes hat, auch wenn dieser gutgläubig war, insbesonders in einem Falle des A. 5 geglaubt hatte, der Gegenstand seines Erwerbs sei seinem Rechtsurheber geschenkt worden.

Den Anspruch gegen den Treuhänder oder Verwahrer hat der Treugeber in jedem Falle nach allgemeinem Bürgerlichen Recht, den Anspruch gegen den Nacherwerber wird er, wenn der Gegenstand veräußert wurde, in vielen vorbeschriebenen Fällen nach diesem Gesetze haben.

Die Nachfolgeorganisation der A. 10 und 11 kann Ansprüche aus Verwahrungs- und Treuhandverträgen, wie sich aus Vorstehendem ergibt, nur dann durch Anmeldung, sei es gegen den Verwahrer und Treuhänder, sei es gegen den Inhaber, verfolgen, wenn sie gleichzeitig eine Unterschlagungs-(Untreue-)handlung nachweist.

Eigentümerhandlungen, welche der Empfänger einer unentgeltlichen Vermögensüberlassung im Sinne des A. 5 mit deren Gegenstand vorgenommen hat (insbesondere Verfügungen darüber, einschließlich der Veräußerung), — etwa weil er sich in seiner Naivität auf Grund der Zuwendung für den Eigentümer hielt — sind entweder — vom Standpunkt der gesetzlichen Vermutung des A. 5 aus — Aneignung (Unterschlagung, Untreue) oder widerlegen selbst die gesetzliche Vermutung und erbringen den Nachweis einer ernsthaft gewollten Schenkung. Im einen wie im anderen Falle trifft den „Verwahrer wider Willen" — welcher Stoff für eine Komödie! — der Vorwurf schwerer Entziehung; im ersteren Falle muß er noch beweisen, daß keine Verwahrung, sondern ernsthaft eine Schenkung gewollt war, und in beiden Fällen die Vermutung des A. 3 widerlegen! Es zeigt sich daran die Haltlosigkeit des in A. 5 Gesetz gewordenen Einfalls.

Anfechtbar nach A. 4 ist der Verwahrungs- und Treuhandvertrag, weil er keine Veräußerung oder Aufgabe des Gegenstandes der Fiduzia bezweckte, niemals, auch nicht, wenn er durch Einzel- oder Kollektivbedrohung veranlaßt war und auch nicht bei nachfolgender Unterschlagung, weil diese kein Rechtsgeschäft des Treugebers ist. Aus denselben Gründen greift auch die Entziehungsvermutung nach A. 3 nicht Platz, wenn eine Unterschlagung, etwa angesichts unbezweifelbarer Veräußerung des Gegenstandes durch den Treuhänder feststeht. Es läßt sich auch bei Weitherzigkeit nicht begründen, daß durch die Unterschlagung der Verwahrungs- oder Treuhandvertrag, der keine Veräußerung oder Vermögensaufgabe bezweckte, nachträglich ohne Zutun des Fiduzianten zu einem Veräußerungsgeschäft wird (§ 305 BGB.).

2. Von dem erwähnten Fall der Veräußerung und Untreue oder Unterschlagung abgesehen, sind die Ansprüche des Treugebers (Verfolgten) oder seiner Einzel- oder Gesamtrechtsnachfolger ausschließlich nach Bürgerlichem Recht zu beurteilen. Auch aus ihm ergibt sich natürlich der Rückgabeanspruch. Was Herausgabe und Vergütung von Nutzungen, Ersatz von Aufwendungen betrifft, so entscheidet in erster Linie, die Vereinbarung; ist diesbezüglich eine solche nicht getroffen worden, so sind die Vorschriften über Verwahrung oder Auftrag bzw. Dienstvertrag, bei Auftragsüberschreitung die Vorschrift über auftragslose Geschäftsführung, evtl. auch § 281 BGB. anzuwenden. Wenn es auch „wider den Geist", nämlich die Logik ist, auch die Ansprüche aus einem echten Verwahrungs- oder Treuhandvertrag im Sinne der Anm. 1 dem Wiederaufnahmeverfahren zu unterwerfen, so wird dies doch angesichts der Sonderbestimmung des Abs. 2 im Hinblick auf den Wortlaut des A. 57 notwendig und angesichts der in Anm. 1 erörterten Möglichkeit der Entwicklung zu echter Entziehung zweckmäßig sein.

3. Auch die Beendigung des Verwahrungs- oder Treuhandverhältnisses richtet sich nach Bürgerlichem Recht, d. h. nach der Vereinbarung oder den Bestimmungen über Verwahrung, Auftrag, Dienstvertrag. Jedoch räumt davon abweichend Absatz 2 dem Treugeber (nur diesem) oder seinem Rechtsnachfolger das Recht ein, die Beendigung des Treuhandverhältnisses durch fristlose jederzeit statthafte Kündigung herbeizuführen. Wahrscheinlich hätte man auch ohne ausdrückliche gesetzliche Bestimmung dieses Recht zu sofort wirksamer Kündigung als vertragsmäßig ansehen müssen, freilich nur auf Seite des Treugebers, während der Verwahrer oder Treuhänder nicht zur Unzeit und nicht unter Verstoß gegen Treu und Glauben (§ 242) kündigen und sich der vielleicht lästigen Treuhandverpflichtung durch eine Kündigung entziehen kann. Nicht einmal der Treuhänder wider Willen des A. 5 kann mit sofortiger Wirkung kündigen und die Haftung beenden, die er nie hat übernehmen wollen. „Jederzeit" bedeutet, wenn es kein bloßer Pleonasmus ist, daß dem Treugeber das Kündigungsrecht nicht etwa nur innerhalb einer Frist nach Inkrafttreten des Gesetzes zusteht.

Verwunderlich und irreführend ist in Absatz 2 die Verweisung auf den auch nach Abs. 1 gerade unanwendbaren A. 7.

4. War das Geschäft wegen Verbotwidrigkeit (§ 134 BGB.) oder Formlosigkeit (§ 126 BGB.) nichtig, so liegt gleichwohl keine Entziehung nach A. 2 lit. a vor, weil das Geschäft keine Einbuße seines Gegenstandes seitens des Treugebers bezweckte und wegen seiner Nichtigkeit auch noch nicht zur Folge gehabt hat. Es bleibt bei den Vorschriften des Bürgerlichen Rechts und zwar sind in diesem Falle § 812 anwendbar. Hienach könnte der § 814 und insbesondere § 817 der Rückforderung entgegenstehen. Diese Gefahr wird durch Abs. 3 ausgeschlossen.

Dritter Abschnitt

Allgemeine Bestimmungen über die Rückerstattung

Artikel 7

Berechtigter

Der Rückerstattungsanspruch steht denjenigen zu, dem ein Vermögensgegenstand entzogen wurde (Verfolgter)[1] oder seinem Rechtsnachfolger[2], [3].

1. „Rückerstattungsanspruch" ist natürlich in erster Linie der Anspruch auf Rückgewährung des entzogenen Gegenstandes, was freilich im Gesetz nirgends ausdrücklich gesagt ist, der sich nach A. 14 quasi dinglich gegen jeden Inhaber des entzogenen Gegenstandes richtet. Aber das Gesetz versteht an anderen Stellen (A. 55, 56, 57) offensichtlich darunter jeden nach diesem Gesetz aus dem Tatbestand der Entziehung folgenden, zusätzlich gewährten oder an die Stelle des Hauptanspruchs tretenden Anspruch, also den Anspruch auf Zuzahlung (A. 16), Herausgabe des Ersatzes (A. 29), Schadensersatz (A. 30, 31), Herausgabe von Nutzungen (A. 32), auf Wiederbeteiligung (A. 22, 23) und wie A. 4 Ziffer 4 ausdrücklich sagt, auch das Anfechtungsrecht und die „aus ihm folgenden Ansprüche"

Zugunsten der Durchführung und Erfüllung des Rückerstattungsanspruchs und seiner Ausweitungen, auch gemäß einem Vergleich, hat die Militärregierung die allgemeine Genehmigung Nr. 10 auf Grund des Gesetzes Nr. 52 bzw. Nr. 4 auf Grund des Gesetzes Nr. 53 und die allgemeine Genehmigung Nr. 2 auf Grund der AVO. Nr. 1 zum Gesetz Nr. 2 erteilt (im Anhang abgedruckt).

2. „Berechtigter" (vgl. Anm. 5 zu A. 1), Subjekt des Anspruchs ist derjenige, dem ein Vermögensgegenstand entzogen worden ist (über die Entziehungstatbestände s. den ersten Abschnitt A. 1 bis 6) und sein Rechtsnachfolger. Darunter ist nicht nur ein Gesamtrechtsnachfolger, sondern auch ein Einzelrechtsnachfolger, natürlich nicht in den entzogenen Gegenstand auf Grund der Entziehung oder einer Rechtsnachfolge nach dem ersten Erwerber, zu verstehen. Die Einzelrechtsnachfolge kann in den Entziehungsgegenstand stattgefunden haben, wenn etwa der Verfolgte oder sein Erbe ihn nach der Entziehung, ohne unter Druck zu stehen oder sich in der Zwangslage des A. 4 zu befinden, noch einmal veräußert hat, oder in den Rückerstattungsanspruch. Die Nachfolge in diesen kann eine Einzelrechtsnachfolge kraft Gesetzes (z. B. der Nachfolgeorganisation nach A. 11 Abs. 2) oder durch Übertragung (Abtretung) sein; denn

3. der Rückerstattungsanspruch ist nicht nur vererblich, sondern auch veräußerlich, wie sich aus A. 12 und auch aus der allgemeinen Genehmigung der Militärregierung Nr. 10 (Bay. GVBl. 1947 S. 243), 1 b ergibt, wo gesagt wird, daß diese allgemeine Genehmigung freilich gerade für den Abtretungsempfänger nicht gilt.

Artikel 8

[1] Rechtsnachfolger aufgelöster Personenvereinigungen

1. Ist eine juristische Person oder eine nicht rechtsfähige Personenvereinigung[1, 2] aus den Gründen des Artikels 1 aufgelöst oder zur Selbstauflösung gezwungen worden, so kann der Rückerstattungsanspruch, der ihr zustehen würde, wenn sie nicht aufgelöst worden wäre, von einer von der Militärregierung zu bestimmenden Nachfolgeorganisation[3] geltend gemacht werden.

2. Die Vorschriften des Absatz 1 finden auf die in Artikel 9 aufgeführten Gesellschaften und juristischen Personen keine Anwendung[2].

1. Rechtsfähige und nicht rechtsfähige Personenvereinigungen, welche, nachdem sie ihres Vermögens beraubt waren, aufgelöst oder zur Selbstauflösung gezwungen worden sind, sind sozusagen in ein Nichts zerflossen. Die ehemaligen Vertretungsorgane, der Vorstand und die Mitglieder haben sich, wenn sie die schwere Zeit überhaupt überlebt haben, in alle Winde verstreut und sind zu einem gemeinsamen Handeln, das zur Wahrnehmung und Verfolgung des Rückerstattungsanspruchs der ehemaligen Vereinigung erforderlich wäre, nicht mehr in der Lage. Dasselbe gilt von den Stiftungen, die ja als solche niemals Mitglieder, aber einen Vorstand hatten, der gleichfalls in sehr vielen Fällen nicht mehr auffindbar sein wird. Ein Erbe nach einer Personenvereinigung, der den Rückerstattungsanspruch geltend machen könnte, ist der Natur der Sache nach, nicht vorhanden. Deshalb nimmt das Gesetz die Bestimmung einer Nachfolgeorganisation in Aussicht, welche den Rückerstattungsanspruch einer aufgelösten oder zur Selbstauflösung gezwungenen juristischen Person oder nicht rechtsfähigen Personenvereinigung geltend zu machen legitimiert ist.

2. A. 8 gilt nicht für juristische Personen und Personalgesellschaften des Handelsrechtes, für die A. 9 besondere Bestimmungen trifft, sonach für Vereine, die in das Vereinsregister eingetragen sind, nicht rechtsfähige Vereine und Stiftungen. Aber auch juristische Personen des öffentlichen Rechts. Es fallen sonach unter A. 8 auch die Kultusgemeinden, mögen sie als rechtsfähige Vereine des Privatrechts oder juristische Personen des öffentlichen Rechts bestanden haben, insbesondere fallen darunter auch die Logen. Gesellschaften des Bürgerlichen Rechts, die häufig Grundeigentum besessen haben, werden sowohl zweifellos von dem Wortlaut des A. 8 als jenem des A. 9 gedeckt, wenn man dort die Einschränkung: „des Handelsrechts" nur auf „juristische Person" bezieht. Wir glauben, daß für Gesellschaften des bürgerlichen Rechts die Regelung des A. 9 zweckmäßiger ist und unterstellen sie letzterer.

3. Dem Vernehmen nach soll eine Nachfolgeorganisation für die Zwecke des A. 10 im Ausland geschaffen werden. Es ist anzunehmen, daß die Nachfolgeorganisation des A. 8 dieselbe sein wird; denn an die Bestimmung spezieller und individueller Nachfolgeorganisationen für jede einzelne aufgelöste Personenvereinigung zu denken, erscheint deshalb nicht richtig, weil durch die Bestimmung einer solchen speziellen Nachfolgeorganisation ja doch die alte Vereinigung nicht fortgesetzt werden könnte, nachdem deren Mitglieder verstreut sind*).

*) Vgl. ABC. Nr. 3 (Anhang)

Artikel 9

[1] Rechte einzelner Gesellschafter

War[1] eine Gesellschaft oder eine juristische Person des Handelsrechts[1] aus den Gründen des Artikels 1 aufgelöst oder zur Selbstauflösung gezwungen worden, so kann der Rückerstattungsanspruch[2], solange keine Nachfolgeorganisation bestimmt ist[8], von jedem[3, 4] Gesellschafter geltend gemacht werden[5, 6]. Der Rückerstattungsanspruch gilt als zugunsten aller Gesellschafter, denen der gleiche Anspruch zusteht, erhoben[5, 6]. Die Rücknahme des Antrages oder ein Vergleich muß von dem Wiedergutmachungsorgan genehmigt werden, vor dem der Anspruch anhängig ist[6]. Von der Erhebung des Anspruches müssen die anderen bekannten Gesellschafter oder ihre Rechtsnachfolger einschließlich einer gemäß Artikel 10 zuständigen Nachfolgeorganisation[7] benachrichtigt werden[7]. An die Stelle von Gesellschaften, deren Anschrift unbekannt ist, tritt für das Verfahren die Nachfolgeorganisation im Rahmen ihrer Befugnisse nach Maßgabe des Artikels 11[9].

1. Anders als bei juristischen Personen und nicht rechtsfähigen Personenvereinigungen des A. 8, bei denen nur geringfügige Vermögensinteressen der einzelnen Mitglieder im Spiele zu sein pflegen, weil diese durch ihre Zugehörigkeit zu der Vereinigung ihre ideellen Ziele und Anliegen fördern wollten, so daß es genügt, nach ihrer Auflösung die zu bestimmende Nachfolgeorganisation zur Erhebung des Rückerstattungsanspruchs, wo ein solcher überhaupt besteht, weil Vermögen vorhanden war, zu legitimieren, ist es bei den Personalgesellschaften und den juristischen Personen des Handelsrechts. Diese werden ausschließlich zu dem Zwecke ins Leben gerufen, vermögensrechtliche Angelegenheiten ihrer Mitglieder zu besorgen und werden von diesen meist mit beträchtlichem Vermögen ausgestattet. Wo solche aufgelöst oder zur Selbstauflösung gezwungen worden sind (anders als A. 8 gebraucht A. 9 grundlos die dritte Vergangenheit), werden daher meist erhebliche Vermögenswerte entzogen worden sein, und wird sonach ein Rückerstattungsanspruch nicht nur immer bestehen, sondern auch einen beträchtlichen Gegenstand haben. Die Regelung nach A. 8 erscheint deshalb für solche Fälle ungenügend, deshalb trifft A. 9

2. für „Gesellschaften und juristische Personen des Handelsrechts" eine besondere Regelung. Zu den letzteren sind zu zählen: die Aktiengesellschaften, Kommanditgesellschaften auf Aktien, Gesellschaften mit beschränkter Haftung, Gewerkschaften (doch ist der Fall, daß sie jüdisch wäre, wohl bloß theoretisch möglich), Genossenschaften. Zu den Personalgesellschaften zählt die Gesellschaft des bürgerlichen Rechts (s. 2 zu A. 8), die offene Handelsgesellschaft und Kommanditgesellschaft, nicht auch die stille Gesellschaft, bei welcher kein gemeinschaftliches Vermögen vorhanden ist; ist dem Stillen die Einlage entzogen worden, weil er rassisch oder politisch verfemt war, so hat er einen Rückerstattungsanspruch auf Wiederherstellung seines Einlageanspruches, der aber an A. 28 scheitern kann; war der Verfolgte Komplementär und wurde ihm das Geschäft entzogen, so hat er den Rückerstattungsanspruch bezüglich dieses. Waren beide Verfolgte, so ist die Lage für den Stillen folgende: Sein Anspruch kann sich nicht gegen den gleichfalls verfolgten Komplementär richten, wohl aber gegen den Inhaber des Geschäftes. Wir nehmen an, daß er diesen anzumelden hat und sich als Nebenintervenient dem Komplementär anschließen kann, wenn dieser anmeldet, und daß in diesem Falle sein Einlageanspruch auf dem Wege über A. 41 wieder gegen den Komplementär entsteht, daß er aber, wenn weder Komplementär noch Nachfolgeorganisation anmelden sollten, seinen Einlageanspruch vorbehaltlich A. 28 gegen den Inhaber des Geschäftes verfolgen kann. Hat dieser zwischenzeitlich die Einlage aus Mitteln des Geschäftes gemäß irgendeiner Beschlagnahmeverfügung entrichtet, so daß er nach A. 28 frei geworden ist, so dürfte der Stille auch gegen den Komplementär nach A. 41 keinen Anspruch mehr haben, wenn dieser die Rückerstattung des Geschäftes erreicht.

Die Voraussetzung, daß eine juristische Person aufgelöst oder zur Selbstauflösung gezwungen worden ist, liegt dann nicht vor, wenn sie nach ihrer Arisierung (mittels Entziehung der an ihr bestehenden Beteiligungen) von dem Arisör aufgelöst worden ist.

Über Rückerstattungsansprüche s. Anm. 10 und die Erl. zu A. 7.

3. Jeder Gesellschafter ist legitimiert, den Rückerstattungsanspruch zu erheben, nicht nur seinen Anteil nach Maßgabe seiner Beteiligung, sondern den Rückerstattungsanspruch der Gesellschaft. Bei Aktiengesellschaften und Kommanditgesellschaften auf Aktien verblüfft dies zunächst, weil man dabei an eine große Zahl von Gesellschaftern denkt, die demnach alle nebeneinander zur Erhebung des Anspruchs berufen wären. Aber es ist zu bedenken, daß sich Entziehungen von Vermögen aus Gründen des A. 1 ja immer nur bei Gesellschaften ereignet haben können, bei welchen sich große Aktienpakete in einer oder in wenigen Händen befunden haben.

Auch solche Gesellschafter können den Rückerstattungsanspruch erheben, welche selbst nicht verfolgt, aber durch die Entziehung von Gesellschaftsvermögen mitbetroffen waren. Bei Personalgesellschaften werden freilich wohl immer sie die Arisöre gewesen sein, während die verfolgten Gesellschafter aus der Gesellschaft ausschieden so daß bei gemischten Personalgesellschaften die Anwendung des A. 9 wohl nicht leicht jemals praktisch werden kann. Aber bei Aktiengesellschaften ist es vielleicht denkbar, daß nichtverfolgte Minderheitsaktionäre vorhanden waren, die von der Entziehung betroffen worden sind. Auch sie sind gemäß A. 7, 9 legitimiert den Rückerstattungsanspruch der aufgelösten Gesellschaft geltend zu machen, es sei denn, daß sie, was wohl auch die Regel gewesen sein wird, aus dem Geschäftsvermögen anläßlich der Entziehung mit ihrem Willen und ihrer Zustimmung abgefunden worden sind, was aber bei Mischlingen nicht der Fall gewesen sein braucht.

4. Daß der Rückerstattungsanspruch von „Jedem" Gesellschafter geltend gemacht werden kann, bedeutet, daß jeder dazu legitimiert ist. Ob es außerdem bedeutet, daß mehrere oder alle gleichzeitig geltend machen können, ist nicht klar. Da es sich bei der Geltendmachung um „den" Rückerstattungsanspruch (der Gesellschaft) handelt, welcher nicht wohl mehr als einmal geltend gemacht werden kann, kann es unseres Dafürhaltens, wenn er schon erhoben ist, nur zulässig sein, daß weiter legitimierte Gesellschafter dem durch die erste Anmeldung anhängig gewordenen Verfahren als (notwendige) Streitgenossen beitreten. Wird der Anspruch von vornherein von mehreren Gesellschaftern erhoben, so liegt gleichfalls notwendige Streitgenossenschaft vor.

5. Macht ein Gesellschafter den Rückerstattungsanspruch geltend, so gilt er als zugunsten „aller Gesellschafter, denen der gleiche Anspruch zusteht" erhoben. Die Geltendmachung geschieht hier ausschließlich durch Anmeldung nach A. 56 (s. Anm. 6). Die Vorschrift bezweckt den Schutz der nicht am Verfahren beteiligten Gesellschafter gegen den rührigeren Antragsteller. Daß der Anspruch einmal erhoben, zugunsten „aller Gesellschafter" erhoben ist, scheint selbstverständlich zu sein in dem Falle, daß die Gesellschaft selbst nicht wieder ins Leben tritt und keine Nachfolgeorganisation bestimmt wird, im anderen Falle aber dürfte dies zugunsten der Gesellschaft oder der Nachfolgeorganisation geschehen sein. (Die Worte, „denen die gleichen Ansprüche zustehen" sind nach unserer Meinung irreführend, weil der Entziehungsanspruch den Gesellschaftern ja gar nicht zusteht, sondern der Gesellschaft, und sie ihn nur geltend machen dürfen. Der englische Text spricht von „cause of action").

6. Es folgt daraus, daß der Antrag nicht ohne weiteres von dem Antragsteller oder den Antragstellern zurückgenommen werden kann, zumal damit die Gefahr dauernder Fristversäumung (A. 56) verbunden wäre, und daß der Antragsteller, der ja materiell nicht der Berechtigte ist, keinen Vergleich darüber schließen kann. Zurücknahme und Vergleich werden ihm aber mit Genehmigung des zuständigen Wiedergutmachungsorganes gestattet, vor welchem der Antrag gerade schwebt, also der Wiedergutmachungsbehörde oder Wiedergutmachungskammer. Hieraus folgt, daß ein Vergleich außerhalb eines Verfahrens hier nicht möglich ist, wohl auch kein Verzicht und wohl überhaupt keine Geltendmachung; denn die Befugnis der „Geltendmachung" schließt nicht die Befugnis zur Entgegennahme der Leistung ein. U. E. haben die Wiedergutmachungsorgane hier ihrer Pflicht zur Sicherstellung aus A. 52 zu genügen.

7. Um zu vermeiden, daß einer die anderen überrundet, muß vor der Erhebung des Anspruches von dieser Absicht jeder andere Gesellschafter oder sein Rechtsnachfolger benachrichtigt werden, an Stelle eines verstorbenen Gesellschafters also sein Erbe. Erbe kann auch die Nachfolgeorganisation des A. 10 sein. Diese ist auch dann zu benachrichtigen, wenn bloß die Anschrift eines bekannten Gesellschafters unbekannt ist. Ob die Nachfolgeorganisation, welche für die Gesellschaft zu bestimmen ist, identisch ist mit der nach A. 10 zu bestimmenden Nachfolgeorganisation oder ob für jede Gesellschaft nach A. 9 eine besondere Nachfolgeorganisation geschaffen wird, so daß sie in Gestalt dieser sozusagen neu zum Leben erweckt wird, ist nicht klar aus dem Gesetz erkennbar und zur Zeit noch nicht bekannt gegeben; jedoch scheint uns die Fassung des A. 9 (einschließlich „einer" gemäß A. 10 zuständigen Nachfolgeorganisation) für letzteres zu sprechen. Denn wenn die zur Erbschaft nach einem Gesellschafter gemäß A. 10 zuständige Nachfolgeorganisation bestimmt und ihrerseits identisch ist mit der Nachfolgeorganisation, welche den Rückerstattungsanspruch für die Gesellschaft anzumelden hat, so würde die Legitimation der einzelnen Gesellschafter, den Anspruch geltend zu machen, ja gar nicht bestehen (s. 8), so daß die gesetzliche Vorschrift, daß von einer solchen Geltendmachung die Nachfolgeorganisation zu benachrichtigen ist, unverständlich wäre, und außerdem wäre nicht recht verständlich, wieso von dieser Geltendmachung die selbst dazu legitimierte Nachfolgeorganisation nur zu benachrichtigen sein soll*).

*) Vgl. aber jetzt AVO. Nr. 3 (Anhang)

Auch A. 8 Abs. 2 spricht für diese Annahme.

8. Ist eine Nachfolgeorganisation bestimmt, so entfällt die Legitimation der Gesellschafter, den Anspruch zu erheben. Wird sie während eines bereits schwebenden Anmeldeverfahrens bestimmt, so tritt sie an Stelle des oder der Antragsteller in das Verfahren ein.

Hierzu ist jedoch zu bemerken, daß die in dem nach A. 94 maßgeblichen deutschen Text enthaltenen Worte „solange keine Nachfolgeorganisation bestimmt ist" im englischen Text fehlen. Vgl. Anm. 4 zu A. 22.

9. Eine für einen Gesellschafter gem. A. 10 bestimmte Nachfolgeorganisation ist gleichfalls zur Geltendmachung des Rückerstattungsanspruchs ab 10. Mai 1948 legitimiert und tritt am 31. 12. 1948 in die Rechte des Gesellschafters ein, wenn sie, aber nicht auch er, den Anspruch bis dahin angemeldet hat. Von der Anmeldung des Anspruchs durch einen anderen Gesellschafter ist sie zu benachrichtigen.

10. Der Rückerstattungsanspruch wird in der Regel das Unternehmen der aufgelösten Gesellschaft zum Gegenstand haben, eventuell einen Ersatzanspruch oder Ersatzansprüche nach A. 29. Es kann aber auch sein, daß der Anspruch sich in mehrere Ansprüche gegen verschiedene Schuldner aufspaltet, z. B. wenn das Unternehmen nach einer Seite vergeben worden ist, Beteiligungen, welche die aufgelöste juristische Person besaß, nach einer anderen; für letztere gelten dann A. 21—23.

Artikel 10

Nachfolgeorganisation als Erbe von Verfolgten

Im Falle des § 1936 BGB. ist Erbe eines Verfolgten hinsichtlich des gesamten Nachlasses an Stelle des Staates eine von der Militärregierung zu bestimmende Nachfolgeorganisation[1]. Als Nachfolgeorganisation darf weder der Staat, noch eine Gliederung desselben, oder ein gemeindlicher Selbstverwaltungskörper bestimmt werden[2]. Das gleiche gilt für Heimfall-, Anfall- und Rückfallrechte auf Grund sonstiger gesetzlicher Bestimmungen[3].

1. Nach § 1936 BGB. ist der Fiskus des Landes, dem ein Verstorbener zur Zeit seines Todes angehört hat, dessen gesetzlicher Erbe, wenn er, ohne eine Verfügung von Todes wegen getroffen zu haben, weder von einem Verwandten noch einem Ehegatten überlebt wird. Bei der systematischen Ausrottung aller rassisch Verfemten durch den Nationalsozialismus und der von ihm gegenüber politischen Gegnern durchgeführten Sippenhaftung kann dieses sonst selten praktische staatliche gesetzliche Erbrecht sehr leicht aktuell werden. Die Vorschrift schließt es aus und war erforderlich, wollte man nicht den Staat für die von seiner früheren Regierung verübten Verbrechen belohnen, indem man es zuließ, daß ihm die entzogenen Vermögensgegenstände im Wege des Erbganges, sei es durch Konfusion von Rückerstattungsanspruch mit Rückerstattungspflicht erhalten blieben, sei es erst zufielen. Zum gesetzlichen Erben eines ohne Verwandte und ohne Verfügung von Todes wegen verstorbenen Verfolgten ist nicht nur in Ansehung des Rückerstattungsanspruches, sondern überhaupt an Stelle des Staates eine Nachfolgeorganisation berufen.

2. Nach Zeitungsmeldungen soll eine einzige Nachfolgeorganisation bestimmt werden, die „Jüdische Nachfolgeorganisation für Wiedergutmachung" („Jewish Restitution Successor Organisation"), welche zur Geltendmachung aller Ansprüche befugt ist, soweit sie Juden zustanden, und das Gesetz ihr eine solche Befugnis einräumt. Über den Sitz ist zur Zeit noch nichts bekanntgegeben*), auch nicht ob für politische Verfolgte in Aussicht genommen ist, eine Nachfolgeorganisation zu bestimmen, oder ein Bedürfnis hienach verneint wird.

3. Soweit gegenüber einem Verfolgten Heimfall-, Anfall- und Rückfallrechte zugunsten des Staates, einer Gliederung des Staates oder eines gemeindlichen Selbstverwaltungskörpers bestehen, und zwar nicht auch auf Grund vertraglicher, sondern nur auf Grund gesetzlicher Bestimmungen (z. B. § 2 Ziffer 4, 3, §§ 32ff. ErbbaurechtsVO., § 85 Abs. 3 BGB.) tritt die Nachfolgeorganisation an die Stelle des anfallberechtigten öffentlich-rechtlichen Verbandes. Der Rückerstattungsanspruch kann also nicht daran scheitern, daß der entzogene Gegenstand auf Grund eines solchen Rechtes einem öffentlichen Verband zugefallen ist.

Artikel 11

[1] Besondere Rechte der Nachfolgeorganisation des Artikels 10

1. [1] Eine nach Artikel 10 bestimmte Nachfolgeorganisation kann[4], wenn innerhalb von 6 Monaten[2] nach dem Inkrafttreten dieses Gesetzes hinsichtlich eines entzogenen Vermögensgegenstandes kein Rückerstattungsanspruch angemeldet wird[3], diesen bis zum 31. Dezember 1948 anmelden[4] und alle zur Sicherstellung des Vermögensgegenstandes erforderlichen Maßnahmen beantragen[4], [5].

2. Sofern nicht der Berechtigte bis zum 31. Dezember 1948 seinerseits den Anspruch anmeldet[6], erwirbt die Nachfolgeorganisation auf Grund ihrer Anmeldung die Rechtsstellung [8] des Berechtigten. Erst mit diesem Rechtserwerb erlangt sie das Recht, den Anspruch weiter zu verfolgen[7].

3. [8] Die Absätze 1[12] und 2 finden keine Anwendung, soweit der Berechtigte in der Zeit vom 8. Mai 1945 bis zum 31. Dezember 1948 schriftlich[11] und ausdrücklich[11] gegenüber dem Rückerstattungspflichtigen, der zuständigen Rückerstattungsbehörde oder dem Zentralanmeldeamt auf seinen Rückerstattungsanspruch verzichtet hat[8], [9], [10].

---

*) Vgl. jetzt AVO. Nr. 3 (Anhang)

1. Da der Nationalsozialismus nicht nur eine systematische wirtschaftliche Vernichtung, sondern auch eine skrupellose Ausrottung seiner wirklichen und möglichen Gegner und aller von ihm Verfemten betrieben hat, spricht eine hohe Wahrscheinlichkeit dafür, daß eine sehr große Zahl jener, die von der Entziehung betroffen worden sind, samt ihren Leibeserben getötet oder zu Tode gequält worden sind und Rückerstattungsansprüche nicht mehr geltend machen können.

Das Gesetz räumt daher der Nachfolgeorganisation*) nach A. 10, die es an Stelle des Fiskus hilfsweise zu Erben beruft, von vornherein die Legitimation ein, den Entziehungsanspruch anzumelden und Sicherungsmaßnahmen zu beantragen, wenn nicht innerhalb von sechs Monaten nach Inkrafttreten des Gesetzes, d. h. bis zum 10. Mai 1948 angemeldet worden ist, damit die am 31. 12. 48 ablaufende (A. 56) Anmeldungsfrist nicht versäumt werde.

Darüber hinaus sieht es unabhängig von der Erbfolge der Nachfolgeorganisation vor, daß der Rückerstattungsanspruch auf Grund ihrer Anmeldung auf sie übergeht, wenn er nicht von dem bis dahin Berechtigten bis zum 31. 12. 1948 angemeldet worden ist (Abs. 2).

Jedoch gilt dies nach Absatz 3 nicht, wenn der Berechtigte vor dem 31. 12. 48 auf den Entziehungsanspruch verzichtet hat.

Eine Verpflichtung, von ihrer Legitimation Gebrauch zu machen, besteht anscheinend für die Organisation nicht.

Wie die nachstehenden Erörterungen zu diesem Artikel zeigen werden, sind seine Bestimmungen verworren und wohl auch unzulänglich, so daß ihre Ergebnisse hinter dem vermutlich Gewollten zurückbleiben. Aber das Gewollte kommt so wenig erkennbar, geschweige eindeutig zum Ausdruck, daß es nicht möglich ist, über den Wortlaut hinauszugehen.

2. „Innerhalb von sechs Monaten", also bis zum 10. 5. 48.

3. „Wenn kein Rückerstattungsanspruch ..... angemeldet wird." Die Nachfolgeorganisation kann also vom 10. 5. 48 an anmelden, wenn der Berechtigte es bis dahin nicht getan hat. Steht fest, daß sie den Berechtigten nach A. 10 beerbt hat, kann sie natürlich schon früher anmelden.

Verwunderlicherweise enthält das auf Erhaltung und Wahrung des Entziehungsanspruches, selbst wenn kein natürlicher Interessent mehr vorhanden ist, so bedachte Gesetz, keine Bestimmung darüber, woher die Nachfolgeorganisation von der Existenz nicht angemeldeter Ansprüche Kenntnis erhält. Weder hinsichtlich der eingehenden Anzeigen nach A. 79 noch hinsichtlich der eingehenden Anmeldungen ist vorgeschrieben, daß sie der Nachfolgeorganisation nach A. 10 mitzuteilen seien. Trotzdem wird das zu geschehen haben.

4. „Kann anmelden." Die Legitimation zur Anmeldung schließt die Legitimation zur weiteren Beteiligung an dem durch die Anmeldung anhängig gemachten Verfahren zunächst nicht ein (Abs. 2 S. 2). Das Verfahren bleibt also zunächst bis zum 31. 12. 48 in Ruhe und wird gegenstandslos, wenn der Berechtigte vor diesem Tage selbst anmeldet. In diesem Stadium kann die Nachfolgeorganisation, nachdem sie angemeldet hat, nur Anträge stellten, welche die Sicherstellung des entzogenen Vermögensgegenstandes zum Ziele haben.

Die Anmeldung durch die Nachfolgeorganisation wahrt die Anmeldefrist nicht etwa zugunsten des Berechtigten. Dieser muß vielmehr, wenn er vor dem

*) AVO. Nr. 3 (Anhang)

31. 12. 48 auftaucht, selbst anmelden, wie sich aus Abs. 2 und Anm. 12 ergibt. Er tritt nicht einfach in das durch die Anmeldung der Nachfolgeorganisation eingeleitete Verfahren ein (vgl. 9 zu A. 56). Er kann trotz deren Anmeldung, wenn er bei dem Geschäfte stehen bleiben will, noch bis zum 31. 12. 48 einen Vergleich über den Rückerstattungsanspruch schließen und darauf verzichten (beachte aber 5). Darum hat auch nur seine Anmeldung die Bedeutung einer Anfechtung und die Anmeldung der Nachfolgeorganisation erst ab 31. 12. 48, weil sie bis dahin nicht Rechtsnachfolgerin des Verfolgten und demnach nicht Berechtigte im Sinne der A. 7 und A. 4 ist. (Vgl. 2 zu A. 4)

5. „Alle zur Sicherstellung erforderlichen Maßnahmen beantragen." Die Nachfolgeorganisation kann nicht selbst Sicherstellungsmaßnahmen ergreifen, sie ist nicht selbst Wiedergutmachungsorgan, sondern solche nur bei einem Wiedergutmachungsorgan (Wiedergutmachungsbehörde, Wiedergutmachungskammer, Oberlandesgericht A. 2 Abs. 4) beantragen, welches verpflichtet ist, den Entziehungsgegenstand sicher zu stellen, evtl. auch einstweilige Verfügung zu erlassen (A. 52).

6. Soferne nicht der Berechtigte bis zum 31. 12. 48 anmeldet, erwirbt die Nachfolgeorganisation auf Grund ihrer Anmeldung die Rechtsstellung des Berechtigten. Ob die Nachfolgeorganisation Erbin eines verschollenen Berechtigten nach A. 10 geworden ist, mag zweifelhaft bleiben, wenn der Verschollene nicht für tot erklärt wird. Das Gesetz läßt dies darum dahingestellt, trägt aber dafür Sorge, daß hinsichtlich des Rückerstattungsanspruchs die Rechtslage sich klärt. Dieser geht unabhängig von der Erbfolge im Wege gesetzlicher Einzelrechtsnachfolge auf die Nachfolgeorganisation über, wenn sie ihn rechtzeitig angemeldet hat, und er von dem Berechtigten bis zum 31. 12. 48 nicht angemeldet wurde, letzterer auch nicht bis zu diesem Tage (auf Grund Erfüllung oder Vergleichs) ausdrücklich und schriftlich darauf verzichtet hat. Der Rechtsübergang bezieht sich auf die volle Rechtsstellung des Berechtigten. Nicht nur der Rückerstattungsanspruch im eigentlichen und engeren Sinn auf Herausgabe des entzogenen Gegenstandes gegen seinen derzeitigen Inhaber (A. 14), sondern auch alle Neben- und Ersatzansprüche: der wahlweise gegebene Anspruch auf Zuzahlung (A. 16), der Anspruch auf Herausgabe des Ersatzes (A. 29), der Schadensersatzanspruch nach A. 30, 31, der Anspruch auf Herausgabe der Nutzungen (A. 32), die sich aus einer sachlichen oder rechtlichen Veränderung ergebenden Ansprüche nach A. 22, 23, 26 gehen auf die Nachfolgeorganisation über; sie wird zur „Berechtigten" auch im Sinne des A. 44. Indessen erwirbt die Organisation auch nicht mehr als die Rechtsstellung des Berechtigten, diese aber auf Grund ihrer Anmeldung, also rückwirkend bis zu deren Zeitpunkt. Daraus folgt, daß ihr alle Einwendungen (der Erfüllung, des Vergleichs, des Verzichts und Erlasses; s. aber hierzu Anm. 11) und Einreden entgegengesetzt werden können, welche gegenüber dem ursprünglich Berechtigten zur Zeit ihrer Anmeldung begründet waren, die Einwendung schriftlichen und ausdrücklichen Verzichtes gemäß Abs. 3 sogar, wenn er noch nach ihrer Anmeldung vor Ablauf des 31. Dezember 1948 erklärt wurde. Es ist freilich verwunderlich, daß der Berechtigte, der nicht noch vor Ablauf des 31. Dez. 1948 selbst anmeldet, mit befreiender Wirkung für den Verpflichteten nach der Anmeldung durch die Organisation zwar keine Erfüllung mehr annehmen — welche Gefahr für jenen! —, aber den Rechtsübergang durch schriftlichen ausdrücklichen Verzicht hindern kann; er muß also mit der Annahme der ersteren den letztern koppeln.

Der Rechtsübergang ist endgültig. Der Verfolgte und sein Rechtsnachfolger hört auf, Berechtigter zu sein. Berechtigter ist nunmehr die Nachfolgeorganisation. Der Verfolgte oder sein Rechtsnachfolger haben gegen diese weder einen Bereicherungsanspruch noch einen Anspruch aus auftragloser Geschäftsführung.

Es gibt gegen diesen Rechtsübergang auch keine Wiedereinsetzung in den vorigen Stand, da es sich nicht um eine bloße Fristversäumung in einem Prozeßverfahren, sondern um einen materiell-rechtlichen Vorgang handelt. Es kann sein, daß dies sich zuweilen als Härte erweisen wird, so etwa, wenn die Frist dadurch versäumt wurde, daß ein Minderjähriger während des Laufes der Frist einer gesetzlichen Vertretung entbehrte oder ohne Zustimmung des gesetzlichen Vertreters den Anspruch angemeldet oder darauf verzichtet hat. Indessen ist die Nachfolgeorganisation kein Privatinstitut, sondern berufen, die Interessen der Verfolgten zu betreuen. Sie wird in einem solchen Falle die Folgerungen aus dieser ihrer Bestimmung ziehen.

7. Siehe oben Anm. 4.

8. „Abs. 3". Ohne Rücksicht auf eine Anmeldung durch die Nachfolgeorganisation bleibt der Berechtigte, auch wenn er nicht anmeldet, vorläufig noch Subjekt des Anspruchs und deshalb in der Lage, darüber zu verfügen, einen Vergleich darüber zu schließen und ihn durch Vertrag erlassen. Solche Vergleiche und Erlasse bleiben auch wirksam, wenn sie vereinbart wurden, bevor das Gesetz in Kraft war. Sie bedürfen und bedurften keiner Form, wohl aber der Genehmigung nach MilG. 53, wenn der Berechtigte im Ausland wohnt (vorbehaltlich der allg. Genehmigung Nr. 10); eine Kontrolle über den entzogenen Gegenstand nach MilG. 52 betrifft selbstverständlich nur diesen, nicht auch den Rückerstattungsanspruch und eine Verfügung über ihn. Der Berechtigte muß nur acht haben, wenn er solche Verhandlungen nach dem 10. Mai 1948 außerhalb des Verfahrens führt und mit Rücksicht auf sie die Anmeldung unterläßt, daß er den Termin vom 31. 12. 48 nicht versäumt und vor diesem Termin entweder selbst anmeldet oder auf den Anspruch verzichtet; denn er hört rückwirkend bis zur Anmeldung durch die Nachfolgeorganisation (s. 6 u. 11), auf Subjekt des Anspruchs zu sein, wenn er die Frist für die Anmeldung versäumt, und die Nachfolgeorganisation sie wahrt. Ein Verzicht vor dem 8. 5. 45 ist unbeachtlich, wenn er selbst auf Entziehung im Sinne der A. 2, 4 beruht.

9. Der Verzicht hat den materiell-rechtlichen Untergang des Anspruchs zur Folge.

Er ist seiner Natur nach unwiderruflich, weil er, indem er wirksam wird, d. h. dem Adressaten zugeht, eine materiell-rechtliche Veränderung bewirkt. Er kann erklärt werden:

a) durch eine einseitige empfangsbedürftige verfahrensrechtliche Erklärung gegenüber einem Wiedergutmachungsorgan. Das Gesetz erwähnt freilich nur das Zentralanmeldeamt und die zuständige Wiedergutmachungsbehörde. Aber es ist kein durchschlagender Grund erkennbar, warum nicht auch gegenüber der Wiedergutmachungskammer, wenn das Verfahren an diese gediehen ist, der Verzicht sollte wirksam erklärt werden können. Statt „zuständige Wiedergutmachungsbehörde" dürfte wohl zu lesen sein: „örtlich oder instanziell zuständiges Wiedergutmachungsorgan". Ein gegenüber einem örtlich oder instanziell unzuständigen Organ erklärter Verzicht ist wirkungslos, wird aber wirksam, wenn er durch Weiterleitung bei dem zuständigen Organ eingegangen ist.

Auch ohne daß ein Verfahren schwebt, statt einer Anmeldung, kann der Verzicht gegenüber diesen Stellen erklärt werden, wie sich daraus ergibt, daß er nach Abs. 3 den Rechtsübergang auf die Nachfolgeorganisation hindert, der nach Abs. 2 gerade voraussetzt, daß der Berechtigte nicht angemeldet hat, freilich auch eine Anmeldung der Nachfolgeorganisation, aber von dieser braucht der Verzichtende keine Kenntnis zu haben. Es wäre außerdem wohl sinnlos, wenn dieser den Anspruch erst anmelden müßte, um verzichten zu können.

Der Verzicht durch eine Erklärung gegenüber dem zuständigen Wiedergutmachungsorgan ist zwar gleichfalls formgebunden (Anm. 11), folgt aber den Vorschriften über verfahrensrechtliche Erklärungen.

10. oder b) durch eine materiell-rechtliche empfangsbedürftige von der Gegenseite anzunehmende (§ 397 BGB.) Erklärung, auf welche von Anm. 11 abgesehen die einschlägigen Bestimmungen des bürgerlichen Rechts anzuwenden sind. Meist wird sie Bestandteil eines außerhalb eines Verfahrens zustande gekommenen Vergleiches sein, der natürlich zulässig ist (s. 8). Diese materiellrechtliche Erklärung ist nach dem Gesetz gegenüber dem Rückerstattungspflichtigen abzugeben. Da es darunter den derzeitigen „Inhaber der Eigentümerstellung" am entzogenen Gegenstand (A. 14) versteht, wird durch diese Bestimmung eine Reihe von Zweifeln wachgerufen. Betrifft ein Verzicht gegenüber dem Rückerstattungspflichtigen das ganze Bukett von Ansprüchen, das der Gesetzgeber dem Verfolgten überreicht, oder kann dieser daraus eine einzelne Blume hervorziehen und auf den Anspruch gegen den (gutgläubigen) Inhaber auf Rückgewähr verzichten, aber seinen Schadensersatzanspruch aus A. 30, 31 gegen dessen (schlechtgläubige) Vorleute oder auf Herausgabe der Nutzungen (A. 32), seinen Ersatzanspruch nach A. 29 vorbehalten? Letzteres ist das natürliche und u. E. ohne weiteres statthaft. Wie aber umgekehrt? Kann der Berechtigte auf einen dieser Hilfs- und Ersatzansprüche verzichten und sich den Hauptanspruch auf Rückgewähr des entzogenen Gegenstandes gegen den Rückerstattungspflichtigen vorbehalten? Auch dies halten wir für statthaft, wie überhaupt jeden Teilverzicht. Aber soll der Verzicht auf einen solchen Anspruch, der sich gar nicht gegen den Rückerstattungspflichtigen richtet, nichtsdestoweniger gegenüber diesem erklärt werden müssen, wenn er nicht gegenüber einem Wiedergutmachungsorgan ausgesprochen wird, und ein Verzicht gegenüber dem eigentlichen Anspruchsschuldner im Umfang des Abs. 3 wirkungslos sein? Es wäre dies wohl sinnlos. Wenn auch vorauszusetzen ist, daß das Gesetz von Juristen oder doch nicht ohne solche gemacht ist, und von den letzteren, daß sie sich diese Fragen überlegt haben, so daß die Neigung besteht, das Gesetz beim Wort zu nehmen und bei jedem Schritt, der von ihm abweicht, zu zögern, so halten wir doch unsere Auslegung für zulässig.

Zu 9 und 10. Bei einem Teilverzicht geht nur die Reststellung auf die Nachfolgeorganisation über, wenn der Rechtsanspruch nicht rechtzeitig von dem Berechtigten angemeldet wird, und sie die Anmeldung rechtzeitig vorgenommen hat.

Über den Umfang des Verzichts kann angesichts der geforderten Ausdrücklichkeit der Erklärung (s. Anm. 11) kein Zweifel sein.

11. Die Erfordernisse der Schriftlichkeit richten sich nach deutschem Recht. Maßgebend ist also § 126 BGB., eine mildere Vorschrift ausländischen Rechts, wenn die Verzichtserklärung im Auslande abgegeben wird, jedoch dann, wenn sie am Orte der Verzichtserklärung gilt (A. 11 EGBGB.). Letzteres bedeutet nicht, daß mit Rücksicht auf die lex loci von der Schriftlichkeit und Ausdrücklichkeit überhaupt abgesehen werden könnte, wenn die lex loci keine Form für eine solche Erklärung vorschreibt. Denn die Vorschrift ist im Interesse der Nachfolgeorganisation gegeben.

Es genügt nicht, wenn der Verzicht nur im Wege der Auslegung nach §§ 157, 133 BGB. aus dem Schriftstück, das ihn enthalten soll, sei es allein oder in Verbindung mit begleitenden Umständen, ermittelt werden kann. Vielmehr muß er ausdrücklich darin enthalten sein. Sakrale Formeln sind nicht vorgeschrieben.

Welche Wirkung hat ein Verstoß gegen die Vorschrift der Schriftlichkeit und Ausdrücklichkeit? Nach dem Gesetzeswortlaut erstaunlicherweise nicht, daß der Verzicht materiell wirkungslos wäre — das ist auch gegenüber dem Berechtigten bedeutsam, wenn dieser nach dem Verzicht rechtzeitig noch vor Ablauf des 31. Dezember 1948, oder wenn die Nachfolgeorganisation nicht anmeldet —, sondern, daß der Rechtsübergang auf die Nachfolgeorganisation mangels rechtzeitiger Anmeldung des Berechtigten trotz seines Verzichts rückwirkend bis zum Tage ihrer Anmeldung stattfindet. Im übrigen aber ändert sich an dem Grundsatz, daß nicht mehr auf sie übergeht, als die Rechtsstellung des Berechtigten zur Zeit ihrer Anmeldung (s. Anm. 6) u. E. nichts. Dies verkennt u. E. Kuester („Der BB." 1947, Nr. 22).

Für die Annahmeerklärung im Falle der Anm. 10 gilt weder das Erfordernis der Schriftlichkeit noch der Ausdrücklichkeit.

12. Der schriftliche ausdrückliche — nur dieser — Verzicht des Berechtigten nach dem 8. 5. 45 hindert nicht nur den Rechtsübergang zugunsten der Nachfolgeorganisation, ihre materielle, sondern auch ihre formelle, verfahrensrechtliche Legitimation zur Anmeldung und zum Betrieb des Verfahrens. Ein formloser oder schriftlicher, ausdrücklicher oder konkludenter Verzicht vor dem 8. Mai 1945 hindert die formelle Legitimation der Nachfolgeorganisation nicht, wenn der Berechtigte die Anmeldung vor Ablauf des 31. Dezember 1948 unterläßt, ist aber auch ihr gegenüber nach Maßgabe der Anm. 8 beachtlich.

Wenn die Nachfolgeorganisation am 10. 5. 48 mangels einer bis dahin stattgehabten Anmeldung den Rückerstattungsanspruch anmelden will, kann sie nicht gut dadurch daran gehindert sein, daß der Berechtigte nachträglich noch in der Zeit zwischen dem 10. 5. 48 bis 31. 12. 48 einen Verzicht erklärt. Es ist daher unverständlich, wenn Abs. 3 die Anwendung auch des Abs. 1 ausschließt. Die Worte „1. und" sind dahin zu verstehen, daß die Anmeldung der Nachfolgeorganisation durch den Verzicht rückwirkend hinfällig wird.

Artikel 12

Auskunftspflicht von Rechtsnachfolgern

1. Berechtigte, die den Rückerstattungsanspruch mittelbar oder unmittelbar von dem Verfolgten erworben haben, sind auf Anordnung eines Wiedergutmachungsorgans verpflichtet, eine ihnen bekannte Anschrift ihrer Rechtsvorgänger, insbesonders des Verfolgten oder seiner Erben, mitzuteilen oder eine eidesstattliche

Versicherung darüber beizubringen, daß ihnen weder deren gegenwärtige Anschrift noch Anhaltspunkte zu deren Ermittlung bekannt sind.

2. Eine nach Artikel 10 bestimmte Nachfolgeorganisation ist verpflichtet, eine ihr bekannte Anschrift des Berechtigten oder ihr bekannte Anhaltspunkte zur Ermittlung desselben anzugeben oder eine eidesstattliche Versicherung eines gesetzlichen Vertreters darüber beizubringen, daß weder die gegenwärtige Anschrift des Berechtigten noch Anhaltspunkte zur Ermittlung desselben bekannt sind.

Auch wenn der Verfolgte (A. 7) nicht selbst am Verfahren beteiligt ist, sollen, wenn ein Wiedergutmachungsorgan (Wiedergutmachungsbehörde, Wiedergutmachungskammer) es zur Aufklärung des Sachverhaltes für erforderlich hält, alle Mittel, seinen Aufenthalt festzustellen, erschöpft werden. Absatz 1 ergibt die Veräußerlichkeit des Rückerstattungsanspruches.

Während Berechtigte, welche durch Erbgang oder Abtretung unmittelbar oder mittelbar den Rückerstattungsanspruch von dem Verfolgten oder seinem Erben erworben haben, auf Anordnung eines Wiedergutmachungsorganes Auskunft über seine bzw. seiner Rechtsnachfolger Anschrift geben, evtl. eidesstattlich versichern müssen, daß ihnen weder die gegenwärtige Anschrift noch Anhaltspunkte für ihre Ermittlung bekannt sind, hat die Nachfolgeorganisation nach A. 10, welche den Anspruch anmeldet (A. 11) diese Auskunft bzw. diese eidesstattliche Versicherung, diese natürlich durch ihren gesetzlichen Vertreter, aus freien Stücken zu geben. Abs. 2 läßt auch die Auslegung zu, daß auch noch nachträglich ihr bekanntwerdende Anschriften und Anhaltspunkte zur Ermittlung solcher von der Nachfolgeorganisation anzugeben sind. Dadurch wird verhindert, daß ein Verfolgter durch die Rechtsnachfolge nach A. 11 Abs. 2 um sein Recht gebracht wird, obwohl sein Aufenthalt festgestellt und seine eigene Anmeldung herbeigeführt werden könnte. Wohl deshalb, weil u. a. letzteres der gesetzgeberische Beweggrund für diese Vorschrift ist, steht sie im Gesetz an dieser Stelle, obwohl sie eine reine Verfahrensvorschrift ist, die systematisch im 8. Abschnitt zu stehen hätte.

Artikel 13

Bestimmung von Nachfolgeorganisationen

Ausführungsbestimmungen der Militärregierung werden des näheren regeln: Das Verfahren betreffend die Bestimmung von Nachfolgeorganisationen, deren Pflichten gegenüber den betreuten Geschädigten und deren sonstige Rechte und Pflichten nach Maßgabe des Rechts der Militärregierung und des deutschen Rechts.

Diese Ausführungsbestimmungen liegen noch nicht vor (s. aber 2 zu A. 10)*).

*) S. aber jetzt AVO. Nr 3 (Anhang)

Artikel 14

Rückerstattungspflichtiger

Unter dem Rückerstattungspflichtigen im Sinne dieses Gesetzes zu verstehen ist der derzeitige Inhaber der Eigentümerstellung an der entzogenen Sache oder derzeitige Inhaber des entzogenen Rechts oder Inbegriffs von Sachen und Rechten.

1. Der Rückerstattungsanspruch ist ein Anspruch aus einem dinglichen Recht. Wird er rechtskräftig festgestellt, gilt die Entziehung als nicht eingetreten, findet also eine materiell-rechtliche Wiedereinsetzung in den vorigen Stand rückwirkend statt (A. 15). Die Folge ist, daß der Berechtigte, welcher Eigentümer gewesen war, wieder Eigentümer, welcher Nießbraucher, wieder Nießbraucher, welcher Hypothekengläubiger, wieder Hypothekengläubiger und welcher Pfandgläubiger gewesen war, wieder Pfandgläubiger wird und daß der Inhaber eines Rechtes wieder Inhaber dieses Rechtes wird. Es ist daher folgerichtig, daß der Rückerstattungsanspruch sich gegen denjenigen richtet, welcher den Vermögensgegenstand z. Zt. der Erhebung des Anspruchs als Eigentum innehat, gleichgültig ob er ihn zugleich im deutschrechtlichen Sinne im Besitze hat oder nicht. Mit Rücksicht auf die rückwirkende Kraft der Entziehungsfeststellung, die diesem Eigentümer das Eigentum unter den Füßen wegzieht, vermeidet das Gesetz ihn Eigentümer zu nennen und nennt ihn „Inhaber der Eigentümerstellung" (englischer Text: present possessor). Ein solcher unrechtmäßiger Inhaber der dem Berechtigten zustehenden Eigentümerstellung hat den Gegenstand herauszugeben und für die Herausgabe zu sorgen. Da das Gesetz nirgends diesen Herausgabeanspruch vielmehr immer nur einen Rückerstattungsanspruch erwähnt und darunter zuweilen die Gesamtheit aller dem Berechtigten auf Grund dieses Gesetzes gewährten Ansprüche versteht (s. zu A. 7), kann man daran zweifeln, ob außer dem sich aus § 985 BGB. ergebenden Herausgabeanspruch des Berechtigten als wahren Eigentümers noch ein besonderer Herausgabeanspruch auf Grund dieses Gesetzes begründet ist. Wir nehmen dies an. Ist der derzeitige Inhaber der Eigentümerstellung wirklicher Eigentümer und bezieht sich der Rückerstattungsanspruch lediglich auf ein entzogenes dingliches Recht an der Sache, so hat er anzuerkennen, daß dieses Recht noch besteht. Der Anspruch richtet sich daher gegen den „Inhaber der Eigentümerstellung" im einen wie im anderen Fall.

Die Besonderheit der Stelle liegt aber darin, daß auch der gute Glaube beim Erwerb dem Inhaber des Vermögensgegenstandes nicht zu einer wirklichen Eigentümerstellung verhilft. Nicht nur der gute Glaube des Rückerstattungspflichtigen an das Eigentum seines Rechtsurhebers ist bedeutungslos — an diesem wird es ihm angesichts der früheren Rechtslage nicht gebrochen haben —, sondern auch der gute Glaube bezüglich der Entziehung. Die Rückerstattungspflicht besteht, auch wenn der Inhaber nicht wußte, daß der Gegenstand entzogen war, weder den objektiven Entziehungstatbestand noch den zur Entziehung erforderlichen subjektiven Tatbestand auf Seite des Entziehers oder des Verfolgten kannte oder kennen mußte. Natürlich gilt 9 zu A. 4.

Wer einen entzogenen Vermögensgegenstand gutgläubig in vorstehendem Sinn erworben hat, ist doch nur Inhaber der Eigentümerstellung, aber nicht

Eigentümer geworden und rückerstattungspflichtig (A. 1 Abs. 2). Wer durch Verfügung dieses Inhabers der Eigentümerstellung ein Recht an der Sache erwerben sollte, hat auch, wenn er gutgläubig war, dieses Recht nicht erwerben können. Dieser hat in dem Rückerstattungsverfahren die Stellung eines Beteiligten (A. 61), aber „Rückerstattungspflichtiger" ist er nicht. Sein Recht hat nie bestanden und belastet den Gegenstand des Rückerstattungsanspruches nicht. War mit dem vermeintlichen Recht an der Sache ein Recht zum Besitz verbunden und ist ihm dieser von dem Inhaber der Eigentümerstellung eingeräumt worden, so hat er die Sache nach § 985 BGB. herauszugeben. Dasselbe gilt von sonstigen Besitzern. Dabei handelt es sich aber nicht um einen Rückerstattungsanspruch, sondern um den aus dem Eigentum nach § 985 BGB. entspringenden dinglichen Anspruch auf Herausgabe der Sache, der dem wahren Eigentümer, also dem Berechtigten zusteht und sich gegen jeden richtet, der die Sache im Besitze hat und sich nicht ihm gegenüber auf ein Recht zum Besitze berufen kann.

Auch gewöhnliche Besitzer werden nach A. 61 am Verfahren zu beteiligen sein.

Etwas bevorzugt ist hinsichtlich der Herausgabeverpflichtung der Mieter und Pächter, dem eine Kündigungsfrist nach A. 42 zugestanden ist.

2. War der entzogene Gegenstand ein Recht, so ist auch dieses nach A. 15 Abs. 2 dem Berechtigten ohne weiteres verblieben unter der Voraussetzung, daß der Rückerstattungsanspruch rechtskräftig festgestellt wird. Obwohl es auch hier zu keiner Rückübertragung kommt, die mit der Fiktion nicht vereinbar wäre, daß der Berechtigte das Recht nie verloren hat, können herausgabeähnliche Handlungen, Mitwirkungshandlungen, die erforderlich sind, um den ursprünglichen Zustand wiederherzustellen, in Frage kommen.

Doch kann der Berechtigte Rückumschreibungen in öffentlichen Registern und dergleichen ohne weiteres auf Grund der ihm günstigen Entscheidung über seinen Rückerstattungsanspruch herbeiführen.

3. Im Falle des Unterganges des entzogenen Vermögensgegenstandes ist ein eigentlich Rückerstattungspflichtiger nach der Terminologie des A. 14 nicht vorhanden, sondern nur ein Ersatzpflichtiger nach A. 29, ein Schadensersatzpflichtiger nach A. 30 oder 31, ein Zuzahlungspflichtiger nach A. 16. Obwohl das Gesetz unter Rückerstattungsanspruch, wenn auch nicht immer (s. A. 15 Abs. 2), auch diese Hilfs- und Ergänzungsansprüche versteht (s. zu A. 7), wird man nicht umhin können, angesichts der Legaldefinition des A. 14 davon abzusehen, den Schuldner solcher Ansprüche als Rückerstattungspflichtigen zu bezeichnen. Übrigens ist bezüglich des Untergangs eines Rechts zufolge rechtsgeschäftlicher Verfügung des Pseudoinhabers zu beachten, daß diese nach A. 15 Abs. 2 wirkungslos ist, wenn der Berechtigte sie nicht genehmigt (§ 185 BGB.). Ein entzogenes Recht kann also nicht durch rechtsgeschäftliche Verfügung untergegangen sein, sondern nur kraft gesetzlichen Tatbestandes, wie etwa Zeitablauf, auflösender Bedingung und dergleichen.

4. Letzteres gilt auch von entzogenen Forderungen. Ist die Forderung durch die Entziehung auf den Schuldner selbst übertragen worden, so wird diese Übertragung nach A. 15 Abs. 2 rückwirkend hinfällig. Der Untergang durch Vereinigung von Forderung und Verbindlichkeit gilt als nichteingetreten. Eine Weiterübertragung war lediglich Luftgeschäft: die Forderung verblieb dem Berechtigten; ein Erlaß war wirkungslos, ebenso eine Stundung. Nur für die Erfüllung wird nach A. 28 ein Schuldnerschutz gewährt (s. dort), der wohl hauptsächlich dann aktuell sein wird, wenn ein Geschäft entzogen wurde und Geschäftsschuldner ihre Verpflichtungen erfüllt haben, oder wenn eine Bank auf Grund einer Beschlagnahmeverfügung das Guthaben des Verfolgten an die ihr bezeichnete Stelle abgeführt hat.

Der Wortlaut des A. 14 deckt nicht den häufigen Fall der Entziehung einer Forderung durch (vertragliche) Aufhebung (der noch häufigere Fall der einseitigen Aufhebung durch den Schuldner hat ohnedies keine rechtliche Bedeutung, weil diese rechtlich unbeachtlich und unwirksam ist), insbesondere von privatrechtlichen Pensionsansprüchen. Aber aus A. 15 Abs. 1 ergibt sich, daß diese Aufhebung gleichfalls als nicht eingetreten gilt; der Berechtigte kann also nachträgliche Erfüllung verlangen. Schuldner ist natürlich der ursprüngliche Schuldner. Von einer „Rückerstattung" kann schon sprachlich dabei freilich nicht gesprochen werden.

Artikel 15

Rechtswirkung der Entscheidung über den Rückerstattungsanspruch

1. Eine dem Rückerstattungsanspruch[2] stattgebende Entscheidung hat die Wirkung[1], [2], [3], daß der Verlust des Vermögensgegenstandes als nicht eingetreten[1], [2], [3], und später erworbene Rechte Dritter als nicht erworben gelten[1], [2], [3], soweit nicht dieses Gesetz etwas anderes bestimmt[1].

2. Eine Entscheidung über den Rückerstattungsanspruch wirkt für und gegen alle Personen, die am Verfahren teilgenommen haben oder zur Teilnahme am Verfahren berechtigt waren und hierzu vorschriftsmäßig aufgefordert wurden[3].

Vergleiche hierzu die Erläuterung zu A. 14.

Die Kritik an der Fassung des A. 15 läßt sich in die Worte fassen: Man versteht, was gemeint ist.

1. Die dem Rückerstattungsanspruch stattgebende Entscheidung ist nach A. 15 ein Wechselbalg in mehrfacher Hinsicht, zunächst zwischen konstitutivem und feststellendem Urteil: sie enthält die Feststellung, daß der Gegenstand entzogen ist, verbunden mit der Verurteilung zu seiner Rückgabe; daran knüpft sich kraft Gesetzes eine konstitutive Wirkung, nämlich die Fiktion, daß „der Verlust des Gegenstandes als nicht eingetreten gilt". Warum hier von Verlust des Gegenstandes die Rede ist, ist unerfindlich. Die Tatsache, daß der Berechtigte ihn nicht mehr hat und während der Dauer der Entziehung nicht gehabt hat, kann keine Fiktion aus der Welt schaffen. Als nicht eingetreten gilt daher vielmehr die durch die Entziehung entstandene Rechtsänderung, mag sie gehabt haben welche Grundlage immer. Nach der Entziehung begründete Rechte Dritter gelten folgerichtig als niemals entstanden, weil sie nicht von dem ausschließlich dazu legitimierten Rechtssubjekt begründet worden sind. Der gute Glaube wird

nicht geschützt (s. 1 zu A. 14, 18 zu A. 2, 1 und 10 zu A. 10). So wenig wie der Entzieher, kann ein Dritter das Vollrecht oder auch nur ein beschränktes Recht an dem Entziehungsgegenstand erlangt haben. Nur ausnahmsweise schützt das Gesetz den guten Glauben (III. Abschn. A. 10 bis 21). Es würde zu weit führen, hier zu untersuchen, ob etwa der Verfolgte infolge der Fiktion auch Ansprüche aus Besitz hat (§ 858ff. BGB.); sie würden nicht Gegenstand eines Verfahrens nach diesem Gesetz sein können — es sei denn, die Entziehung hat nur in einer Besitzentziehung bestanden — und wohl nicht praktische Bedeutung haben.

Trotz der Tragweite der Entscheidung kann nur der Berechtigte die Feststellung des Rückerstattungsanspruchs betreiben, der Pflichtige weder — trotz A. 47 — positiv noch negativ (A. 57); ersteres läßt z. B. A. 58 erkennen.

Für mehrere Berechtigte gelten — wohl die deutsch-rechtlichen — Vorschriften über die Gemeinschaft. Nach außen müssen sie sich wohl, so weit es sich um mehr als eine Geltendmachung des Anspruchs, z. B. die Ausübung eines Wahlrechts (A. 16) handelt, gemeinsam erklären. Die Anmeldung durch einen Einzelnen zugunsten aller Berechtigten wird zwar als rechtswahrend für alle (arg. p. anal. A. 9), aber wegen der Verpflichtungen, die damit verbunden sein können, nicht auch als Anfechtung aller (A. 4 Abs. 5) anzusehen sein (zweifelhaft, weil dieselbe Gefahr mit jeder Geltendmachung des Anspruchs — auch im Falle des A. 9 — verbunden ist).

Tritt auch bei nichtigen Rechtsgeschäften erst durch die konstitutive Wirkung der stattgebenden Entscheidung, die Nichtigkeit des Rechtsgeschäfts ein, so daß A. 2 die Wirkung zur Voraussetzung machen würde? Hier ist zusätzlich zu bedenken, daß A. 2 den Komplex des schuldrechtlichen und dinglichen Rechtsgeschäfts im Auge hat, dessen Scheidung dem amerikanischen Gesetzgeber wohl überhaupt ungeläufig ist, daß aber A. 15 die Wiederherstellung der dinglichen Rechtslage bestimmt. Nach u. M. setzt die Nichtigkeit des schuldrechtlichen und dinglichen Rechtsgeschäfts die stattgebende Entscheidung voraus, wenn die Nichtigkeit nur in dem Entziehungstatbestand begründet ist, in anderen Fällen der Nichtigkeit nach §§ 134, 138, 119ff. oder nach Formvorschriften des BGB. oder anderer Gesetze ist diese unabhängig von der Feststellung eines Rückerstattungsanspruchs nach diesem Gesetz (a. M. anscheinend Muller, Vorb. zu III), kann sich insbesondere auch ein Dritter darauf berufen, der Geschäftsgegner die Feststellung der Nichtigkeit betreiben, und kommt der Feststellung des Rückerstattungsanspruchs nur die besondere Bedeutung zu, daß die bürgerlich-rechtliche Rechtsstellung des Gutgläubigen durch sie zusammenbricht.

Die Anfechtbarkeit nach A. 4, die von der bürgerlich-rechtlichen grundverschieden ist, kann immer nur über eine positive Entscheidung zur rückwirkenden Wiederherstellung der Rechtslage, die vor dem anfechtbaren Geschäft bestanden hat, führen.

Vorbehaltlich oben (Abs. 4) führt nur eine Entscheidung kraft Gesetzes die ursprüngliche Rechtslage wieder herbei, nicht auch ein Anerkenntnis inner- oder außerhalb des Verfahrens, ein Vergleich oder die Erfüllung. Dies ist auch bedeutsam für die Formerfordernisse, die in letzteren Fällen zu erfüllen sind, z. B. § 17 GmbHG., §§ 313, 929 BGB., Eintragung der Rechtsänderung im Grundbuch auf Grund Bewilligung einer solchen, nicht bloßer Grundbuchberichtigung, die auf Grund einer Entscheidung ergehen kann.

Ob neben der Feststellung, daß der Gegenstand entzogen wurde und neben der Verurteilung zur Rückgabe die Entscheidung in ihrem Tenor alle Folgerungen aus der geknüpften gesetzlichen Fiktion auszusprechen hat, geht aus A. 15 nicht hervor. Doch ergibt sich dies, wenigstens insoweit aus der Natur jedes Verfahrens, als es sich um Folgerungen handelt, welche hinsichtlich der Rechte von Personen zu ziehen sind, die am Verfahren beteiligt waren (A. 61)

2. Unter Rückerstattungsanspruch im Sinne des A. 15 ist offenbar nur der Rückerstattungsanspruch im engeren Sinn, der Anspruch auf Rückgewähr des entzogenen Gegenstandes gemeint, denn es hätte keinen Sinn, wenn an die Feststellung des Nachzahlungsanspruchs aus A. 16 die Fiktion geknüpft würde, daß die durch die Entziehung verursachte Rechtsänderung ausgeblieben sei, weil es im Falle des A. 16 gerade bei dieser sein Bewenden hat; man müßte schon in der Erhebung des Nachzahlungsanspruchs die Erklärung der Zustimmung zu der Rechtsänderung und der Genehmigung aller inzwischen vorgenommenen Verfügungen erblicken (§ 185 BGB.). Aber auch warum die Anerkennung eines Ersatzanspruchs nach A. 29 mit der weitgehenden Fiktion des A. 15 verknüpft sein sollte, wäre nicht recht verständlich.

Handelt es sich um ein entzogenes Recht, so gibt es keinen Anspruch auf Rückgewährung; denn dessen Feststellung hätte zur Folge, daß die Rechtsänderung als nicht eingetreten gilt, so daß das Recht beim Berechtigten verblieb, und es nichts zurückzugewähren gibt. Hier gibt es nur die Feststellung der Entziehung.

Bestand die Entziehung in der Aufhebung eines Rechts, insbesondere einer Forderung, so lebt das Recht, die Forderung rückwirkend auf.

3. Die Fiktion, daß keine Rechtsänderung eingetreten sei, besteht nicht gegenüber jedem Dritten und nicht allgemein, wie man annehmen sollte (ähnlich wie nach dem Urteil, das in einem Statusprozeß oder in einem Anfechtungs- oder Nichtigkeitsprozeß gegen einen Hauptversammlungsbeschluß nach Aktienrecht ergeht), sondern nur zwischen den am Verfahren Beteiligten (s. 3. zu A. 61) und jenen, welche zur Teilnahme am Verfahren berechtigt waren und hierzu vorschriftsmäßig aufgefordert worden sind (vgl. auch 3. u. 4. zu A. 62). Diese Beschränkung der Rechtskraftwirkung gebietet aus Zweckmäßigkeitsgründen, den Kreis der am Verfahren beteiligten Personen so weit als irgend möglich und zulässig zu spannen. Auch damit ist nicht jedem Bedürfnis abgeholfen. So hat z. B. gegen einen Dritten, der den Vermögensgegenstand vorsätzlich oder fahrlässig beschädigt oder gar zerstört, der Berechtigte keine Legitimation zur Erhebung eines Schadensersatzanspruchs zweifellos nicht, wenn die Beschädigung oder Zerstörung vor der Entscheidung über den Rückerstattungsanspruch stattgefunden hat, strenge genommen nicht einmal dann, wenn sie nach der Entscheidung geschah; denn gegenüber einem derartigen Dritten besteht die Rechtsänderung fort, welche durch die Entziehung eingetreten war und nur bestimmten Personen gegenüber als nicht eingetreten gilt.

Artikel 16

[1, 8] Wahlweiser Anspruch auf Nachzahlung

1. [1, 8] Der Berechtigte kann unter Verzicht auf alle sonstigen Ansprüche[3] aus diesem Gesetz verlangen, daß ihm der Erst-

erwerber[2] den Unterschied[4] zwischen dem erlangten Entgelt und dem angemessenen Preis[5] (Artikel 3 Absatz 3) des Vermögensgegenstandes nachbezahlt. Zu dem Unterschiedsbetrag treten angemessene[6] Zinsen[6]; hierbei[7] finden die Vorschriften dieses Gesetzes über Nutzungen entsprechende Anwendung[7].

2. Das Verlangen ist nicht mehr zulässig[9],

a) wenn der Vermögensgegenstand dem Berechtigten rechtskräftig wieder zuerkannt ist[10],

b) wenn hierüber eine Sachentscheidung der Wiedergutmachungsbehörde oder der Wiedergutmachungskammer ergangen ist[11],

c) wenn sich der Berechtigte mit dem Rückerstattungspflichtigen über den Rückerstattungsanspruch geeinigt hat[9].

1. A. 16 enthält eine beifallswerte, überaus zweckmäßige Regelung, die geeignet wäre, viele Schwierigkeiten, insbesondere auch zwischen dem Erst- und den Nacherwerbern abzuschneiden, die aber leider angesichts der deutschen Geldentwertung doch wohl zur Zeit nicht praktisch werden wird. Sie läßt dem Berechtigten die Wahl zwischen dem Anspruch auf Rückgewähr des Gegenstandes (und auf Schadensersatz wegen Unmöglichkeit der Rückgewähr und sonstiger durch die Entziehung erlittener Schäden) und auf Nachzahlung des Unterschieds zwischen dem erlangten Entgelt und dem angemessenen Preis.

2. Dieser Anspruch auf Nachzahlung ist nur im weiteren Sinn ein Rückerstattungsanspruch; er richtet sich nicht gegen den Rückerstattungspflichtigen (A. 14), nicht gegen den jetzigen „Inhaber der Eigentümerstellung", sondern gegen den Ersterwerber des entzogenen Gegenstandes als solchen, d. i. denjenigen, dessen Erwerb das unmittelbare Korrelat der Entziehung gewesen ist, mag auch der Gegenstand inzwischen einmal oder mehrmals den Besitzer gewechselt haben.

War das Deutsche Reich Ersterwerber, so wird es auch in diesem Verfahren nach A. 61 vertreten; aber das heißt nicht, daß das Land, welches das Reich im Verfahren vertritt, Schuldner des Nachzahlungsanspruchs würde. Der Berechtigte wird sich in einem solchen Falle wohl lieber an den Rückerstattungspflichtigen nach A. 14 auf Herausgabe des Entziehungsgegenstandes wenden.

3. Die Erhebung dieses Nachzahlungsanspruchs wirkt wie eine nachträgliche in voller Freiheit erklärte Zustimmung zu der Entziehung und Genehmigung aller zwischenzeitlich vorgenommenen Verfügungen (§ 185 BGB.). Dieses Gesetz will aber, daß dies dem Berechtigten klar sei; er kann deshalb den Nachzahlungsanspruch nur erheben, wenn er gleichzeitig erklärt, daß er auf alle sonstigen Ansprüche aus diesem Gesetz, also insbesondere auf den Anspruch auf Rückgewähr des Gegenstands und auf Schadensersatz wegen seines Untergangs, auch auf den Anspruch auf Ersatz allen sonstigen durch die Entziehung erlittenen Schadens, auf Herausgabe von Nutzungen usw. verzichte.

Dieser Verzicht ist eine einseitige Erklärung. Sie ist nicht, wenigstens nicht in jedem Falle, an die Person gerichtet, gegen welche sich die Ansprüche richten würden, auf welche verzichtet wird. Trotzdem wird man sie als empfangsbedürftig und den Ersterwerber (oder den Rückerstattungspflichtigen? vgl. A. 11, aber auch den Schluß dieser Anm.) als den richtigen gesetzlichen Adressaten ansehen müssen. In dem Verlangen der Nachzahlung allein ist der Verzicht noch nicht zu erblicken. Es wird zwar nicht gesagt, daß er „ausdrücklich und schriftlich" erklärt sein müsse, um die hier daran geknüpfte Rechtswirkung zu haben, wie nach A. 11 Abs. 2, aber jedenfalls muß er neben dem Verlangen erklärt sein. Meist wird dies wohl in der Anmeldung des Anspruchs geschehen. Man könnte zweifeln, ob das Gesetz sich überhaupt vorstellt, das Verlangen und Verzicht auch außerhalb des Verfahrens mit der Wirkung des A. 16 erklärt werden kann. Aber da das Gesetz auch sonst nicht außerhalb des Verfahrens Verhandlung und Vergleich verpönt, vielmehr in Abs. 2, c unseres Artikels geradezu voraussetzt, ist nicht einzusehen, warum das Nachzahlungsverlangen verbunden mit dem Verzicht auf andere Ansprüche nicht auch außerhalb des Verfahrens mit der Wirkung des A. 16 sollte erhoben werden können, daß damit die Erhebung jedes andern Anspruchs ausgeschlossen ist.

Wenn das Verlangen außerhalb des Verfahrens gestellt und gleichzeitig der Verzicht, wenn auch formlos, aber deutlich, erklärt wird, gehen damit alle sonstigen Ansprüche aus diesem Gesetz für den Berechtigten verloren, wie auch allen Ansprüchen gegen ihn der Boden entzogen wird, und es bei allen seit der Entziehung eingetretenen Rechtsänderungen verbleibt, und kann auch im Verfahren kein anderer Anspruch mehr geltend gemacht werden. Natürlich gilt dies alles erst recht, wenn Verlangen und Verzicht im Verfahren z. B. in der Anmeldung erklärt worden sind.

Erhalten bleiben trotz des Verzichts die allgemein bürgerlichrechtlichen Ansprüche, wenn der Verzicht sich nicht ausdrücklich oder gemäß § 157 BGB. auf sie erstreckt und gegenüber dem Schuldner aus ihnen erklärt war.

Auch gegenüber der Anmeldung durch die Nachfolgeorganisation würde einzuwenden sein, daß auf diese nurmehr ein Nachzahlungsanspruch nach A. 11 übergegangen sein kann, wenn etwa der Berechtigte nachdem er das Verlangen gestellt hat, die Anmeldungsfrist versäumt, was freilich nur ein theoretischer Fall ist. Um einen Nachzahlungsanspruch gegen den Ersterwerber zu erzeugen, muß der Verzicht gleichzeitig mit dem Verlangen der Nachzahlung nicht erst Zug um Zug gegen deren Empfang erklärt werden. Natürlich bleibt es dem Berechtigten unbenommen, Verhandlungen über eine Nachzahlung einzuleiten und zu führen, ohne von vornherein auf alle sonstigen Ansprüche zu verzichten. Aber einen Anspruch auf Nachzahlung gegen den Ersterwerber erwirbt er nur bei gleichzeitigem Verzicht.

4. Der Anspruch geht auf eine Ausgleichszahlung, welche den Unterschied zwischen dem von dem Berechtigten anläßlich der Entziehung erlangten Entgelt und dem angemessenen Preis deckt.

„Erlangt" hat er nur, was ihm zur freien Verfügung gestanden hat und nicht aus Gründen des A. 1 vorenthalten worden ist (A. 3 Abs. 2 S. 2, A. 4 Abs. 2, A. 44 Abs. 3). Was dem Berechtigten nur auf Sperrkonto gutgeschrieben wurde, was ihm von vornherein weggenommen wurde, hat er nicht erlangt, wohl aber, was ihm erst nachträglich weggenommen worden ist. Hatte z. B. das Finanzamt den Vermögensgegenstand beschlagnahmt, um daraus die Reichsfluchtsteuer zu decken, nachdem der Eigentümer, veranlaßt durch die Bedrohung, ausgewandert war, und wurde nun durch seinen Bevollmächtigten der Gegenstand verkauft und der Kaufpreis an das Finanzamt abgeführt, so hat er ihn nicht „erlangt", wohl aber, wenn er ihn zur Bezahlung der Reichsfluchtsteuer verwandte, als er später auswanderte. Ein Nichterlangen auf Grund devisenrechtlicher Vorschriften ist kein Nichterlangen auf Grund des A. 1.

5. Die praktische Anwendbarkeit der Vorschrift leidet wie unter der deutschen Währungsnot auch durch die Bezugnahme auf den „angemessenen Preis". Zweifellos versteht darunter das Gesetz den angemessenen Preis im Sinne des A. 3 Abs. 3. Wir verweisen auf die dortigen Erläuterungen. Danach ist der Stop-Preis des Jahres 1938 angemessener Preis. Diesen hat der Verfolgte indes meistens erhalten. Er würde nur nicht zum Stop-Preis verkauft haben, wenn er nicht gemußt hätte. Angemessen ist der notierte Tageskurs auch an flauen Börsentagen. Mit einer Nachzahlung bis zum angemessenen Preis ist ihm daher im Regelfalle nicht gedient; denn günstigstenfalles erhält er dadurch, was ihm vom Kaufpreis damals behördlich weggenommen wurde, durch den Ersterwerber zurück, aber nicht den wirklich angemessenen Preis für den entzogenen Gegenstand.

6. Zu dem Unterschiedsbetrag treten Zinsen. Wovon? Wir nehmen an von dem Unterschiedsbetrag. Angemessene Zinsen treten hinzu. Welche Zinsen angemessen sind, kann man verschieden beurteilen, je nach der Funktion, welche man dem Zinsanspruch einräumt. Sollen die Zinsen nur Entgelt für Kapitalnutzung sein, so dürfte kein höherer Zinsfuß als 4% angemessen sein; sollen die Zinsen aber Entgelt für Risiken, auch Währungsrisiken sein, kommt natürlich ein viel höherer Zinsfuß in Frage (Ende 1923 stieg der Zinsfuß auf 1 bis 2% täglich). Jedoch scheint das Gesetz nur an eine Vergütung für Kapitalnutzung zu denken, wie der Schlußhalbsatz des Abs. 1 ergibt.

7. Die entsprechende Anwendung der Vorschriften dieses Gesetzes über die Nutzungen auf die Berechnung der Zinsen vom Unterschiedsbetrag („hierbei") macht einige Schwierigkeiten. Bei schwerer Entziehung hat nach A. 30 der Ersterwerber dem Berechtigten innerhalb einer Schadensersatzleistung alle Nutzungen zu ersetzen, welche diesem entgangen sind; d. h. also er hat dem Berechtigten alle Zinsen zu vergüten, welche dieser selbst aus dem Unterschiedsbetrag gezogen hätte. Der Berechtigte kann verlangen, daß ein durch Ausführungsvorschriften zu bestimmender üblicher Zinssatz zugrunde gelegt wird. Bei der einfachen Entziehung hat der Entzieher Nutzungen nur für die Zeit zu vergüten, während deren er den Vermögensgegenstand besessen hat. Dies läßt sich auf A. 16 schon nicht anwenden. Man müßte denn annehmen, daß der Ersterwerber den Unterschiedsbetrag vom Tage der Entziehung an bis zu seiner Nachzahlung besessen hat, weil er zu wenig bezahlt und bei der Weiterveräußerung den vollen Kaufpreis erlöst hat. Dies braucht aber nicht der Fall zu sein. Der Ersterwerber kann den angemessenen Kaufpreis bezahlt haben, ohne daß dieser dem Verfolgten zugute gekommen ist. Ferner hat bei der einfachen Entziehung der Entzieher das Recht sich ein angemessenes Entgelt für seine Geschäftsführung abzuziehen. Wessen Geschäfte soll er geführt haben? Des Verfolgten doch nicht, da dieser im Falle der Nachzahlung den Gegenstand ja gar nicht zurückerhält.

8. Für die praktische Geltendmachung des Nachzahlungsanspruchs im Rückerstattungsverfahren ist es unbequem, daß der Berechtigte den Anspruch beziffern muß. Für eine Bezifferung des Anspruches bietet das Gesetz mit seiner

Verweisung auf unbestimmte Größen, den angemessenen Preis und die angemessenen Zinsen keine genügende Grundlage. Dem Berechtigten kommt es aber zu statten, daß ihm nach A. 72 keine Kosten zur Last fallen können. Es bedeutet also kein Risiko vorsorglich das Nachzahlungsverlangen zu überhöhen. Aber eine erfreuliche Folge ist das nicht.

9. Das Nachzahlungsverlangen kann nicht unbeschränkt erhoben werden. Da es nur unter gleichzeitigem Verzicht auf alle sonstigen Ansprüche erhoben werden kann, versteht es sich beinahe von selbst, daß es nicht mehr erhoben werden kann, wenn der Berechtigte mit dem Rückerstattungspflichtigen (A. 14) sich über den Rückerstattungsanspruch geeinigt hat (Abs. 2 Buchst. c). Sollte aber die Einigung lediglich in dem Verzicht des Berechtigten auf den Rückerstattungsanspruch gegenüber dem Rückerstattungspflichtigen bestehen, ohne daß letzterer eine Leistung an den Berechtigten zu vollbringen hat, so wäre nicht einzusehen, warum dieser Verzicht, den ja der Berechtigte auch bei Erhebung des Nachzahlungsverlangens erklären muß, ihn hindern sollte, eben dieses Nachzahlungsverlangen unter gleichzeitiger Erklärung eben dieses Verzichtes zu erheben.

Das Verhältnis der Ansprüche ist ja auch das, daß der Rückerstattungspflichtige des A. 14 nach A. 47 Rückgriffsansprüche auf seine Vormänner hat, so daß der Ersterwerber durch einen solchen Verzicht gegenüber dem Rückerstattungspflichtigen, der diesen von jeder Leistung an den Berechtigten befreit, eben den Vorteil hat, den er durch die Nachzahlung erhalten soll.

Daß der Verzicht, um nach A. 11 beachtlich zu sein, gegenüber dem Rückerstattungspflichtigen (A. 14), andrerseits nach A. 16 gleichzeitig mit dem an den Ersterwerber zu stellenden Nachzahlungsverlangen erklärt werden muß, ist eine unerfreuliche Ungereimtheit.

10. Nach ausdrücklicher Vorschrift, deren gesetzgeberischer Beweggrund nicht erkennbar ist, ist das Nachzahlungsverlangen ferner nicht mehr zulässig, wenn der Vermögensgegenstand dem Berechtigten rechtskräftig wieder zuerkannt ist. Da der Rückerstattungsanspruch damit noch nicht erfüllt ist, wäre an sich sehr wohl auch in diesem Stadium noch ein Verzicht darauf denkbar, und dem Ersterwerber damit wahrscheinlich auch gedient. Es ist uns nicht gelungen herauszufinden, warum wohl der Gesetzgeber nach rechtskräftiger Zuerkennung des Vermögensgegenstandes das Nachzahlungsverlangen nicht mehr zuläßt.

11. Das Verhältnis des Buchstaben b zu lit. a ist auch nicht durchsichtig. Wenn das Nachzahlungsverlangen schon nicht mehr zulässig ist, nachdem eine noch nicht rechtskräftige Sachentscheidung eines Wiedergutmachungsorgans ergangen ist, so will es uns selbstverständlich erscheinen, daß das Verlangen nach rechtskräftiger Sachentscheidung nicht mehr möglich ist.

Artikel 17

Wertberechnung

1. Soweit es nach den Bestimmungen dieses Gesetzes auf den Wert eines Vermögensgegenstandes ankommt, gelten als Wertsteigerung nicht Preiserhöhungen, die durch Verminderung der Kaufkraft des Geldes hervorgerufen sind[1].

2. Für die Bewertung von Vermögensgegenständen, die wegen Unbestimmbarkeit z. Zt. nicht zur Vermögenssteuer herangezogen werden[2], bleiben Ausführungsvorschriften vorbehalten[3]. Die Bestimmung des Artikels 27 Absatz 2 bleibt unberührt[4].

1. Nach A. 26 und A. 34 kommt es auf eine Wertsteigerung an. Es ist selbstverständlich, daß nur wahre Wertsteigerungen in Betracht kommen, nicht scheinbare, die nur auf einer Veränderung des Wertmessers beruhen. Bestimmungen, wonach es auf den „Wert" ankommt, enthält z. B. A. 18. Sollte für einen solchen Fall die Vorschrift unsinnigerweise umgekehrt bedeuten, daß trotz Geldentwertung der ehemalige Markwertbetrag zu ersetzen ist? Soweit die Wertsteigerung auf Mangel beruht, greift die Vorschrift nicht ein.

2. Siehe Ziff. 5 u. 26 Vermögenssteuerrichtlinien 1946.

3. Derartige Ausführungsvorschriften sind bis jetzt nicht ergangen.

4. Es ist nicht ersichtlich, welche Kollisionsmöglichkeit der Gesetzgeber gesehen und ihn zu diesem ausdrücklichen Vorbehalt veranlaßt hat.

Vierter Abschnitt

Begrenzung der Rückerstattung

Artikel 18

[7] Zwangsenteignung

1. Entzogene[1, 2] Vermögensgegenstände, die nach der Entziehung für einen öffentlichen Zweck[4] zwangsenteignet[4] oder an ein Unternehmen veräußert oder einem Unternehmen zugewendet wurden, zu dessen Gunsten eine solche Zwangsenteignung stattfinden konnte, unterliegen der Rückerstattung nicht, wenn im Zeitpunkt des Inkrafttretens dieses Gesetzes der Vermögensgegenstand noch für einen öffentlichen Zweck benützt wird[3] und dieser Zweck noch als gesetzmäßig anerkannt ist[3].

2. Unterliegen Vermögensgegenstände aus den in Abs. 1 bezeichneten Gründen nicht der Rückerstattung, so muß[5] der jetzige Eigentümer den Berechtigten für den Wert[5] des entzogenen Vermögensgegenstandes angemessen[5] entschädigen, soweit die Ansprüche gemäß Artikel 29ff. dieses Gesetzes nicht zu einer solchen Entschädigung führen[6].

1. Zwangsenteignungen zu einem gesetzlich zulässigen Zweck, welche nach Maßgabe einer einschlägigen allgemeingültigen gesetzlichen Bestimmung in dem

dafür vorgesehenen Verfahren ordnungsmäßig durchgeführt worden sind, werden regelmäßig den Begriff einer Entziehung nicht erfüllen, weil dafür regelmäßig nur das öffentliche Bedürfnis, nicht aber Gründe der Rasse, Religion, Nationalität, Weltanschauung oder politischer Gegnerschaft gegen den Nationalsozialismus maßgebend gewesen sein dürften. Undenkbar ist es gleichwohl nicht, daß ein Zwangsenteignungsverfahren in Wahrheit aus einem der genannten Gründe nur unter dem Vorwand eines öffentlichen Bedürfnisses angewandt worden ist. Dann handelt es sich um eine Wegnahme durch Mißbrauch eines Staatsaktes (A. 2) aus Gründen des A. 1, also um einen Entziehungsfall, der den Regeln des Gesetzes folgt.

2. A. 18 handelt von einer Zwangsenteignung eines entzogenen Gegenstandes für einen öffentlichen Zweck, die sich nicht gegen den Verfolgten, sondern den Erwerber oder Nacherwerber gerichtet hat. Ihr gleichgestellt ist die Veräußerung oder Zuwendung an ein Unternehmen, zu dessen Gunsten nach den darüber bestehenden allgemeinen Vorschriften eine Zwangsenteignung stattfinden konnte. Nach A. 14 würde der entzogene Gegenstand von denjenigen, der ihn durch die Zwangsenteignung, Veräußerung oder Zuwendung erlangt hat, zurückzuerstatten sein. Aber nach A. 18 behauptet sich die Zwangsenteignung (bzw. Veräußerung oder Zuwendung) zu einem öffentlichen Zweck gegenüber dem Rückerstattungsanspruch. Dabei ist es unerheblich, wenn derjenige, welcher den Gegenstand durch die Zwangsenteignung, Veräußerung oder Zuwendung erlangt hat, bei seinem Erwerb oder später die Entziehung kannte oder annehmen mußte. Ebenso unerheblich ist, ob der Verfolgte den Gegenstand durch schwere oder einfache Entziehung (A. 30) verloren hatte.

3. Vorausgesetzt wird nur, daß der Vermögensgegenstand z. Zt. des Inkrafttretens des Gesetzes am 10. Nov. 1947 noch für einen öffentlichen Zweck benutzt war und daß dieser Zweck noch als gesetzmäßig anerkannt ist.

Ist der entzogene Gegenstand dem Erwerber oder Nacherwerber zu militärischen Zwecken zwangsenteignet worden, so greift also der im übrigen begründete Rückerstattungsanspruch durch.

4. Als öffentlicher Zweck kann natürlich nur angesehen werden die Sicherung der Lebensbedingungen und Lebensvoraussetzungen, wenn nicht der Allgemeinheit, so doch eines größeren Personenkreises, dagegen nicht auch die Behebung des Notstandes Einzelner, mag auch dieser Notstand außerdem noch bei so vielen Personen bestehen, daß seine Bekämpfung Staatsaufgabe ist. Die Eingriffe in das Privateigentum, die auf Grund des RLG. in unübersehbarer Zahl von mittleren und unteren Behörden vorgenommen worden sind, um dem Bedürfnis Einzelner abzuhelfen, halten also dem Rückerstattungsanspruch nicht stand, mag auch die Verbreitung des Notstandes dafür angeführt werden, um das Einschreiten der Behörden durch Anwendung des RLG. zu rechtfertigen. Wäre die Bestimmung auf Eingriffe zugunsten von Privaten auf Grund des RLG. anwendbar, so wäre es überflüssig gewesen, der Zwangsenteignung für einen öffentlichen Zweck die Veräußerung oder Zuwendung an ein Unternehmen gleichzustellen, zu dessen Gunsten eine Zwangsenteignung stattfinden konnte; diese Gleichstellung zeigt, daß die Zwangsenteignung zu einem öffentlichen Zweck nicht in einem so weitgehenden Sinn zu verstehen ist, daß sie jede Zwangsenteignung auf Grund des RLG. mit umfaßt, vielmehr in einem so engen, daß nicht schon der Notstand eines Unternehmens genügt, sondern vorausgesetzt wird, daß es einem öffentlichen Zwecke dient. Eigentum (Hausrat), das auf Grund des RLG. auf Private übertragen worden ist, um deren Notstand abzuhelfen, ist sonach von der Rückerstattungspflicht nicht ausgenommen.

Die Überweisung zur Nutzung im Wege des Zwangs ohne Eigentumsübertragung steht der Zwangsenteignung nicht gleich und hält dem Rückerstattungsanspruch nicht Stand. Es muß sich um Eigentumsübertragung handeln.

Dies ergibt auch Abs. 2. Auch deshalb kommen die Eingriffe auf Grund des RLG. nicht in Betracht.

Natürlich muß die Zwangsenteignung von einer zuständigen Behörde verfügt und das gesetzliche Enteignungsverfahren innegehalten worden sein.

5. Der jetzige Eigentümer ist verpflichtet, dem Verfolgten, welchem der Gegenstand entzogen wurde, oder seinem Rechtsnachfolger — dies kann auch die Nachfolgeorganisation nach A. 10, 11 sein —, vorbehaltlich A. 44, angemessene Entschädigung für den Wert des Gegenstandes zu gewähren. Er kann sich dieser Verpflichtung nicht durch einseitige Rückgabe des Gegenstands entschlagen. Gemeint kann nur der heutige Wert sein. Einerseits entsprechend der allgemeinen Mangellage, andererseits entsprechend dem heutigen Zustand des Gegenstandes. Nicht zu vollem Werterfatz ist der Eigentümer verpflichtet, sondern zur angemessenen Entschädigung. Anscheinend ist damit ein Weniger gemeint. Andererseits dürfte aber daraus auch hervorgehen, daß wenn die Entschädigung nicht in Sachwerten geleistet wird oder werden kann — was „angemessen" wäre — bei Geldentschädigung die Geldentwertung „angemessen" zu berücksichtigen ist (s. aber A. 17). Dies ergibt § 242 BGB. und der durch diesen gewährleistete Grundsatz der höheren Gerechtigkeit, dessen Anwendung freilich gerade der Gesetzgeber dieses Gesetzes in seinem von der Währung handelnden Gesetz Nr. 51 ausdrücklich verpönt hat.

6. Nach A. 29 ist nicht nur der gegenwärtige Inhaber (A. 14) rückerstattungspflichtig, sondern es sind auch seine Vormänner verpflichtet, dem Berechtigten herauszugeben, was sie infolge des Umstandes erhalten haben, der die Herausgabe unmöglich gemacht hat. Es hat also der unmittelbare Vorgänger des jetzigen Eigentümers das Enteignungsentgelt dem Berechtigten, und es haben dessen etwaigen Vorleute den Kaufpreis herauszugeben, welchen sie von ihren Nachleuten erhalten haben. Soweit diese Ansprüche des Berechtigten gegen die Vorleute des jetzigen Eigentümers zur angemessenen Entschädigung des Berechtigten führen, ist der jetzige Eigentümer frei. Auch A. 29 selbst bestimmt, daß der Berechtigte sich das, was er von einem unter mehreren Verpflichteten erlangt hat, auf seine Ansprüche gegen die übrigen Verpflichteten anrechnen lassen muß.

Absatz 2 Schlußhalbsatz besagt mehr als dasselbe. Er bestimmt, daß der jetzige Inhaber nur hilfsweise zur Entschädigung verpflichtet ist, wenn die Ansprüche gegen seine Vorleute nicht zur angemessenen Entschädigung des Berechtigten führen. Er kann verlangen, daß diese geltend gemacht werden und daß er nur für den Fehlbetrag in Anspruch genommen wird. Nicht das rechtlich mögliche, sondern nur das tatsächliche Ergebnis jener Ansprüche befreit ihn. Aber er wird nicht unter allen Umständen verlangen können, daß der Erhebung eines Anspruchs gegen ihn der ganz oder teilweise unbefriedigende Versuch, jene Ansprüche durchzuführen, vorausgeht. Dadurch könnte die Entschädigung des Berechtigten zu lange verzögert werden (vgl. A. 45). Steht von vornherein fest, daß sie rechtlich, oder ist von vornherein wahrscheinlich, daß sie tatsächlich nicht zur angemessenen Entschädigung des Berechtigten führen können, so steht nichts im Wege, den derzeitigen Eigentümer sofort für den Unterschied in Anspruch zu nehmen.

7. Zwangsenteignung ist Aufhebung des bisherigen Eigentums und Begründung neuen Eigentums durch die innere Staatsmacht. Sie setzte nach Weimarer Verfassung und setzt nach den jetzigen Verfassungen der Länder der US-Zone voraus, daß sie durch besondere gesetzliche Bestimmungen für zulässig in bestimmten Fällen erklärt ist. Von der Bestimmung nicht gedeckt sind die Fälle, in welchen ein entzogener Gegenstand nach Kriegsrecht von feindlichen Truppen erbeutet und verkauft worden ist. Es kann ja auch in diesen Fällen nicht von der Nutzung zu einem öffentlichen Zweck die Rede sein. Es fragt sich, ob die Erbeutung den entzogenen Gegenstand für immer dem Rückerstattungsanspruch entwindet, auch wenn er wieder in den inländischen Verkehr gelangt. Die Frage dürfte zu bejahen sein, nicht wegen des guten Glaubens hinsichtlich der Entziehung, in dem sich der Erwerber solchenfalls immer befinden wird, aber weil der Anspruch auf Rückerstattung gegen den Erbeuter nicht bestanden hätte, und keiner mehr, aber jeder so viele Rechte übertragen kann, als er selbst besitzt.

Artikel 19

Schutz des ordnungsmäßigen üblichen Geschäftsverkehrs

Vorbehaltlich der Bestimmungen der Artikel 20, 21, unterliegen nicht[1] der Rückerstattung bewegliche[1] Sachen, die der Eigentümer oder sein Rechtsvorgänger im Wege des ordnungsmäßigen[3] üblichen[4] Geschäftsverkehrs aus einem einschlägigen[2] Unternehmen erworben hat. Dies gilt nicht[5], [6] für Kultgegenstände[5]; es gilt ferner nicht für Gegenstände von besonderem[5] künstlerischem[5] oder wissenschaftlichem[5] Wert oder besonderem persönlichen Erinnerungswert[5], sofern sie aus Privatbesitz[6] stammten oder im Wege der Versteigerung[6] oder von einem Unternehmen erworben wurden, das sich in erheblichem Umfange mit der Verwertung entzogener Vermögensgegenstände befaßte[6].

1. Die Vorschrift sieht eine zweite Ausnahme von der grundsätzlichen Rückerstattungspflichtigkeit aller entzogenen Gegenstände ohne Rücksicht auf einen zwischenzeitlich stattgehabten Eigentumswechsel vor. Ein Nacherwerber beweglicher Sachen braucht diese nicht zurückzuerstatten, wenn er oder sein Rechtsvorgänger sie im Wege ordnungsmäßigen üblichen Geschäftsverkehrs aus einem einschlägigen Unternehmen erworben hat. War eine entzogene bewegliche Sache einmal Gegenstand einer Veräußerung durch ein einschlägiges Unternehmen im Wege ordnungsmäßigen üblichen Geschäftsverkehrs, so ist sie für immer aus der Rückerstattungspflichtigkeit entstrickt. Die Bestimmungen dieses Gesetzes sind für sie nicht mehr anwendbar; insbesonders begründet ihre Weiterveräußerung oder ihr Untergang keine Ansprüche nach A. 29, 30 Abs. 2, 31 Abs. 2. Wer in einem jüdischen Geschäft in der Zeit nach 1933 oder auch noch nach dem 15. 9. 1935

von dem jüdischen Inhaber gekauft hat, braucht nicht zurückzuerstatten; denn das Geschäft wäre auch ohne die Herrschaft des Nationalsozialismus abgeschlossen worden (A. 4 Abs. 1a). Dem entspricht es auch, daß Sachen nicht zurückgegeben zu werden brauchen, welche in einem arisierten Geschäft gekauft wurden und aus dem von dem Ariseur übernommenen, früher dem jüdischen Geschäftsinhaber gehörigen Warenlager stammen; denn wie könnte es für den Käufer einen Unterschied begründen, ob er von dem jüdischen Geschäftsmann oder einem anderen gekauft hat, der von ersterem gekauft hatte, wenn die Verkaufsbedingungen für ihn die gleichen sind? Aber die Ausnahme geht über diese Parallele hinaus. Auch in dem Ausverkauf eines zur Auswanderung entschlossenen Verfolgten, der nicht unter A. 4 Abs. 1a fällt, ferner wer einen vordem einem Verfolgten gehörigen Kraftwagen oder Pelzmantel in einem Geschäft, welches dem Handel mit instandgesetzten gebrauchten Kraftwagen gewidmet ist bzw. in einer Altkleiderhandlung gekauft hat, braucht ihn nicht zurückzugeben, auch wenn das Geschäft niemals jüdisch und nicht arisiert war. Darauf kommt es nicht an, ob der Erwerb von einem letzten Verbraucher in einem Einzelhandelsgeschäft oder von einem Verteiler (Einzelhändler) in einem Großhandelsgeschäft gemacht wurde; auch darauf nicht, ob der Erwerber wußte oder den Umständen nach annehmen mußte, daß die Sache (das arisierte Geschäft) einmal einem Verfolgten gehört hat und diesem entzogen worden ist. Auch wenn er dies wußte, greift die Ausnahme durch, aber sie setzt voraus,

2. a) daß der Erwerb in einem einschlägigen Unternehmen stattgefunden hat. Einschlägig ist ein Unternehmen, welches sich mit der Verwertung von Waren (Gegenständen) der fraglichen Art in seinem ordnungsmäßigen Geschäftsverkehr befaßt. Nicht notwendig braucht das Unternehmen spezialisiert zu sein. Auch der Erwerb in Warenhäusern, Einheitspreisgeschäften, Lombardhäusern gehört hierher. Das zeigt die Ausnahme des Satzes zwei: „Erwerb im Wege einer Versteigerung", welche andernfalls überflüssig wäre. Wer also von dem Ariseur den diesem entbehrlichen zu einem arisierten Schuhwarengeschäft gehörigen Personen- oder Lieferkraftwagen erworben hat, kann sich auf die Ausnahme nicht berufen; denn für Kraftwagen ist ein Schuhwarengeschäft nicht einschlägig. Natürlich gilt die Ausnahme auch dann, wenn etwa der Ariseur das Lager des arisierten Geschäftes in ein ihm bereits vorher gehöriges Geschäft gleicher Art übernommen und in diesem an seine Kundschaft abgegeben hat.

3. b) daß der Erwerb im ordnungsmäßigen Geschäftsverkehr gemacht war. Eine Diebesbande, welche aus einem arisierten Herrenkonfektionsgeschäft die Mäntel von der Stange gestohlen hat, ist nicht nur dem Bestohlenen kraft bürgerlichen Rechts, sondern auch dem Verfolgten, dem das Geschäft entzogen war, auf Grund des gegenwärtigen Gesetzes rückerstattungspflichtig. Dasselbe gilt natürlich von dem Hehler, der die Diebesware übernommen und von jedem, der beim Hehler gekauft hat; denn dieser hat nicht in einem einschlägigen Unternehmen erworben (s. Anm. 2).

4. c) Der Erwerb muß nicht nur im ordnungsmäßigen (s. Anm. 3), sondern auch im üblichen Geschäftsverkehr gemacht sein. Es fragt sich, ob die Üblichkeit unter dem Gesichtspunkt des Einkaufs oder des Verkaufs zu beurteilen ist. Wenn etwa ein Detaillist (Warenhaus, Einheitspreisgeschäft) von dem Ariseur das arisierte Lager im Ganzen gekauft hat, um es in seinem Einzelhandelsgeschäft abzugeben, so ist dieser Einkauf vom Standpunkt des Detailgeschäftes aus ordnungsmäßig und zugleich üblich. Vom Standpunkt des arisierten Geschäftes aus aber ist der Verkauf unüblich, wenn auch dieses ein Einzelhandelsgeschäft war. Ist der Käufer durch die Ausnahme geschützt oder nicht? Die Frage ist zugunsten seiner Kundschaft zu bejahen, zu seinen eigenen Ungunsten aber zu verneinen. Es entscheidet der Zweck der Vorschrift, welche den breiten alltäglichen gedankenlosen Verkehr schützen will, der bei seinen alltäglichen Einkäufen in den Geschäften der Branche sich keine Gedanken darüber zu machen brauchte, wie der Inhaber des Geschäftes zu der Ware gekommen ist, und keinen Vorteil davon hatte, wenn er arisierte, früher jüdische Ware kaufte. Aber warum sollte der Geschäftsinhaber der bei dem Ariseur gekauft hat, anders behandelt werden, als wenn er von dem Verfolgten selbst gekauft hätte?

Zu **3—4.** Wer bei einem Juwelier Kommissionsware oder in einem Lombardgeschäft verfallene Ware oder Kommissionsware gekauft hat, dürfte des Schutzes der Vorschrift teilhaft sein. Denn er hat in einem einschlägigen Geschäft im Wege ordnungsmäßigen, üblichen Geschäftsverkehrs erworben. War das Lombardhaus nicht spezialisiert, muß man zweifeln, ob es als einschlägig in irgendeine Warengattung angesehen und deshalb die Voraussetzung der Vorschrift bejaht werden kann. Aber es ist zu erwägen, daß die Inhaber solcher Lombardhäuser meist Juden gewesen sind. Wurde das Lombardhaus arisiert, so ist, wie schon unter 1. gesagt, kein Grund vorhanden, die Käufe in dem Geschäft anders zu behandeln, als sie nach A. 4 Ziff. 1a zu behandeln wären, wenn es nicht arisiert wäre, und wiederum kein Grund, die von dem ursprünglich jüdischen Inhaber stammende, zum Geschäft gehörige Ware anders als die später von einem Verfolgten hinzugekommene und endlich auch kein Grund, letztere anders zu behandeln, je nachdem, ob das Geschäft arisiert oder von jeher „arisch" war. Man ist freilich geneigt, dem einem Kauf von Kommissionsware oder in Lombardhäusern gewöhnlich zugrundeliegenden Beweggrund, besonders vorteilhaft zu kaufen, Gewicht beizumessen. Aber dieser Beweggrund besteht bei so feilgebotener Ware schlechthin und allgemein, nicht im Hinblick auf ihre Herkunft aus dem Besitz eines Verfolgten im besonderen.

5. Der Schutz der Vorschrift des Satzes 1 wird trotz Erwerbes im ordnungsmäßigen üblichen Geschäftsverkehr in einem einschlägigen Unternehmen nicht gewährt, wenn der Erwerb Kultgegenstände, ferner Gegenstände von besonderem künstlerischen oder wissenschaftlichen Wert oder von besonderem persönlichen Erinnerungswert betraf, die entweder a) aus Privatbesitz stammten, oder b) im Wege der Versteigerung erworben wurden, oder c) in einem Unternehmen, das sich in erheblichem Umfange mit der Verwertung entzogener Vermögensgegenstände befaßt hat.

Kultgegenstände sind Gegenstände religiöser Verehrung oder des Ausdrucks religiöser Verehrung (Siebenarmige Leuchter) oder rituelle Werkzeuge des Gottesdienstes. Es wird nicht vorausgesetzt, daß sie z. Zt. der Entziehung in einem ihrer Bestimmung gemäßen Gebrauch waren.

Gegenstände von besonderem künstlerischen Wert können sowohl künstlerische Erzeugnisse als auch Mittel zur künstlerischen Produktion, also sowohl eigentliche Kunstwerke (Bilder, Plastiken, Zeichnungen, Graphiken, Noten), als auch Werke des Kunsthandwerks (Möbel, Porzellan, Teppiche, Wandteppiche, Spitzen usw.) als auch Musikinstrumente sein. Aber nicht jeder Kunstgegenstand oder kunstvolle Gegenstand und nicht jedes künstlerische Produktionsmittel ist von dem Erwerbsschutz des Satzes 1 ausgenommen. Vielmehr muß sein Wert ein besonderer sein. Diese Voraussetzung kann er wirtschaftlich oder künstlerisch (qualitativ, ästhetisch) erfüllen. Keinen Anhaltspunkt gewährt das Gesetz dafür, wann dieser besondere Wertgrad erreicht ist. Das, was gang und gebe, was in gleicher Qualität dutzendmal vorhanden ist, hat auszuscheiden; desgleichen das, was wirtschaftlich nicht mehr wert ist, als die breite Käufermasse für solche Zwecke auszugeben pflegt.

Gegenstände von wissenschaftlichem Wert sind wohl nur Erzeugnisse der Wissenschaft oder Erkenntnisquellen und Hilfsmittel der Wissenschaft, in erster Linie Bücher bzw. Instrumente; Bücher von nur bibliophilem Wert, die nicht zugleich ihres Inhalts wegen oder als Erzeugnisse des Kunsthandwerks (Buchdruckkunst, Buchbinderei) besonderen Wert haben, können als Gegenstände von wissenschaftlichem Wert nicht angesprochen werden. Wohl aber alle seltenen wissenschaftlichen Erkenntnisquellen, alte Handschriften, Fundstücke und dergleichen. Auch hier gilt, daß der Wert ein besonderer sein muß und kann diesbezüglich auf obige Ausführungen verwiesen werden.

Ein Gegenstand von besonderem persönlichem Erinnerungswert kann ein Gegenstand jeder Art, insbesondere auch ein Schmuckgegenstand sein, der für gewöhnlich nicht unter die Gegenstände von künstlerischem Wert fallen dürfte. Es braucht sich nicht gerade um die Erinnerung an eine Persönlichkeit, es kann sich auch um die Erinnerung an eine Begebenheit handeln. Aber der Erinnerungswert muß mit der Person des Verfolgten in Beziehung stehen. Eine Heiligenreliquie, eine Münze mit dem Bildnis des Kaisers Titus ist ein Gegenstand von wissenschaftlichem, nicht von persönlichem Erinnerungswert; es kann aber ein Gegenstand von persönlichem Erinnerungswert sein, wenn er ein Geschenk einer teuren Person ist. Wann die Beziehung zur Person des Verfolgten vorliegt, ist weitherzig zu beurteilen. Der wirtschaftliche Wert dürfte hier keine Rolle spielen, vielmehr nur der ideelle Wert. Wenngleich es sich um einen Gefühlswert handelt, kommt es doch nicht auf die individuellen Gefühle des verfolgten Vorbesitzers, sondern auf die allgemein verbreitete gefühlsmäßig bestimmte Wertung an. Die Voraussetzung des besonderen Wertes kann gegeben sein mit Rücksicht auf die Singularität des Erinnerungsstückes, auf die besondere Herzlichkeit und Innigkeit persönlicher Beziehungen (Erinnerungsstücke an Eltern, Gatten, Kinder, Geschwister, besonders geliebte Freunde), die besondere Bedeutung einer Begebenheit für den Verfolgten oder eine ihm besonders nahestehende Person, aber auch die Seltenheit einer Beziehung. Ein Erbstück, das von einem entfernten Vorfahren stammt, ein Erinnerungsstück an eine weit zurückliegende besonders ehrenvolle Begebenheit der Familiengeschichte kann höheren persönlichen Erinnerungswert haben als ein von einem Bruder oder Gatten stammendes Erinnerungsstück, wenn viele solche Erinnerungsstücke vorhanden sind.

6. Die Ausnahme von Satz 1 greift bei Kultgegenständen unbedingt, im übrigen aber nur durch, wenn derartige Gegenstände entweder

a) aus Privatbesitz stammten.

Mit dieser weiteren Voraussetzung kann nicht gemeint sein, daß sie nicht von Privaten zu Privaten erworben sein dürfen, damit ihr Erwerb des Schutzes des Abs. 1 teilhaft sei, denn dann würde Satz 1 ja ohnedies nicht Schutz gewähren. Sie zielt also auf den Besitz z. Zt. der Entziehung ab und schützt also gegen die Schutzentziehung durch Absatz 1 Gegenstände von besonderem künstlerischen, wissenschaftlichen oder Erinnerungswert, welcher einem Privaten gehörten. Der Gegensatz ist die Zugehörigkeit zu einem Geschäftsvermögen, insbesondere einer Kunst- oder Buchhandlung, eines Buchantiquariats usw. und der Besitz etwa einer Synagoge, religiösen oder politischen Vereinigung oder Kongregation, Stiftung oder Sammlung. Letzterenfalls besteht der Schutz des Satzes 1, der durch Satz 2 in weitem Umfange aufgehoben ist.

oder b) im Wege der Versteigerung erworben wurde; es handelt sich nicht um öffentliche Versteigerung im Sinne des bürgerlichen Rechts durch einen öffentlich bestellten Versteigerer unter Beachtung der dafür bestehenden gesetzlichen Vorschriften (über Bekanntmachung usw.); denn der Erwerb in einer solchen fällt ohnedies nicht unter den Schutz des Satzes 1; vielmehr um die Versteigerung durch einen privaten gewerbsmäßigen Versteigerer. Der Erwerb im Wege der Versteigerung ist also, wenn er Kunstgegenstände usw. betraf auch dann vom Schutz des Satzes 1 ausgenommen, wenn der Gegenstand nicht aus privatem Besitz stammte (s. a).

c) Letzteres gilt auch, wenn ein Gegenstand von besonderem künstlerischem, wissenschaftlichem oder Erinnerungswert im ordnungsmäßigen üblichen Geschäftsverkehr in einem einschlägigen Unternehmen erworben wurde, das sich in erheblichem Umfang mit der Verwertung entzogener (A. 2, 4) Vermögensgegenstände befaßte. Nach ihrem Wortlaut würde diese Ausnahme von Satz 1 gerade auf die Käufe in einem arisierten Unternehmen zutreffen; denn ein solches befaßte sich natürlich mit der Verwertung des zum entzogenen Geschäft gehörigen Warenbestandes, also in erheblichem Umfange mit der Verwertung entzogener Gegenstände. Dies kann aber nicht der Sinn dieser Ausnahme von Satz 1 sein, der gerade für Käufer in arisierten Geschäften Schutz gewähren will. Käufe in einem arisierten Geschäft fallen also auch dann nicht unter Satz 2, wenn sie einen daselbst erwähnten Gegenstand betreffen. Entscheidend ist das objektive Merkmal der Verwertung entzogener Vermögensgegenstände in erheblichem Umfang. Gleichgültig ist die Art der Verwertung (mit der Maßgabe, daß eine außergewöhnliche Verwertung ohnedies nicht unter Satz 1 fällt), aber wann liegt erheblicher Umfang vor? Kommt es auf die absolute Umsatzziffer oder auf das Verhältnis zum Gesamtumsatz des Unternehmens an? Genügt ein einmaliger größerer Umsatz oder werden nachhaltige regelmäßige Umsätze vorausgesetzt? Von einem „sich befassen" wird man wohl erst sprechen, wenn das Unternehmen die Verwertung entzogener Gegenstände in sein ordentliches Geschäftsprogramm aufgenommen hat, was nicht ausschließt, diese Voraussetzung als erfüllt auch dann anzusehen, wenn das Unternehmen von Fall zu Fall von Gelegenheiten, entzogene Gegenstände zu verwerten, geschäftsgrundsätzlich Gebrauch gemacht hat. Dagegen wird die Erheblichkeit des Umsatzes in entzogenen Gegenständen unabhängig von seinem Verhältnis zum Gesamtumsatz zu beurteilen und darauf Gewicht zu legen sein, ob er überhaupt (nicht etwa bloß in Gegenständen des Satzes 2) so bedeutend war, daß dem Verkehr die Herkunft der feilgebotenen Ware nicht verborgen bleiben konnte. Trotzdem kommt es nicht darauf an, ob dem Erwerber im Einzelfall bekannt war, daß das Unternehmen, bei dem er kaufte, sich in erheblichem Umfange mit der Verwertung entzogener Gegenstände befaßte. An das Vorhandensein dieses objektiven Merkmals knüpft das Gesetz für Erwerbsfälle von Gegenständen des Satzes 2 die unwiderlegliche Vermutung, daß es von dem Unternehmen ruchbar war, mit was für Waren es handelte, und legt auf diese Vermutung Gewicht, obwohl es grundsätzlich für die Rückerstattungspflicht auf die Gutgläubigkeit des Erwerbers und Nacherwerbers und für die Ausnahme des Satzes 1 auf die Schlechtgläubigkeit nicht ankommt. Letztere

Ausnahme ist gemacht, nicht im Interesse eines gutgläubigen Verkehrs, sondern schlechthin im Interesse der Verkehrssicherheit, scheint aber dem Gesetz dann nicht veranlaßt, wenn dem Verkehr bekannt sein konnte, mit Waren welcher Herkunft ein Unternehmen sich befaßte, wiederum aber nicht schlechthin, sondern nur mit Bezug auf Kultgegenstände und Gegenstände von besonderem künstlerischen, wissenschaftlichen und Erinnerungswert — im ganzen genommen eine Regelung von außerordentlicher Verzwicktheit, deren Motive nicht einleuchten.

Nach dem englischen, jedoch nach A. 94 nicht maßgeblichen Text bilden die auf einer Versteigerung oder von einem in erheblichem Umfang mit der Verwertung entzogener Gegenstände befaßten Unternehmen erworbenen beweglichen Sachen als solche eine besondere Gruppe der Ausnahmen von Satz 1, ohne daß es dabei darauf ankäme, ob es sich um Gegenstände von besonderem künstlerischen, wissenschaftlichen oder persönlichen Gefühlswert handelt. Diese Regelung ist viel sinnvoller als die nach dem maßgeblichen (A. 94) deutschen Text; jedoch ist dieser so eindeutig, daß es nicht zulässig ist, auslegungshalber auf den englischen Text zurückzugreifen.

7. Der Erwerb von Geld (A. 20) und Inhaberpapieren (A. 21) genießt teils weiter, teils weniger weitgehenden Schutz. An sich sind auch Namenswertpapiere bewegliche Sachen, welche nach seinem Wortlaut unter A. 19 fallen. Aber man wird den Nacherwerb an solchen dem Nacherwerb an Inhaberpapieren gleichstellen müssen; s. zu A. 20 und 21.

Artikel 20

Geld

Geld unterliegt der Rückerstattung nur, wenn der Rückerstattungspflichtige bei seinem Erwerb wußte oder den Umständen nach annehmen mußte, daß es im Wege der Entziehung erlangt worden war.

Geld sind kurshabende deutsche geprägte Münzen, Noten der Reichsbank und der Rentenbank; sogenanntes Giralgeld betrifft die Vorschrift nicht. Sie trägt der Bestimmung des Geldes zu raschem Umlauf Rechnung, indem sie es von der Rückerstattungspflicht eines gutgläubigen Nacherwerbers nach A. 14 ausnimmt. Nur wenn der Berechtigte beweist, daß der Nacherwerber bei seinem Erwerb wußte oder den Umständen nach annehmen mußte, daß das Geld durch Entziehung (A. 2, 4) erlangt war, kann er von ihm Rückerstattung der entzogenen Geldstücke und Banknoten oder anderer an ihrer statt verlangen, wenn der Nacherwerber zur Rückerstattung der ursprünglichen nicht in der Lage ist, weil er sie weitergegeben und verbraucht hat (A. 29, 30 Abs. 2, 31 Abs. 2). A. 20 betrifft auch denjenigen, der aus entzogenen Geldern ein Darlehen empfangen hat (s. 5 zu A. 29).

Artikel 21

[1] Inhaberpapiere

1. Inhaberpapiere [2] unterliegen der Rückerstattung nicht, wenn der Inhaber nachweist[3], [4], [5], daß er zur Zeit des Erwerbs weder

wußte, noch den Umständen nach annehmen mußte[3], daß das Inhaberpapier zu irgendeiner Zeit Gegenstand einer Entziehung war. Sofern nicht besondere Umstände[5] entgegenstehen, ist guter Glaube im Sinne dieser Bestimmung anzunehmen[5], wenn der Erwerb im ordnungsmäßigen üblichen Geschäftsverkehr[6, 7], insbesondere im Börsenverkehr[7], erfolgte und es sich nicht[10] um eine maßgebliche[8, 16] Beteiligung[11] handelte.

2. Die Bestimmungen des Absatz 1 finden auch Anwendung auf Anteilsrechte an Inhaberpapieren, die sich in Sammelverwahrung befinden[9].

3. [10] Inhaberpapiere sowie Anteilsrechte an solchen unterliegen jedoch bedingungslos der Rückerstattung, wenn sie darstellen,

a) eine Beteiligung[11] an Unternehmen mit geringer Gesellschafterzahl[12], z. B. Familiengesellschaften[12],

b) eine Beteiligung[11] an Unternehmen, deren Anteile im allgemeinen Geschäftsverkehr nicht gehandelt wurden[13],

c) eine maßgebliche[16] Beteiligung[11] an Unternehmen, von denen es allgemein oder in Geschäftskreisen bekannt war, daß eine maßgebliche Beteiligung an ihnen in der Hand von Personen war, die zu einer der in Artikel 3 Absatz 1 b) bezeichneten Gruppen gehörten[14],

d) eine maßgebliche[16] Beteiligung[11] an Gewerbebetrieben, die auf Grund der dritten Verordnung zum Reichsbürgergesetz vom 14. 6. 1938 (RGBl. I, S. 627) in ein Verzeichnis eingetragen wurden[15].

4. Als maßgeblich im Sinne der Bestimmungen im Absatz 3 c) und d) gilt eine Beteiligung dann, wenn sie durch sich allein oder auf Grund einer vor oder bei der Entziehung bestandenen Interessenverbindung einen erheblichen Einfluß auf die Geschäftsführung des Unternehmens ermöglichte[16].

1. Inhaberpapiere gehören nach dem Sprachgebrauch des BGB. zu den Sachen, und zwar den beweglichen. Es würde also auf sie ohne die Sonderbestimmung des A. 21 die Regelung des A. 19 anzuwenden sein. Dieser gilt auch nicht hilfsweise neben A. 21, da letzterer die Materie der Inhaberpapiere offenbar erschöpfend regeln will. Außer dem Rückerstattungsanspruch besteht im Falle der Wegnahme nach § 66 AktG., § 799 BGB. die Möglichkeit des Aufgebots.

A. 21 betrifft den Schutz des Erwerbs von Inhaberpapieren durch einen gutgläubigen Nacherwerber gegen die Rückerstattungspflicht nach A. 14. Daß nur der Nacherwerber geschützt ist, ergibt sich aus der Voraussetzung seiner Unkenntnis, daß das Papier zu irgendeiner Zeit Gegenstand einer Entziehung war. Da die Rückerstattungspflicht „Feststellbarkeit" voraussetzt, betrifft A. 21

nicht Inhaberpapiere, die ein Verfolgter bei einer Bank auf sog. Stückekonto guthatte; in solchem Falle würde ihm eine Forderung entzogen. Schlecht daran ist die Depotbank des Verfolgten, die auf Grund seiner Verkaufsordre durch Selbsteintritt ein Papier von ihm erworben und behalten hat, besonders wenn das Geschäft unter A. 4 fällt. „Angemessen" i. S. des A. 4, 16 wird zwar regelmäßig der notierte Tagesbörsenpreis sein, auch wenn die Kurse flau waren, und oft, aber nicht immer, wird ihr A. 44 helfen.

2. Inhaberpapiere sind solche, deren eigener Wortlaut ergibt, daß dem Inhaber als solchem von dem Aussteller eine Leistung versprochen wird (Inhaberschuldverschreibung § 793 BGB.) oder daß das durch die Urkunde verbriefte Recht im Verhältnis zum Aussteller dem Inhaber zustehen soll (Inhaberaktie). Indossable Papiere sind also auch dann keine Inhaberpapiere, wenn sie mit Blankoindossament versehen sind. Inhaberpapiere sind an sich auch Inhabergrundschuldbriefe (§ 1195 BGB.). und Inhaberschecks, doch ist aus S. 2 zu erkennen, daß an diese hier nicht gedacht ist.

Die Beschränkung der Vorschrift auf Inhaberpapiere ist befremdlich, weil eine große Menge von Namenspapieren (Schuldverschreibungen oder Aktien z. B. der Versicherungsunternehmungen) mit Blankoindossament oder Blankozession zirkulieren. Auch Orderwertpapiere sind bewegliche Sachen. Für sie würde also, wenn man A. 21 nicht auf sie anwendet, A. 19 gelten, einerseits mit seinem Schutz auch des schelchtgläubigen Erwerbers, sofern der Erwerb im ordnungsmäßigen üblichen Geschäftsverkehr stattfand, andererseits mit der Beschränkung auf diesen, so daß der Nachweis guten Glaubens bei einem Erwerb außerhalb ordnungsmäßigen üblichen Geschäftsverkehrs nichts fruchten würde. Es besteht kein innerer Grund, die Inhaber- und Namenspapiere in diesen Beziehungen verschieden zu behandeln. Sie sind daher einander gleichzustellen. Eine andere Beurteilung wäre nur dann am Platze, wenn das Papier zuletzt auf den Namen eines Verfolgten lautete, ohne von ihm in Blanko indossiert oder zediert zu sein.

Unbeurkundete Aktien sind dagegen Rechte, keine Sachen und keine Inhaberpapiere. Sie folgen wie GmbH.-Anteile der Regel des A. 14; auch der gutgläubige Erwerber ist ungeschützt. Ist nach der Entziehung eine Urkunde ausgestellt worden, so beginnt fortan der Schutz eines nunmehr noch erwerbenden gutgläubigen Nacherwerbers (a. A. anscheinend Hachenburg SJZ. 1947 Sp. 511).

3. Der Nacherwerber ist aber gegen die Rückerstattungspflicht nur geschützt, wenn er beweist, daß er bei seinem Erwerb gutgläubig war, d. h. weder wußte, daß das Papier einem Verfolgten entzogen war (A. 2, 4), noch den Umständen nach dies annehmen mußte, d. h. noch Umstände kannte, welche zu der Annahme der Entziehung zwangen. Es handelt sich um einen gesetzlich vermuteten Vorsatz (wie bei der Sachhehlerei), wenn bei dem Erwerb der Papiere Umstände vorgelegen haben, die geeignet waren, dem Erwerber die Überzeugung der Herkunft der Papiere aus einer Entziehung aufzunötigen. Demnach hat er nicht nur zu beweisen, daß keine Umstände vorliegen, welche für seine Kenntnis der Entziehung sprachen — dieses Beweiserfordernis schließt schon der ihm auferlegte Beweis seiner Unkenntnis der Entziehung ein —, sondern auch, daß er keine Umstände kannte, aus denen der Schluß auf die Entziehung zwangsläufig zu ziehen war. Dagegen kommt es, wenn er die Entziehung oder solche Umstände nicht kannte, nicht darauf an, ob diese Unkenntnis fahrlässig war.

4. Für diesen weitgehenden Beweis von Negativen ist natürlich jede Art der Beweisführung, auch ein mittelbarer Beweis und Indizienbeweis zulässig,

aber ausreichend nur, wenn er die freie richterliche Überzeugung herstellt, daß dem Erwerber die Entziehung nicht bekannt und auch Umstände nicht bekannt waren, aus denen zwangsläufig auf Entziehung geschlossen werden mußte.

5. Dieser Beweis wäre in den seltensten Fällen zu erbringen, wenn das Gesetz dem Nacherwerber eines Inhaberpapiers nicht für den typischen Fall ordnungsmäßigen üblichen Erwerbs eines solchen entgegenkäme. Es stellt für diesen Fall zu seinen Gunsten eine Vermutung des guten Glaubens auf, welche der Berechtigte nur beseitigen kann, indem er besondere Umstände dartut, welche diese Vermutung zwar nicht widerlegen, aber doch so erschüttern und so starke Zweifel an ihrer Richtigkeit erwecken, daß es unvernünftig wäre, das in ihr liegende Vorurteil zugunsten des Nacherwerbers aufrecht zu erhalten.

6. Der Beweis seines guten Glaubens wird dem Nacherwerber abgenommen und sein guter Glaube vorbehaltlich besonderer Umstände vermutet, wenn er das Inhaberpapier im ordnungsmäßigen üblichen Geschäftsverkehr erworben hat. Dies ist eine Parallele zu A. 19, geht aber ohne inneren Grund, ja entgegen inneren Gründen weniger weit. Denn nach A. 19 kommt es bei beweglichen Sachen, die in einem einschlägigen Unternehmen im ordnungsmäßig üblichen Geschäftsverkehr erworben wurden, zugunsten des Nacherwerbers überhaupt nicht darauf an, daß er gutgläubig gewesen ist. Nach A. 19 ist er unter den angegeben Voraussetzungen bezüglich beweglicher Sachen überhaupt nicht rückerstattungspflichtig (vorbehaltlich der allerdings weitgehenden Ausnahme von S. 2 s. dort.), während A. 21 — ausgerechnet bei Inhaberpapieren, deren Bestimmung zu ungehindertem Umlauf das Bürgerliche Recht durch Bestimmungen zum Schutz des Verkehrs Rechnung trägt, welche weitergehen als bei anderen beweglichen Sachen, — nur eine Vermutung des guten Glaubens auf = und es im übrigen auch bei Erwerb im ordnungsmäßigen üblichen Geschäftsverkehr auf diesen abstellt. Allerdings geht A. 21 in einer unpraktischen Beziehung weiter als A. 19, insoferne, als er den Nachweis des guten Glaubens außerhalb des ordnungsmäßigen üblichen Geschäftsverkehrs zuläßt, der in diesem Fall nach A. 19, 14 bedeutungslos ist.

7. Im ordnungsmäßig üblichen Geschäftsverkehr ist ein Inhaberpapier erworben, wenn es von einem Unternehmen erworben wurde, welches für den Handel mit Wertpapieren einschlägig ist, also von einer Bank oder im Verkehr von Bank zu Bank. Das Gesetz hebt den Erwerb an der Börse besonders hervor, ohne diesen zur Voraussetzung des Schutzes des guten Glaubens zu machen. Bei Geschäften von Bank zu Bank ist der Handel außerhalb der Börse — vor- oder nachbörslich — am Telefon, von Büro zu Büro, durchaus ordnungsmäßig und üblich, aber auch Kundengeschäfte der Bank sind nicht nur dann ordnungsmäßig üblich, wenn sie in der Ausführung einer Börsenkauforder bestehen Auch hier kann der Kunde erwerben, auch ohne daß er es weiß, aus eigenen Beständen der Bank auf Grund ihres Selbsteintritts in seine Börsenorder oder aus einem mit seinem Auftrag intern seitens der Bank kompensierten Verkaufsauftrag eines andern Kunden, oder auch, wenn der Kunde sich für den Erwerb eines größeren Bestandes an einem bestimmten Papier besonders interessiert, indem die Bank das Papier für ihn auch außerbörslich zu kaufen sucht, sei es von anderen Depotkunden, sei es von Bank zu Bank. In keinem dieser Fälle liegt ein besonderer Umstand im Sinne des A. 5 vor, welcher die Vermutung des gutgläubigen Erwerbs ausräumen würde.

8. A. 14 ist nicht unbillig, wenn ein individuell bestimmter Gegenstand entzogen wurde, dessen Herkunft nachgeforscht werden konnte. Bei nur gattungsmäßig bestimmten Gegenständen wie Inhaberpapieren war die Ausnahme zugunsten guten Glaubens geboten und kann nicht mit der Unterstellung kollektiver Schlechtgläubigkeit, demjenigen, der an der Börse seine J. G.-Farben-aktien in Deutsche-Bank-Aktien tauschte, vorgehalten werden, er habe der Herkunft letzterer nachgehen müssen; denn das wäre nicht möglich gewesen. Dagegen nähert sich die Lage des Falls dem des Erwerbs einer individuellen Sache, wenn ein großer Posten geschlossen gehandelt wurde. Darum besteht die Vermutung des guten Glaubens des Nacherwerbers trotz Erwerbs im ordnungsmäßig üblichen Geschäftsverkehr nicht, wenn eine maßgebliche Beteiligung, also ein so großer Bestand von Inhaberpapieren derselben Gattung erworben wurde, daß er einen erheblichen Einfluß auf die Geschäftsführung des Unternehmens ermöglichte. Wenn auch Abs. 1 in Abs. 4 nicht erwähnt wird, so ist doch auch hier die dortige Begriffsbestimmung anzuwenden, welche sich mit dem allgemeinen Verstande deckt (s. Anm. 16, auch 15); aber hier, für die Ausnahme von der Vermutung des guten Glaubens ist nicht vorauszusetzen, daß die Beteiligung zugleich „entscheidend" im Sinne der 3. AVO. z. RBürgG. gewesen ist (vgl. Anm. 15). Bei maßgeblichen Beteiligungen wird also der gute Glaube niemals vermutet, sie können außerdem trotz Nachweises des guten Glaubens bedingungslos zurückzuerstatten sein, wenn auf sie Abs. 3 a, b, c oder d zutrifft. Bei einfacher Beteiligung wird der gute Glaube vermutet, wenn sie im ordnungsmäßigen üblichen Geschäftsverkehr erworben wurde, aber dies ist in den Fällen des Abs. 3 bedeutungslos.

Beim Erwerb einer maßgeblichen Beteiligung, welche die Vermutung des guten Glaubens ausschließt, ist nur an den Fall zu denken, daß ein geschlossenes Paket auf einmal erworben wurde, nicht auch an den, daß durch allmähliche Aufkäufe an der Börse die maßgebliche Beteiligung erst entstand. Letzterenfalls wird es sich ohnedies niemals um lauter entzogene Papiere handeln. Der Erwerb einer maßgeblichen Beteiligung in Gestalt eines geschlossenen Pakets wickelt sich im allgemeinen nicht an der Börse, sondern im Büroverkehr ab, was natürlich nicht ausschließt, darin einen Erwerb im ordnungsmäßig üblichen Geschäftsverkehr zu sehen.

9. Durch die gemäß Gesetz vom 4. 2. 1937 sanktionierte Sammelverwahrung einer Vielzahl von Wertpapieren derselben Gattung für eine Vielzahl von Eigentümern durch dieselbe Bank entstand ein Bruchteilsmiteigentum an den in Sammelverwahrung befindlichen Inhaberpapieren. Die Veräußerung der Papiere durch ihren Inhaber besteht in Veräußerung und Übertragung des Miteigentumsbruchteils oder -teilbruchteils. Da das Sammeldepot als solches „feststellbar" ist, ist dies auch das Miteigentum daran. Abs. 2 dürfte Selbstverständliches besagen, erst recht auch, wenn etwa daran gedacht sein sollte, daß in Streifbanddepot befindliche (als Sondereigentum verwahrte) Wertpapiere des Verfolgten nach der Entziehung in Sammeldepot gegeben worden sind; traf der Schutz des A. 21 in solchem Fall nicht zu, so ist nach A. 29 der Miteigentumsanteil zu erstatten, nicht das Papier, weil die Gemeinschaft aller Miteigentümer ja nicht anders als gutgläubig gewesen sein kann. Die Besonderheit besteht immerhin darin, daß A. 15 S. 2 eingreift, während A. 29 Abs. 1 nur ein obligatorisches Recht gibt.

10. Auch der Erwerber größerer geschlossener Posten von Inhaberpapieren (Aktien) derselben Gattung genießt den Schutz des A. 21 gegen die Rückerstattungspflicht, wenn er beim Erwerb gutgläubig war und erfreut sich der

Vermutung seines guten Glaubens, wenn er den Posten im ordnungsmäßigen üblichen Geschäftsverkehr bezogen hat; dieser Vermutung erfreut er sich nur dann nicht, wenn der Posten eine maßgebliche (s. Abs. 4) Beteiligung darstellt. Aber bei Erwerb geschlossener Posten greift aus den eingangs zu 8. dargelegten Gesichtspunkten zudem ausnahmsweise die Regel des A. 14, d. h. die Rückerstattungspflicht ohne Schutz gegen guten Glauben Platz, wenn der Posten

11. eine Beteiligung darstellt, welche gewisse Merkmale aufweist (a—d). Beteiligung im Rechtssinne ist natürlich jede einzelne Aktie. Hier wird aber unter Beteiligung ersichtlich eine geschlossene Mehrheit von Aktien verstanden. Das Gesetz überläßt es dem Gefühl, von welchem Betrag an man in einem Posten eine Beteiligung zu erblicken hat, das ist ziemlich mißlich, hängt aber mit der Mannigfaltigkeit der denkbaren Relationen zum Grundkapital zusammen. Auf dessen Größe kommt es natürlich an. Nom. RM. 100000.— Aktien der JG-Farben-Industrie waren keine Beteiligung, wohl aber ein gleicher Betrag Aktien eines Mühlenwerkes mit einem Grundkapital von etwa 1 Million. Abgesehen von einem angemessenen Verhältnis zum Grundkapital wird aber auch eine gewisse Beständigkeit des Besitzes zu fordern sein. Gab es unter den Verfolgten Händler von Beteiligungen, so besteht kein Grund, diese zum Nachteil eines gutgläubigen Nacherwerbers gegen den Fortfall der Rückerstattungspflicht nach Maßgabe des Abs. 1 zu schützen.

Eine Beteiligung setzt weder wirtschaftlich noch rechtlich ein Herrschaftsverhältnis voraus. Auch ein Posten stimmrechtsloser Vorzugaktien kann eine Beteiligung darstellen (freilich niemals eine maßgebliche, mag er auch noch so groß sein, s. Abs. 4).

Dagegen scheiden Schuldverschreibungen von dem Begriff der Beteiligung juristisch und auch wirtschaftlich völlig aus. Auch von Wandelschuldverschreibungen wird dies zu gelten haben. GmbH.-Anteile fallen ohnedies unter die Regel des A. 14, weil darüber keine Urkunden mit Wertpapiercharakter ausgestellt werden können.

Um vom Schutz des gutgläubigen Nacherwerbs, auch dann wenn er im ordnungsmäßigen üblichen Geschäftsverkehr stattgefunden hat, ausgenommen zu sein, muß eine Beteiligung folgende weitere Voraussetzung erfüllen. Sie muß sein

12. a) entweder eine Beteiligung an einer Gesellschaft mit geringer Mitgliederzahl, z. B. an einer Familiengesellschaft. Bei Familiengesellschaften wird es auf die Zahl der Gesellschafter nicht ankommen. Der Begriff einer Familiengesellschaft ist weder in diesem Gesetz noch anderswo festgelegt. Es kann sein, daß die Abstammung vom Gründer nach der Satzung Voraussetzung für den Aktienbesitz (seinen Erwerb oder seine Aufrechterhaltung) ist, — der Fall, daß die Übertragung nur mit Genehmigung der Gesellschaft möglich und satzungsmäßig die Genehmigung nur zu erteilen ist, wenn der Erwerber vom Gründer abstammt, scheidet, weil es sich dann nicht um Inhaberpapiere handeln kann, aus, wenn man diesen die Namensaktien nicht gleichstellt (Anm. 2) — oder es können durch Vereinbarung die Aktien gebunden sein, so daß dafür Sorge getragen ist, daß sie nicht in den Besitz einer Person gelangen können, welche nicht zu einer bestimmten Familie gehört. Wo eine Familie nur durch solche Vereinbarung sich die Herrschaft über ein Unternehmen gesichert hat, daneben aber eine große Zahl von freien, nicht zur Familie gehörenden Gesellschaftern vorhanden ist, liegt eine Familiengesellschaft und auch die Voraussetzung nicht vor, daß es sich um ein Unternehmen mit geringer Mitgliederzahl handelt (jedoch kann lit. c erfüllt sein, s. Anm. 16).

Letztere Voraussetzung kann gegeben sein, auch ohne daß die wenigen Aktionäre untereinander verwandt sind. Daß sie Vorkehrungen gegen eine Zersplitterung des Aktienbesitzes durch Vereinbarungen getroffen haben, wird nicht vorausgesetzt, es genügt die Tatsache, daß durch Aufkauf oder durch rein faktische Festhaltung des Aktienbesitzes durch eine geringe Zahl der ursprünglichen Gründer ohne diesbezügliche Bindung nur wenig Gesellschafter vorhanden sind. Häufig werden zugleich die Voraussetzung der Anm. 13, 14, 15 gegeben sein. Ist dies nicht der Fall, so fällt auch die maßgebliche Beteiligung eines Großaktionärs, wenn der Rest der Aktien verstreut ist, nicht unter Abs. 3, sondern Abs. 1 (Beispiel: Vom Grundkapital von RM. 1 Million befand sich ein Betrag von RM. 967000.— in einer Hand; die restlichen 33 Stück der an der Börse eingeführten Aktien sind verstreut. Freilich wird hier c zutreffen.) Letzteres braucht bei einem unbedeutendem Rest wieder nicht zu gelten, wenn die Inhaber der restlichen Aktien sich nie melden, nie zu einer Hauptversammlung einfinden, die Dividendenscheine nicht einreichen und für die Aktiengesellschaft verschollen sind.

13. b) Beteiligungen im Sinne der Anm. 11 unterliegen bedingungsloser Rückerstattungspflicht nach A. 14, wenn die Aktien im allgemeinen Geschäftsverkehr nicht gehandelt werden. Es ist nicht klar, was das Gesetz unter dem allgemeinen Geschäftsverkehr abweichend vom ordnungsmäßigen üblichen Geschäftsverkehr versteht. Da andererseits der ordnungsmäßige übliche Geschäftsverkehr allgemein ist, d. h. jeder daran teilnehmen kann — insbesondere gilt dies auch von den Umsätzen in amtlich nicht notierten Papieren — kann nur gemeint sein, daß im allgemeinen faktisch Umsätze auch in kleineren Posten im Auftrag unbestimmt vieler beliebiger Personen im ordnungsmäßigen üblichen Geschäftsverkehr einschließlich des Büroverkehrs der Banken in dem Papier nicht stattfinden (A. A. Hachenburg, SJZ. 1947 Sp. 508, welcher unter „Anteilen, die im allgemeinen Geschäftsverkehr nicht gehandelt werden", solche versteht, die weder amtlich an der Börse noch im freien Markt einen Kurs haben. Er will den Schutz des gutgläubigen Erwerbers überhaupt auf Aktien, die an der Börse oder im freien Markt notieren, beschränken. Dem steht der Aufbau des A. 21 entgegen. Wäre der Schutz des Abs. 1 in dieser Art beschränkt, so wäre Abs. 3 lit. b gegenstandslos; vgl. die Ausführungen a. E. der Anm. 12. Freilich wird in Aktien, die überhaupt keinen Kurs an der Börse oder im freien Markt haben, kein allgemeiner Geschäftsverkehr bestehen). Meist werden sich a und b überschneiden. Der allgemeine Geschäftsverkehr muß z. Zt. des Nacherwerbes stattfinden (a. A. Hachenburg: z. Zt. der Entziehung).

14. c) Bedingungslos zu erstatten sind maßgebliche (s. Abs. 4) Beteiligungen, wenn es allgemein oder in Geschäftskreisen bekannt war, daß eine maßgebliche Beteiligung in den Händen von Personen lag, die zu einer Gruppe gehörten, welche in ihrer Gesamtheit aus Gründen der Rasse, Religion, Nationalität, Weltanschauung oder politischer Gegnerschaft gegen den Nationalsozialismus durch Maßnahmen des Staates oder der NSDAP. aus dem kulturellen und wirtschaftlichen Leben ausgeschaltet werden sollte, insbesondere in der Hand von Juden war. Sollten übrigens Einzelgänger, die wegen ihrer Gegnerschaft zum Nationalsozialismus aus Deutschland weichen mußten und ausgebürgert wurden und eine maßgebliche Beteiligung verloren, diese nicht auch bedingungslos zurückerstattet bekommen, bloß weil sie keiner Gruppe angehört haben, obwohl die Geschäftskreise ihre Beteiligung kannten?

Geschäftskreise sind die Banken, die Unternehmen der Branche, die Lieferanten und Abnehmer. Allgemein bekannt war jüdischer Besitz z. B. bei der Hermann Tietz (Hertie) A.-G. Es mußte nicht nur bekannt sein, daß maßgebliche Beteiligungen an dem Unternehmen bestanden, sondern auch, daß sie in Händen eines Verfolgten waren, andererseits brauchte sich die allgemeine Kenntnis nicht gerade auf die Beteiligung zu beziehen, welche der gutgläubige Nacherwerber erworben hat. Dem gutgläubigen Nacherwerber gereicht hier die Kenntnis Dritter zum Schaden, wie auch in A. 19 Anm. 5.

Einmannbeteiligungen dürften unter a, b und c fallen.

15. Die 3. AV. z. RBürgG. vom 14. 6. 38 bestimmte, daß jüdische Gewerbebetriebe in ein Verzeichnis einzutragen waren. Jüdisch war nach Art. I der Gewerbebetrieb einer juristischen Person u. a., wenn Juden nach Kapital oder Stimmzahl „entscheidend" beteiligt waren. Entscheidend an einer juristischen Person waren Juden dann beteiligt, wenn 25% des Grundkapitals oder mehr als die Hälfte der gesamten Stimmzahl auf Juden entfiel. Diese Voraussetzung konnte auch durch das Zusammentreffen mehrerer jüdischer Beteiligungen erfüllt sein, die für sich allein nicht entscheidend waren. In ein Verzeichnis eingetragen wurde nicht die Beteiligung, sondern der infolge entscheidender jüdischer Beteiligung als jüdisch anzusehende Gewerbebetrieb. Eine jüdische Beteiligung, die für sich allein oder zusammen mit andern jüdischen Beteiligungen „entscheidend" im Sinne der 3. AVO. z. RBürgG. war und zur Folge hatte, daß das Unternehmen als jüdisch galt und in ein Verzeichnis eingetragen wurde, ist aber deshalb allein noch nicht „Maßgeblich" im Sinne dieses Gesetzes. Sie muß vielmehr außerdem ohne Rücksicht auf den von ihr erfüllten Tatbestand der 3. AVO. z. RBürgG. auch die Voraussetzung des Abs. 4 (Anm. 16) erfüllt haben.

16. Abs. 1 und 3 lit. c und d verwenden den Begriff einer maßgeblichen Beteiligung. Dieser setzt voraus, daß die Beteiligung einen erheblichen Einfluß auf die Geschäftsführung ermöglichte. Nach § 103 AktG. hat die Hauptversammlung Einfluß auf die Geschäftsführung nur mittelbar, durch die Bestimmung der Zusammensetzung des Aufsichtsrats, der das Geschäftsführungsorgan, den Vorstand, bestellt. Ein Einfluß hinter den Kulissen ist nach deutschem Aktienrecht verpönt (A. 101). Nach HGB. war zwar die Hauptversammlung entscheidend auch in Geschäftsführungsfragen, aber die Ausübung von Einfluß außerhalb der Hauptversammlung und des Aufsichtsrats gleichfalls mindestens illegal. Gemeint ist hier aber wohl nicht nur ein erheblicher Einfluß auf die Geschäftsführung, sondern auch innerhalb der Hauptversammlung auf die Angelegenheiten der Gesellschaft, welche nach dem z. Zt. der Entziehung geltenden Gesetz durch dieses oder durch die Satzung der Hauptversammlung vorbehalten waren (z. B. Gewinnverteilung, Satzungsänderung, Wahlen zum Aufsichtsrat, nach HGB. auch Feststellung des Jahresabschlusses). Die Beteiligung braucht keine Mehrheit dargestellt haben, weder die absolute Mehrheit des Grundkapitals noch die Mehrheit in der Hauptversammlung, in der ja gewöhnlich nur ein Teil des Grundkapitals vertreten ist. Reichte die Beteiligung für sich allein nicht aus, um einen erheblichen Einfluß bei der Wahl des Aufsichtsrats und deshalb durch diesen oder bei eigener Wahl in diesem auszuüben, so genügt es, wenn dieser Einfluß durch eine „Interessenverbindung" hergestellt war, vorausgesetzt, daß diese schon vor oder bei der Entziehung bestanden hat. Warum das Gesetz von einer „Interessenverbindung" statt von Vereinbarungen spricht, ist nicht klar. Offenbar fordert es nicht einen der üblichen Pool- oder Abstimmungsverträge, sondern läßt es eine faktische Interessenkongruenz genügen, die ohne jede Vereinbarung auch ohne sogenanntes Gentleman-agreement, übereinstimmendes Handeln sicherstellte. Immerhin ist eine Interessenverbindung vorausgesetzt. Ein lediglich freundschaftliches faktisches Zusammengehen fällt also nicht darunter. Eine maßgebliche Beteiligung kann sonach auch eine Minderheit innerhalb einer Minderheit sein, wenn letztere durch Interessenverbindung zusammengeschlossen ist und einen erheblichen Einfluß ausübt. Daß ein Minderheitsbesitz eine maßgebliche Beteiligung auch für sich allein sein kann, ist nicht abzuleugnen: zunächst rechtlich, wenn sie groß genug ist, um wichtige Hauptversammlungsbeschlüsse über Satzungsänderung, Kapitalherabsetzung, Verschmelzung usw. zu verhindern (Sperrminorität). Freilich muß man dazu die Worte „erheblichen Einfluß auf die Geschäftsführung" im weitesten Umfange verstehen, um Sperrminoritäten aus Rechtsgründen auf Grund ihres negativen Einflusses in diesen Angelegenheiten unter die maßgeblichen Beteiligungen zu rechnen. Außerdem wirtschaftlich. Das Gesetz läßt die Tatsache genügen, daß rein faktisch im konkreten Fall die Beteiligung einen erheblichen Einfluß auf die Geschäftsführung ermöglichte. Wenn der Aufsichtsratvorsitzer eines gutgehenden Unternehmens, dessen Erfolge die Aktionäre ruhig schlafen lassen, von z. B. RM. 1 Million Grundkapital einen Betrag von RM. 200000.— besitzt, dürfte er regelmäßig seine Stellung als Aufsichtsratvorsitzer, die ihm einen erheblichen Einfluß auf die Geschäftsführung, wenn auch nicht rechtlich, so doch faktisch sichert, vielleicht seiner Tüchtigkeit und Fähigkeit, daneben aber auch diesem Aktienbesitz zu danken haben. Außerdem kann er normalerweise gewiß sein, daß auch ohne Interessenverbindung und ohne Vereinbarung die Bank, mit denen das Unternehmen in Verbindung steht, mit ihren eigenen und ihren Kundenaktien, desgleichen die Gesamtheit seiner übrigen am Unternehmen beteiligten Freunde, insbesondere der Vorstand, dessen Mitglieder vielleicht gerade er groß gemacht hat, mit ihm gehen wird. Seine Beteiligung gewährt also für sich allein, obwohl sie nur eine große Minorität ist, einen erheblichen Einfluß. Alles ist hier Tatfrage. Indessen muß gefordert werden, daß dieser erhebliche Einfluß mit der Beteiligung schon z. Zt. der Entziehung verbunden war.

Artikel 22

[1] Rückerstattung bei Veränderung der rechtlichen oder Kapitalsstruktur von Unternehmen

Ist eine Beteiligung[2] der in Artikel 21 Absatz 3[3] bezeichneten Art entzogen worden und ist das Unternehmen selbst aufgelöst[3], [4] oder mit einem anderen Unternehmen verschmolzen[5] oder in ein anderes Unternehmen umgewandelt[6], [7] oder sonstwie in seiner rechtlichen Struktur[8] oder seiner Kapitalsstruktur[9], [10], [11], [12] verändert worden oder ist dessen Vermögen ganz oder teilweise auf ein anderes Unternehmen übertragen worden, so kann der Berechtigte verlangen, daß er an dem veränderten oder neu gestalteten Unternehmen oder dem Unternehmen, das das Ver-

mögen des ursprünglichen Unternehmens ganz oder teilweise übernommen hat, in einer angemessenen[13] Weise beteiligt wird, die, soweit möglich[14], seine ursprüngliche Beteiligung und die aus ihr fließenden Rechte wiederherstellt.

1. a) Soweit bei Entziehung einer (Inhaber- oder Namens)-Schuldverschreibung oder Aktie ein Rückerstattungsanspruch besteht, weil sie sich nicht im Eigentum eines im Rahmen des A. 21 geschützten gutgläubigen Nacherwerbers befindet, hat seine Feststellung die Wirkung, daß die entzogene Schuldverschreibung oder Aktie ohne weitere Rechtsrückübertragung dem Verfolgten zusteht und als ihm niemals entzogen anzusehen ist (A. 15). Diese Rechtslage besteht auch dann, wenn ihm die Schuldverschreibungs- oder Aktienurkunde weiter vorenthalten wird. Es kann freilich im Einzelfall sein, daß es dem Berechtigten Schwierigkeiten macht, sein Recht individuell, insbesondere durch die Angabe der Nummer zu bezeichnen und daß es auch durch die Bezeichnung des derzeitigen Inhabers nicht individuell bezeichnet ist, weil der Inhaber noch mehr Rechte derselben Gattung besitzt. Aber das kann daran, daß das Recht dem Berechtigten zusteht, nichts ändern. Dies gilt auch bei entzogenen nicht beurkundeten Aktien und ebenso bei GmbH.-Anteilen, praktisch aber in viel weiterem Umfange, weil bei diesen auch ein gutgläubiger Nacherwerber immer ungeschützt und rückgabepflichtig ist.

b) Wenn das Papier aber einem nach A. 21 geschützten gutgläubigen Nacherwerber gehört, kann es dem Rückerstattungsberechtigten, ungeachtet seiner Rückerstattungs-, in diesem Falle Ersatzansprüche gegen die nicht auch nach A. 21 geschützten Vorleute des Gutgläubigen, nicht gleichfalls zustehen. Wenn auch regelmäßig, ist der Berechtigte aber auch in diesem Falle nicht grundsätzlich auf Ansprüche aus A. 29ff. beschränkt; A. 22 kann für ihn eine Rolle spielen, wenn es ausnahmsweise möglich ist, ihm die ursprüngliche Rechtsstellung wiederzugeben, ohne daß der gutgläubige Erwerber der dem Berechtigten entzogenen Aktien von einer dazu dienlichen Maßnahme berührt wird.

c) A. 22, 23 gehen von dem Falle aus, daß A. 21 Abs. 1 nicht eingreift, also der Rückerstattungsanspruch in natura gegen den derzeitigen Rechtsinhaber besteht. Sie fassen eine Situation ins Auge, bei welcher die automatische Wiederherstellung der Rechtsstellung des Berechtigten wegen Veränderungen im Bestande oder in der Rechtsform der Gesellschaft nach der Entziehung (durch Auflösung, Verschmelzung, Umwandlung, Strukturänderung) nicht möglich ist. Derartige Veränderungen sind, soweit sie auf Gesellschafterbeschlüssen beruhen, nicht deshalb hinfällig, weil aus der Retrospektive bei ihnen an Stelle des wahren Stimmberechtigten ein Nichtstimmberechtigter mitgewirkt hat; denn davon wird die Rechtsbeständigkeit der Beschlüsse nicht berührt (§§ 195, 199 AktG.). Das charakteristische aller dieser Fälle ist, daß das Objekt des entzogenen Rechts, nämlich das Unternehmen, an dem es eine Beteiligung gewährte, noch besteht und daß das Subjekt des Unternehmens gewechselt oder seine Rechtsform geändert hat. Die Fälle des A. 22 stellen daher nicht Fälle der Unmöglichkeit der Rückerstattung oder Verschlechterung des Gegenstands der Entziehung (und Rückerstattung) dar. Darum kann A. 22 den Grundsatz aufstellen, daß der Berechtigte an dem Unternehmen in angemessener Weise zu beteiligen sei, durch die, soweit möglich, seine ursprüngliche Beteiligung mit allen aus ihr fließenden Rechten wiederhergestellt wird. In vielen Fällen wird die Beteiligung darüber hinaus ganz und in noch mehr Fällen großenteils schon unmittelbar durch den Rückerstattungs- (s. oben a) oder mittelbar durch den Ersatzanspruch aus A. 29 wiederhergestellt sein. Wenn und auch nur, wenn aber dieser Erfolg zu einer Wiedergutmachung im gesetzlich erstrebten Maß nicht ausreicht, hat die Wiedergutmachungskammer rechtsgestaltend einzugreifen, die zu diesem Zweck in kühner gesetzgeberischer Aktion mit umfangreichen Ermächtigungen ausgestaltet wird.

d) A. 21, 22 handeln von Aktien, denen nach A. 24 Geschäftsanteile (und Kuxe) gleichstehen und sind auf diese unmittelbar anwendbar, so daß diese in den nachstehenden Erläuterungen zu A. 22, 23 mitbehandelt werden, während die Wirkungen solcher Veränderungen bei Einzelfirmen, Personalgesellschaften und Genossenschaften auf die Rechtsstellung des Berechtigten den Erläuterungen des A. 24 vorbehalten bleiben, weil A. 22, 23 hierfür nicht unmittelbar, sondern kaum entsprechend angewandt werden können.

e) Die in den A. 22, 23 geregelten Fragen entstehen in den daselbst genannten Fällen ebenso für Kleinaktionäre und Inhaber von Zwerggeschäftsanteilen wie für „Beteiligungen" (s. zu A. 21). Gleichwohl nehmen sich A. 22 f. nicht des Kleinaktionärs und GmbH.-Anteilbesitzers, sondern nur des Inhabers einer Beteiligung an. Danach hätte der Kleinaktionär usw. sich in einem der in A. 22 genannten Fälle damit abzufinden, wenn seine Rechtsstellung nicht wieder hergestellt werden kann. Es ist aber anzunehmen, daß im Zuge der Wiederherstellung einer Beteiligung auch solche vereinzelte Aktienrechte und kleine Anteile mit wiederherzustellen sind. Es wird in nachstehendem auch deren Rechtslage mit untersucht werden. Bei Kleinbesitz von Aktien wird sich allerdings im allgemeinen der Schutz des guten Glaubens nach A. 21 geltend machen, so daß Maßnahmen nach A. 22, 23 nicht veranlaßt sind.

2. Über „Beteiligung" s. 11 zu A. 22 und oben 1 e.

3. Die Bezugnahme auf Abs. 3 des A. 21 schränkt die Bestimmung wohl ungewollt ein; es ist nicht einzusehen, warum sie nicht auch für Beteiligungen gelten soll, welche, ohne unter A. 21 Abs. 3 zu fallen zurückzuerstatten sind, solche nämlich, deren Erwerber seinen guten Glauben nicht nachweisen kann, weil ihm die Vermutung des S. 2 des Abs. 1 des A. 21 nicht zustatten kommt, sei es, weil er die Beteiligung nicht im ordnungsmäßig üblichen Geschäftsverkehr erwarb, oder weil es sich um eine maßgebliche Beteiligung handelte, auf die lit. a—d des Abs. 3 des A. 21 nicht zutreffen; denn dieser erschöpft nicht alle Möglichkeiten einer jüdischen maßgeblichen oder unmaßgeblichen Beteiligung. Wäre dies der Fall, so wäre A. 21 Schluß des Abs. 1 gegenstandslos und bräuchte Abs. 3 keine Kasuistik zu enthalten. Einer Beteiligung durch Aktien gemäß A. 21 steht nach A. 24 gleich eine Beteiligung durch einen Geschäftsanteil oder mehrere Geschäftsanteile.

4. a) Wurde die Gesellschaft durch Staatsakt aufgelöst oder zur Selbstauflösung gezwungen (Fall des A. 9) und ist ihr im Anschluß daran ihr Vermögen entzogen worden, dergestalt, daß die Entziehung sich unmittelbar gegen die Gesellschaft gerichtet hat, so ist diese Subjekt des Rückerstattungsanspruchs. Es macht keinen Unterschied, ob das Vermögen vom Staat übernommen, auf eine ihm nahestehende privatrechtliche Organisation, etwa auf einen Dritten übertragen oder ob es durch einen behördlich eingesetzten Liquidator liquidiert worden ist. Den Fall des Zwangs zur Selbstauflösung sind wir geneigt auch dann anzunehmen, wenn nach Entziehung aller an einer Gesellschaft bestehender Beteiligungen, deren Erwerber die Auflösung beschlossen haben. In solchem Fall liegt Entziehung nicht nur gegen die Gesellschafter, sondern auch gegen die Gesellschaft vor. Es steht also der Weg offen, wieder an das Gesellschaftsvermögen heranzukommen, der sich andernfalls nicht bieten würde (s. unter b).

Ist die Liquidation noch nicht beendet, so ist durch Gesellschafterversammlung der Liquidator abzuberufen und darüber Beschluß zu fassen, ob die Gesellschaft fortgesetzt werden soll (§ 215 Abs. 1 AktG.) oder nicht. In dem einen wie in dem anderen Fall hat jedoch die noch bestehende Gesellschaft den Rückerstattungsanspruch selbst zu erheben. Es fragt sich, wer die Gesellschafterversammlung einzuberufen hat, welche den Liquidator abberufen und die Fortsetzung beschließen soll. Nach §§ 105, 203 AktG., 48, 69 GmbHG. ist dafür der Liquidator zuständig. Aber dieser wird vielleicht nicht bereit dazu sein. Dann ist der gesetzliche Weg, nach § 106 AktG., § 50 GmbHG. die Einberufung zu erzwingen, beschwerlich. Möglicherweise kann die Frist für die Geltendmachung des Anspruchs (A. 56) darüber verloren gehen. Man wird daher auch für diesen Fall, in welchem die Bestimmung einer Nachfolgeorganisation überhaupt nicht in Frage kommt, weil die Gesellschaft noch besteht, A. 9 anwenden können. Das bedeutet, daß die einzelnen Gesellschafter den Rückerstattungsanspruch neben der Gesellschaft geltend zu machen legitimiert sind.

Ist aber die Gesellschaft völlig abgewickelt und (gem. § 214 Abs. 1 AktG., § 74 GmbHG.) gelöscht, so greift A. 9 unmittelbar durch. Der deutsche Text des A. 9 sieht die Bestimmung einer Nachfolgeorganisation vor, wovon im englischen Text nichts gesagt ist. Dadurch ergeben sich natürlich Zweifel, ob diese Abweichung gewollt ist (s. A. 94) oder auf einem Versehen beruht.*) Festzustellen ist, daß der Fall ganz anders liegt als nach A. 8, in welchem ein wirtschaftliches Band zwischen den Mitgliedern und dem aufgelösten Verein nicht besteht und die Mitglieder durch die Auflösung in alle Winde verstreut sind. Festzustellen ist ferner, daß nicht recht verständlich wäre, warum A. 8 Abs. 2 ausdrücklich die Geltung des Abs. 1 für Gesellschaften und juristische Personen des Handelsrechts ausschließt, wenn nach A. 9 doch eine Nachfolgeorganisation zu bestimmen ist und nur nebenher eine Legitimation der Gesellschafter begründet wird, den Rückerstattungsanspruch geltend zu machen; diese Begründung einer zusätzlichen Legitimation der Mitglieder würde die Bestimmung des A. 8 Abs. 2 nicht rechtfertigen. Jedenfalls ist ohne Bestimmung einer Nachfolgeorganisation damit auszukommen, daß die aufgelöste Gesellschaft im Hinblick auf den ihr nun gesetzlich gegebenen Rückerstattungsanspruch nach den Grundsätzen, welche für den Fall gelten, daß nachträglich ein Vermögensstück einer Gesellschaft auftaucht, deren Abwicklung beendet und die im Handelsregister gelöscht war, ohne weiteres wieder ins Leben tritt und auf Anmeldung neu einzutragen ist (so auch Hachenburg SJZ. 47 Sp. 603, der auch den früheren Abwickler für berufen hält, die Gesellschaft zur Wiedereintragung anzumelden).

Sollte eine (individuelle, vgl. Anm. 7 zu A. 9) Nachfolgeorganisation zu bestimmen sein, so würde es zulässig und auch angebracht und zweckmäßig sein, daß die Militärregierung bei Bestimmung der Nachfolgeorganisation die ursprüngliche Gesellschaft mit denselben Gesellschaftern, demselben Gesellschaftskapital, demselben Gegenstand und derselben Firma als Nachfolgeorganisation

*) S. jetzt AVO Nr. 3 (Anhang)

neu schafft, wobei sie auch — gemäß den Vorschlägen der Beteiligten — den Aufsichtsrat zusammensetzen kann. Die Bestellung des Vorstands bzw. der Geschäftsführer ist dann Sache des Aufsichtsrats bzw. der Gesellschafter, wenn die Militärregierung nicht auch ihn bestimmt. Die „Nachfolgeorganisation" ist dann praktisch mit der ehemaligen Gesellschaft identisch; doch beschränkt sich ihre juristische Lebensfunktion und wohl auch Rechtsfähigkeit zunächst auf die Geltendmachung des Rückerstattungsanspruches. Zu anderen Rechtsgeschäften ist sie zunächst nicht fähig und als „Nachfolgeorganisation" zunächst auch nicht in das Handelsregister einzutragen. Durch die positive Entscheidung über den Rückerstattungsanspruch lebt dann in ihr endgültig die alte Gesellschaft mit voller Rechtspersönlichkeit wieder auf. Sie ist durch Vorstand (Geschäftsführung) und Aufsichtsrat zur Wiedereintragung zum Handelsregister anzumelden. Einzelaktionäre, welche nicht zu den verfolgten Gruppen gehörten und ihren Anteil am Erlös des entzogenen Vermögens empfangen haben, haben diesen der Gesellschaft zu erstatten (§ 52, § 56 AktG.); letztere bedarf dieser Beträge, um ihrer Verpflichtung nach § 44 zu genügen. Unmittelbar aus dem Gesetz läßt sich die Richtigkeit der vorstehend vorgetragenen Vorstellung über den einzuschlagenden Weg nicht erweisen. Aber in A. 9 ist nun einmal von einer Nachfolgeorganisation die Rede. Wir glauben allerdings, daß dies auf einem Irrtum anläßlich der deutschen Bearbeitung beruht.*)

Nach A. 9 kann jeder Gesellschafter den Rückerstattungsanspruch zugunsten aller geltend machen, was die Wiedereintragung der Gesellschaft auf Anmeldung durch den früheren Abwickler nicht ausschließt, aber entbehrlich macht, wenn die gelöschte Gesellschaft nicht wieder zum Leben erweckt werden soll, insbesondere also ein bequemer Weg ist, wenn es sich um eine Ein-Mann-Gesellschaft gehandelt hat, im übrigen dazu angetan ist, die Frist für die Anmeldung zu wahren.

Wir halten im Falle einer Aktiengesellschaft § 215 Abs. 3 AktG. für unmittelbar anwendbar, d. h. das Registergericht hat auf Antrag eines Beteiligten die bisherigen Abwickler neu zu bestellen oder andere Abwickler zu berufen. Diese haben dann auch die Hauptversammlung zu berufen, welche über die Fortsetzung der Gesellschaft zu beschließen hat. Aufsichtsrat und Hauptversammlung leben von selbst wieder auf. Daß das Gesellschaftsvermögen zwangsweise veräußert und der Erlös beschlagnahmt worden war, kann nicht als „Verteilung" des Gesellschaftsvermögens angesehen werden, welches die Fortsetzung der Gesellschaft nach § 215 hindern würde. Anders dann, wenn ein Teil der Aktionäre nicht verfolgt war und seinen Anteil am Erlös des Gesellschaftsvermögens erhalten hat. Dann ist ein Verfahren nach § 215 AktG. nicht mehr möglich und bleibt nur der Antrag auf Bestimmung einer Nachfolgeorganisation (s. oben), wenn diese nicht nur versehentlich in dem Gesetze vorgesehen ist.*)

b) Hat die Entziehung sich nicht gegen Gesellschaft, sondern nur gegen einen oder einzelne Gesellschafter gerichtet und ist nicht der Gesellschaft das Gesellschaftsvermögen, vielmehr nur einem Gesellschafter oder einzelnen, nicht allen (s. a Abs. 1) Gesellschaftern der Gesellschaftsanteil (Aktie, Geschäftsanteil) entzogen, und später die Gesellschaft durch Gesellschafterbeschluß aufgelöst und abgewickelt worden, so kann der verfolgte ehemalige Gesellschafter nur Rückerstattung seines Gesellschaftsanteils von dessen Erwerber, nicht

*) S. aber jetzt AVO Nr. 3 (Anhang)

Rückerstattung des Gesellschaftsvermögens verlangen. Sind bereits Ausschüttungen auf die Gesellschaftsanteile gemacht worden, so richtet sich der Anspruch auf Herausgabe der auf den entzogenen Anteil entfallenen Ausschüttungen (A. 29); diese treten an die Stelle des Anteils; sie sind nicht etwa Nutzungen, auch nicht, soweit sie aus aufgespeicherten Gewinnen stammten. Die Rückgabe des im Verlaufe der Liquidation veräußerten Gesellschaftsvermögens an die Gesellschaft kann der Verfolgte weder von dem Erwerber seines Anteils noch von dem Erwerber des Gesellschaftsvermögens fordern, auch nicht, wenn das Gesellschaftsvermögen im ganzen auf eine andere Gesellschaft übertragen wurde. Eine Beteiligung an letzterer kann er nur mittelbar erlangen, wenn ihre Gegenleistung an die aufgelöste Gesellschaft in eigenen Anteilen bestand und diese in natura an deren Gesellschafter verteilt worden sind; dann hat er von dem Erwerber seines Anteils die darauf entfallenen Anteile der Übernehmerin des Gesellschaftsvermögens zu fordern (A. 29).

Davon abgesehen, kann er durch Anordnung der Wiedergutmachungskammer „angemessen" bis zur angemessenen Wiederherstellung der Maßgeblichkeit seiner Beteiligung (vgl. unten 5 Abs. 1 u. 2) wieder beteiligt werden, sofern auf den Erwerber des Vermögens bzw. die erwerbende Gesellschaft bzw., soweit auf deren Gesellschafter S. 3 oder 4 des A. 23 zutreffen — über die Wege s. 6 u. 9, 11 bis 13 zu A. 23 —, solchenfalls ohne Rücksicht darauf, ob das Unternehmen unverändert allein oder neben einem eigenen oder mit einem solchen unlöslich verschmolzen fortgeführt wurde. Eine Wiederherstellung der aufgelösten Gesellschaft kann der Verfolgte nur ausnahmsweise erreichen, z. B. als Ziel seines Schadensersatzanspruchs im Falle einer schweren Entziehung (A. 30 s. dort), wenn der Pflichtige nicht beweist, daß die Gesellschaft auch ohne die Entziehung aufgelöst worden wäre (§ 848 BGB.), sei es unter Mitwirkung des Verfolgten, sei es, weil er überstimmt worden wäre; denn der Schadenersatzanspruch geht auf Wiederherstellung in Natur (§ 249 BGB.), doch wird der Pflichtige nur ausnahmsweise, z. B. wenn er selbst das Gesellschaftsvermögen übernommen hat oder Inhaber eines ähnlichen Unternehmens ist, in der Lage sein, Naturschadenersatz zu leisten. Die Wiederherstellung kann ferner erreicht werden mit Hilfe einer gestaltenden Verfügung der Wiedergutmachungskammer nach A. 24, wenn feststeht, daß ohne die Entziehung der Anteile, weil diese eine maßgebliche Beteiligung waren, es nicht zur Auflösung der Gesellschaft gekommen wäre. Auf Grund einer solchen Wiederherstellung der Gesellschaft durch Verfügung der Wiedergutmachungskammer kann aber nicht die Veräußerung des Gesellschaftsvermögens an Dritte rückgängig gemacht werden; denn diese sind, wenn sich die Entziehung nicht gegen die Gesellschaft gerichtet und nicht das Gesellschaftsvermögen betroffen hat, nicht rückerstattungspflichtig. Hachenburg a. a. O. will die Wiederherstellung nicht mehr zulassen, wenn das ganze Gesellschaftsvermögen versilbert und der Erlös ausgeschüttet ist. Uns scheint diese Unterscheidung nicht begründet. Aber da es regelmäßig nicht möglich ist, die Veräußerung rückgängig zu machen, es sei denn, es handle sich um eine schwere Entziehung, und Erwerber der Anteile kraft Entziehung und des Gesellschaftsvermögens seien identisch, die übrigen Gesellschafter auch nicht (nach § 52 AktG.) angehalten werden können, zurückzuzahlen, was an sie auf Grund des trotz Mitwirkung eines Nichtstimmberechtigten an Stelle des wahren Stimmberechtigten gültigen (§§ 195, 199 AktG.) Auflösungsbeschlusses ordnungsmäßig ausgeschüttet wurde, so wird die Wiederherstellung in einem solchen Fall meist keinen Zweck haben. In einem

Ausnahmefall, wie dem erwähnten, halten wir sie aber auch nach beendeter Abwicklung für zulässig.

Die Rückerstattung von Vermögensgegenständen der Gesellschaft an diese kann der Berechtigte, dem eine Beteiligung an ihr entzogen wurde, selbst nicht verlangen, insbesondere also in Fällen einer Holding-Gesellschaft nicht die Rückerstattung etwa veräußerter Beteiligungen an Untergesellschaften; denn Rückerstattung kann nur die Muttergesellschaft selbst verlangen, wenn sie etwa infolge der Beteiligung des Berechtigten jüdisch war und auf die Veräußerung der Unterbeteiligungen durch sie A. 2 (mit A. 3) oder A. 4 anwendbar oder ein Fall nach a Abs. 1 gegeben ist.

5. Verschmelzung im Rechtssinn ist die Verschmelzung einer AG. mit einer anderen oder mit einer Kommanditgesellschaft auf Aktien oder umgekehrt oder einer GmbH. mit einer AG. oder Kommanditgesellschaft auf Aktien oder einer Gewerkschaft mit einer AG. oder Kommanditgesellschaft auf Aktien durch Aufnahme oder durch Neubildung (§§ 233—252 AktG.). Sie ist vollzogen, wenn sie in das Handelsregister der aufgenommenen Gesellschaft eingetragen ist (§ 240 Abs. 4 AktG.). Bis dahin kann sie auf Antrag durch eine Verfügung der Wiedergutmachungskammer verhindert werden. Aber sobald sie vollzogen ist, ist sie unwiderruflich. Ihre Aufhebung durch die Wiedergutmachungskammer würde, abgesehen von Ausnahmefällen (s. unten), einen Eingriff in die Rechtssphäre Dritter, an der Entziehung Unbeteiligter bedeuten und deshalb unzulässig sein; der Berechtigte hat sich mit der Verschmelzung abzufinden. Hat die Gesellschaft, an der er beteiligt war, eine andere aufgenommen, so ist sein Anspruch durch die Rückerstattung seiner Anteile, ist sie aufgenommen worden, durch Herausgabe der auf seine Anteile entfallenden Anteile der aufnehmenden oder neugebildeten Gesellschaft seitens des Pflichtigen gemäß A. 29 erfüllt. Es kann sein, daß der Pflichtige dazu nicht in der Lage ist oder daß mit der Verschmelzung die Maßgeblichkeit der Beteiligung des Berechtigten verloren gegangen und ihre Bedeutung erheblich gesunken ist. Zu Lasten anderer Beteiligter als des Pflichtigen kann in diesen Fällen nur unter den Voraussetzungen des A. 23 S. 3 u. 4 abgeholfen werden (über die Wege s. 6—13 zu A. 23). Außerdem kann der Pflichtige, wenn er schadensersatzpflichtig wegen schwerer Entziehung nach A. 30 ist, verpflichtet sein, dem Berechtigten auf Verlangen zusätzliche Anteile der aufnehmenden Gesellschaft entgeltlich aus eigenem Bestande zu überlassen oder zu verschaffen, so daß der Berechtigte auf die verschmolzenen Unternehmungen denselben Einfluß erlangt, den er früher hatte. Soweit der Berechtigte an Stelle der ihm nach A. 29 zukommenden Anteile an der aufnehmenden Gesellschaft von dritten Gesellschaftern Anteile erhält, hat er seine Ersatzansprüche aus A. 29 bzw. 30 an sie abzutreten; soweit er darüber hinaus Anteile erhält, hat der Berechtigte den Wert zu vergüten, denn anderenfalls wäre er bereichert.

Neben dieser rechtlichen Verschmelzung gibt es eine wirtschaftliche Verschmelzung z. B. zweier Gesellschaften mit beschränkter Haftung, welche sich in der Weise vollzieht, daß das Vermögen der einen Gesellschaft auf eine andere übertragen wird, welche der ersteren als Gegenleistung eigene Anteile gewährt, die durch Kapitalerhöhung geschaffen werden. Die erstere Gesellschaft kann dabei bestehen bleiben. Dann hat der Verfolgte die Rückerstattung seines Anteils von dem Inhaber nach Maßgabe der A. 14, 21 zu verlangen. Die übertragende Gesellschaft kann sich aber auch auflösen und die gegen das übertragene Vermögen empfangenen Anteile der übernehmenden Gesellschaft unter ihre Gesellschafter verteilen (Fall der Anm. 4). Dann erlöschen mit ihrer Löschung im Handelsregister ihre eigenen Anteile und der Verfolgte hat den auf seinen ehemaligen Anteil an der übertragenen Gesellschaft entfallenen Anteil an der aufnehmenden zu verlangen. Dies ist ein Fall der Anm. 4b. Die Wiederherstellung der Maßgeblichkeit der Beteiligung nun an der aufnehmenden Gesellschaft kann er nur in dem im vorigen Absatz erwähnten Ausnahmefall fordern. Die Wiedergutmachungskammer kann ihm in anderen Fällen nicht dazu verhelfen.

In allen vorstehenden Fällen rechtlicher oder wirtschaftlicher Verschmelzung besteht der ursprüngliche Anteil des Berechtigten nicht mehr. Dieser ist nicht gehalten, sich mit den Anteilen an der aufnehmenden oder neu gebildeten Gesellschaft abfinden zu lassen, wenn etwa diese Beteiligung für ihn kein Interesse hat, weil sie keinen Einfluß auf die Geschäftsführung der aufnehmenden Gesellschaft vermittelt. Er kann auch die Haftung des Erwerbers wegen Untergangs seiner Beteiligung nach A. 30, 31 in Anspruch nehmen. Dies schließt aber schwere Entziehung und Kenntnis des Nacherwerbers von der schweren Entziehung im Zeitpunkt seines Erwerbes voraus (A. 30); denn das bei der einfachen Entziehung für eine Haftung für Verschlechterung vorausgesetzte Verschulden (A. 31) kann in der bloßen Mitwirkung zu einer Verschmelzung niemals liegen. Es ist ferner vorausgesetzt nach § 848 BGB., daß die Verschmelzung nicht auch ohne die Entziehung beschlossen worden wäre. Sind die Voraussetzungen für Schadensersatzhaftung gegeben, so kann Gelderſatz gefordert werden.

6. Unter Umwandlung werden rechtlich zwei grundverschiedene Vorgänge verstanden:

a) Der eine berührt den rechtlichen Bestand und die Identität der Gesellschaft überhaupt nicht, sondern nur ihre Rechtsform und vollzieht sich im Wege der Satzungsänderung. Mit ihm befassen sich §§ 257—287 AktG., welche die Umwandlung einer Aktiengesellschaft in eine Kommanditgesellschaft auf Aktien und umgekehrt, in eine GmbH. und umgekehrt, die Umwandlung einer Kommanditgesellschaft auf Aktien in eine GmbH. und umgekehrt, einer Gewerkschaft in eine Aktiengesellschaft oder Kommanditgesellschaft auf Aktien zulassen und regeln. Eine solche Umwandlung ergreift natürlich auch den entzogenen Anteil, berührt aber seinen Bestand nicht. Eine „angemessene" neue Beteiligung an dem nur in der Rechtsform geänderten Unternehmen gemäß A. 22 kommt hier strenge genommen gar nicht in Betracht. Vielmehr erhält der Berechtigte seinen alten Anteil in der veränderten Form gemäß A. 15. Er kann diese Rückerstattung nicht etwa wegen Verschlechterung oder Veränderung ablehnen oder wegen Unmöglichkeit der Rückerstattung in der ursprünglichen Form Schadensersatz in Geld verlangen; denn von der Unmöglichkeit der Herausgabe kann hier nicht die Rede sein. Es wird der Berechtigte durch die Umwandlung nur selten einen Nachteil haben derart, daß die Rückgabe des Anteils wegen der damit vor sich gegangenen Veränderung keine ausreichende Wiedergutmachung im Sinne des A. 22 und deshalb durch ein Eingreifen der Wiedergutmachungskammer die Umwandlung rückgängig zu machen wäre. Dies wird auch nur unter der Voraussetzung möglich sein, daß der Berechtigte die Umwandlung ohne die Entziehung hätte verhindern können, und daß nicht neue, an der Entziehung unbeteiligte Gesellschafter (durch Veräußerung von Anteilen, insbesondere Einführung der aus der Umwandlung einer GmbH. in eine Aktiengesellschaft hervorgegangenen Aktien an der Börse, durch Kapitalerhöhung) eingetreten sind.

7. b) Der andere Vorgang, der gesetzlich Umwandlung genannt wird, ist eine Auflösung der Gesellschaft durch Übergang ihres Vermögens im ganzen auf einen Hauptgesellschafter allein oder auf eine von den bisherigen Gesellschaftern oder einigen von ihnen gebildete offene Handelsgesellschaft oder Kommanditgesellschaft auf Grund Gesellschafterbeschlusses nach Maßgabe des sog. Umwandlungsgesetzes vom 5. 7. 1934. Es ging eine Gesamtrechtsnachfolge vor sich. Der Berechtigte kann verlangen, an der neuen Firma (Gesellschaft) entsprechend seinem ehemaligen Anteil an der aufgelösten juristischen Person angemessen beteiligt zu werden. Dies wird jedoch nicht gelten, wenn er nur einen kleinen Splitterbesitz von Anteilen an der aufgelösten Gesellschaft hatte, denn dieser war keine „Beteiligung" (Anm. 2) und in einem solchen Falle würde er nicht haben hindern können, daß die Umwandlung sich durch Übertragung des Gesellschaftsvermögens auf die Hauptgesellschafter vollzog. Es wird ihm die Wahl zu lassen sein, ob er sich als persönlich haftender Gesellschafter oder bloß als Kommanditist beteiligen will, da er ja früher für die Geschäftsverbindlichkeiten nicht persönlich haftete. Die Anpassung seines Einflusses auf die Geschäftsführung an seine frühere Stellung innerhalb der aufgelösten Gesellschaft ist Gegenstand der Festlegung durch den evtl. von der Wiedergutmachungskammer zu gestaltenden Gesellschaftsvertrag. Die Einlage des Berechtigten besteht in dem ihm nach A. 29 Abs. 1, 14, 21 abzutretenden Kapitalanteil des Pflichtigen. Sind Dritte in die Gesellschaft eingetreten, so brauchen freilich diese sich den Eintritt eines neuen Gesellschafters in Gestalt des Berechtigten nicht gefallen zu lassen. Sie werden ihn zwar angesichts der ausdrücklichen Bestimmung des A. 22 nicht hindern, aber die Auflösung dieser erzwungenen Gesellschaft nach § 133 HGB. verlangen können, wenn sie nicht etwa nach § 132 HGB. gekündigt werden kann. Unter Umständen kann dies nach den Bestimmungen des Gesellschaftsvertrags dazu führen, daß der Dritte ausscheidet. Will der Berechtigte sich nicht beteiligen, so ist er dazu nicht gehalten, er braucht die Beteiligung nicht an Stelle des ursprünglichen Anteils anzunehmen; dessen Herausgabe ist aber unmöglich. Es sind dann A. 30, 31 anzuwenden. Nach diesen Vorschriften kommt er aber nicht in jedem Falle zu Schadensersatz, wenn er die Beteiligung ablehnt.

Ist eine Ein-Mann-Gesellschaft in eine Einzelfirma (oder offenen Handelsgesellschaft) umgewandelt worden, so kann der Berechtigte nicht nur Herausgabe an sich (vgl. A. 9), was allerdings mehr als eine „Beteiligung" ist, sondern auch — ohne erst in die persönliche Haftung auch nur für die z. Zt. der Rückerstattung bestehenden Verbindlichkeiten mit der Beschränkung nach A. 41 einzutreten — die Herausgabe an eine von ihm auf Kosten des Pflichtigen neu gegründete Aktiengesellschaft oder Gesellschaft mit beschränkter Haftung zwecks Erfüllung einer von ihm dieser gegenüber übernommenen Einlage(Verschaffungs)verpflichtung verlangen; er kann auch in diese seinen Rückerstattungsanspruch einlegen. Eine Rückumwandlung durch Neugründung kann, davon abgesehen, der Berechtigte über A. 9 erreichen, wenn zugleich der Fall einer gegen die frühere Gesellschaft selbst gerichteten Entziehung vorliegt (s. Eingang zu 4.) oder kraft Schadensersatzrechts (A. 30, 31, § 840 BGB.).

8. Von der rechtlichen Struktur eines Unternehmens kann nach deutschen Rechtsdenken niemals gesprochen werden, weil es immer nur Sache, Objekt ist, und demnach so wenig eine rechtliche Struktur haben kann, wie eben eine Sache. Gedacht ist vielmehr an die rechtliche Struktur seines Subjekts, wenn dieses nicht eine Einzelperson, sondern eine juristische Person ist. Außerhalb eines bestimmten Zusammenhanges würde man unter der rechtlichen Struktur einer juristischen Person (Gesellschaft mit Rechtspersönlichkeit) alles das verstehen, was ihre Individualität und Aktionsfähigkeit nach außen und innen bestimmt: ihre Rechtsform, ihr Kapital, ihre Organisation, die Rechte und Pflichten ihrer Mitglieder. Hier aber ist ganz unverständlicherweise von einer rechtlichen Struktur die Rede, an deren Veränderung der Berechtigte angemessen beteiligt werden kann. Man hat es mit einer Parallele zur Umwandlung durch Änderung der Rechtsform zu tun, bei der ja auch der Berechtigte nicht angemessen beteiligt wird, sondern seinen alten Anteil in veränderter rechtlicher Gestalt zurückerhält. Auch bei der Veränderung der rechtlichen Struktur erhält der Berechtigte nach A. 15 seinen ursprünglichen Anteil von dem nach A. 14, 21 Rückerstattungspflichtigen. Die rechtliche Struktur kann in zahlreichen Beziehungen verändert werden. Hier sei nur einige Beispiele von jenen angeführt, welche den Berechtigten, insbesondere seinen Einfluß berühren können:

Es kann ein Vorstandsvorsitzer eingeführt, die Höchst- oder Mindestzahl der Aufsichtsratsmitglieder erhöht oder ermäßigt, ein Recht, Aufsichtsratsmitglieder zu benennen, eingeführt oder abgeschafft (mit oder ohne Kapitalerhöhung), ein Teil der Aktien in Vorzugsaktien, gar etwa — und darunter die Aktien des Berechtigten — in stimmrechtslose Vorzugsaktien umgewandelt oder mit Genehmigung ein mehrstimmberechtigtes Aktienkapital eingeführt, bei der GmbH. einem Geschäftsanteil ein erhöhtes Stimmrecht gewährt, das Stimmrecht in der Hauptversammlung einer AG. auf eine Höchstzahl von Stimmen beschränkt, das Recht am Liquidationserlöse verändert worden sein. Durch „angemessene" Beteiligung ist hier dem Berechtigten nicht zu helfen, wenn ihm diese Strukturveränderungen nachteilig sind. Es kommen vielmehr nur andere Maßnahmen der Wiedergutmachungskammer nach A. 23 in Frage, durch welche diese Strukturänderungen rückgängig gemacht werden oder der Nachteil dadurch beseitigt wird, daß dem Berechtigten gleiche Vorrechte eingeräumt werden, wenn es sich etwa um solche handelt. Dabei darf aber in die Rechtsstellung solcher Gesellschafter nicht eingegriffen werden, die an der Entziehung unbeteiligt sind.

9. Eine Veränderung der Kapitalsstruktur kann in einer Kapitalerhöhung, einer Kapitalherabsetzung, der Einführung von Nebenleistungen, deren Aufhebung, der Einführung einer Nachschußpflicht bei einer GmbH. bestehen. Auch hier gilt zum Teil das zu 8. Gesagte, daß die Nachteile, welche solche Änderungen für den Berechtigten mit sich bringen, durch angemessene Beteiligung nicht ausgeglichen werden können. An Kapitalerhöhungen ist der Berechtigte insoweit zu beteiligen, als auf seine Aktien ein Bezugsrecht auf junge Aktien gewährt worden war und die jungen Aktien sich im Besitze des oder eines Rückerstattungspflichtigen befinden. Waren es Gratisaktien, so sind diese ohne Leistung des Berechtigten herauszugeben. Dies ist namentlich wichtig im Hinblick auf Kapitalerhöhungen aus Gesellschaftsmitteln, welche auf Grund der sog. Dividendenabgabeverordnung vorgenommen worden sind. Ist der Pflichtige

zur Herausgabe dieser jungen Aktien nicht in der Lage, weil er sie veräußert hat, so hat er nach A. 29 den erzielten Erlös herauszugeben, evtl. Schadensersatz nach A. 30, 31, d. h. auch durch Ersatzbeschaffung mittels Ankaufs zu leisten. Dasselbe gilt, wenn er ein Bezugsrecht verkauft hat, statt es auszuüben, oder wenn er eine bezogene Aktie nach Leistung der Einlage verkauft hat. Wo der Pflichtige bezogene Aktien oder deren Erlös herausgeben muß, für welche eine Einlage zu leisten war, hat der Berechtigte diese nach Maßgabe des A. 34 zu erstatten. Wenn aber der Pflichtige die jungen Aktien nicht bezogen hat oder nicht mehr besitzt und nicht zum Schadensersatz, also nicht zur Beschaffung von Ersatzstücken verpflichtet ist, oder das gesetzliche Bezugsrecht bei der Kapitalerhöhung ausgeschlossen war, kann von einer angemessenen Beteiligung des Berechtigten an dem jungen Kapital nicht die Rede sein, auch dann nicht, wenn er als Besitzer einer sog. Sperrminderheit die Kapitalerhöhung, durch welche sein Einfluß verringert worden ist, hätte verhindern können, noch weniger natürlich im allgemeinen von einer Wiederherabsetzung, es müßte schon der außerordentliche Fall gegeben sein, daß das gesamte neue Kapital von einem oder einer geringen Zahl der ehemaligen Gesellschafter übernommen worden ist, und daß sie diese jungen Aktien alle noch besitzen und endlich, daß die Gesellschaft flüssig genug ist, um im Wege der ordentlichen Kapitalherabsetzung die Einlagen auf diese Aktien wieder zurückzuzahlen; gerade in einem solchen Fall macht aber auch die Beteiligung an der Kapitalerhöhung keine Schwierigkeit.

10. Ist das Kapital herabgesetzt worden, um flüssige Mittel auszuschütten, so hat der Rückerstattungspflichtige diese Ausschüttung an den Berechtigten abzuführen. Um eine Nutzung handelt es sich dabei nicht.

Ist das Kapital herabgesetzt worden, um einen Verlust zu beseitigen und die Herabsetzung gleichmäßig vorgenommen worden, so hat der Berechtigte sich damit abzufinden; das wäre auch ohne die Entziehung geschehen.

Sind bei der Kapitalherabsetzung nur seine Aktien betroffen, sind insbesondere diese eingezogen worden, so hat derjenige, der das Einziehungsentgelt empfangen hat, wenn ein solches gewährt wurde, dieses natürlich nach A. 29 an den Berechtigten abzuführen. Auch hier handelt es sich nicht um Nutzungen.

Ob aber, insbesondere dann, wenn die Aktien ohne Entschädigung eingezogen worden sind, durch Verfügung der Wiedergutmachungskammer mittels Kapitalerhöhung die Aktien zugunsten des Berechtigten — der, wenn ein an ihn abzuführendes Einziehungsentgelt gewährt worden war, dieses als Einlage zu leisten hätte — wiederhergestellt werden können, ist nicht unzweifelhaft, wenn neue Aktionäre Aktien nach der Kapitalherabsetzung gutgläubig erworben haben. Denn dann bedeutet die Kapitalerhöhung unter Ausschluß ihres Bezugsrechts einen Eingriff in ihre Rechtsstellung. Besonders ist nicht denkbar, daß neue Aktien ohne Einlagen ausgegeben werden, weil dies einem wesentlichen Grundsatz des deutschen Aktienrechts, dem deutschen ordre public widerspräche.

11. Die Kapitalstruktur kann weiter bei der GmbH. geändert worden sein, indem eine Nachschußpflicht eingeführt wurde. Von dieser ist der Berechtigte hinsichtlich seines Geschäftsanteils zu befreien. Ist bei der GmbH. das Kapital erhöht worden, aber der Betrag der Kapitalserhöhung noch nicht eingezahlt, so haftet der Berechtigte, wenn er seinen Anteil zurückerwirbt, für die gesamte Kapitalerhöhung (§ 24 GmbHG.). Der Berechtigte kann sich dieser Haftung nur bei schwerer Entziehung entschlagen, wenn er die Kapitalerhöhung hätte hindern können, indem er von dem Rückerstattungspflichtigen (oder seinem

Vorgänger), der die schwere Entziehung kannte oder annehmen mußte, nach A. 30 Befreiung von der Haftung unter dem Gesichtspunkt des Schadensersatzes verlangt.

12. Eine Schädigung des Berechtigten ist auch in der Weise denkbar, daß das ihm (mittels Entziehung seiner Beteiligung) entzogene Unternehmen im Hinblick auf den Kriegsbedarf maßlos vergrößert und das Kapital entsprechend erhöht worden ist. Nunmehr wird diese aufgeblähte Kapazität nur mehr zu einem geringen Bruchteil ausgenützt, so daß das früher blühende Unternehmen passiv geworden ist. Wenn der Entzieher im Besitz des erhöhten Kapitals ist — vielfach sind ja die entzogenen Beteiligungen auf ein der NSDAP. oder dem Reich nahestehendes Unternehmen, das in Form einer Aktiengesellschaft oder GmbH. betrieben wurde, übertragen und sind von einem solchen derartige Erweiterungen vorgenommen worden —, so wären in einem solchen Falle die neuen Aktien entschädigungslos einzuziehen — vorausgesetzt, daß der Entzieher nach A. 30 schadensersatzpflichtig ist — und kann versucht werden, die vergrößerten Anlagen durch Stillegung und Abstoßung wieder so zu verkleinern, daß dem Berechtigten geholfen ist. In vielen Fällen wird ihm aber nicht zu helfen sein, rechtlich auch dann nicht, wenn an der Entziehung unbeteiligte Dritte ohne die Voraussetzung des A. 23 S. 4 dadurch zu Schaden kämen.

13. In allen Fällen, in welchen die Gesellschaft, wenn auch in veränderter Rechtsform erhalten geblieben ist oder die ursprüngliche Rechtsform der Gesellschaft wiederhergestellt werden kann oder wird, hat der Berechtigte die an die Stelle seiner ursprünglichen getretenen Aktien oder Geschäftsanteile zu erhalten. Die Angemessenheit kann hier keine Rolle spielen, sondern nur dort, wo die Gesellschaft aufgelöst worden ist und ihr Geschäft von einer Einzelfirma oder Personalgesellschaft oder einer anderen Aktiengesellschaft oder GmbH. weiter betrieben wird, und es dabei bleibt, und der Berechtigte an diesem neuen Subjekt des Geschäftes beteiligt werden soll, ferner wenn bei Kapitalerhöhungen einer Aktiengesellschaft oder GmbH. oder im Falle einer Verschmelzung es sich darum handelt, dem Berechtigten den ursprünglichen Einfluß trotz des größeren Gesellschaftskapitals zurückzugeben (s. auch zu A. 23).

14. Hierin liegt zugleich eine Meistforderung wie eine aus tatsächlichen und rechtlichen (s. A. 23 S. 3 u. 4) Rücksichten gebotene Einschränkung.

Artikel 23

Durchführung des Grundsatzes des Artikels 22

Die Wiedergutmachungskammer[4] hat[4], soweit die Ansprüche des Berechtigten auf Grund der Artikel 29ff. nicht[3] zu einer im Sinne des Artikels 22[1] ausreichenden[2] Wiedergutmachung führen, alle Maßnahmen zu treffen[4], die notwendig[4] und geeignet[4] sind, die dem Berechtigten in Artikel 22 eingeräumten Rechte[1] zu verwirklichen. Sie hat zu diesem Zweck nötigenfalls[4] insbesondere die Einziehung[5] und Neuausgabe[6] oder den Austausch[7] von Aktien, Anteilscheinen, Zwischenscheinen und sonstigen Beteiligungs-

papieren oder die Begründung eines Gesellschaftsverhältnisses [8] zwischen dem Berechtigten und dem in Artikel 22 bezeichneten Unternehmen sowie die Vornahme der zur Verwirklichung der Rechte gesetzlich vorgeschriebenen Handlungen anzuordnen [4]. Diese [9] Maßnahmen [10] haben grundsätzlich zu Lasten derjenigen [11] zu erfolgen, die bei entsprechender Anwendung der Vorschriften dieses Gesetzes rückerstattungspflichtig erscheinen [11]. Zu Lasten sonstiger [14] Anteilsberechtigter [12] an dem Unternehmen, sollen solche Maßnahmen nur insoweit angeordnet werden, als diese Anteilsberechtigten aus der Entziehung in Verbindung mit dem in Artikel 22 bezeichneten Sachverhalt mittelbar oder unmittelbar Nutzen gezogen haben [12] oder das Unternehmen selbst auf Grund von Vorschriften dieses Gesetzes oder des bürgerlichen Rechts dem Berechtigten zur Herausgabe oder zum Schadensersatz verpflichtet ist, insbesondere für ein Handeln seiner Organe einzustehen hat [13].

1. Artikel 22 stellt den Grundsatz auf, daß dem Berechtigten (Verfolgten), der einer Beteiligung an einer AG., welcher nach A. 24 die Beteiligung an einer GmbH. unmittelbar gleichgestellt werden muß, durch Entziehung verlustig gegangen ist, soweit möglich, diese Beteiligung mit allen aus ihr fließenden Rechten wieder einzuräumen ist auch, wenn sie in der ursprünglichen Form nicht mehr besteht, weil sich rechtliche Veränderungen bei oder mit der Gesellschaft zugetragen haben, an der sie bestanden hatte.

2. In vielen Fällen wird dieser Grundsatz ohne weiteres durch A. 15 oder A. 29 verwirklicht, nach welch letzterem der Pflichtige, wenn die ursprüngliche Beteiligung, die nach A. 15 bei dem Berechtigten verblieben wäre, nicht mehr besteht, dem Berechtigten herauszugeben hat, was er auf Grund des Umstandes erlangt hat, der diesen Erfolg herbeigeführt hat. Wenn z. B. eine Aktiengesellschaft mit einer anderen verschmolzen worden ist, so führt A. 29 zu dem von A. 22 verfolgten Ziel, weil nach A. 29 der Pflichtige dem Berechtigten die Aktien der aufnehmenden Gesellschaft zu überlassen hat, welche ihm für die entzogenen Aktien anläßlich der Verschmelzung gewährt worden sind. Wo eine Wiedergutmachung im Sinne des A. 22 schon durch A. 15 oder durch A. 29 in ausreichendem Maße verwirklicht wird, hat es dabei sein Bewenden. Ausreichend ist die Wiedergutmachung dann, wenn die durch A. 29 herbeigeführte Rechtsstellung des Berechtigten nicht wesentlich schlechter oder schwächer ist, als seine Rechtsstellung vor der Entziehung war.

3. Aber es sind, wie die Erläuterungen zu A. 22 ergeben, auch zahlreiche Fälle denkbar, in denen A. 29 nicht zum Ziel führt, z. B. wenn der Pflichtige die Aktien sukzessive an der Börse verkauft hat, so daß er dem Berechtigten nach A. 29 den Barerlös herauszugeben oder nach A. 30 Schadensersatz zu leisten hat.

4. In solchen Fällen soll die Wiedergutmachungskammer eingreifen, die beim Landgericht zu bilden ist, in dessen Bezirk die zuständige Wiedergutmachungsbehörde liegt (A. 33); nur die erstere ist dafür zuständig. Es kann sein, daß das Verfahren vor letzterer zu einer unangefochtenen Entscheidung geführt hat, welche nach A. 64 rechtskräftig wird, so daß der Rückerstattungsanspruch als solcher im Verhältnis zwischen dem Berechtigten und Pflichtigen feststeht, aber dem Berechtigten nicht zu seiner ursprünglichen Stellung auf Grund seiner Beteiligung verhilft. In solchen Fällen ist die Wiedergutmachungskammer nur zu dem Zweck anzurufen, diese Rechtsstellung des Berechtigten wiederherzustellen. Es wird im allgemeinen dem Pflichtigen, auch wenn er guten Willens ist, rechtlich gar nicht möglich sein, von sich aus diese ursprüngliche Rechtsstellung des Berechtigten wiederherzustellen, weil dazu Beschlüsse der Gesellschaftsorgane, insbesondere der Hauptversammlung erforderlich sind. Die Wiedergutmachungskammer hat zu prüfen, in welchem Umfang der Berechtigte nach A. 29, 30 eine ausreichende Wiedergutmachung im Sinne der Wiederherstellung seiner ursprünglichen Rechtsstellung erhalten hat. Ist ihm diese nicht zuteil geworden, so muß sie die Maßnahmen treffen, welche dazu notwendig sind. Darin liegt mehreres:

Es liegt darin, daß der Wiedergutmachungskammer eine weitgehende gesetzliche Ermächtigung zu schöpferischer Rechtsgestaltung erteilt wird, mittels deren sie die Rechtsstellung des Berechtigten „soweit möglich" (A. 22) wiederherstellen soll, ferner daß sie dabei mit Schonung gegen die Gesellschaft und andere Beteiligte vorgehen, muß und nur vorsehen kann, was notwendig und nicht vermeidbar („nötigenfalls"), endlich geeignet ist, um die Rechtsstellung des Verfolgten ausreichend wiederherzustellen, wobei sie jedoch die Grenzen zu beachten hat, welche durch Satz 3 und 4 gezogen sind, endlich aber auch, daß dies alles nicht in ihr pflichtmäßiges Ermessen gelegt, sondern vom Gesetz vorgeschrieben ist. Verletzt die Kammer diese Rechtsgrundsätze, so ist ihre Entscheidung mit Rechtsbeschwerde anfechtbar (§ 68 Abs. 2). Obwohl nach S. 2 die Wiedergutmachungskammer die Vornahme der zur Verwirklichung des Rechtes gesetzlich vorgeschriebenen Handlungen anzuordnen hat, so ist doch als sicher anzunehmen, daß die gesetzlich erforderlichen Beschlüsse der Gesellschaftsorgane (Vorstand, Aufsichtsrat, Hauptversammlung) nicht von ihr angeordnet zu werden brauchen, sondern ohne weiteres durch ihre Entscheidung ersetzt werden (A. 65 § 894 ZPO.). Nicht einheitlich kann man beantworten, inwieweit die rechtskräftige Anordnung der Kammer unmittelbar konstitutiv wirkt, und inwieweit sie erst noch Ausführungsmaßnahmen notwendig macht. Soziale Maßnahmen z. B. Beschlüsse der Gesellschaftsorgane, Kraftloserklärungen, werden wohl unmittelbar durch sie ersetzt (s. oben), dagegen scheitert praktisch die unmittelbare Wirksamkeit wohl regelmäßig, wenn zur Wirksamkeit einer Sozialwillenserklärung andere Erfordernisse zusätzlich hinzutreten müssen, wie z. B. die Handelsregistereintragung (s. 10), oder Durchführungshandlungen unentbehrlich sind, wenn kein Chaos entstehen soll. Soweit denkbar, bildet die Anordnung dann auch den Vollstreckungstitel um die Durchführungshandlung zu erzwingen (z. B. bei Anordnung einer Kapitalerhöhung und der Art ihrer Durchführung nach deren Eintragung die Ausstellung und Ausgabe von Aktien durch die Gesellschaft, wenn nicht die Kammer die Aktien selbst ausstellt und ausgibt oder jemand dazu ermächtigt, was wir für zulässig halten). Bei der Übertragung von Geschäftsanteilen und unbeurkundeten Aktien ersetzt dieAnordnung, wenn sie nicht überhaupt nach A. 14, 15 Abs. 2 entbehrlich ist, konstitutiv die Erklärung des Übertragenden (was freilich im Hinblick auf A. 44 S. 1 auf begründete Zweifel stößt) und wohl auch des Berechtigten, wenn dieser damit einverstanden ist. Zur Übertragung von beurkundeten Aktienrechten aber gehört die

Übergabe der Urkunde; dafür ist die Anordnung Vollstreckungstitel; die Kammer kann aber auch die Urkunde für kraftlos erklären und, wenn man soweit gehen will, wie wir, um A. 1 gerecht zu werden, selbst neue Urkunden ausstellen oder jemand dazu ermächtigen. Aber die Übergabe der Ersatzurkunde an den Berechtigten muß zur Anordnung der Übertragung hinzukommen, um ihn zum Aktionär zu machen; bei Namensaktien auch die Eintragung im Aktienbuch, um ihn gegenüber der Gesellschaft zu legitimieren.

Zu bedenken ist ferner, ob, wenn A. 29 zum Ziel führt, also nach Abs. 1 des Gesetzes keine Ermächtigung der Kammer besteht, im Hinblick darauf, daß dort in Abs. 1 u. 2 nur obligatorische Ansprüche gewährt werden (s. d.), desgleichen in Fällen, wenn Ansprüche nach A. 30, 31 gegeben sind, die zum Ziele führen können, die Ermächtigung der Wiedergutmachungskammer nicht doch insoweit besteht, daß sie die diesen Ansprüchen gemäße Rechtslage, soweit nach vorstehendem Absatz denkbar, konstitutiv aussprechen und Vollstreckungsmaßnahmen entbehrlich machen kann. Aus Zweckmäßigkeitserwägungen und im Hinblick auf A. 1 („schleunige") setzen wir uns dafür ein, diese Frage zu bejahen.

Dagegen befugt diese Ermächtigung die Kammer nicht, sich über Grundsätze des Gesellschaftsrechts hinwegzusetzen und Maßnahmen zu treffen, welche nach zwingender gesetzlicher Vorschrift von der Gesellschaft selbst und ihren Organen nicht beschlossen werden könnten, wie Ausgabe ungedeckter Aktien.

5. Die Einziehung richtet sich gegen den Bestand des einzuziehenden Rechts und vernichtet dieses (§ 193 AktG.). Regelmäßig ist die Zwangseinziehung von Aktien nur statthaft, wenn sie in dem ursprünglichen oder bei Ausgabe der Aktien geltenden Gesellschaftsvertrag gestattet ist. Dasselbe gilt auch nach § 34 Abs. 2 GmbHG., nur daß das Reichsgericht gegen Schluß seiner Rechtssprechung (Band 169 S. 333) grundsätzlich ausgesprochen hat, es sei jeder Gesellschaftsvertrag dahin auszulegen, daß die Einziehung aus wichtigem Grunde statthaft sei. Von diesem Erfordernis der Gestattung der Zwangseinziehung durch den Gesellschaftsvertrag wird hier abgesehen. Aber es können natürlich nicht beliebige Aktien durch die Anordnung der Wiedergutmachungskammer eingezogen werden, auch dann nicht, wenn gleichzeitig die Auszahlung eines Einziehungsentgeltes unter Beachtung der Vorschriften über die Kapitalherabsetzung (§§ 178 AktG., 58 ff. GmbHG.) eingeordnet wird, — etwa um das ursprüngliche Verhältnis der Beteiligung des Berechtigten zum Grundkapital wiederherzustellen —, sondern nur Aktien, welche Gegenstand eines Rückerstattungsanspruchs gegen den derzeitigen Inhaber sind (S. 3), z. B. in den Fällen einer bedingungslosen Rückerstattungspflicht nach A. 21 Abs. 3, etwa wenn der Inhaber unbekannt ist, was bei einer „Beteiligung" nicht leicht eintreten wird, oder die Aktien versteckt, oder wenn deren Verbleib nicht bekannt ist, oder wenn sie sich in einem Berliner Bankdepot befanden und nicht mehr zugänglich ind. In allen diesen Fällen würden aber zufolge A. 15 die Aktien auch als abhandengekommen anzusehen sein, und könnten sie nach § 67 AktG. auch für kraftlos erklärt werden, und zwar u. E. bei Beteiligungen i. S. des A. 21 Abs. 3 ohne Aufgebotsverfahren durch die Wiedergutmachungskammer, da gutgläubiger Erwerb ausgeschlossen ist. Einziehung entzogener Aktienrechte und Kapitalwiedererhöhung wird statt Kraftloserklärung und Neuausgabe der Urkunden selten veranlaßt sein. Indes kann sich die Einziehbarkeit bestimmter Aktien, welche nicht selbst entzogen waren, aus S. 4 ergeben. Die

Einziehung allein kann aber die Rechtsstellung des Berechtigten, weil sie die eingezogenen Rechte vernichtet, nur herstellen, wenn es sich etwa bloß um die Herstellung eines Quotenverhältnisses, nicht um die Herstellung von Rechten in der Person des Berechtigten handelt. Letzteres kann im allgemeinen nur erreicht werden, wenn damit eine Neuausgabe von Rechten zugunsten des Berechtigten verbunden wird (s. Anm. 6). Bei einer Aktiengesellschaft ist mit der Einziehung zwangsläufig eine Kapitalherabsetzung verbunden (§ 193 AktG., weil Grundkapital und Summe aller Aktien sich decken müssen, §§ 1, 6 AktG.), bei der GmbH. nicht. Letztere kann den eingezogenen Geschäftsanteil ohne Wiedererhöhung des Stammkapitals neu ausgeben. Nach allem scheint uns eine Einziehung selten veranlaßt zu sein, bei einer GmbH. schon gar nicht.

6. Die Neuausgabe von Aktien kann, soweit an Aktienrechte und nicht nur an Urkunden nach Kraftloserklärung alter Urkunden gedacht ist, aus dem in Anm. 5 angeführten Grund nur durch Kapitalerhöhung geschehen. Diese setzt nach §§ 1, 28 Abs. 2, 152 Z. 2, 155 AktG., §§ 53 ff. GmbHG. eine Einlage voraus. Die Einlage muß dem Nennbetrag der Aktien bzw. Geschäftsanteile wenigstens gleichkommen. Nach § 153 AktG. hat jeder Aktionär ein Bezugsrecht. Wird von der Kammer die Neuausgabe von Aktien angeordnet, so ist also gleichzeitig die Höhe der zu leistenden Einlage festzusetzen. Die Einlage kann auch eine Sacheinlage sein; sie kann z. B. als Geldeinlage in Höhe des dem Berechtigten im Falle der A. 29, 30 von dem Pflichtigen geschuldeten Ersatzes oder als Sacheinlage mittels Einbringung seines Anspruchs gegen den Pflichtigen aus A. 29, 30 festgesetzt werden, vorausgesetzt, daß dieser Anspruch vollwertig ist. Wo die Neuausgabe mit einer Einziehung verbunden wird, ist mit der Kapitalherabsetzung die sofortige Wiedererhöhung zu verbinden und — wie bei der Ausgabe von Freiaktien und der sonstigen Kapitalerhöhung aus Gesellschaftsmitteln, etwa seiner Zeit nach Maßgabe der Dividendenabgabeverordnung — die Erhöhung des Grundkapitals und die Zerlegung der Kapitalerhöhung in Aktien bis zur Höhe der vorgenommenen Einziehung ohne Leistung von Einlagen auf die neuen Aktien möglich (sehr bestr.; wie hier Rauch, Kapitalerhöhung aus Gesellschaftsmitteln, Godin, ZAkDR. 42 S. 283, dagegen neuerdings Bösebeck, NJW. 47 S. 98). Es kann aber, wo entzogene Aktien eingezogen werden, dem Berechtigten auch ein Einziehungsentgelt gewährt werden, das dieser dann als Einlage auf die jungen Aktien neu einzahlen kann. Die Einziehung entzogener Aktien richtet sich zufolge A. 15 Abs. 2 immer gegen den Berechtigten selbst, so daß das zu gewährende Einziehungsentgelt diesem von vornherein und unmittelbar, nicht erst auf dem Umwege über A. 29 gebührt. Deshalb hat aber die Einziehung nur Sinn, wenn sie sich ausnahmsweise gegen andere Gesellschafter gem. S. 4 richten kann. Durch Kapitalerhöhung aus Gesellschaftsmitteln und Begebung der jungen Aktien an den Berechtigten kann auch die frühere entschädigungslose Einziehung seiner Anteile rückgängig gemacht werden. (Die Gegner dieser Ansicht müßten die durch jene entschädigungslose Einziehung zwangsläufig entstandene Reserve auflösen und zur Gewährung eines nachträglichen Einziehungsentgelts an den Berechtigten verwenden, gegen das seine Einlageschuld zu verrechnen wäre.) Auch kann die Gesellschaft schadensersatzpflichtig und die Verrechnung der Einlageschuld gegen die Schadensforderung des Berechtigten möglich sein; wo aber diese Schadensforderung nicht durch Rücklagen oder Gewinne der Gesellschaft gedeckt ist, die den Verlust decken, muß der ihr entsprechende Betrag erst durch eine gleichzeitige oder vorgängige (es muß u. U.

die Sperrzeit innegehalten werden) Kapitalherabsetzung zwecks Beseitigung des Verlustes freigesetzt werden. Die Kapitalherabsetzung und -erhöhung kann unter den Voraussetzungen von 12. u. 13. durch gleichmäßige Anteilsübertragung umgangen werden.

Das Bezugsrecht der übrigen Aktionäre kann ausgeschlossen werden, auch wenn S. 4 nicht auf sie zutrifft; denn was die Hauptversammlung nach § 153 Abs. 3 AktG. ohne weitere Voraussetzung beschließen könnte, kann auch die Wiedergutmachungskammer ohne solche anordnen. Bei einer GmbH. besteht ein Bezugsrecht der Gesellschafter bei Kapitalerhöhungen nicht.

Der Berechtigte hat gemäß § 152 AktG. einen Zeichenschein auszustellen. Bei einer GmbH. erfordert die Übernahme von Geschäftsanteilen eine notariell beurkundete oder beglaubigte Erklärung (§ 55 GmbHG.).

7. Es ist schwer zu erraten, was das Gesetz mit dem Austausch von Aktien und sonstigen Beteiligungspapieren meint. Da der Berechtigte dem ja die Aktien usw. gerade entzogen sind, solche nicht hat, kann an einen Austausch ihm gehöriger Urkunden gegen Urkunden eines anderen nicht gedacht sein. Aber ebenso schwer denkbar ist, daß dem Pflichtigen an Stelle seiner von ihm zurückzugebender Aktien usw. andere gegeben werden sollen. Vielleicht ist an Fälle des S. 4 gedacht, in denen von den angeordneten Maßnahmen Gesellschafter betroffen werden, die nicht unmittelbar rückerstattungspflichtig sind. Es ist denkbar, daß es angezeigt sein kann, ihnen um Unebenheiten auszugleichen, Genußscheine mit einem von der Wiedergutmachungskammer festzusetzenden Inhalt zu geben, oder das Gesetz denkt an die bei Kapitalherabsetzungen möglicherweise erforderlichen Zusammenlegungen, die zu einem Aktionsaustausch führen. Es ist aber auch möglich, daß es notwendig wird, Aktien neu zu stückeln, soweit dies bei Beobachtung der gesetzlichen Vorschrift über den Mindestnennbetrag (§ 8 AktG.), an welche auch die Wiedergutmachungskamer gebunden ist, möglich ist (z. B. Teilung von Aktien über RM. 2000.— in Aktien von RM. 1000.—).

8. Bei Begründung eines Gesellschaftsverhältnisses zwischen dem Berechtigten und dem „Unternehmen", soll heißen: der Gesellschaft (ein „Unternehmen" ist nach deutschem Recht nie ein Rechtssubjekt, sondern nur ein Rechtsobjekt, niemals selbst juristische Person, sondern Eigentum einer solchen, deren Substrat außer bei einer Stiftung, in den Gesellschaftern, Vereinsmitgliedern besteht), denkt der Gesetzgeber wahrscheinlich an die Wiederherstellung einer Beteiligung des Berechtigten als persönlich haftenden Gesellschafters einer KGA., obwohl auch diese kein Gesellschaftsverhältnis „mit" der Gesellschaft, sondern innerhalb der Gesellschaft mit den anderen Gesellschaftern, nämlich Aktionären bedeutet (§ 219 AktG.). Eine Gesellschaft „mit" der Gesellschaft (Aktiengesellschaft GmbH.) würde die Beteiligung des Berechtigten als stiller Gesellschafter darstellen, wodurch ein Gesellschaftsverhältnis zwischen ihm und dem Eigentümer des Unternehmens (AG., GmbH.) entsteht. Sie ist möglich und kann im Einzelfalle geeignet sein, dem Ziel des A. 22 näher zu kommen. Nach der Rechtsprechung des Reichsgerichts über die vielumstrittene GmbH. und Co. ist auch ein Kommanditgesellschaftsvertrag zwischen Berechtigtem und juristischer Person möglich.

9. Die in Anm. 5—8 besprochenen Maßnahmen führt das Gesetz nur beispielsweise an und erschöpfen die der Wiedergutmachungskammer nach AktG. und GmbHG. zu Gebote stehenden Möglichkeiten nicht. Es kommen im Rahmen des „Notwendigen" und „Geeigneten" noch andere in Frage: wie vor allem Anteilsübertragung (soweit es sich nicht um die entzogenen Anteile handelt, für die A. 15 gilt) mit oder ohne Kraftloserklärung von Urkunden, die Einräumung von Vorrechten bezüglich des Reingewinns oder Liquidationserlöses, d. h. also die Schaffung von Vorzugsaktien, stimmrechtslosen oder gleichstimmberechtigten. Mehrstimmrechte können bei Aktiengesellschaften auch mit Genehmigung lediglich unter dem Gesichtspunkt einer Wiederherstellung der Rechte des Berechtigten nicht in Frage kommen (§ 12 AktG.), Entsendungsrecht nach § 88 AktG., Sondervorteile nach § 19, Begründung oder Beseitigung von Nebenverpflichtungen nach Maßgabe des § 50, Kapitalherabsetzungen mit Ausschüttungen unter Beobachtung des § 178 AktG., soweit damit nicht — mittelbar oder unmittelbar, rechtlich oder wirtschaftlich — in Rechte Dritter eingegriffen wird, die nicht unter S. 4 fallen, Rückgängigmachung eines Ausschlusses nach § 58, solange die Aktien sich noch im Besitze der AG. befinden, Rückumwandlung nach § 257ff. AktG., überhaupt jede Art der Satzungsänderung, Zurückverwandlung von Inhaberaktien in Namensaktien oder umgekehrt, Nichtigerklärung von Hauptversammlungsbeschlüssen (z. B. Entlastungen usw.), Kraftloserklärung von Aktien nach §§ 66, 67 AktG. im Zusammenhang mit anderen Maßnahmen. Dagegen dürfte die Zuteilung von Schuld- und Gewinnschuldverschreibungen mangels Eignung für den gesetzlichen Zweck und, weil darüber hinausgehend, auch die Zuteilung von Wandelschuldverschreibungen (§ 174 AktG.) nicht zulässig sein. Vgl. auch die Erläuterungen zu A. 22. Der Gesamtinhalt des A. 23 läßt zwar erkennen, daß das Gesetz nur an innergesellschaftlich wirksame Maßnahmen denkt. Aber damit wird das Programm des A. 22 und des S. 1 nicht immer erreicht werden können. Oft wird dazu die Lösung von Verflechtungen, die Aufhebung von Interessengemeinschaften (die freilich in der US-Zone schon durch das Entflechtungsgesetz gelöst sein dürften), von Pachtungen und Verpachtungen erforderlich sein. Angesichts der weiten Fassung des S. 1 ist anzunehmen, daß die Kammer auch hierzu ermächtigt ist, doch wird sie von dieser Ermächtigung nur Gebrauch machen können, wenn an der Gesellschaft und an der aufzulösenden Verflechtung usw. kein Gesellschafter bzw. Vertragsteilnehmer beteiligt ist, der im Sinne des S. 4 unbeteiligt an der Entziehung war.

Die Möglichkeiten, die sich bei der GmbH. ergeben, dem Ziele des A. 22 durch Änderung des Gesellschaftsvertrages nahe zu kommen, vorbehaltlich der nach S. 4 zu achtenden Rechte und Interessen an der Entziehung unbeteiligter Gesellschafter, gehen noch viel weiter, da ja die Rechtsform einer GmbH. viel elastischer ist als die einer AG. und der Gestaltungsfreiheit der Beteiligten viel weiteren Spielraum gewährt.

10. Das Gesetz läßt erkennen, daß die Wiedergutmachungskammer nicht einfach über die Bestimmungen der für die fragliche Gesellschaftsart geltenden Gesetze (AG. GmbH.) sich hinwegsetzen kann. Es sind daher nur solche Maßnahmen zulässig, welche mit den Bestimmungen jener Gesetze verträglich sind und es sind für jene Maßnahmen die Voraussetzungen jener Gesetze zu erfüllen, um sie zu verwirklichen. Eine von der Wiedergutmachungskammer angeordnete Satzungsänderung, insbesondere Einziehung, Kapitalherabsetzung und Kapitalerhöhung, muß also, um wirksam zu werden, in das Handelsregister eingetragen werden (§§ 157, 177, 193 AktG., § 54 Abs. 3 GmbHG.). Die Eintragung ist von der Wiedergutmachungskammer anzuordnen. Aber die Anordnung wird den

Registerrichter nicht der selbständigen Prüfung überheben, ob die von der Wiedergutmachungskammer getroffenen Anordnungen mit dem AktG. bzw. GmbHG. vereinbar sind; dagegen hat er nicht zu prüfen, ob sie den Bestimmungen dieses Gesetzes entsprechen. Ob außer der Anordnung der Eintragung durch die Kammer auch die Anmeldung der von der Kammer angeordneten Satzungsänderungen zur Eintragung in das Handelsregister durch den Vorstand evtl. auch Aufsichtsratsvorsitzer, erforderlich ist, mag zweifelhaft sein. Dafür spricht, daß im Falle der Neuausgabe von Aktien mittels Kapitalerhöhung das Registergericht auf anderem Wege nicht in den Besitz der nach §§ 29, 155 Abs. 2 vorgeschriebenen Erklärungen kommen kann, ebensowenig der Anlagen nach § 155 Abs. 3, auch nicht der nach § 36 Abs. 1 für die Gerichte der Zweigniederlassungen erforderlichen Mehrstücke. Andererseits spricht dagegen, daß nach § 303 AktG. keine Möglichkeit besteht, die Anmeldung zu erzwingen, und daß auch § 16 HGB. nicht anwendbar ist. Ein widerspenstiger Vorstand hätte es also in der Hand, die Verwirklichung der von der Wiedergutmachungskammer beschlossenen Maßnahmen zu verhindern, ohne daß auch nur ein Weg gegeben wäre, ihn über den Kopf eines etwa mit ihm einigen Aufsichtsrats hinweg abzuberufen. Nicht einmal der Aufsichtsrat kann abberufen werden, wenn die übrigen Beteiligten sich gegen das Wiedereindringen des Berechtigten an die Gesellschaft sperren. Man wird also die Anmeldung dieser Eintragungen nicht als deren Voraussetzung anzusehen haben. Ebenso ist die Eintragung der durchgeführten Kapitalerhöhung bzw. Herabsetzung (§§ 155, 180, 193 AktG.) anzuordnen. Letzterer müssen bei der gewöhnlichen Kapitalherabsetzung sowohl als auch bei der Einziehung Durchführungsmaßnahmen vorausgehen, bei ersterer die Einziehung der Aktien (§ 179 AktG.), bei letzterer die Vernichtung (§ 193 AktG.) der Urkunde. Die Kammer hat daher in diesen Fällen auch die Einreichung der Urkunden und die Kraftloserklärung der nichteingereichten zu verfügen (§ 193). Die Kammer kann anordnen, daß der Vorstand diese Maßnahme durchzuführen hat. Soweit es sich aber um Anordnungen an die Aktionäre oder Erklärungen handelt, wie die Aufforderung für Einreichung der Urkunden, die Kraftloserklärung usw., können diese unmittelbar von der Kammer ausgehen. Wenn auch die Kammer den Berechtigten selbst ermächtigen kann, derartige Aufforderungen usw. zu erlassen, so bleibt sie doch bezüglich der rein technischen Durchführung auf die Mitwirkung des Vorstands angewiesen. Sie hat gegen diesen nur die Zwangsmittel, welche das Gesetz über die freiwillige Gerichtsbarkeit dem Gericht gewährt.

11. S. 3 und 4 ziehen die Grenze der Zulässigkeit von Eingriffen der Wiedergutmachungskammer unter dem Gesichtspunkt der Schonung Dritter an der Einziehung nicht beteiligter Interessenten: Eingriffe, welche die Rechte solcher rechtlich mitberühren, insbesondere beeinträchtigen oder wirtschaftlich treffen, sind nicht statthaft und müssen unterlassen werden. Der Kreis der Personen, die den Eingriffen der Wiedergutmachungskammer nicht nur in ihre wirtschaftlichen Interessen, sondern auch — mittelbar oder unmittelbar — in ihre Rechte (durch Einziehung, Übertragung, Kapitalherabsetzung) ausgesetzt sind, ist wie folgt zu ziehen:

a) Eingriffe der Wiedergutmachungskammer dürfen grundsätzlich nur Personen betreffen, welche nach A. 14, 21 unmittelbar rückerstattungspflichtig sind oder „bei entsprechender Anwendung dieser Bestimmungen rückerstattungspflichtig erscheinen". Diese Stelle gehört zu den leider zahlreichen dunklen

Stellen des Gesetzes, die auch bei längerem Grübeln nicht klar werden. Schwerlich kann damit gemeint sein, daß über den Kreis der nach A. 14 rückerstattungspflichtigen Personen hinaus auf Grund eines dem A. 14 verwandten Tatbestandes, der eine „entsprechende" Anwendung des A. 14 rechtfertigt, noch andere Personen als rückerstattungspflichtig „erscheinen" können, weil A. 14 an einen bestimmten Tatbestand, nämlich die Inhaberschaft der Eigentümerstellung anknüpft, der jeweils nur einmal gegeben sein kann und mit dem kein anderer Tatbestand je irgendwie vergleichbar ist, und weil er jeden Inhaber der Eigentümerstellung, gegenwärtigen oder früheren, für rückerstattungspflichtig erklärt, soweit das Gesetz nicht besondere Ausnahmen bestimmt (die selbstverständlich nicht auf dem Wege „entsprechender" Anwendung der Regel wieder ausgeräumt werden können). Es gibt also nur Personen, welche auf Grund unmittelbarer Anwendung der A. 14, 21 rückerstattungspflichtig sind, deren dem Berechtigten entzogenen Rechte keinen Eingriff erfahren können, weil sie unmittelbar an jenen zurückfallen (A. 15), aber keine weiteren Personen, die bei entsprechender Anwendung rückerstattungspflichtig erscheinen. Wenn trotzdem A. 23 die Zulässigkeit der Eingriffe der Wiedergutmachungskammer gegenüber einem weiteren Personenkreis anerkennen will, so kann er solche „sonstigen Anteilsberechtigte" meinen, die zugleich einmal früher Inhaber auch der entzogenen Anteile waren und nach A. 29, 30, 31 z. Zt. des Eingriffes nur auf Ersatz haften, aber darüber hinaus auch Eingriffe nach A. 23 in ihre gegenwärtigen Anteilsrechte dulden müssen, welche nicht eigentlich Gegenstand der Entziehung waren. Ferner können Personen gemeint sein, welche Inhaber der entzogenen Aktien sind oder gewesen sind und als solche unter A. 14, 21, 30, 31 fallen, aber daneben auch obligatorische Rechte gegen die Gesellschaft (aus Interessengemeinschaftsvertrag, Pachtverträgen usw.) haben, die der Rechtsstellung des Berechtigten abträglich sind, und dulden müssen, daß diese aufgehoben werden. Die Duldungspflicht wird freilich gleichfalls häufig sich auch aus anderen gesetzlichen Bestimmungen, insbesondere der Schadensersatzpflicht nach A. 30, 31 ergeben, jedoch nicht immer, so z. B. schon nicht, wenn der Berechtigte die Begründung dieser Rechte nicht hätte hindern können. Wir machen zu unserer Auslegung der dunklen Gesetzesstelle jeden Vorbehalt.

12. b) Über den zu 11 beschriebenen Interessentenkreis hinaus ist es billig, daß Eingriffe der Wiedergutmachungskammer in seine Rechte und Interessen zu dulden hat auch ein Anteilsberechtigter, welcher aus der Entziehung mittelbar oder unmittelbar Nutzen gezogen hat. Das Gesetz geht jedoch nicht so weit. Es unterwirft dem Eingriff nur solche Anteilsberechtigte, also nicht obligatorisch Berechtigte (nicht Obligationäre), welche aus der Entziehung mittelbar oder unmittelbar Nutzen gehabt haben in Verbindung mit einem der Sachverhalte des A. 22. Diese Sachverhalte sind: Auflösung oder Verschmelzung der Gesellschaft — in diesem Falle dürfte es schwerlich je noch Anteilseigner geben; bei der Verschmelzung wird man auch nicht leicht einen mittelbaren oder unmittelbaren Nutzen feststellen können. Sie kann auch aus dem Grunde nie rückgängig gemacht werden, weil davon die Altaktionäre der aufnehmenden Gesellschaft betroffen würden, aber es mag sein, daß diese alle oder zum Teil nach unserer Auslegung duldungspflichtig gemäß Anm. 11 sind, natürlich niemals bezüglich einer rechtstechnisch unmöglichen Entschmelzung, aber etwa bezüglich einer Kapitalerhöhung und Begebung der jungen Aktien an den Berechtigten, um dessen Beteiligung möglich zu machen, wenn ihm die Aktien seitens des Rückerstattungspflichtigen nicht zurückgegeben werden können, so daß er von diesem nur Geldersatz erhält, oder um sein ursprüngliches Beteiligungsverhältnis wiederherzustellen. Praktischer sind die anderen Sachverhalte: Umwandlung, Veränderung der Rechts- oder Kapitalsstruktur. Auch hier kann es sich, um ein Beispiel zu erwähnen, darum handeln, die Aktien des Berechtigten, welche entschädigungslos also zu Nutzen aller Aktionäre eingezogen worden waren, durch Kapitalerhöhung aus Gesellschaftsmitteln (s. bei Anm. 6, sei es mit oder ohne gleichzeitige Kapitalherabsetzung) wiederherzustellen.

13. Ein Fall, in welchem alle Aktionäre, eben als Beteiligte der Gesellschaft den Nachteil eines Eingriffes auf sich nehmen müssen, wird vom Gesetz besonders erwähnt. Es ist der Fall, daß sie von einer Haftung der Gesellschaft mittelbar dadurch betroffen werden, daß sie deren Aktionäre sind. Die Gesellschaft kann nach den Vorschriften dieses Gesetzes oder des BGB. zur Herausgabe oder zum Schadensersatz verpflichtet sein. Nach den Vorschriften dieses Gesetzes ist sie zur Herausgabe verpflichtet nach A. 14, 29, auch zum Schadensersatz nach A. 30, wenn sie selbst es war, welche den entzogenen Anteil zuerst erworben hat, ihn behalten oder für Gesellschaftsrechnung weiter veräußert oder eingezogen hat. Nach den Vorschriften des BGB. kann sie zum Schadensersatz verpflichtet sein, namentlich auf Grund der §§ 826, 31, 831 BGB., wenn der Vorstand oder ein sonstiger verfassungsmäßiger Vertreter oder ein von ihr zu einer Verrichtung bestellter Angestellter dem Berechtigten in einer wider die guten Sitten verstoßenden Weise Schaden zugefügt hat. In allen diesen Fällen haben die Aktionäre zu dulden, nicht nur daß die Gesellschaft die etwa noch vorhandenen Aktien des Berechtigten an diesen herausgibt, sondern auch, wenn dies nicht mehr möglich ist, daß neue Aktien geschaffen werden, um sie an ihn begeben zu können, und zwar durch Kapitalerhöhung aus Gesellschaftsmitteln oder in Verbindung mit der Verrechnung der Einlage gegen die von der Gesellschaft geschuldete Herausgabe des Erlöses, Schadensersatzleistung, Gewährung eines Entziehungsentgelts usw. Es kann selbst an eine alle Aktionäre gleichmäßig treffende Kapitalherabsetzung (mit Abstempelung oder Aktienumtausch) und Wiedererhöhung zugunsten des Berechtigten, endlich ohne eine solche auch in diesem Fall an eine alle Gesellschafter gleichmäßig treffende Anteilsübertragung auf den Berechtigten (bei Aktien schwer durchführbar) gedacht werden. Siehe hierzu 6. Abs. 1 a. E.

Denkbar sind auch Abwandlungen durch Ausgabe von Genußscheinen mit von der Kammer festzustellendem Inhalt zusätzlich an den Berechtigten oder milderungshalber an die nach 12. oder 13. Betroffenen z. B. wenn es sich in erster Linie darum gehandelt hat, dem ersteren zwecks Wiederherstellung der Maßgeblichkeit seiner Beteiligung ein Stimmrecht zu verschaffen, der materielle Wert aber den bisherigen Aktionären verbleiben soll (u. U. kann man sich dann auch mit stimmrechtslosen Vorzugsaktien helfen), alles im Rahmen des „Notwendigen" und „Geeigneten".

14. Wenn die Wiedergutmachungskammer widerrechtlich über die Bestimmungen des A. 23 hinaus in die Rechte und Interessen an der Entziehung Unbeteiligter eingreift, haben diese das Beschwerderecht nach A. 68. Dagegen ist ihnen der ordentliche Rechtsweg versperrt. Auch das Registergericht hat vor einer von der Wiedergutmachungskammer angeordneten Eintragung nicht zu prüfen, ob diese die Rechte Dritter berührt, die nach A. 23 nicht antastbar sind.

Artikel 24

Sonstige Unternehmen

Die Bestimmungen der Artikel 22, 23 finden entsprechende Anwendung[1], wenn eine Einzelfirma[2] oder die Beteiligung[3] an einer offenen Handelsgesellschaft oder Kommanditgesellschaft oder die persönliche Beteiligung[2] an einer Kommanditgesellschaft auf Aktien[4] oder der Anteil an einer Gesellschaft mit beschränkter Haftung[1] oder an einer Genossenschaft[5] oder Anteile ähnlicher[6] [7] rechtlicher Art Gegenstand der Entziehung gewesen sind.

1. Von den Fällen des A. 24 ist nur die Entziehung eines Geschäftsanteils an einer GmbH. der Entziehung einer Aktie wesensverwandt und vergleichbar, weil nur er gleich dieser ein verselbständigtes, veräußerliches von dem Fortbestand des von der Gesellschaft betriebenen Handelsgeschäfts unabhängiges Recht darstellt, das als solches entzogen werden kann und zurückerstattbar ist. Auf den Geschäftsanteil an einer GmbH. sind A. 22, 23 daher unmittelbar anwendbar (s. die Erl. hiezu). Wenn aber dem Verfolgten das Unternehmen selbst oder eine unmittelbare Beteiligung an dem Unternehmen, dessen Miteigentümer er kraft dieser Beteiligung gewesen war, entzogen worden ist und es sich um dessen Rückerstattung handelt, ist eine entsprechende Anwendung der A. 22, 23 logisch nur möglich, wenn das Unternehmen auf eine AG. oder GmbH. übergegangen ist und nunmehr der Verfolgte an dieser durch Gewährung von Aktien oder Geschäftsanteilen angemessen beteiligt werden soll. Nur in diesem Falle ist auch denkbar, daß gutgläubige Gesellschafter an dem Unternehmen beteiligt sind, nämlich solche, welche gutgläubig Aktien erworben haben. Aber auch dieser Fall unterscheidet sich von dem Falle der Entziehung einer Aktie oder eines Geschäftsanteils dadurch, daß nicht rückwirkend gemäß A. 15 ein Betrag Aktien der Aktiengesellschaft oder Geschäftsanteil der GmbH., welche das Unternehmen erworben hat, als immer dem Verfolgten gehörig und verblieben angesehen werden kann, sondern ihm nur kraft A. 29 zusteht.

2. Denkbar sind folgende Fälle:

a) Das Unternehmen ist liquidiert (s. a. d). Das ist unwiderruflich. Der Verfolgte kann nach A. 29, 30 Anspruch auf den Erlös und auf Schadensersatz haben. Der Schadensersatzanspruch kann nach § 249 BGB. die Verschaffung oder Überlassung eines anderen Unternehmens gleicher oder verwandter Art — Ausschluß der persönlichen Haftung für bestehende Geschäftsverbindlichkeiten gemäß § 25 HGB. — oder die angemessene Beteiligung an einem solchen zum Inhalt haben. Wenn auch eine juristische Parallele zu einem der Fälle des A. 22 nicht gegeben ist, so ist angesichts der Gleichheit des wirtschaftlichen Effektes für den Verfolgten doch kein zwingender Grund gegeben, in einem solchen Falle die Ermächtigung der Wiedergutmachungskammer gemäß A. 23 zu verneinen, eine solche Zwangsgesellschaft zu diktieren. Der Schadensersatzpflichtige wird im Hinblick auf seine Schadensersatzpflicht nicht einmal für berechtigt erachtet werden können, ohne weiteres die Gesellschaft zu kündigen, bloß weil ihm der Verfolgte von vornherein nicht als Gesellschafter genehm ist. Keinem der beiden Teile wird aber etwas anderes als Gesamtgeschäftsführung und -vertretung zugemutet werden können. Unter Umständen kann es notwendig sein, dem neueintretenden Verfolgten die Stellung eines Kommanditisten anzuweisen. Seine persönliche Haftung für die bis dahin entstandenen Geschäftsverbindlichkeiten kann auch bei Eintritt als persönlich haftender Gesellschafter ausgeschlossen werden; dies muß bekannt gemacht und ins Handelsregister eingetragen werden (§ 28 HGB. s. a. A. 41). Schwierigkeiten wird es machen, die Dauer der Gesellschaft festzusetzen. Eine lange Dauer zu bestimmen, verbietet die Vernunft, die Gesellschaft auf unbestimmte Zeit zu begründen, die Erwägung, daß dann nach § 132 HGB. der Rückerstattungszweck illusorisch werden könnte. Die Kündigung wird für eine mäßige Zeitdauer auszuschließen sein, und zwar in dem hier unterstellten Fall einer Schadensersatzpflicht des Rückerstattungspflichtigen länger zu dessen als des Berechtigten Ungunsten.

b) Das Geschäft besteht noch. Es ist zurückzugeben, auch wenn der Inhaber inzwischen nochmals gewechselt hat, auch wenn es verändert ist (vgl. Anm. 2 zu A. 26, A. 14, 27, 29). Gutgläubigkeit des Nacherwerbers ist nicht vorstellbar. Sowohl er als auch sein Vorgänger haften auf Schadensersatz für Verschlechterung des Geschäftes gemäß A. 30, 31, d. h. sie haben Verluste, die entstanden sind, zu ersetzen, wenn sie nicht beweisen können, daß sie auch unter der Geschäftsführung des Verfolgten entstanden wären (§ 848 BGB.). Der Verfolgte haftet für die Geschäftsverbindlichkeiten gemäß A. 41.

c) Es ist ein Gesellschafter aufgenommen worden. Die Gesellschaft hat das Geschäft nach A. 17, 27 zurückzugeben. Gutgläubigkeit des neuen Gesellschafters ist auch hier nicht wohl denkbar, so daß der Wiederherstellung der Alleininhaberschaft des Berechtigten gemäß A. 22 vor der Rücksicht auf die Rechte des neuaufgenommenen Teilhabers gemäß A. 23 S. 3 u. 4 nicht halt zu machen braucht. Für die Auseinandersetzung mit dem neuen Gesellschafter gilt A. 29 Abs. 3 (vgl. Anm. 12ff. zu A. 29), evtl. A. 30 u. A. 46. Die großen Schwierigkeiten dieser Auseinandersetzung geben der Wiedergutmachungskammer nicht die Befugnis, gegen den Willen auch nur eines der Beteiligten eine Zwangsgesellschaft herzustellen; denn sie hat die Vollmachten der A. 23, 24 nur, um das Ziel des A. 22 zu erreichen, welches in der Wiederherstellung der Alleininhaberschaft des Berechtigten besteht.

Die Haftung des Verfolgten für die Geschäftsverbindlichkeiten bemißt sich nach A. 41.

d) Das Geschäft ist auf ein anderes Unternehmen übertragen worden. Besteht es noch als selbständiger Betrieb, so ist er als solcher zurückzuerstatten. Ist es mit einem anderen Betrieb zusammengelegt worden, wird meist ein Fall von a vorliegen und eine Schadensersatzpflicht nach A. 30, 31 gegeben sein, die zur Wiederherstellung eines selbständigen, dem Berechtigten allein zu überlassenden Betrieb führen wird. Es kann aber auch die Einräumung einer Beteiligung in Betracht kommen (s. a), auch, abgesehen von der Schadensersatzpflicht, auf Grund der A. 14 (etwa unter dem Gesichtspunkt eines bei entsprechender Anwendung der Regeln über Verbindung und Vermengung entstandenen Miteigentums), oder 22 i. V. m. 23 S. 3 u. 4. Der Anteil wird gebildet zu Lasten des Kapitalkontos der(s) anderen Gesellschafter(s); doch hat der Berechtigte das von ihm bei der Entziehung empfangene Entgelt (A. 44) an die (den) geschmälerten Gesellschafter abzuführen und ihnen (ihm) einen Ersatz (A. 29) oder Schadensersatzanspruch abzutreten. Auf die Gutgläubigkeit kommt es nicht an. Über die Dauer der Gesellschaft s. a a. E.

e) Ist aus dem Unternehmen eine Aktiengesellschaft oder GmbH. gemacht worden, so gebühren dem Berechtigten die dafür gewährten Aktien oder Geschäftsanteile (A. 29). Da aber die Fiktion des A. 15 nicht ausreicht, um ihn als Teilnehmer am Gründungsvertrag erscheinen zu lassen, die Aktien oder Geschäftsanteile ihm vielmehr niemals zugestanden haben, fallen sie ihm nicht ohne weiteres mit der Feststellung des Rückerstattungsanspruchs wieder zu, müssen ihm vielmehr durch Anordnung (S. 85) übertragen werden. Gebührt dem Berechtigten nach A. 29 das gesamte Grund- bzw. Stammkapital, weil nur aus seinem Geschäft eine Gesellschaft gemacht worden ist, so kann er selbst sie in eine Einzelfirma rückumwandeln. Der Berechtigte kann aber auch die Gesellschaft selbst auf Rückgabe des Geschäftes nach A. 14, 27 belangen und nach A. 15 sich ohne weiteres als Inhaber eintragen und das Handelsregister oder Grundbuch berichtigen lassen. Die Ariseure haften nach A. 30 für entstehende Kosten und etwa eingetretene Verluste und Verschlechterungen.

Wenn aber das Geschäft in eine Aktiengesellschaft oder GmbH., die schon bestanden hat, oder zusammen mit anderen Betrieben in eine solche Gesellschaft eingebracht worden ist und der Rückerstattungsanspruch bezüglich des Geschäftes gegen die Gesellschaft nicht zum Ziel führen kann, weil das entzogene Geschäft nicht mehr als selbständiger Betrieb vorhanden ist, und auch kein Schadensersatzanspruch nach A. 30, 31 gegen die Gesellschaft besteht, weil keines ihrer Vorstandsmitglieder bzw. keiner ihrer Geschäftsführer bezüglich der Entziehung schlechtgläubig war, so daß der Berechtigte sich damit abfinden muß, daß er Aktien bzw. Geschäftsanteile an einem erweiterten Unternehmen an Stelle seines früheren Unternehmens erhält, so sind die Erläuterungen zu A. 22, 23 anzuwenden.

3. Auch hier sind zahlreiche Fälle denkbar:

a) Es kann sein, daß sämtliche Gesellschafter einer Gesellschaft sich aus dem Geschäft zurückziehen (es veräußern) mußten, weil sie alle zu den rassisch, politisch, weltanschaulich, religiös usw. Verfolgten gehört haben. Dies ist eine Abwandlung der Anm. 2, auf die zusätzlich A. 9 anzuwenden ist.

b) Nur einer oder ein Teil der Gesellschafter gehört zu den Verfolgten und hat ausscheiden müssen; das Geschäft wurden von einem bzw. den verbleibenden Gesellschaftern fortgeführt. Der ausgeschiedene Gesellschafter kann wieder eintreten, d. h. richtiger die Feststellung seines Rückerstattungsanspruchs bewirkt nach A. 15, daß er als nicht ausgeschieden gilt. Dies ist zum Handelsregister anzumelden. A. 16 HGB. ist entsprechend anzuwenden. Die Haftung des Verfolgten für bestehende Verbindlichkeiten ergibt sich nach A. 48. Sein Kapitalanteil ist zu Lasten der verbliebenen Gesellschafter wiederherzustellen (A. 23 S. 3); denn diesen war sein Gesamtanteil zugewachsen. Sie erscheinen also bei entsprechender Anwendung der Vorschriften des Gesetzes als rückerstattungspflichtig nach A. 14. Hat der Verfolgte bei seinem Ausscheiden eine Abfindung erhalten, so hat er diese wieder einzuzahlen (A. 44); insoweit mindert sich die Rückerstattungslast der verbliebenen Gesellschafter nach A. 23, aber nur soweit er die Abfindung zu freier Verfügung erlangt hat. Im übrigen ist der etwaige Wiedergutmachungsanspruch einzubringen. Für Verluste, welche nach der Entziehung eingetreten sind, haften die verbliebenen Gesellschafter, soweit es sich um Verluste infolge schlechter Geschäftsführung handelt nach § 105 Abs. 2 HGB., wenn sie an der Geschäftsführung teilnahmen, und im übrigen alle unter Umständen nach A. 30. Diese Regelung ist in allen jenen Fällen, in denen der Verfolgte von den verbliebenen Gesellschaftern fair behandelt und schließlich fair abgefunden worden ist, als es nicht mehr anders ging, als daß die Partner sich trennten, unbillig, aber sie ist nach A. 14, 23 S. 3, 44 Abs. 3 offensichtlich gewollt. Was die Dauer der Gesellschaft betrifft, so wird man hier wohl die ursprüngliche Vertragsdauer neu vorsehen, verlängert um die Zeit, während deren der Berechtigte außerhalb der Gesellschaft gestanden hat. In besonders krassen Fällen der Ausbootung kann aber auch das Recht der Ausschließung des Rückerstattungspflichtigen nach § 140 HGB., dementsprechend ein Übernahmerecht nach § 144 HGB. gegeben sein. Weil es zweckmäßig ist, nehmen wir an, daß hierüber die Wiedergutmachungskammer mitentscheiden kann.

c) Es ist ein weiterer Gesellschafter eingetreten. (Vgl. 2c.) Dieser hat nach A. 14 auszuscheiden. Er erhält seine Einlage nach Maßgabe der Anm. 2c zurück.

d) Die verbliebenen Gesellschafter haben das Geschäft liquidiert. Sie haben nach A. 29 den Abwicklungserlös an den Berechtigten, soweit er auf dessen Kapitalanteil entfiel unter Berücksichtigung der von ihm bereits empfangenen Abfindung gemäß A. 44 im Rahmen des Abs. 3 daselbst abzuführen und darüber durch Vorlage der Abwicklungsbilanz, insbesondere der Schlußbilanz (§ 154 HGB.) Rechnung zu legen. Außerdem können und dürften sie meist schadensersatzpflichtig nach A. 30, 31 sein.

e) Die verbliebenen Gesellschafter haben das Geschäft im ganzen veräußert. Bezüglich des von ihnen empfangenen Entgelts gilt lit. d. Es fragt sich, ob der Berechtigte auch gegen den Erwerber einen Anspruch auf Wiederbeteiligung geltend machen kann. Dies ist zu bejahen, weil er im Sinne des A. 23 S. 3 bei entsprechender Anwendung des A. 14 bezüglich des Kapitalanteils des Verfolgten ohne Rücksicht auf guten Glauben als rückerstattungspflichtig erscheint; es kann aber auch A. 23 S. 4 anwendbar sein. Der Berechtigte erhält seinen ursprünglichen Kapitalanteil, hat aber die s. Zt. empfangene Abfindung und seine Ansprüche gegen seine früheren Mitgesellschafter auf Beteiligung am Kaufpreis nach A. 44, 29 einzulegen. Der Erwerber des Geschäftes kann sich, wenn dadurch ein Verlust für ihn entsteht, an seinen Veräußerer unter dem Gesichtspunkt der Gewährleistung im Recht halten, auch wenn er bei Erwerb des Geschäfts von der Arisierung wußte (A. 47 § 437 BGB.).

Hat der Erwerber das Geschäft seinerseits stillgelegt und liquidiert, so kann zwar der Berechtigte auch von ihm nach A. 29 Beteiligung am Liquidationserlös verlangen, aber seine Beteiligung am lebenden Geschäft ist natürlich nicht mehr möglich. Hat der Erwerber das Geschäft stillgelegt, um dessen Aktiva und seine Kundschaft auf ein eigenes Geschäft zu überführen, so kann eine Beteiligung an diesem Geschäft nur nach Maßgabe des S. 4 des A. 23 angeordnet werden, wenn der Erwerber aus der Ausbootung des Berechtigten unmittelbar oder mittelbar Nutzen gehabt hat oder nach A. 30 unter dem Gesichtspunkt etwa von dem Erwerber geschuldeten Schadensersatzes (s. Anm. 2a), auch A. 14 (s. 2d).

f) Ist das Geschäft von dem verbliebenen Gesellschafter oder einem Nacherwerber in eine Aktiengesellschaft oder GmbH. eingebracht worden, so gebühren die Aktien bzw. Geschäftsanteile die auf den ursprünglichen Kapitalanteil des Berechtigten entfallen sind, diesem und müssen auf ihn übertragen werden (vgl. 2e). Er hat nach A. 44 die s. Zt. etwa erhaltene Abfindung soweit diese zu seiner freien Verfügung gestanden hat, zurückzugeben. Ist das Geschäft in eine AG. oder GmbH., die schon bestanden hat oder in eine solche zusammen mit andern Betrieben, eingebracht, oder ist später das Kapital erhöht worden, so können Maßnahmen nach A. 22, 23 (s. hierüber dort) notwendig werden und zulässig sein, um das ursprüngliche Beteiligungsverhältnis zugunsten des Berechtigten wiederherzustellen.

4. Der persönlich haftende Gesellschafter einer Kommanditgesellschaft auf Aktien steht, auch wenn er eine Einlage geleistet hat — dies ist fast niemals der Fall — in keinem Gemeinschaftsverhältnis mit der Gesellschaft an einem gemeinschaftlichen Gesellschaftsvermögen; vielmehr ist das Gesellschaftsvermögen Alleineigentum der Kommanditgesellschaft auf Aktien als juristischer Person. Auch für den persönlich haftenden Gesellschafter, der eine Einlage gemacht hat, besteht daran so wenig Miteigentum wie für den Aktionär. Es handelt sich also nur um die Entziehung seiner Stellung als persönlich haftender Gesellschafter. In diese ist er wieder einzusetzen, ja nach A. 15 gilt sie als niemals entzogen. Man könnte freilich zweifeln, ob sie ein „feststellbarer Vermögensgegenstand" i. S. d. A. 1 und demzufolge des A. 15 war und ist; aber da A. 1 darunter auch einen Inbegriff von Rechten versteht, sind diese Zweifel für den Anwendungsbereich des Rückerstattungsgesetzes nicht begründet. Für die zur Zeit seiner Wiedereinsetzung bestehenden Verbindlichkeiten haftet der Berechtigte nicht persönlich (A. 41 Abs. 2).

Hat der Berechtigte Anspruch auf Nachzahlung seines Gewinnanteils? Da er nicht an der Geschäftsführung beteiligt war, auch kein Risiko getragen hat, da seine persönliche Haftung rückwirkend nicht auflebt, so ist die uneingeschränkte Zubilligung des Gewinnanteils für die Vergangenheit, welche zudem für die Gesellschaft ruinös sein könnte, unbillig und unannehmbar. Andererseits ist nicht zu verkennen, daß die Gesellschaft weiter die Früchte jahrzehntelanger Mühen und der Genialität des Verfolgten genossen haben kann, und daß er „begründete Anwartschaft" (A. 2) auf einen Anteil an ihrem Gewinn hatte.

Ist die Gesellschaft anläßlich des Ausscheidens des Berechtigten oder später in eine AG. umgewandelt worden, so kann die Rückumwandlung und der Wiedereintritt von dem Berechtigten nur verlangt werden, wenn auf alle derzeitigen Aktionäre S. 3 oder 4 des A. 23 zutrifft. Hat der Berechtigte seine Rechte ohne Entschädigung aufgeben müssen, hatte er insbesondere eine Einlage geleistet, ohne für diese abgefunden zu werden, so kann sich für ihn ein Schadensersatzanspruch nach A. 30, 31 ergeben.

5. Zwischen der Genossenschaft und einer Aktiengesellschaft besteht keinerlei Rechtsähnlichkeit. Eine entsprechende Anwendung der A. 22, 23 ist daher nicht möglich, wenn ein Genosse aus rassischen usw. Gründen ausgeschlossen worden ist. Es kann nur der allgemeine Grundsatz der Wiederherstellung der ursprünglichen Beteiligung angewandt werden, den A. 22 aufstellt. Der Ausgeschlossene oder unter Zwang ausgetretene Verfolgte wird wieder Genosse (A. 15).

6. Hier ist in erster Linie an Kuxe (Anteile bergrechtlicher Gewerkschaften) zu denken. Sie sind regelmäßig verbrieft. Wie auf Namenaktien wird man auch auf sie A. 21 anwenden dürfen. Auch im übrigen kann man sie Aktien gleichstellen und gelten für sie die Erläuterungen zu A. 23—23.

7. Der Grundsatz der Wiederherstellung nach A. 22 muß auch für Gesellschaften bürgerlichen Rechts (Konsortien, Terraingesellschaften, gemeinsamen Gewerbebetrieben, die nicht über den Umfang des Kleingewerbes hinausgehen [§ 4 HGB.]) gelten. Mutatis mutandis sind dafür die Ausführungen der Anm. 3 über die Beteiligung an einer offenen Handelsgesellschaft anwendbar.

Artikel 25

Zustellung

Soweit in den Fällen der Artikel 22 bis 24 eine Zustellung an unbekannte Gesellschafter oder an Gesellschafter, deren gegenwärtige Adresse unbekannt ist, notwendig wird, erfolgt dieselbe durch öffentliche Zustellung gemäß Artikel 61.

Nach A. 61 Abs. 1 sind an dem Verfahren nur „Betroffene" beteiligt, deren Einbeziehung in das Verfahren der Berechtigte beantragt. Nach A. 2 dort sind aber auch unbekannte Dritte (deren Einbeziehung also nicht gut beantragt worden sein kann), welche in Ansehung des entzogenen Gegenstandes Rechte besitzen, an dem Verfahren mittels der öffentlich zugestellten Aufforderung zu beteiligen, ihre Rechte anzumelden und zu begründen. Nach A. 23 S. 4 können von den Anordnungen der Wiedergutmachungskammer auch Dritte betroffen werden, welche neben dem Berechtigten durch Anteilsbesitz an einer Gesellschaft beteiligt sind, also hinsichtlich des entzogenen Anteils selbst keine Rechte haben. Auch diese sind über den zu engen Wortlaut des A. 61 hinaus beteiligt an dem Verfahren. Auch ihnen sind die Anordnungen, welche unmittelbar in ihre Interessen oder gar Rechte eingreifen oder diese berühren, bekanntzugeben und ist nach allgemeinen Verfahrensregeln vor der Entscheidung Gelegenheit zu rechtlichem Gehör zu geben. A. 61 Abs. 2 muß auch für sie gelten. Allen hienach Beteiligten muß ihre Einbeziehung, die Ladung und die Entscheidung bekanntgegeben werden, da allen ein Beschwerderecht zusteht. Für diese Bekanntgabe bestimmt A. 24 im Grunde Selbstverständliches.

Artikel 26

Ersatzleistung bei Veränderung[23] einer Sache

1. Wäre[1] eine Sache[2] zurückzuerstatten, die nach der Entziehung wesentlich[3] verändert[3] worden ist, und dadurch eine erhebliche[10] Wertsteigerung[10] erfahren hat, so kann[11] die Wiedergutmachungskammer[5] unter Berücksichtigung der berechtigten[8] Interessen der Beteiligten eine nach dem Wert der Sache zur Zeit der Entziehung[7] angemessene[8] Ersatzleistung[5] an Stelle der Rückerstattung anordnen. Der Berechtigte[12] kann jedoch die Einräumung von Miteigentum zu angemessenem Bruchteil[9] verlangen, es sei denn, daß der Rückerstattungspflichtige sich zur Ersatzleistung durch Übertragung ähnlicher[6] gleichwertiger Vermögensgegenstände erbietet. Die Bestimmungen der Sätze 1 und 2 gelten zugunsten des Berechtigten auch dann, wenn durch die wesentliche Veränderung der Sache eine erhebliche Wertsteigerung nicht eingetreten ist[4], [9], [12].

2. Der Rückerstattungspflichtige kann sich auf die Bestimmungen des Absatz 1 nicht berufen, wenn er die Sache mittels einer schweren Entziehung im Sinne des Artikels 30 erlangt hat oder im Zeitpunkt der Vornahme der wesentlichen Veränderung wußte oder den Umständen nach annehmen mußte, daß die Sache zu irgendeiner Zeit durch eine schwere Entziehung erlangt worden war[14]

3. Hat der Rückerstattungspflichtige mit der zurückzuerstattenden Sache eine andere Sache als wesentlichen Bestandteil verbunden, so kann er sie abtrennen und sich aneignen. Er hat im Falle der Wegnahme die Sache auf seine Kosten in den vorigen Stand zu setzen. Erlangt der Berechtigte den Besitz der Sache, so ist er verpflichtet, die Abtrennung zu gestatten er kann die Gestattung verweigern, bis ihm für den mit der Abtrennung verbundenen Schaden Sicherheit geleistet wird. Das Recht zur Abtrennung ist ausgeschlossen, wenn der Rückerstattungspflichtige nach den Bestimmungen dieses Gesetzes für die Verwendung Ersatz nicht verlangen kann oder ihm mindestens der Wert ersetzt wird, den der Bestandteil nach der Abtrennung für ihn haben würde[16], [22].

4. Bei der Bestimmung, ob ein Vermögensgegenstand eine Wertsteigerung im Sinne des Absatz 1 Satz 1 erfahren hat, dürfen Wertsteigerungen, für die der Rückerstattungspflichtige nach Maßgabe der Bestimmungen dieses Gesetzes keinen Ersatz verlangen kann, zugunsten des Rückerstattungspflichtigen nicht berücksichtigt werden[13].

1. Soll heißen: Ist.

2. Nach dem Wortlaut scheint die Stelle sich auf körperliche Sachen, wohl auch körperliche Sachgesamtheiten wie Sammlungen, Bibliotheken, Herden, Gestüte, Wohnungseinrichtungen, aber auf handelsgeschäftliche Unternehmen wohl nur, wenn sie lediglich Sachgesamtheiten sind, zu beziehen, also keinen auf die persönliche Tüchtigkeit des Inhabers, auf Organisation, Marken, Bezugsquellen, örtliche Lage, Höhe der Umsätze usw. beruhenden good will haben und ihr Wert — wie z. B. bei gewöhnlichen Einzelhandelsgeschäften mittleren oder geringeren standings — nur in der Summe ihrer Aktiven besteht (Beispiel einer Veränderung, um zugleich durch die Erinnerung an bessere Zeiten zu erfreuen: ein Delikateßgeschäft spezialisiert sich mehr und mehr auf Früchte und Marmelade und Kompotts und wurde zu einem Früchte-, Marmelade- und Kompottgeschäft). Jedoch ist auch bei anderen geschäftlichen Unternehmungen denkbar, daß sie trotz Wahrung ihrer historischen Kontinuität und Identität durchgreifende Veränderungen (Aufgabe einer und Aufnahme einer anderen Fabrikation) erfahren, und ist eine solche gerade bei solchen Unternehmungen, bei denen ein good will in Frage steht, schwerer rückgängig zu machen als bei jenen, welche nur als eine Sachgesamtheit

erscheinen. Es mag daher bei jenen für den Berechtigten im Falle ihrer wesentlichen Veränderung möglicherweise eher ein Bedürfnis bestehen, die Rückerstattung ablehnen und eine Ersatzleistung fordern zu können, als bei diesen, und es darum billig erscheinen, ihm das Recht auf Ersatzleistung (s. Anm. 4) statt der Rückerstattung einzuräumen; andererseits ist es aber in solchem Falle unbillig, ihm über den Ersatz der Verwendungen im Rahmen des A. 29 Abs. 3 hinaus, wenn durch die Veränderung eine Wertsteigerung eingetreten ist, Opfer zuzumuten, wie etwa die Abfindung mit einer Ersatzleistung gegen seinen Willen, die er nur durch Aufnahme des Pflichtigen als Gesellschafter abwenden könnte. Gegen die Anwendbarkeit dieser Bestimmung spricht auch, daß das Gesetz sonst, wenn es Unternehmen im Auge hat, dies ausdrücklich sagt, freilich wiederum auch nirgends kundgibt, daß die Terminologie des BGB. (z. B. § 90 BGB.) auch die seine sei, und daß S. 2 die Einräumung eines Miteigentums nach Bruchteilen vorschreibt, welche auf ein Handelsgeschäft niemals paßt. Wir würden uns deshalb an diesem Wegekreuz des Zweifels angesichts des Wortlauts der Gesetzesstelle und im Interesse des Berechtigten dafür entscheiden, die Veränderung derartiger Handelsgeschäfte mit good will nicht als Veränderung einer Sache im Sinne des A. 26 anzusehen, wenn uns nicht andererseits wiederum A. 27 (s. dort Anm. 1, 3 und 4, desgleichen der auf § 26 Abs. 3, der einen vom Gesetz als Veränderung angesehenen Fall betrifft, verweisende A. 29 Abs. 3 S. 4), wie uns scheint, zwingend eines anderen belehren würden. Damit kann man sich um deswillen abfinden, weil regelmäßig eine durch Veränderung eines Unternehmens eingetretene Wertsteigerung nach Abs. 4 (Anm. 13) dem Pflichtigen keine Rechte geben wird, so daß der Berechtigte das veränderte Unternehmen in veränderter Gestalt unter Umständen nach Maßgabe des A. 34 zurückzubekommen hat, gegebenenfalls mit Schadensersatzansprüchen für Verschlechterung (A. 30, 31), ohne bei Wertsteigerung Ersatzleistung, die er wohl verlangen kann, dulden und zu deren Abwendung den Pflichtigen als Sozius aufnehmen zu müssen; eine andere Beurteilung ergibt sich in einem Fall der Anm. 13.

3. A. 26 Abs. 1 u. 2 handeln

I. von der wesentlichen Veränderung der zurückzuerstattenden Sache.

Der Begriff der Veränderung setzt voraus, daß die Sache in der äußeren Erscheinung, Form und Gestalt oder in ihrer Zweckbestimmung und Funktion eine andere geworden ist; bloße Beschädigung oder Abnutzung ist ebensowenig eine Veränderung wie die Instandsetzung. Der Begriff der Veränderung wird, wie A. 29 lehrt, auch durch Vergrößerung (mittels Kapitalvermehrung) erfüllt. Daß die Identität der Sache wenigstens historisch durch die individuelle Kontinuität erhalten geblieben ist, wird gleichfalls durch den Begriff der Veränderung vorausgesetzt. Innerhalb dieses Rahmens scheint uns aber der Begriff der wesentlichen Veränderung dem Grade der Veränderung nach oben keine Grenze zu setzen. Es fällt darunter also auch die Verarbeitung zu einer neuen Sache, wenn nur ihre Individualität historisch gewahrt bleibt; letzteres ist z. B. bei der Vermischung nicht mehr der Fall. Schwieriger ist der untere Grad der Veränderung anzugeben, bei dem sie aufhört, wesentlich zu sein. Sicher ist nur, daß eine Veränderung wesentlich sein kann, auch wenn sie das Wesen der Sache nicht verändert hat. Man wird von der Bedeutung der Veränderung sowohl für den Wert einer Sache als auch für ihre Brauchbarkeit zur Erreichung ihres ursprünglichen Zweckes ausgehen müssen und die Antwort auf die Frage nach der wesentlichen Veränderung abstellen auf den Grad, in welchem der wirtschaftliche Wert erhöht oder vermindert, die Brauchbarkeit für den ursprünglichen Zweck verbessert oder beeinträchtigt oder gar der Zweck selbst abgeändert ist (Beispiel: Durch Tausch ist der kunsthistorische Bestand einer Bibliothek in einen bibliophilen pornographischen, ein Vollblutgestüt ist durch Tausch des Hauptbeschälers in eine Halbblutzucht umgewandelt worden). Ist die Sache einem völlig neuen Zweck angepaßt, so kann, muß dies aber nicht eine wesentliche Veränderung sein, wenn daneben der ursprüngliche Zweck erreichbar ist, oder die Sache ohne erheblichen Aufwand an Mühe oder Kosten wieder ihrem ursprünglichen Zweck zugewandt werden kann (letzteres wird vielfach bei Grundstücken zutreffen, z. B. ein Ziergarten wurde in einen Nutzgarten, ein Café in ein Kino umgewandelt, bei einem Landgut wurden Wiesen unter Pflug genommen oder die Getreidewirtschaft zugunsten ausschließlicher Viehwirtschaft aufgegeben). Beispiel einer wesentlichen Veränderung dürfte es sein, wenn ein Fabrikgebäude in eine Großgarage umgebaut worden ist.

Denkbar, wenn sie auch nicht leicht in einem Rückerstattungsverfahren in Frage kommen dürften, sind auch Veränderungen, die lediglich auf das ästhetische Empfinden wirken; hier kann nur der Grad maßgebend sein.

Nicht unter den Begriff der Veränderung fällt der Umtausch einer Sache in eine andere, auch dann nicht, wenn es sich um den Umtausch einzelner selbständiger Stücke einer Sachgesamtheit in andere und die Einverleibung der letzteren in die Sachgesamtheit handelt. Wenn also ein Wertpapier in ein anderes, ein Gemälde in ein anderes Gemälde oder Doubletten eines Kupferstichkabinetts oder einer Markensammlung in andere Stücke oder erstere in ein Gemälde bzw. in eine andere Marke umgetauscht wurden, so kommen nicht die Grundsätze über Veränderung der Sache, sondern über die Surrogation in Frage. Ob es sich dabei um eine dingliche oder bloß obligatorische Surrogation handelt und wie weit die Surrogation geht, wenn der Tausch fortgesetzt wird, wird bei A. 29 (Anm. 6, 10, 13) untersucht werden. Hier sei festgestellt, daß eine Wertsteigerung des eingetauschten Stücks (bzw. eine auf dem Tausch beruhende Wertsteigerung der Sachgesamtheit) infolge einer in dem gewählten Valeur einsetzenden Hausse, eines Inmodekommens eines Künstlers, eines manischen Schubs der Philatelisten ausschließlich dem Berechtigten zu gute kommt und dem Pflichtigen kein Recht aus A. 26 (oder 29) gibt, auch dann nicht, wenn der Tausch auf einer richtigen spekulativen Überlegung beruht hat, zu der besonderes Sachverständnis oder Fingerspitzengefühl oder Ahnungsvermögen erforderlich war.

Ebensowenig kann der Pflichtige etwas daraus herleiten, daß er durch einen solchen Tausch eine in dem hingegebenen Stück eingetretene Wertminderung abgewendet hat.

Anders wird zu urteilen sein, wenn die Aktivseite, insbesondere das Anlagevermögen eines geschäftlichen Unternehmens anders zusammengesetzt ist. Hierin kann sehr wohl eine Veränderung des geschäftlichen Unternehmens liegen, auch wenn sein Gegenstand nicht verändert wurde (vgl. Anm. 8 zu § 27), welche dem Berechtigten die Rechte des S. 3 des Abs. 1 geben und im Falle einer Wertsteigerung S. 1 u. 2 anwendbar machen, wenn nicht, wie wohl regelmäßig die Wertsteigerung nach Abs. 4 (Anm. 13) außer Betracht bleibt.

Das Verständnis des Gesetzes ist durch die Stellung der Bestimmung über die Veränderung vor der Bestimmung über Verwendungen (A. 34), ohne welche kaum jemals eine Sache verändert wird, sehr erschwert. Man könnte daraus schließen, daß letztere im Falle des A. 26 nicht anwendbar ist. Darauf scheint auch Abs. 5 des A. 34 hinzuweisen. Trotzdem kann es nicht zutreffen. Denn es würde sich daraus ergeben, daß der Berechtigte niemals in der Lage wäre, die veränderte Sache unter Ersatz der von ihm nach A. 34 zu vergütenden Verwendungen zu bekommen, sondern immer nur entweder eine Ersatzleistung oder einen Miteigentumsanteil. Es wäre auch S. 4 des Abs. 1 des A. 34 unverständlich. A. 26 gilt daher neben A. 34; es ist aber nur der eine oder der andere anzuwenden; letzteres ist der Sinn des Abs. 5 des A. 34.

Auch das Verhältnis zu A. 29 ist undurchsichtig, da sich sehr leicht ein entzogener Vermögensgegenstand durch Surrogation verändert haben kann, insbesondere ein Sachinbegriff.

4. A. Eine Veränderung der Sache ohne Wertsteigerung berührt an sich den Rückerstattungsanspruch nicht. Vorbehaltlich A. 16, 30, 31, 30 (3), 32, 33 einer- und A. 34, 44 andrerseits gilt:

a) Der Berechtigte kann die veränderte Sache zurückfordern, der Pflichtige braucht nur die veränderte Sache zu leisten. Ist die Sache durch Veränderung verschlechtert, so hat der Berechtigte neben dem Rückerstattungsanspruch einen zusätzlichen Anspruch auf Schadensersatz unter den Voraussetzungen der A. 30, 31. Ist die Sache verbessert, so kann der Berechtigte im Rahmen des A. 34 zum Ersatz von Aufwendungen für die Verbesserung verpflichtet sein.

b) Im Fall einer wesentlichen Veränderung aber, kann der Berechtigte die Sache auch zurückweisen und beantragen, daß ihm eine Ersatzleistung an Stelle der Sache zugesprochen werde, die ihren Wert z. Zt. der Entziehung angemessen ist, unter Berücksichtigung der berechtigten Interessen der Beteiligten. Dies setzt nur voraus, daß die Sache wesentlich verändert ist, und gilt ohne Rücksicht darauf, ob sie dadurch verschlechtert oder verbessert wurde. Ersterenfalls behält der Berechtigte daneben einen etwaigen Schadensersatzanspruch aus A. 30, 31, letzterenfalls entgeht er der Notwendigkeit zum Ersatz von Verwendungen nach A. 34.

5. Dem Verlangen des Berechtigten kann nur die Wiedergutmachungskammer, nicht auch -behörde entsprechen. Einen Anspruch auf die Ersatzleistung hat der Berechtigte nicht. Die Kammer entscheidet nach pflichtmäßigem gerechtem richterlichen Ermessen unter Berücksichtigung der berechtigten Interessen (bei-) der Beteiligten. Aber doch darf mangels Wertsteigerung die Ersatzleistung nur zugunsten des Berechtigten angeordnet werden.

Die Ersatzleistung kann in Geld oder in einer andern gleichen oder verschiedenen gleichwertigen Sache oder auch in einer Mehrheit solcher bestehen, welche zusammen der entzogenen Sache gleichwertig sind. Die Ersatzleistung kann weder der Berechtigte noch der Pflichtige bestimmen. Sie wird vielmehr von der Wiedergutmachungskammer (A. 66f.) festgesetzt, wobei natürlich die Wünsche und Vorschläge des Berechtigten und das Angebot des Pflichtigen anzuhören und zu berücksichtigen sind. Ähnlich braucht die Ersatzleistung der entzogenen Sache nicht zu sein. Natürlich kann auch vor der Wiedergutmachungsbehörde oder durch Vereinbarung außerhalb des Verfahrens ein Vergleich zustande kommen.

6. Ähnlich ist eine Sache dann, wenn sie zu einem Gebrauch geeignet ist, der dasselbe oder ein sehr verwandtes Bedürfnis annähernd in demselben Grade befriedigt, vorausgesetzt, daß keine nach Wert oder Haltbarkeit ins Gewicht fallende Materialverschiedenheit besteht (ist aus einem silbernen Tablett eine silberne Brotschüssel hergestellt worden, so wird man weder eine silberne Kaffeekanne, noch ein Dutzend silberner Gabeln, noch ein Tablett aus Porzellan als ähnlich ansehen). Die Ähnlichkeit der Form entscheidet nicht, fällt aber — besonders bei Gegenständen des Kunstgewerbes — mit in die Waage. Auf die Ähnlichkeit kommt es nur im Falle 12. mit 10. an.

7. Es ist unbequem, daß unvergleichbare Werte nämlich der heutige der Ersatzleistung und der frühere der entzogenen Sache z. Zt. ihrer Entziehung verglichen werden sollen. Einfacher wäre es gewesen, wenn der heutige Wert der letzteren auszugleichen wäre, denn zwischen früher und heute liegt die Geldentwertung und die nach dem Grade ungleiche Entwicklung der Gebrauchsgüter zu Mangelgütern, welche sich in den gesteigerten Preisen mit der Geldentwertung zusammen ausdrückt. Nach Denkgesetzen scheidet ihre Berücksichtigung bei der entzogenen Sache durch das Zurückgehen auf ihren Wert z. Zt. der Entziehung aus, während sie bei dem in Vergleich zu setzenden Wert der Sachersatzleistung zur Geltung kommt. Bei der durchweg dem Verfolgten lächelnden Gunst des Gesetzgebers ist es fraglich, ob dieses jenem unter Umständen sehr ungünstige logische Ergebnis gewollt ist (vgl. den letzten Abs. dieser Anm. a. E.).

Im übrigen ist der Wert der entzogenen Sachen im Zeitpunkt der Entziehung nur der Ausgangspunkt für die Bemessung der Ersatzleistung; diese ist ihm „anzumessen". Das schließt nicht aus, gebietet vielmehr, zu berücksichtigen, daß der Wertmaßstab, das Geld, heute ein anderer ist. Wenn auch andernorts für die Bezahlung von Geldschulden gerade die Besatzungsmacht, welche dieses Gesetz erlassen hat, den Grundsatz Mark gleich Mark verkündet und verboten hat, ihm zu Trotz übergesetzliche Gerechtigkeit nach § 242 BGB. zu üben, so gebietet doch umgekehrt hier die Vorschrift der Angemessenheit der Ersatzleistung offensichtlich, die Geldentwertung zu berücksichtigen. Für Sachersatzleistungen ergibt sich dies schon aus A. 17, denn schon nach diesem können sie nicht mit dem Wert, den sie heute nur infolge der gesunkenen Kaufkraft des Geldes haben, mit dem Wert der entzogenen Sache z. Zt. der Entziehung verglichen werden, und es wäre schon hienach unannehmbar, daß bei Geldersatzleistungen die Geldentwertung außer Betracht bleiben sollte.

Die Ersatzleistung hat heute dem früheren Wert der entzogenen Sache angemessen zu sein. Diese Angemessenheit an einen Wert aus früherer Zeit, die Wahl jenes Wertes zum Ausgangspunkt für die Bestimmung der Ersatzleistung schließt nicht aus, Wertminderungen zu berücksichtigen, welche mit der entzogenen Sache inzwischen durch natürliche Abnutzung vor sich gegangen sind; denn, wenn sie nicht verändert worden wäre, würde der Berechtigte — vorbehaltlich etwaigen Schadensersatzanspruches gemäß A. 30, 31 — sie ja auch in dem Zustande zurückzunehmen haben, in welchem sie sich heute befindet. Das ist freilich gerade dann nicht billig, wenn die ökonomische Auswertung der Sache in ihrem sie abnützenden Gebrauch besteht (Beispiel: Ein 1938 neuer Herrenpelz wurde 10 Jahre unverändert getragen; der Berechtigte hat ihn in seinem heutigen Zustand zurückzunehmen; er wurde auf die Figur des Pflichtigen umgebaut und ist dem Berechtigten, der nach Amerika ausgewandert ist, heute viel zu eng; hat er einen ähnlichen gleichwertigen neuen zu beanspruchen?). Trotzdem wird dieses Ergebnis durch Anm. 8 bestätigt.

Aber wie ist es mit wirtschaftlichen Entwertungen, insbesondere bei technischer Überalterung? Soll weil die Sache 1938 technisch das Allerneueste und ihren hohen Anschaffungspreis wert war, während sie heute, überaltert, nur noch Material- und Mangelwert hat (s. oben), der Berechtigte, der ohne die Veränderung die überalterte Sache zurücknehmen müßte, bloß wegen einer wesentlichen Veränderung eine Ersatzleistung verlangen können, welche (die Leistung einer technischen Neuheit kann natürlich nicht in Frage kommen, weil sie weder gleich noch ähnlich sein kann), unter Berücksichtigung der Geldentwertung dem damaligen Wert der heute überalterten Sache gleichkommt? Auch hier dürfte Anm. 8 bestätigen, daß die vorgeschriebene Angemessenheit der Ersatzleistung an den Ausgangswert ein solches Verlangen nicht begründet. Als unverständlich wird aber gerade in einem solchen Fall erwiesen, warum der Wert der Ersatzleistung nicht jedenfalls in vollem Umfang den Gegenwartswert der entzogenen Sache zu decken hat, der auf der Entwicklung zur Mangelware und auf Materialmangel beruht (s. oben).

8. Die Angemessenheit der Ersatzleistung ist unter Berücksichtigung der berechtigten Interessen der Beteiligten, also beider Seiten zu suchen. Nicht ihre Interessen, sondern ihre berechtigten Interessen sind zu sichern, also auf der Seite des Berechtigten das Interesse „beschleunigt" (A. 1), alles zu bekommen, was ihm nach den (übrigen) Bestimmungen dieses Gesetzes gebührt: „Rückerstattung im größtmöglichen Umfang" (A. 1) und nicht mehr dafür aufzuwenden, als ihm nach ihnen obliegt, auf der Seite des Pflichtigen, nicht mehr leisten zu müssen, als ihm die übrigen Bestimmungen dieses Gesetzes auferlegen. Bei der Bemessung und Bestimmung der Ersatzleistung können die Verpflichtungen des Berechtigten sowohl nach A. 34 als auch nach A. 44, ihn davon befreiend, als auch die Haftung des Pflichtigen für verschuldete Beschädigung und für Nutzungen berücksichtigt werden.

9. c) Statt der Sache und statt der Ersatzleistung kann dem Berechtigten von der Wiedergutmachungskammer auch ein angemessener Miteigentumsbruchteil an der wesentlich veränderten entzogenen Sache zugesprochen werden. Dies setzt zwar nicht voraus, daß der Wert der Sache durch die wesentliche Veränderung erheblich gesteigert worden ist; es ist aber nicht vorstellbar wie ohne wesentliche Wertsteigerung die nur zugunsten des Berechtigten gegebene Bestimmung sich zu seinen Gunsten auswirken kann, wenn er, ohne daß die Sache mehr wert geworden wäre, statt vollen Wertersatzes nur einen Bruchteil bekommt. Wir behandeln diese Möglichkeit daher unter B. (Anm. 12).

10. B) Hat die entzogene Sache durch wesentliche Veränderung nach der Entziehung erheblich an Wert gewonnen, so greift eine gegenüber A. (Anm. 4—9) zugunsten des Pflichtigen etwas abgewandelte Regelung Platz. Die erhebliche Wertsteigerung muß auf der wesentlichen Veränderung beruhen, durch sie herbeigeführt sein, objektiv, mag auch die Veränderung diese Wertsteigerung nicht bezweckt haben. Auch ohne A. 17 u. Abs. 4 scheidet also der Fall aus, daß es sich nur um eine scheinbare Wertsteigerung handelt, in der sich lediglich die gesunkene Kaufkraft des deutschen Geldes auswirkt. Die Wertsteigerung muß noch vorhanden sein (vgl. A. 34). Wertsteigerungen, für welche der Pflichtige nach den Bestimmungen dieses Gesetzes keinen Ersatz verlangen kann, bleiben außer Betracht (Abs. 4, s. Anm. 13). Erheblich kann die Wertsteigerung sein, sowohl, wenn sie absolut, als auch wenn sie nur verhältnismäßig erheblich ist (hat sich der Wert eines Gegenstands von RM. 1000.— ohne Berücksichtigung der Geldentwertung auf RM. 1100.—, dürfte er unerheblich, hat er sich von RM. 100.— auf RM. 200.— oder von RM. 100000.— auf RM. 110000.— gehoben, erheblich gesteigert sein). Die Erheblichkeit dürfte zu beurteilen sein unter dem Gesichtspunkt, ob sie Anlaß gibt, im Interesse des Pflichtigen von den Regeln der Anm. 4 bis 9 abzuweichen. Die vom Gesetz zugelassenen Abweichungen sind folgende:

11. 1. Auch wenn der Berechtigte die veränderte Sache nicht zurückweist und nicht selbst Ersatzleistung verlangt (Anm. 4 bis 9), und er bereit ist, nach Maßgabe des A. 34 die für die Veränderung gemachten Aufwendungen zu erstatten, kann die Wiedergutmachungskammer unter Berücksichtigung der Interessen (bei) der Beteiligten vorbehaltlich Abs. 2 die wesentlich veränderte und dadurch erheblich wertvoller gewordene Sache dem Pflichtigen belassen und statt ihrer eine Ersatzleistung nach Maßgabe der Anm. 5 bis 8 anordnen. Soweit hierbei die dem Berechtigten gebührenden Nutzungen berücksichtigt werden, ist davon auszugehen, daß ihm bis zur Veränderung die Nutzungen der entzogenen Sache ganz, von da ab ein angemessener Anteil an den Nutzungen der veränderten Sache zusteht.

12. 2. Eine Geldersatzleistung kann der Berechtigte jedoch in jedem Falle ablehnen und statt dessen die Einräumung von Miteigentum an der erheblich veränderten und dadurch erheblich wertvoller gewordenen Sache zu einem angemessenen Bruchteil verlangen. Die Einräumung von Miteigentum an der Sache kann die Berufungskammer also nicht von sich aus, sondern nur auf Antrag des Berechtigten, nicht auch auf Antrag des Pflichtigen beschließen; sie kann dem Berechtigten, wenn er die Einräumung von Miteigentum verlangt, keine Geldersatzleistung aufnötigen. Im übrigen kommt es nun auf den Antrag des Pflichtigen an: Bietet er Leistung einer gleichwertigen ähnlichen (s. 6) — ähnlich muß sie in diesem Falle sein — Ersatzsache an, so muß auf diese erkannt werden, auch wenn der Berechtigte diese nicht haben will; wenn nicht, sei es, weil der Pflichtige mit der Einräumung des Miteigentums einverstanden ist oder sich nur zur Geldersatzleistung verstehen will, auf Einräumung des Miteigentums.

Ob der Berechtigte, wenn ihm ein Miteigentumsanteil zugesprochen wird, Verwendungsersatz im Rahmen des A. 34 zu leisten hat, dürfte dahin zu beantworten sein, daß ihm von den auf die gemeinsame Sache gemachten nach A. 34 erstattungspflichtigen Aufwendungen seit der Entziehung ein seinem Eigentumsbruchteil entsprechender Anteil trifft.

Ein angemessener Miteigentumsbruchteil ist einzuräumen. Die Angemessenheit richtet sich nach S. 1 (Anm. 7—8) und A. 1. Der Wert der Sache zur Zeit der Entziehung ist mit dem Wert der veränderten Sache zu vergleichen und die sich aus diesem Verhältnis ergebende angemessene Quote dem Berechtigten einzuräumen. Man könnte auch an das Verhältnis des Wertes der Sache zur Zeit der Entziehung zu den Aufwendungen des Pflichtigen denken; aber dieses scheidet aus, weil solche Aufwendungen überhaupt nicht vorausgesetzt sind. Mit Einverständnis des Berechtigten und des Verpflichteten können sowohl die Verpflichtungen des ersteren aus A. 34, 44 als auch die ihm gebührenden Nutzungen (s. 8.) bei Bemessung seiner Quote berücksichtigt werden.

Die Vollstreckung der Anordnung besteht in der Wegnahme der Sache zu Mitbesitz.

Für die Gemeinschaft gelten §§ 741 bis 758, 1009 bis 1011 BGB. Es fragt sich, ob die Wiedergutmachungskammer die Aufhebung der Gemeinschaft ausschließen kann. Wir möchten dies bejahen, weil andernfalls die Anordnung keinen Zweck hat und praktisch zu einer Geldleistung führt, die gerade vermieden werden soll. Dagegen dürfte es nicht zulässig sein, daß die Wiedergutmachungskammer die Verwaltung regelt, da hierfür kein derartiger besonderer Gesichtspunkt spricht. Die Miteigentümer entscheiden darüber nach Stimmenmehrheit (nach Köpfen!).

13. Die Anwendbarkeit der Sätze 1 und 2 (Anm. 10—12) wird erheblich eingeschränkt durch Abs. 4, der eine durch wesentliche Veränderung herbeigeführte Wertsteigerung unter gewissen Voraussetzungen für unbeachtlich erklärt, unter denen es also bei der Regelung nach Anm. 4—9 verbleibt, d. h. eine Ersatzleistung sei es in Geld oder mittels einer anderen gleichen oder ähnlichen Sache oder mehrerer derartiger Sachen nur unter dem Gesichtspunkt des Interesses des Verfolgten in Betracht kommt, also nur, wenn er darauf anträgt. Will er unter diesen Voraussetzungen die veränderte Sache zurückhaben, so braucht er nur Aufwendungen für die Veränderung zu ersetzen, soweit er nach A. 34 dazu verpflichtet ist, keine Wertsteigerung vergüten und keine ihm nicht genehme Ersatzleistung oder einen bloßen Miteigentumsanteil sich aufnötigen zu lassen.

Vorstehendes gilt trotz einer Wertsteigerung dann, wenn für diese der Rückerstattungspflichtige nach den Bestimmungen dieses Gesetzes keinen Ersatz verlangen kann. Bestimmungen, wonach er für eine Wertsteigerung einen Ersatz verlangen könnte, bestehen überhaupt nicht, sondern nur solche, welche für besondere Fälle einen solchen Anspruch ausschließen: nicht in Betracht kommt eine auf der Minderung der Kaufkraft des deutschen Geldes beruhende Wertsteigerung schon nach dem Wortlaut des Abs. 1 S. 1, aber auch nach A. 17; nicht in Betracht eine Wertsteigerung, welche auf einer veränderten Zusammensetzung, insbesondere Vermehrung eines Sachinbegriffs beruht und nach A. 29 Abs. 3 S. 2 u. 3 (vgl. auch Anm. 3 gegen Ende) als Nutzung gilt, welche der Pflichtige nach A. 30 u. 32 und, weil noch nicht bezogen, auch nach A. 33 nicht behalten darf. Ebenso scheidet aus die Wertsteigerung eines Unternehmens oder Sachinbegriffs mittels einer Veränderung, welche durch Mittel des Pflichtigen vorgenommen wurde, bezüglich deren dem Pflichtigen das Abtrennungsrecht nach A. 29 Abs. 3 S. 4 zusteht (wenn der Berechtigte die Abtrennung wegen Beeinträchtigung des Betriebs verweigert, kann der Pflichtige nach Anm. 16a zu § 29 Werterfsatz verlangen; dann würde also A. 26 überhaupt anwendbar sein und Ersatzleistung verlangt werden können, was zu der Verlegenheit führt, daß die in S. 2 vorgesehene Abwendung dieses Verlangens durch Einräumung eines Miteigentumsbruchteils nicht paßt; s. Anm. 2). Hauptsächlich und endlich kommt gemäß Abs. 4 eine Wertsteigerung nicht in Betracht, wenn der Berechtigte den Aufwand dafür nach A. 34 nicht zu ersetzen braucht, insbesondere weil die Verwendung als abgeschrieben zu gelten hat oder bei nicht notwendigen Verwendungen (Beispiel: Ein Landsitz wurde in ein Hotel oder eine Gastwirtschaft umgewandelt), weil die Verwendung als abgeschrieben zu gelten hat oder der Wert nicht mehr erhöht ist. Nach Abs. 4 in Verbindung mit A. 34 würde endlich dasselbe gelten, wenn eine schwere

Entziehung vorlag und der Rückerstattungspflichtige z. Zt. der Verwendung nicht mehr gutgläubig war. Letzteres ist aber ausdrücklich schon in Abs. 2 ausgeschlossen, s. Anm. 14.

14. Vgl. Anm. 4 zu A. 21. Auch wenn die wesentliche Veränderung den Wert der Sache erheblich vermehrt hat, bleibt es im Falle schwerer Entziehung gegenüber dem zur Zeit der Veränderung schlechtgläubigen Pflichtigen bei der Regelung der Anm. 4—9, d. h. eine Ersatzleistung, sei es in Geld oder anderen gleichen oder ähnlichen Sachen, oder mehrerer derartiger Sachen kommt nur im Interesse des Verfolgten in Betracht, also nur, wenn er darauf anträgt. Will er die veränderte Sache zurückerstattet haben und, soweit in diesem Fall die Aufwendungen für die Veränderung nach A. 34 Abs. 3 von ihm überhaupt zu ersetzen sind, diese ersetzen, so kann ihm keine Ersatzleistung aufgenötigt werden. Den Mehrwert braucht er nicht zu vergüten. Über den Begriff „schwere Entziehung" s. Anm. 2 zu A. 13.

Der Rückerstattungspflichtige muß die Sache selbst mittels einer schweren Entziehung (A. 30 S. 1) erlangt haben — darüber, ob dieser Voraussetzung der Tatbestand gleichzusetzen ist, daß er wissentlich die Sache erlangt hat, nachdem sie durch eine Maßnahme nach A. 2 b und c entzogen war, vgl. Anm. 2 b zu A. 30 — oder diesbezüglich zur Zeit der Veränderung schlechtgläubig gewesen sein und selbst die wesentliche Veränderung vorgenommen oder geduldet haben. „Zu irgendeiner Zeit durch schwere Entziehung erlangt" bedeutet einen Gegensatz zu dem Fall, daß der Rückerstattungspflichtige selbst den Vermögensgegenstand mittels einer schweren Entziehung erlangt und wohl soviel wie „von irgend jemand einmal durch schwere Entziehung erlangt" oder Gegenstand einer solchen gewesen ist.

15. II. a) Die Verbindung einer Sache mit der zurückzuerstattenden als Hauptsache (derart, daß die verbundene Sache wesentlicher Bestandteil der zurückzuerstattenden Sache wird) ist, wenigstens nach der Auffassung des Gesetzes, ein Fall der Veränderung der entzogenen Hauptsache. Von einer Verbindung, welche die verbundene Sache nicht zum wesentlichen Bestandteil der zurückzuerstattenden Sache macht, gilt dies nicht (s. hierüber 17—19).

Auch sehr viele mit einem Grundstück fest verbundene Sachen z. B. ein Rosenstock, sind leicht ablösbar. Trotz leichter Ablösbarkeit sind sie aber wesentliche Bestandteile des Grundstücks (§ 94 BGB.). Ausgenommen sind nur die — der Natur des Falles nach ablösbare — Sachen, welche mit dem Grundstück oder einem darauf befindlichen Gebäude nur zu einem vorübergehenden Zweck (§ 95 Abs. 1 S. 1 u. S. 2 BGB.) oder in Ausübung eines Rechtes (§ 95 Abs. 1 S. 2) verbunden worden sind, was letzteres aber wegen des A. 15 nur denkbar ist, wenn das Recht schon z. Zt. der Entziehung bestanden hat. Es geht weit, wenn davon abgesehen, jede feste Verbindung einer Sache mit einem Grundstück als Veränderung eines solchen angesehen wird, auf welche die Anm. 4—13 anzuwenden sind, was zur Folge hätte, daß, da eine Wertsteigerung nicht damit verbunden zu sein braucht, der Berechtigte dafür nur nach den Grundsätzen über Ersatz von Verwendungen (A. 34) etwas zu vergüten hätte.

16. Dem hilft das Gesetz jedoch ab, indem es allgemein — auch über den Kreis der erwähnten Fälle fester Verbindung einer leicht ablösbaren Sache mit einem Grundstück hinaus — bestimmt, daß der Pflichtige, wenn er selbst, nicht auch, wenn sein Rechtsvorgänger — ein innerer Grund für diese Unterscheidung besteht nicht, — mit der zurückzuerstattenden Sache, eine andere dergestalt verbunden hat, daß sie ein wesentlicher Bestandteil der letzteren geworden ist, diese Veränderung der zurückzuerstattenden Sache wenn dies möglich ist, rückgängig machen und die Sache wieder abtrennen und sich wieder aneignen darf. Nach A. 15 und § 93, 946 BGB. war sie ja Eigentum des Berechtigten geworden. Macht der Pflichtige von diesem Rechte Gebrauch, so fällt die Anwendbarkeit der Anm. 4—13 fort. Die Kosten der Abtrennung hat selbstverständlich der Pflichtige zu tragen; ebenso selbstverständlich ist, daß er die Hauptsache auf seine Kosten in den vorigen Stand zurückversetzen muß, z. B., wenn er ein Haus errichtet hatte, den Grund und Boden wieder einebnen muß. Es kommt nicht darauf an, ob die Verbindung den Wert der Sache gesteigert hat oder nicht; darauf aber, ob es sich um eine schwere oder einfache Entziehung gehandelt hat und darauf ob der Pflichtige schlechtgläubig oder gutgläubig war im Rahmen des S. 3.

Ersichtlich setzt das Gesetz die Möglichkeit voraus, die Hauptsache in den vorigen Stand zurückzuversetzen, so daß die Abtrennung also nicht statthaft ist, wenn sie zu einer dauernden Beschädigung der Hauptsache führt. (Beispiel: Die Karosserie eines entzogenen Kraftwagens ist erneuert worden, während das alte Chassis noch vorhanden ist. Es kann die Karosserie nicht abgetrennt werden, wenn die alte, weil nicht mehr vorhanden, nicht mehr darauf gesetzt werden kann.) In diesem wie in dem Falle, daß der Pflichtige von dem Ablösungsrecht keinen Gebrauch macht, bleibt es bei der Anmerkung 4—13. Nimmt der Rückerstattungspflichtige unberechtigt die Abtrennung vor, so haftet er nicht nur nach A. 30, 31, sondern auch nach § 823 BGB. für den dadurch verursachten Schaden.

Der Berechtigte, welcher die Sache etwa zurückerhalten hat, ohne daß die Abtrennung vorgenommen wurde, hat die Abtrennung zu gestatten, kann die Gestattung aber davon abhängig machen, daß ihm eine Sicherheit für den durch die Abtrennung entstehenden Schaden (Beschädigung der Hauptsache) geleistet wird. Ist die Wiederinstandsetzung der Hauptsache überhaupt nicht möglich, braucht er die Abtrennung nicht zu erlauben.

Der Berechtigte kann die Abtrennung ferner dadurch abwenden, daß er dem Pflichtigen den Wert ersetzt, den der abzutrennende Bestandteil für den Pflichtigen nach der Abtrennung — also ohne Abzug der Abtrennungskosten! — haben würde. Das Gesetz sagt: „Mindestens den Wert." Natürlich sind der Freigebigkeit des Berechtigten keine Grenzen gezogen. Oder soll „mindestens" bedeuten, daß unter Umständen — unter welchen — der Berechtigte mehr ersetzen muß, um die Abtrennung abwenden zu können? Soll billiges Ermessen des Berechtigten maßgebend sein (§ 315 BGB.) und evtl. die Wiedergutmachungskammer entscheiden (§ 316 BGB.)? Bei der Übernahme eines auf einem entzogenen Bauplatz errichteten Wohnhauses (vorausgesetzt, daß die alliierten Flieger es nicht eingeworfen oder niedergebrannt haben und daß es sonach noch steht) hat der Berechtigte also nur den Abbruchswert zu vergüten!

Das Recht der Abtrennung ist ferner ausgeschlossen, wenn nach A. 34 der Pflichtige keinen Ersatz für Verwendungen verlangen kann, also insbesondere dann, wenn die Verwendung zu den gewöhnlichen Erhaltungskosten gehört (Aussaat, Anpflanzen junger Bäume an Stelle abgeholzter, Einfügung neuer Ersatzstücke für abgenutzte Teile), oder wenn die Aufwendung nach den Regeln ordnungsmäßiger Wirtschaft für abgeschrieben zu gelten hat, endlich, wenn eine schwere Entziehung vorliegt und der Pflichtige diebezüglich nicht gutgläubig war, und die verschärften Voraussetzungen, unter denen er in einem solchen Fall Verwendungsersatz beanspruchen kann (§ 34 Abs. 4), nicht erfüllt sind.

Es ist lehrreich und spaßig, sich die Tragweite und das Ineinandergreifen der verwickelten Bestimmungen an dem Fall klar zu machen, daß ein entzogener Bauplatz mit einem Wohnhaus bebaut wurde. Unter dem Gesichtspunkt der Verwendung (A. 34) kann der Pflichtige Ersatz der Errichtungskosten im Rahmen der noch vorhandenen Werterhöhung verlangen, soweit sie noch nicht als abgeschrieben zu gelten haben, aber, da es sich nicht um eine notwendige Verwendung handelt, nur dann wenn keine schwere Entziehung vorliegt, oder er diesbezüglich bei der Errichtung des Hauses gutgläubig gewesen ist (A. 34). Der Berechtigte kann sich damit abfinden, und sich Zahlungsfristen nach A. 46 geben lassen. Er kann seinerseits auch das Haus zurückweisen und eine Ersatzleistung fordern (A. 26 Abs. 1), wie auch ohne seinen dahin abzielenden Antrag auf Antrag des Pflichtigen, der das Haus behalten oder die Zahlungsfristen nicht hinnehmen will, die Wiedergutmachungskammer anordnen kann, daß der Pflichtige einen Gelderſatz für den Grund und Boden zu leisten oder eine gleichwertige Ersatzleistung zu vollbringen (etwa eine Hypothek abzutreten) hat. Der Berechtigte kann aber einer solchen gegen seinen Willen ergehenden Anordnung begegnen, indem er einen angemessenen Miteigentumsbruchteil verlangt. Der Pflichtige seinerseits kann aber, wenn er das Grundstück mit Gebäude gegen Ersatz der Errichtungskosten in obigem Rahmen nicht zurückgeben oder einen Miteigentumsbruchteil nicht abgeben will und Ersatz durch eine gleichwertige Sache, die wegen des Miteigentumbegehrens nunmehr auch ähnlich sein muß (also einen Bauplatz von gleicher Fläche, ähnlichem Schnitt, gleich guter, wenn auch nicht gleicher Lage), nicht leisten kann, das Gebäude abreißen, dann kann es der Berechtigte um den Abbruchswert an sich bringen (A. 26 Abs. 3). Er hätte die Errichtungskosten gezahlt; der Pflichtige wollte das Grundstück samt Gebäude behalten und eine Ersatzleistung in Geld oder gleichwertigen anderen Gütern gewähren, einen Miteigentumsbruchteil aber, den der Berechtigte daraufhin forderte, nicht abgeben; nun bekommt der Berechtigte, weil der Pflichtige ersatzweise keinen gleichwertigen, ähnlichen Bauplatz zur Verfügung hat, das Haus statt um die Errichtungskosten um den Abbruchswert!

17. Nicht bloße Veränderung liegt in folgenden Fällen vor:

a) Ist die zurückzuerstattende Sache mit einer andern verbunden worden, ohne deren oder einer dadurch entstandenen neuen Sache wesentlicher Bestandteil geworden zu sein, so greift der Rückerstattungsanspruch trotz der Verbindung durch und ist das Eigentum des Berechtigten an ihr erhalten geblieben. Auch dem Pflichtigen steht die Trennung frei, er kann daran nicht gehindert werden. Die Kosten der Trennung hat der Pflichtige zu tragen, ebenso die Kosten der Instandsetzung der entzogenen Sache, wenn er nach A. 30, 31 für Verschlechterung haftet, welche durch die Verbindung und die durch sie notwendig werdende Abtrennung bedingt war.

18. b) Ist die zurückzuerstattende Sache mit einer andern dergestalt verbunden worden, daß diese als Hauptsache anzusehen und jene zu deren wesentlichem Bestandteil geworden ist, so ist zwar das Eigentum des Berechtigten infolge der Verbindung untergegangen (§§ 945, 946 BGB.); das bedeutet aber nicht, daß er nicht die Abtrennung und Rückerstattung mit dem Erfolg des A. 15, der dann allerdings erst nach der Abtrennung eintritt, verlangen kann, wenn erstere möglich und die entzogene Sache noch feststellbar ist. Dann gilt bezüglich der Kosten der Abtrennung und der Wiederinstandsetzung der entzogenen Sache Anm. 17. Auch der Pflichtige ist zur Abtrennung berechtigt. Ist die Abtrennung und somit die Rückerstattung nicht möglich, sind A. 30, 31 anzuwenden. Haftet nach diesen Vorschriften der Pflichtige für die Unmöglichkeit der Herausgabe nicht, so stehen, da auch A. 29 nicht anwendbar ist, dem Berechtigten nur die Ansprüche aus § 812 BGB. zu. Dieser Bereicherungsanspruch kann auch auf Einräumung von Miteigentum gehen, das allerdings dann wieder nach § 749 BGB. aufgehoben werden kann.

19. c) Ist durch Verbindung eine neue Sache entstanden, ohne daß die eine der beiden verbundenen Sachen als Hauptsache angesehen werden kann, so ist, wenn sie nicht wesentliche Bestandteile der neuen Sache geworden sind, Anm. 17 anwendbar. Sind sie aber wesentliche Bestandteile der neuen Sache geworden, so schließt dies die Verfolgung des Rückerstattungsanspruchs nicht aus. Wird er festgestellt, so ist nach § 947 Abs. 1 BGB. A. 15 rückwirkend für den Berechtigten und den Pflichtigen Miteigentum entstanden. Die Gemeinschaft kann nur nach § 749 BGB. gelöst werden. Der Rückerstattungsanspruch setzt voraus, daß die entzogene Sache trotz der Verbindung als solche noch feststellbar ist.

20. d) Ist die entzogene Sache in ihre Teile zerlegt und sind diese Teile gesondert verwertet worden, so liegt a) ein Fall der Unmöglichkeit der Rückerstattung der ursprünglichen Sache vor, wofür A. 30, 31, 29 gelten, außerdem können b) bezüglich der Teile Anm. 15—19 anzuwenden sein.

21. Die Frage, wann eine Sache wesentlicher Bestandteil einer andern, wann eine neue Sache entstanden ist, beantwortet sich nach §§ 94, 93 BGB. Aber man wird für die Zwecke dieses Gesetzes nicht immer soweit gehen können, als insbesondere die Rechtsprechung zu diesen Bestimmungen des BGB. gegangen ist. Keinesfalls sind für die Zwecke dieses Gesetzes Sammlungsstücke, deren Individualität trotz der Einverleibung in eine Sammlung erhalten geblieben ist, als Bestandteile, gar wesentliche Bestandteile der Sammlung anzusehen. Sind z. B. zu einer Briefmarkensammlung neue Marken hinzugekommen (die nicht mit Mitteln des entzogenen Bestandes, etwa durch Tausch von Doubletten, sondern aus eigenen Mitteln des Pflichtigen oder seines Vorgängers beschafft wurden), so können diese von dem Pflichtigen ohne weiteres herausgenommen werden und kann keine Rede davon sein, daß die Ausnahme des S. 3 des Abs. 3 eingreifen könnte.

22. Ist die entzogene Sache verarbeitet oder mit einer anderen vermischt oder vermengt worden, so ist sie nicht mehr „feststellbar" (A. 1). Der Rückerstattungsanspruch im engeren Sinne des A. 14 besteht dann nicht; wohl aber evtl. ein Anspruch aus A. 16, 29 (Abgabe einer Quote des vermischten Bestandes) (A. 30, 31 §§ 251, 812 BGB.).

23. Der zahlreichen Möglichkeiten, für welche A. 26 bedeutsam ist, konnte in vorstehendem nur zum Teil gedacht werden. Es gibt auch Fälle, in welchem das Gesetz die Antwort schuldig bleibt. Zu ihnen gehört der Fall, daß der Charakter der entzogenen Sache durch Angliederung einer andern verändert wurde, obwohl sie unverändert erhalten geblieben ist: Z. B. einem Wurstladen wurde eine Imbißstube mit Getränkeausschank (vgl. Anm. 2), einem Gestüt, das früher nur für den Markt der Einjährigen produzierte, ein Rennstall angegliedert, in welchem die von ihm gezogenen Pferde trainiert werden, um Rennen zu bestreiten. Soweit es sich dabei um Veränderungen handelt, welche der Berechtigte ohne Kosten rückgängig machen kann, besteht kein Grund, zu seinen Gunsten die Sätze 1 und 2 anzuwenden. Doch wird in den gedachten Fällen die Veränderung meist eine Wertsteigerung zur Folge gehabt haben, die sehr häufig nicht einmal auf Verwendungen, sondern auf der Unternehmungslust und Tüchtigkeit des Pflichtigen, seinen Leistungen beruhen dürfte, so daß auf Ersatzleistung wider Willen des Berechtigten oder Miteigentum zu erkennen sein kann. Auch wo es sich nicht um ein „geschäftliches Unternehmen" handelt, werden solche Erweiterungen, auch wenn sie den Charakter der zu erstattenden Sache geändert haben, analog A. 29 Abs. 3 zu behandeln sein.

Artikel 27

Rückerstattung eines Inbegriffs von Gegenständen[1]

1. Der Berechtigte kann[4] die Rückerstattung einzelner[2] Vermögensgegenstände aus einem entzogenen Inbegriff von Gegenständen[1] nicht verlangen[4], wenn der Inbegriff zurückerstattet werden kann[3], und die Beschränkung der Rückerstattung auf einzelne Vermögensgegenstände zu einer unbilligen[7] Schädigung des Rückerstattungspflichtigen[5] oder der Gläubiger[6] führen würde.

2. Befinden sich unter den Aktiven eines zurückzuerstattenden geschäftlichen Unternehmens oder sonstigen Vermögensinbegriffs Forderungen gegen die öffentliche Hand im Sinne des Artikels 1 der mit Zustimmung des Länderrats einheitlich in den Ländern Bayern, Hessen und Württemberg-Baden erlassenen Vertragshilfegesetze, so ist der Berechtigte befugt, deren Übernahme abzulehnen[8].

1. „Inbegriff von Gegenständen" geht weiter als Sachgesamtheit; er umfaßt zweifellos auch ein Handelsgeschäft, wie die angeordnete Rücksicht auf Gläubiger und Abs. 2 ergeben.

2. Z. B. besonders wertvolle Maschinen, das Grundstück mit Gebäude ohne die darin befindliche Fabrik.

3. Auch wenn er verändert wurde (s. Anm. 4 u. A. 26). Wenn er vermehrt wurde, kann sich die Notwendigkeit und Zulässigkeit Stücke von der Rückerstattung auszunehmen auf A. 29 Abs. 3 S. 2 bis 4 ergeben.

4. Auf den Fall der Veränderung des Inbegriffs scheint die Bestimmung gerade zu zielen, wenn man folgendes erwägt: Die Zugehörigkeit eines Vermögensstücks zu einem Vermögensinbegriff bedeutet nicht, daß es seine Selbständigkeit verliert. Der Berechtigte kann also den Inbegriff und er kann die einzelnen Vermögensstücke verlangen, deshalb trotz A. 27 zweifellos auch ein einzelnes weiterveräußertes Stück, auch wenn er den Rest des Inbegriffs nicht fordert. Von dem Verlangen kann er auch absehen. Soweit er den Rückerstattungsanspruch nicht verfolgt, ohne nach A. 11 wirksam darauf zu verzichten, geht er auf die Nachfolgeorganisation über (A. 11). Für den Pflichtigen bedeutet es also ohne solchen Verzicht des Berechtigten keinen Unterschied, ob der Berechtigte die Rückerstattung verlangt oder nicht. Die Bestimmung kann also nicht den Fall im Auge haben, daß der Berechtigte nur die Rückerstattung einzelner Stücke verfolgt und sich im übrigen mit der Entziehung abfindet. Vielmehr kann nur an einen Fall gedacht sein, in welchem er Naturalrestitution einzelner Stücke und im übrigen Geldersatz für diejenigen Stücke fordert, an deren Naturalrestitution ihm nichts gelegen ist. Dies kann er nur im Falle des A. 26, d. h. wenn der Inbegriff verändert wurde, indem er die Naturalrestitution einzelner Gegenstände und Ersatzleistung für den veränderten Vermögensinbegriff nach A. 26 Abs. 1 S. 1 u. 3 verlangt, auf welche natürlich die Naturalrestitution anzurechnen ist. Zu diesem Verlangen soll er aber nach A. 27 nicht berechtigt sein, wenn der Vermögensinbegriff, auch wenn verändert, zurückerstattet werden kann und eine unbillige Schädigung des Rückerstattungspflichtigen (Anm. 5) oder seiner Gläubiger (Anm. 6) eintreten würde.

Von diesem Fall abgesehen kann der Berechtigte bei wesentlicher Veränderung des Inbegriffs auch Rückerstattung einzelner Stücke und Ersatzleistung für den Rest im Rahmen des A. 26 verlangen. Auch Rückerstattung gerade desjenigen Stückes durch das der Charakter des Inbegriffs geändert wurde? Wohl nur, wenn es mit den ursprünglichen Mitteln des Inbegriffs, insbesondere als Ersatz für einen zum ursprünglichen Inbegriff gehöriges Stück, nicht, wenn es mit Mitteln des Pflichtigen oder seines Rechtsvorgängers beschafft wurde (arg. A. 29). Das einzelne zurückzuerstattende Stück ist auf die Ersatzleistung in einer dem Wert bei der Entziehung angemessenen Höhe (Anm. 7 zu A. 26) anzurechnen; handelt es sich aber um ein Stück, das erst später beschafft wurde, in einer den Wert der dafür hingegebenen entzogenen Stücke, an deren Stelle es getreten ist, bei der Entziehung angemessenen Höhe.

5. Der Rückerstattungspflichtige kann geschädigt werden, wenn er bei Rückerstattung einzelner Gegenstände für die übrigen nach Maßgabe ihres Werts z. Zt. der Entziehung A. 26 Ersatz zu leisten hat, sie aber ohne den zurückzugebenden Gegenstand, der — besonders in der Gegenwart meist — unersetzlich sein kann, an Wert stark einbüßen oder gar unverwendbar werden.

6. Im Falle der Rückerstattung eines Vermögensinbegriffs haftet der Berechtigte für Verbindlichkeiten im Rahmen des A. 41. Bei Rückerstattung eines einzelnen Vermögensgegenstands haftet er jedoch den Gläubigern nicht, auch nicht, wenn dieser bis dahin zu einem Handelsgeschäft gehört hat. Durch Herausnahme des einzelnen Vermögensstückes wird also das zur Befriedigung der Gläubiger dienende Vermögen des Pflichtigen geschmälert, in welches nur das Entziehungsentgelt für den einzelnen Gegenstand im Rahmen des A. 44 fließt. Es ist aber zu bedenken, daß dies auch durch eine Ersatzleistung des Verpflichteten für den gesamten Vermögensinbegriff geschieht.

7. Die Gesichtspunkte, unter denen die Schädigung unbillig sein kann, sind zahlreich. Voran steht der Gesichtspunkt, ob es sich um eine schwere Entziehung handelt und ob der Pflichtige an dieser schuldig oder nichtschuldig war, wie er sich dem Berechtigten gegenüber bei der Entziehung verhalten hat, wie schwer seine Schädigung sein würde und ob dem Berechtigten nicht zugemutet werden kann, sich mit einer Ersatzleistung für den vollen Vermögensinbegriff zufriedenzugeben.

8. Bay. GVOBl. 1946 S. 383. Der Ausschluß von der Übernahme ist nicht davon abhängig, daß der Vermögensinbegriff im Sinne des A. 26 verändert wurde. Ist das Aktivvermögen, insbesondere das Anlagevermögen anders zusammengesetzt, so kann darin eine Veränderung des Gegenstandes der Rückerstattung, des Vermögensinbegriffs, des geschäftlichen Unternehmens zu erblicken sein; aber der Umsatz des Umlaufvermögens in Guthaben und Außenstände allein dürfte bei der allgemeinen Entwicklung in Deutschland zum Aufbrauch der verbrauchsfähigen Güter noch nicht als eine Veränderung des Charakters des Unternehmens zu beurteilen sein. Der Berechtigte könnte also aus diesem Grunde allein noch nicht die Rücknahme des Unternehmens ablehnen und Ersatzleistung nach A. 26 verlangen. Dies würde mit sich bringen, daß er Forderungen im Sinne der Gesetzesstelle übernehmen müßte, deren Wert problematisch sein kann. Es wird ihm darum das Recht gegeben, diese von der Rückerstattung auszuschließen. Der Ausschluß kann zur Folge haben, daß eine Wertsteigerung die nach A. 26 dem Pflichtigen Rechte geben würde oder ihm nach A. 29 Abs. 3 S. 3 u. 2 verbliebe, nicht vorhanden ist, darüber hinaus aber auch, daß eine Verschlechterung im Sinne der A. 30, 31 vorliegt, für welche der Pflichtige nach Maßgabe dieser Bestimmungen ersatzpflichtig sein kann. Werden derartige Forderungen übernommen, so wird ihre Bewertung, d. h. eine Einigung oder eine Entscheidung der Wiedergutmachungskammer darüber erforderlich werden, um feststellen zu können, ob eine Wertsteigerung im Sinne der A. 26, 29 bzw. Verschlechterung im Sinne der A. 30, 31 eingetreten ist. Wahrscheinlich werden freilich in der Mehrzahl aller Fälle Untersuchungen über die Wertsteigerungen eines Unternehmens nach der bevorstehenden Währungsreform angesichts der Entblößung von Ware, Bankguthaben und Kasse nicht mehr veranlaßt sein.

Artikel 28

Schuldnerschutz

Ist eine Forderung entzogen worden, so kann der Schuldner mit befreiender Wirkung an den Rückerstattungspflichtigen leisten, bis ihm die Anmeldung des Rückerstattungsanspruchs bekanntgegeben wird. Das gleiche gilt für denjenigen, der bis zur Eintragung des Rückerstattungsvermerks oder eines Widerspruchs gegen die Richtigkeit des Grundbuchs an einen im Grundbuch eingetragenen Rückerstattungspflichtigen leistet.

Auch wenn der Rückerstattungsanspruch anerkannt und demnach der Gläubigerwechsel nach A. 15 (selbst bei gutem Glauben des Gläubigers) als niemals eingetreten angesehen wird, ist der Schuldner einer entzogenen Forderung von seiner Verpflichtung befreit, wenn er an den Scheingläubiger geleistet hat, bevor ihm die Anmeldung des Rückerstattungsanspruchs bekanntgegeben wurde (A. 61), und zwar selbst dann, wenn ihm, wie wohl regelmäßig, die Entziehung bekannt gewesen ist. Beteiligt an dem Rückerstattungsverfahren ist der Schuldner nicht. S. 2 des A. 61 paßt nach seinem Wortlaut nicht auf den Schuldner einer entzogenen Forderung. Gleichwohl ist anzunehmen, daß die Bekanntgabe durch öffentliche Zustellung, wenn die Voraussetzungen dafür beim Schuldner gegeben sind, auch gegen ihn wirken, so daß er nach einer solchen durch die Leistung nicht mehr frei wird, selbst wenn sie ihm unbekannt bleibt und sogar, wenn er auch die Entziehung niemals gekannt hat (was freilich schwer vorzustellen ist). Nach der Bekanntgabe muß sich der Schuldner der Leistung nach beiden Seiten enthalten (vgl. §§ 407 f. BGB.). Er kann, wenn er leisten will, hinterlegen (§§ 383 ff. BGB.), bis über den Rückerstattungsanspruch entschieden ist. Ist der Rückerstattungspflichtige im Grundbuch als Gläubiger einer Hypothek, Grundschuld oder Reallast eingetragen, so entscheidet nicht die Bekanntgabe der Anmeldung an den Schuldner, sondern die Eintragung des Rückerstattungsvermerks (A. 61 Abs. 2), und zwar nach dem klaren Gesetzeswortlaut gleichgültig, ob die Bekanntgabe an den Schuldner vorher stattgefunden hat oder nachfolgt. Der Schutz des Schuldners nach A. 28 geht über den Schutz des § 893 BGB. hinaus, weil er nicht Gutgläubigkeit voraussetzt wie letzterer.

A. 28 gilt nach seinem Wortlaut sowohl, wenn dem Verfolgten eine Forderung, die er besaß, entzogen wurde, als auch, wenn eine Forderung entziehungsweise neu begründet, und etwa für sie ein Grundstück belastet wurde. Nur geht der Schuldnerschutz nach A. 28 nicht über die Befreiung des Schuldners durch eine von ihm geleistete Zahlung hinaus und gibt ihm nicht etwa auch einen Ersatzanspruch, weil die durch die Entziehung begründete Forderung nicht bestanden hat. Der zur Rückerstattung eines (z. B. nach A. 4) entzogenen Grundstücks Verpflichtete, der bei seinem Erwerb eine durch Entziehung begründete Hypothek in Anrechnung auf den Kaufpreis übernommen und alsdann durch Zahlung getilgt hat, ist sogar in einer schlechten Lage. Denn der Berechtigte hat, da diese Hypothek ihm nicht zu freier Verfügung gestanden hat, nach A. 44 nichts dafür zurückzugewähren und wird wegen Entziehung der Hypothek mangels Interesse angesichts ihrer Rückzahlung keinen Rückerstattungsanspruch geltend machen, dessen rechtskräftige Feststellung die Wirkung hätte, daß die Hypothek als niemals begründet gilt, und dem Rückerstattungspflichtigen, der sie getilgt hat, einen Anspruch nach § 812 BGB. geben könnte.

Fünfter Abschnitt

Ersatz- und Nebenansprüche

Artikel 29

Ersatz

1. Ein[1] früherer[2] Inhaber des entzogenen Vermögensgegenstandes, der rückerstattungspflichtig sein würde, wenn er noch Inhaber wäre[3], hat auf Verlangen[4] des Berechtigten den Ersatz[5] herauszugeben[6] oder den Ersatzanspruch abzutreten[6], den er infolge des die Rückerstattung unmöglich machenden Umstandes erlangt hat[5]. Der Berechtigte muß sich das, was er von einem von mehreren Verpflichteten erlangt hat, auf seine Ansprüche gegen die übrigen Verpflichteten anrechnen lassen[7], [8].

2. Das gleiche gilt hinsichtlich des Ersatzes oder Ersatzanspruches, den der Inhaber oder ein früherer Inhaber des entzogenen Ver-

mögensgegenstandes für eine Verschlechterung desselben erlangt hat.

3. [9]Im Falle der Entziehung eines geschäftlichen Unternehmens[9] erstreckt sich der Rückerstattungsanspruch[10] auch auf die nach der Entziehung für das Unternehmen neu beschafften[11] Vermögensgegenstände, es sei denn, daß der Rückerstattungspflichtige nachweist, daß die Neubeschaffung nicht mit Mitteln des Unternehmens[12] erfolgt ist[12]. Ist die Neubeschaffung von Vermögensgegenständen mit Mitteln des Unternehmens[12, 14] erfolgt, so gilt eine dadurch eingetretene Steigerung des Wertes des Unternehmens[13, 14] gegenüber dem Zeitpunkt der Entziehung als Nutzung im Sinne der Artikel 30, 32, 33[15]. Die Bestimmungen gelten entsprechend für einen sonstigen Inbegriff von Vermögensgegenständen[17]. Soweit die Beschaffung nicht mit Mitteln des Unternehmens erfolgt ist, steht dem Rückerstattungspflichtigen das Recht zur Abtrennung nach Artikel 26 Absatz 3 zu, mit der Maßgabe, daß der Berechtigte das Übernahmerecht des Artikels 26 Absatz 3 Satz 3 nur dann geltend machen kann, wenn ohne dieses Recht der Betrieb des Unternehmens besonders beeinträchtigt würde[16].

4. Weitergehende Ansprüche des Berechtigten auf Grund der Artikel 30ff. bleiben unberührt[18].

Über das Verhältnis des A. 29 zu den Bestimmungen über Veränderung s. Anm. 3, 13 zu A. 26, über das Verhältnis zu A. 34 S. Anm. 16; s. auch A. 44 Abs. 1.

1. Jeder.

2. Der gegenwärtige Inhaber hat den entzogenen Gegenstand selbst herauszugeben (A. 14).

3. Im allgemeinen ist dies jeder frühere Inhaber; Ausnahmen bestehen nur nach A. 18—21.

4. Spontan wird es ohne dies keiner tun; die ausdrückliche Hervorhebung kann also nur den Sinn haben, daß die Schuld durch das Verlangen bedingt ist. Daraus folgt u. a., daß, solange das Verlangen an ihn nicht gestellt ist, der Ersatzschuldner keinen Gewährleistungsanspruch gegen seinen Vormann aus A. 47 erheben kann.

5. A. 29 erkennt die Surrogation an. Der frühere Inhaber, welcher den Entziehungsgegenstand nicht mehr inne hat, ist damit noch nicht wieder aus dem Rückerstattungsverhältnis ausgeschieden. Vielmehr ist er auf Verlangen des Berechtigten verpflichtet, diesem herauszugeben, was er infolge des Umstandes erlangt hat, der ihm die Rückerstattung unmöglich gemacht hat. Darauf, ob er die Unmöglichkeit verschuldet oder zu „vertreten" hat oder nicht, kommt es nicht an. Es ist kein Grund vorhanden, die Vorschrift im Anschluß an die

Rechtsprechung zu § 281 BGB. auf Speziesschulden zu beschränken, sie ist auch anwendbar, wenn eine Menge nur der Gattung nach bestimmter Sachen (Waren) entzogen war. Gegenüber § 281 BGB. besteht überhaupt die Verschiedenheit, daß dieser nach RG. z. B. Bd. 157 S. 44 nicht für einen dinglichen Herausgabeanspruch gilt, während dies der Rückerstattungsanspruch nach A. 14 gerade ist.

Umstände, welche die Rückerstattung durch den Inhaber unmöglich machen, sind die Veräußerung, auch Besitzüberlassung, mit der ein Rückgabeanspruch verbunden ist, der Untergang der Sache.

Ersatz ist, was der Inhaber an Stelle der entzogenen Sache erlangt hat. Es ist alles als Ersatz anzusehen, dessen Erlangung in unmittelbarem ursächlichen Zusammenhang mit dem Umstand steht, der die Unmöglichkeit der Herausgabe verursacht hat. Dazu gehören nicht auch Rückgriffsansprüche aus A. 47, weil diese nur entstehen und daher auch nur abtretbar sind, gerade dann, wenn der Berechtigte dem Rückgriffberechtigten selbst in Anspruch nimmt. Bei der Veräußerung ist Ersatz der Kaufpreis, beim Tausch der eingetauschte Vermögensgegenstand, bei der Einziehung einer entzogenen Forderung deren Gegenstand, beim Untergang des entzogenen Gegenstandes der dafür empfangene Schadensersatz bzw. die Versicherungssumme bzw. die Kriegsschädenentschädigung. Bei einem Tausch mit Zuzahlung ist der empfangene Ersatz um die Zuzahlung geringer. Der Berechtigte muß diese erstatten, wenn er den eingetauschten Gegenstand beansprucht; es handelt sich dabei nicht um eine Verwendung auf die zurückzuerstattende Sache. Auch die Nutzungen des Ersatzgegenstandes gehören zum Ersatz, soweit die Nutzungen des entzogenen Gegenstandes dem Berechtigten herauszugeben wären. Steht der Ersatz (Kaufpreis-, Schadensersatz-, Versicherungs-, Kriegsschädenentschädigungsanspruch) noch aus, so hat der Pflichtige den Anspruch abzutreten. Ebenso hat er, wenn er den Besitz der Sache durch Leihe, Miete usw. einem Dritten überlassen hat, den Anspruch auf Rückgabe abzutreten. Dies ist für den Berechtigten bedeutsam, weil er vorbehaltlich A. 42 gegen den Mieter, Entleiher usw., da dieser nicht Inhaber der Eigentümerstellung ist, nach A. 14 keinen unmittelbaren Rückerstattungsanspruch hat, ohne Rücksicht auf dessen guten oder schlechten Glauben. Derartige Besitzberechtigte haften ihm auch im Falle der Schlechtgläubigkeit und der schweren Entziehung nicht, wenn die Sache bei ihnen durch ihr Verschulden untergeht; darum ist es für den Berechtigten wichtig, daß der Inhaber ihm in diesem Falle den ihm aus Leihe oder Miete zustehenden Anspruch abzutreten hat. A. 30, 31 gelten für den Entleiher oder Mieter nicht (s. 11 zu A. 30). Auch nach § 823 BGB. in Verbindung mit A. 15 besteht für den Berechtigten kein unmittelbarer Schadensersatzanspruch gegen den Entleiher oder Mieter. Wenn auch logisch ein solcher unmittelbarer Anspruch für ihn aus A. 15 in Verbindung mit § 823 BGB. ableitbar ist, zumal Mieter und Pächter zu den am Verfahren Beteiligten gehören (A. 61) und sonach die Rechtskraftwirkung der Feststellung des Rückerstattungsanspruches nach A. 15 Abs. 2 anerkennen und die Fiktion des A. 15 Abs. 1 gelten lassen müssen, ist, so zeigen doch A. 30, 31, daß diese logische Folgerung nicht gezogen werden darf, denn aus ihr würde sich ergeben, daß bei schuldhafter Zerstörung oder Verschlechterung der Sache auch der mit Bezug auf die Entziehung gutgläubige Inhaber dem Berechtigten haften müßte, während A. 33 dies ausschließt und A. 31 nur den schlechtgläubigen haften läßt und überflüssig wäre, wenn das Gesetz die genannten Folgerungen aus A. 15

ziehen wollte. Es ist darum für den Berechtigten wichtig, daß ihm in einem solchen Falle der Inhaber der Eigentümerstellung seinen aus Leih- oder Mietvertrag herrührenden Schadensersatzanspruch gegen den Entleiher oder Mieter abzutreten hat, durch dessen Verschulden der Gegenstand untergegangen ist. Ist aus entzogenen Mitteln ein Darlehen gewährt worden, so ist der Darlehensanspruch abzutreten, wodurch der Berechtigte den Darlehensschuldner unmittelbar anfassen kann, was anderenfalles nur unter den besonderen Voraussetzungen des A. 20 möglich wäre.

Bereicherungsgrundsätze sind nicht anwendbar. Der Anspruch auf Herausgabe des Ersatzes ermäßigt sich nicht um eine etwa nachträglich eingetretene Minderung (s. aber 6). Wohl aber greifen rechtsgeschäftliche Ermäßigungen durch Verzicht usw. auch gegenüber dem Berechtigten durch, denn der frühere Inhaber kann ebensowenig einen Ersatz herausgeben, den er auf Grund solcher Vereinbarungen nicht erhalten hat, wie er einen Anspruch abtreten kann, den er auf Grund solcher Vereinbarungen nicht mehr besitzt. Auch hat der Berechtigte den ihm abzutretenden Anspruch mit allen Einreden entgegen zu nehmen, mit denen er etwa behaftet ist, z. B. der Einrede der Stundung, aber auch der Verjährung und selbst der Aufrechnung. Ob der Zedent wegen solcher Einreden oder Schadensersatzminderungen nach A. 30, 31 haftbar sein kann, hängt mit der unter Anm. 6 untersuchten Frage zusammen.

Neben dem Anspruch aus A. 29 kann ein Schadensersatzanspruch nach A. 30, 31 einhergehen. Der Anspruch aus A. 29 ist deshalb für den Berechtigten hauptsächlich interessant, wenn der frühere Inhaber gutgläubig gewesen ist (A. 33). Hat ein solcher den Gegenstand verschenkt, so kann der Berechtigte nur gegen den Beschenkten nach A. 14 den Rückerstattungsanspruch verfolgen; ein Anspruch aus A. 29 besteht gegen den Schenker nicht, nur ein Schadensersatzanspruch nach A. 30, 31, wenn dieser schlechtgläubig war.

6. Das Gesetz spricht hier nicht von Rückerstattung, sondern von Herausgabe. Es anerkennt außer in dem wichtigen Falle des Abs. 3 anscheinend also nur eine obligatorische, keine dingliche Surrogation. Dasselbe geht aus der Verpflichtung zur Abtretung hervor, weil das Gesetz bei dinglicher Surrogation hätte anordnen müssen, daß der Ersatzanspruch dem Berechtigten im Falle der Feststellung seines Rückerstattungsanspruchs nach A. 15 unmittelbar zusteht. Letzteres wäre sogar, wo es sich nicht um einen Anspruch auf rechtsgeschäftlicher Grundlage, sondern um einen Schadensersatzanspruch wegen Zerstörung durch unerlaubte Handlung handelt, ohne A. 29 eine auch ohne besondere Anordnung aus A. 15 zu ziehende logische Folgerung gewesen. Diese ist also nicht zu ziehen. Die Tragweite des A. 15 ist eingeengt. Auch mit der Bedingung des Verlangens (Anm. 4) ist die dingliche Surrogation schlecht, wenn auch nicht unvereinbar. Aus der bloß obligatorischen Surrogation folgt, daß auch im Falle eines Tausches der eingetauschte Gegenstand, im Falle der Entziehung einer Forderung auf Beschaffung des Eigentums an einer Sache die geleistete Sache nichtautomatisch nach A. 15 Eigentum des Berechtigten wird.

Aus der bloß obligatorischen Surrogation folgt, daß diese sich auf den ersten Surrogationsfall beschränkt, und ein zweites Mal nicht mehr durchgreift. Denn beim zweiten Mal handelt es sich nicht mehr um einen die „Rückerstattung" unmöglich machenden Umstand. Verliert der Ersatzschuldner nachträglich den empfangenen Geldersatz, so ändert sich nichts an seiner Verpflichtung, ihn an den Berechtigten herauszuzahlen. Natürlich ist es aber als Verlust in diesem Sinne nicht anzusehen, wenn von dem empfangenen Geldersatz infolge der erwarteten Währungsreform ein Teil durch Annullierung von Bar- oder Giralgeld fortfallen sollte. Man wird in einem solchen Falle aber wohl zugunsten des Berechtigten den — nunmehr zwar verpönten! — § 242 BGB., richtiger seinen übergesetzlichen Grundsatz anwenden müssen, wenn der Pflichtige um den empfangenen Geldersatz einen Sachwert beschafft haben sollte, der von der Reform etwa nicht oder nicht entsprechend verringert wird. Nichtsdestoweniger schuldet der Ersatzschuldner, wenn er um den empfangenen Geldersatz einen Ersatzgegenstand beschafft, weiter die empfangene Geldsumme, nicht den darum beschafften Gegenstand.

Bestand der empfangene Ersatz nicht in Geld, sondern in einer Sache, und ist auch deren Herausgabe durch Weiterveräußerung oder Untergang unmöglich geworden, so muß ein Opfer der logischen Folgerichtigkeit gebracht werden. Da die Ersatzsache nicht der entzogene Gegenstand war, sind A. 29, 30, 31, 33 nicht unmittelbar anwendbar. Jedoch dürften sie analog anzuwenden sein, da ohne die analoge Anwendung der gutgläubige Nacherwerber des entzogenen Vermögensgegenstandes der den eingetauschten Gegenstand veräußert, während er diesen herauszugeben gehabt hätte, den Erlös für sich behalten dürfte, eine nach dem erkennbaren Gesetzeszweck unannehmbare Gesetzeslücke. Man könnte auch daran denken, § 280 BGB. (eingeschränkt durch A. 33) und § 281 BGB. anzuwenden, aber das wäre weit hergeholt und würde zu schwierigen Fragen führen: Sind die Vorschriften des BGB. ergänzend anwendbar? Würde ein daraus abzuleitender Anspruch im Rückerstattungsverfahren verfolgt werden können (vgl. zu A. 57, 60), also auch von der Nachfolgeorganisation? Man müßte um diesen Fragen zu entgehen und zu einer befriedigenden Klarheit zu gelangen, eine analoge Anwendung dieser Bestimmungen des BGB im Rahmen des Rückerstattungsgesetzes zulassen. Dieser ist eine analoge Anwendung der Bestimmungen des Rückerstattungsgesetzes selbst vorzuziehen, die nicht nach ihrem Wortlaut, aber auf die Sachlage passen.

Hienach ist die unter 5. aufgeworfene Frage zu beantworten, ob der Ersatzschuldner haftet, wenn er den Ersatz oder den Ersatzanspruch rechtsgeschäftlich gemindert oder durch Stundung, und Untätigkeit (Verjährung, Uneinbringlichkeit infolge Versäumnis der Rechtsverfolgung) beeinträchtigt hat, und zwar ergibt sich die Antwort, wenn der entzogene Gegenstand von vornherein zu billig weggegeben oder der Ersatz dafür zu niedrig bemessen wurde aus A. 30—33 unmittelbar; wenn Verfügungen über den Ersatzanspruch getroffen wurden oder es unterblieben ist, ihn geltend zu machen, aus ihrer analogen Anwendung. Daraus, daß die Ersatzschuld durch das Verlangen des Berechtigten bedingt ist, ist nichts zugunsten des Ersatzschuldners herzuleiten.

Aus der obligatorischen Natur der Surrogation ergibt sich (wie bereits oben in anderem Zusammenhang erwähnt), daß die Ersatzsache, nicht auch „entzogen" ist. Wird sie wieder veräußert, so scheidet sie aus dem Entziehungsnexus aus und fällt nicht unter A. 14.

7. Der Berechtigte hat unter den mehreren Ersatzschuldnern die Wahl. Diese ist unabhängig von dem unter den mehreren Ersatzschuldnern bestehenden Ausgleichsverhältnis (A. 47). Aber wie er den entzogenen Gegenstand nur einmal, so hat er auch nur einmal Ersatz dafür zu bekommen. Was er von dem einen bekommen hat, muß er sich auf seine Ansprüche gegen die andern anrechnen lassen. Beispiel: A und B haben nacheinander einen entzogenen Wouvermann verkauft: A an B um 100000.— RM., B an C um 120000.— RM.; C hat ihn in die Ausstellung des Kunsthändlers D gegeben. Dort ist er durch Feuer zugrunde gegangen; die Versicherung hat RM. 150000.— erbracht. Der Berechtigte hat RM. 150000.— zu bekommen. Er kann gleichzeitig gegen A den Anspruch auf Zahlung von RM. 100000.—, gegen B von 120000.— gegen C auf Abtretung des Anspruchs gegen D in Höhe von RM. 150000.— erheben; gegen D unmittelbar hat er keinen Anspruch. Wenn er von A 100000.— RM. bekommen hat, ermäßigt sich der Anspruch gegen B auf RM. 20000.— und der Abtretungsanspruch gegen C auf RM. 50000.—; zahlt B, so ermäßigt sich letzterer Anspruch auf RM. 30000.—. Tritt C den Anspruch gegen D an den Berechtigten ab, so behält dieser seine Ansprüche gegen A und B so lange, bis D bezahlt, der seinerseits warten wird, bis die Versicherungsgesellschaft bezahlt hat. Wie aber ist es, wenn C (weil er sich aus dem Staube machen wollte) das Bild gegen eine Briefmarkensammlung vertauscht hat, die nur RM. 90000.— wert war. Der höchste Anspruch des Berechtigten beträgt RM. 120000.—. Hat der Berechtigte von A RM. 100000.— bekommen, so kann er von C die Markensammlung nicht verlangen, nur von B noch RM. 20000.—, hat er von C die Markensammlung bekommen, so hat er von A noch RM. 10000.— und von B noch RM. 30000.— zu erhalten. Die von uns getroffene Entscheidung entspricht der nächstliegenden Auffassung des Gesetzeswortlauts; jedoch ist mit diesem auch eine dem Berechtigten noch günstigere Auffassung gerade noch verträglich, nämlich, daß er sich bis zur Befriedigung seines Höchstanspruches (im ersten Beispiel von RM. 150000.— im zweiten Beispiel von RM. 120000.—) an jeden Schuldner im Rahmen seiner Ersatzschuld halten kann (also im ersten Falle, wenn er von A RM. 100000.— bekommen hat, an B wegen der fehlenden 50000.—).

8. S. 1 und 2 sagen nichts über das Verhältnis der Ersatzansprüche (des Ersatzanspruchs) zum Rückerstattungsanspruch gegen den Inhaber der Eigentümerstellung nach A. 14. Setzt der Ersatzanspruch voraus, daß der entzogene Gegenstand untergegangen oder ausnahmsweise (nach A. 19—21) nicht zurückzuerstatten ist oder daß die Erhebung des Rückerstattungsanspruchs nicht zum Ziel führt? Oder bestehen beide Ansprüche nur wahlweise nebeneinander? Dies ist zu verneinen; das Gesetz ergibt nichts für eine solche Beschränkung des Anspruchs auf Herausgabe des Ersatzes (a. A. Muller). Der frühere Inhaber A des entzogenen Gegenstandes, der ihn an B veräußert hat, ist verpflichtet, dem Berechtigten auf Verlangen den Kaufpreis herauszugeben, auch wenn dieser den Gegenstand selbst bei B zurückerlangen könnte, ja auch wenn er ihn von diesem zurückverlangt und zurückerhält (s. in folgendem). Dies entspricht der Erwägung, daß A nach A. 47 dem B rückgriffspflichtig ist, wenn B den Gegenstand an den Berechtigten herausgeben muß. Der Empfang des von A erzielten Ersatzes hindert den Berechtigten nicht, auch den Gegenstand von B zu verlangen; in solchem Falle besteht die „Anrechnung" in der Herausgabe dessen, was A an den Berechtigten herausgegeben hat, in voller Höhe an B nicht etwa nur bis zur Höhe des Wertes des entzogenen Gegenstands, weil A andernfalls im Hinblick auf A. 47 in Gefahr wäre, zweimal zahlen zu müssen. Hat B einen besonders hohen Kaufpreis aus Liebhaberei oder Unkenntnis der Marktlage an A bezahlt, so behält der Berechtigte diesen Vorteil des A freilich besser für sich, indem er dem B den Gegenstand beläßt. Immerhin hat er bei dieser Rechtsauffassung, wenn, besonders wenn der Kaufpreis zu nieder war, den Vorteil des zunächst vielleicht leichter erreichbaren Minus, den Spatzen in der Hand, ohne ablassen zu müssen, gleichwohl das Maius, die Taube auf dem Dach, zu jagen.

Der Ersatzschuldner hat Anspruch auf das von dem Berechtigten bei der Entziehung empfangene Entgelt (vgl. 3 zu A. 44).

9. Abs. 3 trifft Sonderbestimmungen für den Fall, daß ein geschäftliches Unternehmen entzogen wurde. Der Ausdruck dürfte weiter sein, als der Ausdruck Handelsgeschäft und Gewerbebetrieb, welchen das HGB. und andere Gesetze gebrauchen. Auf den Umfang des Unternehmens kommt es nicht an. Die Gesetzesstelle gilt also auch für Kleinbetriebe. Beachtlich ist, daß die Wertsteigerung des Unternehmens oder Sachinbegriffs durch Neuanschaffung mit einer Vergrößerung oder sonstigen Veränderung des Unternehmens Hand in Hand gehen kann, so daß A. 26 im Auge zu behalten ist, dessen Anwendbarkeit aber durch seinen Abs. 4 erheblich eingeschränkt ist (s. dort Anm. 2, 3, 13).

10. Motto zu Abs. 3: „Glaubst Du ich bin unverständlich, weil Du mich nicht verstehst?" (Werfel). Es ist begreiflich, daß dem Gesetzgeber die Probleme große Schwierigkeiten gemacht haben, die bei einem lebenden, ständige Umsätze forterzeugenden Handelsunternehmen auftauchen, in das neue Mittel geflossen sind. Aber durch Kreuzung so heterogener Elemente wie Surrogation, desgleichen Verbindung, die sich logisch nur auf die einzelnen Aktiva beziehen können, Wertsteigerung des Unternehmens im Ganzen, — die, zum Glück für diejenigen, die das Gesetz anzuwenden haben, nach der erwarteten Währungsreform im Hinblick auf die Entblößung aller Unternehmungen von Umsatzvermögen, außer bei „Warenhortern" wohl nur selten eine Rolle spielen wird, so daß die Bestimmungen auch inaktuell sind, — Verwendungsersatz konnte nur die „greuliche Ungestalt" des Abs. 3 entstehen.

Im Falle der Entziehung eines geschäftlichen Unternehmens ist nach Abs. 3 S. 1 die Surrogation wesentlich erweitert. Sie ist verdinglicht, wie die Worte „erstreckt sich der Rückerstattungsanspruch" in Verbindung mit A. 15 ergeben, und betrifft nicht nur den ersten Surrogationsfall, sondern setzt sich dauernd fort, so oft ein Umsatz stattfindet. Immer wieder wird der neue Vermögensgegenstand von dem Rückerstattungsanspruch erfaßt, und, wenn dieser anerkannt wird, nach A. 15 Eigentum des Berechtigten. Wenn dies auch damit korrespondiert, daß bei einer Veräußerung im gewöhnlichen Geschäftsbetrieb der veräußerte Gegenstand nach A. 19, 20, 21, normalerweise aus dem Rückerstattungsnexus ausscheidet, so ist die Surrogation nach Abs. 3 doch nicht von dieser Voraussetzung abhängig. Aber wenn ein Vermögensgegenstand aufgehört hat, zum Vermögen des geschäftlichen Unternehmens zu gehören, und nicht zugleich nach A. 19—21 damit auch aufgehört hat, Gegenstand des Rückerstattungsanspruchs zu sein, so ist er weiterhin für den Verfolgten zwar bei jedem Inhaber nach A. 14 vindizierbar, gilt aber fortan für ihn nurmehr die obligatorische Surrogation des Abs. 1.

11. Neubeschafft sind sowohl Vermögensgegenstände, welche an die Stelle bereits vorhandener (abgenutzter, verbrauchter, veräußerter) treten, als auch solche, welche zusätzlich beschafft werden, sowohl die Außenstände, welche durch den Verkauf von Ware oder durch Leistungen entstehen, als auch die durch ihren Eingang entstehenden Bank- oder Postscheckguthaben oder Barbestände als auch die damit eingekauften neuen Rohstoffe, Materialien, Waren, Maschinen.

12. Nicht „mit Mitteln des Unternehmens" beschafft sind wörtlich genommen nur Gegenstände, welche in Natur eingelegt worden sind, weil jede Bareinlage erst zu „Mitteln des Unternehmens" wird, so daß die damit beschafften Gegenstände mit Mitteln des Unternehmens beschafft sind. Gemeint sind offenbar die ursprünglichen Mittel des Unternehmens z. Zt. der Entziehung und ihre

Surrogate nach Anm. 10 und 11 im Gegensatz zu späteren Einlagen des Rückerstattungspflichtigen oder seiner Vorgänger, eines neuaufgenommenen und eines stillen Gesellschafters. Ob aufgenommene Kredite zu Mitteln des (ursprünglichen) geschäftlichen Unternehmens zu rechnen sind, wird man nicht einheitlich beantworten können. Rein bilanzmäßig oder unter dem Gesichtspunkt des Wertes des Unternehmens bedacht, ist die Frage zu bejahen, aber dieser Gesichtspunkt kann nicht entscheiden. Sind die Mittel des Unternehmens — vermehrt um die Surrogate, d. h. den aus dem Betriebsgewinn herrührenden Vermögenszuwachs, soweit er dem Berechtigten gebührt (s. unten insbes. Anm. 13) — im übrigen, d. h. durch neue Einlagen nicht oder nicht wesentlich vermehrt worden und die ausschließliche Kreditgrundlage geblieben, so ist die Frage zu bejahen, andernfalls zu verneinen, möglicherweise auch teilweise zu bejahen oder teilweise zu verneinen. Dasselbe wird man von Waren sagen müssen, welche (ohne Eigentumsvorbehalt) auf Kredit geliefert sind.

Zu den „Mitteln des Unternehmens" dürften wohl auch Einlagen und Einschüsse des Pflichtigen und seines Rechtsvorgängers zu rechnen sein, welche er im Rahmen vorangegangener Gewinnentnahmen gemacht hat. Bei schwerer Entziehung und diesbezüglicher Schlechtgläubigkeit ergibt sich dies zweifellos aus A. 30 unmittelbar, in den übrigen Fällen aus der Erwägung, daß es unverständig wäre, derartige zurückgezahlte Gewinne anders zu behandeln als stehengebliebene (s. 15).

Zugunsten des Pflichtigen ist der Grundsatz der Surrogation zwar nicht ausdrücklich anerkannt, aber da er auf seiten des Berechtigten nur im Umfang der (wie schon umschrieben) ursprünglichen Mittel des Unternehmens gelten kann, ergibt sich aus dem, daß er den jeweiligen Überschuß des Geschäftsvermögens über jenen Umfang nicht ergreift, praktisch doch auch zugunsten des Pflichtigen eine dingliche Surrogation, weil dieser eben Eigentümer dieses jeweiligen Überschusses ist und bleibt.

Leider hat der Gesetzgeber es sich offenbar nicht zurechtgelegt und den Auslegern überlassen, zu ermitteln, wie denn nun eigentlich festzustellen ist, welche von den bei der Entziehung noch nicht vorhandenen, durch bloßen Güterumsatz oder durch Vermögenszuwachs infolge Gewinnes oder neuer Einlagen Geschäftsvermögen gewordenen individuellen Güter zufolge Surrogation Gegenstand des Rückerstattungsanspruchs sind, welche Eigentum des Pflichtigen. Leider bleibt auch den Auslegern nichts anderes übrig, als die rauchenden Köpfe zu schütteln und resigniert zu erklären, daß sie zu dieser Frage, die nicht zu lösen ist, passen. Nur in seltensten Ausnahmefällen, wird für Gegenstände des Anlagevermögens wie etwa bei Anschaffung einer neuen kostspieligen Maschine oder der Errichtung eines Neubaus mit Mitteln einer ad hoc gemachten Einlage, sich feststellen lassen, von welcher Seite die Mittel stammten, mit denen der Beschaffungsaufwand bestritten wurde. Es bleibt nichts anderes übrig, als die Beteiligten auf eine Verständigung zu verweisen und eine rechtsgestaltende Befugnis der Wiedergutmachungskammer analog den Fällen des A. 24, 22 anzunehmen. Vgl. auch Anm. 2 f zu A. 24.

13. Mit S. 2 verläßt das Gesetz den Gesichtspunkt der Surrogation und vertauscht ihn mit dem Gesichtspunkt der Wertsteigerung des Unternehmens durch Güterzuwachs.

a) Eine Wertsteigerung kann beruhen auf bloßer Marktwertsteigerung der Aktiven, aus denen sich das Geschäftsvermögen zusammensetzt, sei es infolge der gesunkenen Kaufkraft des Geldes — diese ist schon nach A. 17 unbeachtlich —, sei es wegen echter Preissteigerung der Gegenstände des Anlage- oder Umlaufvermögens, mögen sie ursprünglich vorhanden oder kraft Grundsatzes der Surrogation (S. 1) Gegenstand des Rückerstattungsanspruchs geworden sein. Eine derartige Wertsteigerung des Unternehmens betrifft S. 2 nicht. Die Vermögensgegenstände, welche Gegenstand des Rückerstattungsanspruchs sind, bleiben dies, ohne daß der Anspruch deshalb fortfiele oder gemindert würde, weil die Gegenstände mehr wert geworden sind. Auch eine konjunkturbedingte, nicht auf schlechter Geschäftsführung (A. 30, 31) beruhende Wertminderung der Vermögensgegenstände ist nicht auszugleichen. Dies gilt aber nur solange, als die Wert (Preis) Steigerung nicht realisiert wurde und sich deshalb auch bilanzmäßig nicht ausdrückt. Sobald sie realisiert wurde, erscheint sie bilanz- und bestandskontenmäßig als Vermehrung der vorhandenen Sachgüter (Kassa, Guthaben, Waren, Fabrikrohstoffe und Materialien). Nach S. 1 muß sich der Rückerstattungsanspruch kraft Surrogation ohne weiteres darauf auch insoweit erstrecken, als infolge der realisierten Preissteigerung der früher vorhandenen nunmehr veräußerten Bestände quantitativ oder wertmäßig mehr Güter an ihre Stelle getreten sind.

b) Die Wertsteigerung des Unternehmens kann beruhen auf dem Aufwand, der für seinen good will gemacht wurde, etwa für eine bessere Organisation oder erhöhte Propaganda oder für eigene Erfindungen. Auch von dieser Wertsteigerung handelt S. 2 nicht. Von vornherein ist klar, daß der Pflichtige daraus keine Rechte herleiten kann, wenn dieser Aufwand mit den ursprünglichen Mitteln (im Sinne der Surrogation des S. 1) des Unternehmens gemacht wurde; es kann dies sogar zur Folge haben, daß diesem Aufwand eine Minderung des Bestandes an Substanz des Unternehmens entspricht, welche bilanzmäßig durch Aktivierung des good will-Kontos ausgeglichen werden kann, was aber nicht allgemein und unbeschränkt zulässig ist. Wenn eine derartige Wertsteigerung durch Aufwand von Mitteln des Pflichtigen erzielt wurde, so entsteht die Frage, ob dieser bei Rückerstattung des Geschäftes Ersatz verlangen kann (s. Anm. 13b, 16 a, c).

c) S. 2 setzt eine Neubeschaffung von Vermögensgegenständen voraus. Es kann sich um körperliche oder immaterielle Güter (Patente) handeln. Er setzt ferner eine Wertsteigerung, und zwar des Unternehmens, nicht der Summe der Vermögensgegenstände voraus, welche zwar auch eine Wertsteigerung des Unternehmens herbeiführt, aber von dieser nicht vorausgesetzt wird. Etwas schwieriger schon als diese noch unbedenkliche Feststellung ist die Antwort auf die Frage:

Wann ist eine Wertsteigerung durch eine Neubeschaffung (mit Mitteln des entzogenen Unternehmens) herbeigeführt. Wenn eine Wertsteigerung auf Neubeschaffung beruhen soll, so müssen es die neubeschafften Güter sein, welche die Wertsteigerung erfahren. Wenn dieses, entsprechend ihrem Wortlaut, der Sinn der Stelle ist, würde also nicht die Bilanz entscheiden, in welcher jene zum Selbstkostenpreis eingesetzt sind, und es würden nichtrealisierte Gewinne gemeint sein, welche auf den mit (ursprünglichen) Mitteln des Unternehmens neubeschafften Gütern liegen. Wertsteigerungen, welche in einer Substanzvermehrung durch Realisierung von Gewinnen sich zeigen, d. h. also schon vor der Neubeschaffung eingetreten sind und in dieser schon zum Ausdruck kommen, desgleichen derartige Wertsteigerungen, welche in der Vermehrung der Bank- und Postscheckguthaben, der Kasse, der Außenstände durch gewinnbringenden Umsatz zutage treten, würden nicht gemeint sein. Sie fallen unter die Surrogate nach Satz 1. Bei diesem dem Wortlaut entsprechenden Verständnis der Stelle wäre also Satz 2, indem er von den nichtrealisierten Gewinnen handelt, eine Ergänzung zu Satz 1, der automatisch die realisierten Gewinne ergreift.

Man kommt aber im Hinblick auf Anm. 15 zu demselben Ergebnis, wenn man, ohne zwischen realisierten und nichtrealisierten Gewinnen zu unterscheiden, auf Grund einiger Skepsis gegenüber der Textesfassung unter einer durch Neubeschaffung von Vermögensgegenständen verursachten Wertsteigerung des Unternehmens einfach eine in einer Mehrung des Überschusses der Aktiven über die Passiven bestehende Wertsteigerung versteht, wobei die Neubewertung auf den Rückerstattungstag abzustellen ist. Für diesen ist also eine Bilanz aufzustellen, deren Wertansätze für Güter, welche schon am Entziehungstag vorhanden waren, deren Wert am Entziehungstag (abzüglich Abnutzung), im übrigen dem Tageswert am Bilanzstichtag (nicht den Anschaffungspreisen) unter Berücksichtigung des A. 17 zu entsprechen haben, was allerdings außerordentliche Schwierigkeiten machen wird. Aufwendungen für den good will können nach dem Wortlaut nicht aktiviert werden; aber dies könnte zu sehr unbilligen Ergebnissen führen; wir halten daher dafür, daß sie zu aktivieren sind, soweit dies den Gewohnheitsrechtssätzen des Bilanzrechts, d. h. der Übung ordnungsmäßiger Kaufleute entspricht und soweit letztere nicht eine Abschreibung erfordert. Durch einen Vergleich mit der Bilanz am Entziehungstag, wenn damals eine Bilanz aufgestellt wurde, wird dann die „Wertsteigerung durch Neuanschaffung" ermittelt. Im wesentlichen handelt es sich auch dann um stehengebliebene realisierte und um schwebende Gewinne auf Vermögensgegenständen, welche am Entziehungstag noch nicht zum Geschäftsvermögen gehört haben.

14. Diese Wertsteigerung ist mit „Mitteln des Unternehmens" erzielt, wenn die im Unternehmen arbeitenden Mittel weder durch Einlage des Rückerstattungspflichtigen oder seiner Rechtsvorgänger noch durch Kredite (s. hierüber Anm. 12) verstärkt worden sind. War aber eines davon der Fall, dürfte es keinem Areopag von Weisen möglich sein, einen Weg zu führen, auf dem sich ermitteln ließe, wie weit die „Wertsteigerung durch Neubeschaffung mit Mitteln des Unternehmens" reicht. Zwar ist es auch in diesem Falle leicht, durch Einsetzung der Kapitalkonten auf die Passivseite (natürlich ausschließlich einer bei der Entziehung gewährten Abfindung) den unmittelbar auf die Verstärkung der Mittel entfallenden Teil der Wertsteigerung des Unternehmens zu paralysieren. Aber auch bezüglich der dann verbleibenden Wertsteigerung läßt sich nicht behaupten, daß sie ausschließlich von Neubeschaffung mit (ursprünglichen) Mitteln des Unternehmens herrührt; denn zu den stehengebliebenen und nicht realisierten Gewinnen haben natürlich auch diese eigenen Mittel des Pflichtigen oder eines neuaufgenommenen Gesellschafters und die kreditweise zugezogenen fremden Mittel beigetragen. Wir sehen keinen anderen Weg, diesen Beitrag zu der Wertsteigerung, d. h. zu dem verbleibenden Überschuß der gemäß Anm. 13 bewerteten Aktiva über alle Verpflichtungen und Kapitalkonten zu bestimmen, als dessen Aufteilung nach Maßgabe des Verhältnisses der Neueinlagen mit dem ursprünglichen Kapitalkonto des Verfolgten und zu den Krediten, wobei schließlich noch der für letztere ermittelte Beitrag zur Wertsteigerung gemäß Anm. 12 aufzuspalten ist (was gleichfalls neue kaum zu überwindende Schwierigkeiten macht, wenn man an die schwankende Höhe der Kredite denkt). Es ist aber nicht nur das Größenverhältnis zugrunde zu legen, sondern auch das Verhältnis der Zeiträume, während deren die neuen zusätzlichen Mittel mitgearbeitet haben.

15. Soweit die Wertsteigerung nach dem zu Anm. 13 u. 14 Ausgeführten den ursprünglichen Mitteln des Unternehmens zuzurechnen ist, soll sie behandelt werden, wie eine Nutzung des Unternehmens. Das ist natürlich, denn es handelt sich um realisierte und stehengebliebene oder schwebende Gewinne. Diese Regelung bedeutet, da man es mit einer Nutzung zu tun hat, die noch nicht gezogen wurde, sondern noch in dem geschäftlichen Unternehmen als stehengelassener oder noch schwebender Gewinn steckt, daß die Wertsteigerung in allen Fällen (a. A. Müller) der schweren und einfachen Entziehung, der Schlecht- oder Gutgläubigkeit des Rückerstattungspflichtigen gleichermaßen dem Berechtigten verbleibt, was auch einfacher und klarer hätte gesagt werden können, ja gar nicht hätte gesagt zu werden brauchen, da es dem Grundsatz der Surrogation nach S. 1 gemäß ist.

Wollte man die Stelle dahin auffassen, daß sie realisierte, aber nicht erhobene Gewinne als gezogene Nutzungen ansieht, so würde die Wertsteigerung dem Pflichtigen gebühren, aber bei Schlechtgläubigkeit von ihm im Falle schwerer Entziehung (A. 30) ganz, im Falle einfacher (A. 32) zur Hälfte zu vergüten sein. Das wäre eine Paralysierung des S. 1. Von unserer Auffassung aus ist S. 2 eine Tautologie des S. 1, als solche überflüssig und verwirrend; sie hat aber den Vorzug, daß sie mit dem in S. 2 verlassenen Surrogationsgrundsatz des S. 1 in Einklang steht und zu diesem zurückführt.

16. a) S. 4 behandelt den nicht von (entzogenen ursprünglichen und surrogierten) Mitteln des Unternehmens herrührenden Güterzuwachs. Auch dieser Vorschrift liegt offenbar die schwer verständliche Vorstellung des Gesetzgebers zugrunde, daß individuell ausgeschieden werden könne, welcher Vermögensgegenstand mit Mitteln des rückerstattungspflichtigen Inhabers, seines Rechtsvorgängers oder eines neuaufgenommenen Gesellschafters „neubeschafft" wurde. Dies dürfte aber nur in seltenen Ausnahmefällen möglich sein. Das Gesetz behandelt die Neubeschaffung mit Mitteln, die nicht zu den ursprünglichen Mitteln (im Sinne der Surrogation) des Unternehmens zählen, gleich einer Verbindung im Sinne des A. 26 Abs. 3 und spricht dem Pflichtigen das Recht zu, diesen Gegenstand „abzutrennen und sich anzueignen". Es trägt damit in die an sich theoretisch klaren, praktisch freilich bei einem mit in ständigem Umsatz befindlichen Mitteln verschiedener Herkunft arbeitenden Unternehmen sehr unklaren Ergebnisse des Surrogationsprinzips einen neuen diesem fremden Grundsatz und verwirrt damit das Problem auch dogmatisch. Denn dieses Aneignungsrechtes bedarf es nach dem Surrogationsprinzip gar nicht, weil ja diese nicht mit ursprünglichen Mitteln des Unternehmens beschafften Vermögensgegenstände niemals Gegenstand der Surrogation sein konnten und deshalb nicht Gegenstand des Rückerstattungsanspruchs geworden sind. Der Rückerstattungspflichtige kann sie also nach dem Surrogationsprinzip behalten. Abzutrennen braucht er nach diesem wohl nur im wörtlichen Sinne Gegenstände, welche mit Grundstücken körperlich verbunden worden sind, so daß unmittelbar ein Fall des A. 26 Abs. 3 vorliegt. Mit der Ausscheidung eines Gegenstandes (Abtrennung) zugunsten des Pflichtigen kann die Verpflichtung verbunden sein, einen früheren Zustand wiederherzustellen, so z. B. wenn der Pflichtige mit Rücksicht auf die Anschaffung neuer Vermögensgegenstände (von größerer Leistungsfähigkeit) gleichartige alte weggegeben hat. Der Berechtigte hat an solchen Gegenständen ein Zurückbehaltungsrecht, bis die früheren wieder beschafft sind. Er braucht nicht die neuen Gegenstände zu bezahlen. Er kann aber die Gegenstände, welche nach Vorstehendem der Pflichtige behalten könnte, übernehmen, und zwar gewährt ihm der Gesetzgeber, von einer allgemein anwendbaren Parallele zu A. 23 Abs. 3, wenn auch fälschlich, ausgehend, damit das Übernahmerecht bezüglich aller mit neuen Mitteln beschaffter Aktiva (nicht nur der körperlich fest mit Gegenständen der Surrogation als Nebensache verbundenen). Das Übernahmerecht hat aber zur Voraussetzung, daß — nicht der Mangel dieses Übernahmerechts, wie das Gesetz sagt, sondern — die Entfernung der Gegenstände aus dem Betrieb des Unternehmens dieses besonders, also in hohem Grade beeinträchtigen würde (z. B. wenn der Pflichtige das gesamte Waren- oder Kohlenlager behalten wollte). Der Berechtigte hat in diesem Fall den Wert zu ersetzen, den der Gegenstand für den Pflichtigen hätte (A. 26 Abs. 3 S. 4, nicht 3, den der Text zu unrecht anführt), der unter Umständen sehr gering sein kann, wenn der Pflichtige das Geschäft nicht mehr hat, kann sich aber von der Wiedergutmachungskammer Zahlungsfristen einräumen lassen (A. 46).

Ist durch den Aufwand eigener Mittel des Pflichtigen keine Vermehrung von Sachgütern oder Rechten und Forderungen eingetreten, stellt er sich vielmehr als eine echte Verwendung auf einzelne zu dem Geschäftsvermögen gehörige Sachen oder auf den good will dar, so können außerdem die Vorschriften über die Verwendung (A. 34, auch über wesentliche Veränderung A. 26) anwendbar sein und in einem freilich nur unzulänglichen Maße dem Pflichtigen, der ohne sie nach der gegenwärtigen Vorschrift leer ausginge, Ersatzansprüche geben; Aufwendungen aus dem good will werden, soweit sie zur Erhaltung von Marken, auch zur Erhaltung der Bekanntheit der Firma unerläßlich waren, regelmäßig als notwendige Aufwendungen, in gewissem Umfange möglicherweise auch als gewöhnliche Erhaltungskosten anzusehen sein.

Das Recht des Pflichtigen, die mit seinen Mitteln beschafften Gegenstände vorbehaltlich des Übernahmerechts des Berechtigten zu behalten, setzt nicht voraus, daß der Wert des Unternehmens durch die Aufwendung des Pflichtigen erhöht ist. Auch wenn Verlust entstanden ist und die dem Berechtigten zukommenden Aktiven sein ursprüngliches Kapitalkonto, abzüglich der von ihm in dem Umfang des A. 44 zurückzugewährenden Abfindungen nicht decken, besteht das Recht des Pflichtigen; natürlich kann es aber auch durch eine Schadensersatzpflicht nach A. 30, 31 modifiziert sein.

Die vorstehende aus dem reinen Surrogationsprinzip in Verbindung mit einem Übernahmerecht abgeleitete Rechtslage wird jedoch durch b und c einschneidend geändert.

b) Wie mehrfach hervorgehoben ist die dem Gesetz zugrunde liegende Vorstellung einer individuellen Bestimmbarkeit der Zugehörigkeit der einzelnen Vermögensgegenstände zu den ursprünglichen Mitteln des Unternehmens und zu den neueingelegten oder durch Gewinne entstandenen wirklichkeitsfremd. Auch liegt in den seltensten Fällen ein einer Verbindung, dagegen meist ein einer Vermischung vergleichbarer Tatbestand vor. Wie soll man verfahren, wenn sich die der gesetzlichen Vorstellung, die ja nicht zutrifft, entsprechende Regelung als undurchführbar erweist? Die Grundsätze über die Vermischung entsprechend anwenden? Dies würde besagen, daß — nicht an dem Unternehmen, denn dieses kann, da das deutsche Recht dingliche Rechte an einer Sachgesamtheit als solcher nicht kennt, nur Gegenstand des Zweckes einer Gesellschaft sein, die aber das Gesetz offenbar ablehnt, sondern — an den einzelnen Vermögensgegenständen Eigentum nach Bruchteilen entstünde, welches nach §§ 749ff. aufhebbar wäre. Vorräte, die es freilich heute kaum gibt, wären in Natur zu teilen, — das wäre sinnvoll —, andere Gegenstände, die sich nicht teilen lassen, müßten, wenn die Beteiligten sich nicht verständigen, versteigert werden — dies wäre unpraktisch und mit der Tendenz unseres S. 4 nicht vereinbar. Man wird hinsichtlich derjenigen Gegenstände deren Herkunft sich individuell nicht bestimmen läßt, dem Berechtigten das Recht einräumen müssen zu bestimmen, welche von ihnen er als sein Eigentum ansprechen will, wobei er seine Wahl zunächst auf diejenigen Vermögensgegenstände zu richten hat, ohne die der Betrieb besonders beeinträchtigt würde. Er hat dabei für den Pflichtigen so viel frei zu lassen, als erforderlich ist, um diesen zusammen mit dem für ihn individuell als von ihm beschafft aussonderbaren Vermögensgegenständen diesen wegen seiner (nach c und Anm. 18) zu bemessenden Ansprüche zu decken. Aus dem sonach auf den Pflichtigen entfallenden Gegenständen kann der Berechtigte gegen Werterſatz nach a noch übernehmen, was erforderlich ist, um eine besondere Beeinträchtigung von dem Betriebe abzuwenden.

c) Diese aus a und b sich ergebende schon an und für sich äußerst verwickelte und unklare, aus der Kombination der Vorschriften über die Verbindung (A. 26 Abs. 3) mit den an sich durchsichtigen, wenn auch praktisch schwer durchführbaren Grundsätzen über die Surrogation entwickelte Rechtslage wird noch mehr verwirrt dadurch, daß erstere (A. 26 Abs. 3) auf die Vorschriften über die Ersatzansprüche wegen Verwendung verweisen und das „Abtrennungsrecht" des Pflichtigen ausschließen, soweit er nach den Vorschriften über die Verwendung (A. 34) keinen Ersatz verlangen kann. Damit wird das den Grundsätzen der Surrogation zugunsten des Berechtigten keineswegs entgegenstehende dingliche Recht des Pflichtigen an den mit seinen Mitteln und in seinem Namen erworbenen Gegenständen (mit dem sein „Abtrennungsrecht" und ebenso auch das obligatorische „Übernahmerecht" des Berechtigten noch im Einklang steht) ausgeschlossen durch den — Mangel eines obligatorischen (Geld) Anspruchs.

Es sei denn Auslegern, denen nichts anderes übrig bleibt, als den logischen Sprüngen des Gesetzgebers zu folgen, freundlichst nachgesehen, wenn dieser ihr erster Versuch zu einem logischen Salto mortale mißlingt. Übung wird sie darin zum Meister machen.

Wenn man — zunächst nur obligatorisch betrachtet — die Einlage des Pflichtigen (ungerechnet die dem Berechtigten bezahlte Abfindung A. 44) oder eines von ihm neu aufgenommenen Gesellschafters, wie der Gesetzgeber es anscheinend will, als „Verwendung" auf das Handelsunternehmen betrachtet, so muß man nach A. 34 zunächst fragen, inwieweit sie für gewöhnliche Erhaltungskosten oder sonstige notwendige Verwendungen aufgewandt worden ist. Ohne fürs erste zu untersuchen, was bei einem Handelsunternehmen gewöhnliche Erhaltungskosten, was notwendige Verwendungen sind, wird für diese Frage davon auszugehen sein, daß die Einlage des Pflichtigen usw. für solche insoweit aufgewandt worden ist, als gewöhnliche Erhaltungskosten und notwendige Verwendungen nicht aus den Betriebsgewinnen gedeckt werden konnten, d. h. also insoweit, als durch diese gewöhnlichen Erhaltungskosten und notwendigen Verwendungen ein Verlust entstanden ist. Diesen Verlust hat der Pflichtige zu tragen soweit er durch gewöhnliche Erhaltungskosten entstanden ist (A. 34 Abs. 1), dagegen nicht soweit er auf notwendige Verwendungen entfällt (A. 34 Abs. 2); in ersterem Umfange ist er von seiner Einlage zu kürzen. Weiter wird dabei davon auszugehen sein, daß die Betriebsergebnisse zunächst auf die gewöhnlichen Erhaltungskosten zu verrechnen sind und diese zu decken haben. Hier wird also gesetzlich ein zusätzlicher Interessengegensatz geschaffen. Das Interesse des Berechtigten geht dahin, den Kreis der gewöhnlichen Erhaltungskosten, für die ja der Pflichtige aufzukommen hat, möglichst weit, das des Pflichtigen, ihn möglichst klein zu ziehen. Aber was hat man denn bei einem Handelsunternehmen überhaupt unter den gewöhnlichen Erhaltungskosten und den notwendigen Verwendungen zu verstehen und wo läuft die Grenze zwischen beiden? Die Abschreibungen auf abnutzbare Vermögensgegenstände, die Ausgaben für Instandhaltung und Modernisierung, die Löhne und Gehälter, die Steuern, soweit sie nicht auf das Einkommen, sondern auf die Substanz gelegt sind (Grundsteuer, Vermögenssteuer, Gewerbesteuer), Ausgaben für die Propaganda, um die Marken und den Ruf und die Bekanntheit der Firma zu erhalten, dürften alle zusammen die gewöhnlichen Erhaltungskosten und notwendigen Verwendungen darstellen, können aber alle sowohl zu den einen, wie zu den andern gerechnet werden. Man sieht, daß wie A. 34 überhaupt nicht paßt, so auch seine Unterscheidungen nicht passen. Bis zu welchem Maße sind die vorgenannten Unkosten gewöhnliche Erhaltungskosten und von wann an sind sie als notwendige Verwendungen anzusehen? Bis zu welchem Maße sind sie überhaupt notwendig? Sollen sie ohne Rücksicht auf etwa schrumpfende Umsätze notwendig sein, weil der Inhaber mit dem Abbau der Organisation der Schrumpfung der Umsätze nicht gefolgt ist? Das dürfte sicher zu verneinen sein. Man wird schon im einzelnen praktischen Fall schwer bestimmen können, was zu den gewöhnlichen Erhaltungskosten und was zu den notwendigen Verwendungen zu zählen ist, und inwieweit, wenn die Betriebsergebnisse nicht beide gedeckt haben, der Verlust von den Mitteln des Pflichtigen zu kürzen ist, theoretisch läßt sich keinesfalls eine Grenze begründen.

Verluste, welche aus andern Gründen z. B. durch sinkende Preise, Kalkulationsfehler, Ausfälle bei Schuldnern usw. entstanden sind, sind keine notwendigen Verwendungen und gehen auf Rechnung des Pflichtigen. Dies entspricht auch der Sachlage.

Betriebserweiterungen, Substanzvermehrungen sind ebensowenig notwendige Verwendungen. Für sie kann nach A. 34 Abs. 3 Ersatz nur verlangt werden, soweit durch sie der Wert des Unternehmens z. Zt. der Rückerstattung noch erhöht ist (eine Abschreibung auf die Einlage kann nicht in Frage kommen).

Man versuche sich ein Beispiel auszudenken, wobei der Einfachheit wegen von dem Vorhandensein von Geschäftsverbindlichkeiten abgesehen sei: Das Reingeschäftsvermögen soll bei der Entziehung RM. 200000.— betragen haben, es seien neue Mittel in gleicher Höhe zugeflossen, der Substanzwert sei bei der Rückerstattung aber nur RM. 300000.—. Man setze ferner, daß sich auseinanderrechnen läßt, daß der Verlust von RM. 100000.— entfällt in Höhe von RM. 10000.— auf Insolvenzen, von RM. 40000.— auf Fabrikations- oder Warenkonto, der Rest von RM. 50000.— auf laufende Unkosten (Steuern, Gehälter, Abschreibungen, Instandsetzungsausgaben, Propagandaspesen). Es ergibt sich, daß von seiner Einlage von RM. 200000.—, der Pflichtige RM. 100000.— zurückzubekommen hat und denjenigen Teil des Verlustes, der auf solche laufenden Unkosten entfällt, die man nicht als gewöhnliche Erhaltungskosten zu betrachten hat. Insoweit reicht also sein „Abtrennungsrecht" im Sinne des angerufenen A. 26 Abs. 3 wertmäßig-obligatorisch.

Wenn aber der Pflichtige das Unternehmen durch eine schwere Entziehung (A. 30) erlangt hat, oder bei seinem Erwerbe gewußt hat oder hat annehmen müssen, daß es Gegenstand einer schweren Entziehung gewesen ist, so kann er nach A. 34 Abs. 4 nur Ersatz einer Investierung verlangen, welche notwendig war, um das Unternehmen zu erhalten, nach den Grundsätzen ordnungsmäßiger Wirtschaft noch nicht abgeschrieben ist und dem Interesse des Berechtigten entsprach. Diese Voraussetzungen treffen gerade nicht auf eine Investition zu, welche zu einer Wertsteigerung, insbesondere Substanzvermehrung geführt hat, da sie nicht „notwendig" gewesen sein kann, so daß im Falle schwerer Entziehung der schlechtgläubige Pflichtige (und sein schlechtgläubiger Kompagnon) zwar für einen Verlust in geringem Umfange möglicherweise Ersatz verlangen kann, soweit die angegebenen Voraussetzungen darauf zutreffen, seiner Einlage aber insoweit verlustig geht, als sie noch vorhanden ist und zu einer Mehrung der Substanz und des Wertes des Unternehmens geführt hat. Uns scheint mit diesem absonderlichen Ergebnis, das zu ungerecht und unbillig ist, als daß angenommen werden könnte, daß es gewollt ist, die Betrachtung der Investition und der Einlage des Pflichtigen unter dem Gesichtspunkt einer Verwendung auf das Handelsunternehmen und ihre Behandlung nach dem für Verwendungen geltenden Vorschriften gemäß der ausdrücklichen Anführung des A. 26 Abs. 3 ad absurdum geführt.

Offenbar soll der nach den Vorschriften über die Verwendungen der Höhe nach zu ermittelnde Ersatzanspruch nach A. 26 Abs. 3 maßgebend sein für die wertmäßige Begrenzung des Abtrennungsrechtes des Pflichtigen. Nun handelt es sich aber noch darum, die Eigentumsverhältnisse an den Vermögensgegenständen des Unternehmens zu bestimmen. Es ist klar, daß die wertmäßige Begrenzung des Abtrennungsrechts, das Kapitalkonto des Pflichtigen, wenn man es so nennen will, da eine Gemeinschaft an den Vermögensgegenständen nicht besteht, nichts dafür ergeben kann, welche Gegenstände nun dem Berechtigten, welche dem Pflichtigen eigentümlich gehören. Nach dem Grundsatz der Surrogation konnte wenigstens theoretisch die These aufgestellt werden, daß es auf die historische Entwicklung und Kontinuität in der Veränderung der Zusammensetzung des Vermögens ankam. Das bloße Maß eines obligatorischen „Abtrennungsrechts" läßt auch theoretisch die Bestimmung nicht zu. Wie ist der Sprung von der obligatorischen in die dingliche Ebene zu machen? Von den Gegenständen, welche nicht nach den Grundsätzen der Surrogation dem Berechtigten (S. 1 u. 2) und deshalb naturnotwendig dem Pflichtigen gehören, in dessen Namen (und mit dessen Mitteln) sie erworben worden sind, darf letzterer doch nur so viel behalten („abtrennen") als wertmäßig seinem unter dem Gesichtspunkt der ersatzfähigen Verwendungen obligatorisch errechneten Abtrennungsrecht entspricht. Den Überschuß hat er dem Berechtigten ersatzlos zu überlassen. Welche Gegenstände dies individuell sind, hat der Berechtigte zu bestimmen, der ja ein Übernahmerecht hätte, wenn die Bestimmung dem Pflichtigen zukäme, und diese Gegenstände an sich zöge, die der Berechtigte nicht entbehren kann. Von den dem Pflichtigen im Rahmen des Wertes seines Abtrennungsrechts verbleibenden Gegenständen darf der Berechtigte weiter gegen Wertersatz übernehmen, was erforderlich ist, um eine besondere Beeinträchtigung des Betriebes zu vermeiden. Soweit sich die Herkunft der Vermögensgegenstände individuell nicht mehr feststellen läßt, sind dem Pflichtigen bis zum Wert seines „Abtrennungsrechts" Gegenstände zuzuweisen.

Wir haben die Ergebnisse unserer vom Gesetzgeber verursachten geistigen Mühen vorstehend in voller Erkenntnis ihrer Fragwürdigkeit niedergelegt, indem wir ihn für ihre Unzulänglichkeit verantwortlich machen. Wir hoffen, daß sie in der Praxis gegenstandslos bleiben, weil die Beteiligten verständig genug für eine Verständigung sein werden.

Diese Erörterung kann nicht abgeschlossen werden ohne den Hinweis auf A. 44, durch welchen schuldrechtlich die vorstehenden Ergebnisse noch ein weiteresmal korrigiert werden. Danach hat der Berechtigte eine anläßlich der Entziehung empfangene Abfindung zurückzugewähren, soweit er darüber frei hat verfügen können, und soweit der Wert des Unternehmens im Augenblick der Rückerstattung reicht, außerdem den Betrag um den sich die Geschäftsverbindlichkeiten gemindert haben. Natürlich ist bei der Auseinandersetzung über die vorhandenen Sachgüter diese reine Geldverpflichtung des Berechtigten nicht zu berücksichtigen; denn dies würde dazu führen, daß im extremen Fall der Berechtigte das Unternehmen nicht zurückbekommen würde. Ein Vergleich dieser Bestimmungen mit den Folgerungen aus der durch Satz 4 mittels Anführung des A. 26 Abs. 3 mittelbar angeordneten Anwendbarkeit des A. 34 führt gleichfalls zu perplexen Feststellungen: Während der Arisör im Falle schwerer Entziehung kein Abtrennungsrecht hat, wenn er RM. 100000.— aufgewandt hat, um eine Neuanlage aufzuführen, hat er nach A. 44 Anspruch auf Erstattung dieses Betrages, wenn damit Geschäftsverbindlichkeiten getilgt wurden. Man bilde ein Beispiel: Bei der Entziehung betrug die Aktivseite RM. 200000.—, die Passivseite ohne Kapitalkonten RM. 100000.—; der Arisör verwendet eigene RM. 100000.— auf Erweiterungsanlagen — er hat kein Abtrennungsrecht, verliert also diese Einlage; aus Warenumsätzen und eingehenden Außenständen tilgt er nunmehr Geschäftsverbindlichkeiten in Höhe von RM. 100000.—; dadurch gewinnt er den Anspruch nach A. 44 auf Ersatz dieses Betrages seiner Einlage (wenn auch kein Abtrennungsrecht); in weiterem Verlaufe steigen durch Rohstoffbezüge und Umsätze die Geschäftsverbindlichkeiten und Außenstände wieder um je RM. 100000.— an — der Arisör verliert den Anspruch auf Erstattung der von ihm in das Geschäft gesteckten RM. 100000.— wieder! Soweit stehengebliebene Gewinne zur Tilgung von Verbindlichkeiten verwendet werden, steht A. 44 übrigens in Widerspruch mit oben Anm. 15, wonach stehengebliebene Gewinne ganz oder teilweise dem Berechtigten gebühren. Es zeigt sich, daß die Bestimmungen des Gesetzes nicht genug aufeinander abgestimmt sind.

17. Die Grundsätze, welche für ein geschäftliches Unternehmen gelten, sollen auch für sonstige Inbegriffe von Vermögensgegenständen gelten, z. B. ein Landgut, eine Bibliothek, eine Wohnungseinrichtung, eine Briefmarkensammlung, d. h. für die verschiedenartigsten Sachgesamtheiten. Es gilt also auch hier, was für den Berechtigten wichtig ist, der Grundsatz der dinglichen Surrogation nach S. 1 bezüglich der Ersatzstücke (Anm. 10 und 11). Der Nachweis, welche neuen Vermögensgegenstände mit Mittel des ursprünglichen Vermögensinbegriffes, welche mit Mitteln des Rückerstattungspflichtigen geschaffen wurden, wird hier, wo kein ständiger Umsatz vor sich geht, meist viel leichter zu führen sein, als bei einem geschäftlichen Unternehmen.

Satz 2 ist nur bei einem Vermögensinbegriff anwendbar, der nach seiner Natur nutzbringend ist, also insbesondere bei einem Landgut. Wo es sich um einen Bestand von Sachen handelt, welche abgesehen von dem Gebrauch keine Nutzungen abwerfen, würde es dem landläufigen Begriff der Nutzungen widersprechen, wollte man Werterhöhungen des Sachinbegriffs, welche durch Tausch usw. erzielt worden sind, als Nutzung betrachten. Das Ergebnis, zu welchem S. 2 führt (s. Anm. 15), entspricht aber ohnedies den Folgerungen welche sich aus der dinglichen Surrogation ergeben (vgl. auch 2 zu A. 26).

Satz 4 ist nach der Stellung zu Satz 3 nicht anwendbar. Ein Übernahmerecht hat der Berechtigte also nur, wenn unmittelbar ein Fall des A. 26 Abs. 3 vorliegt, z. B. auf einem landwirtschaftlich genutzten Gut ein weiteres Wirtschaftsgebäude aufgeführt, dagegen nicht, wo keine körperliche Verbindung vorgenommen wurde. Von einer Beeinträchtigung durch Abtrennung könnte ja auch in solchem Falle nicht gesprochen werden. Die Unanwendbarkeit des S. 4 ergibt aber das Recht des Pflichtigen, den mit seinen Mitteln beschafften Gegenstand, auf den sich die Surrogation zugunsten des Berechtigten nicht erstreckt, dem Vermögensinbegriff zu entnehmen und ihn zu behalten, auch dann, wenn schwere Entziehung vorliegt und der Pflichtige bei Einverleibung des mit seinen Mitteln beschafften Stückes in die Sachgesamtheit nicht gutgläubig war. Von einer Verwendung im Sinne des A. 34 ist hier nicht die Rede.

18. Es ist klar, daß der Grundsatz der Surrogation nichts mit Verschulden und daher nichts mit der Verpflichtung zu Schadensersatz zu tun hat. Wenn z. B. der Gegenstand der Entziehung ganz oder halb verschenkt wurde, so ist der nach A. 29 seitens des Berechtigten zu beanspruchende an die Stelle des entzogenen Gegenstandes getretene Ersatz null oder unzulänglich. Kann der Berechtigte den entzogenen Gegenstand infolge der Schenkung nicht mehr erlangen, so ist der Schenker zum Schadensersatz verpflichtet, wenn er nach anderen Bestimmungen (A. 30, 31) dafür haftet, d. h. wenn er schlechtgläubig war und ihn ein Verschulden traf. Aus A. 30, 31 können sich weiter Schadensersatzansprüche ergeben, insbesondere wenn der entzogene Gegenstand untergegangen ist und ungenügend versichert war, auch wenn er beim Berechtigten selbst gleichfalls untergegangen wäre, ferner weil der good will eines Unternehmens verschlechtert worden ist, weil die erzielten und dem Berechtigten zufallenden Gewinne hinter jenen zurückbleiben, die er erzielt hätte usw. Das Gesetz gedenkt nicht der Ansprüche auf Herausgabe von Nutzungen (A. 30, 32) oder der Ansprüche auf Schadensersatz, die sich nach BGB. ergeben können. Aber selbstverständlich sind auch diese vorbehalten.

Artikel 30

Strenge Haftung

[14] 1. Wer[4] den entzogenen Vermögensgegenstand[1], [2], [4] von dem Verfolgten[4] mittels eines gegen die guten Sitten verstoßenden Rechtsgeschäftes[2] oder durch eine von ihm oder zu seinen Gunsten ausgeübte Drohung[2] oder durch widerrechtliche Wegnahme[2] oder sonstige unerlaubte Handlung[2] erlangt[5] hat (schwere Entziehung)[1], [2], [3], haftet auf Schadenersatz wegen Unmöglichkeit der Herausgabe oder Verschlechterung des entzogenen Vermögensgegenstandes, auf Herausgabe von Nutzungen[10] und auf sonstigen[6] Schadensersatz nach den allgemeinen Vorschriften des bürgerlichen Rechtes über den Schadensersatz wegen unerlaubter Handlung[5], [6], [7], [8], [9].

2. Ebenso haftet ein Inhaber oder früherer Inhaber des entzogenen Vermögensgegenstandes, der bei dem Erwerb desselben wußte, oder den Umständen nach annehmen mußte (§ 259 des RStGB.), daß dieser zu irgendeiner Zeit[13] durch eine schwere Entziehung erlangt worden war[11].

3. Soweit ein Anspruch auf Herausgabe von Nutzungen besteht, kann der Berechtigte verlangen, daß für deren Berechnung ein durch Ausführungsvorschriften zu bestimmender, für derartige Vermögensgegenstände üblicher Nutzungssatz zugrunde gelegt wird, sofern nicht diese Richtsätze im Einzelfall offenbar in erheblichem Maße unangemessen sind[10].

1. A. 30 stellt den schon in A. 26 Abs. 2 verwandten, in A. 34 Abs. 4 wiederkehrenden Begriff der schweren Entziehung auf, um an ihm eine Unterscheidung hinsichtlich der Haftung für Unmöglichkeit der Herausgabe, insbesondere wegen Untergangs und Verschlechterung des entzogenen Gegenstandes, Herausgabe seiner Nutzungen, wie überhaupt jeden dem Verfolgten entstandenen Schaden zu orientieren. Den Begriff der Entziehung ergibt A. 2: Die Einbüßung, oder Nichterlangung eines Vermögensgegenstandes trotz begründeter Anwartschaft, verursacht durch eine Verfolgungsmaßnahme aus Gründen der Rasse, Religion, Nationalität, Weltanschauung oder politischen Gegnerschaft gegen den Nationalsozialismus — nicht auch Vermögensberaubungen aus bloßer privater oder fiskalischer Habgier zugunsten der Machthaber, der Partei oder des Reichs (z. B. die Entziehung der Junkerswerke, von Zeitungsunternehmungen usw.), die oft genug bedrohlich unter Zwang, wenn auch mitunter gegen ein gewisses Entgelt durchgeführt wurden —, und zergliedert ihn kasuistisch, aber erschöpfend in drei Gruppen von Entziehungsfällen, welche zusammen wohl auch praktisch den ganzen Rahmen des Begriffs ausfüllen.

Den von A. 2 umschriebenen Kreis der Entziehungsfälle erweitert in erheblichem Umfange A. 4, der alle Rechtsgeschäfte in der Zeit vom 15. 9. 1935 bis 8. 5. 1945, welche die Veräußerung oder Aufgabe eines Vermögensgegenstandes (Anm. 3 zu A. 1) — wegen einer bloßen, wenn auch begründeten Anwartschaft s. 5 a. E. zu A. 2 — durch einen Angehörigen der durch die sogenannten Nürnberger Gesetze betroffenen Gruppe zum Inhalt hatten, wegen der Kollektivzwangslage dieser Gruppe der Entziehung gleichstellt (A. 4 Abs. 4).

2. Aus diesem Gesamtkreis der Entziehungsfälle hebt A. 30 Abs. 1 die Fälle des A. 2 Buchst. a heraus, indem er diese zu Fällen einer schweren Entziehung stempelt. Den größten Sektor des gegensätzlichen Kreises der einfachen Entziehung bilden die Rechtsgeschäfte im Sinne des A. 4, wenn sie, ohne zugleich unter A. 2 zu fallen, lediglich wegen der kollektiven Zwangslage der rassisch Verfolgten nach den näheren Bestimmungen des A. 4 als Entziehungsfälle zu betrachten sind. Ob die Aufgabe einer bloßen rechtlich begründeten Anwartschaft z. B. einer Praxis zugunsten des Sozius wegen Kollektivszwangslage als Entziehung und nach A. 30 als schwere Entziehung erscheinen kann, hängt, da beide Stellen Vermögensgegenstand voraussetzen, davon ab, ob sie weniger als ein bedingtes Recht ist.

Die schwere Entziehung umfaßt das Erlangen eines Vermögensgegenstandes unmittelbar vom Verfolgten

a) mittels eines gegen die guten Sitten verstoßenden Rechtsgeschäfts (s. Anm. 7, 8 zu A. 2),

b) mittels einer Drohung, mag sie von dem Erwerber des Gegenstands selbst oder von einem Dritten, insbesondere einer Behörde, einem Funktionär oder einflußreichen Mitglied der NSDAP., der Geheimen Staatspolizei usw. zu seinen Gunsten gegen den Verfolgten ausgeübt worden sein, vorausgesetzt, daß sie sich individuell gegen diesen gerichtet hat (Anm. 9 zu A. 2). Das Gesetz erwähnt die Täuschung nicht als ein Merkmal schwerer Entziehung, doch wird von Fall zu Fall zu prüfen sein, ob ein durch die Täuschung des Verfolgten zustandegekommenes Rechtsgeschäft (Beispiel: es wurde ihm Auszahlung Schweiz versprochen, aber dort nicht oder nicht voll geleistet), als unsittlich anzusehen ist. Dies kann und wird zu bejahen sein, auch wenn § 138 BGB. nach der Rechtsprechung (RG. 114 S. 342, 115 S. 383) wegen bloßer Anfechtbarkeit nach § 123 BGB. nicht anwendbar ist. Häufig wird die Täuschung sich auch als unerlaubte Handlung darstellen und schwere Entziehung nach c begründen.

c) Durch widerrechtliche Wegnahme (Anm. 11 zu A. 2 und nachstehend) oder durch eine sonstige unerlaubte Handlung (Anm. 10 zu A. 2).

Wenn es auffällig erscheinen mag, daß die Entziehungsfälle des A. 2 lit. b u. c nicht zu den schweren Entziehungsfällen im Sinne dieses Gesetzes gerechnet werden, obwohl sie doch nach unbefangenem Urteil gerade die schwersten sind, so dürfte ihre Sühne eben dem zu erwartenden Wiedergutmachungsgesetz vorbehalten sein. Freilich würden die Fälle der Buchst. b und c des Ab. 2 zwanglos als widerrechtliche Wegnahme dem A. 30 subsumiert werden können; aber nach dem das Gesetz in A. 2 zwischen widerrechtlicher Wegnahme (Buchst. a) und der Wegnahme durch Staatsakt und Mißbrauch eines Staatsaktes (Buchst. b), durch die NSDAP., eine ihrer Gliederungen und ihr angeschlossenen Verbände (Buchst. c) ausdrücklich unterscheidet, erscheint es uns nicht zulässig, in A. 30 über diese Unterscheidung hinwegzusehen. Immerhin wird man aber der Tendenz dieses Gesetzes nur gerecht werden können, wenn man in besonderen Fällen auch die Wegnahme nach Buchst. b und c des A. 2 als widerrechtliche Wegnahme im Sinne des A. 30 und ihre Kenntnis als Kenntnis schwerer Entziehung ansieht. Dies läßt sich auch mit dem Gesichtspunkt rechtfertigen, daß nichts dazu zwingt, unter „unerlaubter Handlung“ im Sinne dieser Gesetzesstelle lediglich privatrechtliche unerlaubte Handlungen zu verstehen, und daß es auch unerlaubte Handlungen auf dem Gebiete des öffentlichen Rechtes gibt. Solche können sehr wohl in der Anwendung der Staatsgewalt gegen jedes Recht und jede Gerechtigkeit zu erblicken sein. Auch bringt A. 2 Abs. 1a nicht zwingend zum Ausdruck, daß das unsittliche Rechtsgeschäft mit einem Privatmann abgeschlossen worden, die Drohung von einem solchen verübt worden sein muß, wenngleich dies bezüglich der Wegnahme durch den Gegensatz zu 1b und c außer Zweifel steht, und die Gleichstellung der Drohung und unerlaubten Handlung mit dieser eine solche Beschränkung ebenso nahelegt wie die Koordination von Rechtsgeschäft, Drohung, Wegnahme und unerlaubter Handlung.

Die Wegnahme durch Zuschlag im ordentlichen Zwangsversteigerungsverfahren auf Betreiben eines Gläubigers kann Entziehung sein, z. B. wenn dem Verfolgten ausschließlich aus rassischen, politischen, religiösen, weltanschaulichen Gründen der Vollstreckungsschutz versagt wurde. (Über den Versteigerer s. 4.) Gewöhnlich wird sie aber nach A. 30 nicht schwere, sondern nur einfache Entziehung sein.

3. Besonders weit geht A. 30 in Verbindung mit der Entziehungsvermutung des A. 3 Abs. 1, Buchst. b und der Verweisung auf A. 2 in A. 3. Danach wird von jeder rechtsgeschäftlichen Veräußerung oder Aufgabe eines Vermögensgegenstands durch einen Juden oder Freimaurer usw. — von den Fällen des A. 3 Abs. 1, Buchst. a abgesehen — in der Zeit von der Machtergreifung am 30. 1. 33 bis zum Machtverlust am 8. 5. 45 vermutet, daß sie eine Vermögensentziehung im Sinne des A. 2 und also des Buchstaben a des A. 2 sei, da die rechtsgeschäftliche Veräußerung und Aufgabe eines Vermögensgegenstandes nur unter Buchstabe a des A. 2 fallen kann. Von jeder rechtsgeschäftlichen Veräußerung oder Aufgabe eines Vermögensgegenstandes durch einen Juden, Freimaurer usw. zu irgendeinem Zeitpunkt der nationalsozialistischen Herrschaft wird also vermutet, daß das Rechtsgeschäft gegen die guten Sitten verstoßen oder auf individueller Bedrohung oder unerlaubter Handlung beruht habe und also, daß die Veräußerung oder Aufgabe eine schwere Entziehung sei, weil eben die Entziehung mittels eines gegen die guten Sitten verstoßenden oder auf individueller Bedrohung oder unerlaubter Handlung beruhenden Rechtsgeschäfts nach A. 30 eine schwere Entziehung ist. Denkgesetzlich steht diese Schlußfolgerung fest. Doch meldet gleichwohl die Stimme der Vernunft Zweifel an ihrer Richtigkeit an, welche durch eine sich auf das Gesetz selbst, nämlich A. 31 Abs. 3 (s. Anm. 6 zu A. 31) berufende Erwägung gestärkt werden. Nichtsdestoweniger erscheint uns die Schlußfolgerung so zwingend, daß wir davon ausgehen.

Bei rechtsgeschäftlichem Erwerb von einem Juden, Freimaurer usw. muß also der Gegenbeweis gegen die Vermutung des A. 3 Abs. 2 geführt werden, der überaus schwer zu führen ist, weil nicht einmal der Nachweis der Bezahlung eines angemessenen Kaufpreises ausreicht, sie zu brechen, wenn, ganz unabhängig von den Absichten des Erwerbers, dem Veräußerer aus Gründen des A. 1 das Recht der freien Verfügung über den Kaufpreis versagt worden ist (A. 3 Abs. 2), was nach 1938 fast regelmäßig der Fall war. In diesem Fall muß der Erwerber nach A. 3 nicht nur beweisen, daß das Geschäft nicht unsittlich war, was nicht immer schwierig zu sein braucht, aber auch außerdem, daß keine individuelle Drohung seitens des Erwerbers oder sonst zu seinen Gunsten durch einen Dritten auf den Verfolgten ausgeübt wurde, was nicht ohne ein Zeugnis des Verfolgten selbst, also z. B. gegenüber der Nachfolgeorganisation nach A. 11 gar nicht, zu beweisen ist, am wenigstens seitens eines Nacherwerbers. Bei dem Erwerb von einem politisch Verfolgten, der zu einer verfolgten Gruppe gehört hat, einem Freimaurer usw. ist mit diesem Nachweis die Verstrickung des Gegenstandes in einen Rückerstattungsanspruch überhaupt gelöst. Bei rechtsgeschäftlichem Erwerb von einem Juden in der Zeit nach dem 15. 9. 1935, bleibt auch dann noch einfache Entziehung gemäß A. 4 bestehen, dessen Abs. 2 die Tatsachen, die die Entziehungsvermutung des A. 3 nach dessen Absatz 2 widerlegen, nur zusammen mit noch anderen Tatsachen in Betracht ziehen will, um festzustellen, daß das Geschäft auch ohne die Herrschaft des Nationalsozialismus abgeschlossen worden wäre.

4. Abs. 1 betrifft nur die Pflichtenstellung, welche sich aus der schweren Entziehung für denjenigen ergibt, der den entzogenen Gegenstand unmittelbar von dem Verfolgten erlangt hat. Verfolgter ist derjenige, dem der Vermögensgegenstand entzogen wurde (A. 7), gegen den die Entziehung gerichtet war. Dies gilt z. B. für den Versteigerer (vgl. OLG. Freiburg DRZ. 46 S. 93). Ein Mittäter (Gehilfe) des Erwerbers, z. B. wer die Drohung zu seinen Gunsten ausgeübt oder ihm mit Darlehen sekundiert (s. aber weitergehend A. 48 Abs. 2) hat, haftet nicht nach A. 30, aber nach § 840 BGB. auf Schadensersatz wegen unerlaubter Handlung gesamtschuldnerisch wie der Erwerber, vorausgesetzt, daß die Entziehung eine unerlaubte Handlung war. Das kann aber nicht von jeder schweren Entziehung ohne weiteres gesagt werden, zumal für Schadensersatzverpflichtungen nach BGB. die Entziehungsvermutung des A. 3 nicht gilt, und keineswegs von jedem rechtsgeschäftlichen Erwerbe von einem rassisch, politisch usw. Verfolgten in der Zeit des Dritten Reichs ohne weiteres gesagt werden kann, daß er eine unerlaubte Handlung gewesen oder mit Merkmalen einer solchen behaftet gewesen sei. Für Beamte, welche zur Entziehung mitgewirkt haben, gilt § 839 BGB. Hier braust ein Meer von Zweifeln auf, die an die Frage anknüpfen, ob der Beamte eine ihm gegen einen rassisch, politisch, religiös usw. Verfolgten obliegende Amtspflicht verletzt hat, wenn er zur Entziehung gegen die gesetzlich für vogelfrei Erklärten den ihm erteilten Befehlen, Gesetzen und Vorschriften gemäß mitgewirkt hat. Ein Daniel wird die Frage bejahen, ein Pilatus verneinen. Damit zusammen hängt die Frage nach der Haftung des Reichs oder Staats gemäß A. 31 der Weimarer Verfassung. Eine Klage gegen den Staat oder einen öffentlichen Verband ist z. Zt. nur mit Ermächtigung eines deutschen Gerichtes zur Ausübung deutscher Gerichtsbarkeit durch die Militärregierung gemäß MRG. 2 Artikel VI Ziffer 10 Buchst. g möglich. Gegen den Nacherwerber, auch wenn er gar nicht zur Entziehung mitgewirkt hat, schreitet das Rückerstattungsgesetz selbst mit strengen Haftungsvorschriften ein (Abs. 2), welche wesentlich weiter gehen, als die nach BGB. geltenden Vorschriften für die Mittäter, die dieses Gesetz als solche ungeschoren läßt.

Nur, wer durch schwere Entziehung vom Verfolgten unmittelbar erworben hat, haftet gemäß A. 30. Wie aber, wenn der Verlust des Verfolgten zwar durch eine unerlaubte Handlung herbeigeführt worden ist, deren Täter nicht der Erwerber war, dieser aber mit dem Erwerb eine neue unerlaubte Handlung verübt hat (z. B. Aneignung eines Gegenstandes, dessen sich der Verfolgte anläßlich einer gegen ihn verübten unerlaubten Handlung entäußert hat oder der ihm bei solchem Anlaß sonst abhanden kam)? Abs. 1 ist nicht anwendbar, aber Abs. 2 in solchem Falle auf den Ersterwerber anzuwenden und dort „verloren" statt „erlangt" zu lesen.

5. Abs. 1 setzt die schwere Entziehung einer unerlaubten Handlung und den Erwerb mittels ihrer der schweren Entziehung gleich. Er bestimmt deshalb eine Haftung des Erwerbers für jeden dem Verfolgten aus der Entziehung erwachsenden Schaden, auch dann, wenn sein Erwerb unmittelbar von ihm auf einer gegen den Verfolgten von einem Dritten ausgeübten Drohung beruht, die nicht von ihm veranlaßt war, ja, wenn man nach dem Wortlaut des Abs. 1 geht, sogar dann, wenn er von einer solchen Drohung keine Kenntnis hatte, ein denkbarer, wenn auch wohl seltener Fall. Man kann zweifeln, ob man in einem solchen Falle nicht doch auch für die Haftung des Ersterwerbers dieselben Voraussetzungen machen muß, die nach Abs. 2 für die Haftung des Nacherwerbers aufgestellt sind.

Maßgebend für den Umfang der Haftung sind die Vorschriften des BGB. über Schadensersatz aus unerlaubter Handlung. Für die Verjährung gilt § 852 BGB. i. V. m. A. 90.

6. Der Entzieher hat dem Verfolgten also wie schon nach A. 14 auch nach A. 30 in erster Linie den entzogenen Vermögensgegenstand herauszugeben, haftet ihm aber darüber hinaus für allen ihm durch die Entziehung zugefügten Schaden durch Vermögensminderung und entgangenen Gewinn. Die Verpflichtung zum Ersatz des Schadens setzt voraus, daß dieser in sogenannten adäquaten Zusammenhang mit der Entziehung steht, d. h. von dieser allgemein und nicht nur unter besonders eigenartigen, ganz unwahrscheinlichen und nach dem regelmäßigen Verlauf der Dinge außer Betracht zu lassenden Umständen herbeigeführt werden konnte. Mit dieser Voraussetzung ist auch denkbar, daß die Entziehung durch die damit für den Verfolgten verbundene Aufregung, durch Schmälerung der zu seiner normalen Unterhaltung benötigten Mittel seine Gesundheit (evtl. auch seine Erwerbsfähigkeit) geschädigt oder gar einem Schlaganfall herbeigeführt und ihn getötet hat. Auch ein derartiger Schaden, sowohl der zu seiner Wiederherstellung erforderliche erhöhte Aufwand, der Nachteil einer etwa verminderten Erwerbsfähigkeit (§ 842) als auch der Schaden, der nicht Vermögensschaden ist (§ 847), ist — durch Geldrente oder Kapitalabfindung (§ 843) — zu ersetzen. Selbst § 844 Abs. 2 ist anwendbar, welcher etwaigen gesetzlichen Unterhaltsgläubigern des durch die Entziehung plötzlich oder allmählich Getöteten Entschädigung durch Rente oder Kapitalabfindung zuspricht.

7. Kann der Entzieher den entzogenen Gegenstand nicht zurückgeben, oder ist dieser verschlechtert worden, so hat er natürlich allen durch die Unmöglichkeit der Herausgabe oder durch die Verschlechterung entstehenden Schaden, also den Wert des Gegenstandes oder seine Wertminderung, aber auch alle weiteren gerade durch die Unmöglichkeit der Herausgabe oder die Verschlechterung verursachten Schäden zu ersetzen.

a) Die Unmöglichkeit der Herausgabe kann auf Untergang der Sache beruhen. Wenn der entzogene Gegenstand untergegangen oder verschlechtert worden ist, so haftet derjenige, der ihn durch Entziehung vom Verfolgten erworben hat, auf Schadensersatz ohne weiteres, wenn der Untergang oder die Verschlechterung im adäquaten kausalen Zusammenhang mit der Entziehung steht. Er kann sich in diesem Fall nicht darauf berufen, daß er nachträglich auch beim Verfolgten untergegangen oder verschlechtert worden wäre; denn ein nachträglich eintretendes selbständiges Ereignis, welches den Verlust seinerseits herbeigeführt haben würde, kann den zwischen dem eingetretenen Schaden und der Entziehung bestehenden Kausalzusammenhang nicht nachträglich unterbrechen (RG. 147 S. 145, 148 S. 54). Nach besonderer Vorschrift (§ 848 BGB.) haftet (entsprechend § 287 Abs. 2 BGB. und dem Rechtssatz: fur semper in mora) derjenige, welcher einem andern eine Sache durch unerlaubte Handlung entzogen hat, aber auch für zufälligen Untergang und zufällige Verschlechterung, d. h. auch dann, wenn zwischen der Tatsache, daß der Vermögensgegenstand von dem Zufall, der ihn zerstört oder verschlechtert hat, betroffen worden ist oder werden konnte, und der Entziehung kein kausaler Zusammenhang besteht; gegen eine solche Haftung kann der Ersatzpflichtige nur einwenden, daß die Entziehung nicht nur nicht (Mit)Ursache, sondern nicht einmal Bedingung des Schadens war, und der Untergang oder die Verschlechterung auch ohne die Entziehung eingetreten wäre.

Beispiel: Es wurde eine Villa mit Hausrat entzogen: a) Der Entzieher bezog die Villa, verließ sie aber später, weil sie nach seiner Meinung den Bomben feindlicher Flieger zu sehr ausgesetzt war, und nahm den Hausrat mit. Dieser ging bei einem Bombenabwurf auf sein neues Heim durch Phosphor- oder Sprengbombe zugrunde. Der Entzieher haftet für den zerstörten Hausrat, weil die Entziehung hier Bedingung des Schadens war, und kann keine Einwendung daraus herleiten, daß später auch die Villa von einer Fliegerbombe getroffen worden und abgebrannt ist und daß der Hausrat auch an Ort und Stelle verbrannt wäre — denn dieses kann den Zusammenhang nicht mehr unterbrechen — auch nicht einmal daraus, daß der Schaden gerade durch Maßnahmen seiner Fürsorge entstanden ist, denn er haftet für jeden aus der unerlaubten Handlung, hier Entziehung, entstehenden Schaden, auch wenn er diesen nicht verschuldet hat, sondern abzuwenden bemüht war. b) Der Hausrat ist an Ort und Stelle belassen worden. Villa und Hausrat sind infolge feindlichen Bombenabwurfs niedergebrannt. Hier kann der Entzieher einwenden, daß die Bombe die Villa und den Hausrat auch getroffen hätte, wenn sie dem Verfolgten nicht entzogen worden wäre. Hinsichtlich der Villa wird dieser dies gelten lassen müssen — er kann gegenüber dem ersten Anschein, daß die Villa auch ohne Entziehung infolge des Bombenabwurfs abgebrannt wäre, wahrscheinlich machen, daß er hätte löschen können — das dürfte ihm schwerfallen —; dann hätte der Pflichtige dies zu widerlegen, — aber hinsichtlich des Hausrats nicht unbedingt. Denn es kann sein, daß der Verfolgte ihn seinerseits mit Rücksicht auf die Fliegergefahr vor dem Schadensereignis fortgebracht und geborgen hätte, oder daß der Pflichtige, der auch ererbten Hausrat in die Villa verbracht hat, um darin zu wohnen, der Wut des Brandes in erster Linie diese Erbstücke entrissen hat und deshalb die entzogenen Gegenstände nicht mehr retten konnte, während der Verfolgte natürlich auf die Rettung seines in der Villa befindlichen Hausrats bedacht und vielleicht erfolgreich gewesen wäre. In diesen beiden letzteren Fällen war die Entziehung Bedingung des Untergangs des Hausrats und würde er ohne sie nicht untergegangen sein. Wir sehen von weiteren Möglichkeiten ab. Alle diese hat der Pflichtige durch seine Beweisführung auszuschließen. Denn die Beweislast dafür, daß der Schaden zufällig eingetreten ist und auch ohne Entziehung eingetreten wäre, trägt der Ersatzpflichtige. c) War der Hausrat aus der Villa fortgebracht worden, bevor diese niederbrannte und ist er später trotzdem untergegangen, z. B. beim sacco Berlins von plündernden Feinden geraubt worden, so sind so vielfältige Möglichkeiten denkbar, daß sie hier nicht alle erörtert werden können. Der Ersatzpflichtige, kann geltend machen und bis zur Überzeugung der Wiedergutmachungskammer beweisen, daß der Hausrat auch da, wo der Berechtigte ihn geborgen hätte, ein Raub des plündernden Feindes geworden wäre.

Angesichts der weitgehenden und oft kaum erfüllbaren Ansprüche der dem Pflichtigen aufgebürdeten Beweislast dürfen die Grundsätze des Beweises nach dem ersten Anschein nicht übersehen werden, wenn dieser geeignet ist, die richterliche Überzeugung zu begründen, daß der Schaden auch ohne Entziehung eingetreten wäre. Dies gilt insbesondere für Demontage. Es wird besonders glaubhafter und überzeugender Darlegung des Berechtigten bedürfen, um in Demontage-Fällen die sich auf den ersten Anschein stützende richterliche Überzeugung, daß der Schaden auch ohne Entziehung eingetreten wäre, bis zu dem Grad zu erschüttern, daß der Pflichtige die Darlegungen des Berechtigten widerlegen und ihre Unschlüssigkeit oder Unrichtigkeit beweisen muß.

8. b) Die Unmöglichkeit der Herausgabe durch den Entzieher kann aber auch bestehen, obwohl der Gegenstand noch vorhanden ist, z. B. weil der Entzieher ihn veräußert hat. Dann hat der Verfolgte regelmäßig, abgesehen von den Ausnahmefällen der A. 18, 19, 20, 21, einen Rückerstattungsanspruch gegen den Inhaber (A. 14). Sein unter Umständen (wegen entgangenen Gewinns usw.) weit darüber hinausgehender Schadensersatzanspruch gegen den Entzieher mindert sich dann um diesen Rückerstattungsanspruch gegen den Inhaber, d. h. in Höhe des Wertes des Gegenstandes kann der Verfolgte gegen den Entzieher keinen Schadensersatzanspruch erheben — denn in Wahrheit hat er eben, wenn er des Gegenstands bei dem Inhaber habhaft werden kann, den in dem Verlust des Gegenstandes liegenden Schaden nicht erlitten — es sei denn, er tritt dem Entzieher den Anspruch gegen den Inhaber ab, ein durchaus praktisches Verfahren, weil der Entzieher dadurch den Rückgriffsansprüchen des Inhabers nach A. 47 entgeht.

c) Die Unmöglichkeit der Herausgabe kann auch auf sonstigen Maßnahmen des Entziehers, z. B. Verarbeitung, Vermischung, Verbindung beruhen, wenn die entzogene Sache dadurch aufhört „feststellbar" („identifizierbar", A. 1) zu sein.

Zu Anm. 7 und 8 ist folgende Erwägung anzustellen: Der Untergang, die Vermischung, Verarbeitung usw. bringt es naturnotwendig mit sich, daß der Gegenstand der Entziehung nicht mehr feststellbar ist, im ersteren Falle, weil er nicht mehr vorhanden ist, in den letzteren Fällen, weil er nicht mehr unterscheidbar ist. Nach A. 1 könnte man versucht sein, in einem dieser Fälle die Anwendbarkeit des Gesetzes überhaupt zu verneinen. Es ist aber klar, daß das Gesetz in A. 26, 29, 30 und 31 seine Anwendbarkeit von dem Erfordernis der Feststellbarkeit unabhängig macht, indem es eine Haftung des Entziehers und Nacherwerbers für den Fall der Unmöglichkeit der Herausgabe ausspricht, der, von der Veräußerung des Gegenstandes abgesehen, regelmäßig mit der Unfeststellbarkeit des entzogenen Gegenstandes zusammentreffen wird. Es ist eben nur für den Anspruch aus A. 14 gegenwärtige, im übrigen Feststellbarkeit zur Zeit der Entziehung vorauszusetzen. Für den Fall der Vermischung, Verarbeitung usw. ergibt sich daraus folgendes: Von dem Falle der Nichtigkeit eines Rechtsgeschäftes abgesehen, kann der Berechtigte mangels Anwendbarkeit des A. 15 Abs. 1 nicht mehr als Eigentümer des entzogenen Gegenstandes in Frage kommen und sonach auch für ihn aus Verarbeitung, Vermischung usw. kein Miteigentum entstehen. Wenn nun auch das Gesetz in A. 30 und 31 die Grenzen seiner Anwendbarkeit, die es sich in A. 1 durch das Erfordernis der Feststellbarkeit gezogen hat, mißachtet und die Schadensersatzansprüche des Verfolgten wegen Unmöglichkeit der Herausgabe nach A. 30 und 31 zweifellos auch dann bestehen, wenn diese Unmöglichkeit der Herausgabe gerade damit verbunden war, daß der entzogene Gegenstand nicht mehr feststellbar oder unterscheidbar ist, so kann man doch nicht das gleiche von dem Rückerstattungsanspruch im engeren und eigentlichen Sinne nach A. 14 sagen. Aber nur dessen Feststellung, nicht auch die Feststellung eines Schadensersatzanspruchs nach A. 30 hat nach A. 15 die Fiktion zur Folge, daß die Entziehung niemals stattgefunden hat. Es kann also bei Vermischung und Vermengung, Verarbeitung usw. wegen des A. 1 kein Rückerstattungsanspruch im engeren Sinne festgestellt werden. Daraus folgt, daß auch kein Miteigentum nach den Vorschriften des BGB. zugunsten des Berechtigten im Falle der Verarbeitung und Vermischung entstanden sein kann und daß er ausschließlich auf den Schadensersatzanspruch nach A. 30 bzw. 31 angewiesen ist.

Dies ist wichtig, wenn die vermischte Menge bzw. der durch die Verarbeitung entstandene Gegenstand sich bei einem Dritten und in dessen Eigentum befindet, während der Schadensersatzanspruch aus A. 30, 31, wenn die vermischte Masse bzw. der aus der Verarbeitung hervorgegangene Gegenstand sich im Eigentum des Schadensersatzpflichtigen befindet, sehr wohl schuld rechtlich auf Einräumung des Miteigentums, auch schuldrechtlich rückwirkend, zielen kann.

9. Zu ersetzen ist der Gegenstand in Natur (§ 249 BGB.); wenn dies nicht möglich ist, — gemäß § 251 BGB. — sein Wert. Maßgebend ist, vorbehaltlich einer Haftung gemäß 7a für Wertminderung, der jetzige Wert des Gegenstands, jedoch kann der Berechtigte eine Wertminderung, welche der Gegenstand seit der Entziehung erfahren hat, auch die Entwertung einer Geldschuldverschreibung (eines Pfandbriefs) oder einer Geldforderung durch Vermögensverfall des Schuldners oder Geldentwertung, als weiteren Schaden geltend machen unter der Voraussetzung, daß der Pflichtige für Verschlechterung oder Untergang des Gegenstandes haftet. Ein Ersatz des durch Preisstop beeinträchtigten Gegenwartswerts, desgleichen in heutigem deutschen Geld ist kein Wert- und kein Schadensersatz. Man wird daher dem Berechtigten angesichts der Tendenz des § 251 BGB., der den Geldersatz nur unter dem Gesichtspunkt vorsieht, die volle Entschädigung des Geschädigten zu ermöglichen, wenigstens Wertersatz ohne Rücksicht auf Stoppreise zugestehen müssen oder Ersatz durch einen anderen gleichartigen oder wenigstens ähnlichen gleichwertigen Gegenstand. Besteht freilich der Anspruch gegenüber dem derzeitigen Inhaber gemäß A. 14 und ist dieser realisierbar, so dürfte dem Verfolgten regelmäßig das Rechtsschutzinteresse an der Erhebung eines Schadensersatzanspruches gegen den Entzieher in der Höhe des Gegenwartswerts des entzogenen Gegenstands oder auf Beschaffung eines Ersatzgegenstands fehlen.

10. Nach A. 2 sind wegen begründeter Anwartschaft feststellbare (A. 1) Nutzungen selbst entzogen. Dies gilt nach A. 36 S. 2 besonders für Erzeugnisse und Früchte, die in der Besitzzeit des Entziehers selbst getrennt werden. Wegen meist fehlender Feststellbarkeit gilt zusätzlich: Auch auf die Herausgabe von Nutzungen sind nur die Vorschriften des BGB. über unerlaubte Handlungen, nicht auch die u. U. weitergehenden über Ansprüche aus dem Eigentum (§§ 987ff.) für anwendbar erklärt, was im Hinblick auf A. 15 Abs. 2 nahegelegen hätte. Hieraus ergibt sich: für Nutzungen, die dem Berechtigten entgangen sind, ist ihm in dem Umfange Schadensersatz zu leisten, als er Nutzungen bezogen hätte, nicht mehr und nicht weniger. Es handelt sich um entgangenen Gewinn. Kann der Pflichtige einwenden, daß der Berechtigte wegen seiner Rasse nach den Maßnahmen des Dritten Reichs auch ohne die Entziehung nur rückläufige Einnahmen (Nutzungen) gehabt hätte? Nach Schadensersatzrecht zweifellos ja. Auf diejenigen Nutzungen, welche der Entzieher bezogen hat oder hätte beziehen können, kommt es unter dem Gesichtspunkt des Schadensersatzes nicht an (a. A. Staudinger-Kober III zu § 992 BGB.). Hat er mehr Nutzungen gezogen, als der Berechtigte gezogen hätte, oder hätte er mehr Nutzungen ziehen können, aber nicht gezogen, so können aber weitergehende Ansprüche des Berechtigten nach § 990 BGB. bestehen, wenn nach bürgerlichrechtlichen Grundsätzen (§ 138 BGB.) der Eigentumserwerb des Entziehers nichtig war. Während z. B. den Vorteilen, welche der dem Berechtigten unmöglich gewordene Gebrauch der Sache dem Pflichtigen gewährt hat, nicht immer ein Schaden des Berechtigten entsprechen wird, fallen sie nach § 100 BGB. unter die Nutzungen, welche der schlechtgläubige Besitzer nach § 990 BGB. herauszugeben hat.

Nicht immer wird dem Berechtigten der Beweis möglich sein, welche Nutzungen er gezogen hätte. Bei Miethäusern dürfte er freilich keine Schwierigkeiten machen, wohl aber gerade im Hinblick auf die oben erwähnte Einwendung des Pflichtigen bei geschäftlichen Unternehmungen. Abs. 3 gibt darum dem Berechtigten das Recht, zu verlangen, daß die herauszugebenden Nutzungen nach dem üblichen für den entzogenen Vermögensgegenstand festgestellten Nutzungssatz berechnet werden sollen, der durch Ausführungsvorschriften zu bestimmen ist. Der Berechtigte erreicht damit auch, daß eine objektive von den Zufälligkeiten seiner physischen und moralischen Person unabhängige Größe zugrunde gelegt wird. Nur wenn dieser Richtsatz im Einzelfall sich als offenbar unangemessen erweist — offenbar zuungunsten des Pflichtigen, weil andernfalls der Berechtigte ohnedies von seinem Recht keinen Gebrauch machen wird — soll er dieses Recht nicht haben.

Notwendige Verwendungen kann der Pflichtige geltend machen, um den Schadensersatzanspruch zu mindern, weil ohne die Entziehung der Berechtigte sie hätte machen müssen (s. A. 34). Zu den Verwendungen gehört aber die eigene Arbeitsleistung nur ausnahmsweise. Für diese hätte der Berechtigte keine Aufwendungen machen müssen, wenn er ohne Entziehung sie selbst geleistet hätte. Andernfalls aber kann sie als eine ersparte Ausgabe schadensmindernd in Betracht kommen.

Zu Anm. 5—10: Ohne weiteres leuchtet ein, daß es für eine Schadensersatzpflicht des Entziehers unerheblich ist, wenn er den Gegenstand veräußert oder sonst weggibt. Für den mit der Entziehung in ursächlichem Zusammenhang stehenden Schaden haftet er auch dann, ohne daß ersterer durch Handlungen und Maßnahmen des Nacherwerbers unterbrochen würde. Aber auch an der darüber hinausgehenden erweiterten Haftung für zufälligen Untergang und zufällige Verschlechterung gemäß § 848 BGB. ändert sich dadurch nichts. Endlich bleibt er schadensersatzpflichtig auch für die dem Berechtigten während der Besitzzeit des Nacherwerbers entgangenen Nutzungen. Andererseits ist von der Schadensforderung das Entziehungsentgelt abzuziehen, soweit es dem Berechtigten verbleibt.

11. Abs. 2 handelt von der Haftung jedes Nacherwerbers. Nacherwerber ist nicht der Erbe des Ersterwerbers (Entziehers), welcher letzterem vielmehr gleichzusetzen ist. Nacherwerber ist jeder, der die Eigentümerstellung (A. 14) unmittelbar oder mittelbar durch eine Kette von Nacherwerbsfällen vom Ersterwerber ableitet. Nacherwerber ist auch jeder, der Früchte erwirbt, die der Entzieher gezogen hat, doch wird er meist nicht schlechtgläubig sein; er ist also meist nicht schadensersatzpflichtig nach A. 30, aber rückerstattungspflichtig (A. 14) — jedoch nur, wenn die Entziehung schwer war (s. zu A. 36) — bis zum Verzehr; durch diesen wird er, wenn er gutgläubig war, frei.

Da der deutsche Gesetzestext (A. 94) von „Inhaber" spricht, könnte man zweifeln, ob nur der Inhaber der Eigentümerstellung nach A. 14 gemeint ist. Aber da nach diesem ein Rückerstattungsanspruch nur gegen den Inhaber der Eigentümerstellung besteht, und nicht gegen einen bloßen Besitzer, wäre es befremdlich, wenn gegen einen solchen ein Schadensersatzanspruch unmittelbar gegeben wäre. Auch spricht der englische Text hier wie dort von „possessor". Wir verkennen nicht, daß es mißlich ist, den Berechtigten gegenüber einem Mieter usw. auf den Umweg des A. 29 zu verweisen (s. dort, 5).

Auch dem Nacherwerber, welcher beim Erwerb des entzogenen Vermögensgegenstandes wußte oder entsprechend der für den Hehler nach § 259 RStGB. geltenden Vorsatzvermutung den Umständen nach annehmen mußte, daß er von seinem Vormann oder einem seiner Vormänner durch schwere Entziehung erlangt war, wird dieser Erwerb als unerlaubte Handlung angerechnet. Vorausgesetzt ist die wirkliche oder vermutete Kenntnis der Entziehung, und zwar schwerer Entziehung, also aller Punkte auch der subjektiven und sogar inneren Momente auf Seite des Verfolgten, welche von einer Entziehung und zwar einer schweren vorausgesetzt werden, schon im Augenblick des Nacherwerbs. Bei der Entziehung durch Mißbrauch eines Staatsaktes muß, soweit diese nach 2c hierher zu rechnen ist, die vorhandene oder vermutete Kenntnis auch diejenigen Umstände umfassen, welche den Staatsakt mißbräuchlich machten (vgl. 5 Abs. 2 zu A. 31).

Die Kenntnis, bzw. das Bestehen einer Kenntnisvermutung hat der Berechtigte zu beweisen. Natürlich gilt gegen den Nacherwerber die gesetzliche Vermutung des A. 3 nicht etwa in dem Sinn, daß allein auf Grund der Umstände, welche die gesetzliche Entziehungsvermutung begründen, auch ihm schon vorgehalten werden kann, er habe auf Grund ihrer annehmen müssen, daß eine Entziehung, und zwar gar eine schwere Entziehung vorgefallen sei.

Bei dieser Kenntnis, die ihm zu beweisen ist, soll der Nacherwerber „ebenso" haften, wie der Entzieher. Was heißt das? Heißt es in gleicher Weise, nach denselben Grundsätzen, oder in demselben Umfang? Soll dem Nacherwerber nur der eigene Erwerb in Kenntnis der schweren Entziehung als unerlaubte Handlung angerechnet werden oder die schwere Entziehung wegen seiner Kenntnis unter der Bedingung seines nachträglichen Erwerbs? Der Unterschied liegt zutage: im letzteren Falle haftet er auch für Verschlechterungen, welche vor seinem Erwerb liegen, für Nutzungen, welche der Berechtigte in der Zeit vor dem Nacherwerb gezogen haben würde, für unterbliebenen Veräußerungs- oder sonstigen Gewinn, für welchen nur in der Zeit vor seinem Erwerb dem Berechtigten Gelegenheit gegeben gewesen wäre usw. Mit dem Worte „ebenso" kann man die eine wie die andere Meinung begründen. Nach der Tendenz des Gesetzes, welches anscheinend den schlechtgläubigen Nacherwerber einem Hehler gleichstellen will, wie die Verweisung auf § 259 RStGB. erkennen läßt, obwohl viele Fälle eines sittlich untadeligen Nacherwerbs auch bei schwerer Entziehung vorstellbar sind, müßte die weitergehende Haftung als gewollt erscheinen, wenn angenommen werden könnte, daß das Wort „ebenso" hier in einem anderen Sinne gebraucht wird, wie dasselbe Wort in A. 31 Abs. 2 (siehe dort). „Ebenso" heißt also: Unter den Voraussetzungen des Abs. 2 wird der Nacherwerb für die Ansprüche des Berechtigten wegen Unmöglichkeit der Herausgabe, Verschlechterung und auf Herausgabe der Nutzungen als unerlaubte Handlung angesehen und sind diese Ansprüche nach den Vorschriften des BGB. über unerlaubte Handlungen zu beurteilen. Es gelten also vom Zeitpunkt des Nacherwerbs ab für den Nacherwerber die Anmerkungen 5—10. Hat der Nacherwerber nicht schon im Zeitpunkt des Erwerbes Kenntnis von der schweren Entziehung oder von Umständen gehabt, auf Grund deren er eine solche annehmen mußte, sondern diese erst nachträglich erlangt, so haftet er erst von diesem Zeitpunkt ab, aber nicht wie der Entzieher gemäß Abs. 1, sondern nach A. 31 Abs. 2, wie der Nacherwerber bei einfacher Entziehung für allen während der Besitzzeit des Nacherwerbers von ihm verschuldeten Schaden.

Selbstverständlich haftet außerdem der Ersterwerber, weil auch dieser Schaden zu dem Gesamtschaden aus der Entziehung gehört, für welchen der Ersterwerber haftet. Der ursächliche Zusammenhang wird durch Maßnahmen des Nacherwerbers nicht unterbrochen.

12. Siehe Anm. 14 zu A. 26 und oben Anm. 3.

13. Siehe Anm. 7 zu A. 31.

Artikel 31

Gemilderte Haftung[1, 2]

1.[1] Auf Schadenersatz[8] wegen Unmöglichkeit der Herausgabe oder Verschlechterung des entzogenen Vermögensgegenstandes[2] haftet auch der Inhaber[1] oder ein früherer Inhaber des entzogenen Vermögensgegenstandes, welcher diesen durch eine nicht in den Tatbestand des Artikels 30 Absatz 1 erfüllende Entziehung (einfache Entziehung)[1] erworben hat, es sei denn, daß er nachweist, daß er die im Verkehr erforderliche Sorgfalt angewendet hat[2].

2.[1] Ebenso[3] haftet der Inhaber[1] oder ein früherer Inhaber von dem Zeitpunkt an, von dem er weiß[5], oder den Umständen nach annehmen mußte[5], daß der Vermögensgegenstand zu irgendeiner Zeit[4] durch eine Entziehung im Sinne dieses Gesetzes erlangt[5] worden ist.

3. Im Falle der Entziehung eines Grundstückes oder grundstücksgleichen Rechtes[6] haftet der Inhaber oder ein früherer Inhaber nach Absatz 1 sofern er nicht nachweist[7], daß er infolge besonderer Umstände[7] weder wußte, noch den Umständen nach annehmen mußte, daß der Vermögensgegenstand zu irgendeiner Zeit durch eine Entziehung im Sinne dieses Gesetzes erlangt worden ist.

1. „Inhaber", paßt nur auf Verschlechterung beim letzten Erwerber. Abs. 1 versteht nur, wer statt; „Inhaber usw., welcher" liest: „wer"; er handelt vom Entzieher (Ersterwerber) bei einfacher Entziehung, Abs. 2 vom schlechtgläubigen oder nachträglich schlechtgläubigen Nacherwerber bei einfacher und auch schwerer Entziehung, die er beim Erwerb nicht kannte.

Eine Entziehung nach A. 2, 4, die nicht nach A. 30 eine schwere Entziehung ist, ist eine einfache Entziehung. An sie knüpfen sich nicht die Folgen einer unerlaubten Handlung, vielmehr behandelt hier das Gesetz den Erwerber, auch wenn er die Entziehung kannte wie jemand, von dem es voraussetzt, daß er ein Ehrenmann sei und den entzogenen Gegenstand für die Dauer der Verfolgung treuhänderisch übernommen habe. Bei Ersterwerbern und dem Nacherwerber, der schon bei seinem Erwerb die Entziehung kannte, ist dieser Treuhandgedanke berechtigt; weniger sinnvoll erscheint er bei dem Nacherwerber, dem erst nachträglich die Entziehung oder ein Umstand bekannt wurde, von dem er auf sie schließen mußte. Der Entzieher oder Ersterwerber ist ohne Rücksicht auf guten Glauben rückerstattungs- und ersatzherausgabepflichtig (A. 14, 29) und für

2. Schadensersatz wegen Unmöglichkeit der Herausgabe und Verschlechterung haftbar, letzteres aber nur, wenn der Schaden zufolge Außerachtlassens der im Verkehr er-forder lichen Sorgfalt entstanden oder nicht abgewandt worden ist. Die Beweislast für den Mangel seines Verschuldens trägt der Pflichtige. Auf die im Verkehr erforderliche Sorgfalt kann hier, wo in Wahrheit ein Eigengeschäft des Pflichtigen vorliegt, nur abgestellt werden, indem das Gesetz unterstellt, daß der honorige Inhaber nur als Treuhänder anzusehen sei und selbst nur angesehen sein wolle. Die Worte bedeuten, daß der Entzieher und der Nacherwerber, letzterer von dem Zeitpunkt an, in welchem er von der Entziehung Kenntnis erhielt (Abs. 2), die Sache als eine fremde, zurückzugebende ansehen und ihr das Maß von Sorgfalt angedeihen lassen mußte, welches nach der Anschauung des Verkehrs einer fremden Sache geschuldet wird.

Schwer zu entscheiden ist, ob die im Verkehr erforderliche Sorgfalt verlangt, aus einer eigene und fremde Sachen bedrohenden Gefahr zuerst die letzteren zu retten. Haftet der Inhaber, der die Entziehung kannte, wenn er die eigenen Sachen gerettet hat, und die entzogenen zugrunde gehen ließ? Gerade der Hinweis auf das im Verkehr erforderliche Maß von Sorgfalt gestattet nicht, die geistige Lage unberücksichtigt zu lassen, in welcher der Durchschnittsmensch sich beim Anblick der Gefahr befindet. Wäre dem nicht Rechnung zu tragen, müßte gesagt werden, die im Verkehr übliche Sorgfalt fordere die Rettung zuerst des Wertvollsten und des zum Leben Nötigsten. Doch ist es unzulässig, das Verhalten der Menschen in solcher Lage mit dem Maßstab des Verstandes zu messen. Zudem besteht weder nach den Grundsätzen der Moral noch des Verkehrs eine Verpflichtung, die fremde, anvertraute Sache vor der eigenen zu bevorzugen. Eine Haftung wegen Verletzung der im Verkehr erforderlichen Sorgfalt dürfte daher in solchem Falle nur ausnahmsweise dann anzunehmen sein, wenn der Inhaber mit Bedacht die eigenen vor den entzogenen Sachen um seines Eigentums willen ohne Rücksicht auf Wert oder Lebensnotwendigkeit vorgezogen hat. Aber dieser Ausnahmefall ist nicht denkbar, weil dem Verpflichteten zu jener Zeit eine solche Überlegung deshalb nicht hat kommen können, weil er nicht damit zu rechnen hatte, die entzogene Sache zurückgeben zu müssen, sie vielmehr als eigene ansah, und es nur eine gesetzliche Fiktion ist, daß er sie lediglich als Treugut besitzen wollte.

Für Herausgabe von Nutzungen haftet der Entzieher nur im Umfang des A. 32.

3. Auch der Nacherwerber ist als Inhaber rückerstattungs- und ersatzherausgabepflichtig nach A. 14, 29 ob er gut- oder schlechtgläubig war oder ist, aber seine Schadensersatzpflicht wegen Unmöglichkeit der Herausgabe oder Verschlechterung setzt nicht nur gleichfalls Verschulden, sondern auch Schlechtgläubigkeit voraus.

„Ebenso" kann — anders als bei A. 30 Abs. 2 — hier, wo die Haftung auf subjektive Momente: Kenntnis und (eigenes) Verschulden, auf eine fingierte Treuhänderschaft abgestellt ist, nicht heißen: „in demselben Umfang", sondern nur „nach gleichen Grundsätzen" wie der Vormann. Denn wie wäre es möglich, den Inhaber im Umfange seines Vormanns für Geschehnisse, die sich in dessen Besitzzeit, (Treuhänderschaft) zugetragen haben (Verschlechterung), die also der

Nacherwerber nicht selbst verschuldet hat, haften zu lassen, auch wenn er beim Erwerb keine Kenntnis von der Entziehung hatte, nur weil er diese nachträglich erlangt, während er trotz nachträglicher Kenntnis für selbstverschuldete Geschehnisse nach seinem Erwerb vor Erlangung dieser Kenntnis nach dem klaren Wortlaut des Abs. 2 nicht haftet. Da die einfache Entziehung und der Erwerb trotz Kenntnis von der Entziehung nicht als Delikt gilt und nur die Haftung wegen Verschuldens begründet, kann keine Schadensersatzleistung für nicht selbstverschuldete Schadensereignisse geschuldet werden.

4. Vgl. Anm. 14 zu A. 26.

5. S. A. 2 und A. 4; selbstverständlich nicht nur, wenn er Kenntnis von der einfachen Entziehung, sondern auch, wenn er Kenntnis von einer schweren Entziehung erhält; aber da er diese Kenntnis nicht schon beim Erwerb hatte, sondern erst nachträglich bekam, begründet es für den Umfang der Haftung keinen Unterschied, ob es eine schwere oder einfache Entziehung war. Da hier zwischen den beiden Arten der Entziehung nicht unterschieden wird, spielt hier der Anm. 2 a. E. zu A. 30 behandelte Zweifel keine Rolle, und ist es gewiß, daß auch die Kenntnis von einer Wegnahme nach lit. b und c des A. 2 genügt, um die Haftung zu begründen. Die Beweislast dafür, daß der Inhaber die Entziehung kannte oder nach den Umständen annehmen mußte, hat der Berechtigte.

Die Kenntnis muß natürlich umfassend sein und alle Punkte auch die subjektiven und sogar inneren Momente auf Seite des Verfolgten betreffen, ohne die keine Entziehung vorlag. Bei Entziehung durch Mißbrauch eines Staatsaktes muß sie sich also auch auf diejenigen Umstände beziehen, welche den Staatsakt mißbräuchlich machten, z. B. bei Entziehung durch Zuschlag im Zwangsversteigerungsverfahren infolge Versagung des Vollstreckungsschutzes ausschließlich aus rassischen oder politischen Gründen auf diese Versagung und ihre Gründe. Schwieriger liegt es bei der Entziehung nach A. 4. Unmöglich ist es, daß der Inhaber von der Anfechtung, welche von der Entziehung vorausgesetzt wird, Kenntnis erhielt, bevor sie auf Grund dieses Gesetzes erklärt wurde. Daraus würde folgen, daß in der Masse der Fälle einfacher Entziehung (nach A. 4) überhaupt niemals eine Haftung für verschuldete Unmöglichkeit der Herausgabe oder Verschlechterung bestehen könnte, soweit diese schon vor der Anfechtung eingetreten ist. Ob dies gewollt ist und nicht vielmehr die Kenntnis der Umstände genügt, welche die Anfechtbarkeit begründen, mag dahinstehen.

6. Reichsrechtlich ist das Erbbaurecht den Grundstücken gleichgestellt (§§ 1017 BGB., 11 Erbbaur.VO.), ferner nach A. 63 EGBGB. das Erbpachtrecht, wenn es landesgesetzlich besteht, nach A. 68 EGBGB. das landesrechtlich zu regelnde Abbaurecht und nach A. 196 EGBGB. die landesrechtlich zu regelnden Nutzungsrechte an einem Grundstück. Die Landesrechte haben innerhalb der zu ihren Gunsten im EGBGB. gemachten Vorbehalte noch andere Rechte, z. B. das Bergwerkseigentum (A. 67 EGBGB.), den Grundstücken gleichgestellt.

7. Beim Erwerb eines Grundstücks, das ehedem einem politisch oder rassisch Verfolgten gehört hat, unterstellt das Gesetz, daß dem Käufer die Entziehung bekannt war oder daß ihm Umstände bekannt waren, auf Grund deren er eine Entziehung annehmen mußte. Diese Unterstellung mag hinsichtlich des Ersterwerbers als berechtigt hingehen, soferne das Grundstück ehedem einem Juden gehört hat; denn die jüdische Abstammung des Veräußerers war meist schon seinem Namen zu entnehmen, besonders seit die Juden alle zufolge der gehässigen Gesetzgebung des Dritten Reiches die Vornamen Israel bzw. Sarah tragen mußten. Außerdem hatte der Notar bei Beurkundung des Kaufvertrages durch entsprechende Fragen an die Vertragsteilnehmer festzustellen, ob ein Jude an dem Vertrag beteiligt sei, und das Ergebnis dieser Feststellung mit zu beurkunden. Der Erwerber erfuhr daher die rassische Abstammung des Veräußerers. Aber im Falle des Nacherwerbes dürfte regelmäßig der Käufer diese Abstammung des Vorverkäufers nicht erfahren haben. Zwar ergab sie die Grundbucheinsicht. Diese überließen aber die Beteiligten üblicher und befugter Weise dem Notar. Dieser wiederum konnte damals die künftige Haftung des Nacherwerbers nicht voraussehen und hatte deshalb keine Veranlassung, diesen über die für ihn damals gänzlich unerhebliche Tatsache aufzuklären, daß der Vorverkäufer Jude gewesen war, und wird dies deshalb ohne besonderen Anlaß wohl auch niemals getan haben. Bei der Entziehung durch Verfolgung wegen religiöser, politischer, weltanschaulicher Gründe ergab das Grundbuch darüber überhaupt nichts. Schon der Ersterwerber brauchte diese Entziehung daher keineswegs zu erfahren. Gleichwohl verlangt das Gesetz den Nachweis nicht nur der Unkenntnis, sondern auch besonderer Umstände, welche es erklären, warum und wieso der Erwerber des Grundstücks von der Entziehung keine Kenntnis erlangt hat. Ein solcher besonderer Umstand wäre z. B. eine falsche Angabe, welche der Verfolgte bei dem Beurkundungsakt über seine Abstammung gemacht hat. Ohne diesen Nachweis haftet der Inhaber und jeder frühere Erwerber für die von ihm verschuldete Unmöglichkeit der Herausgabe oder Verschlechterung nach Abs. 1 auch, wenn ihm die Entziehung unbekannt geblieben ist.

Die Bestimmung befremdet noch unter einer anderen Erwägung. Sie macht in der Hinsicht unsicher, ob die zu A. 30 Anm. 3 gezogene Schlußfolgerung richtig ist, daß bei Erwerb von einem Juden immer nach A. 3 die Vermutung schwerer Entziehung besteht. Denn solchen Falles kann, wenn jene Schlußfolgerung richtig ist, immer nur Kenntnis schwerer Entziehung oder Unkenntnis der Entziehung in Frage kommen, so daß die Bestimmung am falschen Platze steht.

8. §§ 249ff. BGB. Neben den Schadensersatzansprüchen aus A. 30 und 31 bestehen natürlich die Ansprüche des Berechtigten aus A. 29.

Artikel 32

Herausgabe von Nutzungen bei einfacher Entziehung

1. Der Inhaber oder ein früherer Inhaber des entzogenen Vermögensgegenstandes, welcher diesen zu irgendeiner Zeit durch einfache Entziehung erlangt hat[1], hat für die Zeit[7] in der er Nutzungen[2] des Vermögensgegenstands gezogen hat, dem Berechtigten eine angemessene Vergütung zu entrichten[2]. Die Bestimmungen des Artikels 31 Absatz 2 und 3[8] gelten entsprechend.

2. Als angemessen gilt der Betrag[5] der gezogenen reinen[3] Nutzungen, abzüglich eines angemessenen Entgelts für die Geschäftsführung des Verpflichteten[4]. Das Entgelt für die Geschäftsführung soll 50% der gezogenen Reinnutzungen nicht übersteigen, es sei denn, daß es sich um kleinere Beträge handelt[4]. Nutzungen, die der Verpflichtete böswillig nicht gezogen oder

vermindert hat, sind hinzuzurechnen[2]. Die aus dem Reinertrag des Vermögensgegenstandes entrichteten Steuern und die Verzinsung des vom Verpflichteten für den Erwerb des Vermögensgegenstandes entrichteten Entgelts sind angemessen zu berücksichtigen[3]. Artikel 30 Absatz 3 gilt entsprechend[6].

1. Soll heißen: „Wer einen Vermögensgegenstand durch einfache Entziehung erlangt hat", — nicht nur der rückerstattungspflichtige gegenwärtige Inhaber, wenn auf ihn diese Voraussetzung zutrifft, sondern im gleichen Falle auch ein früherer Inhaber.

2. Kann — auch feststellbare (s. 10 zu A. 30) — Nutzungen, die er gezogen hat, behalten, aber er hat dafür, nicht etwa für das Nutzungsrecht, d. h. nicht für alle ziehbaren Nutzungen, jedoch auch für diejenigen, welche er böswillig nicht gezogen hat, eine angemessene Vergütung zu entrichten. Böswillig bedeutet mehr als vorsätzlich oder geflissentlich, setzt einen Entschluß aus verwerflichen Beweggründen voraus (welcher Art diese hier sein könnten, wo der Inhaber doch glaubte, auf Nutzungen zu verzichten, die ihm selbst gebührten — mag auch das Gesetz eine Treuhänderschaft fingieren — liegt nicht zutage). Das Gesetz treibt den Gedanken der Treuhänderschaft darüber nicht hinaus. Ein Schadensersatz wegen unterlassener Nutzung wird nicht allgemein geschuldet, auch nicht, wenn die Unterlassung der Nutzung in der Einstellung eines Betriebes besteht, nur wenn der Betrieb unwiderruflich eingestellt, zum dauernden Erliegen gebracht wurde, ist Schadensersatz wegen Unmöglichkeit der Herausgabe oder Verschlechterung im Falle des Verschuldens geschuldet.

„Nutzungen" sind nach dem BGB. auch die Vorteile, die der Gebrauch einer Sache gewährt (§ 100 BGB.), also nicht bloß Früchte und Erträge. Es kommt daher auch eine Miete, ein Entgelt für den Gebrauch einer Sache (z. B. der Wohnung im eigenen Haus, vielleicht auch einer Wohnungseinrichtung) in Betracht. Immerhin muß es sich um Vorteile des Gebrauches handeln. Für die Augenweide an entzogenen Bildern, mag sie auch groß gewesen sein — wir wollen es annehmen —, an entzogenen chinesischen Vasen, für den Ohrenschmaus, den der Ton einer Stradivarigeige oder eines Steinwayflügels bereitet hat, gewährt das banausische Gesetz nichts.

3. Von den gezogenen Nutzungen sind die Aufwendungen abzuziehen, welche gemacht worden sind, um sie zu gewinnen (natürlich nicht die als „Unkosten" vermummten Entnahmen — Gummi und Benzin für den Privatwagen und Blumen für den Schreibtisch des Chefs —, welche im Gegenteil den gezogenen Nutzungen zuzurechnen sind), ferner die auf dem Vermögensgegenstand liegenden öffentlich- oder privatrechtlichen Lasten, die entrichtet werden mußten, darüber hinaus die von dem Reinertrag entrichteten Steuern, insbesondere die Gewerbe- und Einkommensteuern, Zinsen für das zum Erwerb aufgewendete Kapital, nicht nur Leih-, sondern auch Eigenkapital, jedoch nur zu einem angemessenen Zinssatz. Dieser Abzug geht soweit, daß im allgemeinen, wenn es sich nicht um ein geschäftliches Unternehmen, sondern um ein Haus, ein Landgut, Wertpapiere handelt, weitere Reinnutzungen nicht übrig bleiben werden, für die noch eine angemessene Vergütung zu entrichten sein könnte.

4. Wenn dies nichtsdestoweniger der Fall ist, ist von ihrem Wert erst noch ein angemessenes Entgelt für die Geschäftsführung des Verpflichteten abzuziehen. Der Aufwand für die Geschäftsführung kann sehr gering gewesen sein — z. B. wenn sie nur in der Verpachtung oder dem Klappern mit der Couponschere — vor 1945 — bestand —, dann ist auch der Abzug von der Vergütung gering; denn in Wirklichkeit wurde ja in einem solchen Falle die Geschäftsführung von einem Dritten besorgt und drückt sich die Entlohnung dafür schon in einer Minderung der Nutzungen aus. Der Müheaufwand kann aber auch sehr groß und mit einer persönlichen Haftung verbunden gewesen sein, wie bei der Führung eines geschäftlichen Unternehmens, dann kann die Vergütung bis zu 50% des Wertes der Nutzungen im Sinne der Anm. 3, aber nicht mehr betragen. Handelt es sich um kleinere Beträge, so kann dieser Prozentsatz überschritten werden, z. B. wird, wenn die Geschäftsführung eines Betriebes die ganze Zeit und Arbeitskraft des Inhabers in Anspruch genommen, der Reinbetrag der Nutzungen aber den zur Lebenshaltung erforderlichen Aufwand nicht überstiegen hat, die Vergütung für die Geschäftsführung auch 100% der Reinnutzungen betragen dürfen, zumal hier in ihnen auch das Entgelt für den Einsatz der eigenen Haftung enthalten ist.

5. Im übrigen ist der Betrag der bezogenen Nutzungen zu vergüten. Unter Betrag ist, wo die Nutzungen in Geld eingegangen (geschäftliches Unternehmen, Zinsen und Dividenden) oder umgesetzt worden sind, die erzielte Geldeinnahme zu verstehen. Wo die Nutzungen in Natur verbraucht wurden, wie etwa der Ertrag eines Obst- oder Gemüsegartens, ist der Betrag zu verstehen, zu welchem sie hätten in Geld umgesetzt werden können, wenn sie nicht verbraucht worden wären. Eine Vergütung für die gesunkene Kaufkraft des Geldes kann hier nicht in Frage kommen, wo es sich nicht um Schadensersatz handelt, und das Gesetz auch offenbar mit Bedacht keinen Werterersatz angeordnet hat.

6. Auch hier kann, wie im Falle einer schweren Entziehung der Berechtigte erreichen, daß nicht nur die vom Pflichtigen gezogenen Nutzungen zugrunde gelegt werden, sondern daß für die ihm zu gewährende Vergütung von einem objektiven Maß von Nutzungen ausgegangen wird, indem ein durch Ausführungsvorschrift zu bestimmender üblicher Nutzungssatz zugrunde gelegt wird. A. 30 Abs. 3 soll entsprechend gelten. Die entsprechende Geltung dürfte auch die Zugrundelegung eines durch Ausführungsvorschrift zu bestimmenden Satzes für die Geschäftsführung, die Zinsen für das zum Erwerb angewandte Eigen- und Fremdkapital, aber nicht wohl eines Steuersatzes zulassen, da die Höhe der Steuern ständig steigt und nicht nur während der Entziehungszeit gewechselt hat, sondern auch von subjektiven Momenten abhängig war.

7. Nach den in 1—6 entwickelten Grundsätzen haftet nicht nur der Erst-, sondern jeder spätere (Nach-)Erwerber des entzogenen Gegenstandes für die Herausgabe der Nutzungen, welche er während seiner Besitzdauer von dem Augenblick ab gezogen hat, in dem er Kenntnis von der Entziehung oder von Umständen gewann, auf Grund deren er eine Entziehung annehmen mußte, so daß seine Kenntnis der Entziehung gesetzlich vermutet wird.

8. Handelt es sich um die Nutzungen eines Grundstücks (siehe Anm. 5 zu A. 31), wird von dem ersten und jedem späteren Erwerber des Grundstücks vermutet, daß er die Entziehung oder Umstände i. S. der Anm. 7 kannte (s. 6 zu A. 31), wenn er nicht besondere Umstände dartut und beweist, welche erklären, warum er sie nicht kannte.

Artikel 33

Haftungsausschluß

1. Der Inhaber oder ein früherer Inhaber des Vermögensgegenstandes ist zum Schadensersatz wegen Unmöglichkeit der Herausgabe oder wegen Verschlechterung des entzogenen Vermögensgegenstandes und zur Vergütung gezogener Nutzungen für die Zeit nicht verpflichtet, während der er weder wußte noch den Umständen nach annehmen mußte, daß der Gegenstand zu irgendeiner Zeit durch eine Entziehung erlangt worden ist[1]. Die Bestimmungen des Artikels 31 Absatz 3 bleibt unberührt[2].

2. Nutzungen, die nach den Regeln einer ordnungsmäßigen Wirtschaft nicht als Ertrag der Sache anzusehen sind, sind in jedem Falle nach den Vorschriften des Bürgerlichen Gesetzbuches über die Herausgabe einer ungerechtfertigten Bereicherung herauszugeben[3].

3. Für einen Zeitraum, für welchen der Berechtigte keine Nutzungen beanspruchen kann, wird ein Entgelt für Geschäftsführung in keinem Falle gewährt[4].

1. A. 33 Abs. 1 bestimmt nach A. 30, 31, 32 Selbstverständliches. Der gutgläubige Erst- oder Nacherwerber eines entzogenen Vermögensgegenstandes, mag dieser Gegenstand einer schweren oder einfachen Entziehung gewesen sein, hat zwar trotz seines guten Glaubens diesen selbst (A. 1, 14) und (nach A. 29) alles herauszugeben, was er infolge eines Umstandes, der ihm die Herausgabe des Gegenstandes unmöglich gemacht hat, oder aus Anlaß einer Verschlechterung des Gegenstandes erlangt hat, aber im übrigen hat er Ersatz wegen einer Verschlechterung des Gegenstandes oder Unmöglichkeit seiner Herausgabe nicht zu leisten. Ebensowenig hat er die von ihm gezogenen Nutzungen zu vergüten. Erst, wenn er später die Entziehung erkennt oder Umstände kennen lernt, auf Grund deren er annehmen muß, daß der Vermögensgegenstand einem Verfolgten entzogen worden ist, trägt er für die Zukunft die Haftung nach A. 31 Abs. 2 (s. dort 3—5) und schuldet er Ersatz für von da ab gezogene Nutzungen (A. 32). Für Grundstücke s. aber A. 31 Abs. 3.

2. Die Vermutung nach A. 31 Abs. 3 (s. dort 5—6) wäre keine gesetzliche Vermutung, wenn sie nicht auch gegen einen solchen bestünde, auf den sie nicht zutrifft. Aber es bleibt diesem unbenommen, sie zu widerlegen. Dann gilt Satz 1 (s. Anm. 1) in vollem Umfang.

3. Die Schonung des gutgläubigen Rückerstattungspflichtigen hält inne, wenn er Nutzungen gezogen hat, welche nach den Regeln einer ordnungsmäßigen Wirtschaft nicht als Erträge der Sache anzusehen sind. Der Schulfall ist der Windschlag in einem Wald. Wäre gutgläubiger Erwerb entzogener Unternehmen denkbar, so würde hieher gehören auch der Buchgewinn bei Veräußerung von Gegenständen des Anlagevermögens, jedoch nicht schlechthin jeder Gewinn, der kein eigentlicher Betriebsgewinn ist, insbesondere nicht jede Auflösung stiller Reserven aus der Zeit vor der Entziehung. Hier entscheidet die kaufmännische Auffassung und die Auffassung der Betriebswissenschaft. Nutzung ist nicht schlechthin gleichbedeutend mit Jahresbetriebsreingewinn. Derartige Nutzungen fallen eigentlich unter den Begriff der Verschlechterung, mindestens im weiteren Verstande. Eigentlich haftet der gutgläubige Pflichtige nicht für sie. Aber da ihm hier der Wert der Verschlechterung zugeflossen ist, mutet ihm das Gesetz vom Standpunkt der A. 14, 1 aus folgerichtig und billig den Ersatz dieser Nutzungen — verglichen zu A. 14 sehr entgegenkommend aber nur — nach den Vorschriften über ungerechtfertigte Bereicherung zu. Er ist dieser Verpflichtung ledig, wenn er den Wert der Nutzungen, ohne andere Ersparnisse dadurch zu machen, für sich verbraucht, insbesondere aber dann, wenn er sie wieder auf den Entziehungsgegenstand verwandt hat.

4. Abs. 4 stellt einen Grundsatz auf, der in gewissem Umfange auch für A. 32 anwendbar ist. Wenn er auch auf einen Zeitraum abgestellt, nämlich auf die Zeit der Gutgläubigkeit des Inhabers, so schließt er doch weitergehend ein, daß für die Verwaltung des Gegenstandes, der keine Nutzungen bringt, der Pflichtige keine Vergütung verlangen kann.

Artikel 34

[1, 5] Verwendungsansprüche

1. Gewöhnliche Erhaltungskosten[4] für den zurückzuerstattenden Vermögensgegenstand sind unbeschadet ihrer Berücksichtigung bei Ermittlung der Reinnutzung nach Artikel 30 und 32 nicht zu ersetzen[5, 6].

2. Für sonstige notwendige[3] Verwendungen[2] kann Ersatz insoweit verlangt werden, als sie bei ordnungsmäßiger Bewirtschaftung des entzogenen Vermögensgegenstandes noch nicht als abgeschrieben zu gelten haben[7].

3. Für andere als notwendige[3] Verwendungen[2] kann der Rückerstattungspflichtige Ersatz nur insoweit verlangen, als sie bei ordnungsmäßiger Bewirtschaftung des entzogenen Vermögensgegenstandes noch nicht als abgeschrieben zu gelten haben und durch die Verwendung der Wert der Sache noch zur Zeit der Rückerstattung erhöht ist[9]. Die Haftung des Berechtigten beschränkt sich in diesem Falle auf den zurückzuerstattenden Vermögensgegenstand und die sonstigen ihm aus der Rückerstattung zustehenden Ansprüche. Für die Geltendmachung der Haftungsbeschränkung finden die Vorschriften der §§ 1990, 1991 BGB. entsprechende Anwendung[9].

4. Wer den entzogenen Vermögensgegenstand zu irgendeiner Zeit mittels einer schweren Entziehung erlangt hat, kann Ersatz

nur[9] für notwendige[3] Verwendungen[2] unter den Voraussetzungen des Absatz 2 und unter der weiteren Voraussetzung verlangen, daß die Verwendungen dem Interesse des Berechtigten entsprachen[8]. Dasselbe gilt für den Inhaber oder einen früheren Inhaber des entzogenen Vermögensgegenstandes von dem Zeitpunkt an, von dem er wußte oder den Umständen nach annehmen mußte, daß der Vermögensgegenstand zu irgendeiner Zeit mittels einer schweren Entziehung erlangt worden war[8].

5. Für Verwendungen, die zu einer wesentlichen Veränderung und dadurch zu einer erheblichen Wertsteigerung einer Sache im Sinne des Artikels 2 Absatz 1 geführt haben, kann kein Ersatz verlangt werden, wenn die Bestimmungen des Artikels 26 Absatz 1 Anwendung finden[10].

1. Vgl. hiezu über Verwendungen, welche mit einer Veränderung des entzogenen Gegenstandes verbunden waren, A. 26, über Verwendungen auf ein geschäftliches Unternehmen, die zu einer Wertsteigerung (insbesondere auch durch Veränderung im Wege der Vergrößerung) geführt haben, A. 29 Abs. 4.

2. Verwendungen auf eine Sache setzen begrifflich Doppeltes voraus: daß ihr wirtschaftlicher Erfolg dem Eigentümer irgendwie zugutekommt und daß damit der Sache selbst als solcher genützt werden soll (vgl. Mot. z. BGB. III S. 411). Aufwendungen zum Erwerb der Sache sind also keine Verwendungen auf die Sache. Es braucht aber nicht unmittelbar die Substanz des Gegenstandes Angriffspunkt der Verwendung sein, es genügt ihre mittelbar nützliche Wirkung auf die Sache, z. B. Bereitstellung einer Box für einen Kraftwagen (dagegen nicht vermietungsweise, weil der Vermieter nicht dem Wagen nützen will, RG. JW. 32 S. 1228). Darüber hinaus rechnet BGB. (§ 995) zu den Verwendungen auch Aufwendungen, welche gemacht werden, um die Lasten einer Sache zu bestreiten, gleichgültig, ob sie dem öffentlichen oder bürgerlichen Recht entspringen, also sowohl Steuern als auch Hypothekenzinsen. Keine Verwendung ist der Aufwand, um ein Pfandrecht an der Sache ab-, etwa diese in einem Leihhaus auszulösen. Eine Arbeitsleistung für die Sache ist nur dann Verwendung auf sie, wenn die Arbeitskraft ohne diesen Einsatz anderweit entgeltlich verwertet worden wäre oder durch ihn dem Hauptberuf entzogen und dadurch ein Erwerb gefährdet worden ist (OLG. 29 S. 353). Die Rechtsprechung zu BGB. § 994 (z. B. JW. 30 S. 2655) rechnet zu den Verwendungen nicht Aufwendungen zur Erweiterung oder Verbesserung (nicht Ausbesserung), wenn die Sache durch die Änderung ihrer wirtschaftlichen Bestimmung für eigene gewerbliche Sonderzwecke des Besitzers geeignet gemacht werden soll. Dieser anfechtbare Standpunkt ist nicht derjenige des Rückerstattungsgesetzes, wie Abs. 5 und A. 26 Abs. 3 Satz 2 erkennen lassen.

3. Notwendige Verwendungen sind solche, ohne welche die Sache untergehen oder verschlechtert werden würde, z. B. Fütterungskosten (RG. 52 S. 166), Ausbesserung und selbst Erneuerung des Daches eines Hauses, wenn erforderlich, um schädliche Witterungseinflüsse fernzuhalten, Ausbesserungen an Maschinen, ohne welche diese objektiv für ihren bestimmungs-

mäßigen Zweck nicht mehr verwendbar sind (OLG. 15 S. 358), auch Verwendungen auf ein Grundstück, die den lebenswichtigen Interessen des Betriebes dienen, in dessen Dienst das Grundstück gestellt war, z. B. Umbauten, die notwendig sind, um den Betrieb lebensfähig zu erhalten oder doch nutzbringend zu gestalten (RG. 117 S. 112). Nach dieser Entscheidung wird man zu den notwendigen Verwendungen auf eine Maschine auch solche zu rechnen haben, ohne welche sie technisch überaltern und damit wirtschaftlich unverwendbar würde.

4. Aus den notwendigen Verwendungen scheidet das Rückerstattungsgesetz nochmals die Erhaltungskosten und aus diesen die gewöhnlichen heraus. Unter Erhaltungskosten wird man die zu 3 an erster Stelle genannten zu verstehen haben, ohne welche der Gegenstand untergehen oder substanzmäßig verschlechtert werden würde. Die gewöhnlichen sind solche, welche nach ihrer Art und dem gewöhnlichen Lauf der Dinge ständig und fortdauernd, wenn auch nicht regelmäßig periodisch wiederkehren, im Gegensatz zu den außerordentlichen, die in den einmaligen, selten anfallenden und deshalb besonders umfangreichen bestehen, gleichgültig, ob sie zwangsläufig notwendig werden, wie z. B. die Erneuerung eines Daches, oder nur infolge besonderer schaden- oder gefahrbringender Ereignisse.

5. Obwohl es allen notwendigen Verwendungen, erst recht den Erhaltungskosten und besonders den gewöhnlichen eigentümlich ist, daß sie nach der Art der bisherigen Bewirtschaftung oder Verwendung der Sache in der Regel von dem Berechtigten (Eigentümer) hätten gemacht werden müssen, wenn der Pflichtige (Besitzer) sie nicht gemacht hätte (RG. 139 S. 357), so daß die Verwendungen des Pflichtigen dem Berechtigten eigene Auslagen auch dann ersparen, wenn sie den Wert der Sache nicht erhöhen oder die Erhöhung zur Zeit der Rückerstattung nicht mehr vorhanden ist (JW. 30 S. 2655), und deshalb das BGB. dem Besitzer, auch dem schlechtgläubigen, wenn auch diesem nach strengeren Grundsätzen, immer einen Erstattungsanspruch gegen den Eigentümer gibt (§§ 994, 995 BGB.), damit ersterer nicht auf Kosten des letzteren bereichert werde, spricht das Rückerstattungsgesetz dem Inhaber einen solchen Anspruch für notwendige Verwendungen nicht nur nicht schlechthin, sondern nur ausnahmsweise zu.

6. a) Ohne Rücksicht darauf, ob der Inhaber des Gegenstandes gut- oder schlechtgläubig war, ob schwere oder einfache Entziehung vorliegt, kann für gewöhnliche Erhaltungskosten (s. Anm. 4) Ersatz überhaupt nicht verlangt werden. Ein Anspruch auf Verwendungsersatz besteht insoweit, insbesondere soweit die Verwendungen die Nutzungen der Sache übersteigen, namentlich also, wenn diese keine Nutzungen gewährt, nicht; vielmehr kommen die gewöhnlichen Erhaltungskosten in den Fällen des A. 32 bei einfacher Entziehung, wenn der schlechtgläubige Inhaber den Reinertrag der Nutzungen (abzüglich einer Vergütung für seine Geschäftsführung) ersetzen muß, nur als Minderungsposten bei Ermittlung des Reinertrages in Frage. Aber im übrigen ist der Ausschluß des Ersatzanspruchs anders als nach § 994 Abs. 1 S. 3 BGB. nicht davon abhängig, ob der entzogene Gegenstand nutzbringend war. Wo der Inhaber schadensersatzpflichtig ist, also eine durch schwere Entziehung entzogene Sache schlechtgläubig erworben hat, führen die Überlegungen der Anm. 5 dazu, daß der durch die Entziehung entstandene Schaden als um die gewöhnlichen Erhaltungskosten geringer erscheint, welche der Verfolgte hätte machen müssen und nicht zu machen brauchte, weil die Sache entzogen worden ist und ein anderer sie gemacht hat; dies läßt das Gesetz aber nur hinsichtlich des etwaigen Teiles des Gesamtschadens gelten, der in entgangenen Nutzungen besteht.

7. b) Für notwendige Verwendungen, welche nicht gewöhnliche Erhaltungskosten sind (vgl. 3), insbesondere also außerordentliche Erhaltungskosten (s. 4) — vgl. auch die aus der zu 3 angeführten Rechtsprechung zu entnehmenden Beispiele — kann Ersatz verlangt werden, aber nur insoweit, als sie „bei ordnungsmäßiger Bewirtschaftung" des entzogenen Vermögensgegenstandes noch nicht als abgeschrieben zu gelten haben. Hier wird auf kaufmännische Begriffe schlechthin verwiesen, auch wo keine Kaufleute beteiligt zu sein brauchen. Eine solche Abschreibung bei ordnungsmäßiger Bewirtschaftung setzt laufende Einnahmen voraus, aus denen allmählich entweder Vorsorge für derartige Aufwendungen getroffen wird oder solche getilgt werden. Die Abschreibung von Verwendungen hat an sich mit der ordnungsmäßigen Bewirtschaftung des Gegenstandes nichts zu tun. Der Gegenstand kann ordnungsmäßig bewirtschaftet werden, auch wenn solche Verwendungen niemals abgeschrieben, sondern buchmäßig immer weiter dem Bestandskonto zugeschrieben werden. Gedacht kann darum nur sein an den sich aus den Regeln ordnungsmäßiger Wirtschaft ergebenden Grundsatz, daß Einnahmen zur allmählichen Vorsorge für solche Verwendungen oder ihre Tilgung zu dienen haben und vorher nicht als Reineinnahmen verbraucht werden dürfen. Soweit diese Tilgung aus Reineinnahmen reicht, mindert sie den nach A. 32 zu vergütenden Reinertrag. Es wäre daher unbillig, die Verwendung insoweit dem Berechtigten zweimal in Rechnung zu stellen. Der gutgläubige Inhaber kann die Nutzungen ersatzlos behalten. Auch ihm gegenüber gilt daher mit Recht, daß, soweit die notwendigen Verwendungen aus Nutzungen bestritten werden können und nach den Regeln ordnungsmäßiger Wirtschaft aus diesen abzuschreiben sind, er keinen Ersatz für notwendige Verwendungen verlangen kann. Wo aber der entzogene Gegenstand keine Nutzungen abwirft oder der nach den Regeln ordnungsmäßiger Wirtschaft davon für die Abschreibung derartiger notwendiger Verwendungen aufzuwendende Teil zu völliger Abschreibung nicht ausgereicht hat, wird dem gutgläubigen Inhaber und bei einfacher Entziehung auch dem schlechtgläubigen ein Anspruch auf Ersatz notwendiger Verwendungen gewährt. Der Untergang des Gegenstands als solcher schließt den Anspruch, soweit der Pflichtige nicht wegen des Untergangs für Schadensersatz haftet und eine Verrechnung im Rahmen des Schadensersatzanspruches (oder gegen den Anspruch aus A. 29) stattfindet, nicht aus.

8. Auch bei schwerer Entziehung wird der Ersatzanspruch des schlechtgläubigen Inhabers für notwendige Verwendungen, welche nicht gewöhnliche Erhaltungskosten sind, — für letztere besteht er nach Abs. 1 (s. Anm. 5 und 6) überhaupt nicht — nicht schlechthin verneint, aber außer von der Voraussetzung, daß sie bei ordnungsmäßiger Bewirtschaftung des entzogenen Gegenstandes noch nicht als abgeschrieben gelten (s. 7), von der ferneren Voraussetzung abhängig gemacht, daß die Verwendungen dem Interesse des Berechtigten rückschauend objektiv entsprochen haben. Schon die erstere Voraussetzung ist nicht so ohne weiteres anwendbar, wie das Gesetz, mangelhaft durchdacht, wähnt. Der schlechtgläubige Inhaber eines durch schwere Entziehung entzogenen Gegenstandes hat nicht „Nutzungen" herauszugeben und nicht den Ersatz von Verwendungen zu beanspruchen, sondern er haftet auf Schadensersatz. Notwendige Verwendungen sind solche, welche auch der Berechtigte hätte machen müssen und deshalb auch ohne Rücksicht auf das unbekannte spätere Schicksal des entzogenen Vermögensgegenstandes im Zeitpunkt ihrer Fälligkeit gemacht hätte. Sie sind ihm also in jedem Falle erspart worden. Sein Schaden durch entgangene Nutzungen oder durch Untergang oder Verschlechterung des-entzogenen Gegenstandes mindert sich also immer um den Betrag der notwendigen Verwendungen. Da der Pflichtige in diesem Fall keine Nutzungen behält, aus denen er die Verwendung abschreiben könnte, sondern Schadensersatz wegen entgangener Nutzungen oder sonstigen Schadens leisten muß, ist die Situation also ganz anders wie im Falle der Anm. 7. Hier, wo der Pflichtige keine mit den Verwendungen kompensable Nutzungen behält, wäre es unbillig, wenn er sie nicht, Denkgesetzen entsprechend, bei Feststellung des dem Berechtigten erwachsenen und zu erstattenden Schadens in Rechnung stellen dürfte. (Bei der einfachen Entziehung der schlechtgläubige Inhaber, indem er sie bei Errechnung des von ihm zu vergütenden Reinertrags abzieht [s. Anm. 7]). Daß dieser Rechnungsansatz grundsätzlich unzulässig sein sollte, kann der Vorschrift nicht entnommen werden. Es zeigt sich, daß für die Voraussetzung des Abs. 2 in diesem Fall keine Anwendungsmöglichkeit besteht. Denn bezog der Inhaber Nutzungen, welche die Verwendungen deckten, so mindert sich um letztere der Schadensersatz wegen entzogener Nutzungen. Wird von einem anderen Punkt der Betrachtung aus darauf abgestellt, ob die Verwendungen aus den Nutzungen nach den Regeln ordnungsmäßiger Wirtschaft abgeschrieben worden sein müssen, — diese Betrachtung ist nicht folgerichtig; denn der Inhaber hat ja keine Nutzungen; woraus soll er die Verwendungen abschreiben? —, so ergibt sich ebenso, daß die Nutzungen, für deren Entgang Ersatz zu leisten ist, sich um den auf notwendige Verwendungen abgeschriebenen Betrag mindern.

Haben die Nutzungen die Verwendungen nicht gedeckt oder wirft der Gegenstand nach seiner Natur keine Nutzungen ab, so kann von einer Abschreibung der Verwendungen nach den Regeln ordnungsmäßiger Wirtschaft keine Rede sein. In diesem Fall hat der gutgläubige und der schlechtgläubige Inhaber bei einfacher Entziehung einen Anspruch auf Ersatz der notwendigen Verwendungen (A. 7), der schlechtgläubige bei schwerer Entziehung jedoch nur, wenn die Verwendung bei objektiver Rückschau dem Interesse des Berechtigten entsprochen hat. Dies ist vor allem nicht der Fall, wenn der Gegenstand untergegangen ist oder sonst seine Herausgabe unmöglich ist, ohne daß sich in dem nach § 29 dem Berechtigten zu überlassenden Ersatz die Bedeutung der Verwendung für die Werterhaltung des Gegenstandes ausdrückt; in diesem Falle kommt aber die Vorschrift wiederum nicht in Betracht, weil der Inhaber Schadensersatz wegen des Untergangs zu leisten hat und die der notwendige Verwendung als Schadensminderungsposten wirkt. Dasselbe ist zu sagen, wenn die Verwendung nicht verhindern konnte, daß eine Verschlechterung des Gegenstands eintrat; in diesem Falle würde die Vorschrift bedeutsam sein, wenn die Verwendung größer wäre, als der in der Verschlechterung liegende und zu ersetzende Schaden.

Zu 7 und 8. Handelt es sich um ein geschäftliches Unternehmen, müssen zwangsläufig alle notwendigen Verwendungen auf alle Werte des Geschäftes und alle Betriebseinnahmen als Gesamtposten betrachtet werden. Bei einem geschäftlichen Unternehmen sind Abschreibungen auch üblich, wenn die Rohgewinne dafür nicht ausreichen, und nur der Höhe nach von den Rohgewinnen in gewissem verständigen Umfang abhängig. Reichen die Rohgewinne nicht aus, so entsteht durch die Abschreibung der Verwendungen ein Verlustvortrag oder ein sofort von dem Kapitalkonto des Geschäftsinhabers abgeschriebener Verlust. Hier muß man sich vor dem Mißverständnis hüten, als läge in diesem Verlust eine Verschlechterung des Unternehmens. Diese ist vielmehr durch die Verwendung gerade abgewandt worden. Unzureichende Gewinne können auf Konjunktur und tausend anderen Gründen beruhen. Eine Verschlechterung des Unternehmens bedeuten sie nicht. Wie ist der Verlust zulasten des Kapitalkontos des rückerstattungspflichtigen Inhabers infolge der notwendigen Verwendung zu behandeln? In ihm drückt sich gerade der Erstattungsanspruch des Inhabers aus, der bei Herausgabe des Geschäftes von dem Berechtigten zu begleichen ist (neben der Rückgewährpflicht aus A. 44). Soll nun der Berechtigte einwenden können, die Verwendungen seien, ordnungsmäßiger Wirtschaft entsprechend, abgeschrieben, woraus gerade der Verlust auf Kapitalkonto entstanden sei, und deshalb nicht von ihm zu ersetzen? Es handelt sich darum, ob wie unter 7 und 8 untersucht, diese Einwendung nur besteht, wenn den Verwendungen entsprechende Nutzungen gegenüberstehen, welche dem Pflichtigen verbleiben. Dies wird von uns angenommen.

9. a) Ein Ersatzanspruch für andere als notwendige Verwendungen (Neubau!) scheidet bei schwerer Entziehung zuungunsten desjenigen (aber 11 zu A. 37, 2 zu A. 39!) aus, der diese kannte oder den Umständen nach annehmen mußte. Dagegen wird er bei schwerer Entziehung dem gutgläubigen Nacherwerber und bei der einfachen Entziehung sowohl dem Entzieher als auch dem gut- wie auch dem schlechtgläubigen Inhaber gewährt, aber nur zwiefach begrenzt: nämlich nur soweit, als die Verwendungen nach den Regeln einer ordnungsmäßigen Wirtschaft nicht als abgeschrieben zu gelten haben (s. 7) und nur, soweit der Wert der Sache durch die Verwendung im Zeitpunkt der Rückerstattung noch erhöht ist, (z. B. gefälltes oder gar geschnittenes Holz, wenn ein Wald entzogen wurde, soweit dieses nicht etwa aus dem Grunde überhaupt nicht zurückzuerstatten ist, weil es den Regeln über Nutzungen folgt). Nicht notwendige Verwendungen, welche den Wert überhaupt nicht erhöhen (z. B. Umbauten innerhalb einer Villa) begründen also von vornherein keinen Ersatzanspruch. Der Anspruch besteht ferner insbesondere auch nicht, wenn der Gegenstand untergegangen ist, es sei denn, daß sich die Werterhöhung in dem an die Stelle des Gegenstandes nach A. 29 getretenen Ersatzanspruch noch ausdrückt. Demnach hier in Betracht kommende Verwendungen können auf der Grenze zu notwendigen Verwendungen stehen (z. B. das Lackieren eines Wagens, neuer Putz oder neue Bemalung der Fassade eines Hauses) und wegen vorzeitiger Vornahme aus dem Kreis der notwendigen Verwendungen ausscheiden.

Der Gesetzeswortlaut ergibt, daß nicht jede noch vorhandene Werterhöhung genügt, um den Anspruch auf vollen Ersatz der Verwendungen zu begründen, der Anspruch vielmehr nur in Höhe der noch bestehenden Werterhöhung gegeben ist. Wo die durch die Verwendung erzielte Werterhöhung wieder verlorengegangen ist, wird sie auch nach den Grundsätzen ordnungsmäßiger Wirtschaft bei nutzbringenden Gegenständen oder bei Aktiven eines geschäftlichen Unternehmens abgeschrieben sein, so daß beide Voraussetzungen in weitem Umfange sich decken.

b) Während der Ersatzanspruch wegen notwendiger Verwendungen, soweit er nach Absatz 1, 2 und 3 anerkannt wird, bedingungslos und unabhängig von dem Werte des zurückzuerstattenden Gegenstandes und auch davon besteht, ob der Berechtigte die Rückerstattung verlangt, wird dem Berechtigten gegenüber dem Anspruch auf Ersatz nicht notwendiger Verwendungen nach a das Recht gewährt, den Verwendungsgläubiger (Rückerstattungspflichtigen) auf den entzogenen Gegenstand oder, wenn der Berechtigte diesen schon veräußert hat, auf den Erlös zu verweisen. Da der Anspruch voraussetzt, daß der Wert durch die Verwendung, deren Ersatz verlangt wird, noch erhöht ist und noch nicht als abgeschrieben zu gelten hat, ist es nicht leicht, sich einen Fall vorzustellen, in welchem der Berechtigte wegen der Verwendungsschuld ein Interesse daran hätte, den entzogenen Gegenstand zu opfern. Macht er von diesem Rechte Gebrauch, so kann der Berechtigte im allgemeinen so vorgehen, daß er auf den entzogenen Gegenstand verzichtet oder ihn dem Verwendungsgläubiger zurückgibt. Dieser hat nach Satz 3 sich dann im Wege der Zwangsvollstreckung (§ 1990 BGB.) daraus zu befriedigen; Schuldtitel wird regelmäßig der Beschluß der Wiedergutmachungsbehörde oder -kammer sein, andernfalls muß der Verwendungsgläubiger erst ein Urteil gegen den Berechtigten erwirken; den Überschuß hat er dem Berechtigten herausgeben. Der Pflichtige kann aber auch Vormänner haben, welche ebenfalls ersatzberechtigt sind. Regelmäßig wird er anläßlich seines Erwerbes seinen Vormann wegen der Verwendungen, die dieser gemacht hat, befriedigt haben und ebenso wird es letzterer gehalten haben, als er den Gegenstand erwarb, so daß verwendungsersatzberechtigte Vormänner des Inhabers neben diesem nicht in Betracht kommen; er macht dann deren Verwendungsansprüche als eigene geltend (§ 999 BGB.). Wenn aber ausnahmsweise dies nicht der Fall ist, hat es der Berechtigte mit einer Mehrzahl von Verwendungsgläubigern zu tun. Solange er glaubt, daß der Wert des Gegenstandes zur Befriedigung aller ausreicht, kann er sie einzeln befriedigen, ohne deshalb der Erschöpfungseinrede gegenüber den anderen verlustig zu gehen (§ 1991 BGB. mit § 1978 BGB.). Melden sich nachträglich die anderen Verwendungsgläubiger, so kann er den Gegenstand herausgeben, damit diese sich im Wege der Zwangsvollstreckung daraus befriedigen, und vorweg Befriedigung aus dem Erlös wegen der von ihm getilgten Verwendungen beanspruchen. Dasselbe gilt von einer Verwendung, deretwegen er zur Zeit der Rückgabe des Gegenstandes durch ihn schon verurteilt ist (§ 1991 Abs. 3 BGB.).

Zu 7—9: Soweit der Inhaber des entzogenen Gegenstandes einen Anspruch auf Ersatz von Verwendungen hat, hat er ein Zurückbehaltungsrecht an dem Gegenstande. Dieses ist ihm aber in den Fällen schwerer Entziehung, wenn diese in einer unerlaubten Handlung bestand und von ihm selbst begangen wurde, gemäß § 1000 BGB. gänzlich versagt, und überhaupt durch § 45 dieses Gesetzes stark verkümmert. Der Pflichtige kann sich, soweit er ein Zurückbehaltungsrecht hat, aus dem Gegenstand nach Erwirkung eines Vollstreckungstitels befriedigen und muß den Überschuß des Erlöses über seinen Verwendungsanspruch an den Berechtigten abführen.

Wie bei 9b erwähnt, dürfte der Pflichtige, welcher den Gegenstand aus zweiter Hand erworben hat, regelmäßig anläßlich seines Erwerbes den Vormann wegen dessen Verwendungen auf die Sache befriedigen, der seinerseits bei seinem Erwerb seinen Vormann befriedigt haben dürfte. Deshalb kann der Pflichtige nach § 999 BGB. die Verwendungen seiner Vormänner gegen den Berechtigten geltend machen. Aber er kann dabei hereinfallen; denn regelmäßig wird er die Verwendungen seinen Vorleuten unterschiedslos ersetzt haben, während er sich von dem Berechtigten je nach der Art der Entziehung und der Gutgläubigkeit der Vorleute, desgleichen nach der Notwendigkeit der Verwendungen Einwendungen machen lassen muß. In gewissem Umfange ist der Inhaber aber geschützt durch seinen Rückgriffsanspruch aus A. 47.

10. Verwendungen können wesentliche Veränderungen des Gegenstandes mit sich bringen, insbesondere soweit sie nicht notwendig waren. Dann kann A. 26, insbesondere Absatz 1 Satz 1 und 2 anwendbar sein, wenn eine Wertsteigerung mit der Verwendung und Veränderung verbunden war; da solchenfalls der Berechtigte sich eine Ersatzleistung oder einen Miteigentumsanteil gefallen lassen muß, der dem Wert der Sache zur Zeit der Entziehung angemessen war, verbleibt wirtschaftlich die durch die Verwendung eingetretene Werterhöhung dem Pflichtigen. Er kann daher nicht nochmaligen Ersatz der Verwendungen beanspruchen. Es fällt auf, daß Abs. 5 den Abs. 3 des A. 26 nicht erwähnt, aber da dieser ein Fall des A. 26 Abs. 1 ist, ist er durch Abs. 5 mitgedeckt.

Artikel 35

Auskunftspflicht

Soweit es zur Geltendmachung von Ansprüchen auf Grund dieses Gesetzes notwendig ist, sind die Beteiligten einander zur Auskunftserteilung verpflichtet. Die Bestimmungen der §§ 259 bis 261 BGB. finden entsprechende Anwendung.

Um seine Ziele sicherzustellen, schreibt das Gesetz eine gegenseitige Auskunftspflicht der Beteiligten vor. Sie geht so weit, als Ansprüche, welche auf Grund dieses Gesetzes bestehen, insbesondere die Ansprüche des Verfolgten auf Wiedererlangen des entzogenen Gegenstandes (A. 14), Ersatz der Nutzungen (A. 30—32), Herausgabe eines an Stelle des Gegenstandes getretenen Ersatzes (A. 29), Schadensersatz (A. 30), ohne eine bestimmte Auskunft nicht vollständig durchgesetzt werden könnten.

Der Behelf wird ergänzt durch die Pflicht zur Rechnungslegung über Einnahmen und Ausgaben (§ 259 BGB.) und zur Bestellung eines Verzeichnisses über den Bestand eines herauszugebenden Inbegriffs von Gegenständen (§ 260 BGB.), endlich zur Leistung des Offenbarungseides, wenn die Annahme begründet ist, daß die Angaben über die Einnahmen nicht mit der erforderlichen Sorgfalt gemacht worden sind, bzw. daß das Verzeichnis nicht mit der erforderlichen Sorgfalt aufgestellt worden ist.

Artikel 36

Eigentumserwerb an Früchten

Für den Erwerb des Eigentums an Erzeugnissen und sonstigen zu den Früchten der entzogenen Sache gehörenden Bestandteile gelten die Bestimmungen des Bürgerlichen Gesetzbuches[1]. Hat ein Besitzer oder früherer Besitzer die Sache auf andere Weise[2] als mittels einer schweren Entziehung[2] erlangt, so gilt[1] er unbeschadet[3] seiner Verpflichtung zur Herausgabe von gezogenen

Nutzungen[3] als Eigentümer[1] der Erzeugnisse und sonstiger zu den Früchten der entzogenen Sache gehörenden Bestandteile[4].

1. Nach den Vorschriften des Bürgerlichen Gesetzbuches bleibt der Eigentümer der Sache auch nach der Trennung ihrer Erzeugnisse und Bestandteile (z. B. bei Steinbrüchen oder sonstigen Abbaufeldern) deren Eigentümer (§ 953 BGB.). Daraus würde sich in Verbindung mit A. 15 dieses Gesetzes, wonach die Hauptsache bei rechtskräftiger Feststellung des Rückerstattungsanspruches als nichtentzogen gilt, als logische Folge ergeben, daß der Verfolgte Eigentümer ihrer Bestandteile und Erzeugnisse geblieben ist, die während der Entziehungszeit getrennt wurden. Diese Folge gilt aber nur, wenn eine schwere Entziehung vorgefallen ist, und auch dann nur für jene Erzeugnisse und Bestandteile, welche während der Besitzzeit desjenigen selbst getrennt worden sind, der die Hauptsache durch die schwere Entziehung unmittelbar erlangt hat. Von allen anderen Inhabern der Hauptsache, also sowohl dem gut- oder schlechtgläubigen Nacherwerber einer durch schwere Entziehung entzogenen Sache als auch dem gut- oder schlechtgläubigen ursprünglichen oder späteren Erwerber einer durch einfache Entziehung entzogenen Sache gilt nach Satz 2, daß sie Eigentümer der Erzeugnisse und Bestandteile geworden sind, die während ihrer Besitzzeit getrennt wurden.

Wenn nach Satz 2 der gut- oder schlechtgläubige Nacherwerber einer durch schwere Entziehung entzogenen Sache Eigentümer der Erzeugnisse und Bestandteile wird (warum sagt das Gesetz: „Als Eigentümer gilt?"), so dürfte das auch für denjenigen zutreffen, der sich auf Grund eines ihm von demjenigen, der die Sache durch schwere Entziehung erlangt hat, eingeräumten dinglichen oder obligatorischen Rechts die Erzeugnisse und Bestandteile aneignete.

Der Eigentumserwerb vollzog sich bei denjenigen mit der Trennung, welche die Hauptsache als ihnen gehörig oder zur Ausübung eines ihnen (in Wahrheit nicht) zustehenden dinglichen Nutzungsrechtes (Nießbrauchs) oder einer schuldrechtlichen Gestattung des vermeintlichen Eigentümers oder Nutzungsberechtigten (Pächter) in Besitz hatten, andernfalls (Käufer stehenden Holzes) mit der Besitzergreifung (§§ 955, 956 BGB.). Die Ausnahme des BGB. zuungunsten derjenigen, welche den Mangel ihres Rechtes oder des Rechtes ihres Gewährsmanns kennen, greifen nach Satz 2 nicht durch.

Aus Vorstehendem ergibt sich, daß Satz 2 die Regel des Satzes 1 fast in vollem Umfange aufhebt.

2. Wer die Sache mittels einer schweren Entziehung erlangt hat, wird weder nach BGB. noch nach Satz 2 Eigentümer der Erzeugnisse und Bestandteile, weder mit der Trennung noch durch Besitzergreifung. Wer letztere von ihm erwirbt, ist in diesem Falle rückerstattungspflichtig nach A. 14 ohne Rücksicht auf seinen guten Glauben und, wenn er nicht gutgläubig war, außerdem schadensersatzpflichtig nach A. 30, eventuell A. 31.

3. Die Worte „unbeschadet seiner Verpflichtung zur Herausgabe der gezogenen Nutzungen" behalten eine solche Verpflichtung vor. Es fragt sich, ob sie selbst eine solche Verpflichtung anordnen oder auf eine nach anderen Bestimmungen bestehende Verpflichtung verweisen und diese vorbehalten. Letzteres ist anzunehmen, weil sonst die A. 32 und 33 hinfällig wären. Aus demselben Grunde kann ferner nicht gemeint sein, daß eine Rückerstattungspflicht nach A. 14 vorbehalten wird, welche — bei Feststellbarkeit (A. 1) — ohne die Vorschrift des Satzes 2 über den Eigentumserwerb an den Erzeugnissen und Bestandteilen Platz greifen müßte; denn auch dann entstünde in allen Fällen einfacher Entziehung eine Kollision mit A. 32 und in allen Fällen der Gutgläubigkeit des Inhabers eine Kollision mit A. 33. Die Worte wollen daher wohl nicht mehr besagen, als daß A. 36 ausschließlich die dinglichen Rechtsverhältnisse an den Erzeugnissen und Bestandteilen regelt, und die schuldrechtliche nach sonstigen Bestimmungen bestehende Verpflichtung, die Früchte zurückzuerstatten, herauszugeben oder ihren Wert zu ersetzen, unberührt läßt.

Vorbehalten bleibt also die Verpflichtung, eine Vergütung für Früchte nach A. 32 zu entrichten, wenn bei Erwerb der Früchte der Inhaber des entzogenen Gegenstandes nicht im guten Glauben war. Wer auf Grund eines ihm vom gutgläubigen oder schlechtgläubigen Inhaber eingeräumten dinglichen oder obligatorischen Rechtes sich Erzeugnisse oder Bestandteile aneignet, ist dagegen auch wenn er selbst schlechtgläubig war, da nach Satz 2 die Früchte keinesfalls „entzogen" sind, weder rückerstattungspflichtig nach A. 14, noch nach irgendeiner Gesetzesstelle, insbesondere auch nicht nach A. 32 vergütungspflichtig.

In Frage kommt außer A. 32 trotz seines Eigentumserwerbs nach S. 2 noch die Schadensersatzpflicht des Nacherwerbers der entzogenen Sache nach A. 30 Absatz 2, der bei seinem Erwerb wußte, daß die Sache einmal Gegenstand einer schweren Entziehung war, oder dies nach den Umständen annehmen mußte. Diesem wird gleichzustellen sein jeder, der auf Grund eines dinglichen oder obligatorischen Rechtes zur Nutzung einer solchen Sache die Erzeugnisse oder Bestandteile erwirbt, mag ihm das Recht von dem ursprünglichen oder einem Nacherwerber eingeräumt sein, wenn er bei der Einräumung dieses Rechtes schlechtgläubig im angegebenen Sinne war; man wird ihn als schadensersatzpflichtig nach A. 30 Abs. 2 ansehen müssen. Die Schadensersatzpflicht umfaßt die Verpflichtung zur Herausgabe der Erzeugnisse und Bestandteile, wenn sie noch in Natur vorhanden sind, andernfalls deren Werterſatz, und Werterſatz aller Früchte, die der Berechtigte darüber hinaus gezogen hätte. Auch diese Verpflichtung ist in Satz 2 vorbehalten.

Sonach ergibt sich etwa für einen Pächter folgender Rechtszustand: er erwirbt in jedem Fall das Eigentum an den Früchten. War die Sache durch eine schwere Entziehung erlangt, muß er die Früchte entschädigungslos herausgeben, wenn er bei Eingehung der Pacht wußte oder den Umständen nach annehmen mußte, daß die Hauptsache Gegenstand einer schweren Entziehung gewesen war. Erfuhr er dies erst später oder war die Sache Gegenstand einer einfachen Entziehung, mag er in diesem Falle selbst bei Eingehung der Pacht gut- oder schlechtgläubig gewesen, gutgläubig geblieben sein oder nicht, kann er die Erzeugnisse und Bestandteile behalten, ohne als Pächter dem Rückerstattungspflichtigen eine Vergütung dafür entrichten zu müssen, weil er nach S. 2 nicht „Inhaber" im Sinne des A. 31, nicht bloß „Inhaber der Eigentümerstellung" (A. 14) an den Früchten ist. Der Pachtvertrag bleibt sogar nach der Rückerstattung gemäß A. 38 bestehen. Wer von dem Pächter erwirbt, ist in keinem Fall rückerstattungs- oder vergütungspflichtig.

4. Über den Fruchtbegriff siehe § 99 BGB. Bestandteile sind Früchte nur, soweit sie nach der Bestimmung der Sache als Ausbeute aus ihr gewonnen werden. A. 36 bezieht sich nur auf entzogene körperliche Sachen und körperliche Früchte, an denen ein Eigentumserwerb möglich ist; denn diesen will er regeln.

Darum spricht er nur von Erzeugnissen und zu den Früchten gehörenden Bestandteilen. Trotzdem ist die Fassung zu eng; denn auch eine körperliche Sache kann nach dem Fruchtbegriff des § 99 Früchte haben, die weder zu ihren Erzeugnissen noch zu ihren Bestandteilen gehören, z. B. Jagdbeute, wenn mit einem Grundbesitz Eigenjagd verbunden ist. Solche „Ausbeute" ist ohne weiteres A. 30, 32, 33, 36 zu unterstellen. Dagegen fallen nicht darunter die Erträge der Zins- und Gewinnanteilscheine entzogener Wertpapiere. Für sie gilt A. 14, 15, 20.

Sechster Abschnitt

Fortbestand von Rechten und Haftung für Verbindlichkeiten

Artikel 37

Fortbestand von Rechten

1. Rechte an[2] dem entzogenen Vermögensgegenstand bleiben bestehen[1], soweit sie bestanden haben[1], bevor[3] die die Entziehung darstellende Handlung vorgenommen worden ist, und sie seither nicht getilgt oder abgelöst worden sind[4]. Das gleiche gilt für später entstandene Rechte, soweit die Gesamtsumme aller Haupt- und Nebenforderungen nicht höher ist als die Gesamtsumme aller Haupt- und Nebenforderungen, die bestanden haben, bevor die Entziehung vorgenommen worden ist (Belastungsgrenze)[5]. Rechte, die nicht auf Zahlung von Geld gerichtet sind[6], bleiben nur dann bestehen, wenn gleichartige[7] Rechte vor der Entziehung bereits bestanden haben, und die später entstandenen Rechte nicht lästiger[8] sind als die zur Zeit der Entziehung bestehenden Rechte, oder wenn die Rechte auch ohne die Entziehung entstanden wären[9].

2. Die Belastungsgrenze erhöht sich, soweit Rechte[12] Dritter aus Verwendungen herrühren, für die der Rückerstattungspflichtige gemäß Artikel 34 Ersatz verlangen kann[10]. Sonstige die Belastungsgrenze des Absatz 1. übersteigende Rechte Dritter, die aus Verwendungen herrühren, für die der Rückerstattungspflichtige gemäß Artikel 34 Ersatz nicht verlangen kann, erlöschen, es sei denn, daß der Wert der Sache zur Zeit der Rückerstattung durch die Verwendung noch entsprechend erhöht ist, und der Dritte nachweist, daß er weder wußte, noch den Umständen nach annehmen mußte, daß die Sache mittels einer schweren Entziehung erlangt war[11].

3. Rechte, die für den Berechtigten oder seinen Rechtsvorgänger an dem zurückzuerstattenden Vermögensgegenstand anläßlich der Entziehung begründet waren, bleiben ohne Rücksicht auf die Belastungsgrenze bestehen[13]. Ansprüche des Berechtigten auf Rückerstattung derartiger Rechte, soweit sie ihm entzogen worden sind, bleiben unberührt[13].

4. Rechte, die aus der Abgeltung der Hauszinssteuer herrühren, mit Ausnahme des Rechtes auf rückständige Leistungen, bleiben ohne Rücksicht auf die Belastungsgrenze unberührt[14].

1. Der Inhalt des A. 37 ist grundsätzlich schon in A. 15 ausgesprochen; Artikel 37 entspricht Artikel 14. Wie letzterer für das Eigentum, zieht er für beschränkte dingliche Rechte an dem Gegenstand der Entziehung die Folgerung aus der durch A. 15 Abs. 2 verdinglichten Natur des Rückerstattungsanspruchs. Wie ein an der Entziehung unbeteiligter Erwerber des Eigentums an dem Entziehungsgegenstand rückwirkend seines Eigentums und seiner Eigentümerstellung entkleidet wird und den Entziehungsgegenstand nicht behalten darf, auch wenn er bei seinem Erwerb bezüglich der Entziehung gutgläubig war, so verbleiben natürlich auch die nach der Entziehung begründeten dinglichen Rechte an dem entzogenen Gegenstand deren Erwerber nicht, mögen sie gut- oder schlechtgläubig erworben worden sein. Nur solche Rechte bleiben bestehen, welche zur Zeit der Entziehung schon bestanden haben oder an deren Stelle getreten sind. Alle anderen Rechte erlöschen.

2. A. 37 hat nur dingliche Rechte — jeder Art, nicht nur Grundstücke — im Auge. Obligatorische Rechte bleiben bestehen, richten sich aber natürlich weiterhin nur gegen denjenigen, der sie gegen sich begründet hat, also nicht gegen den Berechtigten, vorbehaltlich A. 39ff.

3. Die Rechte müssen schon vor der Entziehung bestanden haben. In diesem Falle kann indes ihre Begründung selbst eine Entziehung und ihre Beseitigung Gegenstand eines Rückerstattungsanspruchs sein.

4. Wurden die Rechte von dem Entzieher oder Rechtsnachfolger nach der Entziehung getilgt oder abgelöst, so bleibt es bei der Tilgung oder Ablösung und leben die Rechte nicht etwa wieder auf. Sind durch die Tilgung oder Ablösung Eigentümergrundschulden zugunsten des Entziehers oder Nacherwerbers entstanden, bleibt es bei diesen. Jedoch verwandeln sie sich gemäß § 1164 BGB. in Hypotheken zurück; denn da sich daran nichts ändert, daß der Inhaber durch Schuldübernahme gemäß Kaufvertrag mit dem Verfolgten persönlich Schuldner geworden ist, der Verfolgte aber nach A. 15 Abs. 2 rückschauend Eigentümer geblieben ist und nach A. 44 seine Befreiung durch Schuldübernahme (und Erfüllung) zurückzugewähren, also dem Inhaber Ersatz für die Erfüllung zu leisten hat, liegen die Voraussetzungen des § 1164 BGB. vor. Sind Rechte durch die Tilgung oder Ablösung untergegangen, hat insbesondere bei Grundstücken der Inhaber die für ihn entstandene Eigentümergrundschuld löschen lassen, so werden sie wie aus dem folgenden Satz erhellt, durch die im Range aufrückenden nach der Entziehung begründeten Rechte ersetzt, so daß diese in entsprechender Höhe bestehen bleiben. Wenn keine nachfolgenden Rechte bestanden und aufrücken konnten, so hat der Berechtigte nach A. 44 den Betrag der getilgten Rechte an den Rückerstattungspflichtigen — vorbehaltlich A. 46 Abs. 2 — zu vergüten.

5. Der Berechtigte soll den Gegenstand nicht stärker belastet zurückbekommen, als er zur Zeit der Entziehung belastet war. Darum bleiben nach der Entziehung neu begründete Rechte nur insoweit bestehen, als Rechte, welche vor der Entziehung bestanden haben, zwischenzeitlich weggefallen sind, also nur insoweit, als eine bloße Umschuldung stattgefunden hat. Die Gesamtbelastung an Haupt- und Nebenforderungen zur Zeit der Entziehung bildet die „Belastungsgrenze". Was diese Grenze überschreitet, erlischt von gesetzeswegen. Das gilt auch von der Verzinsungslast. Auch sie bleibt nur im Rahmen der Verzinsungslast bestehen, welche zur Zeit der Entziehung bestand. Hier ergeben sich Einzelfragen. Wenn der Zinsfuß eines Rechts, das bei der Entziehung schon bestanden hat, nach der Entziehung erhöht wurde, kann nicht etwa um die Erhöhung der Zinsfuß eines nachfolgenden Rechtes gekürzt werden, das auch schon bei der Entziehung bestanden hat. Denn das würde Satz 1 widersprechen. Es fällt vielmehr die Erhöhung des Zinsfußes wieder fort. Man könnte lediglich die Frage aufwerfen, ob vielleicht der Zinsfuß eines nach der Entziehung entstandenen Rechtes um die erhaltenbleibende Erhöhung gekürzt werden kann, wenn dieses Recht ausnahmsweise bestehen bleibt, insoweit als ein schon bei der Entziehung begründetes Recht fortgefallen ist. Diese Frage ist unbedenklich zu bejahen, wenn der höhere Zinsfuß schon bei der Begründung des späteren Rechtes, ja auch dann wenn er schon bei dessen Einrücken in die Belastungsgrenze bestand; es hat dann eben nicht voll in die Belastungsgrenze einrücken können. Dagegen würden wir die Frage verneinen, wenn der Zinsfuß des früheren Rechtes erst nach dem Einrücken des jüngeren in die Belastungsgrenze erhöht wurde, auch dann, wenn der Gläubiger letzteren Rechtes der Zinserhöhung zugestimmt hat. Glücklicherweise handelt es sich um eine Ära sinkender Zinsfüße und dürfte die Frage nicht aktuell werden. Sind die Zinsfüße der Rechte, welche bei der Entziehung bestanden haben, ermäßigt worden, so kann die Ermäßigung nicht etwa Zinsfüßen späterer Rechte zugeschlagen werden; denn dem steht die Eintragung im Grundbuch entgegen (es wird sich praktisch ja immer um Grundstückspfandrechte handeln). Daß ein Recht, welches mit dem Kapital aus der Belastungsgrenze herausfällt, mit dem Zinsanspruch bestehen bleibt, weil infolge Ermäßigung des Zinsfußes älterer Rechte die Zinsbelastungsgrenze ganz oder teilweise die Verzinsung eines weiteren Rechtes zuließe, ist wegen der Akzessorietät des Zinsanspruchs nicht denkbar. Zinsrückstände, welche bei der Entziehung nicht vorhanden waren, sind ungeachtet ihres Rangverhältnisses im Zwangsversteigerungsverfahren hier in voller Höhe bei dem Recht mitzurechnen, bei dem sie entstanden sind. Zinsrückstände, auch Rechte, die vor der Entziehung begründet waren, drängen also die nach der Entziehung begründeten von der Belastungsgrenze ab. Dagegen kann nach Satz 1 ein vor der Entziehung begründetes Recht nicht deshalb teilweise erlöschen, weil bei einem anderen gleichfalls vor der Entziehung begründeten, ihm rangmäßig vorgehenden Recht Zinsrückstände entstanden sind; da aber der entzogene Gegenstand nicht über die Belastungsgrenze hinaus belastet bleiben darf, erlischt hier als nach der Entziehung entstanden der Rückstand, soweit er nicht auf nach der Entziehung entstandene Rechte anzurechnen ist, die ohne ihn in die Belastungsgrenze fielen.

Welches Schicksal die Rechte erfahren, die nicht in die Belastungsgrenze fallen, wird nicht ausdrücklich gesagt, aber der Sinn, insbesondere der Eingang zu Satz 3 ergibt, daß sie nicht „bestehen bleiben", also — an der entzogenen Sache (vgl. A. 48) — erlöschen. Natürlich gilt dies nur von dem dinglichen Recht am Grundstück, nicht auch von dem obligatorischen Recht. Persönlicher Schuldner wird der Berechtigte nur im Rahmen des A. 39 (s. dort).

Wenn zwischen einem Rechte innerhalb und einem Rechte außerhalb der Belastungsgrenze ein Rangaustausch nach § 880 BGB. stattgefunden hat, so ist auch für den Berechtigten, wenn auch wirtschaftlich, so doch rechtlich nicht uninteressant, welches der beiden Rechte bestehen bleibt. Nach dem Wortlaut des Satzes 1 wäre es das ältere, zurückgetretene Recht. Man wird gleichwohl zugunsten des vorgetretenen Rechts zu entscheiden haben, ebenso zuungunsten eines mit Rangvorbehalt belasteten Rechts nach § 881 BGB., wenn von dem Vorbehalt zugunsten eines erst nach der Entziehung begründeten Rechtes Gebrauch gemacht worden ist.

Zu 4. und 5. Besonderer Überlegung bedarf der Fall einer Entziehung durch reguläre Zwangsversteigerung (etwa bei im übrigen unbegründeter Versagung des Vollstreckungsschutzes aus rassischen Gründen, siehe zu A. 2). Die durch den Zuschlag erloschenen Rechte bleiben erloschen. Sie treten auch dann durch die Rückerstattung nicht wieder in Kraft, wenn der Ersteher das Grundstück nicht neu belastet hat. Ist letzteres geschehen, bleiben die neubestellten Rechte im Rahmen der durch den Zuschlag erloschenen Rechte bestehen. Für die ersteren zugrunde liegenden persönlichen Schulden, soweit sie nicht infolge Befriedigung aus dem Versteigerungserlös getilgt sind, haftet der Berechtigte nach dem Zuschlag und nach der Rückerstattung wie vordem. In dieser Höhe wird er aber nach A. 39 nicht persönlicher Schuldner der innerhalb der Belastungsgrenze neubestellten Rechte; denn insoweit sind die diesen zugrundeliegenden Forderungen nicht „an die Stelle" jener getreten.

6. Nicht auf Zahlung gerichtete Rechte sind die persönlichen Dienstbarkeiten, insbesondere der Nießbrauch, und Grunddienstbarkeiten. Auch für solche gilt eine Belastungsgrenze. Nur soweit der Gegenstand vor der Entziehung mit ihnen oder mit gleichartigen Rechten belastet war, die ebenso lästig gewesen sind, bleiben sie bestehen. Beispiel: Das vom Vater ererbte Haus eines Verfolgten ist bei der Entziehung mit einem Nießbrauch zugunsten seiner Mutter belastet. Bei der Rückerstattung ist es gleichfalls mit einem Nießbrauch belastet. Die Mutter (welche selbst erstattungsberechtigt gewesen wäre) ist verstorben. (Der Nießbrauch ist unvererblich.) Bleibt der Nießbrauch bestehen oder nicht? Theoretisch war der frühere ebenso lästig wie der neue (oder entscheidet für die Frage der Lästigkeit eines Nießbrauchs die versicherungsmathematische oder steuerrechtliche Lebensaussicht des Nießbrauchberechtigten?) Praktisch ist dieser ästiger. Wir nehmen an, daß der Nießbrauch in diesem Beispielsfalle erlischt.

7. Es entscheidet wohl die rechtliche Gleichartigkeit. Man wird aber auch Rechte, die nur inhaltlich ein Minus gegenüber dem früheren Recht darstellen, als gleichartig im Sinne der Gesetzesstelle ansehen müssen, z. B. beschränkte persönliche Dienstbarkeiten (etwa ein Wohnrecht) als gleichartig mit den unbeschränkten (Nießbrauch). Manchmal wird auch Rechtsähnlichkeit genügen, z. B. ein Altenteilsrecht (obwohl reallastartig) bestehen bleiben, wenn es an die Stelle eines früheren Nießbrauchs getreten ist. Bei Grunddienstbarkeiten entscheidet der Inhalt: ein Wegrecht ist wohl gleichartig mit einem älteren Fahrrecht, dagegen nicht mit dem Recht zur Unterhaltung einer Wasserleitung oder zur Entnahme von Kies aus einem Steinbruch.

8. Über die Lästigkeit entscheiden die Umstände des Falles sowohl rechtlich wie praktisch.

9. Die Entstehung des Rechts auch ohne Entziehung muß objektiv feststehen. Feststehen wird die Entstehung auch ohne Entziehung wohl meist in den Fällen, in welchen der Staat durch Hoheitsakte sich oder einem Dritten Rechte geschaffen hat, soferne die Gestaltung dieser Rechte nicht mit der Entziehung selbst in Zusammenhang steht (vgl. auch Anm. 14).

10. Abs. 2 bestimmt von der Regel, daß Belastungen erlöschen, wenn sie die Belastungsgrenze überschreiten, in gewissem Umfang eine Ausnahme zugunsten der Rechte Dritter, welche aus Verwendungen auf den Entziehungsgegenstand herrühren, für welche der Rückerstattungspflichtige nach A. 34 Ersatz verlangen kann. Es handelt sich also insbesondere um (Grundstücks-) Pfandrechte, die der Pflichtige für Darlehen bestellt hat, die er aufgenommen hat, um Verwendungen zu bestreiten. Dabei dürfte es keinen Unterschied machen, ob er von vornherein ein Darlehen aufgenommen und das Pfandrecht bestellt oder erst die Verwendung aus eigenen Mitteln gemacht und nachträglich durch Aufnahme eines Darlehens mit Pfandbestellung diese wieder herausgezogen hat. Die Belastungsgrenze erhöht sich nur zugunsten dieses Drittberechtigten, nicht also in Wirklichkeit, vielmehr bleiben die Rechte ohne Rücksicht auf die Belastungsgrenze des Abs. 1 in Höhe des Verwendungsanspruchs des Rückerstattungspflichtigen bestehen.

11. Doch auch, wenn für die Verwendungen gemäß A. 34 nicht Ersatz verlangt werden kann, kann das Recht im Umfang einer durch die Verwendung herbeigeführten Werterhöhung — zufolge deren wohl regelmäßig A. 26 mitanwendbar sein dürfte — bestehen bleiben. Dies ist namentlich wichtig, wenn es sich um nicht notwendige Verwendungen im Falle einer schweren Entziehung (etwa die Bebauung eines durch schwere Entziehung entzogenen Bauplatzes) handelt (A. 34). Aber im Falle einer schweren Entziehung muß trotz der Werterhöhung, der Dritte nachweisen, daß er weder wußte, noch den Umständen nach annehmen mußte, daß der Gegenstand durch eine schwere Entziehung erlangt war (vgl. A. 48 Abs. 2). Bei der Schwierigkeit dieses Beweises dürfte die Unterscheidung zwischen einfacher und schwerer Entziehung hier nur theoretische Bedeutung haben, zumal man von dem Inhaber der überhaupt wußte, daß eine Entziehung vorgefallen war (gilt A 31 Abs. 3?) immer verlangen wird, daß er sich nach den Umständen der Entziehung erkundigt hat und er sonach nach den Umständen die schwere Entziehung ha annehmen müssen, wenn er diese Erkundigung unterlassen hat.

12. Auch diese Vorschrift gilt nur für dingliche Rechte.

13. Rechte, die für den Verfolgten anläßlich der Entziehung begründet worden (Kaufpreisresthypothek) und noch nicht erloschen sind, bleiben bestehen. Solche Rechte würden an sich, weil sie vor der Entziehung noch nicht bestanden haben, nur ausnahmsweise bestehen bleiben, nämlich wenn sie infolge Wegfalls eines vorher bestandenen Rechtes in die Belastungsgrenze einrücken, aber nach besonderer Bestimmung bleiben sie ohne Rücksicht darauf in jedem Falle bestehen.

Da der Verfolgte die belastete Sache selbst zurückerhält, dürfte er nur ausnahmsweise selbst ein Interesse an dem Fortbestand der zu seinen Gunsten anläßlich der Entziehung begründeten Belastung haben, z. B. dann, wenn nach Abs. 2 Rechte außerhalb der Belastungsgrenze bestehen bleiben, deren Rang sich bessern würde, wenn das Recht des Berechtigten erlöschen würde. Im allgemeinen dürfte die Bestimmung aber mehr die Interessen Dritter wahren, an welche diese Rechte des Verfolgten übergegangen sind; mit Recht, denn er wird ja von ihnen einen Gegenwert erhalten haben. War dies nicht der Fall, sind ihm vielmehr derartige Rechte entzogen worden, steht ihm natürlich ein besonderer Rückerstattungsanspruch wegen dieser Entziehung zu.

Da diese Belastungen dem Berechtigten sonach wieder selbst zugute kommen, sind sie unbeachtlich, wenn es sich darum handelt, festzustellen, welche Rechte in die Belastungsgrenze nachrücken (vgl. A. 38 Abs. 1). Beispiel: die Belastung vor der Entziehung betrug RM. 50000.—, der Kaufpreis bei der Entziehung RM. 150000.—. Davon wurden RM. 50000.— als Restkaufgeld eingetragen, RM. 50000.— wurden bar bezahlt. Später wurden von den übernommenen Belastungen RM. 20000.— zurückgezahlt und dann das Grundstück mit RM. 20000.— neu belastet. Letztere liegen innerhalb der Belastungsgrenze.

14. Die Hauszinssteuer bildete eine gesetzliche öffentliche Belastung des Grundbesitzes schon vor der Machtübernahme des Nationalsozialismus (VO. v. 6. Febr. 1932). Ihre Abgeltung kommt dem Verfolgten zustatten, wenn er das Grundstück zurückerstattet bekommt. Es ist daher folgerichtig, daß die aus der Abgeltung der Hauszinssteuer herrührenden Belastungen bestehen bleiben. Sie werden bei Feststellung der Belastungsgrenze nicht mitgezahlt. Dagegen würden Rückstände bedeuten, daß der Verfolgte das Grundstück zurückzunehmen hätte mit einer Belastung, die ihm nicht zugute gekommen ist. Darum erlöschen diese, jedoch kann der Gläubiger des Abgeltungsdarlehens nach A. 48 Deckung für diese erlöschenden Rückstände suchen.

Artikel 38

Übergang von Rechten

Wenn ein Grundstück durch ein[1] eine Entziehung im Sinne dieses Gesetzes darstellendes[4] Rechtsgeschäft, Rechtshandlung[1] oder Staatsakt[1] belastet worden ist, so geht das Recht aus einer solchen Belastung auf den Berechtigten über[2], und ist bei Berechnung der in Artikel 37 vorgesehenen Belastungsgrenze nicht zu berücksichtigen[2]. Dies gilt insbesondere für Rechte, die im Zusammenhang mit der Reichsfluchtsteuer, Judenvermögensabgabe und ähnlichen[3] Maßnahmen im Grundbuch eingetragen sind.

1. Welch schreckliches Deutsch statt: „Ist ein Grundstück entziehungsweise im Sinne der A. 2 oder 4 durch Rechtsgeschäft, Rechtshandlung oder Staatsakt belastet worden." Vgl. die Erläuterung zu A. 2, 4.

2. Aus A. 15 Abs. 2 folgt, daß derartige durch die Entziehung begründete Rechte an dem einen Verfolgten gehörigen Gegenstand als niemals begründet gelten. Dabei bleibt es bei beweglichen Sachen und Rechten. Bei Grundstücken wird indessen der Rechtsbestand dieser Rechte (Belastungen) anerkannt und ihr gesetzlicher Übergang auf den Berechtigten (Verfolgten oder seinen Rechtsnachfolger) angeordnet. Da ein Zeitpunkt dieses Rechtsübergangs nicht bestimmt wird, ist anzunehmen, daß auch er rückwirkend vor sich geht, in allen Fällen, in denen das Recht noch besteht. Ein gutgläubiger Erwerb daran war nicht möglich. Dagegen dürfte der Rechtsübergang überhaupt nicht stattfinden, wenn das Recht nicht mehr besteht. Doch bleibt es auch dann dabei, daß es bei Ermittlung der Belastungsgrenze nicht mitzurechnen ist. (Beispiel: ein vermögender Jude floh nach den Ereignissen des November 1938 aus Deutschland. Das Finanzamt ließ auf seinem Grundstück eine Hypothek für Reichsfluchtsteuer von RM. 100000.— eintragen. Es war mit RM. 50000.— vorbelastet. Das Grundstück wurde durch einen Bevollmächtigten des Eigentümers oder durch Zwangsversteigerung verkauft und erbrachte einen Erlös von RM. 130000.—, wovon RM. 80000.— an das Finanzamt flossen. Dessen Hypothek wurde gelöscht. Der neue Eigentümer nahm im Wege der Umschuldung eine neue Hypothek von RM. 100000.— auf mit der er die bestehende von RM. 50000.— zurückzahlte. Die neue Hypothek bleibt nur in Höhe von RM. 50000.— bestehen, obwohl das Grundstück zur Zeit seiner Entziehung auch noch mit der Reichsfluchtsteuerhypothek belastet war. Warum in diesem Fall letztere als Eigentümergrundschuld neuerstehen sollte, wäre nicht recht verständlich. Ein Interesse des Berechtigten daran besteht nicht, es sei denn, daß Belastungen vorhanden sind, welche nach A. 37 Abs. 2 bestehen bleiben, obwohl sie außerhalb der Belastungsgrenze liegen.

Ist ausnahmsweise das Grundstück selbst nicht entzogen worden, wird das durch die Entziehung geschaffene Recht regelmäßig noch bestehen und auf den Berechtigten übergehen können.

3. Der Zweck dieser Generalklausel ist nicht einleuchtend, da die Reichsfluchtsteuer und Judenvermögensabgabe ohnedies nur als Beispiele angeführt sind

Artikel 39

Schuldübernahme[3]

Soweit der Berechtigte oder sein Rechtsvorgänger[1] vor der Entziehung eines Grundstückes persönlicher Schuldner einer Forderung war, für die an dem Grundstück eine Hypothek, Grundschuld oder Rentenschuld bestellt worden war, übernimmt[3] der Berechtigte mit der Wiedererlangung des Eigentums die persönliche Schuld, insoweit als die Hypothek, Grundschuld oder Rentenschuld nach den vorstehenden Bestimmungen bestehen bleibt[2]. Das gleiche gilt[2], soweit es sich um Verbindlichkeiten handelt, bezüglich deren der Rückerstattungspflichtige Befreiung gemäß Artikel 34 dieses Gesetzes § 257 BGB. verlangen kann. Das gleiche[2] gilt ferner bei Verbindlichkeiten, die nach Artikel 37 Absatz 1 Satz 2 bestehen bleiben und an Stelle von Verbindlichkeiten getreten sind, für die der Berechtigte oder sein Rechtsvorgänger[1] persönlicher Schuldner gewesen war.

1. „Der Berechtigte oder sein Rechtsvorgänger", wer ist das? Der Rechtsvorgänger im Eigentum des Grundstücks? Das ist nicht anzunehmen; denn wenn letzterer persönlicher Schuldner geblieben ist, ohne daß der Verfolgte beim Erwerb des Grundstücks persönlicher Schuldner wurde, wird auch derjenige nicht persönlicher Schuldner geworden sein, der das Grundstück von dem Verfolgten durch Entziehung erwarb, und ebensowenig ein weiterer Nacherwerber. Es besteht also kein Interesse des Rückerstattungspflichtigen an der Befreiung von einer persönlichen Schuld, die er nicht übernommen hat, und es ist unbillig, den Berechtigten mit einer persönlichen Schuld zu belasten, die ein Dritter trägt. Der Berechtigte oder sein Rechtsvorgänger heißt also, da der Berechtigte durch Rechtsnachfolge nach dem Verfolgten berechtigt worden und von letzterem verschieden sein kann: der Berechtigte oder der Verfolgte.

2. Der Berechtigte wird kraft Gesetzes, sobald die der Rückerstattungsanspruch feststellende Entscheidung (A. 15) rechtskräftig wird, persönlicher Schuldner aller Belastungen, bezüglich deren der Verfolgte schon vor der Entziehung persönlicher Schuldner gewesen ist, auch wenn er durch die Schuldübernahme seitens des Erwerbers beim Erwerbsakt von der persönlichen Schuld befreit worden war (S. 1). Soweit aber Rechte nach der Entziehung begründet worden sind und bestehen bleiben, weil sie in die Belastungsgrenze fallen, wird er persönlicher Schuldner nur in der Höhe, in welcher der Verfolgte schon vor der Entziehung persönlicher Schuldner war, also soweit neue Rechte in die Belastungsgrenze an Stelle untergegangener Rechte eingerückt sind, für welche er persönlich gehaftet hatte (S. 3). Endlich hat der Berechtigte die persönliche Schuld zu tragen, soweit nach A. 37 Abs. 2 Rechte bestehen bleiben, weil sie aus Verwendungen herrühren oder mit solchen zusammenhängen, für welche der Rückerstattungspflichtige nach A. 34 Ersatz verlangen kann (S. 2). Die Fassung des Satzes 2 ist teils zu weit, insofern als das Bestehenbleiben der dinglichen Sicherheit gemäß Abs. 2 des A. 37 nicht vorausgesetzt, insbesondere der Vorbehalt des Schlußhalbsatzes daselbst nicht gemacht wird, andererseits zu eng, weil nur von einem Befreiungsanspruch und nicht viel mehr von einem Ersatzanspruch des Pflichtigen für Verwendungen gesprochen wird. Auch ist es verwunderlich, daß trotz Bestehenbleibens der Rechte, die aus der Abgeltung der Hauszinssteuer herrühren, der Eintritt des Berechtigten in die persönliche Schuld nicht angeordnet wird. Dies dürfte eine Gesetzeslücke sein, die auf einem Versehen des Gesetzgebers beruht und entsprechend auszufüllen ist. Über den Fall der Neubelastung eines durch Zwangsversteigerung entzogenen Grundstücks durch den Ersteher, 4 und 5 bei A. 37.

3. Das Gesetz spricht von Schuldübernahme. In Wahrheit ist es ein Schuldübergang. Jedoch ist nicht anzunehmen, daß ohne den Willen des Gläubigers ein Schuldnerwechsel eintreten soll. Darum kann es sich nicht um eine privative, sondern nur um eine kumulative Schuldübernahme handeln. Doch ist der Berechtigte im Verhältnis zum früheren Schuldner allein verpflichtet.

Artikel 40

Übertragungsanspruch

1. Der Berechtigte kann verlangen, daß ihm eine an dem zurückzuerstattenden Grundstück eingetragene Hypothek, Grund-

schuld oder Rentenschuld, die einem Besitzer oder früheren Besitzer des Grundstückes zusteht, der dies zu irgendeiner Zeit mittels einer schweren Entziehung erlangt hatte, entschädigungslos übertragen wird[1]. Dies gilt nicht bezüglich der der Hypothek zugrundeliegenden persönlichen Forderung[2]. Bei Rechten, die vor der Entziehung begründet worden waren, findet Artikel 46 Absatz 3 entsprechende Anwendung[3].

2. Absatz 1 findet keine Anwendung, auf Belastungen, die gemäß den Vorschriften dieses Gesetzes einzutragen sind[4].

1. Derjenige, der dem Verfolgten das Grundstück durch schwere Entziehung entzogen hat, soll nach seiner Zurückerstattung keinesfalls ein Recht daran behalten. Das Gesetz verwendet seine stereotype Wendung „der Besitzer oder frühere Besitzer, der das Grundstück zu irgendeiner Zeit mittels einer schweren Entziehung erlangt hat", als ob es mehr als einen einzigen denkbaren Augenblick der Entziehung gäbe und diese nicht ein einmaliger Vorfall wäre. Gemeint ist: „Der Besitzer oder irgendein früherer Besitzer, welcher das Grundstück durch schwere Entziehung erlangt hat."

Der Entzieher kann ein Pfandrecht am Grundstück sowohl aus der Zeit vor der Entziehung als auch aus der Zeit nach der Entziehung haben, sei letzteres dadurch, daß er für sich eine Eigentümergrundschuld bestellt, oder dadurch, daß er das Grundstück verkauft hat und daß aus diesem Anlaß für ihn eine Restkaufgeldhypothek eingetragen wurde, oder daß er es beliehen hat, nachdem er es veräußert hatte. In allen diesen Fällen kann der Berechtigte, auch wenn andernfalls das Recht, weil außerhalb der Belastungsgrenze nach A. 37 erlöschen würde, verlangen, daß es ihm übertragen wird.

2. Dieses Recht bezieht sich nur auf das dingliche Recht, nicht auf die persönliche Forderung, für die es besteht, und zwar trotz der akzessorischen Natur der Hypothek entgegen § 1153 BGB. Abs. 2. Der Berechtigte erwirbt die Hypothek also als Eigentümergrundschuld. Die persönliche Forderung bleibt bestehen und verbleibt dem Entzieher, auch wenn sie sich von Haus aus gegen den Berechtigten (Verfolgten) gerichtet hat oder dieser sie nach A. 39 übernehmen muß, obwohl sie sich zunächst gegen den Rückerstattungspflichtigen gerichtet hat, weil sie in die Belastungsgrenze fällt und an die Stelle eines Rechtes getreten ist, für das er schon vor der Entziehung persönlich gehaftet hat. (Beispiel: Der Entzieher hatte eine Hypothek zurückgezahlt und gelöscht und bei der Weiterveräußerung des Grundstücks ein Restkaufgeld in dieser Höhe hypothekarisch gesichert stehen lassen.) An dieser Schuldübernahme ändert A. 40 nichts.

Die Übertragung geschieht durch öffentlich beglaubigte Abtretungserklärung und Übergabe des Hypothekenbriefes. Im Hinblick auf die Abweichung von § 1153 Abs. 3 BGB. muß dem Grundbuchamt nachgewiesen werden, daß der Abtretende sich einer schweren Entziehung am Grundstück schuldig gemacht hatte (wie soll dieser Nachweis vor dem Grundbuchamt geführt werden, wenn ohne Wiedergutmachungsverfahren die Rückerstattung im guten stattfindet?) und daß der Abtretungsempfänger Verfolgter war. Mangels gütlicher Erfüllung des Anspruchs ist er im Widergutmachungsverfahren zu verfolgen (A. 75), Vollstreckung gemäß A. 65, 68 dieses Gesetzes, §§ 894, 897 Abs. 2 ZPO.

3. In Ansehung der persönlichen Forderung, die dem Entzieher verbleibt, kann der Berechtigte sich Zahlungsfristen nach A. 46 einräumen lassen, wenn die Schuld schon vor der Entziehung begründet war (warum nur dann und nicht auch im Falle des A. 39)?

4. Vgl. A. 44, 46 Abs. 2.

Artikel 41

Haftung für Geschäftsverbindlichkeiten

1. Erlangt[3] der Berechtigte ein geschäftliches Unternehmen oder einen sonstigen Vermögensinbegriff[1, 7] zurück, so können die Gläubiger der im Betrieb des Unternehmens begründeten[2] oder auf dem sonstigen Vermögensinbegriff[1] lastenden[1] Verbindlichkeiten[2] von dem Zeitpunkt der Wiedererlangung[3] an ihre zu dieser Zeit bestehenden Ansprüche auch[3] gegen den Berechtigten geltend machen[3, 8].

2. Die Haftung des Berechtigten beschränkt sich auf den zurückzuerstattenden Vermögensgegenstand und die sonstigen ihm aus der Rückerstattung zustehenden Ansprüche. Für die Geltendmachung der Haftungsbeschränkung finden die Vorschriften der §§ 1990, 1991 BGB. entsprechende Anwendung[4].

3. Die Haftung[4, 5] des Berechtigten gemäß Absatz 1 und 2 tritt nicht ein, soweit der Gesamtbetrag der Verbindlichkeiten die in entsprechender Anwendung des Artikels 37 zu errechnende Belastungsgrenze übersteigt und der übersteigende Betrag der Verbindlichkeiten auch nicht durch einen nach Artikel 29 Absatz 3 sich ergebenden Mehrbetrag der Aktiven gedeckt erscheint[5]. Die Wiedergutmachungskammer trifft in diesem Falle nach billigem Ermessen die erforderlichen Maßnahmen in sinngemäßer Anwendung des Artikels 37[6]. Hierbei gehen Verbindlichkeiten, deren Gläubiger beim Erwerb der Forderung weder wußten noch den Umständen nach annehmen mußten, daß das Unternehmen oder der sonstige Vermögensinbegriff zu irgendeiner Zeit durch eine Entziehung im Sinne dieses Gesetzes erlangt worden war, grundsätzlich anderen Verbindlichkeiten vor[6]. Bei gleichrangigen Verbindlichkeiten findet, soweit erforderlich, eine Kürzung nach dem Verhältnis ihrer Beträge statt[5, 6].

1. Verzwickt, gekünstelt und einseitig steht A. 41 dem A. 29 Abs. 3 würdig zur Seite. Er handelt von dem im Betrieb eines entzogenen und zurückzu-

erstattenden geschäftlichen Unternehmens begründeten und den auf einem zurückzuerstattenden sonstigen Vermögensinbegriff lastenden Verbindlichkeiten.

Schon hier beginnen die Fragen: Welcher „sonstige“ Vermögensinbegriff kann gemeint sein? Ein Haus oder ein Grundstück ist kein solcher, ein landwirtschaftliches Gut ist ohnedies ein geschäftliches Unternehmen, eine Gärtnerei desgleichen. Eine Herde also? Eine Bücherei? Offenbar ist doch ein Vermögensinbegriff gemeint, der kein geschäftliches Unternehmen ist, und mit dem kein „Betrieb“, keine Bewirtschaftung zwecks Erzielung von Einkommen verbunden ist. Darauf werden wohl niemals Verbindlichkeiten „lasten“. Was heißt das überhaupt: „auf dem (nicht bewirtschafteten) Vermögensinbegriff lastende Verbindlichkeiten?“ Wir sind der Meinung, daß es so etwas nicht gibt, wenigstens nicht rechtlich.

2. Ob eine Verbindlichkeit im Betrieb eines geschäftlichen Unternehmens begründet ist, wird praktisch nicht wohl zweifelhaft sein, wenn auch die Vermutung des § 344 HGB. hier nicht gilt. In Zweifelsfällen ist es Sache sowohl des Gläubigers als auch des Rückerstattungspflichtigen, zu beweisen, daß die Verbindlichkeit im Betrieb des Unternehmens begründet worden ist, wenn sie sich gegenüber dem Berechtigten auf A. 41 berufen wollen.

Lieferungsverpflichtungen und Verpflichtungen zu Dienstleistungen und aus Werkverträgen sind nicht ausgenommen, besonders wenn der Gläubiger mit seiner Gegenleistung vorangegangen ist und eine Anzahlung gemacht hat. Aber es dürfte die Kürzung nach Abs. 3 nicht wohl denkbar sein, ohne daß die Forderung in eine Geldforderung (Schadensersatz wegen Nichterfüllung, Rückgewähr des Geleisteten wegen Rücktritts) übergegangen ist.

Grundsätzlich ist A. 41 auch auf Verpflichtungen aus beiderseits unerfüllten Verträgen anwendbar; nur dürfte wegen Ausstehens der Gegenleistung weder die Haftungsbeschränkung nach Abs. 2 noch die Ermäßigung der Verpflichtung nach Abs. 3 hiebei interessant und aktuell werden.

3. Der Berechtigte wird neben dem bisherigen Schuldner (Rückerstattungspflichtigen) Schuldner der im Betrieb des zurückzuerstattenden geschäftlichen Unternehmens begründeten Verbindlichkeiten (mit zwei alsbald zu erörternden Einschränkungen), aber nur unter der Voraussetzung, daß er das geschäftliche Unternehmen zurückerlangt, nicht auch daß er es fortbetreibt, (was er aber wohl sicher tun wird) und erst von dem Zeitpunkt an, in welchem er es zurückerlangt. Das Zurückerlangen wird schon und erst darin zu erblicken sein, daß er die Herrschaft über das Unternehmen, die Leitung zurückgewinnt. Seine Eintragung im Handelsregister dagegen dürfte nicht entscheiden. Der Zeitpunkt ist entscheidend auch für die Frage, gegenüber welchen Verpflichtungen er die Einschränkung seiner Haftung und Verpflichtung geltend machen kann; denn für Verpflichtungen, welche nunmehr von ihm selbst und in seinem Namen eingegangen werden, gelten sie natürlich nicht mehr.

Ein Ausschluß des Eintritts in die Verpflichtung durch Bekanntmachung, Eintragung im Handelsregister ist nicht zugelassen.

Der Verpflichtete bleibt neben dem Berechtigten Schuldner der bis zur Rückerlangung begründeten Geschäftsverpflichtungen. Daß die abgekürzte Verjährung des § 151 zugunsten des ersteren gilt, möchten wir verneinen, weil in dem Berechtigten kein Vollschuldner neu eingetreten ist.

Pflichtiger und Berechtigter haften nebeneinander als Gesamtschuldner. In ihrem gegenseitigen Verhältnis zueinander ist der Berechtigte Alleinschuldner, aber natürlich nur, soweit seine Verpflichtung nach Abs. 3 reicht.

4. Der Eintritt des das Geschäft zurückerlangenden Berechtigten in die Geschäftsverbindlichkeiten ist zwiefach beschränkt: a) hinsichtlich der Haftung, b) hinsichtlich des Umfangs der Verpflichtung selbst. Der deutsche Text spricht freilich sowohl in Absatz 2 als auch in Abs. 3 von einer Haftung, der englische Text beide Male von liability.

Der Berechtigte haftet nur mit den Mitteln des zurückerlangten Handelsunternehmens zusätzlich der sonstigen ihm aus der Rückerstattung zustehenden Ansprüche. Was der maßgebliche deutsche Text (A. 94) unter letzteren versteht, ist völlig schleierhaft, weil aus der Rückerstattung keine Ansprüche erwachsen können; auch hier muß der englische Text der Auslegung nachhelfen. Danach haftet der Berechtigte außer mit den Mitteln des zurückerlangten Geschäftes mit jeder anderen Entschädigung (compensation), worauf er nach diesem Gesetz Anspruch hat. Warum der deutsche Text diesen klaren und jedermann leicht verständlichen Wortlaut nicht wörtlich, dafür aber nicht nur ungenau, sondern ohne Sinn ersetzt hat, ist unerfindlich. Die weiteren nach diesem Gesetz dem Berechtigten zustehende Ansprüche sind insbesondere die Ansprüche auf Herausgabe des Ersatzes (A. 29) und Schadensersatz (A. 30, 31) und auf Herausgabe der Nutzungen (A. 30, 33).

Diese Beschränkung seiner Haftung hat der Berechtigte geltend zu machen, wie ein Erbe die beschränkte Erbenhaftung, und zwar, da ja ein Sonderkonkurs über das Geschäftsvermögen ebensowenig möglich wäre, wie eine Sonderverwaltung, da es eben Sonderkonkurs und Nachlaßverwaltung nur bei einem Nachlaß gibt, nach den Vorschriften, welche für den Fall gelten, daß Nachlaßkonkurs und Nachlaßverwaltung mangels einer die Kosten deckenden Masse nicht möglich sind (§§ 1990, 1991 BGB.). Danach darf der Berechtigte die Gläubiger aus dem Vermögensgegenstande freiwillig solange befriedigen, wie er annehmen darf, daß der Vermögensgegenstand zur Befriedigung aller Gläubiger ausreichen wird (vgl. §§ 1991, 1979 BGB.). Erst wenn er das nicht mehr annehmen kann, hat er sich darauf zu berufen, freiwillige Leistung zu verweigern und sich verklagen und seine beschränkte Haftung im Urteil vorbehalten zu lassen (Arg. § 780 ZPO.), wenn er sich nicht ersatzpflichtig machen will (§ 1991 Abs. 3).

Gemäß § 1991 Abs. 3 BGB. kann der Berechtigte wegen eigener Forderung gegen den Rückerstattungspflichtigen sich vorweg befriedigen, selbst wenn er weiß, daß das Vermögen zur Befriedigung sämtlicher Gläubiger nicht ausreichen wird, wie wenn er gegen sich ein Urteil erstritten hätte. Diese Bestimmung ist aber hier unanwendbar, da der Berechtigte eine eigene Forderung, die aus dem Betrieb des Unternehmens herrührt, nicht haben kann und nur eine solche nach Abs. 1 in Betracht käme, eine Forderung aus diesem Gesetz gegen den Pflichtigen um deswillen nicht, weil diese ja zur Haftungsmasse gehört (s. oben).

Die beschränkte Haftung hat der Berechtigte, wenn der Gläubiger ungeachtet des urteilsmäßigen Haftungsvorbehaltes in das nicht zum Geschäftsvermögen gehörige Vermögen des Berechtigten vollstrecken sollte, gemäß § 785 ZPO. durch Klage nach § 767 ZPO. geltend zu machen.

5. Unabhängig von der Beschränkung der Haftung des Berechtigten, der das Geschäft zurückerlangt hat, auf das Geschäftsvermögen gemäß Anm. 4 tritt er auch nicht in vollem Umfange in die Geschäftsverbindlichkeiten als Schuldner ein. Die zweite Modifikation seines Eintritts in diese bezieht sich nicht auf seine Haftung, sondern auf dem Umfang seiner Schuld selbst. Er erhält das Unternehmen saniert zurück und wird nur bis zu dem Gesamtbetrag Schuldner der bei der Rückerstattung bestehenden Verpflichtungen, in welchem schon bei der Entziehung Geschäftsverbindlichkeiten bestanden, jedoch erhöht gemäß A. 37 Abs. 3 um Verbindlichkeiten aus Verwendungen, für welche der Rückerstattungspflichtige nach A. 34 Ersatz verlangen kann, um eine etwa abgelöste Hauszinssteuer, und erhöht um den sich auf Grund des A. 29 Abs. 3 ergebenden Mehrbetrags der Aktiven. Was kann wohl damit gemeint sein? Auf Grund einer Gesetzesstelle kann sich doch in keinem Geschäft der Welt ein Mehrbetrag von Aktiven ergeben. Gemeint ist, daß die Belastungsgrenze d. h. der Gesamtbetrag, bis zu welchem der Berechtigte Schuldner der Geschäftsverpflichtungen wird, um den Betrag erhöht wird, um welchen die Aktiven, die ihm gemäß A. 29 Absatz 3 von dem Pflichtigen zu überlassen sind, jene Aktiven übersteigen, die bei der Entziehung vorhanden waren. Im übrigen werden die Forderungen der Gläubiger gegenüber dem Berechtigten gekürzt und werden letztere an den Pflichtigen verwiesen.

Dadurch wird erreicht, daß trotz seiner Haftung nach Absatz 2 mit allen ihm gemäß A. 29 zurückerstattenen Geschäftsvermögen der Berechtigte doch sein eigenes Geschäftsguthaben im Zeitpunkt der Entziehung voll zurückerhält. (Beispiel: Bruttovermögen im Zeitpunkt der Entziehung: RM. 200000.—; Verbindlichkeiten RM. 100000.—. Bruttovermögen im Zeitpunkt der Rückerstattung: RM. 300000.—, Verbindlichkeiten RM. 250000.—; sonach Mehrbetrag der Verpflichtungen: RM. 150000.—, des Vermögens nur RM. 100000.—; also Kürzung der Verbindlichkeiten: RM. 50000.—). Es werden demnach die Geschäftsgläubiger trotz der im Geschäftsvermögen voll erhalten gebliebenen Deckung für ihre Forderungen, indem jenes dem Berechtigten ausgefolgt wird, und sie wegen eines Teiles ihrer Forderung auf den Rückerstattungspflichtigen allein verwiesen werden, der möglicherweise kein weiteres Vermögen besitzt, zu Trägern der seit der Entziehung eingetretenen Verluste, sicherlich eine „einmalige" Ordnung.

Fraglich ist, ob in einem solchen Fall, in dem die Gläubiger gekürzt werden, das Entziehungsentgelt, soweit der Berechtigte es nach A. 44 zurückzugeben hat — man setze im vorigen Beispiel in Höhe von RM. 10000.— —, dem Berechtigten zu belassen und die Gläubigerkürzung zu mindern, oder ob es dem Pflichtigen herauszugeben ist, der ja seinerseits Schuldner der Gläubiger bleibt. Wir entscheiden uns für letzteres, da sich ersteres aus dem Gesetz nicht begründen läßt.

6. Wenn nicht die Gläubiger verstehen, vor der Entscheidung über die Rückerstattung und deren Durchführung schnell zu ihrem Gelde zu kommen — die Wiedergutmachungsorgane werden bei Vermeidung ihrer Haftung gegenüber dem Berechtigten raschestens dafür Sorge tragen müssen, das Geschäftsvermögen vor dem berechtigten Zugriff der Gläubiger sicherzustellen (A. 52), um ihrem Wettlauf Knüppel in den Weg zu legen, — muß ein Rangstreit zwischen ihnen entstehen, dessen Ordnung nach billigem Ermessen das Gesetz der Wiedergutmachungskammer aufträgt. Sie trifft, sagt es „die erforderlichen Maßnahmen". Welche „Maßnahmen" können erforderlich sein? Doch wohl nicht eine Versilberung und Verteilung. Damit wäre dem Berechtigten schwerlich gedient.

Also wohl nur die Bestimmung des Umfanges, in welchem der Berechtigte innerhalb der Gesamtbelastungsgrenze in die einzelnen Verbindlichkeiten eintritt, nach Maßgabe einer von ihm innezuhaltenden Rangordnung unter den Gläubigern, etwa verbunden mit der Einräumung von Zahlungsfristen (A. 46) „in sinngemäßer Anwendung des A. 37". Was bedeutet nun das wieder? Da A. 37 nur eine absolute „Belastungsgrenze" und keine individuelle Rangfolge bestimmt, kann es sich nur um eine sinnstörende Wiederholung aus Satz 1 handeln, mit der nichts Neues gesagt werden soll. Die Rangordnung ist folgende: An der Spitze stehen die Gläubiger, deren Forderung schon bei der Entziehung bestanden (auch hier können schwierige Einzelfragen entstehen, z. B. bei einem Bank- oder Warenkredit, der damals schon bestand, aber von jeher in schwankender Höhe in Anspruch genommen worden ist; der Gläubiger steht in der ersten Gruppe mit einer Forderung nur in der Höhe, in welcher der Kredit zur Zeit der Entziehung in Anspruch genommen war), es folgen die Gläubiger, welche beweisen können, daß sie bei dem Erwerb ihrer Forderung weder wußten noch den Umständen nach annehmen mußten, daß das Geschäft einmal Gegenstand einer Entziehung war (das werden nur wenige können, da der Inhaberwechsel wohl jedem Lieferanten jeweils bekannt wird), den Rest bilden die Gläubiger, die diesen Beweis nicht führen können; das wird die überwältigende Mehrzahl sein. Diese Rangordnung gilt „grundsätzlich". Was heißt denn das? Für den charaktervollen Mann soviel wie „ausnahmelos", hier aber, wo das Gesetz neben der von ihm aufgestellten Rangordnung das billige Ermessen der Kammer zuläßt, anscheinend soviel wie „regelmäßig" (im englischen Text fehlt jedes entsprechende Wort. Warum doch der deutsche Text noch künstlich weitere Schwierigkeiten in das ohnedies schon so schwierige Gesetz trägt!). Vielleicht handelt es sich um einen verschämten Vorbehalt zugunsten der Steuerforderungen des stets schlechtgläubigen Fiskus. Gleichrangige Verbindlichkeiten werden gleichmäßig, das heißt verhältnismäßig gekürzt.

Diese Rangordnuug ist anch im Verhältnis der Gläubiger untereinander verbindlich, soweit sie Befriedigung aus dem Unternehmen suchen. 5. und 6. haben zur Folge, daß durch die Rückerstattung auch ein in diesem Zeitpunkt überschuldetes Unternehmen immer aktiv werden, da immer das Kapitalkonto des Berechtigten zur Zeit der Entziehung ausweisbar werden muß. Die Konkursordnung bleibt also nur anwendbar für einen Konkurs über das Vermögen des Rückerstattungspflichtigen. Uns scheint, daß der Gesetzgeber die Konkurssituation nicht in Betracht gezogen hat. Dies mag gerechtfertigt sein, weil sie voraussichtlich ebensowenig eine Rolle spielen wird wie die ganze Frage einer Vermehrung der Geschäftsverbindlichkeiten.

7. Denkbar ist nach A. 22—24 auch, daß der Berechtigte nur eine Beteiligung an einem Unternehmen zugesprochen zu erhalten hat. Auch dann haftet er gemäß 4. nur mit seinem Anteil am Geschäftsvermögen und wird er Schuldner nur im Rahmen von 5., also in Höhe des Wertes seiner Beteiligung abzüglich seines Kapitalguthabens zur Zeit der Entziehung. Dies gilt auch bezüglich des Ausgleichsanspruchs unter den Gesellschaftern, aber auch unmittelbar gegenüber den Gläubigern. Natürlich müssen sich daraus verwickelte Fragen ergeben, denn die Rangordnung unter den Gläubigern und die Kürzung ihrer Forderungen gilt nur in ihrem Verhältnis zum Berechtigten, nicht auch zu seinen Gesellschaftern. Wenn das Geschäftsvermögen ausreicht, um alle Verbindlichkeiten und das Kapitalguthaben des Berechtigten zur Zeit der Entziehung zu decken, sind alle Schwierigkeiten durch den Ausgleich unter den Gesellschaftern zu überwinden. Reicht aber das Geschäftsvermögen nicht aus, so kann man nur zum Ziel gelangen, wenn die Gläubiger auch im Verhältnis zur Gesellschaft — vorbehaltlich der persönlichen Schuld der übrigen Gesellschafter — insgesamt auf den Betrag der Aktivmasse abzüglich des Kapitalguthabens des Berechtigten zur Zeit der Entziehung zum Gesamtbetrag der Verbindlichkeiten (vorbehaltlich ihrer Rangordnung untereinander) gekürzt werden. Beispiel: Vor der Entziehung: Aktivmasse 700000.—, Verbindlichkeiten 400000.—, Guthaben des Gesellschafters A 100000.—, des Verfolgten B 100000.—, des Gesellschafters C 100000.—. Durch die Arisierung wachsen dem A und C 50000.— an Kapitalkonto zu. Bei der Rückerstattung Aktiva 500000.—, Gläubiger 700000.—. B muß ein Kapitalkonto von 100000.— erhalten. Es ergibt sich eine Kürzung der Gläubiger auf 400000.—, Kapitalkonto des B 100000.—, des A und C je —.—, evtl. Sonderkonkurs über das Vermögen des A und B.

8. Der Streit der Gläubiger über das Maß ihrer Kürzung untereinander und der Streit mit dem Berechtigten wird vor der Wiedergutmachungskammer ausgetragen. Für ersteren ist diese nach Absatz 3 Satz 2, für letzteren durch A. 57 für zuständig erklärt. Sie wird wohl auch den Vorbehalt, der nach Abs. 2 beschränkten Haftung gemäß § 780 ZPO, auszusprechen haben. Die Gläubiger sind beteiligt (A. 61), wenn der Berechtigte und ihre Einbeziehung in das Verfahren anträgt. Muß, wenn die Forderung bestritten ist, erst ein Urteil des ordentlichen Gerichts vorangehen, welches die Forderung feststellt, weil es bei der Gläubigerforderung (aus Warenlieferung, Darlehen, Dienstleistung usw.) sich ja nicht um einen Anspruch aus diesem Gesetz handelt (A. 57)? Die Rückerstattung selbst braucht dadurch nicht aufgehalten zu werden (A. 49, 67 c und d); die Höhe der Schuld des Berechtigten gegenüber jedem Gläubiger mit unbestrittener Forderung kann freilich von der Kammer zunächst nur durch Teilurteil in der Höhe festgestellt zu werden, die sich ergibt, wenn die bestrittene Forderung besteht. Die endgültige Bestimmung ist nach A. 149 ZPO. auszusetzen bis der Streit über den Bestand der bestrittenen Forderung entschieden ist. Blieb eine Forderung im Wiedergutmachungsverfahren unbestritten, so ist anzunehmen, daß die Entscheidung der Wiedergutmachungskammer über die Höhe, bis zu welcher der Berechtigte Schuldner der Forderung wird, zwischen dem Berechtigten und den übrigen Gläubigern endgültig bindend und auch ohne weiteres Vollstreckungstitel gegen den Berechtigten nach A. 68, 61 ist und bleibt, auch wenn der Rückerstattungspflichtige selbst, auf den Betrag der Kürzung in Anspruch genommen, die Forderung erfolgreich bestreitet. Alles dies ist überaus zweifelhaft.

Artikel 42

[13]Miet- und Pachtverhältnisse

1. Hat der Rückerstattungspflichtige oder ein früherer Besitzer ein Grundstück an einen Dritten vermietet oder verpachtet, so kann der Berechtigte[2], [5] das Miet- oder Pachtverhältnis mit der gesetzlichen Kündigungsfrist kündigen[1]. Die Kündigung ist erst zulässig, wenn die Wiedergutmachungsorgane die Rückerstattungspflicht[5] rechtskräftig festgestellt[3] haben oder diese Pflicht anderweit an-

erkannt[4] ist. Die Kündigung muß binnen 3 Monaten von diesem Zeitpunkt oder von der tatsächlichen Übernahme des Grundstückes an, wenn diese später erfolgt, vorgenommen werden[6].

2. Die Bestimmungen des Mieterschutzgesetzes[7, 12] in der Fassung vom 15. Dezember 1942 (RGBl. I S. 712) finden keine Anwendung auf Rückerstattungspflichtige oder deren Rechtsvorgänger, die den zurückzuerstattenden Vermögensgegenstand durch schwere Entziehung erlangt haben, oder beim Erwerb wußten oder den Umständen nach annehmen mußten, daß der Vermögensgegenstand zu irgendeiner Zeit durch eine schwere Entziehung erlangt worden war[11]. Die Bestimmungen des Mieterschutzgesetzes finden ferner keine Anwendung, soweit der Berechtigte Wohnräume für sich oder seine nahen Angehörigen zum angemessenen Wohnen benötigt[8]. Das gleiche gilt, wenn Wohnraum, der im Zeitpunkt der Entziehung oder der Erhebung des Rückerstattungsanspruches im Zusammenhang mit dem Betrieb eines zurückzuerstattenden geschäftlichen Unternehmens benützt wurde, zur Weiterführung des Unternehmens benötigt wird[9]. Bei Geschäftsräumen sind die Bestimmungen des Mieterschutzgesetzes insoweit nicht anwendbar, als der Berechtigte an deren alsbaldiger Rückgabe ein begründetes Interesse hat[10]

3. Miet- und Pachtverträge, die mit Genehmigung der Militärregierung abgeschlossen worden sind, können nur mit deren Zustimmung gekündigt werden.

1. Artikel 42 handelt von der Vermietung und Verpachtung eines Grundstücks durch den Rückerstattungspflichtigen oder einen früheren Rückerstattungspflichtigen. Abs. 2 ergibt, daß, wie ohnedies anzunehmen wäre, auch die Vermietung oder Verpachtung eines Teiles eines entzogenen Grundstücks, einer einzelnen Wohnung in ihm, mitgemeint ist. Satz 2 räumt im englischen Text den nach der deutschen Fassung möglichen Zweifel darüber aus, daß A. 42 nur die Vermietung und Verpachtung eines entzogenen Grundstücks, nicht auch einer entzogenen Wohnung betrifft.

Aus A. 15 Abs. 2 mit A. 61 und A. 15 Abs. 1 würde zu folgern sein, daß Mieter und Pächter, die sich für ihr Miet- bzw. Pachtrecht nicht auf einen mit dem Berechtigten (oder seinem Rechtsvorgänger) selbst geschlossenen Vertrag berufen können, gemäß § 985 BGB. nach der Feststellung des Rückerstattungsanspruchs bezüglich des Grundstücks dieses sofort zu räumen haben. Diese Folgerung wird von A. 42 abgebogen. Nicht nur Miet- und Pachtverträge, welche noch mit dem Berechtigten geschlossen worden und nicht etwa abgelaufen sind, bleiben selbstverständlich bestehen, sondern sogar solche, die der Rückerstattungspflichtige oder sein Vorgänger in der Eigentümerstellung abgeschlossen hat.

Es ist anzunehmen, daß jeder Teil, nicht nur der Berechtigte, sondern auch der Mieter bzw. Pächter an einen solchen Vertrag gebunden ist. Dem Mieter oder Pächter haftet aus dem Vertrag selbstverständlich auch der Vertragsgegner, Vermieter oder Verpächter, auf Erfüllung, und zwar wohl nicht nur wie ein Bürge nach § 576 Abs. 2 Satz 1 BGB., sondern unbeschränkt, d. h. er kann sich auf das nachstehend besprochene Kündigungsrecht des Berechtigten nicht berufen und hat dem Mieter gemäß §§ 541, 538 BGB. Schadensersatz wegen Nichterfüllung zu leisten, wenn der Berechtigte von seinen Rechten nach Abs. 1 oder 2 des A. 42 Gebrauch macht. Man wird aber auf Seiten des Mieters der Kenntnis des Rechtsmangels im Sinne der §§ 541, 539 Satz 1 die Kenntnis des Entziehungstatbestandes gleichzusetzen haben, obwohl damit zur Zeit des Vertragsabschlusses natürlich eine Kenntnis des Rechtsmangels, der erst auf diesem Gesetz beruht, nicht verbunden sein konnte. Ein vertraglicher Haftungsausschluß ist nichtig, wenn der Vermieter (Verpächter) die Entziehung dem Mieter (Pächter) arglistig verschwiegen hat (§ 540 BGB.); arglistiges Verschweigen wird im allgemeinen nicht anzunehmen sein. Die Schuld des Vermieters (Verpächters) endet in entsprechender Anwendung des § 571 BGB., wenn der Mieter oder Pächter nicht von der ersten vertraglich oder gesetzlich bestehenden Kündigungsmöglichkeit Gebrauch macht.

Verträge, welche der Berechtigte selbst abgeschlossen hat und bei der Rückerstattung noch laufen, können gleichwohl nach der Entziehung neu abgeschlossenen Verträgen gleichzustellen sein, wenn sie durch erhebliche Änderungen eine starke Mehrbelastung bedeuten. Auch kann es sein, daß der Vertrag als durch stillschweigende Übereinkunft zwischen den ursprünglichen Partnern anläßlich der Entziehung aufgehoben und mit dem Ersterwerber nach der Entziehung neu abgeschlossen anzusehen ist. Dann gilt das im folgenden über solche neu abgeschlossenen Verträge Gesagte. Außerdem kann den Vertragspartnern eines alten Vertrages das außerordentliche Kündigungsrecht gegeben sein (s. Anm. 2).

2. Dem Berechtigten, nur diesem, steht (wenn er nicht den Vertrag selbst abgeschlossen hat) das Recht zu, das Miet- (Pacht-) Verhältnis vor Ablauf der Vertragszeit und mit der gesetzlichen Kündigungsfrist zu kündigen. Siehe oben. Das Reichsgericht hat wiederholt auch eine Kündigung aus wichtigem Grunde zugelassen (RG. 119 S. 88, 150 S. 193, 160 S. 366, JW. 37 S. 1146). Ganz ausnahmsweise kann für beide Teile auch eine solche Kündigung aus wichtigem Grunde anläßlich der Rückerstattung in Frage kommen.

3. Eine schon vor Rechtskraft ausgesprochene Kündigung erlangt bei Eintritt derselben Wirksamkeit, als sei sie zu diesem Zeitpunkt abgegeben worden, da nunmehr die Entziehung als nicht eingetreten gilt (A. 15 Abs. 1), und die Kündigung somit von da ab als nicht mehr von einem Nichtberechtigten abgegeben anzusehen ist, jedoch ist die Zulässigkeit des Kündigungstermins und der Lauf der Kündigungsfrist vom Zeitpunkt der Rechtskraft der Wiedergutmachungsentscheidung ab zu bestimmen.

4. Fraglich ist, ob die „anderweite Anerkennung" vom Rückerstattungspflichtigen oder dem Mieter (Pächter) auszugehen hat. Es ist anzunehmen, daß die Anerkennung Beider Voraussetzung einer wirksamen Kündigung ist. Es widerspricht der Natur der Sache, daß die Anerkennung seitens des Rückerstattungspflichtigen in die Rechte des Mieters soll eingreifen können, mag sie selbst durch Rückerstattung des entzogenen Gegenstandes durchgeführt sein. Andererseits wird die Kündigung trotz Anerkennung des Rückerstattungsanspruchs seitens des Mieters (Pächters) gegenstandslos, wenn der Rückerstattungsanspruch von dem Pflichtigen erfolgreich bestritten wird. Die Frage, ob der Rückerstattungsanspruch „anderweitig anerkannt" bzw. rechtskräftig entschieden ist, ist Zwischenfrage im ordentlichen Verfahren über die Zulässigkeit und Wirkung der Kündigung.

5. Die Rückerstattungspflicht braucht nicht gerade auf Rückgewähr des Eigentums zu gehen; es genügt die Wiedererlangung einer Rechtsstellung, die den Berechtigten z. B. als Nießbraucher, Hauptpächter, Hauptmieter zum Abschluß und zur Aufkündigung von Miet- und Pachtverträgen instand setzt.

6. Der ungenützte Ablauf der dreimonatigen Frist führt zum endgültigen Verlust des Kündigungsrechtes.

7. Grundsätzlich kann Mieter und Pächter sich auf Mieter- (G. v. 15. 12. 42) und Pächter- (VO. v. 30. 7. 40) schutz berufen, mag nach Abs. 1 gekündigt oder den Vertragsablauf gewahrt sein, jedoch ersterer mit folgenden Ausnahmen:

8. a) Wenn der Berechtigte Wohnräume für sich oder seine nahen Angehörigen zum angemessenen Wohnen benötigt. Unter nahen Angehörigen dürften nicht bloß solche zu verstehen sein, die Mitglieder seines Haushalts sind, weil es in diesem Falle statt „oder" (englischer Text: „or") heißen müßte „und". Es ist freilich auffällig, daß der Berechtigte Wohnraum nicht nur für seinen eigenen Haushalt, sondern auch für Haushalte naher Angehöriger, wenn sie von ihm getrennt leben, freimachen darf. Unter nahen Familienangehörigen werden nur zu verstehen sein: Eltern, Geschwister, eigene Kinder und Schwiegerkinder, letztere als solche nur, wenn Enkel vorhanden sind.

Voraussetzung ist, daß Wohnraum zum angemessenen Wohnen „benötigt" wird, also nicht auch ohnedies schon vorhanden oder beschaffbar ist. Die Angemessenheit hängt von der Größe der Familie, von den Lebensverhältnissen, vielleicht auch von beruflichen Bedürfnissen ab. Den Begriff des „zum angemessenen Wohnen benötigten" Raums grenzt der des zu erfassenden „freien" nach KontrRG Nr. 18 ab, da diesem MilRG Nr. 59 nicht derogieren kann.

9. b) Wenn ein Wohnraum als Werkwohnung für Weiterführung des Betriebs benötigt wird, sofern er im Zeitpunkt der Entziehung oder der Erhebung des Rückerstattungsanspruchs im Zusammenhang mit dem Betrieb als Wohnraum benutzt wurde, mag dies als Pförtner- oder Nachtwächter- oder Direktorswohnung geschehen sein; doch muß ein Zusammenhang mit dem Betrieb, nicht etwa bloß mit der Verwaltung des Hauses bestanden haben. Diese Voraussetzung wird wohl schon dann erfüllt sein, wenn Angestellten überschüssige Räume als Wohnung zur Verfügung gestellt waren, auch wenn die Rücksicht auf den Betrieb zugelassen hätte, daß sie anderswo wohnen. Dagegen ist Anforderung derartiger Räume nur zulässig, wenn sie benötigt werden, um den Betrieb weiterzuführen. Zweckmäßigkeits- oder Bequemlichkeitsgründe reichen nicht aus.

10. c) Auch bei Geschäftsräumen müssen den Interessen des Berechtigten die Interessen Anderer weichen. Letztere dürfen nicht dazu führen, daß der Berechtigte mangels gewerblicher Räume außerstande gesetzt wird, seine nun endlich wiedererlangte Existenzgrundlage auszuwerten. Bei Geschäftsräumen genügt daher schon ein begründetes Eigeninteresse des Berechtigten an ihrer baldigen Rückgewähr um die Bestimmungen des Mieterschutzgesetzes unanwendbar zu machen. Das Interesse muß begründet sein, also als aktuell überzeugend dargelegt werden.

11. d) Personen, die das Grundstück durch schwere Entziehung erlangt haben, können sich niemals auf Mieterschutz berufen. Schwere Entziehung wird immer vermutet, wenn der Verfolgte Jude war (hierüber Anm. 3 zu A. 30). Auch die Rechtsnachfolger des Entziehers entbehren des Mieterschutzes, wenn sie wußten oder den Umständen nach annehmen mußten, daß das Grundstück Gegenstand schwerer Entziehung war. Es ist nicht leicht vorzustellen, unter welchen Voraussetzungen die Bestimmung aktuell werden könnte, da der Rückerstattungspflichtige als Inhaber der Eigentümerstellung (A. 14) nicht leicht einen Miet- oder Pachtvertrag mit sich selbst abschließen wird. Die Bestimmung kann also wohl nur Fälle im Auge haben, in denen der Mieter der Vorgänger des Rückerstattungspflichtigen in der Eigentümerstellung ist. In anderen Fällen wird der Mieter- und Pachtschutz dem Mieter und Pächter auch dann zuteil, wenn er bei Abschluß des Mietvertrages schlechtgläubig war oder später schlechtgläubig geworden ist.

12. Ist der an den Berechtigten zurückzuerstattende Vermögensgegenstand überhaupt nur ein Miet- oder Pachtanspruch des Verfolgten, findet A. 42 kein Anwendung. In diesem Falle ist stets ohne Rücksicht auf allgemeine bürgerlichrechtliche Vorschriften zugunsten des Berechtigten zurückzuerstatten und kann sich der Rückerstattungspflichtige gegenüber dem Rückerstattungsanspruch nicht auf Mieterschutz berufen, der ihm gegenüber einer Kündigung des Vermieters zustünde. Fraglich ist aber, inwieweit der Nachfahre in der Miete einer Wohnung oder eines Geschäftsraums als rückerstattungspflichtig im Sinne des A. 14, d. h. als derzeitiger Inhaber des entzogenen Rechts angesehen werden kann. An sich können Verfolgte ihnen durch Handlungen nach A. 2 entzogene Wohnungen zurückerstattet verlangen, wobei es gleichgültig ist, ob man das Mietrecht oder den Besitz als entzogen ansieht. Juden, welche Deutschland verlassen haben, können nach A. 4 die darin liegende Aufgabe des Mietrechts anfechten, haften dann freilich unter Umständen für Mietausfall. Die Aufgabe des Besitzes aber (§ 856 BGB.) ist kein Rechtsgeschäft und daher nicht anfechtbar (A. 4). Der Mietnachfahr als Besitzer der Mietwohnung ist daher Inhaber des entzogenen Besitzes nur im Falle einer Entziehung nach A. 2, nicht im Falle der Aufgabe einer Wohnung durch einen Juden infolge Kollektivdrohung, und niemals des Mietrechtes, weil sein Mietrecht auf seinem eigenen Vertrag mit dem Vermieter beruht.

13. Streitigkeiten über das Kündigungsrecht und aus der Kündigung, die ja erst nach rechtskräftiger Beendigung des Wiedergutmachungsverfahrens zulässig ist, werden nicht in diesem, sondern im ordentlichen Verfahren entschieden. Dabei ist die Frage der Anerkennung der Rückerstattungspflicht zu entscheiden. Da nach A. 61 der Mieter (Pächter) am Wiedergutmachungsverfahren beteiligt ist, ist er nach A. 15 Abs. 2 an die rechtskräftige Feststellung des Rückerstattungsanspruchs im Wiedergutmachungsverfahren gefunden und kann er die Frage, ob ein solcher besteht, nicht neu aufrollen, um die Zulässigkeit der Kündigung durch den Berechtigten und dessen Legitimation zu dieser zu bestreiten.

Artikel 43

Dienstverträge

[3]Der Berechtigte[2] kann laufende Dienstverträge, die der Rückerstattungspflichtige oder ein früherer Inhaber eines zurück-

zuerstattenden geschäftlichen Unternehmens in diesem nach der Entziehung abgeschlossen hatte[1, 2], vorbehaltlich eines etwaigen Rechtes auf fristlose Kündigung ohne Rücksicht auf Einzel-Vertragsbestimmungen mit der tariflichen oder gesetzlichen Kündigungsfrist kündigen[2]. Die Kündigung ist erst zulässig, wenn die Wiedergutmachungsorgane die Rückerstattungspflicht rechtskräftig festgestellt haben oder diese Pflicht anderweit anerkannt ist. Sie muß binnen drei Monaten von diesem Zeitpunkt an oder von der tatsächlichen Übernahme des Unternehmens an, wenn diese später erfolgt, vorgenommen werden.

1. Ein Dienstvertrag, welchen der Berechtigte selbst noch vor der Entziehung geschlossen hat und der bei der Rückerstattung noch läuft, bindet beide Teile bis zu seinem Ablauf. Es können sich derartige Verträge jedoch zwischenzeitlich stark verändert haben und eine wesentliche Mehrbelastung für das Unternehmen darstellen. Dann sind sie als neugeschlossene Verträge zu behandeln; es kann aber auch sein, daß der ehemalige Dienstvertrag zwischen dem Verfolgten und Dienstverpflichteten als anläßlich der Entziehung durch stillschweigende Übereinkunft aufgehoben und mit dem Ariseur neuabgeschlossen anzusehen ist. Auch in diesem Falle gilt A. 43. Außerdem kann das Verhalten des Dienstverpflichteten nach der Entziehung einen wichtigen Grund für den Berechtigten im Sinne des § 626 BGB. darstellen. Auch für den Dienstverpflichteten kann die Wiederkehr des früheren Inhabers einen wichtigen Grund zur Kündigung ergeben.

2. Dienstverträge, welche der Ariseur (Entzieher) oder sein Rechtsnachfolger neu abgeschlossen hat (s. auch Anm. 1), gehen als für beide Vertragsteile weiter verbindlich unter Forthaftung des Rückerstattungspflichtigen gegenüber dem Dienstverpflichteten auf den Berechtigten über. Sowohl für den Berechtigten als den Dienstverpflichteten kann ein wichtiger Grund zur außerordentlichen Kündigung gemäß § 626 BGB. gegeben sein, für den Dienstverpflichteten kann ein solcher nach Lage des Falles schon in dem Wechsel der Person des Dienstherren liegen. Dieses außerordentliche Kündigungsrecht läßt die Vorschrift unberührt.

Unabhängig davon räumt sie aber auch mangels eines wichtigen Grundes zu außerordentlicher Kündigung dem Berechtigten, nur diesem, die Befugnis ein, jeden nach der Entziehung abgeschlossenen laufenden Dienstvertrag, auch wenn er nicht beschwerlich für das Unternehmen ist, mit der tariflichen und mangels eines Tarifs oder einer einschlägigen Tarifbestimmung mit der gesetzlichen Frist zu kündigen.

Wie nach A. 42 (vgl. dort) ist auch diese Kündigung von Dienstverträgen erst zulässig, wenn der Rückerstattungsanspruch rechtskräftig festgestellt oder anderweit anerkannt ist. Auch hier wird anzunehmen sein, das sowohl der Rückerstattungspflichtige, als auch der Dienstverpflichtete den Rückerstattungsanspruch anerkannt haben müssen. Die Frage dieses Anerkenntnisses und seiner Bedeutung ist nicht Gegenstand einer Feststellung im Rückerstattungsverfahren, sondern Zwischenfrage im ordentlichen Verfahren vor den Arbeitsgerichten (Anm. 3).

Die Befugnis zur Kündigung ist zeitlich begrenzt und muß binnen drei Monaten ausgeübt werden. Die Frist wird gerechnet — wohl regelmäßig – von der Übernahme des Unternehmens durch den Berechtigten an oder, wenn diese der rechtskräftigen Feststellung des Rückerstattungsanspruches bzw. seiner Anerkennung durch den Pflichtigen und Dienstverpflichteten vorangehen sollte, von dieser ab.

Die Kündigung des Berechtigten gemäß A. 43 beendet das Dienstverhältnis nur gegenüber ihm, aber nicht auch im Verhältnis zwischen den Dienstverpflichteten und dem Rückerstattungspflichtigen. Doch dürfte letzterem, wenn er das Geschäft hat herausgeben müssen, ein wichtiger Grund zur außerordentlichen Kündigung zur Seite stehen.

Streitigkeiten zwischen dem Berechtigten und dem Dienstverpflichteten sind vor den Arbeitsgerichten auszukämpfen. Dies ergibt sich ohne weiteres daraus, daß regelmäßig die Kündigung erst nach rechtskräftiger Feststellung des Rückerstattungsanspruchs, also nach Beendigung des Wiedergutmachungsverfahrens zulässig ist. In diesem Verfahren ist die Frage der Anerkennung der Rückerstattungspflicht zu prüfen, wenn es nicht zur Feststellung des Rückerstattungsanspruchs kam. Erwähnenswert ist, daß der Dienstverpflichtete die Frage der Rückerstattungspflicht auch bei rechtskräftiger Feststellung des Rückerstattungsanspruchs durch ein Wiedergutmachungsorgan neu aufrollen kann, weil dessen Entscheidung nach A. 15 nicht auch ihm gegenüber rechtskräftig ist; denn er gehört nicht zu den Beteiligten im Wiedergutmachungsverfahren; es sei denn, daß er auf Antrag des Berechtigten zugezogen wurde (s. 3 zu A. 61).

Siebenter Abschnitt.

Ansprüche des Rückerstattungspflichtigen auf Rückgewähr und Ausgleich

Artikel 44

Rückgewährpflicht

1. Der Berechtigte hat dem Rückerstattungspflichtigen[3] gegen Rückerstattung[2] des entzogenen Vermögensgegenstandes das erhaltene Entgelt[4], wenn möglich[6] in Natur[6], herauszugeben[1]. Das Entgelt[7] erhöht sich um den Betrag der vor der Entziehung bestehenden und seither getilgten Belastungen[8] des entzogenen Vermögensgegenstandes, soweit an deren Stelle nicht andere bestehenbleibende Belastungen getreten sind[9] oder die getilgte Belastung nicht selbst auf Grund einer Entziehung im Sinne dieses Gesetzes entstanden ist[10].

2. Findet im Falle der Entziehung mehrerer Vermögensgegenstände gegen ein Gesamtentgelt die Rückerstattung nur in An-

ziehung einzelner Vermögensgegenstände statt, so ist das Gesamtentgelt in dem Verhältnis herabzusetzen, in welchem zur Zeit der Entziehung der Vermögensgegenstände das Gesamtentgelt zu dem Wert der zurückzuerstattenden Vermögensgegenstände stand[11], [12], [13].

3. Hat der Berechtigte bei der Entziehung ganz oder teilweise aus den Gründen des Artikels 1 nicht die freie Verfügung über die Gegenleistung des Erwerbers erlangt, so vermindert sich das Entgelt um diesen Betrag[4]. Der Berechtigte hat einen ihm etwa zustehenden Wiedergutmachungsanspruch[14] dem Rückerstattungspflichtigen abzutreten[4].

4. Der Berechtigte hat in keinem Falle mehr zurückzugewähren, als den Wert des entzogenen Vermögensgegenstandes im Zeitpunkt der Rückerstattung abzüglich des Wertes der bestehenbleibenden Belastungen[5].

1. Nicht durchwegs, besonders nicht für schwere Entziehung, verfolgt das Gesetz den Grundsatz, daß der Berechtigte aus der Entziehung keinen Gewinn haben soll. Indessen macht es ihm mit nicht unbilligen Erleichterungen in A. 44 ff. zur Pflicht, wenn er den entzogenen Vermögensgegenstand zurückerhält, seinerseits zurückzugeben, was er bei der Entziehung dafür erhalten hat. Das Gesetz regelt diese Verpflichtung auf eigene Weise und weicht von den Bestimmungen des allgemeinen bürgerlichen Rechtes, welche dafür einschlägig sein könnten, teils zugunsten, teils zuungunsten des Berechtigten nicht unerheblich ab. Besonders gilt dies für den Fall der Entziehung durch unsittliches Rechtsgeschäft. Über die Frage, ob und inwieweit die Bestimmungen des bürgerlichen Rechts neben denjenigen dieses Gesetzes anwendbar sind, siehe die Erläuterungen zu A. 57.

2. „Gegen Rückerstattung des entzogenen Vermögensgegenstandes." Hierin liegt: a) die Rückgewährpflicht kommt nur in Betracht, wenn der Berechtigte den entzogenen Gegenstand zurückerhält; im Rahmen eines Schadensersatzanspruches wegen Untergangs bildet das von ihm empfangene Entgelt nur einen Schadensminderungsposten. Erst recht kommt eine Rückgewährpflicht nicht in Frage, wenn ein Nachzahlungsanspruch nach A. 16 erhoben wird, wohl aber gegenüber einem Ersatzanspruch aus A. 29.

b) Beide Teile haben nur Zug um Zug zu leisten; jedoch gilt dieses von dem Berechtigten angesichts der A. 45 und 46 nur, wenn er zur der von ihm zu bewirkenden Leistung alsbald in der Lage ist.

c) Fraglich kann sein, ob der nach A. 14 rückerstattungspflichtige Inhaber seinerseits berechtigt ist, einen selbständigen Anspruch gegen den Verfolgten auf Rückgewähr des von diesem bei der Entziehung Empfangenen Zug um Zug gegen die Rückerstattung zu erheben, auch wenn der Verfolgte selbst von der Rückerstattung nichts wissen will. Die Frage kann bei der Rückerstattung auf Grund Anfechtbarkeit nach A. 4 nicht auftauchen, weil hier die Anfechtung Voraussetzung für die Anwendung dieses Gesetzes ist, und dürfte auch in anderen Entziehungsfällen zu verneinen sein, solange der Rückerstattungsanspruch nicht geltend gemacht ist. Übrigens beseitigt Abs. 4 jedes Interesse des Rückerstattungspflichtigen an diesem Leistungsaustausch.

3. Das Entziehungsentgelt ist an den Rückerstattungspflichtigen zurückzugewähren, nicht etwa an den Entzieher, der das zu gewährende Entgelt bezahlt hat. Dies entspricht der Sachlage, da ja Ersterer es ist, der vorbehaltlich seines Rückgriffrechtes auf seine Vormänner nach A. 47 die Last der Rückerstattung zunächst zu tragen hat und von ihr betroffen wird; natürlich mindert sich sein Rückgriffsanspruch um das zurückempfangene Entziehungsentgelt.

Wenn der Berechtigte einen Anspruch auf Herausgabe empfangenen Ersatzes nach A. 29 erhebt, so hat er das von ihm empfangene Entziehungsentgelt dem Schuldner dieses Ersatzes zurückzugewähren, auch wenn er die Möglichkeit hat, den entzogenen Gegenstand nach A. 14 von dem von dem Ersatzherausgabeschuldner verschiedenen derzeitigen Inhaber der Eigentümerstellung zurückerstattet zu verlangen (vgl. Anm. 8 zu A. 29); denn wenn er von dieser Möglichkeit Gebrauch macht, hat er letzterem bis zur Höhe des Wertes des Gegenstandes eine von ihm empfangene Ersatzleistung herauszugeben.

4. Zurückzugewähren ist „das erhaltene Entgelt". Abs. 3 stellt klar, daß nicht mehr zurückzugewähren ist, als der Verfolgte zu seiner freien Verfügung effektiv erhalten hat. Mußte die Gegenleistung für den entzogenen Gegenstand auf ein Sperrkonto eingezahlt werden, oder war sie von vornherein von dem Finanzamt für Reichsfluchtsteuer oder Sühnevermögensabgabe beschlagnahmt, so ist sie nicht zurückzugewähren — wie sollte der Berechtigte in einem Falle, in dem er nichts erhalten hat, dazu auch in der Lage sein? —, ihn dazu zu verpflichten, würde heißen, den Rückerstattungsanspruch illusorisch zu machen. Dagegen ist eine erst nachträglich fällig gewordene Reichsfluchtsteuer oder Sühneabgabe nicht zu berücksichtigen (s. Anm. 8 zu A. 3), so wenig wie sonst ein nachträglicher Verlust des Entziehungsentgelts. Sehr schwer zu entscheiden ist jedoch die Frage, ob Transferverluste zu Lasten des Berechtigten oder Rückerstattungspflichtigen gehen, mit anderen Worten: ob der Berechtigte, der zur Auswanderung gezwungen worden ist (und dessen Vermögen, solange er im Inland war, gesperrt war), nur das „zur freien Verfügung erhalten hat", was ihm im Ausland zur freien Verfügung stand. In dem ihm günstigsten weitesten Sinn ist das zu bejahen, auch unter dem Gesichtspunkt, daß ihm ja jetzt nicht mehr zur Verfügung stehen kann, um den entzogenen Vermögensgegenstand zurückzuerwerben. Andererseits wäre dieses Ergebnis bei gerechteter Abwägung, die sich vor Einseitigkeit hütet, auch wieder sehr ungerecht. Für eine Mittellösung gibt das Gesetz keinen Anhalt.

Der Berechtigte und Rückgewährpflichtige hat dem Rückerstattungspflichtigen, insoweit als er das empfangene Entziehungsentgelt nicht zurückgewähren kann, weil es ihm nicht zur freien Verfügung gestanden hat, seinen etwaigen Wiedergutmachungsanspruch abzutreten.

Ist ein Grundstück im regulären Zwangsversteigerungsverfahren auf Betreiben eines Gläubigers zwangsversteigert worden und liegt darin (ausnahmsweise etwa wegen Versagung des Vollstreckungsschutzes ausschließlich aus rassischen Gründen) nach A. 2 eine Entziehung durch Mißbrauch eines Staatsaktes, so besteht das empfangene Entgelt in dem Bargebot, soweit es nicht für Kosten verwendet wurde, also soweit Gläubiger befriedigt worden sind und soweit ein etwaiger Überschuß des Barerlöses an den Versteigerungsschuldner

(Verfolgten) abgeführt werden konnte. Zwar hat der Verfolgte das Versteigerungsentgelt, soweit es zur Befriedigung der Gläubiger diente, nicht zur freien Verfügung erhalten, aber das hat nicht auf Gründen des A. 1 beruht. Deshalb ist auch eine Minderung des von dem Verfolgten erzielten Entgelts durch eine von ihm entrichtete Grunderwerb- oder Wertzuwachssteuer unbeachtlich.

Fast immer ist bei der Arisierung von Handelsgeschäften das Entgelt dem Fundus oder dem laufenden Gewinn des entzogenen Geschäftes selbst entnommen worden. In solchen Fällen ist überhaupt kein Entgelt gewährt worden. Denn dieses setzt begrifflich voraus, daß es eine Gegenleistung aus Mitteln ist, die nicht von dem Veräußerer (Verfolgten) selbst stammen. Soweit aus dem Geschäfte anläßlich der Entziehung Mittel entnommen worden sind, um an den Verfolgten eine Leistung zu machen, ist dies natürlich bei der Auseinandersetzung gemäß A. 29 Anm. 10ff., ebenso im Rahmen eines Schadensersatzanspruches nach A. 30, 31 zu berücksichtigen.

Bereicherungsgrundsätze (§ 812 BGB.) greifen nicht Platz. Eine Minderung des Entgelts durch Verbrauch ist unbeachtlich (anders nach BGB. im Falle unsittlichen Rechtsgeschäftes, dessen Bestimmungen für diesen Fall dem Berechtigten günstiger sind). Die Worte „wenn möglich" beziehen sich nach der Interpunktion nicht auf „herauszugeben".

5. Keinesfalls hat der Berechtigte mehr zurückzugewähren als den gegenwärtigen Wert des entzogenen Gegenstandes im Zeitpunkt der Rückerstattung, auf welchen selbstverständlich die bestehenbleibenden Belastungen anzurechnen sind (Abs. 4). Hier taucht wieder die schwierige Frage auf, wie weit Rücksicht auf die seit der Entziehung eingetretene Kaufkraftminderung des deutschen Geldes und auf die Stoppreise zu nehmen ist. Man setze den Fall: es handle sich um ein Haus, das nach der Entziehung Bombenschaden erlitten hat. Sein wirklicher Wert hat 1939 im Zeitpunkt der Entziehung eine Million betragen, davon RM. 800000.— Gebäudewert. Der Stoppreis, für welchen verkauft wurde, war RM. 700000.—, RM. 100000.— mußten zufolge Auflage der Preisprüfungsstelle dem Winterhilfswerk überwiesen werden. RM. 600000.— wurden auf ein Sperrkonto eingezahlt. Der Verfolgte erhielt bei der Auswanderung dafür einen Transfer von sfr. 50000.—. Das Gebäude ist zu 50% bombengeschädigt, so daß der richtige Wert 600000.— 1938iger RM., der heutige Stoppreis 420000 heutige RM. beträgt. Von welchem Wert ist auszugehen? Ersterer ist zweifellos viel mehr als sfr. 50000.—, letzterer wohl zweifellos weniger. Man hat es also mit einer Fragenfülle zu tun: welchen Einfluß hat der Transferverlust, welchen die Markentwertung, welchen der Stoppreis. Durch logische Schlußfolgerungen kann man den Fragenknäuel nicht lösen, die objektive Gerechtigkeit, die aber nicht allenthalben vom Gesetze angestrebt wird, wird von Fall zu Fall entscheiden.

Zurückzugewähren ist nur das Entgelt, nicht auch dessen Nutzungen.

6. Zurückzugewähren ist das Entgelt, wenn möglich in Natur. Demnach hat der Berechtigte, wenn er Devisen erhalten hat, das Entgelt in ausländischer Währung zurückzugeben, ohne Rücksicht darauf, welche Verpflichtungen sich für den Rückerstattungspflichtigen daraus nach der in Deutschland geltenden Devisengesetzgebung ergeben. Hat der Berechtigte Sachwerte erhalten, etwa Brillanten, Briefmarken oder dergleichen, hat er diese zurückzugeben, wenn er sie noch besitzt; man wird sogar sagen können, daß er gleichartige zurückgeben muß, wenn er die ursprünglich erhaltenen verkauft haben sollte. Im Falle einer Zwangsversteigerung besteht, wenn das Grundstück im Zeitpunkt der Rückerstattung bis zur Belastungsgrenze neu belastet ist, die Entgeltrückgewährung ohne weiteres in dem Fortbestehen der Belastungen nach der Rückerstattung. Soweit aber solche Belastungen anläßlich der Zwangsversteigerung erloschen sind, und der alte Gläubiger befriedigt wurde, ohne daß die Belastungsgrenze neu ausgenützt wurde, ist der Barerlös zurückzugewähren, soweit er zur Befriedigung von Gläubigern verwandt oder an den Verfolgten abgeführt wurde. Der Berechtigte kann Stundung nach A. 46 verlangen (siehe auch Absatz 2).

Die Verpflichtung, das Entgelt in Natur zurückzugeben, besteht nur „wenn möglich". Die Fassung der Vorschrift spricht für eine Beweislast des Rückerstattungspflichtigen, die Natur der Dinge aber dafür, daß der Berechtigte beweisen muß, daß ihm die Rückgewähr in Natur nicht möglich ist.

7. „das Entgelt erhöht sich" ist eine unklare Ausdrucksweise. Gemeint ist nicht das bei der Entziehung geleistete Entgelt, sondern das bei der Rückerstattung von dem Berechtigten zurückzugewährende.

8. „seither getilgten Belastungen". Belastungen dinglicher wie obligatorischer Natur. War z. B. ein Grundstück zur Zeit der Entziehung mit einer inzwischen gelöschten Hypothek belastet, hat der Rückerstattungspflichtige einen Anspruch auf Ersatz; doch greift der Gesetzgeber auch hier dem Berechtigten mittels des A. 46 Abs. 2 hilfsbereit und energisch unter die Arme.

Die Belastung braucht nicht auf Zahlung gerichtet gewesen zu sein. Der Wert einer solchen Belastung wird im Streitfall von dem Wiedergutmachungsorgan festgesetzt. An sich fallen unter Belastungen auch die Geschäftsverbindlichkeiten eines Unternehmens. Aber es ist klar, daß für deren Minderung kein Entgelt zu leisten sein kann, wenn sie aus dem Fundus des entzogenen Unternehmens oder aus laufenden Geschäftsgewinnen getilgt wurden; aber auch, wenn sie aus neu eingelegten Mitteln des Rückerstattungspflichtigen oder eines seiner Vormänner bezahlt worden sind, kann es nach A. 29 im Einzelfall fraglich sein, ob der dafür aufgewendete Betrag bei der Rückerstattung zu ersetzen ist (vgl. 16 a. E. zu A. 29).

9. „Andere . . . getreten sind". Vergleiche über die Belastungsgrenze A. 37.

10. „oder die getilgte Belastung auf Grund einer Entziehung entstanden ist". Soweit die Belastung selbst eine Entziehung war, hätte der Berechtigte ihretwegen einen Rückerstattungsanspruch, wenn sie bestehen geblieben wäre. Diese Vorschrift gilt auch dann zu Lasten des Rückerstattungspflichtigen, wenn die Belastung auf Grund einer Entziehung durch einen Dritten entstanden ist und der Rückerstattungspflichtige aus eigenen Mitteln die Löschung herbeigeführt hat. Doch hat er gegen den Berechtigten mindestens einen Anspruch auf Rückgewähr des Entgelts, das der Berechtigte bei jener Entziehung erlangt hat im Rahmen des Abs. 3, da er den Berechtigten mit der Rückerstattung des entzogenen Vermögensgegenstandes auch den Vermögenswert mitzurückerstattet, der ihm durch die gelöschte Belastung entzogen war. Hat der Berechtigte anläßlich der Entziehung durch die Belastung kein Entgelt erhalten, das er im Hinblick auf deren Tilgung an den Pflichtigen herauszugeben hätte, wie namentlich in den Fällen einer Belastung für das Finanzamt, so ist Abs. 3 S. 2 anzuwenden. Es fragt sich aber, ob nicht in beiden Fällen die Frage der Erhöhung des Rückerstattungsentgelts gemäß A. 44 Satz 2 im Hinblick auf A. 28 Satz 2 immer, wenn es sich um die Rückerstattung eines entzogenen Grundstücks handelt, gegenstandslos ist. Sowohl die Fassung des deutschen Textes („auf Grund einer Entziehung") als auch des englischen: („as the result of a confiscation") bezieht in die Ausnahme auch Fälle ein, in welchen die getilgte Belastung nicht selbst durch Entziehung, sondern nur anläßlich der Entziehung des zurückzuerstattenden Vermögensgegenstandes, insbesondere zugunsten des Berechtigten selbst durch Restkaufgeldhypothek entstanden war. Hat der Berechtigte diese abgetreten, so kann diese Abtretung nach A. 2, insbesondere A. 4 eine Entziehung gewesen sein. Es gilt dann aber A. 28 Satz 2. Der Berechtigte muß die Restkaufgeldhypothek als Entgelt, das ihm zur freien Verfügung stand, und ihre Tilgung nach A. 28 Satz 2 gegen sich gelten lassen. Stand ihm die Hypothek nicht zur freien Verfügung, war sie gesperrt oder seitens des Finanzamts für Sühneabgabe und Fluchtsteuer gepfändet, so stand sie ihm nicht zu freien Verfügung. Sie ist dann nach Absatz 3 nicht zurückzugewährendes Entgelt, aber Sperre oder Pfändung waren auch in diesem Falle Entziehung, so daß A. 28 Absatz 2 gleichwohl eingreift (zweifelhaft; mindestens hat der Berechtigte nach Absatz 2 Satz 2 den Wiedergutmachungsanspruch an den Pflichtigen abzutreten).

11. Absatz 2 gilt sowohl für den Fall, daß die Rückerstattung wegen eines oder einiger der mehreren entzogenen Vermögensgegenstände unmöglich wird, als auch für den, daß sie nur wegen eines Teiles der Vermögensgegenstände gefordert wird als auch für den, daß sich die mehreren entzogenen Vermögensgegenstände in der Hand verschiedener Rückerstattungspflichtiger nach A. 14 befinden. Im ersteren Falle können Schadensersatzansprüche des Berechtigten nach A. 30 und 31 bestehen, auf welche der einbehaltene Teil des Gesamtentgelts anzurechnen ist.

Absatz 2 ist ferner in gleicher Weise anwendbar, sowohl wenn die mehreren entzogenen Vermögensgegenstände ohne Beziehung zueinander standen und selbständig waren, als auch, wenn sie Teile einer Sachgesamtheit darstellten. Endlich dürfte Absatz 2 entsprechend anwendbar sein, wenn der entzogene Gegenstand verschlechtert wurde, ohne daß jemand nach A. 30 oder 31 dafür haftet.

12. „gegen ein Gesamtentgelt". Wenn dieses in Geld bestand, genügt es nicht, daß die einzelnen Gegenstände bei Einzelbewertung mit einer aus der Addition der Bewertungen sich ergebenden Summe gemeinsam und gleichzeitig bezahlt worden sind. Vielmehr muß eine Einzelbewertung völlig fehlen und ein Pauschalbetrag bezahlt worden sein. Absatz 2 ist aber auch anwendbar, wenn bei der Entziehung mehrerer Vermögensgegenstände trotz Einzelbewertung als Entgelt ein unteilbarer Gegenstand hingegeben worden ist, zum Beispiel ein Brilliantring, damit der Verfolgte das Entgelt leichter über die Grenze bringe.

13. Das Gesamtentgelt ist verhältnismäßig auch dann zurückzugewähren, wenn es nicht mehr betragen hat, als der nicht zurückerstattete Einzelgegenstand wert war.

Bestand das Gesamtentgelt in einem unteilbaren Gegenstand, zum Beispiel Brilliantring, Briefmarke u. dgl.), so ist, wenn dieser noch vorhanden ist, angesichts des Grundsatzes des Abs. 1, daß die Rückgewähr, wenn möglich, in Natur erfolgen solle und dürfe, anzunehmen, daß die verhältnismäßige Herabsetzung der Rückgewähr mangels anderweiter Vereinbarung in einer Zuzahlung des Rückerstattungspflichtigen zu bestehen hat. Doch hat das Wiedergutmachungsorgan angesichts der ihm durch A. 67 Abs. 1 eingeräumten Befugnis zu schöpferischer Gestaltung, freie Hand die gegenseitigen Ansprüche auch anders zu gestalten, etwa dem Berechtigten den Gegenstand des Entgelts zu belassen und ihm die Rückgewähr einer Geldsumme aufzuerlegen.

14. Ob ein Wiedergutmachungsanspruch besteht, ist nach dem zu erwartenden Wiedergutmachungsgesetz zu beurteilen.

Artikel 45

Zurückbehaltungsrecht

Für Ansprüche des Rückerstattungspflichtigen kann ein Zurückbehaltungsrecht insoweit nicht geltend gemacht werden, als dies die schleunige Rückerstattung des entzogenen Vermögensgegenstandes erheblich verzögern würde. Das gleiche gilt für Zwangsvollstreckung und Arrestvollziehung auf Grund von Gegenansprüchen in die entzogenen Vermögensgegenstände.

Der Pflichtige kann Gegenansprüche haben aus Verwendungen nach A. 34 und auf das dem Berechtigten bei der Entziehung zur freien Verfügung zugeflossene Entgelt gemäß A. 44. Für erstere haftet der Berechtigte mit dem entzogenen Gegenstand, letzteres ist Zug um Zug gegen die Rückerstattung herauszugeben (A. 34, 44). Im Widerspruch damit bestimmt A. 45, daß ein Zurückbehaltungsrecht nicht geltend gemacht und eine Maßnahme der Zwangsvollstreckung und Arrestvollziehung nicht vorgenommen werden darf, insoweit, als dadurch die schleunige Rückerstattung des entzogenen Vermögensgegenstandes erheblich verzögert würde. Der Grundsatz der Zug um Zug-Leistung des nach A. 44 geschuldeten Entgelts ist damit in dem angegebenen Rahmen aufgegeben. Hier hat also der Rückerstattungspflichtige wegen seines Anspruchs auf das Entziehungsentgelt unter Umständen das Nachsehen. Anders als in A. 44 wird aber in A. 34 vorgesehen, daß der Berechtigte den entzogenen Gegenstand wegen der Ansprüche aus Verwendungen wieder herausgeben muß, damit der Rückerstattungspflichtige sich daraus befriedigen könne (s. zu A. 34). Es ist darum schwer begreiflich, daß der Rückerstattungspflichtige hier nicht von vornherein ein Zurückbehaltungsrecht geltend machen und Maßnahmen der Zwangsvollstreckung und Arrestvollziehung vornehmen darf, wenn dies die Rückerstattung verzögert. Deshalb ist anzunehmen, daß, wenn die Verwendungsansprüche den Wert des entzogenen Gegenstandes erschöpfen, A. 45 nicht gilt, es sei denn, daß der Berechtigte sich verpflichtet, sie ohne Einschränkung seiner Haftung zu begleichen, und daß ihm Zahlungsfristen nach A. 46 eingeräumt werden.

Artikel 46

Gerichtliche Festsetzung für Zahlungen

1. Die Wiedergutmachungsorgane haben[4] die Zahlungsbedingungen[2, 5] für Geldleistungen, die im Zusammenhang mit der

Rückerstattung stehen[1], unter Berücksichtigung[3] des Zwecks des Gesetzes, der Zahlungsfähigkeit des Verpflichteten und bestehender gesetzlicher Zahlungsverbote und Zahlungsbeschränkungen festzusetzen.

2. Der Berechtigte kann im Falle der Rückerstattung von Grundstücken und grundstücksgleichen Rechten verlangen[5], daß seine Verbindlichkeiten[7] zur Rückgewähr des Entgelts und zum Ersatz von Verwendungen gegen Eintragung einer mit 4 v. H. verzinslichen Rückerstattungshypothek an dem Grundstück zugunsten des Rückerstattungspflichtigen angemessen, jedoch nicht länger als 10 Jahre gestundet werden. Die näheren Bedingungen bestimmen auf Antrag die Wiedergutmachungsorgane[8].

3. In den Fällen der Artikel 34 Absatz 3, 37 Absatz 2 haben die Wiedergutmachungsorgane die Fälligkeit von Verbindlichkeiten und die Zahlungsbedingungen so zu regeln, daß keinesfalls die Rückerstattung des entzogenen Vermögensgegenstandes gefährdet oder die Nutzung des Berechtigten an demselben unbillig beeinträchtigt wird[6].

1. Geldleistungen in Zusammenhang mit der Rückerstattung, auch ausländische Valuten (etwa auf Grund des A. 44), können von dem Berechtigten, dem Rückerstattungspflichtigen und einem früheren Inhaber geschuldet werden. Auf Seite des ersteren kommt hauptsächlich in Betracht der Ersatz von Verwendungen nach A. 34, Schuldübernahme nach A. 39, 41 ff. und die Rückgewähr des Entziehungsentgelts nach A. 44, auf Seite des Pflichtigen oder eines früheren Inhabers namentlich: die Nachzahlung nach A. 16, die Geldersatzleistung bei wesentlicher Veränderung gemäß A. 26, die Herausgabe eines Ersatzes nach A. 29, Schadensersatz nach A. 30 oder 31, Herausgabe von Nutzungen nach A. 30, 32., Rückgriffsverpflichtungen nach A. 47 scheiden mangels Zuständigkeit der Wiedergutmachungsorgane (12 zu A. 47) aus.

2. Für alle derartigen Geldleistungen werden von Amts wegen die Zahlungsbedingungen von den Wiedergutmachungsorganen festgesetzt. Unter Zahlungsbedingungen sind in erster Linie die Zahlungstermine zu verstehen. Die Art und Weise der Zahlung wird im allgemeinen keine Rolle spielen. Dagegen können die Wiedergutmachungsorgane nicht den Inhalt der geschuldeten Geldleistung ändern, z. B. bestimmen, daß statt ausländischer Valuta Reichsmark oder statt Geldes ein Sachwert zu leisten sei.

3. Bei Festsetzung der Zahlungsbedingungen haben die Wiedergutmachungsorgane zu berücksichtigen: den Zweck des Gesetzes (s. A. 1), die Zahlungsfähigkeit des Verpflichteten (Berechtigten oder Rückerstattungspflichtigen oder früheren Inhabers), bestehende gesetzliche Zahlungsverbote und Zahlungsbeschränkungen insbesondere auf Grund der Militärgesetze Nr. 51, 52, 53, soweit nicht allgemeine Genehmigungen auf Grund ihrer erteilt sind.

4. Ob die Zahlung sofort oder in Raten zu leisten ist, haben die Wiedergutmachungsorgane nach pflichtmäßigem gerechtem und billigem Ermessen zu entscheiden. Davon macht das Gesetz jedoch eine wichtige Ausnahme, wenn Grundstücke oder grundstücksgleiche Rechte (s. 6 zu A. 31) zu erstatten sind.

5. In letzterem Fall hat der Berechtigte ein von dem Wiedergutmachungsorgan zu beachtendes Recht auf angemessene Stundung, jedoch von höchstens 10 Jahren und nur seiner Verpflichtung auf Rückgewähr des Entziehungsentgeltes und Ersatz von Verwendungen. Welche Stundung innerhalb der Spanne von 10 Jahren angemessen ist, entscheiden die Wiedergutmachungsorgane.

Der Zinssatz während der Stundung beträgt 4%.

Ein Recht auf Stundung hat der Berechtigte nur in der Weise, daß die gestundete Forderung des Pflichtigen durch die Eintragung einer Hypothek gesichert wird. Welcher Art diese Hypothek sein soll, ob Verkehrs- (Brief-) oder Buch- oder Sicherungshypothek sagt das Gesetz nicht. Es ist daher ersteres anzunehmen. Ebensowenig ist dem Gesetz zu entnehmen, ob sich eine Novation der Forderungen in eine einheitliche zuträgt; auch dies ist anzunehmen. Auch über den Rang der Hypothek wird nichts gesagt; es ist demnach anzunehmen, daß sie an bereitester Stelle ohne Rangvorbehalt einzutragen ist. Jedoch kann das Wiedergutmachungsorgan nach Abs. 1 auch günstigere Bedingungen entsprechend seinem pflichtmäßigen Ermessen gewähren; nur ein unbedingtes gesetzliches Recht auf solche hat der Berechtigte nicht. Beachtlich ist, daß, wenn eine Stundung auf Grund des Abs. 1 nach freiem Ermessen der Wiedergutmachungskammer gewährt wird, keine Hypothek eingetragen zu werden braucht. Beachtlich ist auch, daß bei der Festsetzung von Zahlungsbedingungen nach Abs. 1 kein Höchstmaß der Stundung vorgeschrieben ist.

6. Im Rahmen des Abs. 1 wird ferner den Wiedergutmachungsorganen für einen weiteren Spezialfall eine bindende Vorschrift erteilt. Soweit der Berechtigte nach A. 34 Ersatz für andere als notwendige Verwendungen zu leisten hat oder Rechte Dritter an dem entzogenen Vermögensgegenstand über die gewöhnliche Belastungsgrenze hinaus nach A. 37 Abs. 3 bestehen bleiben, weil sie aus Verwendungen herrühren, müssen — und zwar letzterenfalls ohne Rücksicht darauf, ob es nur andere als notwendige oder notwendige Verwendungen gewesen sind — die Fälligkeit der Ersatzverbindlichkeit des Berechtigten und die „Zahlungsbedingungen" so geregelt werden, daß keinesfalls die Rückerstattung des entzogenen Vermögensgegenstandes gefährdet oder die Nutzung des Berechtigten an ihm unbillig beeinträchtigt wird. — Während, wie sich aus dem Verhältnis des Abs. 3 zu Abs. 1 ergibt, in Abs. 1 unter Zahlungsbedingungen in erster Linie die Fälligkeit zu verstehen ist, werden hier Fälligkeit und Zahlungsbedingungen einander gegenüber gestellt. Es läßt sich aber nicht vorstellen, welche anderen Zahlungsbedingungen als die Fälligkeit gemeint sind und in Frage kommen können. Es handelt sich wohl wieder einmal um einen Pleonasmus des ausländischen Gesetzgebers, der, ungeschult am römischen Recht, bestrebt ist, durch eine Häufung im wesentlichen gleichbedeutender Ausdrücke, alle Fälle einzufangen, welche die deutsche Gesetzestechnik erheblich klarer und eleganter mit einem einzigen Wort durch Verwendung fester Begriffe deckt.

Übrigens ergibt sich auch der ganze Abs. 3 schon aus Abs. 1 in Verbindung mit A. 1 und A. 49.

7. Bei anderen gegen den Berechtigten gerichteten Ansprüchen als auf Rückgewähr des Entgelts und Ersatz von Verwendung hat dieser ein solches Recht also nicht, auch nicht bei Ansprüchen Dritter, die er als Schuldner übernimmt.

8. Im Gegensatz zu den Festsetzungen nach Abs. 1 setzt eine Stundung gemäß Abs. 2 einen Antrag voraus.

Artikel 47

[12] Rückgriffsansprüche

1. Die Rückgriffsansprüche[1, 2] des Rückerstattungspflichtigen[2] gegen jeden mittelbaren[3] Rechtsvorgänger bestimmen sich nach den Vorschriften[4] des Bürgerlichen Rechts. Die Rückerstattungspflicht bildet einen Mangel im Recht im Sinne des Bürgerlichen Gesetzbuches[5]. Die Bestimmung des § 439 Absatz 1 BGB. findet keine Anwendung[6].

2. Die nach Absatz 1 zulässigen Ansprüche können im Falle der Herausgabe[8] einer Sache[7] auch gegen jeden Rechtsvorgänger geltend gemacht werden, der beim Erwerb der Sache nicht im guten Glauben gewesen ist[7, 9]. Diese Rechtsvorgänger haften als Gesamtschuldner[10]. Ein Anspruch gegen sie ist ausgeschlossen, wenn auch der Rückerstattungspflichtige nicht im guten Glauben war[11].

1. Unter „Rückgriffsansprüchen" sind Ansprüche auf Ersatz des gemachten Aufwands zu verstehen. Im strengeren Wortsinn gibt es diese nur bei Geldleistungen, während hier regelmäßig eine Sachleistung, die Rückerstattung des entzogenen Gegenstandes, vollbracht wurde. Der englische Text spricht dann auch von Ansprüchen auf Schadloshaltung (indemnification), was richtiger ist, denn es handelt sich in der Tat um die Ansprüche auf Schadensersatz wegen Nichterfüllung der dem Rechtsurheber des Rückerstattungspflichtigen auf Grund Vertrages mit diesem obliegenden Verpflichtung, ihm nicht nur die „Eigentümerstellung" (A. 14), sondern das Eigentum zu verschaffen. Außerdem können die Ansprüche aus Rücktritt vom Vertrag seitens des Rückerstattungspflichtigen in Frage kommen.

2. Unter „Rückerstattungspflichtigem" ist nicht nur der Rückerstattungspflichtige im Sinne des A. 14, sondern jeder zu verstehen, der rückerstattungspflichtig sein würde, wenn er noch Inhaber des entzogenen Rechts wäre (A. 29), da der Rückgriffsanspruch auch demjenigen zustehen muß, der, ohne rückerstattungspflichtig im Sinne des A. 14 zu sein, vom Berechtigten nach Maßgabe des A. 29 in Anspruch genommen wird.

Die Verweisung des Abs. 1 auf die Vorschriften des allgemeinen bürgerlichen Rechts gilt auch für die Rückgriffsansprüche des nach A. 31 auf Schadensersatz wegen Unmöglichkeit der Herausgabe und Verschlechterung des entzogenen Gegenstandes in Anspruch genommenen Inhabers oder früheren Inhabers. Nach ihnen beurteilt sich, ob Rückgriffsansprüche bestehen, obwohl diese Verpflichtung zum Schadensersatz Kenntnis des Rechtsmangels und Verschulden voraussetzt.

Die Vorschriften des allgemeinen bürgerlichen Rechts gelten auch für Schadensersatzansprüche nichtrückerstattungspflichtiger Dritter, deren Rechte an dem entzogenen Gegenstand gemäß A. 37 erlöschen oder deren darauf bezügliche Gebrauchsrechte (Miete, Pacht usw.) durch die Rückerstattung unerfüllbar werden.

3. Die Worte: „gegen jeden mittelbaren Rechtsvorgänger" sind völlig irreführend. Würde man sie wörtlich nehmen, wäre es um die Rückgriffsansprüche des Berechtigten nach dem allgemeinen Bürgerlichen Recht sehr schlecht bestellt, denn nach diesem kann er gerade gegen mittelbare Rechtsvorgänger keinen Rückgriffsanspruch geltend machen und hat er einen solchen nur gegen seinen unmittelbaren Rechtsvorgänger als seinen Vertragsgegner. Trotz A. 94 muß wieder auf den englischen Text zurückgegriffen werden, um den deutschen Text richtig auslegen zu können. Jener sagt: „claims which the restitutor may have against any of his predecessors" also: „Ansprüche, welche der Rückerstattungspflichtige gegen irgendeinen seiner Rechtsvorgänger haben mag, bestimmen sich usw." Das Wort „mittelbaren", welches auch den Abs. 2 seines Sinnes berauben würde, ist also wegzudenken. Prüft man die Ansprüche des Rückerstattungspflichtigen gegen jeden oder irgendeinen seiner Rechtsvorgänger, nicht nur jeden mittelbaren, nach bürgerlichem Recht, so ergibt sich, daß der Rückerstattungspflichtige gegen seinen unmittelbaren Rechtsvorgänger, nämlich seinen Vertragsgegner auf Grund des mit ihm geschlossenen Vertrages, nicht gegen einen mittelbaren Rechtsvorgänger Ansprüche hat.

4. Die Vorschriften des bürgerlichen Rechts, welche in Frage kommen, sind die §§ 433 bis 440, evtl. bei Schenkungen § 523 BGB. Der Fall ist angesichts A. 15 Abs. 2 so anzusehen, als ob der Rechtsurheber des Rückerstattungspflichtigen schon ursprünglich sich im Mangel des Rechts befand, also unvermögend war, dem Rückerstattungspflichtigen das Eigentum an der Sache bzw. das verkaufte Recht frei von Rechten Dritter zu verschaffen (sehr zweifelhaft; die Verfasser konnten über die Tragweite der Fiktion des A. 15 Abs. 2 nicht einig werden). Der Rückerstattungspflichtige hat sonach das Recht, Schadensersatz wegen Nichterfüllung dieser Verpflichtung zu verlangen, evtl. vom Vertrag zurückzutreten (§ 326 BGB.) (wendet man die Regeln der §§ 275 Abs. 2, 323 BGB. unter der Annahme eines zwar rückwirkend, aber erst jetzt nachträglich eingetretenen Unvermögens zur Erfüllung an, kommen nur Bereicherungsgrundsätze in Frage [§ 323 Abs. 2 BGB.]), der Beschenkte nur, wenn der Schenker einen Mangel im Recht arglistig verschwiegen hat. Der Rücktritt ist nicht deshalb ausgeschlossen, weil der Rückerstattungspflichtige seinem Verkäufer den entzogenen Gegenstand nicht zurückgewähren kann; denn gerade dies ist es ja, was der Verkäufer zu vertreten hat.

Der Rückgriffsberechtigte muß auf seinen Rückgriffsanspruch anrechnen lassen, was er auf Grund des A. 44 von dem Berechtigten erhält. Dies ist bei Schadensersatz wegen Nichterfüllung schon begrifflich selbstverständlich, muß aber auch von der Rückgewährung der Gegenleistung auf Grund Rückgriffs gelten.

5. Obwohl S. 1 die Vorschriften des bürgerlichen Rechts als maßgeblich erklärt, wird durch S. 2 u. 3 und Abs. 2 in diese tief eingegriffen. S. 2 stellt klar, daß die Rückerstattungspflicht einen Mangel im Recht im Sinne der §§ 434,

439, 440 BGB. darstellt, woran auch ohnedies nicht zu zweifeln gewesen wäre (A. 15).

6. Aber „§ 439 Abs. 1 BGB. findet keine Anwendung"; also auch wenn Käufer bei Vertragsabschluß den Rechtsmangel, d. h. hier den Entziehungstatbestand, aus dem sich nach A. 15 der Rechtsmangel ergibt, kannte, kann er den Verkäufer in Anspruch nehmen.

Doch gilt nach bürgerlichem Recht der Grundsatz der Vertragsfreiheit. Vertragliche Bestimmungen, die die Haftung für Rechtsmängel anders regeln, sind daher zu beachten. Hatte der Verkäufer die Haftung für Rechtsmängel ausgeschlossen, so braucht er auch für die Rückerstattungspflicht nicht einzustehen.

7. Über diese allgemeine Regelung gemäß Anm. 1—6 hinaus gewährt Abs. 2 „Rückgriffsansprüche" auch gegen einen mittelbaren Rechtsvorgänger, wenn dieser schlechtgläubig war, sofern es sich um die Rückerstattung einer körperlichen Sache handelt. Wieder einmal ist die gesetzliche Formulierung ungenau. Sie gewährt die nach Abs. 1, also nach bürgerlichem Recht zulässigen Ansprüche auch gegen einen mittelbaren Rechtsvorgänger, gegen den das bürgerliche Recht keine Ansprüche zuläßt. Gemeint ist: In demselben Umfange, in welchem nach bürgerlichem Recht Ansprüche gegen den Vertragsgegner (original party of the contract) zulässig sind, können Ansprüche auch gegen jeden schlechtgläubigen (mittelbaren) Rechtsvorgänger erhoben werden. Diese Bestimmung ist unter mehreren Gesichtspunkten höchst befremdlich: Der mittelbare Rechtsvorgänger haftet für die Erfüllung eines Vertrages, den er nicht geschlossen hat und gar nicht kennt. Es hilft ihm nichts, wenn er selbst die Haftung für Rechtsmangel gerade mit Rücksicht darauf, daß er wußte, daß der Gegenstand entzogen war, ausgeschlossen hat, wenn sein Nachfolger, der Rechtsurheber des Rückerstattungspflichtigen, diesen Haftungsausschluß unterließ. Er haftet für einen Kaufpreis, den er nicht bestimmt hat, er muß sogar, wenn der Rückerstattungspflichtige vom Kaufvertrag zurücktritt, den Kaufpreis herausgeben, den er selbst gar nicht erhalten hat und der vielleicht viel höher ist, als derjenige, den er selbst gefordert hatte; vielleicht hat er gar keinen erhalten, denn vielleicht hat er den entzogenen Gegenstand dem Rechtsurheber des Rückerstattungspflichtigen geschenkt und ist er jenem nach bürgerlichem Recht nicht haftungspflichtig, weil er ihm bei der Schenkung nicht arglistig verschwiegen hatte, daß der Gegenstand entzogen war. Man sieht: Eine höchst befremdliche, wenn nicht verfehlte, wenigstens zu weit gehende Bestimmung.

Unter Sachen sind auch hier körperliche Gegenstände und Sachgesamtheiten zu verstehen. Obwohl das zu einem Handelsgeschäft gehörige Vermögen nicht nur aus körperlichen Sachen, sondern auch aus Forderungen (Außenständen) und sonstigen Rechten (Patenten, Verlags- und Urheberrechten usw.) und ideellen Wirtschaftsgütern besteht, wird man doch Abs. 2 auch auf ein Handelsgeschäft anwenden müssen, desgleichen auf Beteiligungen an einem solchen, vorausgesetzt, daß damit eine dingliche Mitberechtigung an einem Geschäftsvermögen verknüpft ist. Zu den Sachen gehören auch Aktien, über welche Urkunden ausgegeben sind, und Schuldverschreibungen, nicht Hypothekenforderungen, auch wenn ein Hypothekenbrief darüber gebildet ist, nicht Geschäftsanteile an einer GmbH.

Keinen Rückgriff hat der Ersteher eines durch Zwangsversteigerung entzogenen Grundstücks, wenn der Zuschlag (etwa wegen Vertagung des Vollstreckungsschutzes ausschließlich aus politischen oder rassischen Gründen) ein mißbräuchlicher Staatsakt war, weder nach den Vorschriften des bürgerlichen Rechts, auf die Abs. 1 verweist, noch nach Abs. 2; denn er hat überhaupt keinen Rechtsvorgänger, schon keinen unmittelbaren, geschweige einen mittelbaren.

8. „Im Falle der Herausgabe." Der englische Text sagt: in case of restitution, das kann und soll wohl auch heißen: Im Falle der Rückerstattung usw. oder soviel wie: „Wenn es sich um die Rückerstattung usw. handelt." Es ist also nicht Voraussetzung des Rückgriffs, daß die Sache bereits zurückgegeben ist.

9. Jeder Rechtsvorgänger haftet dem Rückerstattungspflichtigen, der bei seinem Erwerb nicht im guten Glauben gewesen ist. Daß die Gutgläubigkeit auf den Zeitpunkt des Erwerbs des Rechtsvorgängers, nicht auf den Zeitpunkt der Veräußerung der entzogenen Sache durch ihn abgestellt wird, ist so verwunderlich, daß man an einen Irrtum des Gesetzgebers glauben möchte. Welchen Begriff des guten Glaubens das Gesetz hier verwendet, ob denjenigen des § 932 Abs. 2 BGB. (ausgeschlossen durch Kenntnis und grobfahrlässige Unkenntnis) oder denjenigen dieses Gesetzes (z. B. des A. 20, ausgeschlossen, wenn der Veräußerer wußte oder den Umständen nach annehmen mußte) ist ungewiß, auch ob bei Grundstücken, die noch höheren Ansprüche an guten Glauben, welche A. 31 Abs. 3 erhebt, auch hier gelten. Da in den Fällen des A. 4 Voraussetzung der Entziehung die Anfechtung durch den Verfolgten ist, so kann — eine Folge der Künstlichkeit und Künstelei des A. 4 — in diesem Regelfalle der Entziehung strenge genommen niemals jemand schlechtgläubig gewesen sein, weil niemand die erst jetzt ausgesprochene Anfechtung gekannt haben kann. Diese Folgerungen aus seiner eigenen Künstelei wird das Gesetz aber wohl nicht gezogen wissen wollen; es genügt also für die Begründung der Haftung wohl Schlechtgläubigkeit hinsichtlich der Umstände, auf Grund deren das Geschäft nach diesem Gesetz anfechtbar ist.

10. Mehrere schlechtgläubige Rechtsvorgänger „haften als Gesamtschuldner" nach Maßgabe der Vorschriften der §§ 421 ff. BGB. Ihre Ausgleichspflicht untereinander bestimmt sich, da § 426 BGB. nur aushilfsweise gilt, nach den aus Abs. 1 S. 3 und Abs. 2 S. 3 (Anm. 11) abzuleitenden Grundsätzen. Daraus ergibt sich, daß jeder vollen Rückgriff gegen seinen unmittelbaren Vormann hat, auch wenn dieser gutgläubig war, aber nicht gegen einen mittelbaren Vormann, auch nicht wenn dieser schlechtgläubig war.

11. Wenn der Rückerstattungspflichtige selbst nicht im guten Glauben gewesen ist, ist ein Anspruch gegen seine schlechtgläubigen mittelbaren Rechtsvorgänger ausgeschlossen. In diesem Falle hat er einen Rückgriffsanspruch nur gegen seinen unmittelbaren Vormann, aber gegen diesen trotz eigener Schlechtgläubigkeit, auch wenn dieser gutgläubig war. Wenn C von B und B von A erwarb, alle oder C und A bösgläubig waren und gegen C der Rückerstattungsanspruch geltend gemacht wird, hat C keinen Anspruch gegen A oder B als bösgläubige Vormänner, sondern nur gegen B als seinen unmittelbaren Rechtsvorgänger. Warum aber C nicht selbst wegen seines schlechten Glaubens im Verhältnis zu den übrigen Bösgläubigen gar zu dem gutgläubigen B im Rahmen einer allgemeinen Ausgleichspflicht wenigstens teilweise den Schaden zu übernehmen haben soll, leuchtet nicht recht ein.

12. A. 47 legt noch die schwer zu entscheidende Frage vor, ob ein „Rückgriffs"-streit vor den ordentlichen Gerichten oder den Wiedergutmachungsgerichten auszukämpfen ist und ob dafür die Fristen dieses Gesetzes innezuhalten sind. Das letztere ist nach A. 57 der Fall, wenn man einen Rückgriffsanspruch als Anspruch ansehen muß, der „unter dieses Gesetz fällt". Unzweifelhaft beruht der Anspruch des schlechtgläubigen Rückerstattungspflichtigen gegen seinen Rechtsurheber angesichts des § 439 Abs. 1 BGB. und angesichts des A. 47 Abs. 1 S. 3, desgleichen der Anspruch gegen einen schlechtgläubigen mittelbaren Vormann nur auf diesem Gesetz. Trotz der Verweisung des S. 1 des Abs. 1 auf die Vorschriften des bürgerlichen Rechts muß von diesen Ansprüchen gesagt werden, daß sie „unter dieses Gesetz fallen" und daß demnach für sie die ausschließliche Zuständigkeit der Wiedergutmachungsorgane besteht. Der Anspruch des gutgläubigen Rückerstattungspflichtigen gegen seinen unmittelbaren Rechtsvorgänger würde auch ohne Abs. 1 S. 2 nach BGB. bestehen. Ob er trotzdem „unter dieses Gesetz fällt", weil seiner in Abs. 1 gedacht wird, kann nicht zweifelsfrei beantwortet werden. Eine verschiedene Zuständigkeit je nach der Schlechtgläubigkeit des Rückerstattungspflichtigen wäre wohl äußerst unzweckmäßig, zumal ja gerade seine Gut- oder Schlechtgläubigkeit bestritten und dieser Streit die Grundlage des weiteren Rechtsstreites sein kann, die Entscheidung über die Zuständigkeit möglicherweise also die materielle Entscheidung in sich schließt. Da sich A. 47 gesetzeskompositorisch aus A. 14 ergibt und gesetzesaufbaumäßig als Korrelat zu der durch die Ordnung der Rückerstattungsmaterie mittels dieses Gesetzes anerkannten Verpflichtung des derzeitigen Inhabers ohne Rücksicht auf seinen guten oder schlechten Glauben darstellt, müßte man eigentlich davon ausgehen, daß die Voraussetzungen des A. 57 gegeben sind. Gleichwohl halten wir die Zuständigkeit der Wiedergutmachungsorgane für einen Streit, an welchem der Verfolgte gänzlich uninteressiert ist, für unzweckmäßig, desgleichen auch die kurze Frist dieses Gesetzes für nicht darauf abgemessen; in A. 61 wird der Rechtsvorgänger auch nicht als Beteiligter erwähnt. Alles dies bestimmt uns zu der Annahme, daß trotz A. 57 ein Streit nach A. 47 vor den ordentlichen Gerichten durchzuführen ist (a. A. Muller, aber das verhindert den Rückerstattungspflichtigen, den Rückerstattungsanspruch außerhalb des Verfahrens anzuerkennen und zu erfüllen; denn wie sollte er dann Gelegenheit haben, den Rückgriffsanspruch vor den Wiedergutmachungsorganen anhängig zu machen? Allerdings ist nach Muller ein Fall denkbar, in welchem der Rückgriffspflichtige seinerseits Ansprüche aus A. 32 gegen den Wiedergutmachungsberechtigten zu erheben hat, nämlich wenn er an den Rückgriffsberechtigten stehengelassene Gewinne mit veräußert hatte und nun an ihn den vollen Kaufpreis zurückgewähren muß. Aber davon abgesehen, daß stehengebliebene Gewinne nach unserer Ansicht [s. 15 zu A. 29] nicht als gezogene Nutzungen anzusehen sind, und daß, wenn dem so wäre, der Rückerstattungspflichtige sie dem Berechtigten nicht herauszugeben [sondern abzüglich einer Geschäftsführungsvergütung nur angemessen zu ersetzen] hätte, also den Rückgriffsanspruch entsprechend mindern müßte, so daß es sich auch dann nur um eine Verrechnung zwischen dem Rückgriffsberechtigten und -pflichtigen handeln würde, läßt auch A. 32 nicht ersehen, daß der Inhaber der entzogenen Sache einen selbständigen Anspruch gegen den Berechtigten hat. Verfahrensrechtlich wäre auch für einen solchen Fall nicht ersichtlich, wie der Anspruch im Wiedergutmachungsverfahren anhängig gemacht werden könnte, wenn es zu einem solchen wegen Anerkennung und Erfüllung des Rückerstattungsanspruchs nicht kommt.)

Artikel 48

Rechte Dritter an den Ansprüchen des Rückerstattungspflichtigen

1. Rechte an[1] dem entzogenen Vermögensgegenstand, die nach Artikel 37 nicht an ihm bestehen bleiben[1], setzen sich fort an dem Anspruch des Rückerstattungspflichtigen auf Ersatz von Verwendungen, Rückgewähr des Entgelts und Rückgriff gemäß Artikel 34, 44, 47 und an demjenigen, was der Rückerstattungspflichtige auf Grund dieser Ansprüche erlangt[1].

2. Diese Bestimmung gilt nicht[2] zugunsten von Personen, die zu einer schweren Entziehung durch Darlehensgewährung Beistand geleistet haben[3], [4].

1. Dingliche Rechte (Nießbrauch, Hypothek, Grundschuld, Pfandrecht) an dem entzogenen Gegenstand, welche anläßlich seiner Rückerstattung gemäß A. 37 erlöschen, weil sie außerhalb der Belastungsgrenze liegen, setzen sich kraft Gesetzes an demjenigen fort, was der Rückerstattungspflichtige an Stelle des zurückzuerstattenden Vermögensgegenstandes erlangt. Zunächst an seinem Anspruch gegen den Berechtigten auf Ersatz von Verwendung (A. 34), auf Rückgewähr des Entziehungsentgelts (A. 44) und gegen seinen Rechtsvorgänger auf Schadloshaltung (A. 47), sodann entsprechend §§ 1075, 1287 BGB. gleichfalls kraft gesetzlicher dinglicher Surrogation nach Einziehung dieser Ansprüche an ihrem Erlös. Eine Hypothek oder Grundschuld dürfte sich aus diesem Anlaß kraft Gesetzes in ein Pfandrecht verwandeln. Nicht alle dinglichen Rechte können sich nach ihrer Art ohne weiteres fortsetzen: z. B. dürfte ein Wohnungsrecht oder ein Erbbaurecht — vorbehaltlich der Ergebnisse aus dem ihrer Bestellung zugrunde liegenden schuldrechtlichen Vertrag entschädigungslos — untergehen. Sind nach A. 37 mehrere Rechte erloschen, so bleibt ihre bisherige Rangfolge, soweit sie sich nach obigem fortsetzen, weiter bestehen. Nach dieser ergibt sich auch die Einziehungsbefugnis hinsichtlich der oben erwähnten Ansprüche und das Recht zum unmittelbaren Besitz an dem Eingang. Auf die Einziehung können §§ 1074, 1281, 1282, 1285 BGB. angewandt werden.

Das Recht wird natürlich durch den Wechsel seines Gegenstandes stark betroffen. Der Nießbrauch an einem Grundstück ist etwas anderes als der Nießbrauch an einem Brillantring, wenn etwa das Entziehungsentgelt in einem solchen bestanden haben sollte, oder an einer Geldsumme. Es ist anzunehmen, daß entsprechend §§ 1079, 1288 BGB. der Rückerstattungspflichtige und der dinglich Berechtigte verpflichtet sind, zur Anlegung einer Geldsumme in mündelsicheren verzinslichen Werten zusammenzuwirken.

2. Abs. 2 ist im ethischen Sinn eine Strafvorschrift. Auch ohne sie würde sich aus §§ 138, 817 Abs. 2 BGB. ergeben, daß dem Darlehensgeber, der vorsätzlich durch die Gewährung eines Darlehens zu einer schweren Entziehung (A. 31) Beistand geleistet hat, kein Anspruch auf die Rückzahlung der Darlehenssumme zusteht, auch nicht, wenn sie durch Hypothek oder Pfandrecht gesichert

ist, so daß ein dafür bestelltes Recht sich auch nicht an den Surrogaten des Abs. 1 fortsetzen kann. Indessen geht Abs. 2 über die erwähnten Vorschriften des BGB. und die sich daraus ergebenden Folgerungen insofern hinaus, als er auch solche Rechte trifft, welche nicht im Verhältnis einer Sicherheit an dem entzogenen Gegenstand zum Darlehen stehen, sondern (z. B. ein Nießbrauch) etwa ein Sonderentgelt neben dem Darlehen für die Darlehenshingabe bedeuten; indessen würden wohl auch solche Rechte angesichts § 138 BGB. keinen Bestand haben.

Die Vorschrift gilt nur zuungunsten des Darlehensgebers selbst. Gutgläubige Rechtsnachfolger des Darlehensgebers, deren Rechtserwerb nach den Vorschriften des bürgerlichen Rechts über den Schutz des guten Glaubens zu Recht besteht, werden von ihr nicht betroffen und nehmen an der Vergünstigung des Abs. 1 teil. Im allgemeinen wird dies nur bei Hypotheken und Grundschulden, die der Darlehensgeber bestellt, erhalten und abgetreten hat, in Frage kommen, denn außerhalb des Grundstücksverkehrs konnte die wegen ihres unsittlichen Grundes nicht entstandene Darlehensforderung auch an einem Gutgläubigen nicht rechtswirksam abgetreten und durch Abtretung nicht existent werden.

3. Beistand hat geleistet nicht nur, wer die Entziehung durch Darlehensgewährung ermöglicht, sondern auch schon, wer sie nur erleichtert hat.

4. An sich ergibt sich aus dem Text „Beistand geleistet" (engl. „aided") nicht zwingend, daß vorsätzliche Beistandsleistung vorausgesetzt wird. Jedoch ist dies anzunehmen. Die zu 1 erwähnten Vorschriften des bürgerlichen Rechts setzen Vorsatz, wenn nicht Wissentlichkeit voraus. Dasselbe ergibt sich aus dem Strafcharakter der Vorschrift. Es muß also dem Darlehensgeber jeder Umstand bekannt gewesen sein, ohne den die Entziehung nicht den Charakter einer schweren gehabt hätte.

Achter Abschnitt

Allgemeine Verfahrensbestimmungen

Artikel 49

Grundsatz[3]

1. Das Rückerstattungsverfahren soll eine rasche und vollständige Wiedergutmachung herbeiführen. Die Wiedergutmachungsorgane können von Verfahrensvorschriften, die in diesem Gesetz für anwendbar erklärt sind, im Einzelfall abweichen, wenn dies der Beschleunigung der Rückerstattung dient und dadurch weder die volle Aufklärung des Sachverhalts noch die Gewährung des rechtlichen Gehörs beeinträchtigt wird[1].

2. Die Wiedergutmachungsorgane haben die Lage, in die der Berechtigte durch die Verfolgungsmaßnahmen aus den Gründen des Artikels 1 geraten ist, bei der Ermittlung des Sachverhalts

weitgehend zu berücksichtigen. Dies gilt insbesondere, soweit die Beibringung von Beweismitteln durch Verlust von Urkunden, Tod und Unauffindbarkeit von Zeugen, Auslandsaufenthalt des Berechtigten, und ähnliche Umstände erschwert oder unmöglich geworden ist. Eidesstattliche Versicherungen des Berechtigten und von ihm benannter Zeugen sind zuzulassen. Dies gilt auch dann, wenn die die eidesstattliche Versicherung abgebende Person nach Abgabe der Versicherung verstorben ist[2].

1. Die Bestimmung stellt den Grundsatz größten Entgegenkommens gegenüber dem Berechtigten zu dem Zweck auf, ihm die Verfolgung seines Anspruchs verfahrensmäßig zu erleichtern. Die Wiedergutmachungsorgane erhalten zu diesem Zweck eine Generalermächtigung, zur Beschleunigung des Verfahrens — nur zu diesem Behufe — von den verfahrensrechtlichen Vorschriften des Gesetzes abzuweichen — nicht auch Fristen abzukürzen —, wenn die volle Aufklärung des Sachverhalts davon nicht beeinträchtigt wird. Nur der Grundsatz des rechtlichen Gehörs wird bedingungslos aufrecht erhalten. Damit ist jedoch nicht persönliches Gehör vorgeschrieben (A. 67 Abs. 2), wenn ein Beteiligter zu der vorgeschriebenen mündlichen Verhandlung (A. 67 Abs. 2 Ziffer 2) nicht erscheint oder erscheinen kann.

2. Wenn auch Abs. 1 die Notwendigkeit vorbehält, den Sachverhalt voll aufzuklären, so sollen die Wiedergutmachungsorgane doch den Berechtigten, wenn ihn die Beweislast trifft, und sie ihm beschwerlich ist, in jeder Weise behilflich sein, sie zu erleichtern. Die Beweisführung durch Vorlage — gemäß ZPO. unbeglaubigter — eidesstattlicher Versicherungen, auch Verstorbener und auch von Zeugen, ist vorbehaltlich freier richterlicher Überzeugungsbildung, auch bezüglich der Echtheit der Urkunden, über die Zulässigkeit nach ZPO. hinaus allgemein zu gestatten. Indessen kann Abs. 2 nicht den Sinn haben, daß die Wiedergutmachungsorgane, ohne volle richterliche Überzeugung gewonnen zu haben, auf unbewiesen gebliebene Behauptungen des Verfolgten hin die Entscheidung fällen dürfen.

3. Verletzung des A. 49 begründet die Rechtsbeschwerde.

Artikel 50

Erbrecht und ausländisches Recht

1. Wer sich auf eine erbrechtliche Stellung beruft, hat diese nachzuweisen[1].

2. Ausländisches Recht bedarf des Beweises, soweit es den Wiedergutmachungsorganen unbekannt ist[2].

1. In die Lage, sich auf eine erbrechtliche Stellung zu berufen, dürfte in erster Linie der Berechtigte kommen. Diese ist selbstverständlich zu beweisen, weil sie ja von seiner Aktivlegitimation vorausgesetzt wird. Nachzuweisen ist also der Tod des ursprünglich Berechtigten und entweder das Vorhandensein einer letztwilligen Verfügung, auf welche sich der nunmehr Berechtigte für

seine Rechtsnachfolge beruft, oder wo er diese auf gesetzliches Erbrecht gründet, seine davon vorausgesetzte Abstammung, sowie das Nichtvorhandensein von Personen, welche ihn von dem Erbrecht ausschließen oder es mit ihm teilen würden, wenn sie vorhanden wären. Natürlich gilt auch hierfür A. 49.

2. Inwieweit ausländisches Recht anwendbar ist, beurteilt sich nach deutschem internationalem Privatrecht, da es sich um einen vor deutschen Gerichtsbehörden zu verfolgenden Anspruch handelt. Maßgebend sind A. 24 bis 29 EGBGB. Bestimmend ist die Staatsangehörigkeit des Erblassers. War er Deutscher, wird er nach deutschen Gesetzen beerbt, auch wenn er seinen Wohnsitz im Ausland hatte (A. 24). Staatenlose werden nach dem Recht ihrer letzten Staatsangehörigkeit beerbt (A. 29). Es braucht für dieses Gesetz also nicht untersucht zu werden, ob die Aufhebung der Nürnberger Gesetze ausgebürgerten staatenlos gebliebenen Personen, insbesondere, wenn sie schon vor der Aufhebung verstorben waren, die deutsche Staatsangehörigkeit zurückgegeben hat. Nach ausländischem Recht, nämlich des Staates, dem sie angehörten, jedoch wurden beerbt alle Verfolgten, welche die ausländische Staatsangehörigkeit hatten oder erworben haben (A. 25) was gleichfalls nach ausländischem Recht und zu beurteilen ist. Zu prüfen ist nach ausländischem Recht, ob dieses auf deutsches Recht zurückverweist; dann ist letzteres anzuwenden (A. 27). Verweist das ausländische Recht nur bezüglich der Grundstücke, die in Deutschland liegen, auf deutsches Recht, dann ist nach ausländischem Recht auch zu prüfen, welche Rechte oder Vermögensgegenstände es den Grundstücken gleichstellt; in diesem Fall kann also, wenn der Rückerstattungsanspruch eines ausländischen Erblassers sowohl Grundstücke als bewegliche Sachen betraf, die Erbfolge nach verschiedenen Rechten (den deutschen bzw. dem ausländischen) zu beurteilen sein.

Für die Form eines Testamentes eines Erblassers, welcher Deutscher oder staatenlos, aber zuletzt Deutscher war, ist deutsches Recht anwendbar (A. 11 Abs. 1 Satz 1), genügt aber auch die Ortsform (ebenda). War der Testator Ausländer, ist nach seinem Heimatrecht und dessen etwaigen Verweisungen auf anderes Recht (Wohnsitzrecht oder Recht der gelegenen Sache, Ortsform) zu beurteilen, ob das Testament formgültig ist. War das Testament vor dem Erwerb der fremden Staatsangehörigkeit errichtet, so blieb für seine Gültigkeit deutsches Recht eventuell die Ortsform maßgebend (A. 24 Abs. 3).

Auch für die Testierfähigkeit ist die Errichtungszeit maßgebend. Auch sie richtet sich nach den vorstehend dargelegten Grundsätzen über das Erbstatut.

Außer Text und Fundstelle des einschlägigen Gesetzes kommt Angabe und Beibringung von Literatur, ev. eines Rechtsgutachtens in Frage.

Artikel 51

Todesvermutung

Wenn ein Verfolgter seinen letzten bekannten Aufenthalt in Deutschland[1] oder in einem von Deutschland oder seinen Alliierten[1] besetzten[1] oder annektierten[1] Gebiet hatte und sein Aufenthalt[2] seit dem 8. 5. 1945 unbekannt[3] ist, ohne daß[4] Nachrichten darüber vorliegen, daß er zu diesem oder einem späteren Zeitpunkt noch

gelebt hat, so wird vermutet[5], daß er am 8. Mai 1945[6] verstorben ist. Falls nach den Umständen des Einzelfalles ein anderer Zeitpunkt des Todes wahrscheinlich erscheint, so können die Wiedergutmachungsorgane diesen anderen Zeitpunkt als Zeitpunkt des Todes feststellen[7], [8].

1. Gemeint ist Deutschland im Umfange des sogenannten großdeutschen Reichs der Hitlerzeit. Man wird auch das Protektorat Böhmen und die Slovakei dazurechnen oder doch diese beiden Länder zu den Alliierten Deutschlands zählen, oder sie den von Deutschland besetzten Ländern gleichsetzen müssen. Alliiert mit Deutschland waren Italien, Rumänien, Jugoslavien, Bulgarien, Albanien, Finnland, Estland, Lettland, besetzt oder annektiert Elsaß-Lothringen, ein großer Teil Frankreichs, Belgien, die Niederlande, Dänemark, Norwegen, Polen, Griechenland und ein großer Teil Rußlands, von Deutschland und seinen Alliierten besetzt: Algier und Tunis. Es fällt auf, daß die Länder der Alliierten Deutschlands selbst vom Halbsatz 1 nicht umfaßt werden, doch können sie als von Deutschland besetzte Länder erachtet werden. Dies gilt, wenigstens im Schlußstadium des Krieges, auch von Italien und seinen Kolonien.

2. Aufenthalt ist der Ort des körperlichen Verweilens, obwohl es für die Lebens- oder Todesvermutung nicht so sehr darauf ankommen sollte, als auf Nachrichten über das Leben, die indessen im folgenden berücksichtigt werden.

3. „Unbekannt": wenn keine Nachrichten darüber vorliegen.

4. Es ist nicht gut denkbar, daß seit dem 8. Mai 1945 der Aufenthalt unbekannt ist, wenn Nachrichten über das Fortleben an diesem oder einem späteren Tage vorhanden sind.

Zu 4. Die Worte müßten lauten und bedeuten: „und nicht bekannt ist, daß er am 8. Mai 1945 oder später noch gelebt hat oder Nachrichten darüber vorliegen, daß er zu einem Zeitpunkt gestorben ist". Aber auch wenn Nachrichten bekannt sind, welche es wahrscheinlich machen, daß der Verfolgte den Tod früher (oder später) gefunden hat, z. B. wenn bekannt ist, daß er in einem der berüchtigten Verbrennungslager sich befunden hat, die schon vor dem 8. Mai 1945 alle ihre Insassen ums Leben gebracht haben, kann die Unterstellung der Anm. 6 berechtigt sein.

5. Das heißt: unterstellt (fingiert) solange, bis etwa die Voraussetzung der Unterstellung fortfällt, daß keine Nachrichten über das Fortleben am 8. Mai 1945 oder später vorliegen. Die Bestimmung gilt nur bezüglich eines Verfolgten (A. 7). Die Vermutung nur für den sachlichen Anwendungsbereich des Gesetzes und nur vorbehaltlich S. 2 und einer bei Beginn der Rechtshängigkeit des Rückerstattungsverfahrens etwa schon ausgesprochenen Toterklärung (ebenso Muller).

6. Die Stunde des Todes wird nicht vermutet. Doch dürfte § 9 Abs. 4 des Verschollenheitsgesetzes anwendbar sein und Mitternacht vom 8. auf den 9. Mai 1945 als Todeszeitpunkt gelten.

7. Selbstverständlich ist, daß, wenn sichere Nachrichten über ein Versterben vor dem 8. Mai 1945 vorliegen, diese für die Annahme des Todestages maßgebend sind.

8. Die Todesvermutung ist bedeutsam insbesondere für die Legitimation der an Stelle des Verfolgten den Anspruch anmeldenden gesetzlichen oder letztwillig gewillkürten Erben, während die Nachfolgeorganisation des A. 10 schon nach A. 11 legitimiert wäre. Selbstverständlich beschränkt sich die Todesvermutung auf Tatsache und Zeitpunkt des Todes und besteht keine Vermutung eines Kausalzusammenhanges zwischen Entziehung und Tod.

Artikel 52

Sicherungspflicht

1. Die Wiedergutmachungsorgane[1] haben entzogene[2] Vermögensgegenstände, wenn ein Bedürfnis besteht[3], [4], in geeigneter Weise[3] sicherzustellen[3]. Sie können hierzu auf Antrag[5] oder von Amts[5] wegen einstweilige Verfügungen[6] anordnen oder Arrestbefehle[7] erlassen. Diese sind abzuändern oder aufzuheben, wenn die Sicherstellung durch andere als die getroffenen Maßnahmen erreicht werden kann, oder das Bedürfnis nach ihrer Aufrechterhaltung entfällt[3], [4].

2. Die Vorschriften der Zivilprozeßordnung über Arrest und einstweilige Verfügungen sind in der jeweils geltenden Fassung entsprechend anwendbar[8].

1. Man hat nach A. 2 Abs. 4 unter „Wiedergutmachungsorgan" außer der Wiedergutmachungsbehörde des A. 59 die Wiedergutmachungskammer und das Beschwerdegericht, nicht aber das Zentralanmeldeamt des A. 55. zu verstehen. Die Zuständigkeit dieser Behörden zu der von ihnen gemäß 3 für geeignet und erforderlich gehaltenen Maßnahmen besteht nur, wenn nicht nach anderen Gesetzen andere Behörden dafür zuständig sind (s. A. 54).

2. Sicherzustellen ist nur der entzogene Vermögensgegenstand selbst, nicht etwa auch das Vermögen des zur Herausgabe von Ersatz (A. 29) oder zur Leistung von Schadensersatz nach A. 30, 31 Pflichtigen zur Sicherung der Durchführbarkeit des Anspruchs (siehe aber 73).

3. Das Gesetz überläßt es dem Ermessen der Wiedergutmachungsorgane, welche Maßnahmen sie für geeignet halten, den Sicherstellungszweck zu erreichen (siehe aber A. 53). Aber über diesen dürfen sie nicht hinausgehen. Von mehreren Maßnahmen, die den Zweck der Sicherstellung erreichen können, dürfen sie nur die weniger weitgehende anordnen, wie sich aus S. 3 ergibt. Sie können insbesondere nicht die vorläufige Herausgabe des entzogenen Vermögensgegenstandes anordnen, denn dies kann nur nach A. 67 die Wiedergutmachungskammer, wenn das Verfahren an sie gediehen ist. Ergibt sich nachträglich, daß der Sicherstellungszweck durch eine mildere Maßnahme erreicht werden kann, etwa infolge sich ändernder Umstände, so ist die Anordnung zu mildern oder aufzuheben (S. 3). Ist die Maßnahme auf Ersuchen der Wiedergutmachungsbehörde zuständigkeitshalber von einer anderen Behörde angeordnet worden, so ist diese um die Aufhebung zu ersuchen.

4. Es muß ein Bedürfnis nach Sicherstellung bestehen. Wie es im Begriffe der Sicherstellung liegt, muß es sich um die Abwendung einer vernünftigerweise als gegeben anzusehenden Gefahr handeln, daß der Rückerstattungsanspruch vereitelt werden könnte. Diese Gefahr braucht aber nicht in Böswilligkeit oder in der Besorgnis der Böswilligkeit des Rückerstattungsschuldners zu liegen. Fällt das Bedürfnis fort, so ist die getroffene Maßnahme aufzuheben.

5. Die Wiedergutmachungsbehörde kann die Sicherstellung sowohl auf Antrag eines Legitimierten als auch eines Dritten – dann ist es eine Anregung – oder von Amts wegen vorsehen. Anlaß zum Einschreiten von Amts wegen kann ihr z. B. die Anzeige des Inhabers eines entzogenen Gegenstandes gemäß A. 73 oder die eben erwähnte Anregung eines Dritten geben.

6. Wenn ein Eingriff in den Besitz des Pflichtigen mittels Zwanges oder die Eintragung eines Veräußerungsverbots oder Widerspruchs im Grundbuch (nach Anmeldung s. A. 61 Abs. 4) erforderlich ist, setzt die Maßnahme eine einstweilige Verfügung voraus. Für diese ist nur die Wiedergutmachungskammer zuständig, weil ein Zwang nur von einer richterlichen Instanz ausgehen kann. Die Wiedergutmachungsbehörde hat also die Wiedergutmachungskammer zu ersuchen (A. 54).

7. Auch ein Arrestbefehl kann nur von der Wiedergutmachungskammer ausgehen. Er dient nach § 916 ZPO. der Sicherstellung eines Geldanspruchs durch Begründung eines Pfandrechts für diesen. Die Sicherstellung des entzogenen Vermögensgegenstandes kann also den Erlaß eines Arrestbefehls im allgemeinen nicht rechtfertigen. Ein solcher wäre geeignet, die Vollstreckung der Ansprüche aus A. 29, 30, 31 zu sichern.

8. §§ 916ff. ZPO. Maßgebend ist für jedes Land der amerikanischen Besatzungszone die für diese geltende Fassung.

Artikel 53

Treuhänder

1. In Fällen, in denen für entzogene Vermögensgegenstände eine Fürsorge erforderlich ist[1], ist[1] ein Treuhänder zu bestellen, soweit nicht hierfür die Zuständigkeit einer anderen Behörde begründet ist[2], [3].

2. Für die Bestellung und Beaufsichtigung des Treuhänders gelten die Vorschriften über die Verwaltung beschlagnahmten Vermögens, soweit nicht durch Ausführungsvorschriften Abweichendes bestimmt wird[3].

1. Die Bestellung eines Treuhänders wird kategorisch befohlen, wenn für den entzogenen Gegenstand eine Fürsorge erforderlich ist. Das Verhältnis dieser Bestimmung zu A. 52 ist unklar. Da A. 52 dem Ermessen der Wiedergutmachungsorgane überläßt, die geeigneten Sicherstellungsmaßnahmen zu wählen, A. 53 aber eine bestimmte Maßnahme anordnet, ist es logisch anzunehmen, daß es sich in A. 53 um einen Sonderfall des A. 52 handelt, in welchem das Ermessen der Wiedergutmachungsorgane ausscheidet und die bestimmte Maßnahme der

Bestellung eines Treuhänders befohlen wird. Dieser Schluß würde voraussetzen, daß der Sonderfall, in welchem letzteres gelten soll, vom Gesetz beschrieben wird. Indessen wird mit anderen Worten dieselbe Voraussetzung wie in A. 52 angeführt; denn festzustellen, welcher Unterschied zwischen der Voraussetzung bestehn soll, daß „eine Fürsorge für den entzogenen Gegenstand erforderlich ist" und der Voraussetzung, daß „ein Bedürfnis besteht, ihn sicherzustellen", muß schärferen Köpfen überlassen bleiben. Die Wiedergutmachungsorgane sind aber zu der angeordneten Bestellung nicht immer selbst zuständig. Soweit nach 2 und 3 andere Behörden zuständig sind, sind diese darum zu ersuchen (A. 54).

2. Vgl. KontrollratsG. Nr. 2, 9, 10; MilG. Nr. 5, 52, 54, 77, 191, G. z. Befr. v. NatSoz. u. Milit. vom 5. 3. 1946.

3. In allen Fällen einer Vermögenskontrolle gemäß eines der unter 2 genannten Gesetze ist für das Gebiet des Landes Bayern gemäß dem BayG. Nr. 67 über die Bestellung von Treuhändern für Vermögen unter Vermögenskontrolle das Bayerische Landesamt für Vermögensverwaltung und Wiedergutmachung zur Bestellung und Beaufsichtigung eines Treuhänders zuständig. Nach Abs. 2 gilt dies auch für Fälle der A. 52, 53 dieses Gesetzes.

Artikel 54

Zuständigkeit anderer Behörden zu Maßnahmen nach Artikel 52, 53

Soweit zu den in Artikel 52, 53 bezeichneten Sicherungsmaßnahmen andere Behörden zuständig sind, haben die Wiedergutmachungsorgane diese hierum zu ersuchen.

1. Durch Generalklausel wird die Zuständigkeit anderer Behörden vorbehalten, soweit diese nach anderen Gesetzen begründet ist. Insoweit sind die Wiedergutmachungsbehörden darauf angewiesen, diese um die Bestellung zu ersuchen.

2. Die ersuchte Behörde hat, wenn sie nicht etwa eine richterliche Behörde ist, wohl in die Prüfung der Rechtmäßigkeit, aber nicht in die Prüfung der Zweckmäßigkeit der Maßnahme einzutreten; denn letzteres ist Sache des Wiedergutmachungsorgans.

Neunter Abschnitt

Anmeldeverfahren

Artikel 55

Zentralanmeldeamt

1. Für die Anmeldung von Rückerstattungsansprüchen wird ein Zentralanmeldeamt errichtet[1]. Die näheren Bestimmungen hierüber erläßt die Militärregierung.

2. Das Zentralanmeldeamt hat die Anmeldung den zuständigen Wiedergutmachungsbehörden zu übermitteln[2].

1. Errichtet worden in Bad Nauheim (AVO. Nr. 1).
2. S. A. 59.

Artikel 56

Form und Frist der Anmeldung[1]

1. Rückerstattungsansprüche[1] nach diesem Gesetz sind bis spätestens 31. Dezember 1948[3] schriftlich[2] bei dem Zentralanmeldeamt anzumelden[1, 2]. Die näheren Bestimmungen über die Form der Anmeldung erläßt die Militärregierung[4].

2. Der angemeldete Anspruch soll durch Urkunden oder eidesstattliche Versicherungen glaubhaft gemacht werden[5].

3. Die Anmeldung kann rechtswirksam durch einen von mehreren Mitberechtigten erfolgen[6].

4. Die Anmeldung seitens eines vermeintlichen Berechtigten wirkt zugunsten des wahren Berechtigten[7] und unter den Voraussetzungen der Artikel 8[8], 10[8] und 11[8] zugunsten der dort bezeichneten Nachfolgeorganisationen. Das gleiche gilt für die Anmeldung seitens dieser Nachfolgeorganisationen[9].

1. Die Anmeldung ist die Erklärung, daß ein Rückerstattungsanspruch geltend gemacht wird. Regelmäßig aber nicht immer versteht das Gesetz unter Rückerstattungsanspruch den Anspruch auf Herausgabe des entzogenen Gegenstandes (A. 14, denn nur bezüglich dieser Herausgabe kann der jederzeitige Inhaber rückerstattungspflichtig sein), nicht auch diejenigen Ansprüche, welche an seine Stelle treten können oder bestimmt sind, ihn zu ergänzen, und dem Berechtigten wahl- oder ergänzungsweise neben jenem oder ersatzweise statt seiner zustehen (Nachzahlung A. 16, Ersatzleistung A. 26, Anspruch auf Herausgabe eines Ersatzes A. 29, Entgelt für Nutzungen A. 30, 32, Schadensersatz A. 30, 31). Hier werden darunter alle diese Ansprüche verstanden. In der Anmeldung ist also anzugeben, welcher derartige Anspruch erhoben wird. Für alle diese Ansprüche gelten die Ausschlußfristen des Abs. 1. Doch dürfte anzunehmen sein, daß, wenn von einem Anspruch zu einem anderen übergegangen wird (s. 3 am Ende zu A. 58), die ursprüngliche Anmeldung die Frist auch für den geänderten Anspruch wahrt, sogar dann, wenn er sich gegen eine andere Person richtet.

Die Bezeichnung des Rückerstattungsschuldners gehört nach A. 58 Abs. 2 nicht unerläßlich zur Bezeichnung des erhobenen Anspruchs und demnach nicht zum wesentlichen Inhalt der Anmeldung. Dies ist wichtig, besonders für den Fall, daß der Rückerstattungsgegenstand den Besitzer gewechselt hat, oder wenn er bei mehrfachem Wechsel verschlechtert wurde und bei der einfachen Entziehung nicht feststeht, durch wessen Verschulden er verschlechtert wurde.

Setzt der erhobene Rückerstattungsanspruch die Anfechtung eines Veräußerungs- oder Aufgabegeschäftes nach A. 4 voraus, so liegt in der Erklärung, daß ein Rückerstattungsanspruch erhoben werde, auch die Anfechtung dieses Geschäfts (A. 4 Abs. 5). Es ist eine Folge der in A. 4 geübten Künstelei des Gesetzgebers, daß man diesbezüglich auf eine neue Schwierigkeit stößt. Es gibt im Sinne des A. 56 Rückerstattungsansprüche, welche den Bestand des Geschäftes voraussetzen, so der Anspruch auf Nachzahlung nach A. 16. Dieser tritt an die Stelle aller anderen Ansprüche aus diesem Gesetz. Es erscheint unsinnig, daß der Berechtigte, um Nachzahlung verlangen zu können, das Geschäft erst anfechten muß und zwangsläufig durch die Anmeldung eines Nachzahlungsanspruchs ansicht (A. 4 Abs. 5), mit der Anmeldung des Nachzahlungsanspruchs aber gleichzeitig das Geschäft schon bestätigt, wozu der Anfechtende, nach den Regeln des Bürgerlichen Gesetzbuchs, wenn er einmal angefochten hat, einseitig nicht mehr in der Lage ist. Dieser Absurdität, daß eine und dieselbe Erklärung von vornherein Anfechtung und unzulässige, aber gleichwohl wirksame Bestätigung ist, könnte man nur dadurch entgehen, daß man den Nachzahlungsanspruch nicht als einen Rückerstattungsanspruch ansieht; dann würde für ihn die Frist des Abs. 1 nicht gelten. Das dürfte schwerlich gewollt sein. Vielmehr ist die Absurdität in Kauf zu nehmen, was glücklicherweise unschädlich ist.

Die Anmeldung ist deutsch oder englisch, womöglich in deutscher Sprache abzufassen (III, 4. AVO. Nr. 1).

Grundsätzlich können die Rückerstattungsansprüche wegen mehrerer demselben Anmelder entzogener Vermögensgegenstände in einem und demselben Schriftsatz angemeldet werden. Mit Rücksicht auf die Regelung der örtlichen Zuständigkeit durch A. 59 soll aber wegen jedes entzogenen Gegenstands der Rückerstattungsanspruch gesondert angemeldet werden, soweit sich die entzogenen Gegenstände an verschiedenen Orten befunden haben oder jetzt befinden (III, 5. AVO. Nr. 1), ferner, soweit jeder Objekt einer besonderen Entziehungshandlung war (ebenda).

Über den notwendigen Inhalt der Anmeldung s. A. 58.

2. Die Anmeldung geschieht durch schriftliche Erklärung; nicht durch Erklärung zu Protokoll der Geschäftsstelle beim Zentralmeldeamt. Sie muß eigenhändig unterschrieben sein (§ 126 BGB.); doch wahrt auch ein mangels eigenhändiger Unterschrift vorerst ungültiges Anmeldungsstück die Anmeldungsfrist (A. 58 Abs. 6).

3. Die Anmeldungsfrist endet am 31. Dezember 1948. Es muß also spätestens an diesem Tage während der üblichen Bürozeit das Anmeldungsschriftstück an die Geschäftsstelle des Zentralanmeldeamts gelangt sein. Diesem Erfordernis ist genügt, wenn es noch innerhalb der Bürozeit in ein für den Einwurf von Schriftstücken bestimmtes Behältnis geworfen wurde. Die Ausstellung der Bescheinigung nach A. 58 Abs. 5, die Zustellung der Anmeldung an die passiv Beteiligten nach A. 61 gehört nicht zur Fristwahrung. Aus A. 58 Abs. 1 Satz 1 ergibt sich ferner, daß das Wort „spätestens" keineswegs eine spätere Ergänzung der geltend gemachten Ansprüche ausschließt, weil ja überhaupt nur die Bezeichnung des ursprünglich entzogenen Gegenstandes zur rechtsgültigen Anmeldung gehört, die spätestens bis zum 31. Dezember 1948 erfolgt sein muß. Die Frist läuft sowohl gegen den Berechtigten als auch gegen die Nachfolgeorganisation des A. 10. Die Frist gilt auch für den Nachzahlungsanspruch aus A. 16 und für Ersatz-, Schadensersatz- und Nebenansprüche (A. 29—33), wird aber für diese durch die Anmeldung des Rückerstattungsanspruchs gewahrt. Sie ist vorbehaltlich der Zulässigkeit späterer Ergänzung auch in materiellrechtlicher Beziehung durch Erhebung zusätzlicher Ansprüche eine Ausschlußfrist, insoweit der wesentliche Inhalt der Anmeldung „die Bezeichnung des entzogenen Gegenstandes" in Frage kommt. Eine Wiedereinsetzung in den vorigen Stand findet nicht statt. Aber nach Ablauf der Frist ist der Anspruch von der Staatsanwaltschaft geltend zu machen (A. 72).

4. S. AVO. Nr. 1 (Anhang).

5. Auch hier handelt es sich nur um eine Soll-Vorschrift. Urkunden sind Privaturkunden und öffentliche Urkunden. Es soll also insbesondere die über das Veräußerungs- oder Aufgabegeschäft errichtete Urkunde, eine gerichtliche Entscheidung, ein staatlicher Bescheid usw. vorgelegt werden. Eidesstattliche Versicherungen können zur Glaubhaftmachung sowohl von dem Berechtigten selbst als auch von Zeugen, auch verstorbenen (A 49 Abs. 2), stammen. Auch eidesstattliche Versicherungen brauchen nicht gleichzeitig mit der Anmeldung abgegeben zu werden — Teil E der der AVO. Nr. 1 beigegebenen Anleitung (s. Anhang) sieht eine einfache Versicherung vor —, sie können vom Zentralanmeldeamt oder der Wiedergutmachungsbehörde auferlegt werden (A. 58 Abs. 3). Beizufügen sind der Anmeldung nach II Ziff. 6 der AVO. Nr. 1 (s. Anhang) nicht die Urschriften, die erst auf Verlangen der Rückerstattungsbehörde einzureichen sind, sondern beglaubigte Abschriften oder Fotokopien.

6. Vgl. auch A. 9. Wenn einer von mehreren Erben oder wenn einer der ehemaligen mehreren Partner eines geschäftlichen Unternehmens, welche sämtlich verfolgt sind, rechtzeitig anmeldet, so ist die Frist für alle gewahrt. Aber die Anmeldung des einen schließt auch die Anmeldung durch die Nachfolgeorganisation nach A. 11 Abs. 1 und den Rechtsübergang auf sie nach A. 11 Abs. 2 in vollem Umfange aus, auch soweit der Anspruch Mitberechtigten zusteht, welche nicht angemeldet haben.

Die Anmeldung kann auch durch einen Bevollmächtigten oder gesetzlichen Vertreter geschehen; die Vollmacht kann auch nachgereicht werden.

7. Der durch Artikel 49 festgelegte Grundsatz größter Weitherzigkeit zeigt sich darin, daß sogar die Anmeldung eines Nichtberechtigten der Anmeldung durch den Berechtigten gleichzuachten ist, wenn sich ersterer nur für den letzteren gehalten hat, also nicht auch wenn ein Dritter als solcher, der sich nicht für den Berechtigten hält, ohne Vollmacht anmeldet, auch nicht, wenn etwa der nichtberechtigte Ehemann an Stelle der Ehefrau anmeldet, doch wird man ein Ehepaar, wenn beide Teile verfolgt waren, als gemeinsam mitberechtigt an dem gesamten Vermögen im Sinne der Anm. 6 auch ohne ehevertragliche Gütergemeinschaft ansehen dürfen. Auch ist die Anmeldung eines Nichtberechtigten im Interesse des Berechtigten der Heilung durch Genehmigung des letzteren fähig.

8. a) A. 8 handelt von der Geltendmachung des einer aus Gründen des A. 1 aufgelösten oder zur Selbstauflösung gezwungenen juristischen Person oder nichtrechtsfähigen Personenvereinigung zustehenden Rückerstattungsanspruchs durch eine von der Militärregierung eingesetzte Nachfolgeorganisation. Wie ihre eigene Anmeldung wirkt die Anmeldung „eines vermeintlich Berechtigten". Wer kann das sein? Wohl nur ein früheres Mitglied der aufgelösten Vereinigung.

b) A. 10 und 11 handeln von der Nachfolgeorganisation, welche Erbin der Verfolgten, deren Sippen ausgerottet wurden, bzw. Einzelrechtnachfolgerin in den Rückerstattungsanspruch wird, wenn sie ihn angemeldet hat, weil der Berechtigte ihn innerhalb von sechs Monaten nach Inkrafttreten dieses Gesetzes nicht anmeldete, und er ihn auch bis zum 31. Dezember 1948 nicht anmeldet. Die Anmeldung eines vermeintlich Berechtigten, z. B. eines vermeintlichen Erben eines verstorbenen Berechtigten (wer könnte sonst als vermeintlich Berechtigter auftreten?) wirkt zu ihren Gunsten. Die Anmeldung des vermeintlich Berechtigten — z. B. des Erben eines vermeintlich verstorbenen Berechtigten — wirkt auch in dem Sinn wie ihre eigene, daß sie die Voraussetzung der Einzelrechtsnachfolge in den Rückerstattungsanspruch gemäß Abs. 2 des A. 11 schafft, wenn der Berechtigte ihn nicht bis zum 31. Dezember anmeldet. Dies dürfte freilich nur praktisch werden können, wenn der Berechtigte zunächst für verstorben gehalten wurde, und nachdem ein vermeintlicher Erbe angemeldet hat, fröhliche Urstände feiert, es aber nunmehr gleichwohl unterläßt, den Anspruch vor dem 31. Dezember 1948 anzumelden.

9. Die Anmeldung einer Nachfolgeorganisation gemäß A. 10 wirkt zugunsten des Berechtigten, wenn dieser noch lebt und sich dies nach der Anmeldung herausstellt. Er bräuchte also nicht nochmals anzumelden, wenn S. 1 des A. 11 Abs. 2 nicht wäre, der die Wiederholung der Anmeldung trotz vorliegender Bestimmung erforderlich macht (!). Ist der Anspruch gemäß A. 11 Abs. 2 schon auf die Nachfolgeorganisation übergegangen, so kann die Anmeldung freilich nicht mehr zugunsten des ursprünglich Berechtigten wirken.

Artikel 57

Verhältnis zum ordentlichen Rechtsweg

Ansprüche, die unter dieses Gesetz fallen[4], können, soweit in diesem Gesetz nichts anderes bestimmt ist, nur[2] im Verfahren nach diesem Gesetz und unter Einhaltung seiner Fristen geltend gemacht werden. [1]Ansprüche aus unerlaubter Handlung[3], die nicht unter die Bestimmungen dieses Gesetzes fallen, können jedoch im ordentlichen[3] Rechtsweg geltend gemacht werden.

1. A. 57, wieder eine vera crux dieses mißglückten Gesetzes, drängt die Frage auf, ob dieses Gesetz die Ansprüche aus Tatbeständen, welche unter dieses Gesetz fallen, erschöpfend regelt, oder ob, wenn derselbe Tatbestand sowohl unter die Bestimmungen dieses Gesetzes als auch eines anderen, insbesondere des BGB. fällt, neben den Bestimmungen dieses auch jene des anderen Gesetzes anwendbar sind. Aus Satz 2 ergibt sich für Ansprüche aus unerlaubten Handlungen, daß das Gesetz sie nicht ausschließt, auch soweit sie sich nicht aus diesem Gesetz ergeben (obwohl gerade die unerlaubten Handlungen meist schwere Entziehungsfälle sein werden, in welchen A. 30 ohnedies selbst ebenso weit geht als das bürgerliche Recht). Es konkurriert z. B. aber auch unter Umständen der Anspruch aus A. 281 BGB. mit dem Anspruch aus A. 29, ferner kann bei nichtigem Rechtsgeschäft die Anwendung der Vorschriften über ungerechtfertigte Bereicherung den Verfolgten besserstellen als A. 44. Vgl. auch die Beispiele unter 2 zu A. 60. Es ist nicht anzunehmen, daß dieses dem Verfolgten so gewogene Gesetz die Rechtsstellung schmälern wollte, welche er nach bürgerlichem Recht innehat. Dagegen dürfte die Anwendung anderer Bestimmungen zuungunsten des Verfolgten nicht zulässig sein.

2. Ist die Frage, ob auf den Umfang der Ansprüche oder Gegenverpflichtungen, wenn er nach anderen Gesetzen größer bzw. kleiner als nach diesem Gesetz ist, dieses ausschließlich anzuwenden ist, oder auch jene angewandt werden müssen, in jedem Einzelfall zugunsten des Berechtigten zu beantworten, so ist die Frage, in welchem Verfahren der Anspruch zu verfolgen ist, ob nach den Vorschriften dieses Gesetzes oder nach den allgemeinen Verfahrensvorschriften, immer und zwar auch zuungunsten des Berechtigten im Sinne der Ausschließlichkeit des Verfahrens nach diesem Gesetz und der ausschließlichen Zuständigkeit der Wiedergutmachungsbehörde — jedoch, um die Pandorabüchse des Zweifels ja nicht zu verschließen, vorbehaltlich A. 71 — zu beantworten, wenn der geltend gemachte Anspruch „unter dieses Gesetz fällt", das heißt mit den Bestimmungen dieses Gesetzes (A. 1—48, s. A. 71) begründbar ist. Dies gilt auch dann, wenn er auch mit den Bestimmungen eines anderen Gesetzes begründet werden könnte. Dies scheint auch aus A. 60 trotz seiner wenigstens sprachlich mißlungenen Fassung hervorzugehen. Sonach kann nicht etwa ohne Anmeldung oder wenn die Frist nach A. 56 versäumt ist, innerhalb der dreißigjährigen Verjährungsfrist des BGB. bei unsittlichem Entziehungsgeschäft der entzogene Vermögensgegenstand auf Grund Eigentums oder ungerechtfertigter Bereicherung von dem Entzieher zurückgefordert werden, denn damit würde der Rückerstattungsanspruch verfolgt, der unter dieses Gesetz fällt. Damit ist nicht gesagt, daß weitergehende Ansprüche auf Grund eines anderen Gesetzes von der Mitverfolgung neben dem Anspruch aus diesem Gesetz im Verfahren vor den Wiedergutmachungsbehörden ausgeschlossen sind.

3. Weitergehende Ansprüche, die sich aus Gesichtspunkten des bürgerlichen (oder öffentlichen) Rechts auf Grund eines in diesem Gesetz geregelten Tatbestandes über die aus seinen Bestimmungen abzuleitenden Ansprüche hinaus, desgleichen Ansprüche, welches sich aus einem Tatbestand ergeben, den dieses Gesetz nicht regelt, z. B. Ansprüche auf Erfüllung, können selbstverständlich auch im ordentlichen Verfahren verfolgt werden, jedoch mit Einschränkungen, wie unter 2 zu A. 60 ausgeführt.

Das Gesetz spricht von Ansprüchen aus unerlaubter Handlung, doch ist dies so wenig erschöpfend wie die Erwähnung des ordentlichen Rechtswegs. Denn eine Wegnahme durch Staatsakt ist eine unerlaubte Handlung des öffentlichen Rechts. Die Vertreibung der Juden, gar noch unter gleichzeitiger Belegung mit Reichsfluchtsteuer war eine, wenn auch der Staatssouveränität entsprechende, doch der Gerechtigkeit und dem Begriff des Rechtsstaats widersprechende, einen Mißbrauch der Macht und der Souveränität darstellende unerlaubte Handlung, da auch der souveräne Staat dem Recht unterworfen ist. Derartige Ansprüche werden vorbehaltlich besonderer Regelung durch ein Entschädigungsgesetz im Verwaltungsrechtsweg vor den Verwaltungsgerichten zu verfolgen sein.

Vgl. auch zu A. 60 und 71.

4. Soweit es sich nicht um Ansprüche nach A. 1—48 handelt (vgl. 1 zu A. 71) sind sie natürlich nicht im Verfahren vor den Wiedergutmachungsbehörden zu verfolgen.

Artikel 58

[1]Inhalt der Anmeldung

1. Die Anmeldung muß[2] eine Beschreibung des entzogenen Vermögensgegenstandes[3] enthalten. Zeit, Ort[3] und Umstände der Entziehung[3] sollen, so genau als es den Umständen nach möglich ist, beschrieben werden. Soweit tunlich, sollen Geldansprüche beziffert sein[3], der Grund des Anspruchs soll dargelegt werden[3].

2. Die Anmeldung soll, soweit dem Berechtigten bekannt, Namen und Anschrift des Rückerstattungspflichtigen[4], Namen und Anschrift aller Personen[5], die ein Recht an dem Vermögensgegenstand haben, oder geltend machen, etwaige Mieter und Pächter und die Angabe der zur Zeit der Entziehung an dem Vermögensgegenstand bestehenden Belastungen enthalten.

3. Das Zentralanmeldeamt oder die Wiedergutmachungsorgane können die Ergänzung einer Anmeldung durch die in Absatz 1 und 2 vorgesehenen Angaben von dem Berechtigten verlangen sie können ihm die eidesstattliche Versicherung seiner Angabe auferlegen[6].

4. Hat der Antragssteller seinen Wohnsitz oder gewöhnlichen Aufenthalt nicht in einer der vier Besatzungszonen Deutschlands oder der Stadt Berlin, und hat er daselbst auch keinen zum Empfang von Zustellungen bevollmächtigten Prozeßvertreter bestellt, so hat er in der Anmeldung einen daselbst wohnhaften Zustellungsbevollmächtigten zu benennen. Benennt er einen Zustellungsbevollmächtigten nicht, so hat die Wiedergutmachungsbehörde einen solchen zu bestellen und den Antragsteller hiervon zu benachrichtigen[9].

5. Über die erfolgte Anmeldung ist seitens des Zentralanmeldeamtes eine Bescheinigung zu erteilen, in der der Berechtigte davon in Kenntnis gesetzt wird, an welche der Wiedergutmachungsbehörden die Anmeldung gemäß Artikel 55 Absatz 2 übermittelt worden ist.

6. Die in Artikel 56 Absatz 1 vorgesehene Frist für die Anmeldung eines Rückerstattungsanspruches gilt als gewahrt, wenn diese schriftlich[8] bei dem Zentralanmeldeamt erfolgt ist, selbst wenn sie unvollständig und nicht in der vorgeschriebenen Form vorgenommen worden ist[6], [7], [8].

1. Die AVO. Nr. 1 (s. Anhang) enthält zu A. 58 eingehende Ergänzungsvorschriften über Form und Inhalt der Anmeldung, welche so weit gehen, daß sie sogar das Format nach halben Zentimetern angeben, welches innezuhalten ist. Die Bestimmungen der Ausführungsverordnung sind, soweit sie sich nicht als Sollvorschriften bezeichnen, zwingend, weil sie aus der gesetzlichen Ermächtigung durch A. 56 Abs. 1 Satz 2 beruhen. A. 58 wird hauptsächlich ergänzt durch A. 56 Abs. 1 (s. dort, Anm. 1).

2. Das Gesetz (A. 56 und 58) unterscheidet zwischen einem unerläßlichen wesentlichen Inhalt der Anmeldung, ohne den sie bis zur nachträglichen Ergänzung unwirksam, also auch nicht geeignet ist, die Frist des A. 56 Abs. 1 zu wahren, oder nach A. 56 Abs. 2 und 3 zugunsten anderer zu wirken und einen zwar vorgeschriebenen, aber in dem Sinn nicht wesentlichen Inhalt, daß sein Fehlen der Wirksamkeit der Anmeldung im Sinne des A. 56 keinen Abbruch tut.

3. Der wesentliche Inhalt besteht nach A. 56 in der Bezeichnung des erhobenen Rückerstattungsanspruchs, also in einem bestimmten Antrag; zu dieser gehört nach A. 58 die ausreichende Beschreibung des entzogenen Vermögensgegenstandes. Die Beschreibung muß so weit gehen, braucht aber auch zur Wirksamkeit der Anmeldung nur soweit zu gehen, daß es auf Grund ihrer möglich ist, den entzogenen Vermögensgegenstand zu identifizieren. Eine wirksame Anmeldung liegt also vor, wenn sie lautet: „Mir ist das Haus München, Schellingsstraße Nr. 5, entzogen worden. Ich beantrage, es mir zurückzuerstatten." Statt der Lage kann bei einem Grundstück (oder einem Recht, insbesondere einer Hypothek oder Grundschuld an einem Grundstück) auch die Grundbuchbezeichnung angegeben werden. Zur Wirksamkeit der Anmeldung erforderlich ist nur das eine oder das andere, wenn auch beide Angaben sachdienlich und erwünscht sind (s. Teil B der AVO. Nr. 1). Bei Wertpapieren ist die Angabe des Ausstellers und des Gesamtnennbetrags zu fordern. Erwünscht ist natürlich auch die Angabe der Stückzahl und der Nummern. Teil B der Anleitung fordert letzteres. Strenge genommen gehört sie zur Identifizierung. Aber sie wird dem Berechtigten sehr oft nicht möglich und deshalb grundsätzlich nicht zum wesentlichen Inhalt der Anmeldung zu rechnen sein (vgl. A. 49). Rechte (auch Aktien, Geschäftsanteile einer GmbH.), über welche keine Urkunden ausgegeben sind, sind durch Angabe des Gegenstandes der Beteiligung bzw. des Schuldners zu bezeichnen.

Der Bericht über den Entziehungstatbestand nach Zeit, Ort und sonstigen näheren Umständen gehört nicht zum wesentlichen Inhalt der Anmeldung, wird dem Berechtigten besonders in Fällen der Rechtsnachfolge oder, wenn es sich nach seiner Flucht zugetragen hat, auch gar nicht immer möglich sein. Daß es wünschenswert ist, darüber so eingehende Angaben als möglich zu machen (Teil C der Anleitung), schon weil es unentbehrlich sein kann, um zu beurteilen, ob eine schwere Entziehung vorliegt, und weil nach a. A. (s. 6 zu A. 1) die Anwendbarkeit des Gesetzes davon abhängt, ist selbstverständlich.

Zum wesentlichen Inhalt gehört die Bezeichnung des erhobenen Rückgabeanspruchs, also ein Antrag. Wird eine Ersatzleistung nach A. 26, 29 in Natur verlangt, so muß der Ersatzgegenstand bezeichnet werden. Wird ein Geldanspruch erhoben, so muß ein bestimmter Geldbetrag genannt werden. So stellt es sich wenigstens Teil D des Anhangs zur AVO. Nr. 1 vor. Ohne Angabe eines bestimmten Gegenstandes oder Betrages kann die Wiedergutmachungsbehörde nicht über einen Antrag entscheiden. Aber derartige Angaben werden dem Berechtigten, wenn er statt des entzogenen Gegenstandes oder einer Nachzahlung, etwas anderes oder zusätzliches zum Beispiel den Ersatz der Nutzungen nach A. 31 verlangt, bei Beginn des Verfahrens durchaus nicht immer möglich sein. Zwar wird man eine nachträgliche „Klageänderung" oder „-erweiterung" bis zur rechtskräftigen Entscheidung ohne weiteres als zulässig und die Frist auch für den so geänderten oder erweiterten Anspruch als durch die ursprüngliche Anmeldung gewahrt anzusehen haben, auch wenn er sich gegen einen anderen Schuldner richtet, dessen Bezeichnung nicht zum wesentlichen Inhalt der Anmeldung gehört (Abs. 2), aber der Anmelder läuft Gefahr, daß die Wiedergutmachungsbehörde, soweit es sich nicht um einen Fall des A. 22 oder um eine Ersatzleistung nach A. 26 handelt, welche nur die Wiedergutmachungskammer zusprechen kann, mangels eines Widerspruchs nach Maßgabe der Anträge des Anmelders erkennt (A. 62 Abs. 1), wodurch alles weitere abgeschnitten ist. Der Berechtigte wird daher häufig das Bedürfnis haben, erst das Auskunftsbegehren nach A. 35 geltend zu machen und die endgültige Präzisierung seiner Ansprüche von dessen Ergebnis abhängig sein lassen. Dies ist unbedenklich zulässig.

Bei Geldansprüchen soll der Grund des Anspruchs dargelegt werden. Damit kann nicht der Entziehungstatbestand gemeint sein, der schon nach S. 2 zu schildern ist. Anzugeben ist vielmehr, warum Geld statt der Naturalrückerstattung des Gegenstandes oder wie besonders bei Nutzungen zusätzlich neben ihr verlangt wird.

Auf die Ergänzung unvollständiger Anträge hat die Wiedergutmachungsbehörde hinzuwirken. Sie kann die Anmeldung nicht wegen Unvollständigkeit des Antrags als unwirksam abweisen.

Auch bestimmte Anträge sind nicht wesentlicher Inhalt der Anmeldung. In vielen Fällen wird der Berechtigte zur Zeit der Anmeldung dazu noch nicht in der Lage sein, weil es ihm an den erforderlichen Informationen über Verbleib und weiteres rechtliches Schicksal des entzogenen Gegenstandes, Untergang, Verschlechterung, Veränderung fehlen wird. Es hätte auch keinen Sinn, durch eine Häufung von Eventual-Anträgen die Anmeldung zu belasten. Regelmäßig geht der Antrag selbstverständlich auf Rückerstattung des Gegenstandes in Natur (A. 1 Abs. 2 A. 14). Nicht einmal dieser Antrag kann in der Anmeldung schon endgültig gestellt werden, weil der Berechtigte nicht immer zu wissen braucht, ob der Gegenstand noch besteht, und ob er nicht statt seiner nach A. 29 einen anderen oder nach A. 26 eine Ersatzleistung in Geld oder Sachwert zu beanspruchen hat. Wo aber der Berechtigte bereits in der Lage ist, Geldansprüche, welche er statt seiner oder neben ihm unter dem Gesichtspunkt des Schadensersatzes, der Ersatzherausgabe, der Vergütung für Nutzungen usw. nach A. 29, 30, 31, 32 geltendmachen kann, beziffern kann, soll schon in der Anmeldung der Geldanspruch beziffert und auch der Höhe nach begründet werden.

Es ist nach Vorstehendem verständlich, daß der wesentliche, unerläßliche Kern der Anmeldung nur in der Beschreibung des entzogenen Gegenstandes besteht. Da der Anmelder über dessen Schicksal nicht immer unterrichtet sein wird, wird er, obwohl davon die Anwendbarkeit des Gesetzes (s. 6 zu A. 1) und die Zuständigkeit der Wiedergutmachungskammer (A. 59) abhängt, nicht immer den gegenwärtigen Verbleib des entzogenen Gegenstandes und nicht einmal immer den eigentlichen Rückerstattungsschuldner nach A. 14 benennen können. Freilich ist es seine Sache, ihn ausfindig zu machen. Dies wird sich wohl auch von selbst aus der Entwicklung des Rückerstattungsverfahrens ergeben, zumal infolge der Anzeigepflicht aus A. 73; aber zum wesentlichen Inhalt der Anmeldung insbesondere zur Wahrung der Anmeldefrist gehören diese Angaben nicht.

4. S. Anm. 1 am Ende. Der Rückerstattungspflichtige ist hier trotz A. 14 der Schuldner des erhobenen Rückerstattungsanspruches (s. 1 zu A. 56); seine Bezeichnung gehört, wie aus Abs. 2 hervorgeht, nicht zur Bezeichnung des erhobenen Anspruchs und nicht zum unerläßlichen Inhalt der Anmeldung.

5. Gemeint sind diejenigen Personen, welche nach der Entziehung ein Recht an dem entzogenen Vermögensgegenstand erlangt haben oder geltend machen; sie sollen neben denjenigen Personen angegeben werden, welche schon zur Zeit der Entziehung Rechte an dem Gegenstand hatten, die ihn belasteten. Dasselbe gilt von Mietern und Pächtern.

6. Unvollständige Angaben beeinträchtigen die Rechtswirksamkeit der Anmeldung nicht (Abs. 6), doch kann die Ergänzung verlangt werden. Dies ergibt schon die das Verfahren beherrschende Offizialmaxime. Das Zentralanmeldeamt und die Wiedergutmachungsbehörde können dem Berechtigten auch aufgeben, die Richtigkeit seiner Angaben zu versichern. Zur Abnahme dieser eidesstattlichen Versicherung sind sie selbst zuständig. Eine Form ist nicht vorgeschrieben; es genügt also eine privatschriftliche unterschriebene Erklärung.

Kommt der Anmelder den Auflagen des Zentralmeldeamts oder der Wiedergutmachungsbehörde betreffs Ergänzung der Anmeldung oder einer eidesstattlichen Versicherung nicht nach, ohne diese Säumnis glaubwürdig entschuldigen und erklären zu können, so braucht dem Verfahren über seine Anmeldung kein Fortgang gegeben zu werden; der Antrag kann auch nach A. 6 Abs. 2 zurückgewiesen werden.

7. Unerläßlich ist die Angabe des entzogenen Gegenstandes (Abs. 1 Satz 1). Eine Anmeldung, welche nicht einmal diesen benennt, ist mehr als unvollständig; denn ohne diesen Mindestinhalt ist sie sinnlos.

Da eine unvollständige Anmeldung genügt und ergänzt werden kann, so ergibt sich daraus wie auch aus A. 61 Abs. 2, daß die Anmeldung nicht ausschließt, daß weitere Ersatz- oder Nebenansprüche gegen den Rückerstattungspflichtigen oder andere Personen nachgeschoben werden können oder daß auf andere Ansprüche übergegangen wird, und zwar nicht nur im Anmeldeverfahren oder Verfahren vor der Wiedergutmachungsbehörde, sondern auch noch im gerichtlichen Verfahren vor der Kammer.

8. Auch hier kann nicht gemeint sein, daß eine mündliche Anmeldung genügt. Wohl aber ist es möglich, eine Anmeldung genügen zu lassen, welche mit Schreibmaschine geschrieben, zwar nicht unterschrieben ist, aber den Namen des Anmelders angibt.

9. Anwaltszwang besteht nicht. Erforderlich ist aber die Bestellung eines inländischen Zustellungsbevollmächtigten, wenn der Berechtigte außerhalb der heutigen Grenzen Deutschlands wohnt.

Artikel 59

Örtliche Zuständigkeit[6]

1. Das Zentralanmeldeamt hat[1, 2] die Anmeldung des Rückerstattungsanspruchs an die Wiedergutmachungsbehörde des Bezirks zu übermitteln, in dem sich der zurückerstattende Vermögensgegenstand befindet[3]. Ergibt sich die Unzuständigkeit einer Wiedergutmachungsbehörde, so verweist sie den Rückerstattungsanspruch an die zuständige Wiedergutmachungsbehörde[4]. Der Verweisungsbeschluß ist für diese bindend[5].

2. Durch Ausführungsverordnung können weitere Vorschriften über die örtliche Zuständigkeit, namentlich zur Geltendmachung von Ersatz- und Nebenansprüchen, erlassen werden[3].

1. Die Aufgabe des Zentralanmeldeamts beschreibt das Gesetz nicht näher. Sie beschränkt sich darauf, das Anmeldeverfahren durchzuführen. Abs. 3 des A. 58 läßt erkennen, daß das Amt befugt und demnach auch verpflichtet ist, auf die Vervollständigung unvollständiger Anmeldungen hinzuwirken. Demnach besteht seine Aufgabe darin, die Anmeldung entgegen zu nehmen und auf die Vollständigkeit und Schlüssigkeit zu prüfen und in dem Sinn zu bearbeiten, daß ein möglichst lückenloses Bild des Entziehungstatbestandes und der derzeitigen Sach- und Rechtslage entsteht; das Amt wird zu diesem Zweck wohl auch die bei ihm nach A. 73 einlaufenden Anzeigen mit den bei ihm vorliegenden Anmeldungen vergleichen, um letztere evtl. daraus zu ergänzen.

2. Ist diese Aufgabe so gut wie möglich abgeschlossen, gibt das Amt die Anmeldung an die zuständige „Wiedergutmachungsbehörde" ab. Das ist diejenige Instanz, welche zunächst berufen ist, eine Einigung unter den Beteiligten herbeizuführen oder, wenn der Anspruch bestritten bleibt, materiell über ihn zu entscheiden.

3. Zuständig ist diejenige Wiedergutmachungsbehörde, in deren Bezirk der entzogene Gegenstand sich z. Zt. der Abgabe der Anmeldung durch das Zentralanmeldeamt befindet. Diese Zuständigkeit ist ausschließlich. Es gibt also nur einen einzigen Gerichtsstand für den Anspruch und dieser knüpft an den örtlichen Verbleib des entzogenen Gegenstandes an. Es ist nicht zulässig, wegen mehrerer entzogener Gegenstände die Rückerstattungsansprüche in einem gemeinsamen Verfahren zu verfolgen, es sei denn, daß sie im Bezirk derselben Wiedergutmachungsbehörde liegen, aber auch in diesem Fall nicht empfehlenswert. Deshalb ist Sonderanmeldung für jeden Gegenstand vorgeschrieben. A. 59 gilt auch für die Ansprüche aus A. 16, 22—24, 26, 29 Abs. 2 und auch 29 Abs. 1, 30 ff., wenn der Gegenstand sich noch im Bezirk einer in der US.-Zone gelegenen Wiedergutmachungsbehörde befindet oder bis zu seinem Untergang befunden hat.

Abs. 2 behält einer Ausführungsverordnung weitere zusätzliche Bestimmungen über den Gerichtsstand vor. Bis jetzt sind solche nicht erlassen. Dabei wird auch die Frage zu klären sein, ob ein Gerichtsstand in der US.-Zone besteht, wenn der Gegenstand sich in der US.-Zone befunden hat, aber aus dieser fortgebracht worden ist, oder sich niemals in dieser befunden hat, sofern nur der Rückerstattungspflichtige (A. 14), sich in der US.-Zone befindet, besonders, wenn es sich um Ersatzleistungen handelt, die in der US.-Zone erfüllt werden können. Nach der gegenwärtigen Fassung des A. 59 gibt es einen Gerichtsstand in solchen Fällen in der US.-Zone nicht. Aber § 71 Anm. 1 Abs. 1.

Wo sich ein Recht örtlich befindet, ist nach seiner Natur zu entscheiden. Aktienrechte, über welche (Inhaber- oder Namens-) Urkunden ausgestellt sind, welche nach deutschem bürgerlichem Recht wie Sachen behandelt werden, befinden sich da, wo die Urkunden sich befinden, ohne Rücksicht auf den Sitz oder den Betrieb der Gesellschaft. Dasselbe gilt von Kuxen. Unbeurkundete Aktienrechte oder Geschäftsanteile einer Gesellschaft mit beschränkter Haftung befinden sich dagegen da, wo die Gesellschaft ihren Sitz hat, ohne Rücksicht auf den Wohnsitz des rückerstattungspflichtigen Gesellschafters. Dasselbe gilt von Anteilen an einer Personalgesellschaft, auch einer Gesellschaft des bürgerlichen Rechts, bei der man freilich von einem Sitz nicht spricht; hier wird der Ort ihres Gegenstandes maßgeblich sein. Forderungsrechte befinden sich am Erfüllungsort.

4. Wenn die vom Zentralanmeldeamt mit der Anmeldung befaßte Wiedergutmachungsbehörde sich für unzuständig erachtet, gibt sie die Anmeldung an die zuständige Behörde ab. Die Notwendigkeit der Verweisung kann sich auch noch im Verlauf des Verfahrens ergeben; daß der Grundsatz der perpetuatio fori gilt, ist nicht anzunehmen, zumal es sich um ein Verfahren handelt, das sich nach den Grundsätzen für ein Verfahren der freiwilligen Gerichtsbarkeit richtet (Artikel 67) und jener Grundsatz ein Grundsatz der streitigen Gerichtsbarkeit ist. Hält die Wiedergutmachungsbehörde sich zu Unrecht für zuständig, so sind ihre Handlungen nicht deshalb unwirksam (§ 7 FGG.), aber es kann gegen ihre Entscheidungen Einspruch erhoben werden (A. 64 Abs. 2).

5. Soferne seitens der Beteiligten kein Einspruch eingelegt wird (A. 64).

6. Wo ein Gerichtsstand gegeben ist und eine örtlich zuständige Wiedergutmachungsbehörde tätig werden kann, ist das Gesetz anzuwenden, weil es dem ordre public der US.-Zone angehört. Dies gilt auch dann, wenn der Pflichtige seinen Wohnsitz außerhalb der US.-Zone hat.

Artikel 60

Sachliche Zuständigkeit

Die Wiedergutmachungsorgane sind sachlich zuständig ohne Rücksicht darauf, ob unter anderen gesetzlichen Bestimmungen ein Rückerstattungsanspruch zur Zuständigkeit der ordentlichen Gerichte gehören würde oder der Rechtsweg ausgeschlossen wäre [1], [2], [3].

1. Artikel 60 scheint den A. 57 zu wiederholen. Mindestens sprachlich ist seine Fassung mißlungen und grauenhaft. Was ist damit gemeint, wenn gesagt wird: „Ob unter anderen gesetzlichen Bestimmungen ein Rückerstattungsanspruch zur

Zuständigkeit der ordentlichen Gerichte gehören würde?" Wir glauben: wenn aus einem Tatbestand sich nach diesem Gesetz ein Rückerstattungsanspruch ergibt, sind zur Entscheidung darüber die Wiedergutmachungsorgane (Wiedergutmachungsbehörde und -kammer) sachlich zuständig, und zwar ausschließlich, auch wenn sich ein Anspruch gleichen Inhalts auch aus anderen gesetzlichen Bestimmungen des bürgerlichen und öffentlichen Rechts ableiten läßt, und für einen aus diesen abgeleiteten Anspruch die ordentlichen bürgerlichen Gerichte oder Verwaltungsgerichte zuständig wären. Auch nach dem Ablauf der Frist des A. 56 Abs. 1 kann nicht etwa das ordentliche Gericht angerufen werden. Dieses Ergebnis wurde schon aus A. 57 gewonnen.

2. Wenn nach bürgerlichem Recht ein weitergehender Anspruch sich ergibt (vgl. 1 zu A. 57), so kann u. E. der Rückerstattungsanspruch vor der Wiedergutmachungsbehörde in dem nach bürgerlichen Recht begründeten weiteren Umfange geltend gemacht werden, ohne daß wegen der durch das Rückerstattungsgesetz nicht gedeckten Spitze des Anspruchs die bürgerlichen Gerichte angerufen werden müßten. Nach unserer Meinung ist letzteres sogar dann ausgeschlossen, wenn der Wiedergutmachungsanspruch vor den Wiedergutmachungsorganen erhoben wird; die Möglichkeit einer verschiedenen Entscheidung über den Grund des Anspruchs wäre im Hinblick auf die erweiterte Rechtskraftwirkung der Entscheidung im Rückerstattungsverfahren gemäß A. 15 unerträglich. Nur wenn die Geltendmachung im Rückerstattungsverfahren nicht mehr möglich ist, weil die Frist des A. 56 Abs. 1 versäumt wurde, kann die Spitze vor den bürgerlichen Gerichten eingeklagt werden. Vgl. auch 1 zu A. 71.

Ergibt sich ein Anspruch nach bürgerlichem Recht auf Grund eines Tatbestandes, den dieses Gesetz überhaupt nicht regelt, oder an den es einen Anspruch mit dem Inhalt nicht knüpft, den das bürgerliche Recht gewährt, z. B. ein Anspruch auf Erfüllung oder Resterfüllung oder auf Schadensersatz wegen Nichterfüllung des Entziehungsgeschäftes, so steht der bürgerliche Rechtsweg auch während und nach der Frist des A. 56 Abs. 1 offen.

Beispiel: Bei der rechtsgeschäftlichen Veräußerung eines Handelsgeschäfts nach dem 15. 9. 1935 wurde ein Kaufpreis, auszahlbar in Schweizer Währung in Zürich vereinbart und ausbezahlt, daneben eine Gewinnbeteiligung bedungen, welche gleichfalls alljährlich in Zürich ausbezahlt werden sollte. Letzteres ist unterblieben. Vorausgesetzt, daß man in A. 4 die gesetzliche Sanktionierung des Devisengesetzverstoßes erblicken darf, welcher das Rechtsgeschäft andernfalls bürgerlichrechtlich nichtig machen würde, besteht das Geschäft zu Recht und hat der Veräußerer nach bürgerlichem Recht einen Anspruch auf Erfüllung bezüglich der Gewinnbeteiligung in Vergangenheit und Zukunft, welcher vor die ordentlichen Gerichte gehören würde. Es ist aber nicht anzunehmen, daß die Sanktion des A. 4 weiterreicht und mehr deckt als nur die bereits erfolgte Erfüllung. Es wird die Zahlung in Devisen im Ausland durch die allgemeine Genehmigung Nr. 10 zum Gesetz 52 bzw. 4 zum Gesetz 53 (s. Anhang) nicht gedeckt. Die bürgerlichen Gerichte werden daher die Absprache bezüglich der Gewinnbeteiligung als nichtig nach § 134 BGB. behandeln, auch schwerlich nach § 140 in die Vereinbarung einer Auszahlung in Deutschland umdeuten, und die Klage abweisen; es liegt Teilnichtigkeit nach § 139 BGB. vor. Man kann nun das Beispiel nach zwei Richtungen weiterführen: a) Unter der Annahme, daß das Geschäft auch ohne den nichtigen Teil gewollt sei. Bürgerlichrechtliche Ansprüche stehen dem Verfolgten dann nicht mehr zu; denn, soweit gültig, ist das Geschäft erfüllt und wegen der Nichterfüllung des nichtigen Teils kann er keine Rechte geltend machen. Er kann es nur nach A. 4 anfechten und den Rückerstattungsanspruch anmelden. In diesem Falle muß sich der Verfolgte, da nur einfache Entziehung vorliegt, wenn die Vermutung schwerer Entziehung nach A. 3b (s. 3. zu A. 30) gebrochen werden kann, mit der Vergütung für den halben Gewinn begnügen (A. 32) und gegen Rückerstattung des Geschäftes herausgeben was an ihn in Zürich gezahlt worden ist. b) Setzt man aber den Fall, daß das Geschäft im ganzen nichtig ist, weil es ohne den nichtigen Teil nicht abgeschlossen worden wäre, so kann der Verfolgte nach bürgerlichem Recht Herausgabe des Geschäftes und des gesamten Gewinnes nach §§ 812, 687 BGB. verlangen; gegen seine Verpflichtung auf Rückgewähr des Empfangenen wendet er § 817 S. 2 BGB. ein. Man kann die Frage aufwerfen, ob bei einem bürgerlichrechtlich nichtigen Veräußerungsgeschäft A. 4 überhaupt anwendbar ist. Dies ist jedoch zu bejahen (wie sich aus A. 2, 30 ergibt, weil hienach Entziehung auch bei einem unsittlichen, also nichtigen Geschäft anzunehmen ist und deshalb nicht einleuchten würde, daß die von einer Anfechtung nach A. 4 abhängigen Entziehungsfälle nur in rechtswirksamen Geschäften sollten bestehen können; auch würde eine Verneinung der Frage zur Folge haben, daß der Verfolgte keinen Herausgabeanspruch gegen einen späteren Erwerber des Geschäftes hätte). Das Geschäft ist also, weil der Verfolgte keinen angemessenen Kaufpreis erhalten hat, anfechtbar. Das Rückerstattungsgesetz gewährt den Anspruch auf Herausgabe des Geschäftes, jedoch nur auf Ersatz der halben Nutzungen (A. 32) und verpflichtet zur vollen Rückgewähr des Empfangenen (A. 44), auch wenn der Verfolgte es verlebt hat (vorbehaltlich A. 46). Das bürgerliche Recht gibt dem Verfolgten also mehr als das Rückerstattungsgesetz. Muß der Verfolgte trotzdem seine Ansprüche im Rückerstattungsverfahren geltend machen, weil der Hauptrückerstattungsanspruch (Herausgabe des Geschäfts) nach den allgemeinen Rechtsnormen und den Normen des Rückerstattungsgesetzes derselbe ist (A. 57)? Nach unserer Ansicht hat auch die Wiedergutmachungskammer das allgemeine Recht zugunsten des Verfolgten anzuwenden (s. bei A. 57). Die Bejahung der Frage ist dem Verfolgten also zunächst unschädlich. Aber sie spielt eine große Rolle, wenn der Termin vom 31. 12. 1948 versäumt wird, denn angesichts der Ausschließlichkeitsbestimmung des A. 57 kann der Anspruch nun auch vor den ordentlichen Gerichten nicht mehr erhoben werden, soweit er nicht über den Anspruch aus diesem Gesetz hinausgeht. Indessen setzt die Antwort auf die gestellte Frage voraus, daß vorher eine andere Frage gelöst wird. Der Rückerstattungsanspruch nach A. 4 setzt die Anfechtung des Geschäftes durch den Verfolgten voraus, welcher in der Anmeldung des Rückerstattungsanspruchs liegt. Wie aber, wenn der Verfolgte nun eben gerade nicht (anficht-) anmeldet, geflissentlich oder versehentlich; entsteht dann überhaupt keine Konkurrenz zwischen dem bürgerlichrechtlichen Anspruch und einem Rückerstattungsanspruch der unter dieses Gesetz fällt (A. 57), weil mangels (Anfechtung-) Anmeldung eine Entstehungsvoraussetzung für den letzteren ausbleibt und dieser also gar nicht entsteht? So bestechend die Schlüssigkeit dieser Folgerung ist, ist sie gleichwohl abzulehnen, weil sie zu einer innerlich ungerechtfertigten Verschiedenheit der Behandlung der schweren und des Gros der leichten Entziehungsfälle führen und dem Verfolgten bei letzterem praktisch die Wahl zwischen den ordentlichen Gerichten und den Wiedergutmachungsbehörden einräumen würde, bei ersteren nicht; auch würde damit die Möglichkeit eigenmächtiger Anmeldung durch die Nachfolgeorganisation (A. 10) nicht in Einklang zu bringen sein.

3. Da sonach die Anmeldung des Rückerstattungsanspruchs die Möglichkeit eröffnet, alle bürgerlichrechtlichen zusätzlichen Ansprüche im Rückerstattungsverfahren geltend zu machen und die Zuständigkeit der ordentlichen Gerichte für diese beseitigt, wird das ordentliche Gericht Klagen, welche vor dem 31. 12. 1948 bei ihm eingebracht werden, nach A. 71 zu behandeln haben. Nach dem 31. 12. 1948 dürfte zu prüfen sein, ob der Rückerstattungsanspruch erhoben wurde. Bejahendenfalls sind damit alle zusätzlichen bürgerlichrechtlichen Ansprüche rechtshängig geworden, auch wenn sie zunächst nicht angemeldet worden sind. Erst nach dem 31. 12. 1948 kann, wenn der Rückerstattungsanspruch nicht angemeldet wurde, wegen der bürgerlichrechtlichen Ansprüche, welche nicht zugleich sich mit Ansprüchen decken, welche aus diesem Gesetz abzuleiten sind und deshalb nach A. 57 S. 1 nur im Rückerstattungsverfahren verfolgt werden können, der ordentliche Rechtsweg eingeschlagen werden; diese dürften auch nicht nach A. 11 mit auf die Nachfolgeorganisation übergegangen sein.

Artikel 61

Bekanntgabe der Anmeldung

1. [1]Die Wiedergutmachungsbehörde hat den Rückerstattungsanspruch den Beteiligten[3] zur Erklärung binnen zwei Monaten durch förmliche Zustellung bekanntzugeben[2]. Beteiligte[3] sind der Rückerstattungspflichtige, dinglich Berechtigte, Mieter und Pächter des entzogenen Vermögensgegenstandes, sowie diejenigen sonstigen Betroffenen, deren Einbeziehung in das Verfahren der Berechtigte beantragt. Wenn der Beteiligte das Deutsche Reich, ein Land oder ein früheres Land, die vormalige Nationalsozialistische Deutsche Arbeiterpartei, eine ihrer Gliederungen oder angeschlossenen Organisationen ist, so erfolgt die Zustellung an den Staatsminister der Finanzen[4]. Das Land ist in den Fällen des Satzes 3 berechtigt, als Partei im Verfahren aufzutreten[4].

2. Ist der Rückerstattungspflichtige oder seine gegenwärtige Anschrift unbekannt oder ist auf Grund der Anmeldung anzunehmen, daß unbekannte Dritte in Ansehung des entzogenen Gegenstandes Rechte besitzen, so hat die Wiedergutmachungsbehörde die Anmeldung des Rückerstattungsanspruches öffentlich zuzustellen[5], [6] und dabei die Rückerstattungspflichtigen und die unbekannten Dritten aufzufordern[6], ihre Rechte binnen zwei Monaten[6], [7] bei der Wiedergutmachungsbehörde anzumelden und zu begründen. Die öffentliche Zustellung erfolgt[8] nach Maßgabe des § 203 Absatz 2 der ZPO. in der Fassung des Kontrollrat-

gesetzes Nr. 38 in der für Ladungen vorgeschriebenen Form. Die Zustellung gilt als an dem Tage erfolgt[7], an welchem seit der Einrückung in das in Absatz 2 des § 204 ZPO. bezeichnete Mitteilungsblatt ein Monat verstrichen ist.

3. Die Rechtshängigkeit tritt mit der Zustellung der Anmeldung ein[9].

4. Richtet sich der Anspruch auf Rückerstattung eines Grundstücks oder grundstücksgleichen Rechtes, so hat die Wiedergutmachungsbehörde die Eintragung der Anmeldung des Rückerstattungsanspruchs im Grundbuch herbeizuführen (Rückerstattungsvermerk). Der Rückerstattungsvermerk wirkt gegen jeden Dritten[10], [11].

5. Die Bestimmungen der Zivilprozeßordnung über die Streitverkündung und Nebenintervention finden entsprechende Anwendung[12].

1. Mit der Übermittlung der Anmeldung durch das Zentralanmeldeamt an die Wiedergutmachungsbehörde (A. 59) beginnt das Verfahren vor letzterer. Das Verfahren ist schriftlich, doch kann das persönliche Erscheinen der Parteien angeordent werden; Vertretung ist statthaft (§ 13 FGBG.). Das Verfahren besteht hauptsächlich darin, der Gegenseite Gehör zu verschaffen, und führt zu einer sofortigen Entscheidung nur, wenn die Gegenseite den Anspruch nicht bestreitet.

2. Entsprechend dem angegebenen Zweck des Verfahrens ist letzterer von der Erhebung des Rückerstattungsanspruchs Kenntnis zu geben, indem ihr die Anmeldung förmlich zugestellt wird. Das Gesetz spricht von einer förmlichen Zustellung des Rückerstattungsanspruchs, indem es diesen (im prozeßrechtlichen Sinn) mit dem Anmeldeschriftsatz identifiziert. Denn Zustellung ist die Aushändigung eines Schriftstücks; nur ein solches kann zugestellt werden. Was das Gesetz unter förmlicher Zustellung versteht, verrät es nirgends. Maßgebend sind die Vorschriften des FGG. (A. 67). Danach geschieht die Zustellung von Amts wegen nach den Vorschriften der ZPO. (§§ 166ff.).

3. Beteiligte sind (auf der Gegenseite): a) der Rückerstattungspflichtige. Das ist der derzeitige Inhaber des entzogenen Vermögensgegenstandes oder Rechtes. Ein solcher braucht aber gar nicht vorhanden zu sein, wenn der Inhaber nach A. 18 bis 21 durch seinen guten Glauben geschützt oder wenn der Gegenstand untergegangen ist. b) Solche, die ein dingliches Recht an dem Gegenstand haben, Nießbraucher, Hypotheken- und Grundschuldgläubiger, Erbbauberechtigte, Reallastgläubiger usw., gleichgültig ob ihr Recht nach A. 37 fortbesteht oder nicht, betroffene Gesellschafter in den Fällen der A. 22 bis 24. c) Mieter oder Pächter, wohl auch Entleiher, wohl auch Käufer mit Eigentumsvorbehalt (s. zu A. 14). d) Sonstige Betroffene, deren Einbeziehung in das Verfahren der Berechtigte beantragt. Das sind diejenigen, gegen welche er statt des Rückerstattungsanspruches oder neben diesem Geld oder Ersatzansprüche nach A. 16, 29 bis 33 oder Ansprüche nach A. 21 bis 23 erhebt, ferner die Verwendungsgläubiger nach A. 34, die Gläubiger in den Fällen der A. 39, 41, die Dienstverpflichteten im Rahmen des A. 43, denen er kündigen will (über die Rückgriffspflichtigen s. 12 zu A. 47). Während die Angehörigen der Gruppen a bis c teilnahmeberechtigt unabhängig von einem Einbeziehungsantrag des Berechtigten sind, hängt die Beteiligung der Gruppe d scheinbar von einem Antrag des Berechtigten ab. Indessen macht Absatz 2 der Wiederaufnahmebehörde die Zuziehung von Personen auch ohne Antrag des Berechtigten zur Pflicht, von denen auf Grund der Anmeldung anzunehmen ist, daß sie in Ansehung des Rückerstattungsgegenstandes Rechte besitzen und kann nach Abs. 5 i. Verb. mit § 64 ZPO. jeder beitreten, der ein berechtigtes Interesse hat. Man muß zu den Teilnahmeberechtigten auch zählen obligatorisch Berechtigte, wie die Käufer des Gegenstandes, auch wenn er ihnen noch nicht übergeben ist, gar wenn sie ihn unter Eigentumsvorbehalt besitzen, sonstige Besitzer, auch einen Treuhänder, welcher Fiduziar für einen anderen (nicht den Berechtigten — von diesem handelt A. 6 —) ist (oder ist der Treuhänder vielleicht nach A. 14 der Rückerstattungspflichtige und der Treugeber bloß Beteiligter?), ein Testamentsvollstrecker, welcher statt des Erben den entzogenen Gegenstand verwaltet. Leider verrät A. 15 nicht, ob mit Rücksicht auf Abs. 5 (§ 66 ZPO.) dieser ganze Kreis aller Interessenten oder nur die Gruppen a—c im Sinne des A. 15 zu den Teilnahmeberechtigten gehören, — eine weittragende Unklarheit! Wir nehmen an, daß A. 15 unter den Teilnahmeberechtigten nur die Gruppen a—c und die auf Antrag des Berechtigten Zugezogenen oder gemäß Abs. 2 S. 1 Aufgeforderten versteht, die übrigen nach § 66 ZPO. Beitrittsberechtigten nur, wenn sie beigetreten sind.

4. In den Fällen des A. 2b und c wird das deutsche Reich, ein nicht mehr bestehendes Land (z. B. Preußen), die NSDAP. oder eine ihrer Gliederungen oder angeschlossenen Verbände Rückerstattungsschuldner oder Schuldner nach A. 29 und 30 oder sonst beteiligt sein. Die Organisation des Deutschen Reiches, wenn nicht gar das Reich selbst, ist dahin und besteht nicht mehr; dasselbe gilt von den hier genannten Beteiligten allen. Die Frage ihrer Rechtsnachfolge ist noch ungelöst. Aber deshalb ist der Anspruch des Berechtigten nicht gegenstandslos. Der entzogene Vermögensgegenstand kann noch vorhanden sein. Hat sich der Rückerstattungsanspruch in einem Geld- oder Sachwertsersatzanspruch umgewandelt oder wird er durch einen solchen ergänzt, so ist immer noch Vermögen vorhanden, welches dafür haftet. Das Vorhandensein eines Schuldners interessiert unter dieser Voraussetzung nicht. Denknotwendig ist es darum auch nicht, daß ein solcher in dem Verfahren zur Verfolgung des Anspruchs auftritt oder vertreten wird. Das Gesetz ordnet diese Frage anders. Das Land, in welchem die zuständige Wiedergutmachungsbehörde liegt, soll im Verfahren die Rolle des Beteiligten (Reichs-, Landes usw.) übernehmen. Seinem Finanzminister soll die Anmeldung zugestellt werden. Das Gesetz nennt den Beteiligten hier Partei. Als Partei soll das Land auftreten, nicht nur als Parteivertreter.

5. Die öffentliche Zustellung ist in zwei Kategorien von Fällen zugelassen und vorgeschrieben: a) Wenn zwar feststeht oder anzunehmen ist, daß jemand in Ansehung des entzogenen Gegenstandes beteiligt ist, aber nicht, wer: dabei kann es sich um den Rückerstattungspflichtigen selbst und um einen Dritten (s. unter 3 a. E.) handeln; Dritte sind aber nur zu berücksichtigen, wenn ihre Beteiligung auf Grund der Anmeldung anzunehmen ist. Der Grund dieser

Beschränkung ist nicht ganz ersichtlich, wenn die Stelle nicht etwa dahin aufzufassen ist, daß bloß der Wiedergutmachungsbehörde keine Pflicht obliegt, von Amts wegen nach dem Vorhandensein von Beteiligten zu forschen. b) Wenn zwar die Namen der Beteiligten, aber ihre Anschriften unbekannt sind. Das Gesetz gedenkt dieses Falles nur hinsichtlich des Rückerstattungspflichtigen. Aber selbstverständlich muß das gleiche für einen anderen Beteiligten gelten.

6. Öffentlich zuzustellen ist die Anmeldung des Rückerstattungsanspruchs und eine Aufforderung, etwaige Rechte binnen zweier Monate bei der Wiedergutmachungsbehörde anzumelden und zu begründen. Es fällt auf, daß das Gesetz diese Aufforderung an „die" Rückerstattungspflichtigen vorschreibt, während es nach seiner sonstigen Terminologie und A. 14 nur einen Rückerstattungspflichtigen gibt, von dem Ausnahmefall abgesehen, dessen es auch sonst nicht besonders gedenkt, daß der Rückerstattungsgegenstand sich in Miteigentum mehrerer befindet.

Die Aufforderung, das Recht anzumelden und zu begründen, ist nur für den Fall öffentlicher Zustellung vorgesehen, ebenso ihre Befristung mit zwei Monaten. Es ist aber nicht zweifelhaft, daß die Wiedergutmachungsbehörde eine solche Aufforderung und Befristung auch mit der gewöhnlichen Zustellung der Anmeldung verbinden muß (A. 62 Abs. 1), jedoch die Frist dabei nach freiem Ermessen bestimmen kann. In allen Fällen ist die Frist eine richterliche Frist (§ 224 ZPO.), keine Ausschlußfrist.

7. Die Frist ist zu rechnen von dem Zeitpunkt an, in welchem die Zustellung wirksam wird, das ist ein Monat nach der Einrückung in das Mitteilungsblatt. Der Einrückungstag wird nicht mitgerechnet. Die Frist endet mit dem Ablauf des Tages des nächsten Monats, der durch seine Benennung dem Einrückungstag entspricht (§ 187 Abs. 1, § 188 Abs. 2 BGB.).

8. Die öffentliche Zustellung erfolgt durch Anheftung einer Ausfertigung oder beglaubigten Abschrift der Anmeldung an die „Gerichtstafel". Eine solche ist also bei der Wiedergutmachungsbehörde aufzustellen, und außerdem, da die für Ladungen vorgeschriebene Form nach besonderer Vorschrift, auch wenn nicht gleichzeitig der Termin zur mündlichen Verhandlung bestimmt und zu diesem geladen wird, zu beachten ist, durch Einrückung eines Auszugs der Anmeldung in das auf Grund allgemeiner Anordnung der Militärregierung für amtliche Bekanntmachungen bestimmte Mitteilungsblatt. Die Wiedergutmachungsbehörde kann anordnen, daß zusätzlich Veröffentlichungen in der Presse, über den Rundfunk, durch einen öffentlichen Aufruf oder auf einem anderen entsprechenden Wege zu erfolgen haben.

9. Die Vorschrift entspricht § 263 Abs. 1 ZPO. Die Rechtshängigkeit hat bürgerlichrechtliche Bedeutung für die Frage der Haftung wegen Untergangs und Verschlechterung (§§ 987 ff. BGB.), des Umfangs der Pflicht zur Herausgabe von Nutzungen, für Ersatz von Verwendungen (§§ 987 ff. BGB., 292), für die Beachtlichkeit der Minderung einer ungerechtfertigten Bereicherung (§ 818 BGB.), für die Verzinsung einer Geldschuld (§ 291 BGB.). Abgesehen von letzterer Vorschrift, welche entsprechend anwendbar ist, kommen die erwähnten Vorschriften des allgemeinen bürgerlichen Rechts nur insoweit in Betracht, als, wie zu § 57 und § 60 ausgeführt, bürgerliches Recht neben den Vorschriften dieses Gesetzes im Rückerstattungsverfahren zugunsten des Berechtigten mit anzuwenden ist. Nach diesem Gesetz ist an die Rechtshängigkeit keine materiellrechtliche Folge geknüpft.

Prozeßrechtlich hat die Rechtshängigkeit zur Folge, daß derselbe Anspruch nicht noch einmal angemeldet werden kann; s. ferner A. 9 S. 3.

Nach unserer Meinung bringt die Rechtshängigkeit des Rückerstattungsanspruchs automatisch die Rechtshängigkeit aller statt seiner oder neben ihm geltend zu machenden Ersatz-, Schadensersatz- und Nebenansprüche mit sich, auch der rein bürgerlichrechtlichen Ansprüche, in dem Umfange, in dem diese (s. zu A. 57 und A. 60) im Rückerstattungsverfahren geltend zu machen sind.

10. Wenn der Rückerstattungsanspruch ein Grundstück oder grundstücksgleiches Recht (Erbbaurecht und gewisse Abbauberechtigkeiten) — warum nicht auch, wenn er ein Recht an einem Grundstück (Nießbrauch, Hypothek, Grundschuld)? — zum Gegenstand hat, hat die Wiedergutmachungsbehörde auf Grund der Anmeldung, nicht erst auf Grund der eingetretenen Rechtshängigkeit durch Ersuchen des Grundbuchamts einen Rückerstattungsvermerks im Grundbuch, das ist die Eintragung herbeizuführen, daß ein Rückerstattungsanspruch angemeldet sei. Dieser bedeutet kein Veräußerungsverbot i. S. des § 134 BGB. und bewirkt keine Sperre des Grundstücks, aber

11. wirkt gegen jeden Dritten. Damit kann nicht ein etwaiger künftiger Erwerber des Grundstücks gemeint sein, weil dieser schon nach A. 1, 14 ohne Rücksicht auf etwaigen guten Glauben rückerstattungspflichtig ist. Es kann nur die etwaige Haftung für Verschlechterung, Herausgabe von Nutzungen davon berührt werden (A. 31, 32, 33). Dagegen beendet der Rückerstattungsvermerk den Schuldnerschutz gemäß A. 28 für Mieter und, wenn man mit Anm. 10 Abs. 4 auch für anwendbar erachtet, wenn Rechte an einem Grundstück Gegenstand des Rückerstattungsanspruchs sind, auch für Hypotheken- und Grundschuldschuldner. Hierfür hätte Abs. 4 sogar hauptsächlich Sinn.

12. §§ 66, 74 ZPO. Eine Streitverkündung kommt hauptsächlich in Frage wegen der Gewährleistungsansprüche des nach A. 14 belangten Inhabers gegen seinen Gewährsmann (A. 47) und sonstige Gewährleistungs- und Ausgleichsansprüche, auch bei einem Verfahren nach A. 22, 23. Eine notwendige Streitgenossenschaft kann insbesondere unter mehreren Berechtigten auch unter mehreren Beteiligten bestehen.

Artikel 62

Verfahren vor der Wiedergutmachungsbehörde

1. Wird innerhalb der Erklärungsfrist[1] oder der durch die öffentliche Bekanntmachung erfolgten Anmeldefrist kein Widerspruch[2] erhoben[3], so gibt die Wiedergutmachungsbehörde durch Beschluß dem Antrag statt[4], [5], [7]. Wenn über die Belastungsgrenze und den Fortbestand von Rechten kein Streit besteht, so trifft sie auch hierüber die erforderlichen Feststellungen[6].

2. Ist jedoch der Rückerstattungsanspruch nicht schlüssig begründet, oder stehen der Richtigkeit der zu seiner Begründung vorgebrachten Behauptungen Einträge in öffentlichen Registern oder öffentlichen Urkunden, die der Wiedergutmachungsbehörde vorliegen, entgegen, so hat die Wiedergutmachungsbehörde den Antragsteller zur Erklärung darüber binnen einer von ihr zu setzenden angemessenen Frist aufzufordern[8]. Wird innerhalb der Frist eine den Rückerstattungsanspruch rechtfertigende Aufklärung und Ergänzung des Vorbringens seitens des Antragstellers nicht gegeben, so hat die Wiedergutmachungsbehörde den Antrag als unbegründet zurückzuweisen[9].

3. Wird Widerspruch erhoben, so hat die Wiedergutmachungsbehörde den Versuch einer gütlichen Einigung zu machen, sofern nicht die Erfolglosigkeit eines solchen Versuchs mit Bestimmtheit vorauszusehen ist[10]. Kommt eine gütliche Einigung zustande, so hat die Wiedergutmachungsbehörde die Vereinbarung auf Antrag schriftlich niederzulegen und den Beteiligten von Amts wegen eine Ausfertigung der Niederschrift zu erteilen[11].

1. S. 2. und 7. zu A. 61. Die Frist ist keine Ausschlußfrist. Eine nach ihrem Ablauf eingehende Erklärung ist zu berücksichtigen, solange über den Antrag noch nicht entschieden ist.

2. Unter Widerspruch ist hier keine förmliche Erklärung, sondern ein sachliches Bestreiten gemeint. Jede Erklärung, aus welcher hervorgeht, daß der Beteiligte, insbesondere der Rückerstattungspflichtige die Sachdarstellung des Berechtigten oder den daraus abgeleiteten Anspruch ganz oder teilweise bestreitet, ist Widerspruch im Sinn dieser Vorschrift. Eine Begründung ist nicht erforderlich, in diesem Stadium nicht einmal ein eingehendes Bestreiten; wenngleich sich ein solches schon in diesem Stadium empfiehlt, kann es dem Verfahren vor der Wiedergutmachungsbehörde vorbehalten bleiben. Nirgends ist bestimmt, daß vor der Kammer neues Vorbringen unstatthaft wäre. Eine Form für den Widerspruch ist nicht vorgeschrieben. Da aber das Verfahren in diesem Stadium schriftlich ist, ergibt sich, daß der Widerspruch durch Schriftsatz geschehen muß.

3. Nach A. 15 Abs. 2 wirkt die Entscheidung über den Rückerstattungsanspruch (im Sinne des A. 14 oder 56?) für und gegen alle Beteiligten. Es mag sein, daß diese Vorschrift nur in dem Sinne aufzufassen ist, daß die Feststellung des Rückerstattungsanspruchs präjudiziell für alle Ansprüche unter den Beteiligten und des Berechtigten gegen andere Beteiligte ist, welche von dem Bestehen des Rückerstattungsanspruchs abhängen, nicht auch in dem Sinne, daß die Feststellung von Tatsachen in dem Verfahren über den Rückerstattungsanspruch auch für Ansprüche gegen andere Beteiligte maßgeblich ist, welche daraus abzuleiten sind, z. B. der Tatsache, in welchem die Entziehung oder ein Merkmal

schwerer Entziehung zu erblicken ist; gleichwohl ist doch in allen Fällen, in welchen von dem Bestehen des festzustellenden Anspruchs andere Ansprüche der Parteien oder Beteiligten untereinander abhängen oder abhängen können, im Hinblick auf die Präjudizialität der Feststellung des ersteren nach A. 15 Abs. 2 für das Bestehen der letzteren eine notwendige Streitgenossenschaft gegeben, so daß die Erklärung des einen Beteiligten den anderen zu statten kommt.

4. In solchen Fällen (Anm. 3) ist keine Teilentscheidung zulässig. In anderen Fällen ist Teilentscheidung gesetzlich (A. 63) die Regel. Empfehlenswert dürfte sie selten und es immer zulässig sein, von jeder Entscheidung abzusehen, wenn auch nur ein Beteiligter Widerspruch erhebt (Beispiel: Der Entzieher schweigt. Der Rückerstattungspflichtige macht den Schutz des A. 19 geltend. Später, vor der Kammer (s. 2.), bestreitet er mit Erfolg, daß überhaupt eine Entziehung vorlag. Würde in einem solchen Falle die Wiedergutmachungsbehörde einem Anspruch gegen den früheren Inhaber nach A. 29 oder 30 bis 32 auf Grund seines Schweigens bereits stattgegeben haben, so würde der Fortbestand dieser Entscheidung mit A. 15 Abs. 2 unvereinbar sein.)

5. Wenn kein Widerspruch erhoben wird, ergeht mit dem sich aus 3 und 4 ergebenden Vorbehalt eine Versäumnisentscheidung gegen den Säumigen, vorausgesetzt, daß die Entscheidung nicht nach A. 22, 23, 26 der Wiedergutmachungskammer vorbehalten ist (A. 63). Dem Antrag wird durch Beschluß stattgegeben, wenn über ihn kein Streit besteht, sei es daß er anerkannt oder nicht bestritten wird, vorausgesetzt, daß er schlüssig begründet (Abs. 2) und vorbehaltlich A. 49 gemäß A. 56 Abs. 2 belegt, evtl. A. 58 Abs. 3 ergänzt ist. Der Beschluß wird mit der Eröffnung der Zustellung (A. 64) wirksam. Er ist durch Einspruch nicht mit materieller Begründung, sondern nur mit der Begründung anfechtbar, daß der Fall der Säumnis nicht vorgelegen habe, vielmehr Widerspruch erhoben worden sei oder daß die Kammer örtlich oder nach A. 23, 26 sachlich nicht zuständig gewesen sei (A. 64).

6. Die Wiedergutmachungsbehörde ist zur Entscheidung berufen, soweit kein Streit über den Anspruch des Berechtigten besteht. Sie kann daher auch die Belastungsgrenze, den Fortbestand der sich innerhalb ihrer haltenden und den Untergang der sie überschreitenden Rechte feststellen, wenn darüber kein Streit herrscht; dieser kann bestehen zwischen dem Berechtigten einer- und sowohl den Inhabern der mit Erlöschen bedrohten Rechte als auch dem Rückgabepflichtigen andererseits.

7. Ist die Wiedergutmachungsbehörde an die Anträge des Berechtigten gebunden, oder kann sie über diese hinausgehen, wenn sie aus ihren Unterlagen erkennt, daß sie die Rechtslage nicht zu seinen Gunsten ausschöpfen? Letzteres ist zu verneinen. Sie ist an die Anträge des Berechtigten gebunden — vielleicht bescheidet er sich geflissentlich — aber sie kann auf eine Ergänzung oder Änderung seiner Anträge, auch auf ihre Ermäßigung hinwirken.

8. Die Wiedergutmachungsbehörde wird den Antrag des Berechtigten auch dann, wenn er offenbar unschlüssig ist oder gar seine Behauptungen durch öffentliche Register oder Urkunden widerlegt sind, welche nach hergebrachten und gesetzlichen Beweisregeln vollen Beweis schaffen und ihr vorliegen — sie braucht nicht von Amts wegen den Inhalt der öffentlichen Register (Grundbücher, Handelsregister) festzustellen und öffentliche Urkunden zu beschaffen —, nicht abweisen, ohne ihm Gelegenheit zu nochmaligem Gehör zu geben, indem sie ihm eine Frist zur Erklärung evtl. Änderung seines Antrags einräumt, zum Beispiel, wenn der Antrag des Berechtigten sich gegen denjenigen richtet, an den er ein Grundstück verkauft, die Behörde aber aus dem Grundbuch ersehen hat, daß es den Eigentümer gewechselt hat. Vergleiche auch A. 58 Abs. 3. Da es sich um eine richterliche Frist handelt, kann sie verlängert werden und schadet ihr Ablauf nicht, wenn die aufklärende oder ergänzende Erklärung des Berechtigten noch vor der Entscheidung eingeht.

9. Läßt er die Frist ungenützt verstreichen, so ist der Antrag durch Beschluß abzuweisen. Der Beschluß kann durch Einspruch nach A. 64 angegriffen werden. Der Einspruch kann anders als der des säumigen Schuldners materiell begründet werden, damit, daß der Antrag nicht unschlüssig gewesen, ferner formellrechtlich, damit, daß keine Frist gesetzt worden sei, aber nicht damit, daß der Eintrag in die öffentlichen Register bzw. eine öffentliche Urkunde unrichtig gewesen sei.

10. Wird Widerspruch gegen die Anmeldung erhoben, so ist die Wiedergutmachungsbehörde nicht berufen, den Streitfall zu entscheiden. Sie hat in diesem Falle ein Güteverfahren durchzuführen, wenn nicht nach ihrem pflichtmäßigen Ermessen seine Erfolglosigkeit vorauszusehen ist. Aus diesem Anlaß kommt es naturgemäß zu einer mündlichen Verhandlung. Wenn eine gütliche Einigung zu erwarten ist, ist nach A. 63 das Verfahren mit Zustimmung des Berechtigten 6 Monate auszusetzen, um dem Beteiligten Zeit dazu zu geben.

11. Kommt die Einigung zustande, so hat die Wiedergutmachungsbehörde auf Antrag eine Urkunde auszustellen und davon eine Ausfertigung zu erteilen. Diese Vollstreckungstitel (A. 65).

Artikel 63

Verweisung an das Gericht

1. Kommt eine gütliche Einigung ganz oder teilweise[3] nicht zustande oder übersteigen die erforderlichen Maßnahmen die Zuständigkeit der Wiedergutmachungsbehörde[1], so verweist diese insoweit die Sache an die Wiedergutmachungskammer des für den Sitz der Wiedergutmachungsbehörde zuständigen Landgerichts[2]. Dies gilt insbesondere[4] auch, wenn lediglich über die Belastungsgrenze, den Fortbestand von Rechten oder die Haftung für Verbindlichkeiten Streit besteht.

2. Durch Ausführungsverordnungen kann die Zuständigkeit allgemein auf bestimmte oder andere als die in Absatz 1 bezeichneten Landgerichte übertragen werden.

3. Die Wiedergutmachungsbehörde kann das Verfahren vor der Verweisung bis zur Höchstdauer von sechs Monaten aussetzen, sofern der Berechtigte zustimmt und eine gütliche Einigung zu erwarten ist.

1. Zur Entscheidung eines Streits ist die Wiedergutmachungsbehörde nicht berufen, vielmehr ausschließlich die Wiedergutmachungskammer zuständig.

Außerdem sind gewisse Maßnahmen und Entscheidungen der Wiedergutmachungskammer vorbehalten (A. 23, 26). Wird hienach eine Entscheidung der letzteren erforderlich, ist die Sache an sie zu verweisen. Die Wiedergutmachungsbehörde kann aber vorher das Verfahren mit Zustimmung des Berechtigten 6 Monate aussetzen, wenn eine gütliche Einigung zu erwarten ist.

2. Zuständig ist die bei dem örtlich für den Bezirk der Wiedergutmachungsbehörde zuständigen Landgericht gebildete Wiedergutmachungskammer (A. 66), soweit nicht eine Ausnahmebestimmung nach Abs. 2 getroffen ist.

3. Verwiesen wird an die Wiedergutmachungskammer a) wenn eine gütliche Einigung überhaupt nicht, b) wenn sie nur teilweise nicht gelingt, insoweit als eine solche nicht erzielt wurde, c) wenn eine Maßnahme erforderlich ist, welche die Zuständigkeit der Wiedergutmachungsbehörde überschreitet (A. 22, 23, 26). Zu b entsteht die Frage, ob einer Teileinigung das Unterbleiben eines Widerspruchs oder die Anerkennung hinsichtlich eines Teiles des Wiedergutmachungsanspruchs oder der Wiedergutmachungsansprüche gleichzusetzen ist, d. h. also nicht nur eine Teileinigung, sondern auch eine Teilentscheidung durch die Wiedergutmachungsbehörde zulässig ist. Die Zulässigkeit einer Teilentscheidung erscheint uns nicht grundsätzlich ausgeschlossen, zumal sie aus c für den Fall hervorzugehen scheint, daß nur einzelne erforderliche Maßnahmen die Zuständigkeit der Wiedergutmachungsbehörde überschreiten. Doch wird sich nicht selten die Unzulässigkeit oder Unmöglichkeit der Teilentscheidung aus Denkgesetzen ergeben.

4. Was gilt „insbesondere" auch, wenn lediglich über die Belastungsgrenze, den Fortbestand von Rechten oder Haftung für Verbindlichkeiten Streit besteht? Daß auch in diesem Falle die Sache an die Wiedergutmachungskammer zu verweisen ist? Das ist selbstverständlich und bräuchte durch „insbesondere" nicht hervorgehoben zu werden. Offenbar gilt insbesondere in diesem Falle, daß die Sache nur insoweit an die Wiedergutmachungskammer zu verweisen und Teilentscheidung durch die Wiedergutmachungsbehörde zu fällen ist.

Artikel 64

Einspruch [6]

1. Gegen eine Entscheidung der Wiedergutmachungsbehörde gemäß Artikel 59 Absatz 1 Satz 2 [1] und gemäß Artikel 62 Absatz 1 [1] und 2 [1] kann jeder Beteiligte binnen [4] einem Monat und, wenn er im Ausland seinen Wohnsitz hat, binnen drei Monaten die Entscheidung der Wiedergutmachungskammer durch Einspruch [4] zur Wiedergutmachungsbehörde anrufen [3]. Die Frist beginnt mit der Zustellung der anzufechtenden Entscheidung [2], [5]. Artikel 61 Absatz 2 findet entsprechende Anwendung [2], [3].

2. Der Einspruch kann nur auf eine Verletzung der Vorschriften des Artikels 59 Absatz 1 Satz 2 oder des Artikels 62 Absatz 1 und 2 gegründet werden [1].

1. Nur in drei Fällen ist die Wiedergutmachungsbehörde zur Entscheidung berufen: a) Wenn sie der Ansicht ist, daß sie vom Zentralanmeldeamt zu Unrecht mit der Sache befaßt worden ist, weil sie sich selbst für örtlich unzuständig hält; sie hat in diesem Fall die Sache an die zuständige Wiedergutmachungsbehörde zu verweisen (A. 59 Abs. 1 S. 2). Hiergegen kann der Berechtigte oder, wenn die Verweisung erst nach der Zuziehung anderer Beteiligter stattfindet, jeder Beteiligte Einspruch einlegen. Unterbleibt ein Einspruch, ist die Verweisung für die Wiedergutmachungsbehörde bindend, an welche verwiesen wurde. Wird Einspruch eingelegt, so entscheidet die Wiedergutmachungskammer welche für die Wiedergutmachungsbehörde zuständig ist, die verwiesen hat, unanfechtbar, welche Behörde zuständig ist. Der Einspruch kann nach Abs. 2 nur damit begründet werden, daß die Verweisung auf unrichtiger Beurteilung der örtlichen Zuständigkeit beruht.

b) Wenn und soweit kein Widerspruch gegen einen Rückerstattungsanspruch erhoben wird, ist dem Antrag stattzugeben (A. 62). Gegen den Beschluß, welcher dem Antrag stattgibt, können die Beteiligten Einspruch einlegen mit der Begründung, daß die Wiedergutmachungsbehörde unzuständig gewesen sei (Abs. 2 in Verbindung mit A. 59 Abs. 1 S. 2) und daß die Sache an eine andere örtlich zuständige Behörde hätte verwiesen werden müssen, ferner wohl auch damit, daß die Wiedergutmachungsbehörde zu der von ihr beschlossenen Maßnahme sachlich unzuständig gewesen sei (A. 63 Abs. 1 S. 1, in A. 64 wohl nur versehentlich nicht erwähnt), oder damit, daß Widerspruch erhoben und der Säumnisfall oder Unbestrittenheit des Anspruchs mit Unrecht angenommen worden sei. Kann der Einspruch auch damit begründet werden, daß die von der Wiedergutmachungsbehörde gesetzte richterliche Erklärungsfrist (gegen deren Ablauf es weder nach §§ 232 ff. ZPO. noch § 22 FGG. bei unverschuldeter Versäumnis eine Wiedereinsetzung in den vorigen Stand gibt, wohl aber, solange nicht entschieden ist, den Antrag, daß die Frist verlängert werde) unverschuldet versäumt, d. h. ein Widerspruch ohne Verschulden unterblieben ist? Die Frage ist nach unserer Ansicht trotz und gerade im Hinblick auf Abs. 2, der jede materielle Verteidigung abschneidet, zu bejahen. Mit der Unrichtigkeit der angegriffenen Entscheidung kann der Widerspruch nicht begründet werden.

c) Wenn nach A. 62 Abs. 2, der Anspruch a limine abzuweisen ist. Hiegegen kann der Berechtigte Einspruch einlegen, mit der Begründung, daß sein Anspruch materiellrechtlich schlüssig begründet gewesen sei, oder daß die Wiedergutmachungsbehörde zu Unrecht angenommen habe, daß seinen Behauptungen ein Eintrag in einem öffentlichen Register oder eine öffentliche Urkunde zuwiderlaufe. Dagegen kann eine Widerlegung dieses Eintrags durch Einspruch nicht mehr nachgeholt werden (Abs. 2 in Verbindung mit A. 62 Abs. 3).

Die Entscheidung ist zu begründen; die Begründung muß im Falle c die Unschlüssigkeit und wohl auch im Falle b (außer, daß kein Widerspruch erfolgt ist) die Schlüssigkeit des Anspruchs dartun.

2. Die Entscheidungen der Wiedergutmachungsbehörde sind, da sie die Einspruchsfrist in Lauf setzen (§ 16 FGG.) den Beteiligten durch Zustellung nach dem für die Zustellung von Amts wegen geltenden Vorschriften der ZPO. (§§ 166—213) bekannt zu machen. Zustellungen im Auslande sind mittels Ersuchens der zuständigen Behörde des fremden Landes zu bewirken, doch hat der Berechtigte in der Anmeldung für sich einen im Inlande ansässigen Zustellungsbevollmächtigten zu benennen (A. 58 Abs. 4). Eine öffentliche Zustellung ist nach § 204 Abs. 2 ZPO. in der Fassung des KontrollG. Nr. 38 zu bewirken (s. 8. zu A. 61). Sie wird namentlich in den Fällen des A. 61 Abs. 2 in Frage kommen. Die entsprechende Anwendung des A. 61 Abs. 2, welche S. 3 anordnet, bedeutet, obwohl die Entscheidung keine Ladung enthält, daß die für Ladungen vorgeschriebene Form doch eingehalten werden muß, weil dies ja auch für den Fall des A. 61 Abs. 2 vorgeschrieben ist, obwohl auch dort keine Ladung zu einem Termin in Frage kommt.

3. Der Einspruch kann nur binnen einer Notfrist eingelegt werden. Die Frist beträgt einen Monat, aber wenn der Beteiligte im Ausland seinen Wohnsitz hat, drei Monate beginnend mit dem auf die Zustellung folgenden Tage (§ 17 FGB., § 187 BGB.). Die Zustellung ist bewirkt, sobald der Zustellungsbeamte in der gesetzlich vorgeschriebenen Weise für den Adressaten des zuzustellenden Schriftstücks die Möglichkeit geschaffen hat (durch Übergabe, Ersatzübergabe, Niederlegung) von seinem Inhalt Kenntnis zu nehmen. Für die öffentliche Zustellung gilt A. 61 Abs. 2. Fällt das Ende der Einspruchsfrist auf einen Sonntag oder allgemeinen Feiertag, so geht sie erst zusammen mit dem nächstfolgenden Werktag zu Ende. Da die Frist Notfrist ist, ist die Wiedereinsetzung in den vorigen Stand gegen ihre Versäumnis zulässig, wenn der Einsprechende ohne sein Verschulden verhindert gewesen ist, die Frist zu wahren (§ 22 FGB., §§ 233 bis 238 ZPO.).

4. Der Einspruch wird eingelegt bei der Wiedergutmachungsbehörde. Das Gesetz äußert sich darüber nicht, ob er nur durch die Einreichung eines Schriftsatzes oder auch durch Erklärung zu Protokoll der Geschäftsstelle eingelegt werden kann. Jedoch ist ersteres anzunehmen, da ja auch im übrigen die Anträge an die Wiedergutmachungsbehörde schriftlich zu stellen sind, wie A. 56 und die Ausführungsverordnung Nr. 1 erkennen läßt. Die Frist der Anm. 3 ist sonach gewahrt durch den Eingang des Einspruchsschriftsatzes bei der Wiedergutmachungsbehörde. Die Wiedergutmachungsbehörde kann dem Einspruch selbst abhelfen, indem sie ihre Entscheidung aufhebt. Andernfalls legt sie die Sache der Wiedergutmachungskammer (A. 63) des Landgerichts vor.

5. Über den Einspruch entscheidet die Wiedergutmachungskammer, und zwar entweder, indem sie ihn zurückweist, wenn sie ihn für unbegründet hält, oder, wenn sie ihn für begründet hält, indem sie die Entscheidung der Wiedergutmachungsbehörde aufhebt, und zu 1a, indem sie die zuständige Behörde bestimmt, in den übrigen Fällen, wenn noch weitere Vorerhebungen notwendig sind, indem sie die Sache an die Wiedergutmachungsbehörde zurückverweist, andernfalls, indem sie selbst materiell entscheidet.

6. Der Einspruch in den Fällen 1b hemmt die Vollstreckbarkeit, weil, solange die Einspruchsfrist läuft, gar, wenn Einspruch eingelegt ist, keine rechtskräftige Entscheidung der Wiedergutmachungsbehörde vorliegt (A. 65).

Artikel 65

Vollstreckbarkeit

Aus den vor der Wiedergutmachungsbehörde ausgefertigten Vereinbarungen und aus den rechtskräftigen Beschlüssen der Wiedergutmachungsbehörde findet die Zwangsvollstreckung nach den Vorschriften der Zivilprozeßordnung statt. An Stelle des

Vollstreckungsgerichts tritt die Wiedergutmachungsbehörde. Sie kann sich bei der Durchführung der Vollstreckung anderer Behörden, insbesondere des Vollstreckungsgerichts, bedienen [1], [2], [3].

1. Es ist selbstverständlich, daß die von der Wiedergutmachungsbehörde erteilten Ausfertigungen der von ihr aufgenommenen Urkunden über die zustande gekommenen Vergleiche und ihrer Entscheidungen Vollstreckungstitel für den Berechtigten sind; denn wenn es nicht zu einem Urteil der Wiedergutmachungskammer kommt, kann er ja einen anderen Vollstreckungstitel nicht erlangen. Die Beschlüsse müssen rechtskräftig geworden, d. h. die Einspruchsfrist (A. 64) muß abgelaufen sein, ohne daß Einspruch eingelegt wurde (§ 705 ZPO.) bevor Zwangsvollstreckung stattfinden kann, vorläufig vollstreckbar sind sie nicht.

2. Für die Zwangsvollstreckung aus diesen Titeln sind die Vorschriften der ZPO. anzuwenden, nicht nur für die eigentliche Zwangsvollstreckung, sondern auch für deren formelle Voraussetzungen und deren Herbeiführung. Diesbezüglich muß hier in Anbetracht des Papiermangels, unter dem unsere Erläuterungen zu diesem Gesetz allgemein leiden, auf die Erläuterungswerke zur ZPO. verwiesen werden. In Frage kommen von den allgemeinen Bestimmungen insbesondere § 705 über den Eintritt der Rechtskraft, § 707 über die Einstellung der Zwangsvollstreckung, wenn ein Antrag auf Wiedereinsetzung in den vorigen Stand wegen Versäumung der Einspruchsfrist bestellt wurde, § 721 über Räumungsfristen bei Verurteilung zur Räumung einer Wohnung; anwendbar sind die Vorschriften über die Wirksamkeit der Entscheidung gegen Rechtsnachfolger und Erben (§ 325 ZPO.), die Vorschriften über die Notwendigkeit der Vollstreckungsklausel und über deren Erteilung (§§ 724ff., doch dürfte eine Klage auf Erteilung der Vollstreckungsklausel nach § 731 schwerlich bei der Wiedergutmachungsbehörde anzubringen sein), § 750 über die Zustellung des Vollstreckungstitels vor Beginn der Zwangsvollstreckung, §§ 753ff. über die Beauftragung eines Gerichtsvollziehers und dessen Pflichten, § 766 über Erinnerungen gegen die Art und Weise der Zwangsvollstreckung. Dagegen scheidet die Vollstreckungsgegenklage nach § 767 ZPO. aus. Anwendbar ist § 768 über Klage gegen die Vollstreckungsklausel (wobei derselbe Zweifel bezüglich der Zuständigkeit der Wiedergutmachungsbehörde angebracht ist, wie zu § 731), § 771 über die Widerspruchsklage, wenn der Dritte in dessen Rechte durch die Zwangsvollstreckung eingegriffen wird, zu dem Rückerstattungsverfahren nicht zugezogen worden war, § 774 über die Widerspruchsklage des Ehemanns unter derselben Voraussetzung. Anzuwenden ist bei Zwangsvollstreckung wegen Geldforderungen der 2. Abschnitt des 8. Buches §§ 803ff. bis 882 ZPO., der 3. Abschnitt über die Zwangsvollstreckung zur Erwirkung der Herausgabe von Sachen (§§ 883ff.) und zur Erwirkung von Handlungen und Unterlassungen (§ 887), der 4. Abschnitt über Offenbarungseid und Haft (§§ 899ff.). Die Vorschrift des § 894 ZPO. über die Fiktion der Abgabe einer Willenserklärung, zu welcher der Schuldner verurteilt ist, ist zwar im Prinzip anwendbar, wohl aber meist entbehrlich, weil sich als Folge der A. 15 und 37 ohnedies ergibt, daß die Rückübereignung des entzogenen Gegenstandes, die rechtsgeschäftliche Aufgabe von Rechten außerhalb der Belastungsgrenze und eine dazu erforderliche Willenserklärung entbehrlich ist, weil der entzogene Gegenstand als niemals entzogen und das Recht als nicht erworben gilt. Soweit es sich um Grundeigentum und grundbücherlich verlautbarte Rechte handelt, ist das Grundbuch also unrichtig. Diese Unrichtigkeit des Grundbuchs erzeugt allerdings einen Berichtigungsanspruch des Berechtigten, welcher durch Bewilligung der Berichtigung zu erfüllen ist. Da aber die Ausfertigung der Entscheidung der Wiedergutmachungsbehörde eine öffentliche Urkunde ist, durch welche die Unrichtigkeit des Grundbuchs nachgewiesen werden kann, kann es auch ohne Bewilligung berichtigt werden (§§ 14, 22 GBO.). Ähnliches ergibt sich bezüglich des Handelsregister aus § 16 HGB.

2. Die Wiedergutmachungsbehörde nimmt in der Vollstreckungsinstanz sowohl die Stellung des Prozeßgerichts als des Vollstreckungsgerichts ein.

3. Die ersuchte Behörde hat die rechtliche Zulässigkeit der Prozeßhandlung, um deren Durchführung sie ersucht wird, aber nicht den Titel zu prüfen.

Zehnter Abschnitt

Gerichtliches Verfahren

Artikel 66

Besetzung der Wiedergutmachungskammer

Die Wiedergutmachungskammer besteht aus einem Vorsitzenden und zwei Beisitzern, welche die Befähigung zum Richteramt oder zum höheren Verwaltungsdienst haben müssen. Der Vorsitzende muß ein Richter der ordentlichen Gerichtsbarkeit sein. Die Beisitzer werden, soweit sie nicht selbst Berufsrichter sind, auf die Dauer von drei Jahren ernannt. Einer der drei Richter soll dem Kreise der aus den Gründen des Artikels 1 Verfolgten angehören.

Vorschriftswidrige Besetzung ist immer Grund zur Aufhebung der Entscheidung A. 68 § 551 ZPO.

Artikel 67

Verfahren

1. Die Wiedergutmachungskammer hat die Rechtsbeziehungen der Beteiligten gemäß diesem Gesetz zu gestalten[1].

2. Soweit keine anderweitigen Bestimmungen in diesem Gesetz getroffen sind[2], [4], sind für das Verfahren die Vorschriften über das Verfahren in Sachen der freiwilligen Gerichtsbarkeit[3] mit den folgenden Maßgaben entsprechend anwendbar:

a) Die Kammer muß eine mündliche Verhandlung anordnen[5]. Die Verhandlung ist öffentlich[6].

b) Auf Antrag des Berechtigten kann das Verfahren bis zur Höchstdauer von sechs Monaten ausgesetzt werden. Die Aus-

setzung kann nach Fortsetzung des Verfahrens wiederholt werden.

c) Die Wiedergutmachungskammer hat[7] ein Teilurteil[7] hinsichtlich einzelner von mehreren Ansprüchen oder eines Teiles eines Anspruchs zu erlassen, wenn die Entscheidung über eine Widerklage[7], einen Aufrechnungsanspruch, ein Zurückbehaltungsrecht oder einen ähnlichen Rechtsbehelf die Entscheidung über die Rückerstattung erheblich verzögern würde[8].

d) Die Kammer kann vorbehaltlich der endgültigen Entscheidung[9] die vorläufige Herausgabe entzogener Vermögensgegenstände gegen oder ohne Sicherheitsleistung an den Antragsteller anordnen. Der Antragsteller hat in diesem Falle gegenüber Dritten die Rechtsstellung eines Treuhänders[10].

1. „Zu gestalten" kann nur bedeuten, daß die Wiedergutmachungskammer neues Recht unter den Beteiligten setzen soll. In Wahrheit soll sie altes, ewiges Recht verwirklichen, nämlich begangenes Unrecht an denjenigen, an denen es durch die Entziehung von Vermögen geübt wurde, durch schleunigste Rückerstattung gutmachen (A. 1). Dies kann freilich unter Umständen nicht ohne Ungerechtigkeit gegen andere Personen abgehen (A. 1 Abs. 2), welche an jenem Unrecht unschuldig waren. In dieser Richtung ist aber der Wiedergutmachungskammer nicht etwa die Freiheit gegeben, einen ihrem eigenen Rechtsgefühl entsprechenden billigen Ausgleich zu schaffen. Sie ist vielmehr durch die Bestimmungen dieses Gesetzes fast nach allen Richtungen gebunden. Die „rechtliche Gestaltung" besteht daher doch größtenteils nur in der üblichen richterlichen Tätigkeit einer Rechtsfindung auf Grund gesetzlicher, das geltende Recht darstellender Bestimmungen. Abs. 1 ist daher in weitem Umfang bombastische Prahlerei. Nur im bescheidenen Umfang ist der Wiedergutmachungskammer Spielraum zu einer wahren schöpferischen Rechtsgestaltung gelassen (A. 22, 23, 26).

2. Z. B. über die Zuständigkeit (A. 63 u. 59). Das Gericht hat seine Zuständigkeit von Amts wegen zu prüfen, nicht nur ob es für die Wiedergutmachungsbehörde zuständig ist (A. 63), sondern auch, ob diese selbst nach A. 59 zuständig war. Die örtliche Unzuständigkeit ist immer ein Grund zur Aufhebung einer Entscheidung (A. 62 § 751 ZPO.); vgl. auch § 49 Abs. 1 S. 2. Selbstverständlich ist, daß die Kammer nur tätig werden kann, wenn der Anspruch beim Zentralanmeldeamt angemeldet (A. 55), die Anmeldung von diesem an die Wiedergutmachungsbehörde (A. 59) und die Sache von letzterer an die Kammer verwiesen (A. 63) war. Unmittelbar bei ihr eingegangene bzw. an sie überwiesene Anmeldungen, hat die Kammer an das Zentralanmeldeamt ab- bzw. zurückzugeben.

3. §§ 2—34. Besonders zu erwähnen sind: § 6 über die Ausschließung eines Richters wegen Beteiligung seiner selbst oder seines gegenwärtigen oder früheren Gatten oder einer Person mit der er in gerader Linie oder im zweiten Grad der Seitenlinie verwandt oder verschwägert ist oder eines von ihm Vertretenen.

Mitwirkung eines kraft Gesetzes ausgeschlossenen Richters ist immer ein Grund zur Aufhebung der Entscheidung, A. 68 § 551 ZPO. Keine Ablehnung wegen Befangenheit § 7, keine Unwirksamkeit gerichtlicher Handlungen eines örtlich unzuständigen Gerichts oder ausgeschlossenen Richters, § 8 deutsche Gerichtssprache, § 11 Anträge und Erklärungen können zu Protokoll der Geschäftsstelle der zuständigen Wiedergutmachungskammer oder eines Amtsgerichtes erfolgen, § 12 das Gericht hat von Amts wegen die zur Feststellung der Tatsachen erforderlichen Ermittlungen zu veranstalten und die geeigneten Beweise aufzunehmen, § 13 das Gericht kann das persönliche Erscheinen der Parteien anordnen. Zulässigkeit der Zuziehung von Beiständen und der Vertretung, soweit nicht persönliches Erscheinen angeordnet worden ist. § 15 Vernehmung und Beeidigung von Zeugen und Sachverständigen nach Maßgabe der Vorschriften der ZPO. Zulassung zur Versicherung an Eides statt. § 16 über die Wirksamkeit der gerichtlichen Verfügung mit der Bekanntmachung, über die Form der Bekanntmachung durch Zustellung, wenn mit ihr eine Frist in Lauf gesetzt wird, andernfalls Zustellung oder Verkündung. § 17 Berechnung der Frist nach den Vorschriften des BGB. § 18 Zulässigkeit der Änderung gerichtlicher Verfügungen soweit sie nicht der sofortigen Beschwerde unterliegen. § 31 Erteilung der Rechtskraftzeugnisse über die Wiedergutmachungskammer. Über allem gilt der Grundsatz des A. 49, insbesondere auch seines Abs. 1 S. 2.

4. Die Bestimmungen dieses Gesetzes gehen den Bestimmungen des FGG. vor, von dem § 49 Abs. 1 S. 2 überdies allgemein abzuweichen gestattet, schon, wenn dies der Beschleunigung nur dient.

5. Die Entscheidung kann nicht gefällt werden, ohne daß eine öffentliche mündliche Verhandlung stattgefunden hat. Eine Entscheidung, die ohne mündliche Verhandlung ergangen ist, beruht auf Gesetzesverletzung und ist auf Beschwerde aufzuheben (A. 62). Termin zu einer mündlichen Verhandlung muß angeordnet und auch abgehalten werden. Die Verhandlung kann auch in Abwesenheit eines Beteiligten stattfinden, wenn ein solcher im Termin ausgeblieben ist; niemand kann durch Ausbleiben die Entscheidung verhindern oder verzögern. Die Notwendigkeit mündlicher Verhandlung bedeutet auch nicht, daß, wie im Zivilprozeß, die Schriftsätze nur vorbereitende Bedeutung hätten, und daß nicht zu berücksichtigen wäre, was in der mündlichen Verhandlung nicht vorgebracht worden ist. Es gibt also auch keine Versäumnisentscheidung wegen Ausbleibens im Sinne der ZPO. Es folgt dies auch schon aus dem sogenannten Grundsatz der Offizinalmaxime (§ 12 FGG.). Die Vorschriften der ZPO. über die mündliche Verhandlung gelten weder unmittelbar noch mittelbar noch entsprechend, jedoch ergeben sie sich zu einem Teil von selbst unter dem Gesichtspunkt der Ordnung nach der Natur und dem Zweck eines der Aufklärung des Sachverhalts dienenden Verfahrens. Ein gerichtliches Protokoll ist nicht vorgeschrieben.

Die Anordnung mündlicher Verhandlung durch A. 67 gilt übrigens nur mit dem Vorbehalt des A. 49 Abs. 1 S. 2. Trotz des Gebrauchs des Wortes „muß" ist nicht anzunehmen, daß § 49 Abs. 1 S. 2 außer Geltung gesetzt sein soll. Dies schränkt die Bedeutung der Vorschrift natürlich erheblich ein, doch muß die Entscheidung jedenfalls in ihrer Begründung ersehen lassen, daß die Voraussetzung des § 49 Abs. 1 S. 2 gegeben war, wenn sie ohne mündliche Verhandlung ergangen ist.

6. D. h. jeder hat Zutritt, auch wenn er nicht beteiligt ist. Entscheidung auf Grund nicht öffentlicher Verhandlung ist auf Beschwerde immer aufzuheben, A. 62 § 551.

7. Unter Teilurteil ist eine Teilentscheidung gemeint, weil die Entscheidung in Form eines Beschlusses ergeht (A. 68). Eine Teilentscheidung wird unter bestimmten Umständen vorgeschrieben, ohne daß aber der Berechtigte oder ein Beteiligter ein prozessuales Mittel hätte, sie zu erzwingen, wenn die Kammer sie für untunlich hält. Ihr pflichtmäßiges Ermessen ist maßgeblich. Das Gesetz schreibt eine Teilentscheidung vor, wenn sie zweckdienlich ist, eine erhebliche Verzögerung der Entscheidung über den spruchreifen Rückerstattungsanspruch zu vermeiden. Die Kammer wird aber auch überlegen, daß ihre Entscheidung durch Beschwerde anfechtbar ist, und daß die Möglichkeit einer Beschwerde die Gefahr erheblicher Verzögerung der Entscheidung über den übrigen Streitstoff mit sich bringt, § 301 Abs. 2 ZPO.: „Ein Teilurteil kann unterbleiben, wenn das Gericht es nach Lage der Sache nicht für angemessen erachtet, es zu erlassen", ist der Natur der Sache nach anwendbar.

8. Der Gesetzeswortlaut scheint zu besagen, daß, wenn ein Anspruch entscheidungsreif ist, darüber zu entscheiden ist, und zwar um eine erhebliche Verzögerung der Entscheidung zu verhindern, nicht nur, wenn andere erhobene Ansprüche noch nicht entscheidungsreif sind, oder wenn er nur zum Teil entscheidungsreif ist, sondern sogar auch, wenn ihm selbständige Gegenansprüche oder ein Zurückbehaltungsrecht oder ein ähnlicher Rechtsbehelf gegenüberstehen, worüber noch nicht entschieden werden kann.

Nur bezüglich der Ansprüche des Berechtigten ist ein Teilurteil möglich, nicht etwa bezüglich der Ansprüche der Gegenbeteiligten. Es soll durch die Verteidigungsmittel dieser die Entscheidung über den Rückerstattungsanspruch nicht aufgehalten werden. Solche Verteidigungsmittel können sein: Gegenansprüche (insbesondere aus A. 34, 44), welche — bei Gleichartigkeit — aufgerechnet (wenn solchenfalls über den Rückerstattungsanspruch ein Teilurteil ergeht, bleibt, da es kein Vorbehaltsurteil im Sinne des § 302 ZPO. gibt, wohl nichts anderes übrig, als Widerklage zu erheben) oder welche durch Widerklage geltend gemacht werden können, also nicht angemeldet zu werden brauchen. Die Widerklage dürfte schriftsätzlich zu erheben sein. Es dürfte nur zulässig sein, solche Gegenansprüche aufzurechnen oder durch Widerklage geltend zu machen, welche aus diesem Gesetz hergeleitet werden können (A. 57, § 33 ZPO.). Daß Zurückbehaltungsrechte durch Teilurteil über den Rückerstattungsanspruch abgeschnitten werden können, entspricht A. 45. Von anderen „ähnlichen Rechtsbehelfen" dürfte es aber nicht zulässig sein, sie durch Teilurteil abzuschneiden, nämlich nicht, wenn sie Einwendungen und nicht Gegenrechte betreffen, über die ein Schlußurteil möglich ist; das gilt von der exceptio doli, desgleichen vom Angebot einer Ersatzleistung im Falle des A. 26. Denn was soll mit einem derartigen Prozeßstoff geschehen, der nicht aus selbständigen Rechten besteht, sondern sich gegen den Bestand des Hauptanspruchs richtet, nachdem dieser urteilsmäßig festgestellt ist? Das Wegnahmerecht des A. 26 Abs. 3 dagegen kann Gegenstand urteilsmäßiger gesonderter Feststellung sein.

9. Schon während des Verfahrens, bevor sie entscheidet, kann die Kammer anordnen, daß der entzogene Gegenstand dem Berechtigten herauszugeben ist.

Sie kann ihm auferlegen, eine Sicherheit zu leisten, braucht dies aber nicht. Die Art der Sicherheit kann sie bestimmen. § 232 bis 240 ZPO. sind nicht für anwendbar erklärt. Für die Vollstreckung der Entscheidung gilt § 33 Abs. 2 FGG.

10. Der Antragsteller hat, wenn die vorläufige Herausgabe des entzogenen Gegenstands an ihn angeordnet wird, gegenüber Dritten die Stellung eines Treuhänders. Das bedeutet, daß er gegenüber Dritten im eigenen Namen wie ein vollberechtigter Eigentümer des Gegenstandes auftritt. Intern haftet er dem Pflichtigen, wenn der Rückerstattungsanspruch schließlich doch abgewiesen werden sollte (etwa in Fällen, in denen der gute Glaube geschützt wird), nach allgemeinen Grundsätzen.

Artikel 68

Form und Inhalt der Entscheidung

1. Die Wiedergutmachungskammer entscheidet durch einen mit Gründen[2] versehenen Beschluß[1], der den Beteiligten zuzustellen ist[3]. Der Beschluß ist vorläufig vollstreckbar[4]. §§ 713 Abs. 2, 713 a bis 720 ZPO. finden entsprechende Anwendung[4].

2. Gegen den Beschluß findet innerhalb einer Frist von einem Monat und, wenn der Beschwerdeführer seinen Wohnsitz im Ausland hat, innerhalb einer Frist von drei Monaten die sofortige[6] Beschwerde statt[5]. Die Frist beginnt mit der Zustellung, Artikel 61 Abs. 2 findet entsprechende Anwendung. Über die Beschwerde entscheidet der Zivilsenat des Oberlandesgerichts. Die Beschwerde kann nur darauf gestützt werden, daß die Entscheidung auf einer Verletzung des Gesetzes beruhe. Die Vorschriften der §§ 551, 561, 563 ZPO. finden entsprechende Anwendung[7].

3. Durch Ausführungsverordnungen kann die Zuständigkeit zur Entscheidung über Beschwerden allgemein auf eines von mehreren Oberlandesgerichten übertragen werden.

1. Die äußere Form der Entscheidung ist nicht Urteil, sondern Beschluß (vgl. aber A. 67, 2 c).

2. Es genügt nicht, daß der Beschluß äußerlich mit Gründen versehen ist, vielmehr muß die Begründung des Beschlusses sich auf jeden Teil der Entscheidung erstrecken und jeder Schluß, welcher die Entscheidung tragen soll, muß seinerseits begründet sein. Insbesondere muß auch begründet sein, weshalb die Tatsachen, von denen ein Schluß ausgeht, vom Gericht als feststehend angesehen werden. Ein Beschluß, der nicht vorschriftsmäßig begründet ist, muß auf Beschwerde aufgehoben werden (Abs. 2 mit § 551 ZPO.).

3. Der Beschluß ist allen Beteiligten, die er betrifft, durch Zustellung bekanntzumachen. Für die Zustellung gelten nach § 16 FGG. die Vorschriften der ZPO. über die Zustellung von Amts wegen (§§ 208ff., 166ff. ZPO.). Für die öffentliche Zustellung gilt A. 61 Abs. 2, d. h. sie erfolgt nach Maßgabe des § 204 Abs. 2 ZPO. in d. F. v. KRG. Nr. 38 in der für Ladung vorgeschriebenen Form, obwohl der Beschluß keine Ladung enthält. Vgl. 8 zu A. 61. Nach der Form der Zustellung bestimmt sich der Zeitpunkt ihrer Wirksamkeit, vgl. insbesondere §§ 206, 207, 208, 212, 212b, 213 ZPO.

4. Sobald der Beschluß dem Beteiligten bekanntgemacht, d. h. die Zustellung wirksam ist, wird er selbst wirksam. Obwohl durch Beschwerde anfechtbar (Abs. 2), ist er sofort, d. h. sobald er wirksam geworden ist, schon vor Eintritt seiner Rechtskraft (vorläufig) vollstreckbar (vielfach wird schon eine vorläufige Herausgabeordnung nach A. 67 Ziff. 2d die Vollstreckung gegenstandslos machen). Auf Antrag des Schuldners, der vor Schluß der mündlichen Verhandlung zu stellen ist (§ 714 ZPO.), kann das Gericht auch dem Schuldner nachlassen, die Zwangsvollstreckung durch Sicherheit abzuwenden (§ 713 ZPO.), wenn nicht der Berechtigte sich seinerseits erbietet, Sicherheit zu leisten (§ 713 Abs. 2 ZPO.); doch soll dies nicht geschehen, wenn nach dem Ermessen des Gerichts die Beschwerde unzulässig ist (§ 713a ZPO.). Wird der Beschluß rechtskräftig und ein Rechtskraftzeugnis der Beschwerdeinstanz beigebracht, ist anzuordnen, daß die Sicherheit zurückzugeben ist (§ 715 ZPO.). Wird auf die Beschwerde hin der Beschluß abgeändert oder ganz oder teilweise aufgehoben, tritt insoweit seine vorläufige Vollstreckbarkeit selbstverständlich außer Kraft (§ 717 ZPO.). Wird der Beschluß aufgehoben oder abgeändert, hat ihn aber der Gläubiger bereits vollstreckt, so ist er zu Schadensersatz verpflichtet (§ 712 ZPO.). In der Beschwerdeinstanz ist über die vorläufige Vollstreckbarkeit vorab zu entscheiden (§ 718 ZPO.). Das Beschwerdegericht kann ohne mündliche Verhandlung anordnen, daß die Zwangsvollstreckung vorläufig eingestellt wird, wenn glaubhaft gemacht ist, daß die Zwangsvollstreckung dem Schuldner einen nicht zu ersetzenden Nachteil bringen würde (§ 719 ZPO.).

5. Der Beschluß der Wiedergutmachungskammer ist nicht die Entscheidung letzter Instanz, vielmehr durch Beschwerde, und zwar sofortige anfechtbar. Die Beschwerde steht dem Rückerstattungspflichtigen und jedem sonstigen Beteiligten zu, vorausgesetzt, daß er durch die Entscheidung der Kammer beschwert ist. Soweit, sei es, weil das Rechtsverhältnis (wie der Rückerstattungsanspruch selbst A. 15 Abs. 2) gegenüber dem Beteiligten nur einheitlich festgestellt werden kann, sei es aus einem sonstigen Grunde (z. B. weil unter den Beteiligten eine Gesamtsachbefugnis besteht) notwendige Streitgenossenschaft vorliegt (A. 61 Abs. 5, § 62 ZPO.), wirkt die Beschwerde eines Beteiligten zugunsten der anderen, im übrigen nicht. Die Beschwerde hat keine aufschiebende Wirkung (§ 27 FGG.), jedoch kann die Vollziehung der angefochtenen Entscheidung sowohl von der Kammer als auch von dem Beschwerdegericht ausgesetzt werden; letzteres kann auch einstweilige Verfügung anderen Inhalts erlassen (§ 24 FGG.). Die Beschwerde ist durch Einreichung einer Beschwerdeschrift sei es bei der Wiedergutmachungskammer oder dem Beschwerdegericht einzulegen, aber auch durch Erklärung bei der Geschäftsstelle der einen oder des anderen (§ 21 FGG.). Beschwerdegericht ist das dem Landgericht, dessen Wiedergutmachungskammer entschieden hat, übergeordnete Oberlandesgericht; von diesem entscheidet der ordentliche Zivilsenat.

6. Daß die Beschwerde sofortig ist, bedeutet, daß sie innerhalb einer Notfrist eingelegt werden muß (s. 3 zu A. 64) und daß die Wiedergutmachungskammer ihre Entscheidung nicht selbst abändern kann.

7. Die Beschwerde kann nur darauf gestützt werden, daß die Entscheidung der Kammer auf Gesetzesverletzung, d. h. auf Verletzung einer Bestimmung dieses Gesetzes oder einer anderen Rechtsnorm beruhe. Sie ist nicht begründet, wenn die Entscheidung auch ohne diese Gesetzesverletzung mit gleichem Inhalt ergangen wäre oder zu ergehen gehabt hätte (§ 563 ZPO.). Neue Tatsachen können in der Beschwerdeinstanz nicht vorgebracht, auch neue Beweismittel nicht angeboten werden. Es kann nur gerügt werden, daß Verfahrensvorschriften verletzt worden seien, welche in der Beschwerdebegründung bezeichnet werden müssen, also auch, daß die Wiedergutmachungskammer ihrer Pflicht, den Tatbestand von Amts wegen aufzuklären (§ 12 FGG.) nicht genügt habe. Damit können mittelbar auch neue Tatsachen in das Verfahren noch in der Beschwerdeinstanz eingeführt werden. Davon abgesehen hat aber das Beschwerdegericht nur die richtige Anwendung der Verfahrensvorschriften und des materiellen Rechts auf den in erster Instanz sei es von Amts wegen festgestellten oder von den Parteien vorgebrachten Sachverhalt zu prüfen. Der Untersuchungsgrundsatz gilt auch in der Beschwerdeinstanz, d. h. die Prüfung des Beschwerdegerichts ist nicht auf die von dem Beschwerdeführer geltend gemachten Rechtsverletzungen zu beschränken.

Die Entscheidung der Wiedergutmachungskammer gilt gemäß Abs. 2 i. V. m. § 551 ZPO. immer als auf Gesetzesverletzung beruhend: wenn die Kammer nicht gemäß A. 66 besetzt war oder ein Richter mitgewirkt hat, welcher kraft Gesetzes von der Ausübung des Richteramts ausgeschlossen war (s. 3. zu A. 67), wenn die Kammer ihre sich aus A. 59, 63 ergebende Zuständigkeit zu Unrecht angenommen oder verneint hat, wenn ein Beteiligter in dem Verfahren nicht nach den Vorschriften des Gesetzes vertreten war, soweit die Entscheidung nach A. 15 Abs. 2 für oder gegen ihn wirken kann, wenn die Entscheidung ohne mündliche Verhandlung ergangen ist, soweit diese erforderlich ist (s. 5 zu A. 67, wie ergänzend angenommen werden muß) oder dabei die Vorschriften über die Öffentlichkeit des Verfahrens verletzt sind, endlich wenn die Entscheidung der Wiedergutmachungskammer nicht mit Gründen versehen ist (s. 2).

Artikel 69[1])

Board of Review

Ein Board of Review ist ermächtigt, alle Entscheidungen nachzuprüfen, die einen nach Maßgabe dieses Gesetzes erhobenen Rückerstattungsanspruch betreffen, sowie die nach Sachlage erforderlichen Maßnahmen zu ergreifen. Ausführungsvorschriften der Militärregierung werden die Ernennung und Zusammensetzung des Board, seine Zuständigkeit, das Verfahren und alle weiteren Einzelheiten regeln.

Alle Entscheidungen der Wiedergutmachungsbehörde uud -kammer und des Beschwerdegerichts sind, auch wenn rechtskräftig, nicht endgültig und können

[1]) Ausführungsverordnung Nr. 4 s. Anhang S. 302.

in einem der Kontrolle entzogenen Verfahren von einem — deutschen Verfahrensrecht glücklicherweise sonst unbekannten — Geheimgericht, dem Board of Review, sowohl in tatsächlicher als rechtlicher Hinsicht von Amts wegen nachgeprüft und umgestoßen werden. Eine Frist für diese Nachprüfbarkeit besteht nicht. Der Board of Review ist nicht auf die Nachprüfung beschränkt, sondern kann selbst „gestaltend" entscheiden; immerhin dürften auch für ihn die Bestimmungen dieses Gesetzes bindend gelten.

Elfter Abschnitt

Besondere Verfahren

Artikel 70

Antragsrecht der Staatsanwaltschaft

Wird bezüglich entzogener Vermögensgegenstände ein Rückerstattungsanspruch bis zum 31. Dezember 1948 nicht geltend gemacht, so kann die Staatsanwaltschaft am Sitze der Wiedergutmachungskammer den Rückerstattungsanspruch zugunsten einer in Artikel 10 vorgesehenen Nachfolgeorganisation geltend machen[1],[2],[3]. Dies gilt nicht, wenn der Berechtigte auf seinen Rückerstattungsanspruch gemäß Artikel 11 Absatz 3 verzichtet hat. Der Antrag der Staatsanwaltschaft kann nur bis zum 30. Juni 1949 gestellt werden[1].

1. Daß die Nachfolgeorganisation des A. 10 neben dem Rückerstattungsberechtigten, wenn dieser nicht bis zum 31. Dezember 1948 schriftlich und ausdrücklich auf seinen Rückerstattungsanspruch verzichtet hat, das Recht hat, den Anspruch anzumelden (A. 11), bietet dem besorgten Gesetzgeber noch nicht genügend Gewähr dafür, daß auch wirklich kein Inhaber irgendeines entzogenen Gegenstandes in dessen ungestörtem Genuß verbleibt. Er ordnet deshalb, vorbehaltlich eines solchen Verzichtes des Berechtigten an, daß auch die Staatsanwaltschaft am Sitze der zuständigen Wiedergutmachungskammer das Auge des Gesetzes aufzuhalten hat und den Rückerstattungsanspruch zugunsten einer in A. 10 vorgesehenen Nachfolgeorganisation geltend machen kann, wenn diese und der Berechtigte selbst die Anmeldefrist haben verstreichen lassen. Die Staatsanwaltschaft wird dazu jedoch nur in der Lage sein, wenn das Zentralanmeldeamt die nach A. 72 bei ihm eingehenden Anzeigen nicht nur an die Nachfolgeorganisation, sondern nach Ablauf der Anmeldefrist auch an die Wiedergutmachungskammern weiterleitet, wenn bei ihm kein Rückerstattungsanspruch angemeldet wurde.

Das Gesetz sagt: „Die Staatsanwaltschaft kann" doch durfte es nicht einmal dem pflichtmäßigen Ermessen der Staatsanwaltschaft anheimgestellt, sondern ihre Pflicht sein, den Anspruch geltend zu machen und das Wort „kann" nur bedeuten, daß sie dazu legitimiert ist.

2. Darüber, in welcher Form der Anspruch durch die Staatsanwaltschaft geltend zu machen ist, äußert sich das Gesetz nicht. Mit Rücksicht darauf, daß die Vorbereitung des Verfahrens durch Herbeiführung einer Äußerung der Beteiligten nach dem neunten Abschnitt dem Zentralanmeldeamt obliegt, dürfte die Staatsanwaltschaft den Anspruch beim Zentralanmeldeamt anzumelden haben, das diese Anmeldung dann wie eine andere zu behandeln hat. Warum nicht angeordnet wurde, daß das Zentralanmeldeamt von sich aus auf Grund der bei ihm eingegangenen Anzeigen ein Verfahren nach dem 9. Abschnitt einzuleiten und die Staatsanwaltschaft den Anspruch erst weiter zu verfolgen hat, wenn die Angelegenheit an die Wiedergutmachungsbehörde überwiesen ist, ist nicht recht verständlich. Es ist auch nicht klar, ob auf die Anmeldung durch die Staatsanwaltschaft hin die Nachfolgeorganisation vom Zentralanmeldeamt zuzuziehen ist, oder ob die Staatsanwaltschaft diese weiterhin vertritt. Ersteres hätte keinen rechten Sinn, da ja die Nachfolgeorganisation hätte anmelden können, wenn sie gewollt hätte, und es doch kaum richtig sein kann, daß sie auf die Anmeldung der Staatsanwaltschaft hin sich nun, mag sie wollen oder nicht, mit der Sache befassen muß.

3. Die Staatsanwaltschaft meldet zugunsten der Nachfolgeorganisation an, was zur Folge hat, daß nach A. 11 der Rückerstattungsanspruch auf diese übergeht. Auch hier ergibt sich die Frage, ob dies für den Berechtigten die Verpflichtungen aus A. 34, 44 zur Folge haben kann und ob die Anmeldung implizite eine Anfechtung nach A. 4 ist (s. 2 zu A. 4 und 4 zu A. 11).

Artikel 71

Zuständigkeitsbereinigung

1. Werden Ansprüche der in den Artikeln 1—48 bezeichneten Art in einem gerichtlichen Verfahren einschließlich der Zwangsvollstreckung[1] vom Berechtigten klage- oder einredeweise[1] geltend gemacht, so hat das Gericht die Wiedergutmachungsbehörde zu benachrichtigen[2], [3]. Das Gericht kann durch unanfechtbaren Beschluß das Verfahren aussetzen und die Zwangsvollstreckung einstweilen einstellen[1]; auf Ersuchen der Wiedergutmachungsbehörde sind diese Anordnungen zu treffen[3]. Die Wiedergutmachungsbehörde kann die Weiterbehandlung des Anspruchs nach Maßgabe dieses Gesetzes mit der Wirkung des Ausschlusses des Rechtsweges anordnen[4] oder mit Bindung für das Gericht dem Berechtigten die Geltendmachung des Anspruchs im ordentlichen Rechtsweg überlassen[5]. Findet ein Rechtsstreit durch Weiterbehandlung des Anspruches nach Maßgabe dieses Gesetzes seine Erledigung, so werden die Gerichtskosten niedergeschlagen, die außergerichtlichen Kosten gegeneinander aufgehoben[4].

2. Das Gericht hat dem Zentralanmeldeamt jede gemäß Abs. 1 getroffene Maßnahme mitzuteilen[6].

1. Artikel 71, ein neues Zweifelsfüllhorn, handelt wohl vorzugsweise von dem Fall, daß bei Inkrafttreten dieses Gesetzes Ansprüche „der in A. 1—48 verzeichneten Art", d. h. hier wohl Ansprüche, welche mit den Bestimmungen des allgemeinen bürgerlichen Rechts begründet wurden und denselben Inhalt zum Gegenstand haben wie Ansprüche, welche auf Grund der A. 1 bis 48 erhoben werden könnten, bereits vor den ordentlichen Gerichten anhängig gemacht worden und noch im Streit befangen sind oder sich schon im Stadium der Zwangsvollstreckung befinden. Ansprüche, welche lediglich nach diesem Gesetz begründet sind (z. B. gegen den gutgläubigen Inhaber), können vor den ordentlichen Gerichten bei seinem Inkrafttreten nicht anhängig gewesen sein. Wird der angegebene auch der Hauptfall der Anwendbarkeit des A. 71 sein, so ist diese, wie das Wort „werden" ergibt, trotz A. 57 doch nicht ausgeschlossen, wenn der Anspruch vor den ordentlichen Gerichten erst anhängig wurde, nachdem dieses Gesetz in Kraft getreten war. Mangels eines Gerichtsstands nach § 59 können vor den Gerichten Ansprüche verfolgt werden, die unter und die nicht unter A. 1—48 fallen, z. B. einen Entziehungsfall oder -gegenstand außerhalb der US.-Zone, nicht „feststellbares" Vermögen oder auch Schadensersatz wegen Gesundheitsbeschädigung (Körperverletzung) anläßlich (nicht als Folge) einer schweren Entziehung betreffen.

Die Geltendmachung eines derartigen Anspruches aus A. 1—48 mittels Einrede ist praktisch nur gegenüber einer negativen Feststellungsklage vorstellbar, wenn diese die Feststellung zum Ziele hat, daß dem Berechtigten keine Ansprüche gegen den Kläger zustehen. In einem solchen Streit könnte auch ein Anspruch nach diesem Gesetz einredeweise, jedoch nach A. 57 nicht auch durch Widerklage geltend gemacht werden.

Hat der Berechtigte (bei Inkrafttreten dieses Gesetzes bereits) ein ihm günstiges Urteil erwirkt, kann der Anspruch sich auch schon im Stadium der Zwangsvollstreckung befinden. Nur ist im allgemeinen nicht ersichtlich, wie dann noch ein Gericht damit befaßt sein könnte. Wir fassen A. 71 dahin auf, daß er in einem solchen Fall dem Vollstreckungsschuldner das Recht geben will, beim Prozeßgericht Einstellung der Zwangsvollstreckung zu beantragen.

2. Der Berechtigte soll von dem ordentlichen Gericht nicht ohne weiteres wegen Unzuständigkeit abgewiesen werden, weil sein Anspruch auch nach den Bestimmungen dieses Gesetzes begründet werden kann. Auch die negative Feststellungsklage soll nicht ohne weiteres wegen Unzuständigkeit abgewiesen werden. (Warum hier der Kläger geschützt wird, ist nicht ganz verständlich, auch nicht, warum der Berechtigte, der schon ein Urteil eines bürgerlichen Gerichts erwirkt hat, gehindert wird, es zu vollstrecken.)

3. Das ordentliche Gericht hat vielmehr die ordentliche Wiedergutmachungsbehörde zu benachrichtigen. Es kann das Verfahren aussetzen und die Zwangsvollstreckung einstellen, bis die Wiedergutmachungsbehörde Stellung genommen hat; es muß aussetzen und einstellen, wenn die Wiedergutmachungsbehörde darum ersucht. In jedem Falle ist der Aussetzungs- bzw. Einstellungsbeschluß unanfechtbar.

4. Die Wiedergutmachungsbehörde kann anordnen, daß der Anspruch im Verfahren nach diesem Gesetz „weiter zu behandeln" sei. Dann ist der Rechtsweg ausgeschlossen und der Rechtsstreit, auch die negative Feststellungsklage, vor dem ordentlichen Gericht für erledigt zu erklären. Die Gerichtskosten sind niederzuschlagen, also soweit ein Vorschuß bezahlt wurde, dieser zu erstatten. Die außergerichtlichen Kosten werden gegeneinander aufgehoben. Der Berechtigte muß dann den Anspruch aus diesem Gesetz im Verfahren nach diesem, also vor dem Zentralanmeldeamt anmelden, wenn er die Frist noch nicht versäumt hat, und der Anspruch noch nicht gemäß A. 11 auf die Nachfolgeorganisation übergegangen ist.

5. Die Wiedergutmachungsbehörde kann aber auch dem Berechtigten gestatten, den Anspruch im ordentlichen Rechtsweg weiterzuverfolgen. Dann kann das Gericht seine Zuständigkeit nicht verneinen. Bezüglich des anwendbaren materiellen Rechts (s. hierüber bei A. 57 und 60), insbesondere dieses Gesetzes und der nach diesem Gesetz bestehenden formalen Voraussetzungen des Anspruchs ändert sich dadurch nichts (vgl. bei A. 57). So kann er sich z. B. gegen den gutgläubigen Inhaber richten, aber die Frist des A. 56 muß gewahrt sein; zwar wirkt die Anmeldung durch die Nachfolgeorganisation auch zugunsten des Berechtigten (A. 56 Abs. 4 S. 2), aber er verliert die Aktivlegitimation zu ihren Gunsten, wenn er nicht auch selbst vor dem 31. Dezember 1948 anmeldet. Wir stellen dieser eigenen Anmeldung die Klage oder Widerklage vor den ordentlichen Gerichten gleich, wenn sie vor dem 31. Dezember 1948 erhoben wird (sehr zweifelhaft!), jedoch kann selbstverständlich eine nach dem 31. Dezember 1948 vor den ordentlichen Gerichten erhobene Klage die gemäß A. 56, 11 verlorengegangenen Ansprüche aus A. 1—48, auch soweit sie sich mit anderen Gesetzen (BGB.) begründen ließen (s. zu A. 57 und 60), auch dann nicht mehr retten, wenn auch die Nachfolgeorganisation die Anmeldung unterlassen und ein Rechtsübergang auf sie nicht stattgefunden, und die Wiedergutmachungsbehörde dem Berechtigten die Geltendmachung des Anspruchs vor den ordentlichen Gerichten überlassen hat. Zur Belassung bei den ordentlichen Gerichten eignet sich wohl insbesondere auch eine sich auf einen Verzicht des Berechtigten (s. zu A. 11) stützende Feststellungsklage.

6. Das Gericht hat dem Zentralanmeldeamt sowohl die Aussetzung eines Rechtsstreits und Einstellung einer Zwangsvollstreckung als auch die Stellungnahme der Wiedergutmachungsbehörde und das daraufhin Veranlaßte mitzuteilen.

Zwölfter Abschnitt

Kostenbestimmungen

Artikel 72

Kosten

1. Das Verfahren vor den Wiedergutmachungsorganen ist grundsätzlich gerichtskostenfrei. Im übrigen werden Ausführungsverordnungen die Tragung und Festsetzung von Kosten, Gebühren und Auslagen regeln[1].

2. Der Berechtigte ist verpflichtet, Vorschüsse oder Sicherheit für Kosten zu leisten[2].

1. Die Gerichtskostenfreiheit gilt nicht nur, wie beinahe selbstverständlich, zugunsten des Berechtigten, sondern auch der übrigen Beteiligten. Ausführungsverordnungen sind bis jetzt nicht ergangen.

2. Abs. 2 bezieht sich nicht auf das Verhältnis des Berechtigten zu seinem Sachwalter, wie die Erwähnung der Vorschüsse, zu denen er gegenüber dem Pflichtigen ohnedies nicht verpflichtet ist, zu glauben verleiten könnte. Denn für das Verhältnis zu seinem Sachwalter können nur die Vereinbarungen mit diesem, und niemand kann verpflichtet sein, ohne Vorschuß oder Sicherheit für eine Vergütung seiner Mühewaltung tätig zu werden. Dagegen hat Abs. 2 Bedeutung für die sogenannte „Ausländersicherheit" nach §§ 110ff. ZPO.; diese kann der Gegner des Berechtigten nicht verlangen.

Dreizehnter Abschnitt.

Anzeigepflicht und Strafbestimmungen

Artikel 73

Anzeigepflicht[1]

1. Wer[6] Vermögensgegenstände, von denen er weiß oder den Umständen nach annehmen muß[2], [5],

a) daß sie im Sinne des Artikels 2 dieses Gesetzes entzogen sind[3], [4] oder

b) daß eine solche Entziehung nach den Vorschriften des Artikels 3 Absatz 1 vermutet wird[3] oder

c) daß sie zu irgendeiner Zeit Gegenstand eines Rechtsgeschäftes waren, das nach den Bestimmungen des Artikels 4 Absatz 1 angefochten werden kann[3],

im Besitz hat[7] oder zu irgendeinem Zeitpunkt, nachdem der Verfolgte über sie verfügt hat oder sie ihm entzogen worden sind, im Besitz hatte[7], muß dies schriftlich dem Zentralanmeldeamt bis zum 15. Mai 1948 anzeigen[8]. Die Anzeige muß genaue Angaben darüber enthalten, wie der Anzeigeerstatter in den Besitz des Vermögensgegenstandes gelangt ist, sie muß Namen und Wohnort desjenigen angeben, von dem der Anzeigeerstatter den Vermögensgegenstand erhalten hat, das entrichtete Entgelt, und, falls der Vermögensgegenstand nicht mehr im Besitz des Anzeigeerstatters ist, den Namen desjenigen, an den der Vermögensgegenstand übertragen worden ist.

2. Die Anzeigepflicht entfällt[9]:

a) Bei beweglichen Sachen, die im Wege des ordnungsmäßigen, üblichen Geschäftsverkehrs aus einem einschlägigen Unternehmen erworben worden sind; anzeigepflichtig sind jedoch Sachen, die im Wege der Versteigerung erworben worden sind, oder in Unternehmen, die sich mit der Versteigerung oder sonstigen Verwertung entzogener Vermögensgegenstände in erheblichem Maße befaßten[10];

b) bei beweglichen Sachen, deren Wert im Zeitpunkt der Entziehung den Betrag von RM. 1000.— nicht überstiegen hat[11];

c) bei Schenkungen zwischen nahen Verwandten (§ 52 Absatz 2 StGB.) und bei unzweifelhaften Anstandsschenkungen[12];

d) bei bereits zurückerstatteten Vermögensgegenständen und bei solchen Vermögensgegenständen, auf deren Rückerstattung der Berechtigte in der Zeit vom 8. Mai 1945 bis zum Inkrafttreten dieses Gesetzes ausdrücklich schriftlich verzichtet hat[13].

3. Eine gemäß Absatz 1 erstattete Anzeige darf im Verfahren vor den Wiedergutmachungsorganen nicht als Geständnis des Anzeigenden gewertet werden, daß die angemeldeten Vermögensgegenstände der Rückerstattung unterliegen; ebensowenig darf eine solche Anzeige als Verzicht auf einen Einwand ausgelegt werden, den der Anzeigende hätte geltend machen können, wenn er die Anzeige nicht erstattet hätte. Die Anzeige kann jedoch als ein Geständnis in bezug auf die darin mitgeteilten Tatsachen gewertet werden[14].

4. Das Zentralanmeldeamt hat nach Erhalt einer auf Grund der Bestimmungen dieses Artikels erstatteten Anzeige eine Abschrift der Anzeige an die zuständige Wiedergutmachungsbehörde oder die zuständigen Wiedergutmachungsbehörden in dem Bezirk weiterzuleiten, in dem sich irgendwelche in der Anzeige in bezug genommene Vermögensgegenstände befinden. Die Einsicht in alle gemäß den Vorschriften dieses Artikels erstatteten Anzeigen ist gestattet[15].

1. Zweck der Vorschrift ist, zu gewährleisten, daß alles unter dieses Gesetz fallendes Vermögen erfaßt wird. Kein entzogener Vermögensgegenstand soll dem Berechtigten bloß deshalb vorenthalten bleiben, weil sein Verbleib unaufgeklärt ist. Darum wird eine umfassende Anzeigepflicht bestimmt, die nicht nur dem gegenwärtigen „Inhaber der Eigentümerstellung" obliegt; denn es könnte sein, daß gerade diesem selbst die Herkunft des Gegenstandes unbekannt, oder daß er böswillig ist. Anzeigepflichtig ist deshalb nicht nur letzterer, sondern jeder der den Gegenstand nach der Entziehung in Besitz hatte oder hat. Allgemeine Voraussetzung der Anzeigepflicht ist nur, daß der gegenwärtige oder frühere Besitzer weiß oder den Umständen nach annehmen muß, daß der Gegenstand im Sinne des A. 2 (s. die Erläuterung zu diesem) entzogen ist. Dabei muß er sich aber auch die gesetzliche Entziehungsvermutung des A. 3 zu eigen machen; es genügt deshalb schon, daß er weiß oder annehmen muß, daß Umstände vorliegen, auf Grund deren nach A. 3 (s. dort) gesetzlich vermutet wird, daß der Vermögensgegenstand entzogen wurde. Ja darüber hinaus genügt für die Anzeigepflicht, daß nach A. 4 (s. dort) das Rechtsgeschäft angefochten werden kann, durch welches der Gegenstand von dem ehemals jüdischen Eigentümer veräußert wurde.

2. „Von denen er weiß oder den Umständen nach annehmen muß". Der Begriff des Wissens und des Nach-den-Umständen-annehmen-müssens deckt sich mit dem gleichlautenden strafrechtlichen Begriff des § 259 StGB. Letzterer schließt nur eine Beweisregel ein, es wird vermutet, daß jemand tatsächlich gewußt hat, was nach den Umständen jeder Einsichtige annehmen mußte; doch ist dies widerlegbar. Die Vermutung bedeutet also nicht etwa, daß ein Nichtwissen die Anzeigepflicht begründet, wenn es auf Fahrlässigkeit beruht; bei Nichtwissen besteht sie vielmehr nie, auch in diesem Falle nicht. Weiter gehen aber für Grundstücke und grundstücksgleiche Rechte und Vermögensgegenstände, die in öffentliche Register eingetragen sind, A. 74, 77. Entscheidend für die Frage der Kenntnis und Kenntnisvermutung ist selbstverständlich der Zeitpunkt der Anzeigepflicht (nicht des Erwerbs des Vermögensgegenstands) und zwar in jeder Hinsicht: Wenn zum Beispiel jemand infolge inzwischen vorgeschrittenen hohen Alters oder sonstigen Geistesverfalls den Sachverhalt vergessen hat, ist er nicht anzeigepflichtig, auch wenn er ihn früher kannte; die gegen ihn sprechende Vermutung wird er freilich durch Gutachten eines ärztlichen Sachverständigen entkräften müssen.

3. a) Die (vorhandene oder unwiderlegt vermutete) Kenntnis muß, um die Anzeigepflicht zu begründen, sich beziehen auf das Zusammentreffen aller Umstände die nach A. 2 und 1 erforderlich sind und genügen, um zusammen einen Entziehungsfall des A. 2 in Ansehung des Gegenstandes darzustellen, um dessen Anzeige es sich handelt.

Bei Entziehung durch Mißbrauch von Staatsgewalt gehört also zur Kenntnis, welche die Anzeigepflicht begründet, die Kenntnis des besonderen Umstandes, welche den Staatsakt, die gerichtliche oder behördliche Entscheidung oder Maßnahme trotz der äußeren Übereinstimmung mit allgemeinen Vorschriften gemäß Abs. 4 des A. 2 mißbräuchlich macht.

Selbstverständlich ist, daß es sich auch um eine Entziehung handeln kann die sich gegen Halbjuden, jüdisch Versippte, oder nicht rassisch, sondern politisch oder weltanschaulich Verfolgte gerichtet hat.

b) Zur Begründung der Anzeigepflicht genügt aber auch schon die (vorhandene oder unwiderlegt vermutete) Kenntnis derjenigen Umstände, welche die gesetzliche Entziehungsvermutung des A. 3 begründen, hienach insbesondere der Zugehörigkeit des ehemaligen Eigentümers zu einer Gruppe von Personen, welche in ihrer Gesamtheit aus Gründen der Rasse, Religion, Nationalität, Weltanschauung oder politischen Gegnerschaft gegen den Nationalsozialismus durch Maßnahmen des Staates oder der NSDAP. aus dem kulturellen und wirtschaftlichen Leben Deutschlands ausgeschaltet werden sollte. (Juden, jüdische Gesellschaften des Handelsrechts, Gewerkschaften, Konsumvereine, Kongregationen, Bibelforscher, Gesellenvereine, Studentenvereine, Monisten usw.) In einzelnen Gegenden Deutschlands wurden auch Kirchen, besonders katholische und Klosterkirchen, namentlich ihrer Kunstschätze systematisch beraubt. Auf längere Sicht war von dem Nationalsozialismus sicher auch die Ausschaltung der Kirchen aus dem kulturellen Leben Deutschlands geplant. Man wird daher wohl nicht zu weit gehen, wenn man auch ehemaliges Kirchengut der Entziehungsvermutung des A. 3 unterwirft. Die Entziehungsvermutung besteht nach A. 2 nur für Rechtsgeschäfte, die in der Zeit vom 30. Januar 1933 bis 8. Mai 1945 abgeschlossen worden sind. Die vorhandene oder zu vermutende Kenntnis muß sich also auch darauf beziehen, daß das Entziehungsrechtsgeschäft in diese Zeit fällt.

Die Entziehungsvermutung kann nach Abs. 2 und 3 des A. 3 dadurch widerlegt sein, daß dem Veräußerer ein angemessener in voller Höhe frei verfügbarer Kaufpreis bezahlt wurde. Es fragt sich daher, ob die Kenntnis, daß ein solcher bezahlt worden ist, die Anzeigepflicht ausschließt. Wir verneinen diese Frage, nicht nur aus dem vielleicht nur formalen Grunde, daß A. 73 nur den Abs. 1 des A. 3 erwähnt, sondern auch aus inneren Gründen. Der Anzeigepflichtige soll nicht selbst darüber entscheiden können, ob der Kaufpreis angemessen war. Er würde dies freilich auf eigene Gefahr tun. Aber die Entziehungsvermutung ist ja auch auf andere Weise widerlegbar. Es müßte also die Anzeigepflicht auch sonst entfallen, wenn der Anzeigepflichtige Umstände kennt oder zu kennen glaubt, welche die Entziehungsvermutung widerlegen. Damit verliert man den Boden unter den Füßen.

c) Endlich wird die Anzeigepflicht auch durch die (vorhandene oder unwiderlegt vermutete) Kenntnis der Umstände begründet, auf Grund deren das von dem Verfolgten bezüglich des zur Anzeige stehenden Vermögensgegenstandes selbst abgeschlossene Veräußerungs- oder Aufgabegeschäft nach A. 4 anfechtbar ist. Auch hier muß die Kenntnis das Datum des Geschäftes wenigstens insoweit umfassen, daß der Anzeigepflichtige weiß oder den Umständen nach annehmen muß, daß es nicht vor dem 15. September 1935 abgeschlossen wurde. Es genügt aber die Kenntnis der Anfechtbarkeit. Es braucht nicht hinzuzukommen die Kenntnis, ja nicht einmal die Tatsache der Anfechtung (Anmeldung). Dagegen wird hier die Kenntnis der Anfechtbarkeit durch die umfängliche Bezugnahme des A. 73 auf den ganzen Absatz 1 des A. 4 anscheinend, wenn auch unseres Dafürhaltens rechtspolitisch nicht begründet, ausgeschlossen durch die Kenntnis der Tatsachen, welche nach A. 4 Abs. 1a und b, wozu Abs. 2 und 3 nur Ergänzungen bilden, die Anfechtung ausschließen.

4. a) Geschenke (s. hierüber die Erläuterungen zu A. 5) sind, soweit die Vermutung des A. 5 Satz 1 zu Recht besteht und nicht widerlegt wird, nicht entzogen (s. zu A. 6). Wenn die Vermutung des A. 5 gebrochen wird, fallen sie unter die Entziehungsvermutung des A. 3 und sind, wenn diese widerlegt wird, nach A. 4 anfechtbar. Vorbehaltlich der Ausnahmen des Abs. 2b bis d sind sie also anzeigepflichtig.

b) Treugut und in Verwahrung gegebene Gegenstände, desgleichen Geschenke, für welche die Verwahrungsvermutung des A. 5 besteht, sind nicht entzogen (s. zu A. 6) und deshalb auch nicht anzuzeigen.

Ist ein Verwahrer des A. 6 verstorben und der Vermögensgegenstand von seinem Erben in Eigenbesitz genommen worden, weil letzterer von dem aus Furcht vor Entdeckung stets geheimgehaltenen Verwahrungsvertrag nichts gewußt hat, weiß er aber, daß der Vermögensgegenstand aus dem Besitz eines Verfolgten stammt, ist er anzeigepflichtig, da die Entziehung in dem Augenblick der Begründung des Eigenbesitzes vor sich gegangen ist. Aus dem gleichen Grunde ist auch der ursprünglich redliche, mitunter noch weiterhin scheinbare Verwalter oder Treuhänder, der später unredlich geworden ist, den Vermögensgegenstand in Eigenbesitz genommen und damit durch unerlaubte Handlung (Unterschlagung) entzogen hat, anzeigepflichtig, doch ist er infolge seines allgemeinen Zeugnisverweigerungsrechtes nicht zur Mitteilung der Umstände verpflichtet, unter welchen er in den Besitz des Vermögensgegenstandes gelangt ist, es sei denn, daß die Strafverfolgung wegen seiner strafbaren Handlung bereits verjährt ist.

5. Irrtum über Tatsachen, auch über solche, welche den Entziehungstatbestand, die Entziehungsvermutung oder die Anfechtbarkeit ausschließen, schließt das Wissen aus. Dies kann in der Praxis Schwierigkeiten verursachen, wenn es sich mehr um Wahrscheinlichkeitsurteile als um Kenntnis positiver Tatbestände, wie etwa darum, ob ein Geschäft auch ohne Herrschaft des Nationalsozialismus abgeschlossen worden wäre (Ab. 4 Abs. 1 lit. b) oder um innere Vorgänge, wie etwa darum handelt, wodurch ein Verfolgter, z. B. ob durch eine Drohung, zu einem Veräußerungsgeschäft bestimmt worden ist.

Was die Erheblichkeit eines Rechtsirrtums betrifft, so ist diese zunächst für die Frage zu untersuchen, in welchem Umfange ein Rechtsirrtum die Verletzung der Anzeigepflicht ausschließt. Die Artikel 2 bis 4 verwenden Rechtsbegriffe und setzen zum Teil rechtliche Tatbestände voraus, z. B. „begründete" Anwartschaft, „widerrechtliche" Wegnahme, worüber ein in dem hier erörterten Sinn erheblicher Irrtum sehr wohl möglich ist. A. 73 verwendet selbst Rechtsbegriffe, wie „im Besitze haben", die einen Irrtum über ihren Inhalt keineswegs ausschließen. Wiederum verweisen die A. 2 bis 4 summarisch durch die Verwendung von Begriffen wie „gute Sitten", „unerlaubte Handlung" auf Tatbestände, die darunter zusammengefaßt werden und sich entweder aus anderen gesetzlichen Bestimmungen oder aus dem allgemeinen Volksethos ergeben. Hier kann sich niemand damit ausreden, daß er ein Rechtsgeschäft, das gegen das Anstandsgefühl aller billig und gerecht Denkenden verstieß, als durchaus damit vereinbar angesehen, oder eine unerlaubte Handlung für erlaubt gehalten habe. Selbstverständlich gilt auch hier Abs. 2 des A. 2, der es ausschließt, sich auf diskriminierende allgemeine Anschauungen während der Herrschaft des Nationalsozialismus zu berufen. Ein Rechtsirrtum über die Rechtsfolgen einer Entziehung insbesondere darüber, ob die Entziehung eine Rückerstattungspflicht zur Folge hatte, scheidet schon um deswillen aus, weil nicht die Kenntnis der Rückerstattungspflicht, sondern die Kenntnis der Entziehung, Entziehungsvermutung, Anfechtbarkeit zur Anzeige verpflichtet. Der Irrtum über die Strafbarkeit der Verletzung der Anzeigepflicht scheidet gemäß allgemeinen strafrechtlichen Grundsätzen aus.

6. „Wer usw.". Um den Kreis der anzeigepflichtigen Personen abzustecken, ist daran zu erinnern, daß nach unseren Erläuterungen unter 3 zu A. 59 ein Rückerstattungsverfahren voraussetzt, daß der Entziehungsgegenstand sich in der US.-Zone befindet (oder wenigstens einmal befunden hat), weil andernfalls keine Zuständigkeit für irgendeine Wiedergutmachungsbehörde gegeben ist.

Aus dieser Voraussetzung folgt denknotwendig aber weder, daß die materielle Rückerstattungspflicht nicht auch Personen treffen kann, die sich in der US.-Zone befinden, auch wenn der Gegenstand sich niemals in dieser befunden hat, noch, daß solche Personen bloß aus letzterem Grunde nicht anzeigepflichtig seien. Wir neigen vielmehr dazu, die Anzeigepflicht für alle Personen zu bejahen, welche sich in der US.-Zone befinden, auf welche die Voraussetzungen des A. 73 zutreffen, auch wenn der Entziehungsgegenstand sich niemals in der US.-Zone befunden und der Entziehungstatbestand sich nicht in dieser zugetragen hat. Auch in diesem Falle kann die Anzeige für den Verfolgten sehr wertvoll sein.

7. Nicht nur der rückerstattungspflichtige gegenwärtige Inhaber der Eigentümerstellung (A. 14) oder der Entzieher ist anzeigepflichtig, sondern jeder, der den entzogenen Vermögensgegenstand im Besitz hat oder zu irgendeiner Zeit nach der Entziehung im Besitz gehabt hat.

Wieder (vgl. Anm. 11 zu A. 30) bereitet es Schwierigkeiten festzustellen, welche Art von Besitz gemeint ist. Der englische Text spricht von „has or has had in possession". Ähnlich spricht er in A. 14 von possessor, wo der deutsche Text diesem den „Inhaber der Eigentümerstellung" gleichstellt; ebenso in A. 30 Abs. 2 „possessor or former possessor", wo der deutsche Text gar von „Inhaber" spricht, wohl dadurch verführt, daß der englische Text in A. 31 Abs. 2, hier sicher ohne über A. 30 Abs. 2 hinausgehen zu wollen, den Ausdruck wechselt und statt des Ausdrucks „possessor or former possessor" den Ausdruck „holder or former holder" gebraucht. Bei diesem Mummenschanz, den die Gesetzessprache für das von ihr Gemeinte treibt, haben es die Ausleger schwer, dies zu erraten. Wir haben in Anm. 11 zu A. 30 begründet, warum wir dort unter dem Inhaber des Abs. 2 dasselbe wie unter dem Inhaber der Eigentümerstellung in A. 14, gestützt auf den Gleichlaut des englischen Textes, verstehen. Anders als dort, den Kreis der schadensersatzpflichtigen, hat es hier einen guten Sinn, den Kreis der anzeigepflichtigen Personen, soweit wie möglich zu ziehen. Wir verkennen nicht, daß dem mehrfache Bedenken entgegenstehen: Einmal der enge Ausdruck „Besitz" („possession"), ferner der weiterhin aus dessen Wahl zu ziehende Schluß, daß der Gesetzgeber sich die persönliche Reichweite der Anzeigepflicht nicht bei der Auswahl des Ausdrucks „Besitz", sondern bei der Erstreckung auf früheren Besitz überlegt und durch diese genügend zu wahren geglaubt hat, endlich aber besonders die Strafbarkeit der Verletzung der Anzeigepflicht, welche nach grundsätzlicher strafrechtlicher Regel bei Zweifelhaftigkeit der Auslegung — hier infolge des engen gesetzlichen Ausdrucks und der Unbeständigkeit der gesetzlichen Ausdrucksweise — nur die dem Strafbaren günstigste, engste Auslegung zuläßt, so daß hiernach unter „Besitz" („possession") auch hier nur die Eigentümerstellung des A. 14 („possessor") zu verstehen wäre. Aber mit dieser Auslegung würde man den Zweck der Vorschrift in so weitem Maße illusorisch machen, daß man sie nicht akzeptieren kann. Wir glauben wegen des Zwecks der Vorschrift vielmehr umgekehrt, daß man sich über alle die zahlreichen und wohl auch gewichtigen dargelegten Bedenken hinwegsetzen und eine weite Auslegung üben muß. Danach ist anzeigepflichtig jeder, der einen objektiv anzeigepflichtigen Vermögensgegenstand in mittelbarem oder unmittelbarem Eigen- oder Fremd-, Allein- oder Mitbesitz gehabt hat. Dabei wird es auf das Vorliegen eines Besitzes im Sinne des BGB. nicht einmal ankommen und, wenn nicht etwa schon die bloß vorübergehende Innehabung, so doch die Ausübung der tatsächlichen Gewalt als Besitzdiener ausreichen. Andererseits kann auch weitherzigste Auslegung bezüglich einer bloßen Geldforderung oder eines Rechts nicht wohl von einem Besitz sprechen. Geldforderungen und immaterielle Rechte fallen also objektiv aus der Anzeigepflichtigkeit heraus. Dies dürfte damit zusammenhängen, daß hier das Bedürfnis nach einer Anzeigepflicht wesentlich abgemildert ist, weil der Berechtigte unschwer durch Erkundigung bei dem Schuldner oder bei Stellen, wo sein Recht registriert war, erfahren kann, was aus seiner Forderung oder seinem Recht geworden ist.

Anzeigepflichtig sind sonach u. a. Versteigerer wegen der von ihnen versteigerten Gegenstände, auf welche A. 1 bis 4 anwendbar sind, alle Banken und Bankiers, nicht nur wegen von ihnen erworbener, sondern auch wegen von ihnen für einen Verfolgten verwahrter und wegen Verfallserklärung an die Preußische Staatsbank (Seehandlung) abgelieferter oder zum Verkauf übernommener oder für dritte Personen verwahrter Vermögensgegenstände (insbesondere Wertpapiere), wenn sie wissen oder den Umständen nach annehmen müssen, daß diese entzogen waren oder als entzogen vermutet werden oder daß ihre Veräußerung durch den ehemaligen jüdischen Eigentümer nach A. 4 angefochten werden kann, nicht auch wegen des Inhalts von Schrankfächern, der ohne ihre Mitwirkung abgeliefert worden ist, da sie daran niemals Besitz oder tatsächliche Gewalt ausgeübt haben, und nicht auch wegen des Inhalts verschlossener Depots (aus demselben Grunde), auch nicht wegen der Guthaben auf Konten von Verfolgten, weil man auch hier nach keiner Auslegung des Wortes „Besitz" davon sprechen kann; der Mangel dieser öffentlich-rechtlichen Anzeigepflicht schließt natürlich nicht aus, daß nach A. 35 oder in vielen ja den meisten dieser Fälle privatrechtlich eine Auskunftspflicht nach BGB. (z. B. nach §§ 810, 811) gegenüber dem Verfolgten oder seinen Erben und sonstigen Rechtsnachfolgern z. B. der Nachfolgeorganisation (A. 10, A. 11 Abs. 2) besteht.

8. Die Anzeige ist an das Zentralanmeldeamt in Bad Nauheim und zwar schriftlich, also eigenhändig unterschrieben (§ 126 BGB.), zu erstatten. Durch eine mündliche Anzeige wird der Anzeigepflicht nicht genügt und die Straffälligkeit (A. 75) nicht vermieden. Vertretung ist zulässig. Die Anzeige muß den durch A. 73 Satz 2 vorgeschriebenen Mindestinhalt haben, ohne den sie der gesetzlichen Pflicht nicht genügt und die Straffälligkeit nicht vermeidet (vgl. auch AVO. Nr. 2 nebst Anh. B, abgedr. S. 288). Die Anzeige muß bis zum 15. August 1948 beim Zentralmeldeamt eingegangen sein; der ursprüngliche Termin vom 15. Mai ist lt. Mitteilungsbl. des Bayer. Landesamts für Vermögensverwaltung und Wiedergutmachung 1948 S. 83 verlängert worden. Verspätet sich die Anzeige mit oder ohne Schuld des Anzeigepflichtigen, bleibt dieser gemäß A. 75 Ziff. 2 straffrei, wenn er die Anzeige vor der Entdeckung seiner Unterlassung freiwillig nachholt oder ergänzt („tätige Reue").

Ist der Anzeigepflichtige infolge Unkenntnis der mitzuteilenden Tatsachen nicht in der Lage sie anzugeben, ohne daß diese Unkenntnis auf fahrlässiger Nachlässigkeit beruht, so begründet die Unvollständigkeit seiner Anzeige keine Strafbarkeit (A. 75 Abs. 1 a). Natürlich hat der Anzeigepflichtige die Pflicht nachzuforschen.

9. Abs. 2 stellt eine Reihe von Ausnahmen von der Anzeigepflicht auf. Diese decken sich nicht etwa mit den Ausnahmen von der Rückerstattungspflicht. Gutgläubig erworbene Inhaberpapiere, deren Erwerb nach A. 21 geschützt ist, gutgläubig erworbenes Geld (A. 20) ist von der Anzeigepflicht, Entziehung oder Entziehungsvermutung oder Anfechtbarkeit der Veräußerung durch den ehemaligen jüdischen Eigentümer vorausgesetzt, nicht ausgenommen, wahrscheinlich deshalb nicht, weil in der Mehrzahl dieser Fälle die Anzeigepflicht schon durch Mangel der Kenntnis der Entziehung für den gegenwärtigen Besitzer ausgeschlossen sein dürfte.

10. Lit. a deckt sich großenteils mit A. 19, weshalb auf die Erläuterungen zu A. 19 verwiesen werden kann, wenn lit. a auch insofern weiter als A. 19 geht, als die Ausnahme von der Anzeigepflicht auch für Kultgegenstände und Gegenstände von besonderem künstlerischen oder wissenschaftlichen oder persönlichen Erinnerungswert gilt (den ja doch niemand kennen kann), die aus Privatbesitz stammen. Leider geht aus A. 73 lit. a nicht klar hervor, ob die Anzeigepflicht nur für denjenigen entfällt, der selbst den Erwerb in der vorgesehenen Weise gemacht hat, oder auch für den Nachfolger eines solchen Erwerbers (vgl. damit A. 19). Wir entscheiden uns für letzteres, da ein Wiederaufleben der Anzeigepflicht durch die Veräußerung nicht sinnvoll erscheinen dürfte.

11. Lit. b scheint klar zu sein, ist das aber nicht. Die Bestimmung wäre klar, wenn es hieße „bei einer beweglichen Sache". Auch der englische Text „Tangible personal property" läßt sowohl die Deutung zu, daß bei einer Mehrheit, einem Inbegriff von Sachen die Ausnahme von der Anzeigepflicht schon gegeben ist, wenn keine von ihnen den Wert von RM. 1000.— überstieg, als auch, daß in solchem Falle die Ausnahme voraussetzt, daß die Sachen zusammen nicht mehr als tausend RM. wert waren. Mit logischen Erwägungen läßt sich die vom Gesetzgeber offengelassene Frage nicht entscheiden. Würde man sie in dem Sinn lösen, daß immer jede einzelne Sache mehr wert als RM. 1000.— gewesen sein muß, um anzeigepflichtig zu sein, so würde fast aller entzogener Hausrat und selbst die Mehrzahl einzelner Kunstgegenstände von der Ausnahme betroffen werden. Es ist auch kein innerer Grund einzusehen, warum jemand der zwei entzogene orientalische Brücken besitzt, von denen jede RM. 800.— wert war, nicht anzeigepflichtig sein soll, wohl aber jemand, der nur eine im Wert von RM. 1050.— besitzt. Andererseits wieder scheint uns nach dem Zwecke der Vorschrift die Ausnahme vorzuliegen, wenn jemand durch eine Mehrzahl von Erwerbsakten eine größere Anzahl von Gegenständen zusammengetragen hat, die zusammen mehr wert gewesen sind als RM. 1000.—, unter denen sich aber kein einzelner im Werte von RM. 1000.— befand. Wir halten die Ausnahme also nicht für anwendbar, wenn ein einzelner Gegenstand oder eine Mehrzahl zusammenhängend erworbener Gegenstände mehr als RM. 1000.— wert gewesen ist. Dabei glauben wir, daß man eine Mehrzahl auf einer und derselben Versteigerung erworbener Gegenstände dann als zusammenhängend erworben ansehen muß, wenn sie dieselbe Provenienz hatten. Aber diese wird oft schwer zu ermitteln und dem Erwerber oft nicht bekannt gewesen sein.

12. Vgl. 4 a. Anstandsschenkungen sind keine Entziehungen und schon nach Abs. 1 nicht anzeigepflichtig. Daß dies nur für unzweifelhafte Anstandsschenkungen gilt, ist im Grunde selbstverständlich. Um eine echte Ausnahme handelt es sich hierbei nicht.

Anderes kann für Schenkungen an nahe Angehörige gelten. Sie brauchen keine Entziehung zu sein, können es aber sein, da sie durch Verfolgungsmaßnahmen herbeigeführt worden sein können, und fallen sogar unter die Entziehungsvermutung des A. 3; wird diese gebrochen, unter die Anfechtbarkeit des A. 4. Gleichwohl sind sie von der Anzeigepflicht ausgenommen, wenn sie stattfanden unter Verwandten und Verschwägerten auf- und absteigender Linie,

Adoptiv- und Pflegeeltern und -kindern, Ehegatten, Geschwistern und deren Ehegatten oder unter Verlobten. Meist wird der Beschenkte der arische Ehegatte einer Mischehe oder das aus einer solchen hervorgegangene Kind oder ein Pflegekind sein. Aber die Bestimmung gilt auch für Schenkungen eines nicht rassisch, sondern politisch Verfolgten.

13. Vgl. die Erläuterungen zu Abs. 3 des A. 11. Warum ein nach dem Inkrafttreten des Gesetzes vor dem 15. August 1948 ausgesprochener Verzicht des Berechtigten ohne Einfluß auf die Anzeigepflicht ist, hat den Auslegern nicht eingeleuchtet.

14. Ein Anerkenntnis des Rückerstattungsanspruchs, d. h. der aus den Angaben der Anzeige etwa abzuleitenden Rechtsfolgen, darf in der Anzeige nicht erblickt werden, ebensowenig wie ein Verzicht auf Einwendungen oder Rechte, oder wie ein Verzicht auf die Geltendmachung irgend welcher dem Anzeigenden in irgendeinem Sinn günstiger Tatsachen, welche nach Satz 2 in der Anzeige nicht anzugeben sind; ihre Geltendmachung im Rückerstattungsverfahren bleibt unbeschränkt zulässig. Dagegen kann die Anzeige als Geständnis in bezug auf die in der Anzeige enthaltenen Angaben gewertet werden. Diese Vorschrift ist angesichts des im Verfahren über die freiwillige Gerichtsbarkeit (s. A. 67 Abs. 2) geltenden Untersuchungsgrundsatzes nur von geringer Bedeutung. Überdies ist auch bei Geltung der Verhandlungsmaxime das durch einen Irrtum veranlaßte der Wahrheit nicht entsprechende Geständnis widerruflich (§ 290 ZPO.). Auch von einem strafprozessualen Geständnis würde gelten, daß es das Gericht der Untersuchungspflicht nicht überhebt, wenn es widerrufen wird.

15. Die Einsicht ist jedermann gestattet. Sie setzt nicht den Nachweis oder die Glaubhaftmachung eines rechtlichen oder irgendwelchen Interesses voraus.

Da der Staatsanwaltschaft trotz ihrer Antragspflicht gemäß A. 70 keine Abschrift der Anzeige zuzuleiten ist, muß diese also selbst bei den Wiedergutmachungsbehörden ihres Bezirks die eingetroffenen Anzeigen mit den beim Zentralanmeldeamt oder bei den Wiedergutmachungsbehörden ihres Bezirks eingelaufenen Anmeldungen bzw. den bei letzteren anhängig gewordenen Verfahren vergleichen, um feststellen zu können, ob für sie Anlaß besteht, einen Antrag gemäß A. 70 zu stellen.

Artikel 74

Pflicht zur Einsicht des Grundbuches und anderer öffentlicher Register

1. Wer ein Grundstück oder ein grundstücksgleiches Recht besitzt, ist verpflichtet, sich durch Einsicht des Grundbuches zu vergewissern, daß es sich nicht um einen anzeigepflichtigen Vermögensgegenstand handelt[1], [2]. Das gleiche gilt von Vermögensgegenständen, die in andern öffentlichen Registern eingetragen sind[3].

2. Erlangt eine Behörde oder öffentliche Dienststelle Kenntnis von dem Verbleib eines anzeigepflichtigen Vermögensgegen-

standes, so hat sie unverzüglich dem Zentralanmeldeamt Mitteilung zu machen. Artikel 73 Absatz 4 gilt entsprechend[4].

1. Die Unterlassung als solche, die Pflicht, sich zu vergewissern, nicht erfüllt zu haben, ist nicht strafbar. Die Pflicht besteht zudem nur, wenn die Möglichkeit einer Entziehung vorhanden ist. Wer ein Grundstück schon vor 1933 selbst besessen hat, braucht natürlich nicht etwa den Kopf im Grundbuch zu vergraben. Überhaupt liegt die Strafbarkeit immer in der unterlassenen Anzeige des Besitzes eines entzogenen Gegenstandes. Jedoch legt Artikel 74 in Verbindung mit Artikel 77 fest, daß die Unterlassung der Anzeige des Besitzes eines entzogenen Gegenstands, wenn sie auf Unkenntnis von Tatsachen beruht, welche aus dem Grundbuch oder öffentlichen Registern hervorgehen, immer fahrlässig, wenn nicht gar vorsätzlich (A. 77), im Sinne der Strafbestimmung des Artikel 75 ist.

Stand etwa dem Anzeigepflichtigen das Grundbuch zur Einsicht nicht zur Verfügung, z. B. weil es zum Schutze vor Kriegseinwirkungen verlagert und noch nicht an Ort und Stelle zurückgebracht worden ist, so kann es mitunter unmöglich (oder doch unzumutbar) sein, sich durch Einsicht des Grundbuchs dessen zu versichern, daß es sich nicht um einen anzeigepflichtigen Gegenstand handelt; dann beschränkt sich die Pflicht zur Nachforschung auf die Pflicht, Grundbuchblattabschriften oder Auskünfte anzufordern.

Andererseits braucht der Pflicht persönliche Einsicht nicht zu genügen. Wer im Grundbuch nicht lesen kann, — und die allerwenigsten können es — wird einen sachkundigen Leser (Notar oder Rechtsanwalt, Bürovorsteher, Grundstücksmakler) beauftragen müssen. Umgekehrt wird aber mit dem einem Sachkundigen erteilten Auftrag, das Grundbuch einzusehen, der Pflicht immer genügt sein.

2. Die Pflicht beschränkt sich nicht auf die Einsicht in das Grundbuch selbst, aus dem nicht immer ersichtlich zu sein braucht, daß das Grundstück entzogen ist, sondern erstreckt sich auch auf die Einsicht in die Grundbuchakten, in welchem sich die Vertragsurkunden befinden. Aus diesen geht — wenigstens, soweit es sich um jüngere Verträge handelt — stets hervor, ob der Veräußerer ein Jude war oder nicht (nicht auch ob er sonst verfolgt war), da die Notare allgemein angewiesen waren, die Beteiligten diesbezüglich zu befragen und ihre Feststellungen in die Urkunden mitaufzunehmen.

3. Öffentliche Register im Sinne des Satzes 2 sind Schiffs-, Handels-, Genossenschafts- und Vereinsregister.

4. Trotz ihrer geradezu irreführenden systematischen Stellung als Ziffer 2 einer Vorschrift, welche sich mit „Pflicht zur Einsicht des Grundbuchs und anderer öffentlicher Register" überschreibt, bezieht sich die Bestimmung der Ziffer 2 auch auf entzogene Vermögensgegenstände, welche nicht in das Grundbuch oder ein öffentliches Register eingetragen sind. Daran läßt der Wortlaut keinen Zweifel. Jede Behörde oder öffentliche Dienststelle ist verpflichtet, dem Zentralanmeldeamt jeden ihr bekanntgewordenen Verbleib eines Vermögensgegenstandes anzuzeigen, von dem ihr bekannt ist, daß er anzeigepflichtig nach A. 73, d. h. daß er entzogen ist, als entzogen vermutet wird oder durch ein anfechtbares Rechtsgeschäft veräußert oder aufgegeben wurde.

Wer in persönlicher Hinsicht anzeigepflichtig ist, welcher einzelne Beamte oder Angestellte einer Behörde, muß leider wieder erraten werden. Anzeigepflichtig ist u. E. der Amtsleiter oder Dienststellenleiter, wenn er Kenntnis hat, oder durch einen Beamten oder Angestellten seiner Behörde Kenntnis von dem Verbleib erhält. Er muß auch dafür sorgen, daß ihm Meldung erstattet wird. Der Beamte oder Angestellte, der die Kenntnis zuerst erhalten hat, ist verpflichtet, dem Amtsleiter Meldung zu erstatten, ihm die Anzeige an das Zentralanmeldeamt zur Unterschrift vorzulegen und dafür zu sorgen, daß sie expediert wird. Ein Angestellter oder Beamter, der von dem Leiter der Behörde den Auftrag erhalten hat, allgemein nach dem Verbleib entzogener Gegenstände zu forschen, etwa ein Grundbuch oder Register darauf durchzusehen, wie die Eigentums- und Berechtigungsverhältnisse an einem Grundstück oder Recht gewechselt haben, ist natürlich auch dazu verpflichtet, diesem Auftrag nachzukommen. Ist denn aus der Überschrift des § 74 zu schließen, daß für solche unter Abs. 2 fallende Behörden oder Dienststellen, die ein öffentliches Buch oder Register führen, die Amtspflicht besteht, es auf Entziehungsfälle und den Verbleib entzogener Gegenstände ad hoc durchzusehen? Der Schluß ist nicht zwingend, die Frage mit Rücksicht auf Artikel 75 Ziffer 1a in Verbindung mit Artikel 77 von großer Bedeutung.

Artikel 75

Strafbestimmungen

1. Mit Gefängnis bis zu fünf Jahren und mit Geldstrafe oder mit einer dieser Strafen[1] wird, soweit nicht auf Grund anderer Bestimmungen eine höhere Strafe verwirkt ist[2], [14], bestraft:

a) wer seiner Anzeigepflicht auf Grund der Artikel 73 und 74[3] vorsätzlich[4] oder fahrlässig[5] nicht nachkommt[6],

b) wer[9], [14] gegenüber den Wiedergutmachungsorganen[9] wissentlich[10] falsche[11] oder irreführende[12] Angaben[13] macht[9].

2. Der Täter bleibt im Falle des Absatzes 1 a straflos, wenn er vor Entdeckung[8] die nach diesem Gesetz vorgeschriebene Anzeige freiwillig nachholt[7].

Vorbemerkung: Artikel 75 und 76 enthalten die sehr spärlichen Strafvorschriften des Gesetzes. Die Entziehungshandlungen nach Artikel 2 und 4 selbst sind nach diesem Gesetz nicht mit Strafe bedroht, sehr verständlich, weil sie ja in der Vergangenheit liegen und deshalb — wenigstens nach deutscher Rechtsauffassung — den zu ihrer Zeit geltenden strafrechtlichen Bestimmungen, einschließlich der Bestimmungen über mittelbare Täterschaft, Mittäterschaft, Anstiftung und Beihilfe unterstehen. Es überschreitet den Rahmen dieser Erläuterungen zu untersuchen, ob etwa das Kontrollratsgesetz Nr. 10 darauf anzuwenden ist, soweit sich eine Entziehungshandlung als Verbrechen gegen die Menschlichkeit darstellt.

Auf Artikel 75, 76 sind natürlich die allgemeinen Vorschriften des RStGB. (§§ 1—79) anzuwenden.

1. Ein Verstoß gegen die Vorschriften ist ein Vergehen. Es ist vollendet, wenn die Anzeigefrist ungenutzt verstrichen ist. Da der Versuch nach Artikel 75 nicht mit Strafe bedroht ist, ist er nicht strafbar, etwa wenn der Anzeigepflichtige die Anzeige unterlassen wollte, im letzten zulässigen Zeitpunkt die Entdeckung seines Besitzes ihn aber veranlaßt, sie doch abzusenden. Die Verjährung der Strafverfolgung beträgt 5 Jahre (§ 77 RStGB.).

2. Wenn der Tatbestand der Unterlassung der Anzeige oder der wissentlich falschen oder irreführenden Angabe zugleich den Tatbestand eines anderen Deliktes erfüllt, — z. B. des Betrugs oder der Urkundenfälschung — welches mit höherer Strafe bedroht ist, ist auf diese zu erkennen.

3. Strafbar ist auch, wer die Anzeigepflicht nach A. 74 Abs. 2 verletzt. Die Verletzung eigener Anzeigepflicht kann zusammentreffen mit der Anstiftung zu einem Delikt nach A. 74 Abs. 2 oder mit mittelbarer Täterschaft eines solchen Deliktes.

4. Der Begriff des Vorsatzes deckt sich mit dem des Strafgesetzbuches, d. h. mit Wissen und Wollen des objektiven Tatbestandes. Bedingter Vorsatz genügt.

5. Fahrlässige Verletzung der Anzeigepflicht ist nicht die fahrlässige Unkenntnis der sie begründenden Umstände, sondern die fahrlässige Unterlassung der Anzeige trotz (vorhandener oder unwiderlegt vermuteter) Kenntnis der ersteren. Fahrlässig handelt, wer die ihm gebotene Sorgfaltspflicht außer acht läßt, z. B. die Anzeige uneingeschrieben erstattet oder gar von einem Kind oder einem Hausangestellten aufgeben läßt, ohne sich Gewißheit zu verschaffen, daß die Aufgabe erfolgt ist.

6. Nachgekommen ist der Anzeigepflichtige seiner Anzeigepflicht gemäß Artikel 73 durch schriftliche an das Zentralanmeldeamt gerichtete Anzeige. Daraus kann nicht abgeleitet werden, daß die Anzeige persönlich (oder durch Boten) beim Zentralanmeldeamt abgegeben werden muß, was — in gewisser Form — sogar gegen das Reichspostgesetz verstieße, wenn der Anzeigende außerhalb Bad Nauheims wohnt. Es genügt, wenn die Anzeige an das Zentralanmeldeamt unter Anwendung aller zu Gebote stehender Mittel, welche die richtige Ankunft sichern können, abgesandt worden ist. Es wird auch nicht verlangt werden können, daß der Anzeigepflichtige den Eingang einer Empfangsbestätigung des Amtes kontrolliert und diese anmahnt, wenn sie ausbleibt. Dies wäre ein heute in Deutschland angesichts der bei den Behörden trotz ihrer Aufblähung mit Angestellten oder gerade wegen dieser üblichen Arbeitsmethode nutzloses Beginnen. Erfährt der Anzeigepflichtige aber, daß seine Anzeige nicht eingegangen ist, so wird ihm die Anzeigepflicht, obwohl er sie schon einmal erfüllt hat, erneut obliegen, selbst wenn die Frist schon abgelaufen ist. Der Fristablauf darf ihn schon wegen Abs. 2 von der Wiederholung der Anzeige nicht abhalten.

7. Ist die Anzeige bis zum 15. August 1948 nicht erstattet worden, so ist die Straftat bereits vollendet. Wenn Absatz 2 Straflosigkeit gewährt, wenn der Anzeigepflichtige nach Ablauf der Frist vor Entdeckung seiner Säumnis die nach diesem Gesetz vorgeschriebene Anzeige freiwillig nachholt, so handelt es sich also dabei nicht um einen straffreien Rücktritt vom Versuch, sondern um die Gewährung von Straffreiheit im Falle einer tätigen Reue nach vollendetem

Delikt, die auch angesichts dessen recht und billig ist, daß bei Nachholung der Anzeige niemand geschädigt wird noch worden ist.

8. Voraussetzung der Straffreiheit ist aber, daß die Anzeige vor Entdeckung durch irgendeinem Dritten, mag dieser eine Behörde oder Amts- oder eine Privatperson sein, nachgeholt wird, mag von ihr zu erwarten sein, daß sie das Delikt anzeigt, oder nicht.

9. Täter des Deliktes des Buchst. b kann nicht nur der Pflichtige, sondern auch der Berechtigte sein. Das Zentralanmeldeamt gehört nicht zu den Wiedergutmachungsorganen wie Artikel 55 Abs. 2 eindeutig ergibt. Wiedergutmachungsorgane sind nur die Wiedergutmachungsbehörde und die Wiedergutmachungskammer. Wissentlich falsch gemachte oder irreführende Angaben gegenüber dem Zentralanmeldeamt sind daher nach diesem Gesetz nicht strafbar, soferne sie noch vor der Weiterleitung der Anzeige oder des angemeldeten Anspruchs an die Wiedergutmachungsbehörde berichtigt werden. Immerhin kann in falschen Angaben gegenüber dem Zentralanmeldeamt ein versuchter, mitunter auch ein vollendeter Betrug liegen. Wer jedoch vor Entdeckung selbst vorsätzlich gemachte falsche Angaben berichtigt, bevor ein Wiedergutmachungsorgan von ihnen Kenntnis erhält, tritt vom Versuch rechtzeitig mit der Folge der Straffreiheit zurück, da die Ausführungshandlung erst beendet ist, wenn der Täter bis zur Übermittlung der Akten duldet, daß von seinen unredlich gemachten Angaben Kenntnis genommen wird (§ 46 StGB.). Unter die Vorschrift fallen sonach insbesondere Angaben im Verfahren vor der Wiedergutmachungsbehörde und vor der Wiedergutmachungskammer. Die Tat ist vollendet, wenn die Angabe gemacht ist. Zur Vollendung des Vergehens gehört nur noch der Erfolg, daß sie dem Wiedergutmachungsorgan zur Kenntnis gelangt („gegenüber"). Nur solange dieser Erfolg nicht eingetreten ist, kann gemäß § 46 Abs. 2 RStGB. durch Richtigstellung Straflosigkeit erreicht werden, da Abs. 2 unserer Vorschrift sich nur auf lit. a bezieht, — später nicht mehr, mag auch noch keine Entscheidung gefällt sein, eine ungebührliche Härte, welche, indem sie die Richtigstellung erschwert und von ihr geradezu abschreckt, den legislativen Zweck der Vorschrift erheblich gefährdet.

10. Der Täter muß wissen, daß seine Angaben falsch sind. Dabei ist unerheblich, ob er die richtigen Tatsachen, die er hätte angeben müssen, kennt. Auch wenn er nur irgend etwas angegeben hat, weil er sich z. B. an den richtigen Sachverhalt nicht mehr erinnerte, also in dem Bewußtsein, daß seine Angabe möglicherweise falsch war, macht er sich strafbar. Wissentlichkeit setzt regelmäßig Vorsatz voraus. Hätte aber der Täter die Unrichtigkeit seiner Angaben erkannt, wenn er in das Grundbuch oder in ein öffentliches Register Einsicht genommen hätte, kann er sich, wenn er die Einsicht unterlassen hat, gemäß A. 77 (s. dort) auf seine Unkenntnis nicht berufen, ist er also nach Ziffer 1b ebenso wie nach Ziffer 1a in Verbindung mit A. 74 zu bestrafen.

11. „falsch" bedeutet den objektiven Tatsachen nicht entsprechend.

12. „irreführend" sind auch falsche Angaben. Gemeint ist aber bei Angabe richtiger die Unterdrückung weiterer richtiger Tatsachen. Obwohl ein Sachverhalt vollständig und richtig angegeben ist, kann die Darstellung dennoch irreführen, wenn durch breite Darstellung beschönigender Momente die Schwere der Entziehung nicht hinreichend in Erscheinung tritt, oder die Darstellung mehr Konzentration verlangt, als der Leser durchschnittlich leisten kann, so daß er ein falsches Bild bekommt. Solche Fälle sind aber natürlich nicht gemeint. Nicht jede einseitige Darstellung ist schon wegen ihrer Einseitigkeit irreführend, zumal die Gabe objektiver Darstellung, wenn überhaupt jemandem, so nur den wenigsten Menschen eigen ist. Irreführend ist die Ungenauigkeit in wesentlichen tatsächlichen Punkten, beabsichtigte Ungenauigkeit oder Mehrdeutigkeit des Ausdrucks, übermäßige Betonung, bewußte Abschwächung, gewolltes Verschweigen.

13. „Angaben" sind die Mitteilung im Falle der Anmeldung (A. 55) und Anzeige (A. 73), aber auch die Behauptung von Tatsachen innerhalb des Wiedergutmachungsverfahrens von irgendeinem Beteiligten. Ziffer 1b steht also in Parallele zu § 138 ZPO., jedoch verschärft durch Strafandrohung, welche die am Verfahren Beteiligten zur Warhaftigkeit zwingen will.

14. Während sich nach Ziffer 1a nur der Anzeigepflichtige vergehen kann, kann sich nach Ziffer 1b jedermann strafbar machen. Für die am Verfahren Beteiligten dürfte in den meisten Fällen der Angabe falscher oder irreführender Tatsachen eine Bestrafung nach § 263 StGB. als dem schwereren Gesetz angezeigt erscheinen. Auch wenn nur der Versuchstatbestand des § 263 RStGB. verwirklicht worden ist, muß wegen versuchten Betruges bestraft werden, wenngleich die Straftat gemäß A. 75 Ziffer 1b schon vollendet sein mag, weil auch der versuchte Betrug (insbesondere im Hinblick auf die Rückfallsbestimmungen) mit höherer Strafe bedroht ist; A. 75 läßt immer eine Ahndung mit Geldstrafe zu.

Artikel 76

Strafbestimmungen, Fortsetzung

1. [2]**Mit Gefängnis bis zu fünf Jahren und mit Geldstrafe oder mit einer dieser Strafen wird, soweit nicht auf Grund anderer Bestimmungen eine höhere Strafe verwirkt ist, bestraft, wer**[1], [11] **Vermögensgegenstände, die unter die Bestimmungen dieses Gesetzes fallen**[5]**, veräußert,**[6] **beschädigt,**[7] **vernichtet**[8] **oder beiseiteschafft**[9]**, um**[4] **sie, dem Zugriff des Berechtigten**[10] **zu entziehen.**

2. In besonders schweren Fällen[12] **tritt Zuchthausstrafe bis zu fünf Jahren ein.**

3. Der Versuch ist strafbar.[3]

1. Täter nach A. 76 braucht nicht immer der Rückerstattungspflichtige sein, sondern kann auch jeder andere Beteiligte sein, niemals aber der Berechtigte selbst.

2. Ein Verstoß gegen A. 76 ist je nach der erkannten Strafe Übertretung, Vergehen oder gar Verbrechen. Je nach ihr verjährt daher die Strafverfolgung in 5 oder gar erst 10 Jahren.

3. Da der Versuch ausdrücklich mit Strafe bedroht wird, ist er auch dann nicht straflos, wenn die vollendete Tat nur ein Vergehen oder gar nur eine Übertretung gewesen ist.

4. Bestraft wird nur die vorsätzliche Handlung. Bedingter Vorsatz genügt nicht (s. Anm. 10).

5. Unter die Bestimmungen dieses Gesetzes fallen nicht nur die entzogenen Vermögensgegenstände, sondern auch die zurückzuerstattenden Früchte, desgleichen ein nach § 29 etwa herauszugebender Ersatzgegenstand, dagegen nicht Vermögensgegenstände, die der Berechtigte dem Rückerstattungspflichtigen nach der Rückerstattung z. B. als erlangtes Entgelt herauszugeben hat (s. Anm. 10), ebensowenig vorbehaltlich § 274 StGB. bloß beweisdienliche Gegenstände.

6. Unter Veräußerung ist das dingliche Rechtsgeschäft zu verstehen, doch kann das Verpflichtungsgeschäft mit einem bewußten Beiseiteschaffen verbunden oder als versuchte Veräußerung nach Abs. 3 strafbar sein. Gleichgültig ist, ob das dingliche Rechtsgeschäft wirksam geworden ist oder nicht.

7. Durch bloße Beschädigung kann strenge genommen der Zugriff des Berechtigten nicht vereitelt und demnach die Voraussetzung der Anm. 10 nicht erfüllt werden. Gleichwohl ist aus letzterer zu entnehmen, daß auch die Beschädigung eine Strafbarkeit nach dieser Vorschrift nach sich zieht, wenn sie sich absichtlich gegen die volle Verwirklichung des Rückerstattungsanspruches richtet (s. auch 8).

8. Handelt es sich um ein Gebäude, ein Schiff oder eine Hütte, welche zur Wohnung von Menschen dient (z. B. eine Laube) und eine Vernichtung durch Brand ist § 306 RStGB. als das strengere Gesetz anzuwenden.

9. „Beiseiteschaffen" ist jede Maßnahme, welche bezweckt, den entzogenen Gegenstand, ohne ihn zu vernichten, als nicht mehr vorhanden erscheinen zu lassen oder sonst den Zugriff unmöglich zu machen, in erster Linie ein Verbergen oder ein Unkenntlichmachen durch Bemalung oder sonstige Veränderung, ferner, angesichts der örtlich begrenzten Anwendbarkeit des Gesetzes, ein Verbringen in eine andere Zone, eine Vermischung, die Übergabe an einen anderen (Gut- oder Schlechtgläubigen) zur Aufbewahrung, vielleicht schon die bloße Aufgabe des Besitzes (Aussetzung). Mitunter können derartige Maßnahmen auch den Tatbestand des Betrugs nach § 263 RStGB. erfüllen. Es ist aber im Hinblick auf Abs. 2 fraglich, ob § 263 das strengere Gesetz ist.

Beiseiteschaffen setzt, wie sich aus dem Wortsinn ergibt, ein positives Handeln voraus. Daher kann nicht durch eine Unterlassung beiseite geschafft werden, also nicht durch bloße Nichtanzeige gemäß A. 73 meldepflichtiger Gegenstände, die nur nach A. 74 strafbar ist, der auch das spezielle Gesetz darstellt (a. M. Dahlcke Anm. 5 zu § 1 KrWVO., wo nur über den heute als unzulässig erkannten Weg der Analogie die Nichtanmeldung meldepflichtiger Lebensmittelvorräte als ein Beiseiteschaffen angesehen wird).

10. Die Tat muß begangen sein, „um", also in der Absicht den Gegenstand dem Zugriff des Berechtigten zu entziehen. Hierauf muß der Wille des Täters positiv gerichtet gewesen sein, wenn damit auch ein weiterer Zweck verbunden sein kann. Es genügt daher nicht das bloße Bewußtsein, daß der Vermögensgegenstand dem Zugriff des Berechtigten entzogen wird, weshalb auch nur bedingter Vorsatz nicht ausreicht, sondern der objektive Tatbestand nur mit unbedingtem Vorsatz in strafbarer Weise gesetzt werden kann.

Die Absicht muß darauf gerichtet sein, den Zugriff des Berechtigten dauernd auszuschließen. War trotz dieser Absicht die Ausschließung, etwa beiseiteschaffen, nur vorübergehend, so kann strafbarer oder nach § 46 RStGB. strafloser Versuch vorliegen.

Unter „Berechtigter" ist der Berechtigte im Sinne des A. 7, nicht der Berechtigte an dem unter dieses Gesetz fallenden Vermögensgegenstand überhaupt gemeint. Dies ergibt sich, wenn irgendein Zweifel bestünde, auch aus dem englischen Text („claimant"). Nicht strafbar nach A. 76 ist also eine Beschädigung, Vernichtung, ein Beiseiteschaffen z. B. des als Entgelt nach A. 44 dem Rückerstattungspflichtigen herauszugebenden Gegenstandes, etwa eines Brillantringes, obwohl auch dieser ein Gegenstand ist, der unter die Bestimmungen dieses Gesetzes fällt.

11. Die strafbare Handlung, durch welche der Gegenstand dem Zugriff entzogen werden soll, kann in jedem Stadium des Verfahrens: Schon vor Einleitung, wie innerhalb des Wiedergutmachungsverfahrens und nach seinem Abschluß noch im Vollstreckungsverfahren vorgenommen werden. Im Falle der Tat vor Abschluß des Wiedergutmachungsverfahrens kommt es freilich darauf an, ob dem Berechtigten der Vermögensgegenstand schließlich auch zugesprochen worden ist oder worden wäre, weil andernfalls der Gegenstand „nicht entzogen" war und nicht unter die Bestimmungen dieses Gesetzes fiel.

12. Ob ein besonders schwerer Fall vorliegt, dürfte nach dem Wert des Gegenstands, dem Grad der Energie und Bosheit, des Raffinement, womit der Plan ausgedacht und ausgeführt wurde, zu beurteilen sein.

Artikel 77

Strafbestimmungen, Fortsetzung

Niemand kann sich in den Fällen der Artikel 75, 76 auf die Unkenntnis von solchen Tatsachen berufen, die er auf Grund einer Einsicht in öffentliche Bücher oder Register erfahren hätte, wenn und soweit er nach Artikel 74 zu einer solchen Einsicht verpflichtet war[1—4].

1. Die Vorschrift stellt eine sehr weitgehende Beweisregel für das Strafverfahren auf: Zuungunsten des Täters wird seine Kenntnis von Tatsachen, die er durch Einsicht in öffentliche Bücher und Register erfahren hätte, nicht nur vermutet, sondern sogar unwiderlegbar unterstellt. Es kommt auf die Kenntnis objektiv nicht mehr an, weil der Beweis der Unkenntnis erst gar nicht zugelassen wird. Daraus kann sich, wo in Wahrheit nur Fahrlässigkeit vorliegt, der subjektive Tatbestand des vorsätzlichen Deliktes und sonach Strafbarkeit auch in Fällen ergeben, wo das Gesetz die nur fahrlässige Handlung nicht mit Strafe bedroht.

Die durch Einsicht in öffentliche Bücher ersichtlichen Tatsachen sind zumeist das ehemalige Eigentum eines Verfolgten, möglicherweise die Entziehung, fast immer die Anfechtbarkeit nach A. 4 und der gegenwärtige Verbleib.

2. In Fällen des A. 75 Ziffer 1a hat die Vorschrift nur die Bedeutung, daß eine Verletzung der Anzeigepflicht gemäß A. 73 bei gleichzeitigem Bestehen einer Einsichtspflicht wegen vorsätzlicher Handlung strafbar sein kann, obwohl nur fahrlässige Handlung vorliegt, die aber dort ihrerseits mit Strafe bedroht ist. Da die Anwendung des A. 77 eine Einsichtspflicht voraussetzt, hängt seine Anwendbarkeit auf Verletzungen der Anzeigepflicht nach A. 74 Abs. 2 davon ab, daß für Beamte die dort nicht geregelte Einsichtspflicht besteht. Es ist fraglich, ob sie für Amtsleiter und Beamte von Grundbuchämtern und Registergerichten oder -behörden schon wegen der Anzeigepflicht nach A. 74 allein zu bejahen ist. In Fällen des A. 75 Ziffer 1b geht die Bedeutung der Vorschrift darüber weit hinaus, weil hier eine fahrlässige Handlung nicht mit Strafe bedroht ist und sich aus der Unterstellung des A. 77 bei Bestehen einer Einsichtspflicht infolge ihrer Verletzung ergibt, daß fahrlässig, aber gutgläubig gemachte falsche Angaben dem Vorwurf bewußter Wahrheitswidrigkeit gegen den Täter begründen, gegen den er angesichts des A. 77 nichts unternehmen kann. Für A. 76 kann die Vorschrift bedeuten, daß gegen den Verüber einer nach A. 76 bedrohten Handlung unterstellt wird, daß er gewußt hat, daß es sich um einen Vermögensgegenstand handelt, der unter die Bestimmungen dieses Gesetzes fällt, obwohl er diese Kenntnis wegen der unterlassenen Einsicht nicht hatte.

3. Der Täter kann sich auch damit nicht entschuldigen, daß ihm die Pflicht zur Einsicht unbekannt war.

4. Die Härte dieser Bestimmung wird vielleicht dadurch gemildert, daß die Unterstellung der Kenntnis nur Platz greift, wenn der Täter die Tatsache, auf welche sie sich bezieht, durch die unterlassene Einsicht erfahren hätte. Man kann aus der Gesetzesfassung herauslesen, daß es immerhin auf die Fähigkeit des Täters ankommt dem öffentlichen Buch die betreffende Tatsache zu entnehmen. Dann wäre aber der Jurist schlechter daran, als der juristische Laie, von dem nicht vorausgesetzt werden kann, daß ihm das Grundbuch oder Register viel gesagt hätte, der gebildete, seriöse Kaufmann schlechter als der gewöhnliche, aber gerissene Schieber. Die Anklage, die den Nachweis zu führen hätte, daß die Einsicht dem Täter die Kenntnis der Tatsache vermittelt hätte, hätte ersterem gegenüber einen leichteren Stand als gegenüber letzterem. Wir haben uns schon in den Erläuterungen zu A. 74 zu der Meinung bekannt, daß der juristische Laie, dem das öffentliche Buch oder Register nichts sagt, und der es nicht lesen kann, den Auftrag zur Einsicht einem in diese Arcana Eingeweihtem erteilen muß.

Vierzehnter Abschnitt

Wiederherstellung von Erbrechten und Kindesannahmeverhältnissen

Artikel 78

Erbverdrängung

1. Ein in der Zeit vom 30. Januar 1933 bis 8. Mai 1945 aus den Gründen des Artikels 1 durch Gesetz[1] oder Verordnung[1] erfolgter Ausschluß von Erwerb von Todes wegen oder Verfall des Nachlasses gilt als nicht eingetreten[2] [5].

2. Für die Fristenberechnung gilt der Erbfall mit dem Inkrafttreten dieses Gesetzes als eingetreten[6].

1. Bezüglich eines erheblichen Sektors der Tatbestände des A. 78 wäre man ohne diese Bestimmung geneigt, Entziehungsfälle nach A. 2 (Nichterlangen trotz begründeter Anwartschaft infolge Staatsaktes) anzunehmen. Man könnte auch schwanken, ob beide Gesichtspunkte und Bestimmungen nebeneinander bestehen. Doch wird dieser Zweifel mittelbar durch A. 82 in dem Sinn behoben, daß der Tatbestand des A. 78 kein Entziehungstatbestand sein soll.

a) In Frage kommt in erster Linie das Gesetz vom 5. Nov. 1937 „Über erbrechtliche Beschränkungen auf Grund gemeinschaftswidrigem Verhalten". Nach § 1 dieses Gesetzes konnten Personen, die auf Grund des § 2 des Gesetzes vom 14. Juni 1933 „Über Widerruf von Einbürgerungen und die Aberkennung der deutschen Staatsangehörigkeit" der letzteren für verlustig erklärt worden waren, von einem deutschen Staatsangehörigen nichts von Todes wegen erwerben, mochte es sich um eine gesetzliche oder letztwillige Erbberufung bzw. Zuwendung handeln. Nach § 2 des erwähnten Gesetzes vom 14. Juni 1933 konnten der deutschen Staatsangehörigkeit verlustig erklärt werden: Reichsangehörige, die sich im Auslande aufhalten, sofern sie durch ein Verhalten, das gegen die Pflicht zur Treue (!)gegen Reich und Volk — das sie ausgestoßen hatte! — verstößt, die deutschen Belange geschädigt haben, Reichsangehörige, die einer Rückkehraufforderung nicht Folge leisteten, Reichsangehörige, die nach dem 30. Jan. 1933 ihren Aufenthalt nach dem Saargebiet verlegt haben, endlich die Ehegatten, ehelichen oder angenommenen Kinder solcher Personen und die unehelichen Kinder solcher reichsangehörigen Frauen.

Ferner kommt in Frage § 48 des sogenannten TestamentsG., der letztwillige Verfügungen für nichtig erklärte, die gegen zwingende gesetzliche Vorschriften z. B. den vorerwähnten § 1 des Gesetzes vom 5. Nov. 1937 oder „in einer gesundem Volksempfinden gröblich widersprechenden Weise gegen die Rücksichten verstoßen, die ein verantwortungsbewußter Erblasser gegen Familie und Volksgemeinschaft zu nehmen hat".

(Das „gesunde" Volksempfinden ist wie der „gesunde" Menschenverstand ein Patient, der sich selbst gesund erklärt.)

Nach § 2 des oben erwähnten Gesetzes vom 5. Nov. 1937 war die Entziehung des Pflichtteils gegenüber einem Abkömmling für statthaft erklärt, wenn dieser entgegen den Nürnberger Gesetzen die Ehe mit einem Juden oder ohne Genehmigung mit einem jüdischen Mischling eingegangen war. Es ist fraglich, ob auf eine zufolge dieser Vorschrift getroffene letztwillige Verfügung A. 78 (oder A. 79?) entsprechend anwendbar ist.

Alle diese Bestimmungen sind nicht auf die Person des Erblassers, sondern auf die Person des Erben oder Bedachten abgestellt.

Auf Grund welcher gesetzlicher Bestimmungen oder Verordnungen ein Verfall des Nachlasses eingetreten sein kann, ist nicht ersichtlich. U. E. ist eine Beschlagnahme- und Verfallerklärung oder Einziehung des Nachlasses durch spezielle behördliche Anordnung oder Anordnung der Partei nach dem Erbfall, wo sich etwas derartiges zugetragen haben sollte — mag dafür die Person des Erblassers oder des Bedachten bestimmend gewesen sein — ein Fall echter Entziehung gemäß A. 2 Abs. 1 lit. b.

2. S. 2 bestimmt, der Ausschluß sei nicht eingetreten, d. h. ungeachtet der den Ausschluß bestimmenden Gesetze oder Verordnungen ist die damit in Widerspruch stehende gesetzliche oder testamentarische Erbfolge in Kraft getreten, bzw. das Vermächtnis angefallen und trotz der Entziehung der Pflichtteilsanspruch entstanden. Bis hierher sind die Folgen der Bestimmung klar. Die weiteren Folgen sind zum Teil zweifelhaft.

U. E. ist der zwischenzeitliche Erbe Erbschaftsbesitzer im Sinne der §§ 2018 ff. BGB., und zwar, wie wir annehmen möchten, gutgläubiger (§ 2024). Gegen ihn richtet sich der Erbschaftsanspruch des wahren Erben auf Herausgabe des Erlangten und auf Herausgabe eines erlangten Ersatzes nach näherer Maßgabe der §§ 2018 bis 2024, der in dreißig Jahren (beginnend nach Abs. 2) verjährt (§ 195 BGB.). Da nach § 2021 BGB. Bereicherungsgrundsätze maßgeblich sind, trifft die Erbschaftssteuer, wenn sie nicht aus den Früchten wieder erspart wurde (§ 2020 BGB.), den in das Erbrecht Wiedereingesetzten (A. 91). Der wahre Erbe hat gegen den Erbschaftsbesitzer und Hausgenossen des Erblassers einen Anspruch auf Auskunft (§§ 2027, 2028). Sein Erbschaftsanspruch richtet sich auch gegen denjenigen, der die Erbschaft von dem Erbschaftsbesitzer, wenn auch gutgläubig, im ganzen durch Vertrag erworben hat (§ 2033 BGB.), woneben er gegen den ursprünglichen Erbschaftsbesitzer den Anspruch auf Herausgabe des erlangten Entgelts (nur wahlweise) geltend machen kann (§ 2019 BGB.). Ansprüche gegen den Erwerber einzelner Nachlaßgegenstände hat dagegen der nach A. 78 berufene Erbe im allgemeinen nicht, da zunächst A. 14 versagt, und zwar, wenn es sich um ein Grundstück handelt und der Erbschaftsbesitzer im Grundbuch eingetragen gewesen ist, was freilich nicht der Fall gewesen zu sein braucht, nach §§ 892 ff. BGB., ferner nicht wenn ein Erbschein erteilt ist (ohne den freilich ein Grundstücksgeschäft niemals stattgefunden haben kann), gemäß § 2366 BGB., des weiteren, nicht nach § 935 Abs. 2 BGB., wenn es sich um Geld oder Inhaberpapiere handelt oder die Sache im Wege öffentlicher Versteigerung erworben war, aber wohl auch im übrigen nicht bei beweglichen Sachen, weil, obzwar der Besitz des Erblassers nach § 857 BGB. auf den wahren Erben gemäß A. 78 übergegangen ist, es doch der Verkehrsanschauung widersprechen und der natürlichen Betrachtung des Falls Gewalt antun dürfte, hier von einer „abhandengekommenen" Sache zu sprechen; wir lassen letzteres indessen dahingestellt. In keinem Falle ist der wahre Erbe gegen den Dritten mit Ansprüchen so gut ausgerüstet, wie der Berechtigte im Falle einer Entziehung gemäß A. 14. Der Schuldner einer zur Erbschaft gehörigen Forderung, der an den Erbschaftsbesitzer oder infolge einer Abtretung des letzteren an den Abtretungsempfänger geleistet hat, ist, wie nach diesem Gesetz durch A. 28, geschützt durch § 219 Abs. 2, § 2366 BGB.

3. Der Erbschaftsanspruch, desgleichen ein Anspruch aus einem Vermächtnis oder aus einem Pflichtteil ist im ordentlichen Verfahren, nicht etwa im Rückerstattungsverfahren geltend zu machen (A. 82).

4. Wenn der nach diesem Gesetz wahre Erbe die Erbschaft innerhalb der zulässigen Frist (A. 79 Abs. 3) ausschlägt, ist der nächste ohne Berücksichtigung der nach A. 78 außer acht zu lassenden Gesetze und Verordnungen testamentarisch oder gesetzlich Berufene Erbe. Dem gegenwärtigen Erbschaftsbesitzer kann die Ausschlagung nur zugute kommen, wenn er selbst der Berufene ist. War der Erblasser selbst verfolgt, so kann die Nachfolgeorganisation nach A. 78 mit A. 10 sei es unmittelbar, sei es infolge Ausschlagung des zunächst Berufenen, Erbin werden. Dagegen kann sie nicht ein sich aus A. 78 ergebendes Erbrecht nach A. 11 geltend machen.

5. Vielmehr ist für den Berufenen oder Bedachten unter Umständen — auch von Amts wegen — eine Pflegschaft nach § 1911 oder § 1913 BGB. anzuordnen.

6. Der Ablauf erbrechtlicher Fristen, insbesondere der Ausschlagungsfrist (§ 1943 BGB.), der Verjährung des Erbschaftsanspruchs (§ 195 BGB.), die Frist zur Anfechtung eines Testamentes (§ 2082 BGB.) beginnen erst mit dem Inkrafttreten des Gesetzes am 10. November 1947, enden aber keinesfalls vor dem 30. Juni 1949 (A. 90).

Artikel 79

Anfechtbarkeit von Verfügungen von Todes wegen und Erbschaftsausschlagungen

1.[1, 7, 9] Letztwillige Verfügungen und Erbverträge aus der Zeit vom 30. Januar 1933 bis zum 8. Mai 1945, in welchen Abkömmlinge, Eltern, Großeltern, voll- und halbblütige Geschwister und deren Abkömmlinge sowie Ehegatten[2] von der Erbfolge[4] ausgeschlossen[4] wurden, um[3] ihren Erbteil einem vom Erblasser aus den Gründen des Artikels 1 erwarteten[3] Zugriff des Staates zu entziehen, sind anfechtbar. Vorbehaltlich der Bestimmungen des Abs. 3 finden auf die Anfechtungen die Vorschriften der §§ 2080 ff. bzw. 2281 ff. BGB. Anwendung[5].

2.[7, 9] Erbschaftsausschlagungen[6], durch die im Abs. 1 genannten Personen[6] sind anfechtbar, wenn sie in der Zeit vom 30. Januar 1933 bis 8. Mai 1945 erfolgten, um dadurch einen aus den Gründen des Artikels 1 erwarteten Zugriff des Staates auf den Erbteil zu verhindern. Vorbehaltlich der Bestimmungen des Abs. 3 finden auf die Anfechtung die Vorschriften der §§ 154 ff. BGB. Anwendung.

3. Die Anfechtung von letztwilligen Verfügungen und Erbverträgen, sowie von Erbschaftsausschlagungen muß bis 31. Dezember 1948 erfolgen. Eine innerhalb dieser Frist erfolgte Anfechtung gilt als rechtzeitig.

1. Artikel 79 ist eigentümlich, daß er Vermögen betrifft, das trotz „begründeter Anwartschaft" im Sinne des A. 2, wenn auch nicht aus Gründen, so doch zufolge von Befürchtungen aus Gründen des A. 1 nicht erlangt wurde, ohne daß jedoch ein Entziehungsfall vorliegt, weil dieser Ausfall auf keinen der Tatbestände des A. 2 oder 4, sondern auf einer von der erwähnten Befürchtung beeinflußten, erst letztwillig wirksamen, also auch weder eine Veräußerung noch ein Aufgabegeschäft darstellenden Verfügung des Inhabers des Vermögens beruht.

2. Verfügungen von Todes wegen, letztwillige Verfügungen und Erbverträge, sind anfechtbar, wenn der Erblasser aus Befürchtungen aus Gründen des A. 1 Abkömmlinge, Eltern, Großeltern, voll- und halbbürtige Geschwister und deren Abkömmlinge sowie Ehegatten von der Erbfolge ausgeschlossen hat. Ob sich die Worte „und deren Abkömmlinge" nur auf „Geschwister" oder auf alle vorher

aufgeführten Verwandten, also insbesondere auch „Großeltern" bezieht — bei den übrigen Personen sind sie überflüssig — läßt sich weder nach dem englischen noch nach dem deutschen Text zuverlässig entscheiden. Wir nehmen letzteres an, ohne diese Annahme anders als mit der Tendenz dieses Gesetzes begründen zu können.

Verwunderlich und wohl nur auf ein Versehen des Gesetzgebers zurückführbar ist, daß der Ausschluß des eigenen Ehegatten des Erblassers von der Erbfolge nicht erwähnt wird.

Unerheblich ist, ob die Gründe, die der Erblasser zu der Erwartung eines Zugriffs aus Gründen des A. 1 veranlaßten, in seiner eigenen oder der Person des Ausgeschlossenen vorlagen.

3. Der Erblasser muß bestimmt worden sein von der Absicht, den Erbteil des Ausgeschlossenen dem von ihm befürchteten Zugriff des Staates oder der NSDAP. aus Gründen des A. 1 zu entziehen. Der Anfechtende muß diese Absicht und diese Erwartung des Erblassers beweisen, was eine Schwierigkeit für ihn bedeutet, wenn man nicht auch hier A. 49 Abs. 2 anwendet. Nicht bewiesen zu werden braucht, daß die Erwartung begründet war; denn darauf kommt es überhaupt nicht an. Wenn etwa der Erblasser seine halbjüdischen Abkömmlinge von der Erbfolge ausgeschlossen haben sollte, weil er erwartete, daß sich die Gesetzgebung verschärfen könnte, um ihren Erbteil staatlichem Zugriff zu entziehen, so ist die Voraussetzung der Gesetzesstelle erfüllt.

4. Es kann sich sowohl um den Ausschluß von der gesetzlichen als von der testamentarischen Erbfolge handeln. Dies ist aus der Erwähnung der Ehegatten der in Abs. 1 genannten Verwandten zu schließen, welche von der gesetzlichen Erbfolge nicht gut ausgeschlossen worden sein können, weil sie ein gesetzliches Erbrecht nach dem Erblasser nicht haben (abgesehen von seinem eigenen Ehegatten, den ausgerechnet der Abs. 1 vergessen hat). Unter die Gesetzesstelle fallen daher auch letztwillige Verfügungen, durch welche frühere testamentarische Erbberufungen umgestoßen worden sind. Von dieser Schlußfolgerung ist nur ein kleiner Schritt zu der weiteren Annahme, daß auch die Aufhebung von Vermächtnissen anfechtbar ist. Es wäre in der Tat nicht recht verständlich, warum ein Testament, durch das ein Verfolgter ein älteres Testament aufhob, in welchem er seinen nichtjüdischen Ehegatten und seinen halbjüdischen Sohn je zur Hälfte zu Erben eingesetzt hatte, um ersteren zum Alleinerben einzusetzen, anfechtbar sein sollte, nicht aber ein Testament, durch das er den zum Alleinerben eingesetzten nichtjüdischen Ehegatten von einem früher angeordneten Vermächtnis zugunsten seines halbjüdischen Sohnes befreite.

Zum „Ausschluß" ist nicht besondere, hervorhebende Enterbung, nicht ausdrücklicher Widerruf einer früheren Erbeinsetzung oder sonstigen Zuwendung erforderlich; es genügt die Neuordnung der Erbfolge durch ein neues Testament, welches den Ausgeschlossenen übergeht.

Übrigens ist festzustellen, daß alle diese Tatbestände der Anmerkungen 1—4 ohnedies schon durch § 2078 Abs. 2 BGB. gedeckt gewesen wären. Dagegen erheischt es besondere Erwähnung, daß der Wortlaut des A. 79 Verfügungen von Todes wegen nicht deckt, welche von einem nicht selbst Bedrohten von vornherein im Hinblick auf die in A. 78 (s. dort Anm. 1) gemeinten Gesetze zuungunsten einer der in Abs. 1 genannten Personen getroffen worden sind. Es fällt andererseits auch schwer, bezüglich der auf Grund solcher Verfügungen von Todes wegen eingetretenen Erbfolge ohne weiteres die Voraussetzungen des A. 78 zu bejahen, weil die Verfügung zwar durch Gesetz beeinflußt gewesen sein mag, aber doch der Ausschluß von der Erbfolge nicht durch Gesetz, sondern durch Verfügung von Todes wegen erfolgt ist. Da sonach weder A. 79 noch A. 78 unmittelbar paßt, liegt eine Gesetzeslücke vor, die wohl durch entsprechende Anwendung des A. 79 in den Fällen zu schließen ist, in denen kein Zweifel über die Absicht besteht, welche der Erblasser ohne die fraglichen Gesetze gehabt hätte.

Wegen Pflichtteilsentziehung vgl. zu A. 78.

5. Die Anfechtung richtet sich nach den Vorschriften der §§ 2080 ff. bzw. 2081 ff. BGB. Damit ist selbstverständlich nicht gesagt, daß eine Anfechtbarkeit nach §§ 2078, 2079 BGB. ausscheiden soll, auch wenn deren Voraussetzungen vorliegen. Gedacht ist vielmehr nicht an die Anfechtungsvoraussetzungen, sondern an die Wirkung der Anfechtung, die Befugnis zur Anfechtung, die Anfechtungsform und die Anfechtungsfrist.

a) Die Wirkung der Anfechtung besteht in der Hinfälligkeit der angefochtenen Verfügung von Todes wegen. Es ist so, als ob sie nie errichtet worden wäre. Es tritt dann die gesetzliche Erbfolge oder ein früheres Testament wieder in Kraft. Außer Kraft treten aber natürlich nur diejenigen Teile der angefochtenen Verfügung, auf welche Abs. 1 evtl. § 2078 oder § 2079 BGB. zutrifft; denn nur insoweit ist überhaupt Anfechtbarkeit gegeben. Die ganze letztwillige Verfügung würde, wenn die Anfechtungsvoraussetzung nur auf einen Teil zutrifft, infolge der Anfechtung nur nach Maßgabe des § 139 BGB. außer Kraft treten. Tritt auf Grund der Anfechtung eine frühere letztwillige Verfügung wieder in Kraft, so kann es sehr wohl sein, daß dies auch Personen zustatten kommt, welche nicht zu den in Abs. 1 genannten gehören, wenn diese in jener bedacht waren, in der angefochtenen Verfügung aber nicht; doch braucht dies nicht zu sein, wenn klar ist, daß der Erblasser die Zuwendungen an diese Personen, frei von Irrtum und Beweggrund oder über den Inhalt seiner Anordnung, in jedem Falle hatte widerrufen wollen.

b) Befugt zur Anfechtung ist, wenn es sich um einen anzufechtenden Erbvertrag handelt bei Lebzeiten des Erblassers nur dieser selbst (hinsichtlich einer anderen einseitigen Verfügung von Todes wegen bedarf der Erblasser keiner Anfechtungsbefugnis, weil er diese ja ohnedies einseitig jederzeit durch eine neue Verfügung von Todes wegen aufheben kann), § 2281. Nach dem Tode des Erblassers gilt auch für die Anfechtung eines Erbvertrages, was für andere letztwillige Verfügungen gilt, nämlich:

Anfechtungsberechtigt ist jeder, welchem die Aufhebung der letztwilligen Verfügung unmittelbar zustatten kommt. (Vgl. hierzu auch a, wonach unter Umständen selbst Personen anfechtungsberechtigt sein können, die nicht zu den in Absatz 1 genannten gehören.)

c) Die Anfechtung eines Erbvertrages durch den Erblasser, geschieht bei Lebzeiten des andern Vertragschließenden durch Erklärung gegenüber diesem. Nach seinem Tode wird sie im allgemeinen nur erforderlich sein, soweit ein Dritter bedacht war, und erfolgt sie durch Erklärung gegenüber dem Nachlaßgericht. Nach dem Tode des Erblassers geschieht in allen Fällen die Anfechtung einer letztwilligen Verfügung, durch die ein Erbe eingesetzt, ein gesetzlicher Erbe von der Erbfolge ausgeschlossen, ein Testamentsvollstrecker ernannt oder eine Verfügung solcher Art aufgehoben wurde, durch Erklärung gegenüber dem

Nachlaßgericht (§ 2081 BGB.). Ist der Erblasser im Ausland verstorben, so ist als Nachlaßgericht zuständig das Amtsgericht.

d) Die Anfechtung ist zulässig bis zum 31. Dezember 1948 (s. Abs. 3), nach diesem Tage trotz A. 90 nicht mehr. Andererseits liegt in dieser Bestimmung auch eine Erstreckung der Anfechtungsfrist, so daß für Erbverträge § 2285 BGB. hinfällig ist.

6. Erbausschlagungen hätten, wenn von Personen erklärt, welche unter die Nürnberger Gesetze fallen, als einseitige Aufgabegeschäfte wohl unter A. 4 gebracht und als anfechtbar nach A. 4 angesehen werden können. Da man A. 79 als das speziellere Gesetz ansehen muß, und angesichts des in A. 82 mittelbar zum Ausdruck kommenden gesetzgeberischen Gedankens, ist es nicht zulässig, auf Erbausschlagungen A. 4, sei es auch nur neben A. 79 anzuwenden. Vielmehr kommt für sie Abs. 2 des A. 79 ausschließlich in Betracht.

Danach sind die in Abs. 1 (s. Anm. 2) genannten Verwandten eines Erblassers berechtigt, eine Erbschaftsausschlagung anzufechten, wenn diese erklärt worden ist, um das angefallene Erbe einem erwarteten Zugriff des Staates aus Gründen des A. 1 zu entziehen (vgl. hierzu Anm. 3). Auch hier regt das Gesetz durch seine unzulängliche Fassung eine Reihe von Fragen auf. Zunächst: Warum muß es denn gerade ein Verwandter des Erblassers sein? Kann dieser nicht auch einen von Verfolgung Bedrohten berufen haben, der nicht mit ihm verwandt war und nun eine Entziehung aus Gründen des A. 1 befürchtet und deshalb ausschlägt? Ist in diesem Fall wenigstens A. 4 zugunsten der unter die Nürnberger Gesetze fallenden Personen anzuwenden? Wir nehmen an, daß nur die Fassung des Gesetzes schlecht ist — hier wie auch sonst so oft — und daß, um seine Absicht voll zu erreichen, in solchen Fällen Abs. 2 analog anwendbar ist. Ferner: Warum muß es gerade eine Erbausschlagung sein? Kann nicht auch ein Vermächtnis ausgeschlagen (§ 2176 BGB.) oder auf einen Pflichtteil verzichtet worden sein? Wir nehmen auch in diesem Falle analoge Anwendbarkeit des Abs. 2 (mindestens des A. 4) an.

Die Anfechtung geschieht durch öffentlich beglaubigte Erklärung gegenüber dem Nachlaßgericht. Sie kann auch von einem Bevollmächtigten erklärt werden. Die Vollmacht muß gleichfalls öffentlich beglaubigt sein und binnen der Ausschlagungsfrist vorgelegt werden.

Die Ausschlagungsfrist läuft laut Abs. 3 bis zum 31. Dezember 1948.

7. Die erbrechtliche Lage, welche sich durch die Anfechtung einer Verfügung von Todes wegen oder einer Erbausschlagung ergibt, bemißt sich, wie die Verweisung auf §§ 2080, 2081 ff. erkennen läßt, nach den Vorschriften des Bürgerlichen Erbrechts. Nach diesem handelt es sich, wie § 2078 Abs. 3 eindeutig zeigt, um eine Anfechtung im Sinne der §§ 119 ff., welche, was freilich nirgends unmittelbar ausgesprochen ist, die Nichtigkeit (evtl. Teilnichtigkeit § 139 BGB.) der angefochtenen Verfügung von Todes wegen bzw. der Erbausschlagungserklärung herbeiführt (Teilnichtigkeit ist freilich bei letzterer nicht möglich). Die angefochtene Verfügung von Todes wegen ist also als niemals errichtet anzusehen, die ausgeschlagene Erbschaft (letztwillige Zuwendung) gilt als angenommen (§ 1957 BGB.). Der Anfall der Erbschaft an denjenigen, welcher berufen gewesen wäre, wenn der Ausschlagende den Erbfall nicht erlebt hätte (§ 1953 BGB.) gilt als nicht eingetreten. Daraus können sich, je nach der Lage des Falles vielerlei Situationen ergeben, die hier im einzelnen nicht dargestellt werden können. Regelmäßig wird wohl auch hier die Sachlage die gleiche sein wie nach Anm. 2 zu A. 78. Der zwischenzeitliche Erbe war Erbschaftsbesitzer. Natürlich kann in der Regel hier noch weniger als dort von Schlechtgläubigkeit des Erbschaftsbesitzers die Rede sein. Ein Schadensersatzanspruch für den Schaden, den der zwischenzeitliche Erbe dadurch erlitten hat, daß er auf die Gültigkeit der letztwilligen Verfügung oder Erbausschlagung vertraute, durch die er zur Erbschaft berufen war, steht ihm gemäß § 2078 Abs. 3 nicht zu.

8. Ist das Recht zur Anfechtung vererblich? Kann es insbesondere auch von der Nachfolgeorganisation nach A. 10 geübt werden? Diese Frage dürfte hinsichtlich der Anfechtung von Verfügungen von Todes wegen insoweit als der ursprünglich Anfechtungsberechtigte den Erbfall erlebt und noch nicht durch Fristablauf das Anfechtungsrecht verloren hat, zu bejahen, andernfalls zu verneinen sein. Hat er den Erbfall nicht erlebt, so scheidet er als Anfechtungsberechtigter aus, kann er das Anfechtungsrecht also auch nicht vererben, kann es aber sein, daß sein Erbe nicht als solcher, wohl aber als der nunmehr evtl. zur Erbschaft Berufene anfechtungsberechtigt geworden ist. Dies kann für die Nachfolgeorganisation nicht zutreffen. Das Anfechtungsrecht ist aber immer höchst persönlich und deshalb nicht veräußerlich.

Dagegen ist das Recht zur Anfechtung einer Erbausschlagung immer vererblich, da hier der Ausschlagende den Erbfall ja erlebt haben muß (§ 1946 BGB.). Auch dieses Anfechtungsrecht ist höchst persönlich und unveräußerlich.

9. Die Beweislast trägt der Anfechtende. Von ihrer Umkehrung wie z. B. in A. 4 ist abgesehen.

Artikel 80

Verfolgten-Testament

1. Der Gültigkeit einer in der Zeit vom 30. Januar 1933 bis 8. Mai 1945 erklärten[1] letztwilligen Verfügung[1] steht das Fehlen jeglicher Form nicht entgegen, wenn der Erblasser zu der Verfügung durch eine aus den Gründen des Artikels 1 erwachsene unmittelbare[1] Todesgefahr, in der er sich befand oder zu befinden glaubte[6], veranlaßt[2] wurde, und ihm die Festlegung in gesetzlicher Form nach den Umständen unmöglich[1] oder nicht zuzumuten[4],[6] war.

2. Eine nach Absatz 1 zu beurteilende letztwillige Verfügung gilt als nicht getroffen, wenn der Erblasser nach dem 30. September 1945 zu einer formgerechten letztwilligen Verfügung noch in der Lage war[3].

1. Die letztwillige Verfügung ist schlechthin formfrei für Personen, die sich in der Zeit vom 30. 1. 1933 bis 8. 5. 1945 aus Gründen des A. 1 in unmittelbarer Todesgefahr befanden oder mit Recht oder Unrecht zu befinden glaubten und in dieser Lage eine letztwillige Verfügung getroffen haben. Die Formfreiheit geht also weiter als diejenige des mündlichen Nottestamentes nach § 24 Abs. 2 Testamentgesetzes, welches Erklärung vor drei Zeugen und Errichtung einer Niederschrift darüber, ihre Verlesung und Genehmigung durch den Erblasser erfordert. Grundsätzlich war wenigstens diese Form zu beobachten. Ausnahmsweise aber bei unmittelbarer wirklicher oder vermeintlicher Todesgefahr, welche auch diese Form nach den Umständen nicht als möglich, weil nicht drei die Gefahr voraussichtlich überlebende Zeugen erreichbar schienen, oder keine Zeit zur Niederschrift und Verlesung gegeben erschien, oder nicht zumutbar erscheinen ließ, soll auch eine letztwillige Verfügung Kraft haben, die ohne jede Form erklärt wurde. Auch ein Erbvertrag? Man muß es annehmen, obwohl nach § 1937 BGB. unter letztwilliger Verfügung nur eine einseitige Verfügung von Todes wegen zu verstehen ist, sowohl weil die Terminologie des BGB. diesem Gesetz nicht vorgreift, als auch, weil auf die Genauigkeit der Ausdrucksweise dieses Gesetzes kein Verlaß ist; doch kann vielleicht die Bedürfnisfrage verneint werden. Erklärt muß natürlich irgendwie der letzte Wille sein (z. B. durch Übergabe eines zugewandten Gegenstandes an den Bedachten mit dem Bemerken, er möge ihn für den Erblasser aufbewahren, im Falle seines Todes aber behalten — in einem solchen Fall könnte die Frage, ob ein Erbvertrag oder eine einseitige letztwillige Verfügung vorliegt, besonders leicht strittig und bedeutsam werden — oder durch Beschriftung eines verschlossenen Pakets u. dgl.); grundsätzlich würde freilich ein Soliloquium oder eine schlüssige Handlung genügen. Doch muß natürlich, wer sich auf eine so erklärte letztwillige Verfügung beruft, nicht nur die Umstände beweisen können, welche von ihrer Gültigkeit vorausgesetzt werden, sondern auch die Tatsache der Erklärung und ihres Inhalts. Hierbei ist zu erwägen, daß im allgemeinen, um dem Willen des Erblassers sicher zur Geltung zu verhelfen, nicht allzu sehr Großzügigkeit sich empfiehlt, soweit es sich um den Beweis dieses Willens und seiner Erklärung und seines Inhalts handelt; denn eine solche Großzügigkeit könnte allzu leicht dem Schwindel statt dem Willen des Erblassers förderlich sein. Die Weitherzigkeit ist da am Platze, wo es sich um den Nachweis der Voraussetzungen handelt, unter denen Abs. 1 Erleichterungen von den Fesseln des Formbedürfnisses des erklärten Willens gewähren will.

Als unmittelbar wird man eine Todesgefahr dann anzuerkennen haben, wenn die Bedrohung eben derart war, daß sie die Erfüllung der Form eines Nottestaments nach § 24 Abs. 2 Testamentgesetzes nicht mehr möglich oder zumutbar erscheinen ließ. Verfolgte, welche unmittelbar vor dem Abtransport nach einem der berüchtigten Zwangsaufenthalts- oder Todesorte standen, dürften deshalb allein nicht schon immer sich in unmittelbarer Todesgefahr befunden haben, aber dort können sehr leicht die Voraussetzungen des Abs. 1 eingetreten sein.

2. Während es einerseits genügt, daß die Todesgefahr nur putativ war, so reicht andererseits die Tatsache, daß sich jemand in Todesgefahr befunden hat, ohne ihrer bewußt zu sein, für die Gültigkeit einer formlos getroffenen letztwilligen Verfügung nicht aus. Vielmehr muß die Todesgefahr sein Bewußtsein so erfüllt haben, daß gerade sie seine letztwillige Verfügung herbeigeführt hat. Erstere muß also ursächlich für die letztere gewesen sein, die auch als solche gewollt gewesen sein muß.

3. Fraglich ist, wie lange die Gültigkeit einer formlos getroffenen letztwilligen Verfügung fortbestanden hat. Nach Abs. 2 wird sie hinfällig, wenn der Erblasser nach dem 30. Sept. 1945 zu einer formgerechten letztwilligen Verfügung noch in der Lage war. Dieses späte Datum fällt auf. Nach den Eingangsworten des A. 80 kann Abs. 2 nur die Fortdauer der Gültigkeit einer vor dem 8. Mai 1945 gemäß Abs. 1 getroffenen letztwilligen Verfügung zum Gegenstand haben. Auch mit dieser Maßgabe ist das späte Datum auffällig; denn die Nachholung der Form war sicher schon alsbald nach dem 8. Mai 1945 möglich. Ist daraus zu schließen, daß grundsätzlich der Wegfall der unmittelbaren Todesgefahr oder der Furcht vor vermeintlicher Todesgefahr eine gemäß Abs. 1 getroffene letztwillige Verfügung vor dem 30. September 1945 nicht berührt hat? Konsequentes Denken gebietet dies anzunehmen, wenngleich dies außerordentlich weit geht. Denn warum sollte ein nicht in unmittelbarer Todesgefahr befindlicher oder sich wähnender Verfolgter behindert gewesen sein, durch handschriftliches Testament in der weitherzigen Form des § 21 des Testamentgesetzes die getroffene Verfügung zu bestätigen, gar wenn er etwa ausgewandert ist und A. 11 Abs. S. 1 EGBGB. Geltung gewonnen hat? Wir zweifeln daher an der Richtigkeit der uns denkgesetzlich allein richtig erscheinenden Auslegung, gegen die wir vom rechtsteleologischen Standpunkt aus noch weiter anführen, daß allzu große Weitherzigkeit bei der Anerkennung von letztwilligen Verfügungen gemäß Abs. 1, auch wenn diese Weitherzigkeit sich auf die Form beschränkt, dem Erbschwindel sehr leicht Vorschub leisten kann.

4. „Unmöglich" bedeutet eigentlich, daß die förmliche Errichtung der letztwilligen Verfügung absolut unmöglich gewesen sein muß. Gleichwohl wird man bei Prüfung der Voraussetzungen nicht allzustreng sein dürfen, sonst nimmt man der Vorschrift angesichts der schon vom Testamentsgesetz gezeigten Weitherzigkeit bezüglich der Formerfordernisse die praktische Bedeutung, und kommt sie fast nurmehr bei Mangel an Papier und erreichbaren Zeugen in Betracht, es sei denn, daß die Verfügung sehr umfänglich war und großen Zeitaufwand beanspruchte; aber unter den Umständen des Absatzes 1 ganz formlos getroffene Verfügungen werden selten umfänglich sein. Durch allzu große Strenge bringt man den Bedachten in unbehebbare Beweisnot. „Nicht zumutbar" wär die förmliche Errichtung, wenn der Erblasser zwar die Möglichkeit dazu hatte, sie aber doch sehr erheblich erschwert war. Es dürfte genügen, wenn er infolge seiner Todesnot nicht die innere Ruhe hatte, seine Verfügung selbst zu Papier zu bringen oder die Errichtung einer Niederschrift abzuwarten, wenn ihm z. B. vor seinem Abtransport nur wenige Stunden Frist gewährt waren, in denen auch anderes zu erledigen und Abschied zu nehmen war, oder wenn er durch Mißhandlungen zu erschöpft war, um sich längere Zeit zu konzentrieren.

6. Letztwillige Verfügungen gemäß Abs. 1 solcher Personen, die nur „sich in Todesgefahr zu befinden glaubten" werden hauptsächlich dann errichtet worden sein, wenn der Erblasser im Hinblick auf die vermeintliche Todesgefahr es noch vorzog, sich schnell, bevor er seinen Häschern in die Hände fiel, das Leben selbst zu nehmen oder in denen er einen schweren Schock erlitten hat. Wir glauben übrigens, daß der auf eigenem Entschluß beruhende Austritt aus dem Leben auch dann der unmittelbaren Todesgefahr aus Gründen des Artikel 1 gleichzusetzen ist, wenn der Entschluß ohne Befürchtung grausamer Ermordung lediglich durch die Befürchtung eines langen Martyriums in Gefangenschaft aus Gründen des A. 1 bestimmt gewesen ist; denn ohne diese erweiternde Auslegung wird ein Streit der letztwilligen und gesetzlichen Erben fällig, ob das Suizidium wirklich durch unmittelbare wirkliche oder putative Todesgefahr herbeigeführt worden ist. In allen anderen Fällen war die Errichtung einer förmlichen letztwilligen Verfügung objektiv weder unmöglich, noch unzumutbar. Um unberechtigten Erbansprüchen einen Riegel vorzuschieben, wird man daher in allen andern Fällen bei der Annahme, daß der Erblasser sich in Todesgefahr zu befinden glaubte, große Zurückhaltung üben müssen. Im übrigen ist bei bloß putativer Todesgefahr für die Gültigkeit der letztwilligen Verfügung die Stellung entscheidend, die man zu der in Anm. 3 behandelten Frage einnimmt, ob die gemäß Abs. 1 unter dessen Voraussetzungen errichteten Verfügungen noch Gültigkeit behalten, wenn der Erblasser ihren Wegfall erlebt hat.

Artikel 81

Wiederherstellung von Kindesannahmeverhältnissen

1.[1] Ein in der Zeit vom 30. Januar 1933 bis 8. Mai 1945 aus den Gründen des Artikels 1 aufgehobenes Kindesannahmeverhältnis[2] kann durch Vertrag des Annehmenden oder seiner Erben[8,1] mit dem Kinde oder seinen Erben[8,1] rückwirkend[1] zum Zeitpunkt der Aufhebung wiederhergestellt werden. Auf dem Wiederherstellungsvertrag finden die Vorschriften der §§ 1741 bis 1772 BGB.[1] mit Ausnahme der Bestimmungen der §§ 1744, 1745, 1747, 1752 und 1753 Anwendung[3, 4]. Die Bestätigung des Wiederherstellungsvertrags kann auch nach dem Tode der am Wiederherstellungsvertrage beteiligten Personen erfolgen. Ist ein Beteiligter nicht erreichbar, so kann für ihn zum Zwecke der Vertretung bei der Wiederherstellung des Kindesannahmeverhältnisses ein Pfleger bestellt werden[5].

2.[6] Ist das Kindesannahmeverhältnis in der Zeit vom 30. Januar 1933 bis 8. Mai 1945 durch gerichtliche Entscheidung aus den Gründen des Artikels 1 aufgehoben worden und sind keine Umstände ersichtlich, die die Vertragsschließenden seitdem zur Aufhebung des Kindesannahmeverhältnisses veranlaßt hätten, so können sowohl der Annehmende oder einer seiner Erben[8, 1] wie das Kind oder einer seiner Erben[8,1] die Aufhebung dieser Entscheidung beantragen[7, 9].

3.[11] Zuständig[11] zur Entscheidung gemäß Absatz 2 ist das Amtsgericht, welches das Kindesannahmeverhältnis aufgehoben hat. Absatz 1 Satz 4 gilt entsprechend[11]. Das Gericht entscheidet nach seinem durch Billigkeit bestimmten freien Ermessen[6]. Durch die Aufhebung der gerichtlichen Entscheidung tritt das Kindesannahmeverhältnis rückwirkend wieder in Kraft[10]. Das Gericht kann in seiner Entscheidung die Rückwirkung in einzelnen Beziehungen ausschließen[10].

4. Das Verfahren ist gebühren- und auslagenfrei[11].

5. Die Wiederherstellung von Kindesannahmeverhältnissen kann nur bis spätestens 31. Dezember 1948 beantragt werden[11].

Artikel 81 unterscheidet zwei Fälle der Wiederherstellung eines auf Annahme beruhenden Kindesverhältnisses:

a) Es ist durch Vertrag,

b) durch gerichtliche Entscheidung aufgehoben worden.

1. zu a): Weder der Annehmende noch der Angenommene haben gegeneinander einen Anspruch auf Wiederherstellung des früheren Verhältnisses. Wenn sie jedoch einig sind, aber nur dann, können sie durch neuen Vertrag das Kindesverhältnis wieder herstellen. Dazu allein hätten sie natürlich die Möglichkeit auch nach BGB. Jedoch unterscheidet sich eine Wiederherstellung des Kindesverhältnisses nach A. 81 von einer Vereinbarung gemäß BGB. erheblich. Zwar sind die Formen und Voraussetzungen des BGB. im großen und ganzen auch bei der Wiederherstellung nach A. 81 zu erfüllen, z. B. muß der Annehmende nach wie vor ohne ehelichen Nachkommen sein (§ 1741 BGB.); aber Befreiungen und damals erklärte Einwilligungen wirken fort (befremdlicherweise freilich nicht die Einwilligung des Ehegatten, welche zu dieser Wiederherstellung nicht nur erforderlich ist, wenn der Annehmende erst seither eine Ehe eingegangen ist oder eine neue Ehe geschlossen hat, sondern auch, wenn er noch mit seinem früheren Partner verheiratet ist, und dieser schon früher seine Zustimmung zu der Annahme erklärt hatte, auch nicht die gerichtliche Bestätigung (§ 1742 S. 3), so daß diese neuerdings erforderlich ist); ferner — und das ist entscheidend — die Wiederherstellung kann auch nach dem Tode eines früher als Annehmender oder Angenommener Beteiligten durch Vertrag mit seinen Erben vereinbart werden, die natürlich alle zustimmen müssen — das ist besonders auf Seite des Annehmenden wichtig —, und sie hat rückwirkende Kraft, stellt also das Kindesverhältnis auch für die Zwischenzeit wieder her, was besonders bedeutungsvoll ist, wenn der Annehmende inzwischen verstorben ist und sich sonach ein Erbfall nach ihm vollzogen hat, es sei denn, daß das Erbrecht des Kindes nach § 1767 Abs. 1 BGB. ausgeschlossen war. Ist ein solcher Erbfall nach dem Annehmenden inzwischen eingetreten, so können sich Lagen wie nach Anm. 2 zu A. 78 ergeben. Der Annehmende erlangt zwischenzeitlich auch die Nutznießung an dem Vermögen des Kindes zurück, wenn diese nicht etwa nach § 1767 Abs. 1 BGB. ausgeschlossen war.

Kann auch die Nachfolgeorganisation gemäß A. 10 als Erbin eines an dem Kindesverhältnis Beteiligten den Wiederherstellungsvertrag schließen? Wir glauben ja; denn die Gesichtspunkte, die ein dem natürlichen entsprechendes Kindesverhältnis zwischen einer natürlichen Person und einer Behörde undenkbar erscheinen lassen und einen Adoptionsvertrag zwischen solchen nach dem fortgeltenden G. v. 23. 11. 1933 (RGBl. 979) gegen Mißbräuche usw. ausschließen würden, dem aber überdies unser Gesetz als Spezial-Gesetz den Rang abläuft, sind bei einer Situation überhaupt nicht anwendbar, in welcher das Kindesverhältnis schon wegen des Todes eines der Beteiligten nicht möglich ist.

2. Unausgesprochene Voraussetzung für die Wiederherstellung des Kindesverhältnisses ist, daß der Annahmevertrag seiner Zeit voll wirksam und gerichtlich bestätigt war, von vornherein oder zufolge nachträglicher Heilung von Mängeln. War er seiner Zeit aber nichtig, und ist er deshalb damals gar nicht

erst bestätigt worden, oder zwar bestätigt worden, aber nichtig geblieben, z. B. wegen Vorhandenseins ehelicher Kinder oder in beiderseitiger Ermangelung des Willens, ein wirkliches Kindesverhältnis zu schaffen, oder aus sonstigen Nichtigkeitsgründen, kann auch nach A. 81 das Kindesverhältnis nicht wiederhergestellt werden, mag es auch vordem nur aus Gründen das A. 1 aus der Welt geschafft worden sein.

3. Mit Ausnahme des Nachweises der Vollendung des fünfzigsten Lebensjahres durch den Annehmenden und eines Altersunterschiedes von wenigstens 18 Jahren zwischen ihm und dem Angenommenen (§ 1744 BGB.), der Einwilligung der Eltern eines etwa noch minderjährigen Angenommenen (§ 1747 BGB.), der Genehmigung des Vormundschaftsgerichts, wenn ein Vormund sein Mündel angenommen hatte (§ 1752 BGB.), des Fortlebens des Kindes (§ 1753 BGB.) müssen die Vertragsschließenden erneut nachweisen, daß sie in ihrer Person die Voraussetzungen der §§ 1741—1751 erfüllen. Also darf z. B. der Annehmende nicht inzwischen eigene eheliche oder für ehelich erklärte Kinder bekommen haben, der Ehegatte des Annehmenden muß neuerdings zustimmen, der Wille, ein echtes Kindesverhältnis herzustellen muß nach wie vor bestehen (natürlich nicht, wenn der Vertrag mit oder unter Erben geschlossen wird), der Vertrag muß bedingungsfrei sein, er muß gerichtlich bestätigt werden. Ergibt die Nachprüfung durch das zur Bestätigung zuständige Gericht, daß eine Voraussetzung nicht erfüllt ist, ist die Bestätigung zu versagen, auch wenn die Voraussetzungen früher vorgelegen haben mögen (vgl. auch Anm. 1).

4. Da es nicht sinnvoll ist, den Vertragsschließenden die Erleichterungen, welche ihnen bei rückwirkender Wiederherstellung des Kindesverhältnisses gewährt werden, zu versagen, wenn sie dieses bloß erneuern wollen, ist anzuerkennen, daß sie auch letzterenfalls zu gewähren sind; natürlich nicht die Möglichkiet sich von einem Toten durch Vertrag mit seinen Erben neu annehmen zu lassen und auch nicht umgekehrt die Möglichkeit einen Toten an Kindes Statt anzunehmen.

5. Der Kindesannahmevertrag kann auch nach A. 81 nicht durch Vertreter abgeschlossen werden. Er muß bei gleichzeitiger Anwesenheit beider Teile vor Gericht oder einem Notar abgeschlossen werden. Die Ausnahme von dem Vertretungsverbot, daß der Wiederanzunehmende noch nicht 14 Jahre alt ist, dürfte nur sehr selten praktisch werden; natürlich gilt sie. Hierzu fügt Ziffer 1 Satz 4 eine weitere Ausnahme von dem Vertretungsverbot, wenn ein Beteiligter, das ist der Annehmende oder der Angenommene oder im Falle des Todes des einen oder des andern sein Erbe oder einer seiner Erben nicht erreichbar ist. Es kann ihm dann zum Zwecke seiner Vertretung bei der Wiederherstellung ein Pfleger bestellt werden. Wegen der grundsätzlichen Vertretungsfeindlichkeit des Rechtsgeschäftes ist der Begriff der Nichterreichbarkeit besonders eng auszulegen. Der abwesende Vertragspartner darf deshalb nicht nur zur Zeit, sondern muß überhaupt unerreichbar sein, so daß man nicht weiß, wo er sich aufhält und ob und wann er zurückkommt; er muß u. E. unbekannten Aufenthalts sein.

6. zu b): Während Ziffer 1 Fälle betrifft, in denen das frühere Kindesverhältnis vertraglich nach § 1768 BGB. aufgehoben worden ist, und deshalb folgerichtig nur vertraglich wiederhergestellt werden kann, ohne daß einer der Vertragsschließenden gegen den andern einen Anspruch darauf hätte, nimmt sich Ziffer 2 der Fälle an, in welchen das Kindesverhältnis aus Gründen des

A. 1 durch gerichtliche Entscheidung nach § 12 des heute noch geltenden Gesetzes über die Änderung und Ergänzung familienrechtlicher Vorschriften und über die Rechtsstellung der Staatenlosen aufgehoben worden ist.

Dieses Gesetz läßt die Aufhebung des durch Annahme an Kindes statt begründeten Rechtsverhältnisses auf Antrag zu, wenn wichtige Gründe in der Person des Annehmenden oder des Kindes die Aufrechterhaltung des Annahmeverhältnisses sittlich nicht mehr gerechtfertigt erscheinen lassen. Jedes Wort darüber wäre müßig, daß im Dritten Reich Verschiedenheit der Rasse, der Religion, der Weltanschauung oder politische Gegnerschaft gegen den politischen Kurs oder die Gewaltherrschaft der dreißig Tyrannen, den Diktator oder seine Diktatörchen als ein wichtiger Grund angesehen wurde, die sittliche Rechtfertigung der Aufrechterhaltung des Kindesverhältnisses zu verneinen.

Nunmehr können der Annehmende oder seine Erben oder der Angenommene oder dessen Erben die Aufhebung der Entscheidung beantragen, durch die das Kindesverhältnis aufgehoben worden ist. Die Antragssteller haben anders als in Ziffer 1 ein selbständiges, voneinander unabhängiges Antragsrecht. Der Antrag kann sowohl von dem Teil gestellt werden, der früher die Aufhebung des Annahmeverältnisses beantragt hatte, als auch von dem damaligen Antragsgegner. Freilich wird regelmäßig der Fall so liegen, daß die Aufhebung früher nicht von einem von ihnen, sondern gemäß § 13 des FÄndG. von der höheren Verwaltungsbehörde über ihren Kopf hinweg gestellt worden war, aber es können sich nunmehr über die Wiederherstellung des Kindesverhältnisses besonders, wenn der Wahlelternteil oder das Wahlkind verstorben ist, sehr wohl Meinungsverschiedenheiten ergeben. Es wird aber zur Wiederherstellung keine Willensübereinstimmung vorausgesetzt, da kein neuer Vertrag mehr geschlossen, sondern eine gerichtliche Entscheidung aufgehoben werden soll, welche auch seiner Zeit ohne Rücksicht auf Willensübereinstimmung der Beteiligten ergangen ist. Aber das Gericht hat seine Entscheidung nach billigem Ermessen zu treffen (Abs. 3 S. 3) und das heißt nicht, daß es auf den Widerspruch der anderen Seite kein Gewicht legen darf.

7. Der Antrag, richtiger, eine ihm stattgebende Entscheidung, setzt voraus,

a) daß das Kindesverhältnis seiner Zeit gültig begründet und der Annahmevertrag bestätigt war (§ 9),

b) daß es seiner Zeit aus Gründen des A. 1, also nicht etwa wegen Erbkrankheit des Kindes, unsittlichen oder verbrecherischen Lebenswandels des Annehmenden oder des Kindes (der aber leicht zum Scheingrund der Aufhebung gedient haben kann), oder aus anderen Verhältnissen und Umständen aufgehoben worden ist, welche dem Wohl des Kindes abträglich waren oder ausschlossen, daß ein dem natürlichen Kindesverhältnis entsprechendes Band sich knüpfte (davon gilt dasselbe),

c) daß keine Umstände ersichtlich sind, die die Vertragsschließenden seitdem veranlaßt hätten, das Kindesverhältnis, sei es übereinstimmend, sei es durch Antrag auf gerichtliche Entscheidung, wieder aufzuheben.

Zu c) ist folgendes zu bemerken: Auch die jetzt rückgängig zu machende Aufhebungsentscheidung konnte nur auf Antrag ergehen des Annehmenden, wenn der wichtige Grund in der Person des Kindes, des letzteren, wenn er in der Person des ersteren lag, oder der höheren Verwaltungsbehörde, wenn ein (angeblich) dringendes öffentliches Interesse an der Aufhebung des Annahmeverhältnisses vorlag. Der neue Antrag wird also gestellt werden entweder in einem der letzteren Fälle, dann vielfach von beiden Teilen — oder von dem Antragsgegner des früheren Antragsstellers, wenn auch letzterer nicht behindert ist, jetzt den neuen, seinem damaligen konträren Antrag zu stellen. Sind Gründe, welche „seitdem" die Vertragsschließenden zur Aufhebung veranlaßt hätten, solche welche in der Zeit seit dem 8. Mai 1945 oder solche, welche in der Zeit seit der früheren Aufhebung die Beteiligten veranlaßt hätten, übereinstimmend oder einseitig durch gerichtlichen Antrag das Annahmeverhältnis aufzuheben? Auch der englische Text („thereafter") läßt völlig im Stich. Wir nehmen letzteres an. Dann aber würde sich, wenn man die Aufhebung auf einseitigen gerichtlichen Antrag mit einbezieht, wie es nach u. M. richtig ist, ergeben, daß sehr wohl auch Gründe des A. 1 in Frage kommen könnten, wenn solche einen Teil zu einem solchen Antrag bestimmt hätten; denn das FÄndG. ist ja schon seit dem 12. 4. 1938 bis heute in Kraft. Es würde sich danach der Vertragsgegner des Antragsstellers mit für das Gericht bindender Wirkung darauf berufen können, daß er die Aufhebung aus Gründen des A. 1 beantragt hätte, wenn sie nicht ohnedies auf Antrag der höheren Verwaltungsbehörde beschlossen worden wäre, und der frühere Antragssteller, daß er auch nach der Aufhebung an den Gründen, die ihn früher zum Aufhebungsantrag bestimmt haben, bis jetzt festgehalten habe. Unsere, wie wir glauben richtige, Auslegung erheischt daher eine Einschränkung des Gesetzes in dem Sinne, daß Gründe des A. 1, auch wenn sie den Antragsgegner noch nach der Aufhebung zu einem Antrag nach § 12 FÄndG. bestimmt haben würden, nur dann die Wiederherstellung unzulässig machen, wenn sie nach heutiger Rechtsauffassung als ein wichtiger Grund im Sinne des § 12 FÄndG. anzuerkennen sind oder der heutige Antragsgegner bei der Annahme an Kindes statt darüber im Irrtum oder arglistig getäuscht war (s. 9.).

8. „Oder einer seiner Erben". Gemeint sind ebenso die gesetzlichen, wie auch die testamentarischen Erben, wohl auch die Nachfolgeorganisation, des A. 10, wenn sie an Stelle des Fiskus Erbin eines Verfolgten geworden ist.

9. Bedenken gegen die Rechtsgültigkeit des Annahmevertrages sind natürlich gegenüber dem neuen Antrag auf Aufhebung der älteren Entscheidung, die das Kindesverhältnis aufgehoben hat, zu würdigen. Das gilt auch von Gründen, welche zur Anfechtung des ursprünglichen Vertrages wegen Irrtums (insbesondere über Eigenschaften der Person), wegen arglistiger Täuschung oder Drohung gemäß §§ 1755, 119ff. BGB. berechtigt hätten, auch wenn ihre Geltendmachung gerade wegen der Aufhebung des Annahmeverhältnisses unterblieben und die Anfechtungsfrist abgelaufen ist. Meist wird es sich dabei freilich um wichtige Gründe in der Person eines der Beteiligten handeln, welche jetzt nach § 12 FÄndG. die Aufhebung auch abgesehen von den Gründen des A. 1 dieses Gesetzes rechtfertigen würden und deshalb ohnedies nach Abs. 2 zu berücksichtigen sind.

10. Wie im Falle des Abs. 1 wirkt die Wiederherstellung des Kindesverhältnisses, auch wenn sie durch die Aufhebung einer früheren Entscheidung herbeigeführt wird, die es aufgehoben hatte, in dem Sinn zurück, daß es als nicht aufgehoben gilt und in der Zwischenzeit bestanden hat. Aber das Gericht, welches nach billigem Ermessen zu entscheiden hat (Abs. 2 S. 3), kann die Rückwirkung seiner Entscheidung einschränken, aber — warum nicht? — nicht gänzlich ausschließen. Dazu wird insbesondere dann Anlaß bestehen, wenn die Gegenseite

im Hinblick auf Ereignisse, welche inzwischen eingetreten sind, dem Antrag widersprochen hat.

11. Die Verfahrensregeln des Gesetzes bedürfen keiner Auslegung:

a) Zuständig ist das Amtsgericht, welches die frühere Entscheidung über die Aufhebung getroffen hatte, das ist nach § 16 FÄndG. das Amtsgericht, welches den Annahmevertrag bestätigt hat, evtl. das Amtsgericht Berlin, wenn jenes (infolge des Versailler Friedens) nicht mehr im Gebiet des Deutschen Reiches liegt, doch kann das hiernach zuständige Gericht die Sache aus wichtigen Gründen an ein anderes zur Übernahme bereites Gericht abgegeben haben.

b) Einem Beteiligten, der nicht erreichbar ist, ist ein Pfleger zu bestellen.

c) Das Verfahren ist gebühren- und auslagenfrei.

d) Der Antrag kann nur bis zum 31. 12. 1948 gestellt werden.

e) Es gelten im übrigen die Vorschriften des Gesetzes über die freiwillige Gerichtsbarkeit.

Artikel 82

Zuständigkeit

Über Ansprüche auf Grund der Artikel 78—81 entscheiden die ordentlichen Gerichte. Eine Anmeldung bei dem Zentralanmeldeamt findet nicht statt.

Über seinen Wortlaut hinaus ergibt A. 82 mittelbar, daß A. 78—81 nicht von Rückerstattungsfällen im Sinne dieses Gesetzes handeln, und daß, soweit sie nicht selbst Bestimmungen treffen und diese erschöpfend sind, nicht auf dieses Gesetz, sondern auf das BGB. zurückzugreifen ist.

Für das Verfahren sind die Vorschriften der ZPO. maßgebend.

Fünfzehnter Abschnitt

Wiederherstellung von Firmen und Namen

Artikel 83

Wiedereintragung einer gelöschten Firma

1. Ist in der Zeit vom 30. Januar 1933 bis 8. Mai 1945 eine Firma[1], [5] im Handelsregister gelöscht worden, nachdem der Betrieb des Handelsgeschäftes aus Gründen des Artikels 1 eingestellt war[1], so ist, wenn der Betrieb eines[1] Handelsgeschäftes von dem oder den letzten Inhabern oder ihren Erben wieder

aufgenommen wird, auf Antrag die gelöschte Firma[1, 5] wieder einzutragen.

2. Wurde das eingestellte Handelsgeschäft zur Zeit der Einstellung von einem Einzelkaufmann betrieben, so steht das Recht auf Wiedereintragung der gelöschten Firma dem letzten Inhaber oder seinem Erben zu. Sind mehrere Erben vorhanden und nehmen sie nicht alle den[1] Betrieb wieder auf, so kann die Wiedereintragung der gelöschten Firma verlangt werden, wenn die den Betrieb nicht wieder aufnehmenden Erben der Annahme der gelöschten Firma zustimmen[2].

3. Wurde das eingestellte Handelsgeschäft zur Zeit der Einstellung von mehreren persönlich haftenden Gesellschaftern betrieben, so besteht das Recht auf Wiedereintragung der gelöschten Firma, wenn die persönlich haftenden Gesellschafter entweder alle, oder einer oder mehrere von ihnen mit Einverständnis der übrigen den Betrieb eines[1] Handelsgeschäftes aufnehmen[3, 4]. Im Falle des Erbgangs gilt Abs. 2 entsprechend[2].

Vorbem. zu Artikel 83—86.

Die Vorschriften der Artikel 83—85 sind leider sehr lückenhaft, voll von Zweifeln und auf die deutschen firmenrechtlichen und wettbewerbsrechtlichen Vorschriften und Grundsätze in keiner Weise abgestimmt. Zuweilen wird die Generalklausel des A. 86 helfen. A. 83 und 84 betreffen die Firmen von Einzelkaufleuten und Personen des Handelsrechts, A. 85 erklärt etwas lakonisch diese Bestimmungen für entsprechend anwendbar auf Firmen juristischer Personen.

A. 83 handelt von dem Fall, daß der Betrieb eines Handelsgeschäftes — sei es, daß es von einem Einzelkaufmann (Abs. 2), sei es von einer Gesellschaftermehrheit (Abs. 3) betrieben worden war — in der Zeit vom 30. Januar 1933 bis 8. Mai 1945 aus Gründen des A. 1 eingestellt und daß daraufhin die Firma im Handelsregister gelöscht worden ist. A. 84 betrifft den Fall der Arisierung und der Änderung der Firma. „Firma" ist offenbar im Sinne des HGB. gebraucht, des kaufmännischen Namens im Geschäftsverkehr (§ 17), den nur ein Vollkaufmann haben kann (§ 4).

1. Siehe Vorbemerkung. Wenn von dem letzten Inhaber oder den letzten Inhabern eines eingestellten Geschäftes oder seinen oder ihren Erben oder auch nur von einer dieser Persönlichkeiten wieder ein Handelsgeschäft in der amerikanischen Besatzungszone neu eröffnet wird, so darf dafür die gelöschte Firma benutzt werden und ist diese auf Antrag in das Handelsregister wieder einzutragen. Die Voraussetzungen für die Zulässigkeit der Benutzung und der Eintragung der älteren Firma sind dem Registergericht natürlich nachzuweisen. Für den Nachweis gelten die Vorschriften des FGG., es greift also freie richterliche Beweiswürdigung Platz.

Die Vorschrift regt zu einer Reihe von Fragen an:

a) Nach dem deutschen Text des Abs. 1 genügt die Eröffnung „eines" Handelsgeschäfts. Das würde heißen, daß es nicht an demselben Ort und auch nicht als Geschäft derselben Branche eröffnet zu werden braucht. Kann nun jemand, der in Berlin ein Geschäft (z. B. einen Tabakgroßhandel) betrieben hatte, wenn er nunmehr ein Geschäft in der amerikanischen Zone z. B. Frankfurt a. M. (etwa ein Kurzwarendetailgeschäft) eröffnen will, dafür die Firma des früheren Berliner Geschäftes annehmen? Diese Frage ist nach dem Wortlaut des Abs. 1 zu bejahen. Nach ihm kommt es ebensowenig wie auf die frühere Branche auf den früheren Standort des Geschäftes an. Auch in anderem Sinne wäre aber auch bei dieser Auslegung der Ton auf „eines" Handelsgeschäftes zu legen: Es dürfen nicht mehrere Handelsgeschäfte unter der alten Firma eröffnet werden, wenn sie nicht etwa im Verhältnis von Schwesterniederlassungen zueinander stehen.

Indessen türmen sich — wie wäre es bei diesem Gesetz schon anders möglich? — sofort die Zweifel an der Richtigkeit dieser Auslegung, wenn man weiter liest und in Abs. 2 S. 2 mit Staunen zweimal auf die Worte stößt: „die" „den" Betrieb nicht „wieder" aufnehmenden „Erben". Diese Worte passen nur, wenn es sich um die Wiedereröffnung desselben Betriebes, also in derselben Stadt, — demnach nur in der amerikanischen Zone — und derselben Branche handelt. Die Fassung des Abs. 2 S. 2 ist mit der Fassung der vorstehenden wörtlichen Auslegung des Abs. 1 nicht vereinbar. Da der deutsche Text sonach im Stiche läßt, greift man trotz A. 94 auf den englischen Text zurück. Dort heißt es in Abs. 1: „If the business . . . . . reopended . . . . ." und spricht Abs. 2 von: „The resumption of the enterprise . . .".

In Abs. 3 kehrt nicht nur der deutsche Text zur Fassung des Abs. 1 zurück, indem davon, daß die persönlich haftenden Gesellschafter den Betrieb „eines" Handelsgeschäftes aufnehmen, gesprochen wird, sondern schließt sich auch der englische Text dieser Fassung an, indem er sagt: „If . . . establish a business enterprise". Aus diesen Zweifeln hilft also weder A. 94 noch der bei der Auslegung des deutschen Textes zu Hilfe gerufene englische Text heraus. Wir glauben, daß das alte Geschäft am alten Standort (der amerikanischen Zone) wieder eröffnet werden muß, nehmen aber in unseren Erläuterungen auf den anderen Standpunkt Rücksicht. Im Grunde sprechen auch die sich dabei ergebenden weiteren Schwierigkeiten und Zweifel gegen ihn.

b) § 18 und § 19 HGB. gelten insoweit nicht, als sie vorschreiben, daß der Familienname und ein ausgeschriebener Vorname bzw. bei einer offenen Handelsgesellschaft der Familienname eines persönlich haftenden Gesellschafters in der Firma enthalten sein muß. Wenn die gelöschte Firma „Gustav Haberecht" lautete, kann sie also wieder angenommen werden, wenn der Name des Inhabers des neuen Geschäfts, „Max Oppenheim" ist. Aber kann der auf ein Gesellschaftsverhältnis deutende Zusatz „u. Co." beibehalten werden, auch wenn das neue Geschäft von einem Einzelkaufmann eröffnet wird. Dies möchten wir, da es auch im Fall des § 22 HGB. zulässig ist, bejahen, obwohl wir im übrigen nicht glauben, daß die Vorschrift die Bestimmungen über das Verbot dezeptiver Firmen außer Kraft setzen will und den Vorrang vor ihnen beansprucht. Umgekehrt halten wir es für zulässig, daß von der Neuannahme eines auf ein Gesellschaftsverhältnis hindeutenden Zusatz abgesehen wird, wenn das neue Geschäft in Form einer Gesellschaft betrieben wird, auch wenn das alte Geschäft von einem Einzelkaufmann betrieben worden war; dies auch dann, wenn jetzt bei der Wiedereröffnung ein neuer Gesellschafter mitwirkt, welcher nicht zu den Erben eines früheren Inhabers gehört (Arg. § 24 HGB.).

c) Gehörte zum Firmenkern neben dem Namen der Hinweis auf eine bestimmte Branchenzugehörigkeit oder enthielt die Firma einen solchen Hinweis als Zusatz, z. B.: „Erste Frankfurter Kaffeerösterei Franz Xaver Rösselmann" und eröffnet deren früherer Inhaber Salli Israel eine Konditorei, so kann er zwar, wenn ihm darum zu tun ist, den Namen Franz Xaver Rösselmann, aber u. E. nicht auch den Zusatz „Erste Frankfurter Kaffeerösterei" beibehalten, auch nicht den Zusatz „Erste Frankfurter Konditorei" gebrauchen. Das würde eine dezeptive Firma sein (s. a).

d) Schwere Konflikte können sich zwischen A. 83 mit § 30 HGB., welcher die deutliche Unterscheidbarkeit einer Firma von allen an demselben Orte oder in derselben Gemeinde bereits bestehenden oder eingetragenen Firmen gewährleisten will, desgleichen mit A. 37 Abs. 2 HGB., ferner der namensrechtlichen Vorschrift des § 12 BGB. und den wettbewerbsrechtlichen Vorschriften der §§ 16, 1 UWG., § 826 BGB. ergeben. Wir glauben, daß die Befugnis aus A. 83 in diesen Konflikt und gegenüber der Ordnungsstrafgewalt des Registergerichts nach § 37 Abs. 1 HGB. nur unterliegen wird (aber auch unterliegen muß), wenn sie gerade zu dem Zwecke mißbraucht wird, um die Möglichkeit der Verwechslung zu schaffen und auszunutzen (insbesondere von dem unter a erörterten von uns nicht geteilten weitherzigeren Standpunkt aus), weil die verfolgtenfreundliche Tendenz des Gesetzes es geradezu ausschließt, anzunehmen, daß es zulassen will, neue gerechte Verfolgungswut anzuschüren. Aber von solchen klarliegenden Ausnahmefällen abgesehen, kann die Befugnis aus A. 83 nicht an einem solchen Konflikt mit den erwähnten Vorschriften scheitern, ja ergibt sich sogar der weitere Zweifel, ob die Befugnis aus A. 83 nicht vielmehr einen Unterlassungs- und evtl. Schadensersatzanspruch aus § 37 Abs. 2 HGB., § 12 BGB., §§ 1, 16 UWG., § 826 BGB. gegenüber zwischenzeitlich erworbenen Firmenrechten gewährt. Wir möchten freilich eine zwischenzeitlich erworbene, im Verkehr durchgesetzte Firmen- und Namensgeltung gegenüber der Befugnis aus A. 83 bestehen lassen und uns dahin entscheiden, daß beide Positionen nebeneinander bestehen bleiben und sich miteinander abfinden müssen, mit der Maßgabe, daß jedem Teil angesonnen werden kann, erforderliche Unterscheidungsmerkmale anzunehmen, welche ohne die Kontinuität und Tradition seiner Firma zu stören, die Unterscheidbarkeit verbessert (s. e).

e) Mit den unter b, c und d aufgeworfenen Fragen wurde schon an die weitere Frage gerührt, ob die alte Firma nur völlig unverändert wieder angenommen werden kann, oder ob es zulässig ist, sie bei unverändertem Firmenkern mit kleinen Änderungen wie etwa „Nachfolger", „Söhne", „Erben" „& Co." zu versehen. Wir möchten uns für die Zulässigkeit aussprechen, weil wir dafür nach dem Vorgetragenen ein Bedürfnis bejahen und für die Anwendung der Strenge des § 22 HGB., die übrigens solche Zusätze auch nicht alle ausschließt, keinen Grund erkennen.

2. Der Erbgang ist dem Registergericht durch Erbschein, die Zustimmung der an der Eröffnung des Handelsgeschäftes unbeteiligten Miterben oder Mitgesellschafter in öffentlich beglaubigter Form nachzuweisen. Aus dem Erfordernis der Zustimmung der an der Betriebseröffnung unbeteiligten Miterben oder Mitgesellschafter geht hervor, daß die frühere Firma nur für einen neuen Betrieb benützt werden kann, nicht für mehrere verschiedene Betriebe, wenn jeder von mehreren Miterben oder Mitgesellschaftern einen neuen Betrieb eröffnet.

3. Gehörte der eingestellte Betrieb einer offenen Handelsgesellschaft, so sind zwei Gesichtspunkte zu beachten: Einmal, daß jeder der Gesellschafter dasselbe Recht auf die alte Firma hat, ferner, daß das Wiederaufleben der Firma die Erinnerung des Verkehrs an die persönliche Haftung aller früheren Inhaber wachrufen kann. Es ist daher, wenn nicht ein gemeinsames Geschäft neu eröffnet wird, doch die Zustimmung aller erforderlich, daß für ein von einem oder einigen von ihnen neu eröffnetes Geschäft die alte Firma wieder angenommen wird, und das ist besonders wichtig, wenn der Name eines von ihnen in der Firma vorkommt, der an dem neu eröffneten Geschäft nicht beteiligt ist. Aber es ist beachtlich, daß die Zustimmung der an der Neueröffnung nicht beteiligten Gesellschafter und zwar — eine bedenkliche Irreführung des Verkehrs, die das Gesetz hätte vermeiden müssen —, auch wenn ihr Name in der Firma vorkommt, ihre Haftung für die neuen Geschäftsverbindlichkeiten nicht begründet.

4. Das Gesetz gedenkt nicht der Kommanditgesellschaft. Der Rückgriff auf A. 86 gibt keine Antwort auf die Frage, ob auch der Kommanditist — mit Zustimmung der übrigen Gesellschafter — berechtigt ist, die alte Firma für ein neues Geschäft zu führen, noch ob die Zustimmung des Kommanditisten zur Annahme der Firma erforderlich ist, wenn er sich bei der Neueröffnung nicht beteiligt. Beides möchten wir im Hinblick auf die gesellschaftliche Stellung des Kommanditisten bejahen, beim stillen Gesellschafter verneinen.

5. Das Gesetz bestimmt mit Bedacht (A. 89) noch nichts über das Wiederaufleben gewerblicher Schutzrechte, welche durch die Einstellung des Betriebes, Nichtzahlung der Gebühr erloschen sein werden, wie etwa eines Warenzeichenrechtes oder über das Wiederaufleben des Schutzes einer Warenausstattung. Hat in der Zwischenzeit der Rückerstattungspflichtige oder ein Dritter für gleichartige Waren ein erloschenes Warenzeichenrecht oder ein Ausstattungsrecht erworben, so hat es dabei zunächst sein Bewenden. Ist dies nicht der Fall, so kann der frühere Geschäftsinhaber ohne weiteres bei Neueröffnung des Betriebes ein Warenzeichen neu eintragen und eine Ausstattung neu gebrauchen. Wo aber ein Geschäft entzogen worden ist, und der Berechtigte angesichts A. 89 außerstand gesetzt ist, das Warenzeichen und die alte Ausstattung neu eintragen zu lassen bzw. zu gebrauchen, sind die Schadensersatzansprüche nach A. 30, 31 u. E. durch A. 89 nicht ausgeschlossen oder beeinträchtigt.

Artikel 84

Änderung der Firma

Ist eine Firma [4] in der Zeit vom 30. Januar 1933 bis 8. Mai 1945 aus Gründen des Artikels 1 geändert [1] worden, so kann die frühere Firmenbezeichnung wiederhergestellt [2], [4] werden, wenn derjenige, der zur Zeit der Änderung [3] Firmeninhaber war, oder seine Erben es als jetzige Inhaber der Firma beantragen. Artikel 83 Absatz 2 Satz 2 und Absatz 3 gelten sinngemäß [5].

1. Artikel 84 hat einen andern Fall als A. 83 zum Gegenstand, der aber jenem nahe verwandt ist, so daß im wesentlichen auf die Ausführungen zu A. 83 verwiesen werden kann. A. 84 handelt von dem Fall, daß das entzogene Geschäft des Verfolgten nicht eingestellt, sondern fortgeführt worden ist. Der typische Fall ist der der „Arisierung". Der „Ariseur" wird gewöhnlich die ehemalige Firma, mit welcher sich im Verkehr die Vorstellung eines jüdischen Inhabers verknüpfte, um das Feuer unter der „Volksseele" fortzunehmen und zu vermeiden, daß sie weiter „koche", nicht fortgeführt, sondern eine neue Firma angenommen haben. Hat er nun das Geschäft auf Grund dieses Rückerstattungsgesetzes herauszugeben, so ist er natürlich zur Herausgabe der ursprünglichen Firma, die er hat löschen lassen, und die er selbst, da sein Name nicht mit ihr verbunden war, auch nicht wiederherstellen kann, nicht imstande. Er kann dieserhalb nach A. 30, 31 schadensersatzpflichtig sein. Diese Schadensersatzpflicht kann im Einzelfall beeinflußt sein durch die dem ehemaligen Inhaber durch den vorliegenden A. 84 gewährte Befugnis, die ursprüngliche Firma wieder anzunehmen, die aber mit dieser Wiederannahme natürlich nicht ohne weiteres und sofort die Verkehrsgeltung wiedergewinnt, die sie vielleicht früher hatte.

2. Die Befugnis, die alte Firma wieder anzunehmen, ist unabhängig davon, ob sie den Namen des früheren Inhabers enthält. Auch wenn sie aus dem Namen eines ganz anderen Kaufmannes besteht, kann sie wieder angenommen werden; war z. B. die Firma Jacob S. Heß in Frankfurt am Main des Kaufmanns Abraham Landauer von ihren Ariseuren Josef Maria Gundelfinger, Adolf Waller und Richard Wildermuth in Jos. M. Gundelfinger, Waller und Co. umgeändert worden, so kann der Erbe Isaak Schachian des Kaufmanns Abraham Landauer die Firma Jacob S. Heß wieder annehmen. Wir verweisen im übrigen auf unsere Ausführungen zu A. 83.

3. Wunderlich ist, daß der Inhaber „zur Zeit der Änderung" annahmeberechtigt ist. Dies kann nur der Inhaber zur Zeit der Entziehung oder sein Erbe sein.

4. Vgl. 1, 5 zu A. 83.

5. Vgl. 2—4 zu A. 83. A. 84 ist auch anzuwenden, wenn Gegenstand der Rückerstattung nur eine Beteiligung an einer Personalgesellschaft des Handelsrechts ist, deren Gesellschafter die Firma nach dem Ausscheiden des Verfolgten geändert haben. Auch solchenfalls gilt A. 83 Abs. 3. Jeder Gesellschafter ist antragsberechtigt, aber auch die Zustimmung eines jeden erforderlich. Ist ein gesellschaftlicher Anspruch (actio pro socio) auf die Zustimmung gegeben? Da er in dem ähnlichen Fall des A. 83 Abs. 3 nicht gewährt wird, ist dies auch hier nicht anzunehmen. Aber der Anspruch kann sich als Schadensersatzanspruch auf Grund Gesellschaftsvertrags oder nach A. 30, 31 begründen lassen.

Artikel 85

Firmen juristischer Personen

Die Vorschriften der Artikel 83 und 84 finden auf Firmen juristischer Personen entsprechende Anwendung[1] [4].

1. Die Bestimmung des A. 85 macht gewisse Schwierigkeiten, schon damit, daß sie von „Firmen" juristischer Personen und nicht von der Firma einer wiedererstandenen oder bestehen gebliebenen juristischen Person spricht.

2. Wir gehen zunächst von letzteren Fällen aus:

a) Eine juristische Person war bestehen geblieben; es war ihr nur das Geschäft samt der Firma entzogen, sie hat — mag sie im Zustand der Abwicklung gewesen sein oder nicht (vgl. zu A. 9 und A. 22) — erfolgreich ihren Rückerstattungsanspruch geltend gemacht und kann auch ihre frühere Firma wieder annehmen. Gewöhnlich wird es eine Sachfirma oder eine solche in Verbindung mit einer Phantasiefirma, es kann aber auch eine Personenfirma, mit dem Zusatz Aktiengesellschaft, GmbH., usw. sein. Die Sachfirma, auch eine Phantasiefirma, wenn der Phantasiename zum Warennamen oder gar zum Warenzeichen geworden ist, kann aber nur fortgeführt werden, wenn das neue Unternehmen den früheren Unternehmensgegenstand beibehält. Jüngere Sach- oder Phantasiefirmen, welche denselben Firmenkern haben, dürften ihr zu weichen haben. Die Firma kann auch trotz erhaltengebliebener Gesellschaft gelöscht gewesen sein. Das macht bezüglich der Befugnis, die alte Firma wieder anzunehmen keinen Unterschied.

3. b) Die Gesellschaft war gelöscht. Ihr Rückerstattungsanspruch wurde nach A. 9 von den Gesellschaftern oder einer zu diesem Zweck geschaffenen Nachfolgeorganisation ? (s. 4 zu A. 22) erfolgreich geltend gemacht und die Gesellschaft neu ins Leben gerufen. Die Wiederannahme der alten Firma setzt voraus, daß die Gesellschaft neu in das Handelsregister eingetragen worden ist.

4. Nun braucht aber die Erhebung des Rückerstattungsanspruchs durch einen Gesellschafter gemäß A. 9 nicht unbedingt zur Wiederherstellung der gelöschten Gesellschaft zu führen. Es kann auch sein, daß die Gesellschafter das Geschäft nach der Rückgabe als offene Handelsgesellschaft oder, wenn es sich um eine Ein-Mann-Gesellschaft handelte, als Einzelfirma weiterführen. Für diesen Fall läßt sich auf 1a—e zu A. 83 verweisen. War die Firma, wie es besonders bei einer Ein-Mann-GmbH. der Fall gewesen sein kann, ein Phantasiename, so wird freilich diese Firma für das Geschäft eines Einzelkaufmanns oder einer Personal-Handelsgesellschaft nicht wieder angenommen werden können. Der Kaufmann Lindemann, welcher der Alleingesellschafter der über ganz Deutschland verbreiteten Firma „Etam GmbH." war oder sein Erbe wird ein Einzelhandelsgeschäft mit der Firma Etam führen können — er kann sie auch nach § 4 GmbHG. als neue Firma einer GmbH. annehmen — aber im ersteren Falle wird er seinen ausgeschriebenen Namen, im letzteren Falle einen Hinweis auf die Branche beifügen müssen, es sei denn, man erkennt an, daß diese Firma so sehr ausschließliche Verkehrsgeltung für Strumpfwaren erlangt hatte, daß sie dadurch zur Sachfirma geworden ist. In diesem Falle würde die Neuannahme Etam GmbH. zulässig sein.

Artikel 86

Wiederherstellung von Firmennamen in sonstigen Fällen

Die Wiedergutmachungskammer kann die Wiederherstellung einer gelöschten oder einer geänderten Firma auch in anderen

als den Fällen der Artikel 83—85 gestatten, sofern die Führung der alten Firmenbezeichnung zum Zwecke der Wiedergutmachung erforderlich ist.

A. 86 sieht für Ausnahmefälle, welche nicht unter A. 83 bis 85 fallen, ein Verfahren vor, nach welchem gleichwohl eine gelöschte oder geänderte Firma, nicht ohne weiteres auf Antrag (A. 88), sondern nur auf Grund vorangegangener Entscheidung der Wiedergutmachungskammer, evtl. des Beschwerdegerichts durch das Registergericht wieder einzutragen ist. Welche Beweggründe der Gesetzgeber gehabt hat, hier die Wiedergutmachungskammer einzuschalten, ist nicht offensichtlich. Daß er zur Voraussetzung macht, daß die Wiederannahme der alten Firma zur Wiedergutmachung (geradezu) erforderlich ist, läßt freilich darauf schließen, daß ihm Fälle ganz krasser Ausnahme vorgeschwebt haben.

Aber welche Fälle nicht von den Artikeln 83—85 gedeckt sein sollen, ist von der Kommanditgesellschaft abgesehen, deren wir schon bei A. 83 und 84 gedacht haben, und für welche die Einschaltung der Wiedergutmachungskammer und sonstige Erschwerung gänzlich unverständlich wäre, auch nicht recht einzusehen. Am meisten Aktualität scheint uns die Generalklausel für solche Unternehmungen zu besitzen, welche, wie die Unternehmungen von Minderkaufleuten oder Gesellschaften des bürgerlichen Rechts, keine echten Firmen führen.

Als Fall des A. 86 kann es auch erscheinen, wenn eine gelöschte juristische Person des Handelsrechts wegen Auftauchens eines neuen Vermögensstückes, nämlich des Rückerstattungsanspruchs gemäß 4 zu A. 22 wieder eingetragen werden soll. Aber in diesem Falle hat sie das Amtsgericht wieder einzutragen und sehen wir keinen Rechtsgrund ein, warum erst eine Entscheidung der Wiedergutmachungskammer vorangehen soll, während es dieser in andern Fällen nicht bedarf, in denen eine gelöschte Firma neu eingetragen werden soll (a. M. Strauß zu § 86).

Dagegen wird man A. 86 vielleicht anzuwenden haben, wenn das arisierte Unternehmen in das arisierende übergegangen ist und die Firma weder gelöscht noch geändert wurde, sondern (ausnahmsweise) von dem arisierenden Unternehmen angenommen worden ist. Aber freilich paßt dafür nicht, daß A. 86, wohl zu eng, an der Voraussetzung festhält, daß die alte Firma gelöscht oder geändert wurde.

Nicht klar ist, ob, wenn der Rückerstattungsanspruch ohne weiteres anerkannt wurde, der Antrag nach A. 86 unmittelbar bei der Wiedergutmachungskammer oder beim Zentralanmeldeamt angebracht und durch dieses über die Wiedergutmachungsbehörde an die Wiedergutmachungskammer geleitet werden muß. Der technische Aufbau des Gesetzes spricht überwiegend für letzteres; auch dafür, daß die Wiedergutmachungskammer eine mündliche Verhandlung anberaumen muß (A. 67) und daß der anonyme Board of Review in dieser nicht gerade übermäßig wichtigen Frage zur letzten Entscheidung berufen ist (A. 69!).

Artikel 87

Vereins- und Stiftungsnamen

Die Bestimmung des Artikels 86 gilt entsprechend für die Wiederannahme des früheren Namens eines Vereines oder einer Stiftung.

Nach A. 8 ist der Rückerstattungsanspruch eines Vereins, einer Stiftung, oder einer nicht rechtsfähigen Personenvereinigung, die A. 87 zwar vergißt, aber doch wohl auch schützen will, durch eine Nachfolgeorganisation zu erheben. Diese hat, wenn der alte Verein und die alte Stiftung auch wieder ins Leben treten und deshalb ihren alten Namen wieder annehmen will, einen entsprechenden Antrag an die Wiedergutmachungskammer zu stellen (vgl. zu A. 87 am Ende).

Artikel 88

Verfahren

Anträge auf Eintragung von früheren Firmenbezeichnungen im Handelsregister können nur binnen der in diesem Gesetz für Rückerstattungsansprüche vorgesehenen Anmeldefrist gestellt werden. Über diese Anträge entscheidet unbeschadet Artikel 86 das Amtsgericht als Registergericht. Im übrigen sind für das Verfahren die Vorschriften über das Verfahren in Sachen der freiwilligen Gerichtsbarkeit anwendbar. Das Verfahren ist gebühren- und kostenfrei.

Die Frist endet am 31. Dezember 1948. Zuständig ist das Amtsgericht, in dessen Register die Löschung oder Änderung der früheren Firma eingetragen worden ist. Schließt man sich auf Grund der zu A. 83 gemachten ausführlichen Erörterungen der weitherzigeren Auffassung an, daß auch das von einem andern Ort, ja in einer andern Besatzungszone früher betriebene Handelsgeschäft unter der alten Firma an einem beliebigen Ort der amerikanischen Besatzungszone wieder eröffnet werden kann, so kann man unter Umständen bei der praktischen Durchführung der Vorschrift in Verlegenheit kommen. Der Eintragungsantrag dürfte dann bei dem Gericht des neuen Orts zu stellen und ein zum Nachweis aller Voraussetzungen geeigneter Handelsregisterauszug des früheren Gerichts beizufügen sein. Dies kann große Schwierigkeiten machen, wenn letzteres ein Gericht der sowjetischen Besatzungszone ist. Ganz abwegig würde es uns erscheinen, daß in einem Falle, in dem das Geschäft an einem anderen als dem ursprünglichen Ort wiedereröffnet wird, das Gericht des letzteren berufen sein soll über die Zulässigkeit der Annahme der alten Firma zu befinden, bei der doch so viele firmen- und wettbewerbsrechtliche Fragen eine Rolle spielen.

Sechzehnter Abschnitt

Schlußbestimmungen

Artikel 89

Vorbehaltene Ansprüche

Besondere gesetzliche Regelung bleibt vorbehalten für die Wiederherstellung erloschener Rechte aus Versicherungsverhältnissen und erloschener Urheberrechte und gewerblicher Schutzrechte.

Die Inhaber von Ansprüchen aus Versicherungspolicen, die Inhaber erloschener (künstlerischer oder literarischer oder gewerblicher z. B. Patentrechte, Geschmacksmuster) Urheberrechte, die Inhaber gewerblicher Schutzrechte (Warenzeichenrechte, Ausstattungsrechte) werden auf künftige Gesetzgebung vertröstet. Bedenkt man, daß viele geschäftliche Unternehmen auf Warenzeichen, auf Patentrechten usw. geradezu aufgebaut sind, so muß diese Bestimmung die rückerstattungsberechtigten Inhaber solcher Betriebe schwer enttäuschen. Die Frage ist freilich nur für das Inland bedeutsam, da im Ausland geistiges deutsches Eigentum schutzlos wie Butter vor dem Messer vor jedem Räuber liegt.

Durch A. 90 ist die Geltendmachung der unter diese Bestimmung fallenden Rechte nicht nur im Rückerstattungsverfahren, sondern auch vor den ordentlichen Gerichten ausgeschlossen. Nach unserer Meinung bezieht sich die Vorschrift aber nur auf die Möglichkeit der Wiedererlangung dieser Rechte, nicht auf Schadensersatzansprüche wegen ihres Verlustes gemäß A. 30, 31.

Artikel 90

Fristenlauf

Soweit Ansprüchen, die unter dieses Gesetz fallen, Verjährung, Ersitzung oder Ablauf von Ausschlußfristen nach den Vorschriften des bürgerlichen Rechts entgegenstehen würden, gilt die Verjährungs-, Ersitzungs- oder Ausschlußfrist als nicht vor dem Ende von sechs Monaten abgelaufen, gerechnet von dem Zeitpunkt, in welchem ein Klageanspruch auf Grund dieses Gesetzes zur Entstehung gelangt ist, keinesfalls jedoch vor dem 30. Juni 1949.

Zur Frage, wann ein Anspruch „unter die Vorschriften dieses Gesetzes fällt" vgl. die Erl. zu A. 57. Da dieses Gesetz den Rückerstattungsanspruch selbständig regelt, und auf ihn die Vorschriften des BGB. ohnedies nicht anwendbar sind, kann die Vorschrift nur Ansprüche im Auge haben, die auf Grund eines unter dieses Gesetz fallenden Tatbestandes sich nach BGB. ergeben; sie erhärtet somit unsere zu A. 57 vorgetragene Meinung. Soweit dies der Fall ist, werden alle durch Fristablauf bedrohten bürgerlichen Rechte durch die rechtzeitige Anmeldung (31. 12. 1948) oder evtl. ergänzende Handlung vor dem 30. 6. 1949 in jedem Fall gewahrt.

Artikel 91

Steuern und Abgaben

1. Steuern und sonstige öffentliche Abgaben werden aus Anlaß der Rückerstattung nicht erhoben.

2. Eine Erstattung oder nachträgliche Erhebung von Steuern, sonstigen öffentlichen Abgaben, Gebühren und Kosten aus Anlaß des Rückfalls entzogener Vermögensgegenstände einschließlich der Erbschaftssteuer findet nicht statt.

A. 91 ist vom Standpunkt des Verfolgten und vom Standpunkt des Rückerstattungspflichtigen aus zu durchdenken.

1. a) Für beide ergibt sich aus Abs. 1, daß die Rückerstattung keine neuen Übertragungssteuern: Grunderwerbsteuern, Umsatzsteuern, Kapitalverkehrsteuern nach sich zieht. Nach A. 15 Abs. 2 ist dies eigentlich selbstverständlich, denn es handelt sich ja nur um eine Herausgabe und nicht um eine Übertragung oder Veräußerung. Weniger selbstverständlich und hart ist, daß trotz § 5 StAngG. die auf Grund des Entziehungsgeschäfts entrichtete Grunderwerb- und Umsatzsteuer, ev. Schenkungssteuer, ja sogar die von dem Verfolgten etwa gezahlte Wertzuwachs- und Veräußerungsgewinnsteuer — hat er ihretwegen bei schwerer Entziehung einen Schadenersatzanspruch nach A. 30? — auch eine anläßlich eines zwischenzeitlichen Veräußerungsgeschäfts entrichtete Grunderwerbssteuer usw. nicht zurückvergütet wird.

2. b) Wenn der Berechtigte bei dem Geschäft stehenbleibt und eine Zuzahlung nach A. 16, oder wenn er eine Herausgabe von Ersatz nach A. 29 verlangt, kann sich für ihn ein Gewinn ergeben. Der Text: „Eine nachträgliche Erhebung von Steuern findet nicht statt" ist indessen nach u. M. auch für diesen Fall so klar, daß wir nicht zögern, den Berechtigten diesen Gewinn neidlos als steuerfrei zu überlassen.

Der Berechtigte hat auch keine Einkommensteuer wegen der ihm herauszugebenden oder zu vergütenden Nutzungen (A. 30—32) zu entrichten. Es bleibt dabei, daß der zwischenzeitliche Inhaber sie entrichtet hat. Nichtsdestoweniger kann es sein, daß sie den Berechtigten belasten, so im Rahmen des A. 32 Abs. 3 Satz 3 und als Minderung eines ihm nach A. 30 zu ersetzenden Schadens.

Ebensowenig hat der Berechtigte für die Zwischenzeit nachträglich Vermögenssteuer zu entrichten. Es bleibt dabei, daß der Pflichtige sie entrichtet hat. Dieser kann sie nicht gegen den Nutzungsersatz verrechnen (A. 32 Abs. 3 Satz 3), wohl aber als Minderung eines Schadens nach A. 30 geltend machen.

3. c) Ja es kann sich sogar zwischenzeitlich ein Erbfall zugunsten des Berechtigten zugetragen haben (A. 78, 79, 81); auch dann hat er keine Erbschaftssteuer nachzuzahlen, selbst dann nicht, wenn er nach einem höheren Tarifsatz versteuert worden wäre als der zwischenzeitliche Erbe; aber dieser kann die von ihm entrichtete Erbschaftsteuer als gutgläubiger Erbschaftsbesitzer abziehen. Das kann für den Verfolgten einen Nachteil bedeuten, wenn er nach einem günstigeren Tarifsatz zu steuern gehabt hätte; das tut uns leid für ihn, aber — „Eine Erstattung der Erbschaftsteuer findet nicht statt".

4. d) Daß der Verfolgte keinen Anspruch auf Erstattung der von ihm anläßlich der Entziehung entrichteten Grunderwerbsteuer, Wertzuwachs- und Veräußerungsgewinnsteuer, Gerichtskosten und Notariatsgebühren hat, obwohl er diese Beträge als Teile des Entgelts nach A. 44 (s. dort) zurückzahlen muß, weil diese ja nicht aus Gründen des A. 1 seiner freien Verfügung entzogen waren, ist eine schwer zu verantwortende fiskalische Härte. Jedoch ist nicht zu bezweifeln, daß A. 91 als Spezialgesetz den Vorrang vor denjenigen Bestimmungen des Steueranpassungs- und des Grunderwerbsteuergesetzes, der Wertzuwachssteuerordnungen, des Gerichtskostengesetzes und der Gebührenordnungen beanspruchen kann, welche für den Fall, daß ein Geschäft nicht zustande gekommen ist (A. 15), die Rückzahlung vorsehen.

5. Zu erwägen ist, ob der Pflichtige sich auf A. 91 berufen kann, wenn er ein Handelsgeschäft nach A. 29 zurückgeben muß und sich hierbei für ihn ein Restgewinn ergibt. In welchem Umfang dies sein kann, ergeben die Erläuterungen zu A. 29. Wir verneinen die Steuerpflicht angesichts des A. 91, ohne zu verkennen, daß der Rückerstattungspflichtige Steuern von dem Gewinn hätte entrichten müssen, wenn er keine stillen Rücklagen gebildet hätte. Doch ist A. 91 klar und dem Rückerstattungspflichtigen werden — nicht immer gerecht — so außerordentliche Opfer zugemutet, daß es durchaus denkbar und rechtspolitisch zu verteidigen ist, daß der Gesetzgeber ihm eine kleine Erleichterung dieser Last gewähren wollte. Inwieweit der Pflichtige bei Vermögens- und Einkommensteuer einen drohenden Rückerstattungsverlust durch Rückstellung, einen erlittenen durch Abzug berücksichtigen kann, ergeben die hier nicht zu erläuternden allgemeinen Steuergesetze.

Artikel 92

Ausführungs- und Durchführungsvorschriften

1. Die Wiedergutmachungsbehörden werden durch Ausführungsverordnung bestimmt.

2. Soweit nichts anderes in diesem Gesetz bestimmt ist oder von der Militärregierung angeordnet wird, werden die zur Durchführung des Gesetzes erforderlichen Rechts- und Verwaltungsvorschriften vom Ministerpräsidenten eines Landes oder den von ihm bestimmten Staatsministern erlassen.

Nachdem in den fünf Besatzungszonen schon fünffach verschiedenes Rückerstattungsrecht besteht, sollten wenigstens in der amerikanischen Besatzungszone zu diesem für die ganze Zone geltenden Gesetz einheitliche Aus- und Durchführungsbestimmungen ergehen.

Artikel 93

Zuständigkeit der deutschen Gerichte

1. Die deutschen Gerichte werden hiermit ermächtigt, die Gerichtsbarkeit in Zivilsachen, die diesem Gesetze unterliegen, gegen Staatenlose, die als verschleppte Personen einer der Vereinten Nationen gelten, oder gegen Staatsangehörige der Vereinten Nationen auszuüben, sofern diese nicht unter eine der in Nr. (3), (4) oder (5) der Ziffer 10 (b) in Artikel VI des Gesetzes Nr. 2 der Militärregierung (in seiner jeweils geltenden Fassung) genannten Personengruppen fallen.

2. Die deutschen Gerichte werden hiermit ermächtigt, die Gerichtsbarkeit in Fällen von Zuwiderhandlungen gegen die Be-

stimmungen der Artikel 73—77 dieses Gesetzes auszuüben, vorausgesetzt, daß der Täter von der Gerichtsbarkeit der deutschen Gerichte nicht gemäß Ziffer 10 (a) in Artikel VI des Gesetzes Nr. 2 der Militärregierung (in seiner jeweils geltenden Fassung) ausgenommen ist.

Ausgenommen von der deutschen Gerichtsbarkeit sind nach der gegenwärtigen Fassung des Gesetzes Nr. 2 nur militärische oder diplomatische Personen der alliierten Regierungen und ihre Angehörigen.

Artikel 94

Maßgeblicher Text

Der deutsche Text dieses Gesetzes ist der amtliche Text; die Bestimmungen des Absatzes 5 des Artikels II des Gesetzes Nr. 4 der Militärregierung (in seiner geänderten Fassung) finden keine Anwendung.

Wie die Erläuterungen zu diesem Gesetz ergeben, ist mit dem deutschen Text nicht auszukommen, ohne den englischen Text zur Auslegung heranzuziehen. Dies halten wir ohne weiteres für statthaft.

Artikel 95

Inkrafttreten

Dieses Gesetz tritt in den Ländern Bayern, Bremen, Hessen und Württemberg-Baden am 10. November 1947 in Kraft.

Im Auftrage der Militärregierung.

Zu A. 95 ist zu bemerken, daß das Land Bayern die Rheinpfalz nicht mehr umfaßt, die trotz jahrhundertelanger Zusammengehörigkeit von ihm abgetrennt und der französischen Zone einverleibt worden ist. Ebenso umfaßt das Land Württemberg-Baden nicht das volle ehemalige Gebiet dieser früheren Länder, auch große Teile von ihnen werden von der französischen Zone umfaßt.

Der amerikanisch besetzte Sektor Berlins gehört gleichfalls nicht zur amerikanischen Besatzungszone. Das Gesetz gilt also dort nicht. Berlin wurde zwar von den einzelnen Besatzungsmächten nach Sektoren einzeln besetzt, aber es wird von den Besatzungsmächten gemeinsam durch ihre Alliied Kommandantura, welche unmittelbar dem Kontrollrat untersteht, einvernehmlich verwaltet.

Nachtrag: Nach dem Inkrafttreten des Gesetzes ist in den drei westlichen Besatzungszonen Deutschlands am 21. Juni 1948 das MilRG. Nr. 61 über eine neue Deutsche Währung und am 27. Juni 1948 das MilRG. Nr. 63 zur Neuordnung des Geldwesens (UmstellungsG.) in Geltung gesetzt worden. Wir müssen uns darauf beschränken, auf Grund dieser Gesetzgebung bezüglich der Rückerstattungsansprüche folgende kurze Bemerkung zu machen:

Sowei ein Verfolgter Angehöriger der Vereinten Nationen ist oder geworden ist, kann er als Gläubiger eines Geldanspruches gegenüber dem Schuldner sich weigern, eine ihm von diesem nach Maßgabe des Umstellungsverhältnisses angebotene Zahlung anzunehmen, oder bis zum 20. August 1948 der nach dem Umstellungsgesetz vorgeschriebenen Umstellung des Schuldverhältnisses widersprechen. Weigerung und Widerspruch sind formlos; letzterer kann brieflich oder mündlich, erstere brieflich oder mündlich oder durch sofortige Rücküberweisung oder durch Abwehr mit beiden Händen wirksam ausgedrückt werden. Welche Bedeutung Weigerung und Widerspruch haben, ist freilich „noch nicht heraus" und wird man erst künftig erfahren. Bis zu dieser künftigen Bestimmung durch die Gesetzgebung der Besatzungsmächte kann der Gläubiger, der von vorstehender Vorschrift Gebrauch gemacht hat, den ihm zustehenden Rückerstattungsanspruch nicht geltend machen. Dies alles sagt § 15 UmstellungsG.

Gehört der Rückerstattungsgläubiger zu keiner der Vereinten Nationen oder hat er von vorstehender Vorschrift keinen Gebrauch gemacht, so werden seine auf Geld lautenden Rückerstattungsansprüche im Verhältnis von 10:1 umgestellt (A. 16). Das gilt aber u. E. nicht, soweit sie einen gegenwärtigen Wertersatz zu schaffen bestimmt sind (bestr.), also zwar für den Geldanspruch auf Nachzahlung (A. 16), auf Herausgabe eines Geldersatzes (A. 29), auf Schadensersatz nach A. 30, 31, soweit es sich nicht um Wertersatz für den untergegangenen Entziehungsgegenstand, vielmehr um sonstigen Schaden handelt, auf Vergütung für Nutzungen (A. 30, 32), aber nicht für eine Geldersatzleistung nach A. 26 oder Schadensersatzleistung für den untergegangenen Entziehungsgegenstand durch Wertausgleich nach A. 30, 31.

Militärregierung — Deutschland
Amerikanisches Kontrollgebiet

Ausführungsverordnung Nr. 1
zum Gesetz Nr. 59 der Militärregierung

Errichtung eines Zentralanmeldeamtes und Form der Anmeldung von Rückerstattungsansprüchen

Gemäß §§ 55 und 56 des Gesetzes Nr. 59 der Militärregierung über die Rückerstattung feststellbarer Vermögensgegenstände wird folgendes verordnet:

I. Errichtung eines Zentralanmeldeamtes

1. Gemäß § 55 des Gesetzes Nr. 59 der Militärregierung wird hiermit ein Zentralanmeldeamt errichtet, dessen Anschrift lautet:

Zentralanmeldeamt
Bad Nauheim, Deutschland.

2. Diesem Amt werden hiermit alle Rechte und Befugnisse übertragen, die dem Zentralanmeldeamt nach Maßgabe der Bestimmungen des Gesetzes Nr. 59 der Militärregierung zustehen.

II. Form der Anmeldung von Rückerstattungsansprüchen

1. Zur Erleichterung der beschleunigten Bearbeitung von Rückerstattungsansprüchen soll die Anmeldung von Ansprüchen auf Rückerstattung entsprechend der im Anhang gegebenen Anleitung vorgenommen werden. Alle verlangte Arbeiten sollen, soweit bekannt, genau und in gedrängter Form gemacht werden.

2. Falls der Berechtigte ausführlichere Angaben machen will, sind sie als A der Anmeldung beizufügen, und zwar zusammen mit sachdienlichen Urkunden lund eidesstattlichen Versicherungen. Die Anlagen sind zu numerieren.

3. Es ist nicht notwendig, gedruckte Formulare zu verwenden. Die erforderlichen Angaben sollen in der Anmeldung in der aus dem Anhang ersichtlichen Reihenfolge gemacht werden; die Antwort auf jede Frage soll am linken Rand des zur Anmeldung verwendeten Bogens mit derjenigen Ziffer bezeichnet werden, welche der im Anhang zur Bezeichnung der Frage verwendeten Ziffer entspricht. Die zur Anmeldung verwendeten Bogen sollen aus Gründen der Einheitlichkeit nicht größer sein als 21½ cm breit und zwischen 28 und 33 cm lang, oder eine möglichst ähnliche Größe haben. Die Bogen sollen nur einseitig, lesbar und in Maschinenschrift beschrieben werden. Die Anmeldung und die zugehörigen Urkunden sollen in fünffacher Ausfertigung eingereicht werden. Ferner sollen soviel weitere Abschriften beigefügt werden, wie zwecks Zustellung von je einer Abschrift an jeden am Verfahren Beteiligten erforderlich ist. (Artikel 61 des Gesetzes, Nr. 59 der Militärregierung.)

4. Da das Gesetz von deutschen Behörden angewendet wird, soll die Anmeldung, soweit möglich, in deutscher Sprache abgefaßt sein; andernfalls muß sie in englischer Sprache abgefaßt sein. Eidesstattliche Versicherungen, die in einer andern Sprache eingereicht werden, soll eine deutsche Übersetzung beigefügt werden.

5. Soweit als möglich soll für jeden Rückerstattungsanspruch eine besondere Anmeldung vorgenommen werden,

a) wenn die Ansprüche sich auf mehr als einen Entziehungsvorgang gründen;

b) wenn die beanspruchten Vermögensgegenstände gegenwärtig an verschiedenen Stellen gelegen sind.

6. Original-Urkunden sollen nicht eingereicht, sondern von dem Berechtigten zurückbehalten werden, bis er von der Rückerstattungsbehörde um die Einreichung ersucht wird. Dagegen sollen beglaubigte Abschriften oder Photokopien sachdienlicher Urkunden der Anmeldung beigefügt werden. Wenn eine schriftliche Beschreibung eines Vermögensgegenstandes nicht als ausreichend erscheint, so sollen, soweit möglich, Abbildungen oder Zeichnungen beigefügt werden.

7. Die Anmeldung muß datiert und vom Berechtigten oder seinem bevollmächtigten Vertreter unterschrieben sein, wenn sie von einer dritten Person unterschrieben ist, so muß die Vollmacht oder sonstige Ermächtigung dieser Person mit der Anmeldung eingereicht werden.

III. Strafbestimmungen für unrichtige Anmeldungen

Wer im Zusammenhang mit der Anmeldung eines Anspruchs auf Rückerstattung nach Maßgabe des Gesetzes Nr. 59 der Militärregierung eine wissentlich falsche Angabe macht, macht sich nach den Vorschriften des Artikels II, Ziffer 33 der Verordnung Nr. 1 der Militärregierung strafbar.

IV. Datum des Inkrafttretens

Diese Verordnung tritt am 10. November 1947 in Kraft.

Im Auftrage der Militärregierung.

Anhang

Anleitung zur Vornahme der Anmeldung eines Rückerstattungsanspruchs nach Maßgabe des Gesetzes Nr. 59 der Militärregierung

Teil A

Angaben über den Berechtigten, seinen Anwalt oder Beauftragten und den Verfolgten.

I. Angaben über den Berechtigten

1. Familienname, Vorname und weitere Vornamen.
2. Ständiger Wohnsitz.
3. Gegenwärtige Anschrift.
4. Anschrift, welche für Zuschriften an den Berechtigten betreffend den Rückerstattungsanspruch benutzt werden soll.
5. Name und Anschrift eines in Deutschland wohnhaften Zustellungsbevollmächtigten (Artikel 58, Absatz 4).
6. Wenn der Berechtigte und der Verfolgte nicht die gleiche Person sind, müssen alle Tatsachen dargetan werden, aus denen sich ergibt, daß der Berechtigte der Rechtsnachfolger des Verfolgten ist. Abschriften aller sachdienlichen Urkunden sind beizufügen. Falls der Anspruch auf einer Abtretung beruht, sollen Abschriften der Genehmigung der Abtretung seitens der Militärregierung beigefügt werden.

II. Angaben über den Bevollmächtigten des Berechtigten

7. Familienname, Vorname und weitere Vornamen.
8. Anschrift.
9. Rechtsnatur des Auftragsverhältnisses (Rechtsanwalt, sonstiger Beauftragter, Vormund usw.). Abschriften der sachdienlichen Urkunden, aus denen das Auftragsverhältnis ersichtlich ist, sind beizufügen.

III. Angaben über den Verfolgten

10. Familienname, Vorname und weitere Vornamen.
11. Gegenwärtige Anschrift (falls am Leben).
12. Letzter bekannter Wohnsitz und letzte bekannte Anschrift in Deutschland.
13. Wohnsitz und Anschrift zur Zeit der Entziehung.

Teil B

Angaben über das Vermögen, dessen Rückerstattung beansprucht wird.

I. Grundstücke und Rechte an Grundstücken

14. Einzelbeschreibung des Grundstückes oder der Rechte am Grundstück.
15. Lage.
16. Beschreibung im Grundbuch.

II. Geschäftsunternehmungen

17. Name und Beschreibung des Geschäftsunternehmens.
18. Angabe darüber, wo das Geschäftsunternehmen
    a) zur Zeit der Entziehung gelegen war,
    b) wenn verzogen, gegenwärtige oder letztbekannte Anschrift und Lage.
19. Eintragung im Handelsregister.

III. Wertpapiere (Schuldverschreibungen, Aktien usw.)

20. Genaue Beschreibung des Wertpapiers, seiner Gattung, Effektennummer usw. Bei Anteilsrechten Name und Anschrift des Unternehmens; bei Schuldverschreibungen Name und Anschrift des Schuldners.
21. Angaben darüber, wo sich das Wertpapier zur Zeit der Entziehung befunden hat, wo es sich jetzt befindet oder, falls dies nicht bekannt ist, wo es sich zuletzt befunden hat.

IV. Sonstiges persönliches Vermögen

22. Eingehende Beschreibung des in Frage stehenden Vermögensgegenstandes und alle sonstigen sachdienlichen auf ihn bezüglichen Angaben einschließlich Angaben darüber, wo er sich zur Zeit der Entziehung befunden hat, wo er sich gegenwärtig befindet, und, falls dies nicht bekannt ist, wo er sich zuletzt befunden hat.

V. Sonstige Vermögensgegenstände, soweit sie bisher hier nicht aufgeführt sind

23. Eingehende Beschreibung des in Frage stehenden Vermögensgegenstandes und alle sonstigen ihn betreffenden sachdienlichen Angaben einschließlich Angaben darüber, wo sich der Vermögensgegenstand zur Zeit der Entziehung befunden hat, wo er sich jetzt befindet oder, falls dies nicht bekannt ist, wo er sich zuletzt befunden hat.

Teil C

Schilderung des Entziehungsvorgangs

I. Angaben über den Vermögensstand vor der Entziehung

24. Datum des Erwerbs des Vermögensgegenstandes seitens des Verfolgten.
25. Kaufpreis, den der Verfolgte bezahlt hat.
26. Wert des Vermögensgegenstandes zur Zeit des Erwerbs (s. oben Nr. 24).
27. Eingehende Angaben über Verwendungen, Werterhöhungen, Wertminderungen und andere Veränderungen des Vermögensgegenstandes vor der Entziehung.
28. Im Falle der Berechtigte zur Zeit der Entziehung nicht Alleineigentümer des Vermögensgegenstandes war, sollen die Namen und Anschriften aller an dem Vermögensgegenstand Mitbeteiligten angeführt sowie die Rechtsnatur und Höhe ihrer Beteiligung bezeichnet werden.

29. Sonstige Rechte Dritter an dem Vermögensgegenstand, wie z. B. Hypotheken, gesetzliche und vertragliche Pfandrechte usw. Alle auf diese Personen bezüglichen Tatsachen und Einzelheiten sind anzugeben, besonders ihre Namen und Anschriften sowie die Rechtsnatur, der Umfang und Geldbetrag ihrer Rechte.

II. Angaben über den Entziehungsvorgang

30. Datum und Ort der Entziehung.

31. Genaue Angaben der Tatsachen und Umstände, auf Grund deren geltend gemacht wird, daß
    a) eine Entziehung im Sinne des Artikels 2 stattgefunden hat oder
    b) eine Vermutung im Sinne des Artikels 3 vorliegt, oder
    c) ein Anfechtungsrecht im Sinne des Artikels 4 gegeben ist.

    Genaue Angaben darüber, ob der Anspruch auf mehr als eine der obigen Kategorien gestützt wird und auf welche.

32. Angaben über den Kaufpreis, wie er zur Zeit der Veräußerung des Vermögensgegenstandes berechnet wurde.

33. Alle sonstigen Vertragsbedingungen, wie sie zur Zeit der Veräußerung des Vermögensgegenstandes festgelegt wurden.

34. Angaben über das Entgelt, das der Veräußerer im Zeitpunkt der Veräußerung und gegebenenfalls später erhalten hat. Angaben über die Gegenleistung, die der Erwerber gemacht hat; Angaben über die Beträge sowie Zeit und Ort der geleisteten Zahlungen, an wen diese Zahlungen geleistet worden sind und alle sonstigen zur Aufklärung des Sachverhalts dienlichen Umstände.

35. Angaben über etwaige, dem Verfolgten auferlegte Verfügungsbeschränkungen hinsichtlich des gezahlten oder erhaltenen Entgelts.

36. War das Entgelt ein angemessener Kaufpreis im Sinne des Artikels 3, Absatz 3? Falls nein, Angabe des angemessenen Kaufpreises. Worauf beruht die Schätzung dieses angemessenen Kaufpreises?

37. Alle weiteren sachdienlichen Angaben, besonders Namen und Anschriften von Zeugen, die Aussagen in bezug auf die Angaben unter Teil C, II machen können. Abschriften etwaiger beweiserheblichen Urkunden usw. sind beizufügen.

III. Angaben über den Vermögensgegenstand nach der Entziehung

38. In denjenigen Fällen, in denen nach Maßgabe des Gesetzes eine Rechnungslegung beansprucht wird, sind alle sachdienlichen Angaben über den Grund dieses Anspruchs sowie über Gewinn, Verluste, Werterhöhungen, Verwendungen, Verschlechterungen, Schäden, Untergang, Geschäftsführung, Auslagen usw. zu machen. Die für die Rechnungslegung erforderlichen Angaben sollen auch die Namen und Anschriften von Zeugen enthalten, die Aussagen in bezug auf Angaben in Teil C, III machen können. Abschriften etwaiger beweiserheblicher Urkunden usw. sind beizufügen.

IV. Angaben über den Rückerstattungspflichtigen und alle sonstigen Verfahren Beteiligten mit Ausnahme des Rückerstattungsberechtigten

39. Familienname, gegenwärtige und letztbekannte Anschrift; Umfang der Beteiligung an dem die Entziehung darstellenden Vorgang; oder Kenntnis hiervon, und zwar in bezug auf:

   a) desjenigen, der den Vermögensgegenstand zuerst von dem Verfolgten erworben hat (Ersterwerber), sowie dessen Anschrift zur Zeit der Entziehung;

   b) alle diejenigen Personen (mit Ausnahme des gegenwärtigen Besitzers oder Eigentümers), die den Vermögensgegenstand späterhin im Besitz oder Eigentum hatten;

   c) den gegenwärtigen oder letztbekannten Besitzer oder Eigentümer;

   d) alle sonstigen Personen, die ein Recht an dem Vermögensgegenstand geltend machen (z. B. Hypothekengläubiger, Mieter usw.).

40. Alle weiteren sonstigen sachdienlichen Angaben, insbesondere Namen und Anschriften von Zeugen, die Aussagen in bezug auf die Angaben in Teil C, IV machen können, Abschriften etwaiger beweiserheblichen Urkunden usw. sind beizufügen.

V. Sonstige Angaben.

41. Sonstige sachdienliche Angaben, die für eine vollständige Schilderung des Sachverhalts, auf die sich der Rückerstattungsanspruch begründet, erforderlich sind.

Teil D

Rückerstattungsantrag

Die Rückerstattungsbehörde kann ein die Rückerstattung anordnendes Urteil oder ein sonstiges Urteil auf Grund des Gesetzes nur erlassen, wenn der Anspruchsberechtigte den Anspruch auf Rückerstattung dem Wortlaut nach so genau angibt, wie er seiner Auffassung nach in dem Endurteil der Rückerstattungsbehörde formuliert werden soll; zu diesem Zweck sollen folgende Angaben gemacht werden:

42. Ob der Berechtigte an Stelle aller sonstigen Ansprüche auf Rückerstattung den Anspruch nach Maßgabe des Artikels 16 des Gesetzes erhebt, und falls ja, in welcher Höhe.

43. Falls der Anspruch auf Nachzahlung gemäß Artikel 16 nicht erhoben wird, soll in bezug auf jeden einzelnen in Teil B aufgeführten Vermögensgegenstand und in bezug auf jede in Teil C, IV genannte Person angegeben werden,

   a) ob und inwieweit Rückerstattung in Natur verlangt wird,

   b) im Falle, daß Rückerstattung in Natur nicht möglich ist, oder im Falle der Verschlechterung des Vermögensgegenstandes, ob eine Entschädigung verlangt wird und falls ja, in welcher Höhe;

c) ob und in welcher Höhe ein Anspruch auf Mieten, Gebrauchsüberlassung, Gewinn usw. erhoben wird;

d) ob und in welcher Höhe weitere Ansprüche auf Grund dieses Gesetzes erhoben werden.

Teil E

Ich/Wir erkläre(n) hiermit, daß alle in der vorstehenden Anmeldung enthaltenen Angaben nach meinem/unserem besten Wissen und Gewissen genau, vollständig und der Wahrheit entsprechend gemacht worden sind.

....	....
Datum	Unterschrift

Ausführungsverordnung Nr. 2

zum Gesetz Nr. 59 der Militärregierung

Erstattung von Anzeigen gemäß Gesetz Nr. 59 der Militärregierung

Nach Artikel 73 und 74 des Gesetzes Nr. 59 der Militärregierung über Rückerstattung feststellbarer Vermögensgegenstände (siehe Anhang „A") sind alle Personen, welche Vermögensgegenstände, die möglicherweise der Rückerstattung nach Maßgabe des Gesetzes unterliegen, oder in Besitz oder Eigentum haben, bis zum 15. Mai 1948 dem auf Grund der Ausführungsverordnung Nr. 1 zum Gesetz Nr. 59 der Militärregierung errichteten Zentralanmeldeamt in Bad Nauheim (Deutschland) eine Anzeige zu erstatten. Wer seiner Anzeigepflicht nicht nachkommt, macht sich nach Maßgabe der Artikel 75, 76 und 77 des Gesetzes Nr. 59 der Militärregierung (Anhang „A") strafbar. Auf Grund des Artikels 92 dieses Gesetzes und in Verfolg der Artikel 73 und 74 desselben wird hiermi folgendes angeordnet:

I. Form der Anzeige

1. Die Anzeige soll entsprechend der im Anhang „B" gegebenen Anleitung vorgenommen werden. Alle verlangten Angaben sollen genau und in gedrängter Form gemacht werden.
2. Falls der Berechtigte ausführlichere Angaben machen will, sind sie als Anlage der Anzeige beizufügen, und zwar zusammen mit sachdienlichen Urkunden und eidesstattlichen Versicherungen. Die Anlagen sind zu numerieren.
3. Es ist nicht notwendig, gedruckte Formulare zu verwenden. Die erforderlichen Angaben sollen in der Anzeige in der aus dem Anhang B ersichtlichen Reihenfolge gemacht werden; die Antwort auf jede Frage soll am linken Rand des zur Anzeige verwendeten Bogens mit derjenigen Ziffer bezeichnet werden, welche der im Anhang „B" zur Bezeichnung der Frage verwendeten Ziffer entspricht. Die zur Anzeige verwendeten Bogen sollen aus Gründen der Einheitlichkeit nicht größer sein als 21½ cm breit und zwischen 28 und 33 cm lang oder eine möglichst ähnliche Größe haben. Die Bogen sollen nur einseitig, lesbar und in Maschinenschrift beschrieben werden. Die Anzeige soll in deutscher Sprache abgefaßt sein. Es sollen ein Original und zwei Abschriften eingereicht werden.
4. Für Vermögensgegenstände, die sich an verschiedenen Orten befinden, sollen gesonderte Anzeigen erstattet werden.
5. Jede Anzeige soll datiert und muß von dem Anzeigenden oder seinem bevollmächtigten Vertreter unterschrieben sein. Wenn sie von einer andern Person als von dem Anzeigepflichtigen unterschrieben ist, so muß die Vollmacht oder sonstige Ermächtigung der Anzeige beigefügt werden.

II. Datum des Inkrafttretens

Diese Verordnung tritt am 10. November 1947 in Kraft.

Im Auftrage der Militärregierung.

Anhang „B“

Anleitung zur Vornahme der Anzeige

Teil A

Angaben über den Anzeigenden, seinen Anwalt oder Beauftragten

I. Angaben über den Anzeigenden

1. Familienname, Vorname und weitere Vornamen.
2. Ständiger Wohnsitz.
3. Gegenwärtige Anschrift.
4. Anschrift, an welche Korrespondenz mit dem Anzeigenden gesandt werden soll.

II. Angaben über den Bevollmächtigten des Anzeigenden

5. Familienname, Vorname und weitere Vornamen.
6. Anschrift.
7. Rechtsnatur des Auftragsverhältnisses.
   (Rechtsanwalt, sonstiger Beauftragter, Vormund usw.). Abschriften der einschlägigen Urkunden, aus denen das Auftragsverhältnis ersichtlich ist, sind beizufügen.

Teil B

Angaben über den zur Anzeige gebrachten Vermögensgegenstand

I. Angaben über den gegenwärtigen Besitzer oder Eigentümer und Lage des zur Anzeige gebrachten Vermögensgegenstandes

8. Angabe darüber, ob der Anzeigende der gegenwärtige Besitzer des Vermögensgegenstandes ist.
9. Falls dies nicht zutrifft, Name und Anschrift der Person, die den Vermögensgegenstand gegenwärtig in Besitz hat, soweit bekannt.
10. Gegenwärtige Lage des Vermögensgegenstandes, soweit bekannt.

II. Grundstücke und Rechte an Grundstücken

11. Einzelbeschreibung des Grundstücks oder der Rechte am Grundstück.
12. Lage des Grundstücks.
13. Beschreibung im Grundbuch.

III. Geschäftsunternehmungen

14. Name und Beschreibung des Geschäftsunternehmens.
15. Angabe darüber, wo das Geschäftsunternehmen
    a) im Zeitpunkt des Erwerbs durch den Anzeiger gelegen war;
    b) gegenwärtige oder letztbekannte Lage.
16. Eintragung im Handelsregister.

IV. **Wertpapiere** (Schuldverschreibungen, Aktien usw.)

17. Genaue Beschreibung der Gattung des Wertpapiers, seiner Effektennummer usw.; bei Anteilsrechten Name und Anschrift des Unternehmens; bei Schuldverschreibungen Name und Anschrift des Schuldners.
18. Angabe darüber, wo sich das Wertpapier im Zeitpunkt des Erwerbs durch den Anzeiger befunden hat, wo es sich jetzt befindet und, falls dies nicht bekannt ist, wo es sich zuletzt befunden hat.

V. Sonstiges persönliches Vermögen

19. Genaue Beschreibung des in Frage stehenden Vermögensgegenstandes und alle sonstigen sachdienlichen Angaben darüber, einschließlich der Lage zu dem Zeitpunkt, an dem der Vermögensgegenstand von dem Anzeigenden erworben wurde, wo er sich gegenwärtig befindet und, falls dies nicht bekannt ist, wo er sich zuletzt befunden hat.

VI. Sonstige Vermögensgegenstände, soweit sie bisher hier nicht aufgeführt worden sind

20. Eingehende Beschreibung des in Frage stehenden Vermögensgegenstandes und alle sonstigen ihn betreffenden sachdienlichen Angaben, einschließlich Angaben darüber, wo sich der Vermögensgegenstand im Zeitpunkt des Erwerbs durch den Anzeiger befunden hat, wo er sich gegenwärtig befindet und, falls dies nicht bekannt ist, wo er sich zuletzt befunden hat.

Teil C

Angaben über den Erwerb und die Veräußerung des Vermögensgegenstandes.

I. Angaben über den Vermögensgegenstand zur Zeit des Erwerbs

21. Datum des Erwerbs des Vermögensgegenstandes seitens des Anzeigenden.
22. Familienname, Vorname und weitere Vornamen sowie Anschrift der Person, von der der Vermögensgegenstand erworben wurde.
23. Die genauen Umstände, unter denen der Anzeigende den Besitz des Vermögensgegenstandes erlangt hat.
24. Angaben über den Kaufpreis, wie er zur Zeit des Erwerbs des Vermögensgegenstandes berechnet wurde.
25. Alle sonstigen Vertragsbedingungen, wie sie im Zeitpunkt des Erwerbs des Vermögensgegenstandes festgelegt wurden.
26. Welcher Teil des Kaufpreises oder des Entgelts ist an dritte Personen oder Stellen bezahlt oder ausgehändigt worden und unter welchen Umständen.
27. Wert des Vermögensgegenstandes im Zeitpunkt des Erwerbs.
28. Im Falle der Anzeigende während der Zeit, in der er den Besitz an dem Vermögensgegenstand hatte, nicht dessen alleiniger Eigentümer war, sollen die Namen und Anschriften aller an dem Vermögensgegenstand Mitbeteiligten angeführt sowie die Rechtsnatur und Höhe ihrer Beteiligung bezeichnet werden.

II. Angaben über den Vermögensgegenstand nach dem Erwerb

29. Hier sind alle für sachdienlich erachteten Angaben zu machen, welche eine Werterhöhung oder Wertverminderung des Vermögensgegenstandes während der Zeit, in der der Anzeigende ihn im Besitz hatte, einschließlich Angaben über jegliche Veränderung, die in den Belastungen des Vermögensgegenstandes eingetreten ist.

30. Wenn der Anzeigende über den Vermögensgegenstand verfügt hat, sind Name und Anschrift der Person anzugeben, an die er weiter veräußert worden ist.

31. Datum, an welchem die Weiterveräußerung stattgefunden hat.

32. Der von dem Neuerwerber gezahlte Kaufpreis.

33. Alle sonstigen sachdienlichen Bedingungen des Veräußerungsvertrages.

34. Wert des Vermögensgegenstandes zur Zeit der Weiterveräußerung.

Ausführungsverordnung Nr. 3

zum Gesetz Nr. 59 der Militärregierung und Bestimmung einer jüdischen Rückerstattungs-Nachfolgeorganisation für die Geltendmachung jüdischen Vermögens gemäß dem Gesetz Nr. 59 der Militärregierung.

Ausführungsverordnung.

Gemäß Artikel 13 des Gesetzes Nr. 59 der Militärregierung wird hiermit die nachfolgende Ausführungsverordnung für die Bestimmung von Nachfolgeorganisationen erlassen:

1. Eine nicht auf Gewinn gerichtete oder gemeinnützige Organisation, welche auf Grund des Gesetzes Nr. 59 der Militärregierung als Nachfolgeorganisation anerkannt zu werden wünscht, kann bei der amerikanischen Militärregierung für Deutschland einen schriftlichen Antrag auf eine solche Bestimmung stellen. Ein solches Gesuch muß genaue Einzelheiten über den Aufbau, Zweck und die Funktionen der Organisation enthalten; alle wesentlichen Unterlagen, die sich auf den Antrag beziehen, wie Gesellschaftsverträge und -satzungen der antragstellenden Organisation, müssen dem Antrag beigefügt werden. Zusätzliche Angaben können verlangt werden.

2. Eine solche Organisation muß die Stellung eines Vertreters der gesamten Gruppe oder Klasse haben, welche sie zu vertreten bevollmächtigt ist.

3. Nach erfolgter Bestimmung als Nachfolgeorganisation muß dieselbe ihr Vermögen zum Wohle aller Mitglieder der Gruppe oder Klasse, welche sie vertritt, oder für nicht auf Gewinn gerichtete oder wohltätige Zwecke verwenden, die von der Militärregierung genehmigt werden.

4. Die Rechte und die Verpflichtungen einer solchen Organisation werden in der Bestimmung als Nachfolgeorganisation festgelegt.

Bestimmung als Nachfolgeorganisation auf Grund vorstehender Ausführungsverordnung.

I. Bestellung der Nachfolgeorganisation für jüdisches Vermögen.

Die jüdische Rückerstattungs-Nachfolgeorganisation, eine Wohltätigkeitsorganisation, errichtet auf Grund der Gesetze des Staates New York, USA, im folgenden JRSO genannt, wird, nachdem sie um Bestimmung als Nachfolgeorganisation nachgesucht hat und auf Grund der oben erwähnten Ausführungsverordnung zu Artikel 13 des Gesetzes Nr. 59 der Militärregierung anerkannt worden ist, hiermit als Nachfolgeorganisation bestimmt, die berechtigt ist, Anspruch auf jüdisches Vermögen nach Maßgabe der Artikel 8, 9, 10 und 11 des Gesetzes Nr. 59 der Militärregierung zu erheben.

II. Begriff „jüdisches Vermögen".

1. Als jüdisches Vermögen gilt das Vermögen, die Rechte und Interessen jüdischer Personen oder jüdischer Organisationen.

2. Eine Person gilt als jüdisch, wenn sie zwischen dem 30. Januar 1933 und dem 8. Mai 1945

a) Verfolgungsmaßnahmen aus dem Grunde, daß sie jüdisch war, ausgesetzt war; oder

b) weil sie der jüdischen Rasse oder Religion angehörte; oder

c) weil sie Angehörige eines Personenkreises war, welcher aus dem kulturellen und wirtschaftlichen Leben Deutschlands durch Maßnahmen des Staates oder der NSDAP aus dem Grunde ausgeschlossen werden sollte, daß Mitglieder dieses Kreises der jüdischen Rasse oder Religion angehörten.

In den Fällen jedoch, in denen Anzeichen dafür vorhanden sind, daß die betreffende Person ihre Zugehörigkeit zur jüdischen Religion zugunsten einer anderen Religion vor ihrem Tode aufgegeben hat, oder daß sie tatsächlich nicht zur jüdischen Rasse oder Religion gehörte, kann die Rückerstattungsbehörde nach Anstellung einer Untersuchung, wie sie sie für notwendig erachtet, um die tatsächlichen Verhältnisse festzustellen, eine Entscheidung dahin treffen, daß eine solche Person nicht-jüdisch war.

3. Eine Organisation wird als jüdische Organisation betrachtet,

a) wenn ihre Mitglieder sich zum jüdischen Glauben bekannt oder sich zu diesem Zweck zusammengeschlossen haben, oder wenn die Organisation der Verwaltung der jüdischen Gemeinde unterstand; oder

b) wenn sie von Geldern der jüdischen Gemeinde unterhalten wurde; oder

c) wenn die Zugehörigkeit zur jüdischen Rasse oder Religion Bedingung für die Mitgliedschaft war; oder

d) wenn die Organisation wegen überwiegender Mehrheit jüdischer Mitglieder aufgelöst wurde oder sich aufzulösen gezwungen wurde.

4. Meinungsverschiedenheiten bezüglich des Rechtes der Nachfolgeorganisationen, auf Grund des Gesetzes Vermögensgegenstände zu beanspruchen, werden durch die Rückerstattungskammer entschieden, deren Beschluß der Berufung und der Nachprüfung wie in anderen Fällen unterliegt.

III. Stellung, Rechte und Pflichten der jüdischen Rückerstattungs-Nachfolgeorganisation (JRSO).

1. Die JRSO übt ihre Tätigkeit in der amerikanischen Besatzungszone Deutschlands gemäß den Bestimmungen und Beschränkungen aus, die ihr von der Militärregierung sowie durch die Gründungsurkunde und Satzungen auferlegt sind. JRSO ist als eine nicht auf Gewinn gerichtete Organisation tätig; sie genießt dieselben Steuerbefreiungen, wie sie andere gemeinnützige Organisationen nach deutschem Recht besitzen. Außer in Fällen, wo besondere schriftliche Ausnahmen seitens des Amts der amerikanischen Militärregierung gemacht sind, unterstehen die JRSO und ihre Vertreter allen Gesetzen des Kontrollrats und der Militärregierung, sowie militärischen Vorschriften und den anwendbaren deutschen Gesetzen.

2. Die JRSO wird mit Genehmigung des Amts der amerikanischen Militärregierung vor dem 31. Dezember 1948 eine oder mehrere juristische Personen nach deutschem Recht in der US-Zone gründen, die die Stellung von gemeinnützigen Organisationen haben. Die JRSO überträgt innerhalb von 30 Tagen nach der Erwerbung von Grundstücken auf Grund des Gesetzes Nr. 59 der Militärregierung dieses Eigentum auf diese juristische Person oder Personen. Im Sinne dieses Artikels wird bewegliches Vermögen, welches für die Verwaltung des Grundstückes wesentlich ist, als Zubehör des Grundstückes angesehen. Die JRSO sucht innerhalb von 60 Tagen nach der Erwerbung anderen Vermögens auf Grund des Gesetzes Nr. 59 der Militärregierung entweder bei dem Amte der amerikanischen Militärregierung um eine Genehmigung zur Ausfuhr oder zur Versendung desselben ins Ausland nach oder überträgt dieses Vermögen der juristischen Person oder den juristischen Personen, die auf Grund dieses Artikels errichtet sind. Falls eine solche Genehmigung versagt wird, wird das betreffende Vermögen innerhalb von 30 Tagen nach erfolgter Genehmigungsverweigerung auf die juristische Person oder Personen übertragen, die auf Grund dieses Artikels errichtet worden sind. Diese juristische Person oder Personen betreuen oder verwalten das auf sie von der JRSO übertragene Vermögen oder verkaufen es zu Zwecken und unter den Beschränkungen, welche in der Genehmigung des Amtes der amerikanischen Militärregierung zur Errichtung solcher juristischen Person oder Personen enthalten sind. Eigentum dieser juristischen Person oder Personen jeder Art kann auf die JRSO rückübertragen werden, wenn dazu eine besondere schriftliche Genehmigung des Amtes der amerikanischen Militärregierung vorliegt. Die Bestimmungen des Artikels 91 des Gesetzes Nr. 59 der Militärregierung finden Anwendung auf Übertragungen, welche nach Maßgabe dieser Vorschriften vorgenommen werden.

3. JRSO und ihre bevollmächtigten Vertreter genießen alle Rechte, die deutschen juristischen Personen und Einzelpersonen in bezug auf die Besichtigung von Vermögen und Einsichtnahme in Unterlagen zukommen; ferner wird das Amt der amerikanischen Militärregierung, soweit es dies für die sachgemäße Ausübung der Tätigkeit der JRSO für notwendig hält, auf Antrag der JRSO diese und ihre bevollmächtigten Vertreter schriftlich ermächtigen, Vermögen zu besichtigen und in Unterlagen Einsicht zu nehmen oder sich über den Inhalt von solchen Dokumenten und Unterlagen zu informieren, die sich in Händen der Militärregierung, deutscher Regierungsbehörden, deutscher Einzelpersonen oder deutscher Gesellschaften befinden.

4. Die JRSO und die deutschen juristischen Personen, welche gemäß Paragraph 2 dieses Artikels gegründet worden sind, liefern dem Amte der amerikanischen Militärregierung monatliche Berichte über ihre Tätigkeit, außerdem Sonderberichte, wann immer dies von dem Amte der amerikanischen Militärregierung verlangt wird. Die Form dieser Berichte, sowie ihr Inhalt werden von dem Amte der amerikanischen Militärregierung bestimmt.

5. Das Amt der amerikanischen Militärregierung behält sich das Recht vor, der JRSO und ihren Vertretern jederzeit weitere Auflagen und Beschränkungen aufzuerlegen oder die hiermit erteilte Ermächtigung aus wichtigem Grunde zu widerrufen.

6. Die Bereitstellung von Transport, Unterbringung, Verpflegung und dergleichen mehr durch die Besatzungebehörde für die JRSO und ihr Personal wird den Gegenstand eines besonderen Übereinkommens zwischen EUCOM und der JRSO bilden.

IV. Inkrafttreten.

Diese Ausführungsverordnung und Bestimmung als Nachfolgeorganisation tritt am 23. Juni 1948 in Bremen, Bayern, Hessen und Württemberg-Baden in Kraft.

Im Auftrage der Militärregierung.

Militärregierung – Deutschland
Französische Zone

Verordnung Nr. 120
über Rückerstattung geraubter Vermögensobjekte.

1. Abschnitt

Nichtige und anfechtbare Akte

Artikel 1

Alle nach dem 30. Januar 1933 ohne die Zustimmung ihres Eigentümers (physische oder juristische Personen) vorgenommenen Verfügungen über Güter, Rechte oder Interessen sind nichtig, sofern sie im Verfolg von Maßnahmen ergingen, die auf Staats- oder Volksangehörigkeit, Rasse, Religion sowie dem nationalsozialistischen Regime feindliche politische Anschauungen oder Tätigkeiten gestützte Unterscheidungen eingeführt haben.

Die physischen oder juristischen Personen oder ihre Rechtsnachfolger, deren Güter, Rechte oder Interessen Gegenstand solcher Verfügungen geworden sind, können deren Nichtigkeit unter den in der vorliegenden Verordnung vorgesehenen Bedingungen feststellen lassen.

Artikel 2

Die Gerichte haben die Nichtigerklärung der ohne die Zustimmung des Eigentümers auf Grund eines vor dem 30. Januar 1933 ergangenen Gesetzes vorgenommenen Verfügungen auszusprechen, wenn festgestellt ist, daß diese Verfügungen in Wirklichkeit mit Rücksicht auf die Staats- oder Volksangehörigkeit, die Rasse, die Religion, die politischen Anschauungen oder Tätigkeiten des Betroffenen und in der Absicht, ihm zu schaden, vorgenommen worden sind.

Artikel 3

Die Gerichte haben die Nichtigerklärung auch der mit Zustimmung des Eigentümers vorgenommenen Verfügung auszusprechen, wenn diese Zustimmung nur unter dem Einfluß physischen oder moralischen Zwanges erteilt wurde.

Das Vorhandensein eines solchen Zwanges wird vermutet für den Abschluß von Verträgen und anderen juristischen Akten, die seit dem 30. Januar 1933 vorgenommen wurden und sich auf Güter, Rechte oder Interessen beziehen, die physischen oder juristischen Personen gehörten, deren Situation vor oder nach dem Datum der Vornahme dieser Akte von den in den vorgegangenen Artikeln bezeichneten diskriminierenden Maßnahmen betroffen wurde.

Indessen ist der frühere Eigentümer, der sein Eigentum verloren hat, für den Zwang beweispflichtig hinsichtlich aller zwischen dem 30. Januar 1933 und dem 14. Juni 1938 vorgenommenen Akte, wenn der Erwerber den Beweis erbringt, daß er zu einem angemessenen Preis erworben hat.

Artikel 4

Die Vorschriften dieser Verordnung sind nur insoweit anwendbar, als die Güter, Rechte oder Interessen, die den Gegenstand von Verfügungen bildeten, im Zeitpunkt der gerichtlichen Geltendmachung noch identifizierbar sind.

2. Abschnitt

Wirkung der Nichtigkeit

Artikel 5

Wenn die Nichtigkeit festgestellt oder die Nichtigerklärung ausgesprochen ist, so sind die Parteien billigerweise in die Lage zurückversetzt, die sich aus ihren Rechten ergibt, wie sie vor dem als nichtig festgestellten oder für nichtig erklärten Akt bestanden. Der seines Eigentums beraubt gewesene Eigentümer erhält seine Güter, Rechte oder Interessen frei von allen Belastungen, Hypotheken und sonstigen dinglichen Rechten zurück, mit denen sie der Erwerber oder die nachfolgenden Erwerber belastet haben. Er erhält sie, unter Vorbehalt der folgenden Bestimmungen, samt Zuwachs und Zubehör zurück.

Artikel 6

Die Geschäftsbesorgungsakte, die den Bestimmungen der Paragraphen 677 ff. BGB. über die Geschäftsführung ohne Auftrag entsprechen, bleiben gültig. Infolgedessen bestimmen sich die Rechte und Pflichten des Geschäftsführers und des Eigentümers, und gegebenenfalls die Rechte Dritter, nach den Vorschriften des BGB. Bei der Anwendung der Bestimmungen des Paragraphen 687, Absatz 1, BGB. wird dem guten oder bösen Glauben der aufeinanderfolgenden Erwerber Rechnung getragen. Als gutgläubig sind die Erwerber anzusehen, die von dem Beraubungscharakter der anfänglichen Verfügung keine Kenntnis hatten.

Der Gewinn, den die aufeinanderfolgenden bösgläubigen Erwerber in Anwendung der Bestimmungen des Paragraphen 684 BGB. zurückzuerstatten verpflichtet sind, wird nicht dem wieder in den Besitz eingesetzten Eigentümer ausgezahlt, sondern in jedem Land einem gemeinsamen Fonds zugeführt, der zur Entschädigung der Opfer des Nationalsozialismus bestimmt ist. Die Verwaltung dieses Fonds kann einer Institution anvertraut werden, die zu diesem Zweck von der Regierung des Landes geschaffen oder ermächtigt wird.

Artikel 7

Der wieder in den Besitz seines Vermögens eingesetzte Eigentümer, dem seinerzeit der Preis bezahlt wurde, ist verpflichtet, ihn dem Erwerber zurückzuzahlen.

Der Erwerber ist auch berechtigt, vorausgesetzt, daß er seinen guten Glauben nachweist, von dem wieder in den Besitz eingesetzten Eigentümer die Bezahlung einer dem von ihm nachweislich gezahlten Preis entsprechenden Summe zu verlangen, selbst wenn der Eigentümer den Kaufpreis nicht erhalten hat.

Artikel 8

Wenn das Vermögen während der Entfernung des Eigentümers aus dem Besitz mit ordnungsgemäß eingetragenen dinglichen Rechten belastet worden ist, so müssen die in Anwendung dieser Verordnung dem Erwerber oder seinen Rechtsnachfolgern zufließenden Beträge bis zum geschuldeten Höchstbetrag hinterlegt werden, um als Sicherheit für die Rechte der ordnungsgemäß eingetragenen Gläubiger zu dienen. Auf deren Verlangen werden die ihnen geschuldeten Beträge sofort mit dem Zeitpunkt der Entscheidung fällig, die die Nichtigkeit der Verfügung über das belastete Vermögen feststellt oder ihre Nichtigerklärung ausspricht.

Artikel 9

Die Güter, Rechte oder Interessen, deren rechtmäßige Eigentümer vermißt sind, ohne Erben hinterlassen zu haben, werden dem oben in Artikel 6 bestimmten Fonds zugeführt und unter denselben Bedingungen nutzbar gemacht.

Artikel 10

Alle Geschäftsagenten, Makler oder Vermittler, die es wissentlich unterlassen haben, über die Herkunft der Güter, Rechte oder Interessen Aufklärung zu geben, können von jedem aus dem Besitz gesetzten gutgläubigen Erwerber auf Rückzahlung aller Maklergebühren, Provisionen oder Honorare und gegebenenfalls auf Zahlung eines Betrages in Anspruch genommen werden, der dem durch ihre Schuld erlittenen Schaden entspricht.

Artikel 11

Die aus der Durchführung dieser Verordnung sich ergebenden Rechte können nicht Gegenstand einer Abtretung unter Lebenden sein.

3. Abschnitt

Verfahren

Artikel 12

Bei jedem Gericht erster Instanz werden eine oder mehrere besondere Kammern errichtet, denen die Zurückerstattung des Vermögens übertragen wird, das Gegenstand von Beraubungsakten gewesen ist.

Diese Kammern tragen den Namen „Restitutionskammer". Jede Restitutionskammer besteht aus einem Vorsitzenden und zwei auf Vorschlag des Gerichtspräsidenten vom Justizminister des Landes bestimmten Beisitzern, von denen einer ein Opfer des Nationalsozialismus sein muß. Die so errichteten Kammern sind unter Ausschaltung jeder anderen Gerichtsbarkeit zuständig zur Entscheidung über Klagen von Opfern der den Vorschriften dieser Verordnung unterfallenden Akte.

Artikel 13

Die Klagen müssen binnen 18 Monaten seit der Veröffentlichung dieser Verordnung erhoben werden. Sofern es sich um unbewegliche Sachen handelt, ist für den Kläger die Restitutionskammer des Gerichtes zuständig, in dessen Bezirk die strittige Sache belegen ist, während sich bei beweglichen Sachen der Gerichtsstand nach den Vorschriften der Paragraphen 12ff. ZPO. bestimmt.

Artikel 14

Im Falle der Verschollenheit des Erwerbers oder wenn sein Wohnsitz unbekannt ist, muß das Verfahren gegen den in Anwendung der Bestimmungen des Gesetzes Nr. 52 ernannten Verwalter oder gegen den in Anwendung der Bestimmungen der Paragraphen 1909ff. BGB. bestellten Pfleger gerichtet werden.

Im Falle der Verschollenheit des Beraubten ist die Klage zu erheben entweder von seinen Rechtsnachfolgern oder auf Anweisung des Justizministeriums des Landes von dem Oberstaatsanwalt bei dem Gericht, bei dem die zuständige Restitutionskammer errichtet ist, oder von der mit der Verwaltung des in Artikel 6 genannten gemeinsamen Fonds beauftragten Institution, oder von jeder rechtmäßig gebildeten Vereinigung von Opfern des Nationalsozialismus.

Innerhalb von 6 Monaten seit der Veröffentlichung dieser Verordnung hat der Finanzminister jedes Landes dem Justizminister die Liste der den Artikeln 1, 2 oder 3 unterfallenden Güter, Rechte oder Interessen zum Zwecke der Übermittlung an die Staatsanwaltschaft vorzulegen.

Die Liste ist zugleich den Institutionen mitzuteilen, die mit der Verwaltung der im Artikel 6 bestimmten gemeinsamen Fonds betraut sind.

Artikel 15

Der Kläger ist vom Anwaltszwang befreit.

Die Zustellung der Klage erfolgt durch die Geschäftsstelle des Gerichts.

Auf dem Protokoll der Zustellung muß vermerkt werden, daß dem Beklagten eine Frist von zwei Wochen zur Geltendmachung seiner Einwendungen zur Verfügung steht.

Artikel 16

Die Entscheidungen über die Klage erfolgt durch Endurteil oder durch Beschluß.

Der ergangene Beschluß oder das erlassene Urteil werden durch die Geschäftsstelle zugestellt.

Artikel 17

Die Bestimmungen des gemeinen Rechts über Rechtsmittel und Einspruch, sowie über die Beteiligung Dritter am Rechtsstreit (Paragraphen 64ff. ZPO.) bleiben aufrechterhalten.

Artikel 18

Zur Wahrung der Interessen Dritter muß über jedes gemäß den Vorschriften dieser Verordnung eingeleitete Verfahren eine Veröffentlichung im Amtsblatt des betreffenden Landes erfolgen.

Diese Veröffentlichung wird von Amts wegen durch die Geschäftsstelle des Gerichts veranlaßt.

4. Abschnitt

Gütliche Erledigung

Artikel 19

Der seines Besitzes entsetzte Eigentümer, der die Bestimmungen des zweiten Abschnitts dieser Verordnung für sich in Anspruch nehmen darf, kann statt einer Prozeßeröffnung eine gütliche Vereinbarung mit jedem betroffenen Erwerber des Vermögens treffen. Diese Vereinbarungen sind nur unter der Voraussetzung gültig, daß sie von dem Präsidenten des für den Streitfall zuständigen Gerichts gerichtlich bestätigt werden. Der diese gerichtliche Bestätigung aussprechende Gerichtsbeschluß muß in jedem Falle feststellen, ob der Erwerber vermöge seines bösen oder guten Glaubens zur Erstattung des Gewinns verpflichtet ist. Bejahendenfalls ist der Betrag der Früchte festzusetzen, der auf den im Artikel 6 bestimmten gemeinsamen Fonds einzuzahlen ist.

Dieser Gerichtsbeschluß ist sowohl der Staatsanwaltschaft wie der mit der Verwaltung des im Artikel 6 bestimmten Fonds betrauten Institution mitzuteilen. Beide können binnen eines Monats durch Erklärung gegenüber der Geschäftsstelle des Gerichtes Einspruch erheben.

5. Abschnitt

Kosten

Artikel 20

Durch die verschiedenen Verfahrungsakte, durch die Urteile und anderen durch das in dieser Verordnung vorgesehene Prozeßverfahren nötig werdenden Maßnahmen fallen keine Gebühren zugunsten der öffentlichen Finanzen an.

Es kommen in Ansatz lediglich die Auslagen und Gebühren der Sachverständigen, der Notare und der anderen öffentlichen Beamten. Diese Kosten sind entsprechend den Vorschriften der ZPO. zu tragen.

Diese begünstigende Regelung gilt auch für die im vorangegangenen Artikel bestimmten Verfahren der gerichtlichen Bestätigung.

6. Abschnitt

Aufhebung der im Gesetz Nr. 52 angeordneten Sperrmaßnahmen

Artikel 21

Die gemäß dieser Verordnung ergangenen rechtskräftigen gerichtlichen Rückerstattungsentscheidungen ebenso wie die ordnungsgemäß gerichtlich bestätigten gütlichen Erledigungen bewirken die Aufhebung der sich aus dem Gesetz Nr. 52 des Alliierten Oberkommandos betreffend Sperre und Beaufsichtigung von Vermögen ergebenden Schutzmaßnahmen.

Diese Aufhebung darf aber erst nach zuständiger formeller Feststellung gemäß den in einer Verfügung zu erlassenden Bestimmungen erfolgen.

Artikel 22

Diese Verordnung ist im Amtsblatt des französischen Oberkommandos in Deutschland zu veröffentlichen und als Gesetz im französischen Besetzungsgebiet auszuführen.

Baden-Baden, den 10. November 1947.

Der Général d'Armée Koenig
Commandant en Chef Français en Allemagne
P. Koenig

Militärregierung – Deutschland
Britisches Kontrollgebiet

Allgemeine Verfügung Nr. 10

(auf Grund des Gesetzes Nr. 52 der Militärregierung über Sperre und Kontrolle von Vermögen).

Gemäß Artikel 1, Absatz 2 des Gesetzes 52 der Militärregierung in der Fassung der Verordnung Nr. 38 wird hiermit verordnet:

Artikel 1

Von der Verfügung betroffenes Vermögen

1. Diese Allgemeine Verfügung bezieht sich, vorbehaltlich der Ausnahmen des Absatz 2, auf jedes als solches erkennbare Vermögen, das zwischen dem 30. Januar 1933 und dem 8. Mai 1945 aus Gründen der Rasse, der Staatsangehörigkeit, der Religion oder der politischen Überzeugung einer Person enteignet, weggenommen oder ihrer Verwaltung entzogen worden ist. Dabei ist es unerheblich, ob diese Beschlagnahme und Enteignung, Wegnahme oder sonstige Form der Entziehung auf Grund von Gesetzen oder in angeblich rechtsmäßigen Verfahren oder sonstwie durchgeführt worden ist.

2. Die Verfügung bezieht sich nicht auf Vermögen, dessen Wert zur Zeit des Überganges weniger als 1000 Reichsmark betragen hat.

Artikel 2

Anzeigepflicht

3. Wer seit dem 30. Januar 1933 irgendwelches Vermögen (Artikel 1) besitzt, verwaltet oder beaufsichtigt oder besessen, verwaltet oder beaufsichtigt hat, ist verpflichtet, innerhalb von sechs Monaten nach Inkrafttreten dieser Verordnung in dreifacher Ausfertigung auf Vordruck MG AF/P eine Erklärung über dieses Vermögen bei dem Landrat des Kreises oder dem Oberbürgermeister des Stadtkreises seines Wohnortes abzugeben. Dieser Vordruck ist bei jedem Landrat und Oberbürgermeister des britischen Besatzungsgebietes erhältlich.

4. Wer von einem bestimmten Vermögensübergang (Artikel 1) Kenntnis hat, ist verpflichtet, innerhalb von sechs Monaten nach Inkrafttreten dieser Verordnung in dreifacher Ausfertigung auf Vordruck MG AF/K eine Erklärung über dieses Vermögen bei dem Landrat des Kreises oder dem Oberbürgermeister des Stadtkreises seines Wohnortes abzugeben. Dieser Vordruck ist bei jedem Landrat und Oberbürgermeister des britischen Besatzungsgebietes erhältlich.

5. Über das Vermögen ist die Erklärung auch dann abzugeben, wenn es auf Grund anderer Anordnungen der Militärregierung in Zwangsverwaltung genommen, beschlagnahmt oder für sonstige Zwecke bestimmt worden ist.

Artikel 3

Anmeldung von Ansprüchen

6. Wer Vermögen (Artikel 1) verloren hat, kann seine Ansprüche auf Wiedererstattung anmelden. Diese Ansprüche müssen bis zum 31. Dezember 1948 angemeldet sein. Ansprüche, die nach dieser Frist angemeldet werden, werden nicht berücksichtigt. Die Ansprüche sind in dreifacher Ausfertigung auf Vordruck MG AF/C einzureichen an das Zentralamt für Vermögensverwaltung (britische Zone), Bad Nenndorf, Land Niedersachsen.

Für in Deutschland wohnende Personen sind diese Vordrucke bei jedem Landrat und Oberbürgermeister des britischen Besatzungsgebietes erhältlich. Für im Ausland wohnende Personen sind diese Vordrucke bei folgenden Stellen erhältlich.

Great Britain and Northern Ireland Foreign Office (German Section)· Norfolk House, St James Square, London S W 1,

British Commonwealth Offices of British High Commissioners,

British Dependencies: Offlces of the Governmend concerned,

Foreign Countries. British Consulates.

Artikel 4

Vermögenssperre

7. Jedes Vermögen (Artikel 1) wird hiermit, auch rückwirkend, allen Bestimmungen des Gesetzes Nr. 52 der Militärregierung unterworfen.

Artikel 5

Zuwiderhandlungen und Strafen

8. Wer nach Artikel 2 dieser Verfügung zur Abgabe einer Erklärung verpflichtet ist, diese aber unterläßt oder wer bei Abgabe einer solchen Erklärung wesentliche Tatsachen oder Einzelheiten verschweigt oder wer falsche oder irreführende Angaben macht, wird mit Gefängnis bis zu 5 Jahren und Geldstrafe bis zu 100,000 Reichsmark oder mit einer dieser Strafen bestraft, wenn er von einem Gericht der Kontrollkommission oder einem deutschen Gericht für schuldig befunden wird.

Artikel 6

Hansestadt Hamburg

9. Die Bestimmungen dieser Allgemeinen Verfügung finden auf die Hansestadt Hamburg entsprechende Anwendung. Erklärungen sind bei dem Bürgermeister einzureichen.

Artikel 7

Tag des Inkrafttretens

10. Diese Allgemeine Verfügung tritt am 20. Oktober 1947 in Kraft.

Im Auftrage der Militärregierung

Militärregierung — Deutschland
Amerikanisches Kontrollgebiet

Ausführungsverordnung Nr. 4
zum Gesetz Nr. 59 der Militärregierung
Errichtung eines Board of Review

Gemäß Artikel 69 des Gesetzes Nr. 59 der Militärregierung über die Rückerstattung feststellbarer Vermögensgegenstände wird hiermit folgendes angeordnet:

I. Errichtung und Sitz

Der in Artikel 69 des Gesetzes Nr. 59 der Militärregierung vorgesehene Board of Review (nachstehend „Der Board" genannt) wird hiermit errichtet. Er hat seinen Hauptsitz in Nürnberg; er kann jedoch nach seinem Belieben von Fall zu Fall auch an irgendeinem anderen Orte der Amerikanischen Zone zusammentreten.

II. Ernennung und Zusammensetzung

1. Der Board besteht aus vier Mitgliedern, von denen jeweils drei ein beschlußfähiges Kollegium bilden. Die Mitglieder des Boards werden durch den Militärgouverneur für einen Zeitraum von mindestens einem Jahr ernannt. Sie müssen amerikanische Staatsbürger sein und müssen bei den höchsten Gerichten in einem der Staaten oder in den Territorien der Vereinigten Staaten oder in dem Distrikt von Columbia mindestens fünf Jahre zur Rechtspraxis zugelassen gewesen sein. Sie müssen ihre ganze Arbeitskraft ihren Aufgaben als Mitglieder des Boards widmen. Sie können aus Gesundheitsgründen oder aus anderen ausreichenden Gründen durch den Militärgouverneur aus ihrem Dienste im Board entlassen werden.

2. Der Militärgouverneur ernennt eines der Mitglieder des Boards zum Präsidenten. Der Präsident bestimmt diejenigen Mitglieder, die im einzelnen Falle zusammentreten; er ist verantwortlich für die Geschäftsführung des Boards.

3. Der Board ernennt einen Rechtsberater, der ihn in Fragen deutschen Rechts zu beraten hat. Der Board ist berechtigt, weitere Berater sowie Büroangestellte und Verwaltungspersonal zu ernennen, soweit dies zur Unterstützung des Boards in seinen Aufgaben notwendig ist.

III. Zuständigkeit und Befugnisse

1. Wer sich durch eine Entscheidung des Zivilsenats des Oberlandesgerichtes beschwert fühlt, kann bei dem Board einen Antrag auf Nachprüfung der Entscheidung stellen; der Antrag kann nur darauf gestützt werden, daß die Entscheidung auf einer Verletzung des Gesetzes beruhe.

2. Wer sich durch eine Entscheidung der Wiedergutmachungskammer beschwert fühlt, kann unmittelbar bei dem Board einen Antrag auf Nachprüfung der Entscheidung der Wiedergutmachungskammer stellen, jedoch nur aus folgenden Gründen:

a) daß die Tatbestandsfeststellungen nicht auf genügendem Beweismaterial beruhen;

b) daß die Kammer das ihr zustehende Recht des freien Ermessens mißbraucht hat; oder

c) daß Gründe für die Annahme vorliegen, daß die Kammer befangen war.

3. Der Board kann nach freiem Ermessen die auf die Ziffern 1 und 2 gestützten Anträge auf Nachprüfung ablehnen. Die Entscheidung des Boards ist endgültig; ein weiteres Rechtsmittel ist nicht gegeben.

4. Bis zur endgültigen Entscheidung über den Antrag auf Nachprüfung kann der Board die Durchführung der Vollstreckung der Entscheidung des Zivilsenates des Oberlandesgerichtes oder der Wiedergutmachungskammer aussetzen.

5. Der Board kann die angefochtene Entscheidung ganz oder teilweise bestätigen, abändern oder aufheben; er kann die Vollstreckung der Entscheidung anordnen oder nach seinem Ermessen den Fall ganz oder teilweise an die Wiedergutmachungskammer oder an den Zivilsenat des Oberlandesgerichtes zurückverweisen, welche mit dem Fall vorher befaßt waren.

6. Zwecks Nachprüfung der Entscheidung gemäß Ziffer 2 dieses Artikels ist der Board berechtigt, Zeugen unter Strafandrohung vorzuladen, die Vorlegung von Beweismaterial zu verlangen und Eidesleistungen abzunehmen.

7. Der Militärgouverneur kann den Board ersuchen, ein Rechtsgutachten über von ihm vorgelegte Fragen zu erteilen, wenn er dies zur Beschleunigung der Handhabung des Gesetzes Nr. 59 der Militärregierung oder zwecks einheitlicher Anwendung und Auslegung dieses Gesetzes für notwendig oder wünschenswert erachtet.

IV. Entscheidungen

1. Entscheidungen, Beschlüsse, Anordnungen, Urteile und Rechtsgutachten des Boards ergehen auf Grund Mehrheitsbeschlusses der anwesenden Mitglieder; sie alle sind in schriftlicher Form zu fassen, außer wenn der Board die Nachprüfung eines Falles ablehnt.

2. Alle gemäß Artikel III dieser Ausführungsverordnung durch den Board erlassenen Entscheidungen sind in einer von der Militärregierung zu bestimmenden Weise zu veröffentlichen. Sie sind in englischer und deutscher Sprache zu veröffentlichen; im Falle von Abweichungen ist der englische Text maßgebend.

3. Alle gemäß Ziffer 2 dieses Artikels veröffentlichten Entscheidungen des Boards sind, soweit sie die Auslegung des Gesetzes Nr. 59 der Militärregierung betreffen, für alle deutschen Gerichte und Behörden bindend.

V. Rechtsgang und Verfahren

Das Verfahren vor dem Board richtet sich nach Rechtsgang- und Verfahrensvorschriften, wie sie der Board jeweils erläßt. Die Mitglieder des Boards können durch die Parteien oder deren Rechtsbeistände nicht abgelehnt werden; wenn ein Mitglied des Boards der Ansicht ist, daß es in einem Verfahren aus irgendeinem Grunde befangen ist, kann es selbst zurücktreten.

VI. Fristen für den Nachprüfungsantrag

Amträge auf Nachprüfung gemäß Artikel III, Ziffern 1 und 2 dieser Ausführungsverordnung können nur innerhalb der folgenden Fristen eingebracht werden:

a) Anträge auf Nachprüfung gemäß Artikel III, Ziffer 1 dieser Ausführungsverordnung müssen innerhalb eines Monats oder, wenn der Geschädigte seinen Wohnsitz im Auslande hat, innerhalb von drei Monaten vom Tage der Zustellung der Entscheidung des Oberlandesgerichtes eingebracht werden.

b) Wenn sofortige Beschwerde gemäß Artikel 68, Absatz 2 des Gesetzes Nr. 59 der Militärregierung erhoben worden ist, können Anträge auf Nachprüfung desselben Falles gemäß Artikel III, Ziffer 2 dieser Ausführungsverordnung nur während des Laufes der in Absatz a dieses Artikels erwähnten Frist, nicht aber, bevor diese Frist zu laufen begonnen hat, eingebracht werden.

c) Wenn keine sofortige Beschwerde gemäß Artikel 68, Absatz 2 des Gesetzes Nr. 59 der Militärregierung bei dem Zivilsenat des Oberlandesgerichtes erhoben worden ist, kann ein Antrag auf Nachprüfung gemäß Artikel III, Ziffer 2 dieser Ausführungsverordnung nur innerhalb eines Monats nach Ablauf der Frist, während welcher sofortige Beschwerde gemäß Artikel 68 zulässig gewesen wäre, nicht aber vorher eingebracht werden.

VII. Inkrafttreten

Diese Ausführungsverordnung tritt am 10. August 1948 in den Ländern Bayern, Bremen, Hessen und Württemberg-Baden in Kraft.

Im Auftrage der Militärregierung.

Sachverzeichnis

Die Zahlen auf der Zeile verweisen auf die Seiten, die hochgestellten Zahlen auf die Anmerkungen.

T.

U.

W.

Z.